中国现代物流体系规划与建设政策文献汇编（第九辑）
北京物资学院　北京现代物流研究基地　资助出版

我国快递物流体系规划与建设

孙前进　　主编

中国财富出版社

图书在版编目（CIP）数据

我国快递物流体系规划与建设/ 孙前进主编 .—北京：中国财富出版社，2015.7
（中国现代物流体系规划与建设政策文献汇编）
ISBN 978 - 7 - 5047 - 5664 - 0

Ⅰ.①我…　Ⅱ.①孙…　Ⅲ.①邮件投递—物流—经济规划—中国　Ⅳ.①F259.22

中国版本图书馆 CIP 数据核字（2015）第 079542 号

策划编辑　葛晓雯　　**责任印制**　何崇杭
责任编辑　葛晓雯　　**责任校对**　梁　凡

出版发行　中国财富出版社
社　　址　北京市丰台区南四环西路 188 号 5 区 20 楼　　**邮政编码**　100070
电　　话　010 - 52227568（发行部）　　010 - 52227588 转 307（总编室）
　　　　　　010 - 68589540（读者服务部）　　010 - 52227588 转 305（质检部）
网　　址　http://www.cfpress.com.cn
经　　销　新华书店
印　　刷　北京京都六环印刷厂
书　　号　ISBN 978 - 7 - 5047 - 5664 - 0/F·2363
开　　本　710mm×1000mm　1/16　　**版　　次**　2015 年 7 月第 1 版
印　　张　39　　**印　　次**　2015 年 7 月第 1 次印刷
字　　数　808 千字　　**定　　价**　120.00 元

前　言

为了系统而全面地了解与掌握我国物流业发展现状与物流体系建设过程，更好地推进我国物流业的健康发展，忠实地记录其历史发展足迹与大事要事，我们策划编撰了这套《中国现代物流体系规划与建设政策文献汇编》系列丛书。丛书主要收录国务院及相关部委、地方政府所制定与公开发布的物流业及其相关的政策法规、措施意见、专项规划等重要文献。旨在对从事物流政策制定、物流学术研究、物流专业教学的官员、专家、学者、教师以及从事企业管理与实践的广大相关人士提供一部具有参考与收藏价值的历史文献。丛书的编撰将紧紧追踪我国物流业发展的历史步伐与时代脉搏，成熟一部，出版一部。

《我国快递物流体系发展规划与建设》是《中国现代物流体系规划与建设政策文献汇编》的第九辑，主要收录了我国快递物流发展的发展规划、指导意见、管理办法、统计调查分析等文献资料。

快递，是指在承诺的时限内快速完成的寄递活动。寄递，是指将信件、包裹、印刷品等物品按照封装上的名址递送给特定个人或者单位的活动，包括收寄、分拣、运输、投递等环节。快递服务是邮政业的重要组成部分，是面向生产和民生的现代服务业，在信息交流、物品递送、资金流通等方面发挥着重要作用。

2014 年我国快递业务量达 139.6 亿件跃居世界第一，同比增长 51.9%；最高日处理量超过 1 亿件；快递业务收入完成 2045.4 亿元，同比增长 41.9%，自 2011 年 3 月以来，快递业务量已连续 46 个月累计同比平均增幅超过 50%，进入了持续快速健康发展的新阶段。

2013 年 1 月 11 日，交通运输部发布了《快递市场管理办法》（交通运输部令 2013 年第 1 号）。明确规定：国务院邮政管理部门负责对全国快递市场实施监督管理。省、自治区、直辖市邮政管理机构负责对本行政区域的快递市场实施监督管理。按照国务院规定设立的省级以下邮政管理机构负责对本辖区的快递市场实施监督管理。

2013 年 2 月 6 日，交通运输部等七部门下发了《国家邮政局关于加强和改进城市配送管理工作的意见》（交运发〔2013〕138 号）。总体目标为：力争用 5 年左右的时间，基本建立起职能明确、运转高效、监管有力的城市配送管理体制和运行机制，形成城市配送管理法律法规、制度标准体系，城市配送规划引领作用得到发挥，城市配送基础设施明显改善，城市配送市场主体结构明显优化，城市配送车型得到广泛应用，城市配送车辆通行更加有序顺畅，城市配送运营效率明显提高，城市配送服务保障能力显著增强。

2013年4月12日，交通运输部发布了《快递业务经营许可管理办法》（交通运输部令2013年第4号）。其中规定：国务院邮政管理部门和省、自治区、直辖市邮政管理机构以及按照国务院规定设立的省级以下邮政管理机构负责快递业务经营许可的管理工作。经营快递业务，应当依法取得邮政管理部门颁发的《快递业务经营许可证》，并接受邮政管理部门及其他有关部门的监督管理；未经许可，任何单位和个人不得经营快递业务。

2013年11月，国家邮政局发布了《关于提升快递末端投递服务水平的指导意见》。其基本原则为：①企业自主与政府指导相结合。充分发挥企业的主体作用，依托市场机制提升服务水平。加大政策扶持力度，营造良好的发展环境。②自身建设与合作创新相结合。立足快递企业自身网点建设，全面提升末端投递服务质量。鼓励将第三方合作模式作为网点建设的有益补充。③科技创新与产品创新相结合。支持企业加大先进技术应用力度，提升服务信息化、标准化、自动化水平。引导企业丰富产品类型，满足用户的多样化需求。④高效便捷与保障安全相结合。引导企业加强过程管理、优化服务流程，增强投递服务的时效性与便捷性。督促企业加强制度建设与落实，切实保障用户快件安全与信息安全。

近年来，快递服务与网络零售相互依存、互为支撑，业务合作日趋紧密、关联领域不断拓展，呈现出互利共赢的良好局面，有力促进了两个市场的发展壮大。

本文所使用资料来自于文献原件、政府公报、正式报刊、政府网站等公开的正式发行物与媒体。尽管在资料的收集、整理、编排过程中，我们对所用资料进行了认真、反复的查阅与校对，但因各种原因，可能会出现疏漏与差错，全部文责由编者自负。对于一部分文献中的附件，比如表格之类，为了节省篇幅我们做了删略处理，一般用“（略）”表示；对于篇幅过长的文献，我们做了节选录用，敬请读者理解。本丛书主要供使用者作为研究参考资料使用，若用于处理正式公务或资料引用时，请以发文单位的原件为准。

北京物资学院商学院孙静老师自始至终参与了本书编写的全过程，为本书的资料查找、文字整理、校对付出了辛勤的劳动；中国物资出版社供应链与物流技术编辑室的相关编辑给予了许多中肯的建议与大力支持，在此一并向他们表示深深地感谢。

由于编者学术功力有限，自知存在许多不足与遗憾，请使用者谅解，欢迎提出补充与完善的建议。

孙前进

二〇一五年一月

目　　录

一　邮政法

001　国家邮政局主要职责内设机构和人员编制规定
国办发〔2009〕21号 …………………………………………………………… (1)
002　中华人民共和国邮政法
中华人民共和国主席令　第70号 ………………………………………………… (4)
003　中华人民共和国邮政法实施细则
国务院　1990年11月12日 ………………………………………………… (17)

二　邮政业

004　邮政体制改革方案
国发〔2005〕27号 ……………………………………………………………… (25)
005　邮政行业安全监督管理办法
中华人民共和国交通运输部令　2011年　第2号 ………………………… (30)
006　邮政业标准化管理办法
中华人民共和国交通运输部令　2012年　第7号 ………………………… (38)
007　邮政业发展“十二五”规划
国家邮政局　2011年7月 ………………………………………………… (44)
008　邮政业标准化“十二五”发展规划
国家邮政局　2011年9月 ………………………………………………… (56)
009　邮政行业统计管理办法
中华人民共和国交通运输部令　2013年　第8号 ………………………… (67)
010　邮政行业统计报表制度（快递业务部分）
2014年 ……………………………………………………………………… (73)
011　邮政行政处罚程序规定
国家邮政局　2013年3月1日 ………………………………………………… (77)
012　国务院办公厅关于完善省级以下邮政监管体制的通知
国办发〔2012〕6号 ……………………………………………………………… (88)

013　省（区、市）邮政监管机构机构设置主要职责和人员编制规定
国办发〔2006〕8号 …………………………………………………………… (91)
014　关于开办国内快递包裹业务的通知
国邮〔2001〕256号 …………………………………………………………… (93)

三　综合管理

015　交通运输部　公安部　国家发展改革委工业和信息化部　住房城乡建设部　商务部　国家邮政局关于加强和改进城市配送管理工作的意见
交运发〔2013〕138号 …………………………………………………………… (99)
016　国家邮政局关于贯彻落实物流业调整和振兴规划的实施意见
国邮发〔2009〕70号 …………………………………………………………… (106)
017　国家邮政局关于提升快递末端投递服务水平的指导意见
国家邮政局　2013年11月22日 …………………………………………… (112)
018　国家邮政局　工业和信息化部关于推进快递服务制造业工作的指导意见
国邮发〔2013〕178号 …………………………………………………………… (117)
019　国家邮政局　商务部关于促进快递服务与网络零售协同发展的指导意见
国邮发〔2012〕1号 …………………………………………………………… (122)
020　国家邮政局中国民用航空局关于促进快递与民航产业协同发展的意见
国邮发〔2009〕180号 …………………………………………………………… (126)

四　快递企业管理

021　国家邮政局关于快递企业兼并重组的指导意见
国邮发〔2011〕108号 …………………………………………………………… (130)
022　经营快递业务的企业分支机构备案管理规定
国家邮政局　2014年6月5日 …………………………………………… (134)
023　快递企业等级评定管理办法（试行）
国家邮政局　2011年8月30日 …………………………………………… (136)
024　关于发布《快递企业等级评定实施细则》的通知
中国快递协会　2011年10月28日 …………………………………………… (141)
025　关于印发《快递行业失信警示制度（试行）》和《快递行业安全自律公约》的通知
中国快递协会　2014年5月23日 …………………………………………… (146)

五　快递市场

026　快递市场管理办法
中华人民共和国交通运输部令　2013 年　第 1 号 …………………… (151)

027　关于贯彻实施《快递市场管理办法》加强快递业务经营活动管理的通知
国邮发〔2013〕21 号 ………………………………………………… (159)

六　快递业务许可管理

028　关于修改《快递业务经营许可管理办法》的决定
中华人民共和国交通运输部令　2013 年　第 4 号 …………………… (161)

029　快递业务经营许可管理办法
中华人民共和国交通运输部令　2009 年　第 12 号 ………………… (168)

030　快递业务经营许可条件审核规范
国家邮政局　2009 年 9 月 30 日 …………………………………… (174)

031　快递业务经营许可年度报告规定
国家邮政局　2011 年 6 月 9 日 ……………………………………… (179)

032　快递业务经营许可注销管理规定
国家邮政局　2014 年 6 月 6 日 ……………………………………… (183)

七　快递业务管理

033　快递业务旺季服务保障工作指南
国邮发〔2013〕153 号 ……………………………………………… (188)

034　无法投递又无法退回邮件管理办法
国邮发〔2014〕12 号 ………………………………………………… (193)

035　关于加强快递企业代收货款业务管理的通知
国邮发〔2010〕62 号 ………………………………………………… (197)

036　关于废止《国家邮政局、国家外汇管理局、海关总署关于对海关、国家外汇管理局进出口结售汇专用报关单核查工作使用特快专递寄送的通知》（国邮联〔1999〕340 号）的公告
国家邮政局　2012 年 8 月 13 日 …………………………………… (199)

八　快递标准

037　邮政行业标准管理办法（试行）
国家邮政局　2010 年 5 月 6 日 ……………………………………… (200)

038 关于印发《国内快递服务合同》示范文本的通知
国邮发〔2008〕193 号 …………………………………………………………… (207)
039 快递业务操作指导规范
国家邮政局 2011 年 8 月 11 日 …………………………………………… (212)

九 快递信息及信息安全

040 快递业务经营许可信息公开暂行规定
国邮发〔2010〕83 号 …………………………………………………………… (220)
041 国家邮政局等六部门关于切实做好寄递服务信息安全监管工作的通知
国邮发〔2013〕96 号 …………………………………………………………… (223)
042 寄递服务用户个人信息安全管理规定
国家邮政局 2014 年 4 月 4 日 ……………………………………………… (226)
043 国家邮政局寄递服务信息安全专项整治行动实施方案
国邮发〔2013〕106 号 ………………………………………………………… (232)

十 快递业安全

044 邮政行业安全监督管理办法
中华人民共和国交通运输部令 2011 年 第 2 号 …………………………… (236)
045 禁寄物品指导目录及处理办法（试行）
国家邮政局 2007 年 11 月 7 日 …………………………………………… (244)
046 关于切实加强寄递物品安全监管工作的通知
2008 年 5 月 14 日 ……………………………………………………………… (246)
047 寄递渠道治安检查工作规定
国邮发〔2012〕42 号 …………………………………………………………… (248)
048 关于转发《寄递渠道治安检查工作规定》的通知
国邮发〔2012〕48 号 …………………………………………………………… (253)
049 国家邮政局关于进一步加强快递企业收寄验视工作的通知
国邮电传〔2012〕25 号 ………………………………………………………… (255)
050 国家邮政局关于开展 2011 年邮政普遍服务和特殊服务监督检查工作的通知
国邮发〔2011〕52 号 …………………………………………………………… (257)
051 关于切实做好春节期间收寄验视工作的通知
局监传〔2013〕5 号 …………………………………………………………… (260)
052 关于转发《上海市寄递行业反恐防范指导性意见》的通知
沪邮管〔2009〕44 号 …………………………………………………………… (262)

十一　专项管理

053　国家邮政局关于做好 APEC 会议期间进（出）京邮件、快件疏运安排的通知
国家邮政局　2014 年 10 月 29 日 ……………………………………… (268)
054　国家邮政局关于加强第 29 届奥林匹克运动会寄递物品安全工作的通告
国邮发〔2008〕33 号 ……………………………………………… (269)
055　国家邮政局、国家安全部、公安部关于加强中国 2010 年上海世博会期间寄递物品安全监管工作的通告
国邮发〔2010〕33 号 ……………………………………………… (271)
056　关于加强广州亚运会亚残运会期间寄递物品安全监管工作的通告
国邮发〔2010〕166 号 ……………………………………………… (273)

十二　快递业运行

057　国家邮政局公布 2014 年邮政行业运行情况
国家邮政局　2015 年 1 月 15 日 ……………………………………… (275)
058　2013 年邮政行业发展统计公报
国家邮政局　2014 年 5 月 23 日 ……………………………………… (281)
059　2012 年邮政行业发展统计公报
国家邮政局　2013 年 5 月 22 日 ……………………………………… (287)
060　2011 年邮政行业发展统计公报
国家邮政局　2012 年 5 月 25 日 ……………………………………… (290)
061　2010 年邮政行业发展统计公报
国家邮政局　2011 年 5 月 13 日 ……………………………………… (293)
062　国家邮政局公布 2009 年邮政业运行情况
国家邮政局　2010 年 1 月 20 日 ……………………………………… (296)
063　国家邮政局公布 2008 年邮政业运行情况
国家邮政局　2009 年 1 月 23 日 ……………………………………… (300)
064　国家邮政局公布 2007 年邮政业发展情况
国家邮政局　2008 年 6 月 19 日 ……………………………………… (303)

十三　快递满意度调查

065　国家邮政局关于 2014 年快递服务满意度调查结果的通告
国家邮政局　2015 年 1 月 26 日 ……………………………………… (305)

066　国家邮政局关于 2013 年快递服务满意度调查结果的通告
国家邮政局　2014 年 1 月 28 日 …………………………………… (308)
067　国家邮政局关于 2012 年快递服务满意度调查结果的通告
国家邮政局　2013 年 2 月 26 日 …………………………………… (310)
068　国家邮政局通告 2011 年快递服务满意度调查结果
国家邮政局　2012 年 4 月 11 日 …………………………………… (312)
069　国家邮政局通告 2010 年快递服务满意度调查结果
国家邮政局　2011 年 3 月 25 日 …………………………………… (314)
070　2009 年快递服务公众满意度调查结果通告
国家邮政局　2010 年 2 月 11 日 …………………………………… (316)
071　2008 年快递服务公众满意度调查结果通告
国家邮政局　2009 年 2 月 4 日 …………………………………… (318)
072　全国首次快递服务统计调查结果分析
国家邮政局　2007 年 7 月 24 日 …………………………………… (320)
073　2007 年快递服务公众满意度调查结果通告
国家邮政局　2008 年 4 月 9 日 …………………………………… (325)

十四　快递业统计调查结果分析

074　国家邮政局关于 2013 年上半年重点地区快递服务时限准时率测试结果的通告
国家邮政局　2013 年 7 月 3 日 …………………………………… (327)
075　国家邮政局关于 2013 年下半年重点地区快递服务时限准时率测试结果的通告
国家邮政局　2014 年 1 月 28 日 …………………………………… (329)
076　国家邮政局关于 2014 年上半年重点地区快递服务时限准时率测试结果的通告
国家邮政局　2014 年 7 月 15 日 …………………………………… (331)
077　国家邮政局关于 2014 年下半年重点地区快递服务时限准时率测试结果的通告
国家邮政局　2015 年 1 月 26 日 …………………………………… (334)

十五　消费者申诉

078　邮政业消费者申诉处理办法
国家邮政局　2014 年 8 月 27 日 …………………………………… (337)

079　国家邮政局关于2015年1月邮政业消费者申诉情况的通告
国家邮政局　2015年2月15日 ………………………………………………… (343)
080　部分快递企业投诉联系方式 …………………………………………………… (351)

十六　技能培训

081　邮政行业职业技能鉴定专家委员会管理办法（暂行）
国邮办发〔2012〕24号 ………………………………………………………… (354)
082　关于印发快递业务员国家职业标准的通知
人社厅发〔2008〕63号 ………………………………………………………… (356)
083　快递业务师职业技能鉴定考评工作实施办法（试行）
国邮职鉴〔2014〕9号 …………………………………………………………… (357)
084　邮政行业职业资格证书管理办法（试行）
国邮职鉴〔2013〕15号 ………………………………………………………… (361)
085　2013年快递业务员职业技能鉴定计划
国邮职鉴〔2013〕1号 …………………………………………………………… (365)

十七　地区规划

086　快递服务“十二五”规划
国家邮政局　2011年12月 ……………………………………………………… (369)
087　京津冀地区快递服务发展规划（2010—2014年）
国家邮政局　2010年10月19日 ………………………………………………… (383)
088　长江三角洲地区快递服务发展规划（2009—2013年）
国家邮政局　2009年3月23日 …………………………………………………… (395)
089　珠江三角洲地区快递服务发展规划（2010—2014年）
国家邮政局　2010年12月16日 ………………………………………………… (403)
090　海峡西岸经济区快递服务发展规划（2011—2015年）
国邮发〔2011〕231号 …………………………………………………………… (412)

十八　省市规划

091　北京市快递安全管理办法
北京市人民政府令　第253号 …………………………………………………… (429)
092　关于推进实施快件收寄加盖验视章管理的通知
北京市邮政管理局　2012年2月29日 …………………………………………… (433)

093　天津市人民政府办公厅转发市发展改革委关于促进快递服务业发展意见的通知
津政办发〔2014〕4 号 …………………………………………………………… (435)
094　河北省人民政府办公厅关于加快发展快递服务业的通知
办字〔2009〕128 号 ……………………………………………………… (438)
095　山西省人民政府办公厅转发省邮政管理局关于引导扶持多种所有制快递服务业发展实施意见的通知
晋政办发〔2008〕85 号 ………………………………………………………… (440)
096　关于推进全省电子商务快递服务健康发展的意见
辽服发〔2014〕19 号 …………………………………………………………… (443)
097　上海快递服务发展规划（2009—2013 年）
上海市邮政管理局　2010 年 3 月 3 日 ……………………………………… (446)
098　马军胜局长在国家邮政局和上海市政府合作签约仪式上的讲话
2013 年 7 月 6 日 ………………………………………………………………… (456)
099　江苏省政府办公厅关于促进快递服务业健康发展的实施意见
苏政办发〔2014〕85 号 ………………………………………………………… (458)
100　南京市快递服务业发展规划（2013—2015）
南京市发展改革委　南京市邮政管理局　2014 年 ……………………………… (464)
101　关于促进苏州市快递业健康发展的指导意见
苏府办〔2014〕105 号 ………………………………………………………… (478)
102　杭州市快递服务业发展规划
杭发改规划〔2014〕601 号 ………………………………………………… (481)
103　福建省促进快递行业发展办法
福建省人民政府　2015 年 1 月 16 日 ……………………………………… (494)
104　江西省快递服务发展规划 2011—2015 年
江西省邮政管理局办公室　2012 年 3 月 7 日 ……………………………… (499)
105　关于促进快递服务与网络零售协同发展的意见
渝商委发〔2014〕43 号 ………………………………………………………… (509)
106　山东省人民政府办公厅关于促进快递服务业健康发展的意见
鲁政办字〔2014〕89 号 ………………………………………………………… (512)
107　湖南省人民政府办公厅关于加快发展快递服务业的意见
湘政办发〔2008〕8 号 ………………………………………………………… (515)
108　河南省人民政府关于促进快递服务业发展的意见
豫政〔2014〕47 号 ……………………………………………………………… (518)
109　武汉市快递行业发展情况
2014 年 3 月 6 日 ………………………………………………………………… (524)

110　广东省快递市场管理办法
　　广东省人民政府令　第188号 ………………………………………… (527)
111　深圳市发展快递业管理规定
　　深圳市人民政府令　第268号 ………………………………………… (535)
112　青海省人民政府办公厅转发省邮政管理局关于加快快递服务发展实施意见的通知
　　青政办〔2008〕74号 ………………………………………………… (543)

十九　中国快递协会

113　中国快递协会简介 ……………………………………………………… (546)
114　中国快递协会办事机构主要职责 …………………………………… (547)
115　中国快递协会章程 ……………………………………………………… (549)

二十　附　录

116　附录一　中国快递物流发展大事记 ………………………………… (555)
117　附录二　中国快递发展指数首次发布 ……………………………… (560)
118　附录三　中国梦·邮政情——"最美快递员" ……………………… (562)
119　附录四　中国快递论坛 ……………………………………………… (566)
120　附录五　快递市场监管报告 ………………………………………… (571)
121　附录六　现行邮政业标准发布目录 ………………………………… (572)
122　附录七　国家邮政业突发事件应急预案 …………………………… (575)
123　附录八　获得《快递业务经营许可证》企业名录 ………………… (585)

一　邮政法

001

国务院办公厅关于印发国家邮政局主要职责内设机构和人员编制规定的通知

国办发〔2009〕21号

各省、自治区、直辖市人民政府，国务院各部委、各直属机构：

《国家邮政局主要职责内设机构和人员编制规定》已经国务院批准，现予印发。

国务院办公厅
二〇〇九年三月二日

国家邮政局主要职责内设机构和人员编制规定

国务院办公厅
2009年3月2日

根据《国务院关于部委管理的国家局设置的通知》（国发〔2008〕12号），设立国家邮政局（副部级），为交通运输部管理的国家局。

一、职责调整

（一）取消已由国务院公布取消的行政审批事项。

（二）邮政分支机构的设立审批改为事后备案，组织最佳邮票评选和全国性集邮展览工作交给中华全国集邮联合会。

（三）加强国家邮政行业规划与交通运输规划的衔接，促进邮政行业发展。

（四）推动建立覆盖城乡的邮政普遍服务体系，确保城乡居民享受安全、便捷、合理价格的邮政普遍服务。

二、主要职责

（一）拟订邮政行业的发展战略、规划、政策和标准，提出深化邮政体制改革和促进邮政与交通运输统筹发展的政策建议，拟订邮政行业法律法规和部门规章草案。

（二）承担邮政监管责任。推动建立覆盖城乡的邮政普遍服务体系，推进建立和完善普遍服务和特殊服务保障机制，提出邮政行业服务价格政策和基本邮政业务价格建议，并监督执行。

（三）负责快递等邮政业务的市场准入，维护信件寄递业务专营权，依法监管邮政市场。

（四）负责监督检查机要通信工作，保障机要通信安全。

（五）负责邮政行业安全生产监管，负责邮政行业运行安全的监测、预警和应急管理，保障邮政通信与信息安全。

（六）负责邮政行业统计、经济运行分析及信息服务，依法监督邮政行业服务质量。

（七）负责纪念邮票的选题和图案审查，负责审定纪念邮票和特种邮票年度计划。

（八）代表国家参加国际邮政组织，处理政府间邮政事务，拟订邮政对外合作与交流政策并组织实施，处理邮政外事工作，按照规定管理涉及港澳台邮政工作。

（九）垂直管理各省、自治区、直辖市邮政管理局。

（十）承办国务院及交通运输部交办的其他事项。

三、内设机构

根据上述职责，国家邮政局设 5 个内设机构（副司局级）：

（一）办公室（外事司）

负责机关文电、会务、机要、档案等机关日常运转工作以及信息、安全保密、新闻发布、信访、政务公开、系统财务管理等工作；承担重要课题调研，起草重要报告和综合性文稿；承办邮政外事工作和政府间合作事务，组织开展对外合作与交流，按照规定管理涉及港澳台邮政工作。

（二）政策法规司

提出邮政行业发展战略、规划、标准和政策；拟订邮政行业法律法规和部门规章草案，指导行业法制建设；提出深化邮政体制改革建议；拟订邮政资源规划；提出促进邮政与交通运输统筹发展的政策建议；推进行业科技工作；承担邮政行业统计、经济运行分析及信息服务；承办相关行政复议和行政应诉工作；承办机关有关规范性文件的合法性审核工作。

（三）普遍服务司（机要通信司）

提出普遍服务、特殊服务的标准；推动建立覆盖城乡的邮政普遍服务体系，依法监督邮政普遍服务义务的履行；提出邮政行业价格服务政策和基本邮政业务价格建议并监督执行；拟订普遍服务和保障机要通信、义务兵通信、党报党刊发行、盲人读物寄递等特殊服务的政策并监督实施；监督检查机要通信工作，保障机要通信安全，研究协调解决有关机要通信安全的重大问题；承办纪念邮票的选题和图案审查；承办纪念邮票和特种邮票年度计划审定。

（四）市场监管司

依法监管邮政市场，维护信件寄递业务的专营权；依法实行快递等邮政业务的市场准入制度；依法监管集邮市场；指导邮政行业安全生产管理工作，承担邮政行业运行安全的监测、预警和应急管理工作；拟订保障邮政通信与信息安全的政策并监督实施。

（五）人事司

拟订机关人事、教育、培训、劳动工资管理制度并组织实施；指导邮政行业人才队伍建设；承办国家邮政局系统机构、人员编制和干部管理工作。

机关党委　负责机关和在京直属单位的党群工作。

四、人员编制

国家邮政局机关行政编制为 98 名。其中：局长 1 名、副局长 4 名，正副司长职数 18 名（含机关党委专职副书记）。

五、其他事项

（一）国家邮政局依法监管邮政市场，保障邮政通信与信息安全，有关部门按职责分工协助国家邮政局的工作。邮政管理部门或者工商行政管理部门负责依法查处无证无照、超范围经营等非法寄递行为；海关、出入境检验检疫等部门负责依法对进出境的国际邮递物品进行监管、检验检疫；公安、国家安全机关按照职责分工，负责依法查处与邮政有关的违法犯罪行为，公安机关要加大打击制售假邮资票品行为的力度。

（二）各省、自治区、直辖市邮政管理局（副厅级）由国家邮政局垂直管理，行政编制共 498 名。

（三）所属事业单位的设置、职责和编制事项另行规定。

六、附则

本规定由中央机构编制委员会办公室负责解释，其调整由中央机构编制委员会办公室按规定程序办理。

002

中华人民共和国主席令

第70号

《全国人民代表大会常务委员会关于修改〈中华人民共和国邮政法〉的决定》已由中华人民共和国第十一届全国人民代表大会常务委员会第二十九次会议于2012年10月26日通过，现予公布，自公布之日起施行。

中华人民共和国主席　胡锦涛

二〇一二年十月二十六日

中华人民共和国邮政法

（1986年12月2日第六届全国人民代表大会常务委员会第十八次会议通过　2009年4月24日第十一届全国人民代表大会常务委员会第八次会议修订　根据2012年10月26日第十一届全国人民代表大会常务委员会第二十九次会议《关于修改〈中华人民共和国邮政法〉的决定》修正）

第一章　总则

第一条　为了保障邮政普遍服务，加强对邮政市场的监督管理，维护邮政通信与信息安全，保护通信自由和通信秘密，保护用户合法权益，促进邮政业健康发展，适应经济社会发展和人民生活需要，制定本法。

第二条　国家保障中华人民共和国境内的邮政普遍服务。

邮政企业按照国家规定承担提供邮政普遍服务的义务。

国务院和地方各级人民政府及其有关部门应当采取措施，支持邮政企业提供邮政普遍服务。

本法所称邮政普遍服务，是指按照国家规定的业务范围、服务标准和资费标准，为中华人民共和国境内所有用户持续提供的邮政服务。

第三条　公民的通信自由和通信秘密受法律保护。除因国家安全或者追查刑事犯罪的需要，由公安机关、国家安全机关或者检察机关依照法律规定的程序对通信进行检查外，任何组织或者个人不得以任何理由侵犯公民的通信自由和通信秘密。

除法律另有规定外，任何组织或者个人不得检查、扣留邮件、汇款。

第四条　国务院邮政管理部门负责对全国的邮政普遍服务和邮政市场实施监督管理。

省、自治区、直辖市邮政管理机构负责对本行政区域的邮政普遍服务和邮政市场实施监督管理。

按照国务院规定设立的省级以下邮政管理机构负责对本辖区的邮政普遍服务和邮政市场实施监督管理。

国务院邮政管理部门和省、自治区、直辖市邮政管理机构以及省级以下邮政管理机构（以下统称邮政管理部门）对邮政市场实施监督管理，应当遵循公开、公平、公正以及鼓励竞争、促进发展的原则。

第五条　国务院规定范围内的信件寄递业务，由邮政企业专营。

第六条　邮政企业应当加强服务质量管理，完善安全保障措施，为用户提供迅速、准确、安全、方便的服务。

第七条　邮政管理部门、公安机关、国家安全机关和海关应当相互配合，建立健全安全保障机制，加强对邮政通信与信息安全的监督管理，确保邮政通信与信息安全。

第二章　邮政设施

第八条　邮政设施的布局和建设应当满足保障邮政普遍服务的需要。

地方各级人民政府应当将邮政设施的布局和建设纳入城乡规划，对提供邮政普遍服务的邮政设施的建设给予支持，重点扶持农村边远地区邮政设施的建设。

建设城市新区、独立工矿区、开发区、住宅区或者对旧城区进行改建，应当同时建设配套的提供邮政普遍服务的邮政设施。

提供邮政普遍服务的邮政设施等组成的邮政网络是国家重要的通信基础设施。

第九条　邮政设施应当按照国家规定的标准设置。

较大的车站、机场、港口、高等院校和宾馆应当设置提供邮政普遍服务的邮政营业场所。

邮政企业设置、撤销邮政营业场所，应当事先书面告知邮政管理部门；撤销提供邮政普遍服务的邮政营业场所，应当经邮政管理部门批准并予以公告。

第十条　机关、企业事业单位应当设置接收邮件的场所。农村地区应当逐步设置村邮站或者其他接收邮件的场所。

建设城镇居民楼应当设置接收邮件的信报箱，并按照国家规定的标准验收。建设单位未按照国家规定的标准设置信报箱的，由邮政管理部门责令限期改正；逾期未改正的，由邮政管理部门指定其他单位设置信报箱，所需费用由该居民楼的建设单位承担。

第十一条 邮件处理场所的设计和建设，应当符合国家安全机关和海关依法履行职责的要求。

第十二条 征收邮政营业场所或者邮件处理场所的，城乡规划主管部门应当根据保障邮政普遍服务的要求，对邮政营业场所或者邮件处理场所的重新设置作出妥善安排；未作出妥善安排前，不得征收。

邮政营业场所或者邮件处理场所重新设置前，邮政企业应当采取措施，保证邮政普遍服务的正常进行。

第十三条 邮政企业应当对其设置的邮政设施进行经常性维护，保证邮政设施的正常使用。

任何单位和个人不得损毁邮政设施或者影响邮政设施的正常使用。

第三章　邮政服务

第十四条 邮政企业经营下列业务：

（一）邮件寄递；

（二）邮政汇兑、邮政储蓄；

（三）邮票发行以及集邮票品制作、销售；

（四）国内报刊、图书等出版物发行；

（五）国家规定的其他业务。

第十五条 邮政企业应当对信件、单件重量不超过五千克的印刷品、单件重量不超过十千克的包裹的寄递以及邮政汇兑提供邮政普遍服务。

邮政企业按照国家规定办理机要通信、国家规定报刊的发行，以及义务兵平常信函、盲人读物和革命烈士遗物的免费寄递等特殊服务业务。

未经邮政管理部门批准，邮政企业不得停止办理或者限制办理前两款规定的业务；因不可抗力或者其他特殊原因暂时停止办理或者限制办理的，邮政企业应当及时公告，采取相应的补救措施，并向邮政管理部门报告。

邮政普遍服务标准，由国务院邮政管理部门会同国务院有关部门制定；邮政普遍服务监督管理的具体办法，由国务院邮政管理部门制定。

第十六条 国家对邮政企业提供邮政普遍服务、特殊服务给予补贴，并加强对补贴资金使用的监督。

第十七条 国家设立邮政普遍服务基金。邮政普遍服务基金征收、使用和监督管理的具体办法由国务院财政部门会同国务院有关部门制定，报国务院批准后公布施行。

第十八条 邮政企业的邮政普遍服务业务与竞争性业务应当分业经营。

第十九条 邮政企业在城市每周的营业时间应当不少于六天，投递邮件每天至少一次；在乡、镇人民政府所在地每周的营业时间应当不少于五天，投递邮件每周至少五次。

邮政企业在交通不便的边远地区和乡、镇其他地区每周的营业时间以及投递邮件的频次，国务院邮政管理部门可以另行规定。

第二十条　邮政企业寄递邮件，应当符合国务院邮政管理部门规定的寄递时限和服务规范。

第二十一条　邮政企业应当在其营业场所公示或者以其他方式公布其服务种类、营业时间、资费标准、邮件和汇款的查询及损失赔偿办法以及用户对其服务质量的投诉办法。

第二十二条　邮政企业采用其提供的格式条款确定与用户的权利义务的，该格式条款适用《中华人民共和国合同法》关于合同格式条款的规定。

第二十三条　用户交寄邮件，应当清楚、准确地填写收件人姓名、地址和邮政编码。邮政企业应当在邮政营业场所免费为用户提供邮政编码查询服务。

邮政编码由邮政企业根据国务院邮政管理部门制定的编制规则编制。邮政管理部门依法对邮政编码的编制和使用实施监督。

第二十四条　邮政企业收寄邮件和用户交寄邮件，应当遵守法律、行政法规以及国务院和国务院有关部门关于禁止寄递或者限制寄递物品的规定。

第二十五条　邮政企业应当依法建立并执行邮件收寄验视制度。

对用户交寄的信件，必要时邮政企业可以要求用户开拆，进行验视，但不得检查信件内容。用户拒绝开拆的，邮政企业不予收寄。

对信件以外的邮件，邮政企业收寄时应当当场验视内件。用户拒绝验视的，邮政企业不予收寄。

第二十六条　邮政企业发现邮件内夹带禁止寄递或者限制寄递的物品的，应当按照国家有关规定处理。

进出境邮件中夹带国家禁止进出境或者限制进出境的物品的，由海关依法处理。

第二十七条　对提供邮政普遍服务的邮政企业交运的邮件，铁路、公路、水路、航空等运输企业应当优先安排运输，车站、港口、机场应当安排装卸场所和出入通道。

第二十八条　带有邮政专用标志的车船进出港口、通过渡口时，应当优先放行。

带有邮政专用标志的车辆运递邮件，确需通过公安机关交通管理部门划定的禁行路段或者确需在禁止停车的地点停车的，经公安机关交通管理部门同意，在确保安全的前提下，可以通行或者停车。

邮政企业不得利用带有邮政专用标志的车船从事邮件运递以外的经营性活

动，不得以出租等方式允许其他单位或者个人使用带有邮政专用标志的车船。

第二十九条 邮件通过海上运输时，不参与分摊共同海损。

第三十条 海关依照《中华人民共和国海关法》的规定，对进出境的国际邮袋、邮件集装箱和国际邮递物品实施监管。

第三十一条 进出境邮件的检疫，由进出境检验检疫机构依法实施。

第三十二条 邮政企业采取按址投递、用户领取或者与用户协商的其他方式投递邮件。

机关、企业事业单位、住宅小区管理单位等应当为邮政企业投递邮件提供便利。单位用户地址变更的，应当及时通知邮政企业。

第三十三条 邮政企业对无法投递的邮件，应当退回寄件人。

无法投递又无法退回的信件，自邮政企业确认无法退回之日起超过六个月无人认领的，由邮政企业在邮政管理部门的监督下销毁。无法投递又无法退回的其他邮件，按照国务院邮政管理部门的规定处理；其中无法投递又无法退回的进境国际邮递物品，由海关依照《中华人民共和国海关法》的规定处理。

第三十四条 邮政汇款的收款人应当自收到汇款通知之日起六十日内，凭有效身份证件到邮政企业兑领汇款。

收款人逾期未兑领的汇款，由邮政企业退回汇款人。自兑领汇款期限届满之日起一年内无法退回汇款人，或者汇款人自收到退汇通知之日起一年内未领取的汇款，由邮政企业上缴国库。

第三十五条 任何单位和个人不得私自开拆、隐匿、毁弃他人邮件。

除法律另有规定外，邮政企业及其从业人员不得向任何单位或者个人泄露用户使用邮政服务的信息。

第三十六条 因国家安全或者追查刑事犯罪的需要，公安机关、国家安全机关或者检察机关可以依法检查、扣留有关邮件，并可以要求邮政企业提供相关用户使用邮政服务的信息。邮政企业和有关单位应当配合，并对有关情况予以保密。

第三十七条 任何单位和个人不得利用邮件寄递含有下列内容的物品：

（一）煽动颠覆国家政权、推翻社会主义制度或者分裂国家、破坏国家统一，危害国家安全的；

（二）泄露国家秘密的；

（三）散布谣言扰乱社会秩序，破坏社会稳定的；

（四）煽动民族仇恨、民族歧视，破坏民族团结的；

（五）宣扬邪教或者迷信的；

（六）散布淫秽、赌博、恐怖信息或者教唆犯罪的；

（七）法律、行政法规禁止的其他内容。

第三十八条　任何单位和个人不得有下列行为：

（一）扰乱邮政营业场所正常秩序；

（二）阻碍邮政企业从业人员投递邮件；

（三）非法拦截、强登、扒乘带有邮政专用标志的车辆；

（四）冒用邮政企业名义或者邮政专用标志；

（五）伪造邮政专用品或者倒卖伪造的邮政专用品。

第四章　邮政资费

第三十九条　邮政普遍服务业务资费、邮政企业专营业务资费、机要通信资费以及国家规定报刊的发行资费实行政府定价，资费标准由国务院价格主管部门会同国务院财政部门、国务院邮政管理部门制定。

邮政企业的其他业务资费实行市场调节价，资费标准由邮政企业自主确定。

第四十条　制定邮政普遍服务业务资费标准和邮政企业专营业务资费标准，应当听取邮政企业、用户和其他有关方面的意见。

邮政企业应当根据国务院价格主管部门、国务院财政部门和国务院邮政管理部门的要求，提供准确、完备的业务成本数据和其他有关资料。

第四十一条　邮件资费的交付，以邮资凭证、证明邮资已付的戳记以及有关业务单据等表示。

邮资凭证包括邮票、邮资符志、邮资信封、邮资明信片、邮资邮简、邮资信卡等。

任何单位和个人不得伪造邮资凭证或者倒卖伪造的邮资凭证，不得擅自仿印邮票和邮资图案。

第四十二条　普通邮票发行数量由邮政企业按照市场需要确定，报国务院邮政管理部门备案；纪念邮票和特种邮票发行计划由邮政企业根据市场需要提出，报国务院邮政管理部门审定。国务院邮政管理部门负责纪念邮票的选题和图案审查。

邮政管理部门依法对邮票的印制、销售实施监督。

第四十三条　邮资凭证售出后，邮资凭证持有人不得要求邮政企业兑换现金。

停止使用邮资凭证，应当经国务院邮政管理部门批准，并在停止使用九十日前予以公告，停止销售。邮资凭证持有人可以自公告之日起一年内，向邮政企业换取等值的邮资凭证。

第四十四条　下列邮资凭证不得使用：

（一）经国务院邮政管理部门批准停止使用的；

（二）盖销或者划销的；

（三）污损、残缺或者褪色、变色，难以辨认的。

从邮资信封、邮资明信片、邮资邮简、邮资信卡上剪下的邮资图案，不得作为邮资凭证使用。

第五章　损失赔偿

第四十五条　邮政普遍服务业务范围内的邮件和汇款的损失赔偿，适用本章规定。

邮政普遍服务业务范围以外的邮件的损失赔偿，适用有关民事法律的规定。

邮件的损失，是指邮件丢失、损毁或者内件短少。

第四十六条　邮政企业对平常邮件的损失不承担赔偿责任。但是，邮政企业因故意或者重大过失造成平常邮件损失的除外。

第四十七条　邮政企业对给据邮件的损失依照下列规定赔偿：

（一）保价的给据邮件丢失或者全部损毁的，按照保价额赔偿；部分损毁或者内件短少的，按照保价额与邮件全部价值的比例对邮件的实际损失予以赔偿。

（二）未保价的给据邮件丢失、损毁或者内件短少的，按照实际损失赔偿，但最高赔偿额不超过所收取资费的三倍；挂号信件丢失、损毁的，按照所收取资费的三倍予以赔偿。

邮政企业应当在营业场所的告示中和提供给用户的给据邮件单据上，以足以引起用户注意的方式载明前款规定。

邮政企业因故意或者重大过失造成给据邮件损失，或者未履行前款规定义务的，无权援用本条第一款的规定限制赔偿责任。

第四十八条　因下列原因之一造成的给据邮件损失，邮政企业不承担赔偿责任：

（一）不可抗力，但因不可抗力造成的保价的给据邮件的损失除外；

（二）所寄物品本身的自然性质或者合理损耗；

（三）寄件人、收件人的过错。

第四十九条　用户交寄给据邮件后，对国内邮件可以自交寄之日起一年内持收据向邮政企业查询，对国际邮件可以自交寄之日起一百八十日内持收据向邮政企业查询。

查询国际邮件或者查询国务院邮政管理部门规定的边远地区的邮件的，邮政企业应当自用户查询之日起六十日内将查询结果告知用户；查询其他邮件的，邮政企业应当自用户查询之日起三十日内将查询结果告知用户。查复期满未查到邮件的，邮政企业应当依照本法第四十七条的规定予以赔偿。

用户在本条第一款规定的查询期限内未向邮政企业查询又未提出赔偿要求的，邮政企业不再承担赔偿责任。

第五十条　邮政汇款的汇款人自汇款之日起一年内，可以持收据向邮政企业查询。邮政企业应当自用户查询之日起二十日内将查询结果告知汇款人。查复期满未查到汇款的，邮政企业应当向汇款人退还汇款和汇款费用。

第六章　快递业务

第五十一条　经营快递业务，应当依照本法规定取得快递业务经营许可；未经许可，任何单位和个人不得经营快递业务。

外商不得投资经营信件的国内快递业务。

国内快递业务，是指从收寄到投递的全过程均发生在中华人民共和国境内的快递业务。

第五十二条　申请快递业务经营许可，应当具备下列条件：

（一）符合企业法人条件；

（二）在省、自治区、直辖市范围内经营的，注册资本不低于人民币五十万元，跨省、自治区、直辖市经营的，注册资本不低于人民币一百万元，经营国际快递业务的，注册资本不低于人民币二百万元；

（三）有与申请经营的地域范围相适应的服务能力；

（四）有严格的服务质量管理制度和完备的业务操作规范；

（五）有健全的安全保障制度和措施；

（六）法律、行政法规规定的其他条件。

第五十三条　申请快递业务经营许可，在省、自治区、直辖市范围内经营的，应当向所在地的省、自治区、直辖市邮政管理机构提出申请，跨省、自治区、直辖市经营或者经营国际快递业务的，应当向国务院邮政管理部门提出申请；申请时应当提交申请书和有关申请材料。

受理申请的邮政管理部门应当自受理申请之日起四十五日内进行审查，作出批准或者不予批准的决定。予以批准的，颁发快递业务经营许可证；不予批准的，书面通知申请人并说明理由。

邮政管理部门审查快递业务经营许可的申请，应当考虑国家安全等因素，并征求有关部门的意见。

申请人凭快递业务经营许可证向工商行政管理部门依法办理登记后，方可经营快递业务。

第五十四条　邮政企业以外的经营快递业务的企业（以下称快递企业）设立分支机构或者合并、分立的，应当向邮政管理部门备案。

第五十五条　快递企业不得经营由邮政企业专营的信件寄递业务，不得寄递国家机关公文。

第五十六条　快递企业经营邮政企业专营业务范围以外的信件快递业务，应当在信件封套的显著位置标注信件字样。

快递企业不得将信件打包后作为包裹寄递。

第五十七条 经营国际快递业务应当接受邮政管理部门和有关部门依法实施的监管。邮政管理部门和有关部门可以要求经营国际快递业务的企业提供报关数据。

第五十八条 快递企业停止经营快递业务的，应当书面告知邮政管理部门，交回快递业务经营许可证，并对尚未投递的快件按照国务院邮政管理部门的规定妥善处理。

第五十九条 本法第六条、第二十一条、第二十二条、第二十四条、第二十五条、第二十六条第一款、第三十五条第二款、第三十六条关于邮政企业及其从业人员的规定，适用于快递企业及其从业人员；第十一条关于邮件处理场所的规定，适用于快件处理场所；第三条第二款、第二十六条第二款、第三十五条第一款、第三十六条、第三十七条关于邮件的规定，适用于快件；第四十五条第二款关于邮件的损失赔偿的规定，适用于快件的损失赔偿。

第六十条 经营快递业务的企业依法成立的行业协会，依照法律、行政法规及其章程规定，制定快递行业规范，加强行业自律，为企业提供信息、培训等方面的服务，促进快递行业的健康发展。

经营快递业务的企业应当对其从业人员加强法制教育、职业道德教育和业务技能培训。

第七章 监督检查

第六十一条 邮政管理部门依法履行监督管理职责，可以采取下列监督检查措施：

（一）进入邮政企业、快递企业或者涉嫌发生违反本法活动的其他场所实施现场检查；

（二）向有关单位和个人了解情况；

（三）查阅、复制有关文件、资料、凭证；

（四）经邮政管理部门负责人批准，查封与违反本法活动有关的场所，扣押用于违反本法活动的运输工具以及相关物品，对信件以外的涉嫌夹带禁止寄递或者限制寄递物品的邮件、快件开拆检查。

第六十二条 邮政管理部门根据履行监督管理职责的需要，可以要求邮政企业和快递企业报告有关经营情况。

第六十三条 邮政管理部门进行监督检查时，监督检查人员不得少于二人，并应当出示执法证件。对邮政管理部门依法进行的监督检查，有关单位和个人应当配合，不得拒绝、阻碍。

第六十四条　邮政管理部门工作人员对监督检查中知悉的商业秘密，负有保密义务。

第六十五条　邮政企业和快递企业应当及时、妥善处理用户对服务质量提出的异议。用户对处理结果不满意的，可以向邮政管理部门申诉，邮政管理部门应当及时依法处理，并自接到申诉之日起三十日内作出答复。

第六十六条　任何单位和个人对违反本法规定的行为，有权向邮政管理部门举报。邮政管理部门接到举报后，应当及时依法处理。

第八章　法律责任

第六十七条　邮政企业提供邮政普遍服务不符合邮政普遍服务标准的，由邮政管理部门责令改正，可以处一万元以下的罚款；情节严重的，处一万元以上五万元以下的罚款；对直接负责的主管人员和其他直接责任人员给予处分。

第六十八条　邮政企业未经邮政管理部门批准，停止办理或者限制办理邮政普遍服务业务和特殊服务业务，或者撤销提供邮政普遍服务的邮政营业场所的，由邮政管理部门责令改正，可以处二万元以下的罚款；情节严重的，处二万元以上十万元以下的罚款；对直接负责的主管人员和其他直接责任人员给予处分。

第六十九条　邮政企业利用带有邮政专用标志的车船从事邮件运递以外的经营性活动，或者以出租等方式允许其他单位或者个人使用带有邮政专用标志的车船的，由邮政管理部门责令改正，没收违法所得，可以并处二万元以下的罚款；情节严重的，并处二万元以上十万元以下的罚款；对直接负责的主管人员和其他直接责任人员给予处分。

邮政企业从业人员利用带有邮政专用标志的车船从事邮件运递以外的活动的，由邮政企业责令改正，给予处分。

第七十条　邮政企业从业人员故意延误投递邮件的，由邮政企业给予处分。

第七十一条　冒领、私自开拆、隐匿、毁弃或者非法检查他人邮件、快件，尚不构成犯罪的，依法给予治安管理处罚。

第七十二条　未取得快递业务经营许可经营快递业务，或者邮政企业以外的单位或者个人经营由邮政企业专营的信件寄递业务或者寄递国家机关公文的，由邮政管理部门或者工商行政管理部门责令改正，没收违法所得，并处五万元以上十万元以下的罚款；情节严重的，并处十万元以上二十万元以下的罚款；对快递企业，还可以责令停业整顿直至吊销其快递业务经营许可证。

违反本法第五十一条第二款的规定，经营信件的国内快递业务的，依照前款规定处罚。

第七十三条　快递企业有下列行为之一的，由邮政管理部门责令改正，可以处一万元以下的罚款；情节严重的，处一万元以上五万元以下的罚款，并可以责令停业整顿：

（一）设立分支机构、合并、分立，未向邮政管理部门备案的；

（二）未在信件封套的显著位置标注信件字样的；

（三）将信件打包后作为包裹寄递的；

（四）停止经营快递业务，未书面告知邮政管理部门并交回快递业务经营许可证，或者未按照国务院邮政管理部门的规定妥善处理尚未投递的快件的。

第七十四条 邮政企业、快递企业未按照规定向用户明示其业务资费标准，或者有其他价格违法行为的，由政府价格主管部门依照《中华人民共和国价格法》的规定处罚。

第七十五条 邮政企业、快递企业不建立或者不执行收件验视制度，或者违反法律、行政法规以及国务院和国务院有关部门关于禁止寄递或者限制寄递物品的规定收寄邮件、快件的，对邮政企业直接负责的主管人员和其他直接责任人员给予处分；对快递企业，邮政管理部门可以责令停业整顿直至吊销其快递业务经营许可证。

用户在邮件、快件中夹带禁止寄递或者限制寄递的物品，尚不构成犯罪的，依法给予治安管理处罚。

有前两款规定的违法行为，造成人身伤害或者财产损失的，依法承担赔偿责任。

邮政企业、快递企业经营国际寄递业务，以及用户交寄国际邮递物品，违反《中华人民共和国海关法》及其他有关法律、行政法规的规定的，依照有关法律、行政法规的规定处罚。

第七十六条 邮政企业、快递企业违法提供用户使用邮政服务或者快递服务的信息，尚不构成犯罪的，由邮政管理部门责令改正，没收违法所得，并处一万元以上五万元以下的罚款；对邮政企业直接负责的主管人员和其他直接责任人员给予处分；对快递企业，邮政管理部门还可以责令停业整顿直至吊销其快递业务经营许可证。

邮政企业、快递企业从业人员有前款规定的违法行为，尚不构成犯罪的，由邮政管理部门责令改正，没收违法所得，并处五千元以上一万元以下的罚款。

第七十七条 邮政企业、快递企业拒绝、阻碍依法实施的监督检查，尚不构成犯罪的，依法给予治安管理处罚；对快递企业，邮政管理部门还可以责令停业整顿直至吊销其快递业务经营许可证。

第七十八条 邮政企业及其从业人员、快递企业及其从业人员在经营活动中有危害国家安全行为的，依法追究法律责任；对快递企业，并由邮政管理部门吊销其快递业务经营许可证。

第七十九条 冒用邮政企业名义或者邮政专用标志，或者伪造邮政专用品或者倒卖伪造的邮政专用品的，由邮政管理部门责令改正，没收伪造的邮政专用品以及违法所得，并处一万元以上五万元以下的罚款。

第八十条　有下列行为之一，尚不构成犯罪的，依法给予治安管理处罚：

（一）盗窃、损毁邮政设施或者影响邮政设施正常使用的；

（二）伪造邮资凭证或者倒卖伪造的邮资凭证的；

（三）扰乱邮政营业场所、快递企业营业场所正常秩序的；

（四）非法拦截、强登、扒乘运送邮件、快件的车辆的。

第八十一条　违反本法规定被吊销快递业务经营许可证的，自快递业务经营许可证被吊销之日起三年内，不得申请经营快递业务。

快递企业被吊销快递业务经营许可证的，应当依法向工商行政管理部门办理变更登记或者注销登记。

第八十二条　违反本法规定，构成犯罪的，依法追究刑事责任。

第八十三条　邮政管理部门工作人员在监督管理工作中滥用职权、玩忽职守、徇私舞弊，构成犯罪的，依法追究刑事责任；尚不构成犯罪的，依法给予处分。

第九章　附则

第八十四条　本法下列用语的含义：

邮政企业，是指中国邮政集团公司及其提供邮政服务的全资企业、控股企业。

寄递，是指将信件、包裹、印刷品等物品按照封装上的名址递送给特定个人或者单位的活动，包括收寄、分拣、运输、投递等环节。

快递，是指在承诺的时限内快速完成的寄递活动。

邮件，是指邮政企业寄递的信件、包裹、汇款通知、报刊和其他印刷品等。

快件，是指快递企业递送的信件、包裹、印刷品等。

信件，是指信函、明信片。信函是指以套封形式按照名址递送给特定个人或者单位的缄封的信息载体，不包括书籍、报纸、期刊等。

包裹，是指按照封装上的名址递送给特定个人或者单位的独立封装的物品，其重量不超过五十千克，任何一边的尺寸不超过一百五十厘米，长、宽、高合计不超过三百厘米。

平常邮件，是指邮政企业在收寄时不出具收据，投递时不要求收件人签收的邮件。

给据邮件，是指邮政企业在收寄时向寄件人出具收据，投递时由收件人签收的邮件。

邮政设施，是指用于提供邮政服务的邮政营业场所、邮件处理场所、邮筒

（箱）、邮政报刊亭、信报箱等。

邮件处理场所，是指邮政企业专门用于邮件分拣、封发、储存、交换、转运、投递等活动的场所。

国际邮递物品，是指中华人民共和国境内的用户与其他国家或者地区的用户相互寄递的包裹和印刷品等。

邮政专用品，是指邮政日戳、邮资机、邮政业务单据、邮政夹钳、邮袋和其他邮件专用容器。

第八十五条 本法公布前按照国家有关规定，经国务院对外贸易主管部门批准或者备案，并向工商行政管理部门依法办理登记后经营国际快递业务的国际货物运输代理企业，凭批准或者备案文件以及营业执照，到国务院邮政管理部门领取快递业务经营许可证。国务院邮政管理部门应当将企业领取快递业务经营许可证的情况向其原办理登记的工商行政管理部门通报。

除前款规定的企业外，本法公布前依法向工商行政管理部门办理登记后经营快递业务的企业，不具备本法规定的经营快递业务的条件的，应当在国务院邮政管理部门规定的期限内达到本法规定的条件，逾期达不到本法规定的条件的，不得继续经营快递业务。

第八十六条 省、自治区、直辖市应当根据本地区的实际情况，制定支持邮政企业提供邮政普遍服务的具体办法。

第八十七条 本法自 2009 年 10 月 1 日起施行。

003

中华人民共和国邮政法实施细则

国务院

1990 年 11 月 12 日

第一章　总则

第一条　根据《中华人民共和国邮政法》（以下简称《邮政法》）的规定，制定本实施细则。

第二条　中华人民共和国邮电部（以下简称邮电部）是国务院邮政主管部门，管理全国邮政工作。各省、自治区、直辖市邮电管理局（以下简称邮电管理局）是地区邮政管理机构，管理该地区的邮政工作。

第三条　市、县邮电局（含邮政局，下同）是全民所有制的经营邮政业务的公用企业（以下简称邮政企业），经邮电管理局授权，管理该地区的邮政工作。邮电支局、邮电所、邮政支局、邮政所是办理邮政业务的分支机构（以下简称分支机构）；邮亭、邮政报刊亭等是邮政企业的服务点。

邮电代办所视同邮政企业所属的分支机构。

第四条　未经邮政企业委托，任何单位或者个人不得经营信函、明信片或者其他具有信件性质的物品的寄递业务，但国务院另有规定的除外。信函是指以套封形式传递的缄封的信息的载体。其他具有信件性质的物品是指以符号、图像、音响等方式传递的信息的载体。具体内容由邮电部规定。

第五条　邮政企业委托其他单位或者个人代办邮政业务时，应当协商一致，并签订代办合同。

第六条　凡使用我国邮政业务的一切单位或者个人统称邮政用户（以下简称用户）。

第七条　邮政企业应当为用户提供迅速、准确、安全、方便的邮政服务，保障用户使用邮政的合法权益。任何单位或者个人均负有保护通信自由、通信秘密和邮件安全的责任；任何单位或者个人不得利用邮政业务进行法律、法规和政策所禁止的活动。除因国家安全或者追查刑事犯罪需要，由公安机关、国家安全机关或者检察机关依法对通信进行检查外，邮件在运输、传递过程中，任何单位或者个人不得以任何理由检查、扣留。

第八条　因国家安全或者追查刑事犯罪需要，公安机关、国家安全机关、检察机关检查、扣留邮件，冻结汇款、储蓄存款时，必须依法向相关县或者县级以上的邮政企业、邮电管理局出具相应的检查、扣留、冻结通知书，并开列邮件、汇款、储蓄存款的具体节目，办理检查、扣留、冻结手续后，由邮政企业指派专人负责拣出，逐件登记后办理交接手续；对于不需要继续检查、扣留、冻结或者查明与案件无关的邮件、汇款、储蓄存款，应当及时退还邮政企业。邮件、汇款、储蓄存款在检查、扣留、冻结期间造成丢失、损毁的，由相关的公安机关、国家安全机关、检察机关负责赔偿。

第九条 人民法院、检察机关依法没收国内邮件、汇款、储蓄存款时，必须出具法律文书，向相关县或者县级以上邮政企业、邮电管理局办理手续。没收进出口国际邮递物品应当由海关作出决定，并办理手续。

第十条 有关单位依照法律规定需要收集、调取证据、查阅邮政业务档案时，必须凭相关邮政企业所在地的公安机关、国家安全机关、检察机关、人民法院出具的书面证明，并开列邮件具体节目，向相关县或者县级以上的邮政企业、邮电管理局办理手续。

第十一条 任何单位或者个人不得从事下列行为妨害邮政工作的正常进行：

（一）损坏邮政设施；

（二）在邮政企业及分支机构门前或者出入通道设摊、堆物，妨害用户用邮或者影响运邮车辆通行；

（三）在办理邮政业务的场所无理取闹或者扰乱正常秩序；

（四）阻碍邮政工作人员依法执行公务或者寻衅滋事；

（五）拦截邮政运输工具、非法阻碍邮件运递或者强行登乘邮政运输工具；

（六）非法检查或者截留邮件；

（七）其他妨害邮政企业及分支机构或者邮政工作人员正常工作的行为。

第二章 邮政企业的设置和邮政设施

第十二条 邮政企业及分支机构的设置标准，由邮电部规定；邮政企业的设置或者撤销，由邮电部批准；分支机构的设置或者撤销，由邮电管理局批准，报邮电部备案。

第十三条 地方各级人民政府应当将邮政企业及分支机构的设置和邮政设施的建设纳入城乡建设规划。

第十四条 建设城市新区、独立工矿区、住宅区或者旧城区成片改造，应当同时规划和设置与之配套的邮政企业及分支机构和邮政设施。

第十五条 邮政企业依法设置邮亭、邮政报刊亭、邮筒、信箱或者流动服务时，有关单位或者个人应当提供方便。

第十六条 接收邮件的信报箱是居民楼房的配套设施，设计单位应当将其纳入民用住宅建筑设计标准。居民楼房每一单元的地面层应当安装与住户房号相适应的信报箱或者在楼房集中处设置信报箱间（群），供住户接收邮件使用。信报箱由居民楼房的产权所有者或者管理单位负责维修、更换，也可以委托当地邮政企业或者其分支机构维修、更换，所需工料费由委托单位支付。

第十七条　较大的车站、机场、港口、饭店、应当在方便旅客的地方提供办理邮政业务的场所；邮政企业应当提供邮政业务服务。

第十八条　任何单位因建设需要，征用、拆迁邮政企业及分支机构或者邮政设施时，应当与当地邮政企业协商，在保证邮政通信正常进行的情况下，应当将邮政企业及分支机构、邮政设施迁至适宜的地方或者另建，所需费用由征用、拆迁单位承担。

第三章　邮政业务的种类

第十九条　邮政企业经营国内、国际邮件的寄递业务和邮件的特快专递业务。国内邮件是指在中华人民共和国领域内互寄的邮件，其中寄自或者寄往香港、澳门、台湾地区的邮件称港澳台地区邮件；国际邮件是指中华人民共和国与其他国家、地区之间互寄的邮件和其他国家、地区通过中国境内经转的邮件。

第二十条　国内报刊发行业务是指报刊社委托邮政企业发行报纸、杂志的业务。

第二十一条　报刊社委托邮政企业发行报刊时，应当根据报刊发行的范围向指定的邮政企业或者邮政报刊发行局，出具有关主管部门批准出版和领有报纸、期刊登记证的证明。邮政企业有接办发行能力的，应当与报刊社遵循平等互利、协商一致、等价有偿的原则，按照国家有关规定签订报刊发行合同。

第二十二条　邮政储蓄、邮政汇兑业务是邮政企业为国家积聚资金、沟通经济往来所经办的金融业务，由邮电部统一管理，并按照国家有关规定，在金融业务上接受中国人民银行的指导。各相关银行应当为邮政企业办理的储蓄、汇兑业务提供便利。

第二十三条　各项邮政业务的具体种类和邮件分类，由邮电部规定。

第四章　邮政业务资费和邮资凭证

第二十四条　邮政业务的基本资费是指邮政专营的国内平常信函、明信片的资费；非基本资费是指基本资费以外的邮政业务资费。邮政业务的基本资费由国务院物价主管部门制定，报国务院批准；非基本资费由邮电部规定。

第二十五条　制定和调整邮政业务资费的依据是：

（一）以保证邮政通信企业的成本费用和自我发展能力为原则，适应社会需要；

（二）国内邮政业务资费，依据支出费用的变动相应调整；

（三）国际邮政业务资费，依据“万国邮政联盟”的规定和国际、国内成本费用以及人民币汇率比价的变化作相应调整。

第二十六条 邮资凭证是邮电部发行的，作为邮件纳费标志的有价证券，包括邮票，印在邮资信封、邮资明信片、邮资邮简上的邮票图案，邮资机打印的邮资符志。

第二十七条 “万国邮政联盟”发行的国际回信券，可以根据国际统一规定，兑换成等于特定重量级别的特定类别资费的邮票，但是不得兑换现金。

第二十八条 因工作需要，仿印邮票图案的，必须按照仿印邮票图案的有关规定，报经邮电部邮票主管部门或者有关邮电管理局审核、批准。

印刷单位不得承印未经批准的仿印邮票图案和与邮票相似的印件。

第二十九条 印制通信使用的信封必须符合国家标准，并由当地邮电管理局监制。

第三十条 印制明信片必须符合邮电部规定的规格标准。

县以上邮政企业，经邮电管理局批准，可以印制、发行带有“中国人民邮政”字样的明信片；其他单位印制明信片，由当地邮电管理局监制，但不得带有“中国人民邮政”字样。

第五章 邮件的寄递和损失赔偿

第三十一条 义务兵从部队发出的平常信函，免费寄递，其他军人不得免费寄递信函。义务兵寄递平常信函的监督管理办法由邮电部会同中国人民解放军有关部门制定。

第三十二条 用户交寄邮件应当符合邮电部规定的准寄内容、封装规格、书写格式，并正确书写邮政编码，其中，用户交寄信函使用的信封，必须符合国家标准；邮件封面和邮政业务单式上不得印（写）有或者粘贴与邮件无关的文字或者其他物品，邮资凭证正面不得涂抹、覆盖其他物品；不得使用伪造、仿印、剪割拼补、加工去污的邮资凭证。

第三十三条 禁止寄递或者在邮件内夹带下列物品：

（一）法律规定禁止流通或者寄递的物品；

（二）反动报刊书籍、宣传品或者淫秽物品；

（三）爆炸性、易燃性、腐蚀性、放射性、毒性等危险物品；

（四）妨害公共卫生的物品；

（五）容易腐烂的物品；

（六）各种活的动物；

（七）各种货币；

（八）不适合邮寄条件的物品；

（九）包装不妥，可能危害人身安全、污染或者损毁其他邮件、设备的物品。

前款物品，符合邮电部特准交寄规定并确保安全的，可以收寄。

第三十四条　国内限量寄递物品由邮电部会同国务院有关部门规定。

第三十五条　对于违反禁寄、限寄规定寄递的物品，邮政企业或者分支机构应当根据其种类、性质、数量等分别作出下列处理：

（一）不予寄递；

（二）通知寄件人限期领回，逾期不领的就地处理；

（三）移送相关部门依法处理；

（四）造成危害人身安全或者污染、损毁其他邮件、设备的，由寄件人承担赔偿责任。按照前款（二）项、（三）项处理所需的费用，由寄件人承担。

第三十六条　新建的企业、事业、居民住宅，应当由单位或者居民住宅的主管部门到当地邮政企业或者分支机构办理邮件投递登记手续；单位更改名称、收件人变更地址，应当事先通知当地邮政企业或者分支机构，也可以办理邮件改寄新址手续。邮政企业应当公布登记地点和电话号码。

具备下列条件者，有关邮政企业或者分支机构应当予以登记，并自登记之日起九十日内安排投递：

（一）具备邮政车辆和邮政工作人员执行公务的通行条件；

（二）有公安机关统一编制的门牌号数；

（三）已安装接收邮件的信报箱或者已设立收发室；

（四）按规定需要办理中外文名称登记的，应当办妥手续。

第三十七条　邮件的投递方式，除邮电部另有规定外，按下列方式投递：

（一）按址投递

城镇居民的邮件，按收件人地址投递到平房院落门口或者楼房地面层的信报箱或者收发室。单位、单位内附设的机构和个人以及单位院内宿舍用户的邮件，投递到单位收发室。收发室应当设在楼房的地面层，两个以上单位同在一处的，应当商定统一接收邮件的地点。需要上楼投递邮件、报刊的，用户应当与相关邮政企业或者分支机构协商，并按照规定由用户支付特殊服务费。农村、牧区的邮件，根据交通条件和邮件量的具体情况，一般投递到乡或者行政村的固定地点；乡或者行政村以下的邮件，由乡人民政府或者村民委员会与邮政企业或者分支机构协商妥交收件人的方式。寄交船舶的邮件，投递到船舶隶属单位的收发室。

（二）用户领取

必须凭通知单到邮政企业或者分支机构办理手续才能领取的邮件，以邮政信箱（用户专用信箱）号码为收件人地址的邮件，存局候领的邮件，超出按址投递规定重量的邮件以及大宗邮件，采用用户领取的方式。

第三十八条 收件人领取给据邮件，收款人兑领汇款，应当向相关邮政企业或者分支机构交验本人有效证件，并在相关单式上盖章或者签名。代收人受收件（款）人委托，代收给据邮件（汇款）时，应当交验收件（款）人和代收人的有效证件，经邮政企业或者分支机构确认后，由代收人盖章或者签名接收。有效证件包括居民身份证、户口簿、工作证。

第三十九条 收件人接收给据邮件时发现封皮破损，应当场声明，并核对内件。确属邮政企业或者分支机构的责任而造成内件短少、损毁的，或者由于邮政企业、分支机构的责任造成给据邮件丢失、损毁的，邮政企业或者分支机构应当按照规定予以赔偿。由于收件人所在单位收发人员的过失造成给据邮件丢失、损毁、内件短少者，相关收发人员应当承担规定的赔偿责任。邮件运递的具体要求由邮电部规定，并予以公告。邮件运递违反邮电部规定的，邮政企业或者分支机构应当向用户补偿，具体补偿办法由邮电部规定。

第四十条 用户误收的邮件，应当及时退还邮政企业或者分支机构；用户误拆的邮件应当重封签章后退还邮政企业或者分支机构，并对误拆邮件的内容保守秘密。

第四十一条 单位收发人员接收给据邮件时，应当认真点核无误后，在相关清单上盖章签收。收发人员对于各种邮件负有保护和及时传送的责任，不得私拆、隐匿、毁弃邮件或者撕揭邮票。

第六章 邮件的运输、验关和检疫

第四十二条 邮电部、邮电管理局应当把邮件运输流向流量变化情况及时通告相关运输部门。各运输部门应当根据邮政通信需要，优先提供有效的车次、航班、舱容。相关运输部门应当在车站、机场、港口、码头妥善安排装卸、储存邮件和作业所需的场地、出入通道、房屋，以及通报行车或者航行情况的信息设施。新建、改建、护建车站、机场、港口、码头，应当统一规划邮件存放、转运所需的场地和通道，其有关基建费用由邮政企业承担。

第四十三条 邮政企业委托运输单位运送邮件，应当签订运邮协议。

第四十四条 运输单位承运的邮件应当先于货物发运。因故临时停运或者改变运行时间、停靠位置时，运输单位应当及时通知邮政企业或者分支机构。

第四十五条 载有邮件的船舶应当悬挂邮旗，各有关港口对于悬挂邮旗的船舶应当优先放行。

第四十六条 运输单位承运邮件，除邮政企业或者分支机构派员押运者外，应当与邮政企业或者分支机构办理交接签收手续。除不可抗力原因外，邮件在运输单位保管期间或者在运输途中发生丢失、短少、损毁等，相关运输单位应当按照运邮协议的规定予以赔偿。运邮船舶发生海难必须抛弃所载货物时，非至最后，不得抛弃所运邮件。

第四十七条　执行邮件运输和投递任务的车、船、邮政工作人员通过桥梁、渡口、隧道、检查站时，有关方面应当优先放行。带有邮政专用标志的邮政车辆在运递邮件时，凭公安机关核发的通行证，可以不受禁行路线、禁停地段的限制。运邮车辆或者邮政工作人员在运递邮件途中违章，有关主管部门应当记录后放行，待其完成运递任务后，再行处理。

第四十八条　邮政企业依据运输工具到站（港）、离站（港）时间和运递时限制订的作业时间表应当在变更前三日通知海关。海关应当按照邮政企业通知的作业时间表派员到场监管国际邮袋、查验进出口国际邮递物品；逾时不到场，延误运递时限造成的相关责任，由海关承担。海关依法查验国际邮包时，在设关地应当与用户当面查验。收、寄件人不能到场的，由海关开拆查验，邮政工作人员在场配合。被开拆查验的邮包，由海关和邮政企业共同封装，双方加具封签或者戳记。海关依法开拆查验的印刷品，应当重封并加具海关封签或者戳记。

第四十九条　用户交寄应当施行卫生检疫或者动植物检疫的邮件，必须附有检疫证书。检疫部门应当及时对邮件进行验放，以保证邮件的运递时限。

第五十条　海关、检疫部门依法查验国际邮递物品或者检疫邮件，应当注意爱护；需要封存时，除向寄件人或者收件人发出通知外，应当同邮政企业或者分支机构履行交接手续，并负责保管，封存期不得超过四十五日。特殊情况需要延长封存期的，应当征得邮政企业或者分支机构及寄件人或者收件人的同意，并以不致造成被封存国际邮递物品或者邮件的损失为前提。被封存国际邮递物品或者邮件退还邮政企业或者分支机构时，邮政工作人员应当核对无误后予以签收。依法没收国际邮递物品或者经卫生、动植物检疫必须依法销毁的邮件，海关或者检疫部门应当出具没收或者检疫处理通知单，并及时通知寄件人或者收件人和邮政企业或者分支机构。国际邮递物品在依法查验、封存期间，发生丢失、短少、损毁等，由海关或者检疫部门负责赔偿或处理。

第五十一条　依法查验邮递物品或者对邮件实施检疫需要使用邮政企业或者分支机构的场地和房屋时，由邮政企业与有关部门根据工作需要和实际可能协商解决。

第五十二条　由海关依法处理的无着进口国际邮包，海关应当支付相关邮政费用。

第五十三条　出口国际邮件的海关关单的传递方式由海关总署与邮电部商定。

第七章　罚则

第五十四条　违反本细则第十一条规定的，由有关部门按照国家有关规定根据情节轻重，予以处罚；违反治安管理有关规定的，由公安机关依照《中华人民共和国治安管理处罚条例》处罚。

第五十五条 违反本细则第三十三条第三项规定，尚未造成严重后果的，由公安机关依照《中华人民共和国治安管理处罚条例》处理。

第五十六条 伪造或者冒用邮政专用标志、邮政标志服或者邮政日戳、邮政夹钳、邮袋等邮政专用品的，由邮电管理局或其授权单位处以一千五百元以下罚款，并没收有关物品。

第五十七条 以营利为目的，伪造邮资凭证，未经许可仿印邮票图案或者印制带有"中国人民邮政"字样明信片的，由邮电管理局或其授权单位处以五千元以下罚款，并没收非法所得和非法物品。由于用户的故意，交寄的邮件使用不符合规定的邮资凭证的，邮政企业或者分支机构不予发寄，通知寄件人限期撤回，并处以应付邮资十倍的罚款；无法通知寄件人或者逾期不办理撤回手续的，作为无着邮件处理。

第五十八条 邮政工作人员隐匿、毁弃、私拆、盗窃邮件，贪污、冒领用户款项的，邮政企业应当追回赃款赃物，可以并处罚款，还可以根据情节轻重，给予行政处分。具体办法由邮电部规定。

第五十九条 违反本细则第四十一条第二款规定的，依照《邮政法》第三十六条规定追究责任。

第六十条 违反本细则规定，构成犯罪的，由司法机关依法追究刑事责任。

第六十一条 误收、误拆他人信件不予退还或者已退还但泄露信件内容，侵犯他人通信自由权利的，依照《邮政法》第三十六条规定追究责任。

第八章 附则

第六十二条 本细则所称公安机关、国家安全机关、检察机关是指县以上（含县级）公安机关、国家安全机关、检察机关。

第六十三条 邮电部可以根据本细则制定有关规章。

第六十四条 本细则由邮电部负责解释。

第六十五条 本细则自发布之日起施行。

二　邮政业

004

国务院关于印发邮政体制改革方案的通知

国发〔2005〕27号

各省、自治区、直辖市人民政府，国务院各部委、各直属机构：

国务院同意发展改革委会同有关部门和单位研究提出的《邮政体制改革方案》，现印发给你们，请认真贯彻执行。

国务院

二〇〇五年八月十九日

邮政体制改革方案

国务院

2005年8月19日

邮政业是国家重要的社会公用事业，邮政网络是国家重要的通信基础设施。长期以来，邮政业在促进我国国民经济和社会发展、保障公民的基本通信权利等方面发挥了重要作用。但是，随着经济体制改革的不断深化，我国邮政业传统的政企合一的管理体制已不能适应市场经济需要。特别是我国加入世界贸易组织以来，邮政市场竞争日益加剧，邮政业发展和政府监管面临新的形势，进一步深化邮政体制改革已经成为当前的一项重要而紧迫的任务。改革的基本思路是：实行政企分开，加强政府监管，完善市场机制，从机制和制度上保障普遍服务和特殊服务，确保通信安全；改革邮政主业和邮政储蓄管理体制，促进邮政业向信息流、资金流和物流"三流合一"的现代邮政业方向发展，提高企业竞争力。通过改革，建立企业独立自主经营、政府依法监管的邮政体制，进一步促进我国邮政事业的发展。

一、实行政企分开

（一）重组邮政监管机构。在剥离国家邮政局的企业职能、资产和人员的基础上重组国家邮政局，为国家邮政监管机构。其主要职能是：研究提出邮政业的发展战略、发展规划和有关政策；起草邮政行业的法律、行政法规和规章草案；依法监管市场，保障公平竞争；负责邮政市场准入；保障通信与信息安全；研究提出邮政服务价格政策和基本邮政业务价格建议，并监督执行；制订邮政服务标准，监督邮政服务质量；推进邮政普遍服务机制的建立和完善；负责纪念邮票的选题和图案审查；负责审定纪念邮票和特种邮票年度计划；代表国家参加国际邮政组织，处理政府间邮政事务；办理国务院交办的其他事项。国家邮政局为副部级单位，由信息产业部负责管理。

设立省（区、市）邮政管理局为省（区、市）邮政监管机构，受国家邮政局垂直领导。其主要职能是：贯彻执行国家关于邮政行业管理的法律法规、方针政策和邮政服务标准，监督管理本地区邮政市场，组织协调本地区邮政普遍服务、机要通信等特殊服务的实施。

国家和省级邮政监管机构具体机构设置、人员编制等按程序另行报批，相关行政经费由财政部按照预算管理有关规定核定，列入国家邮政局部门预算。

（二）组建中国邮政集团公司。将国家邮政局的企业职能、经营性资产和人员分离出来，组建中国邮政集团公司作为国务院授权投资机构，财务关系在财政部单列，并暂由国家邮政局、财政部分别作为其行政主管和国有资产管理部门，条件成熟后另行研究调整管理关系。中国邮政集团公司负责经营和管理国有资产，承担国有资产保值增值义务；经营各类邮政业务，强化公共服务职能，加快竞争性领域市场化进程；继续使用中国邮政名称和标志，实现无形资产保值、增值。其主要职责是：经营集团公司及下属企业的全部国有资产和国有股权；经营国内和国际邮件寄递业务；经营报刊等出版物发行业务；依托邮政网络，开发邮政物流、电子邮件等新兴业务；受政府委托，办理机要通信业务和义务兵通信业务；经营邮票发行业务，普通邮票发行数量由中国邮政集团公司按市场需要确定，纪念邮票和特种邮票发行计划由中国邮政集团公司根据市场情况提出（报国家邮政局审定）；经营邮政汇兑业务，依法经营邮政储蓄业务；按照国家及国际有关规定，办理国际业务对外结算；经有关部门批准后，可从事国内外投融资和其他业务。

中国邮政集团公司要加强农村和边远地区服务。鼓励中国邮政集团公司在农村开展直接为农民生产、生活服务的有关业务。经批准，中国邮政集团公司可以在农村开展化肥、种子、农药等农业物资配送，可以经营电信增值业务，可以参与教材等图书发行业务的公开招标。

将各省（区、市）邮政局的企业职能、经营性资产和相关人员分离出来，组建为中国邮政集团公司的全资子公司或控股公司。

二、改革邮政主业

（一）调整业务结构。在传统邮政业务基础上，积极拓展业务领域。重点发展电子商务、现代物流等新业务，逐步向现代邮政业转变。

（二）优化邮政网络。在保障普遍服务的基础上，进一步优化邮政网络布局。适当调整农村和低收入地区的邮政经营网点，把业务量小、经营效益低的自办网点转为委托代理经营。增加配备必要的邮政航空运能，开辟国际邮运航线。

（三）实行企业内部重组，优化企业资产和人员配置。剥离非主业资产、闲置资产和破产企业中的有效资产，实行主辅分离，辅业改制。鼓励中国邮政集团公司根据现代邮政业发展需要，对企业进行重组，组建物流、速递、电子商务等专业公司，实行专业化经营。按照现代企业制度要求，加快邮政企业改革，建立完善公司法人治理结构。优化企业组织结构和人力资源配置，压缩管理层级，合理配置经营网点人员，通过培训转岗等途径分流安置冗余人员。健全成本控制机制和内部激励约束机制，降低运行成本，提高经营效益。支持中国邮政集团公司优良资产在境内外上市融资。

三、改革邮政储蓄

（一）按照金融体制改革的方向，加快成立邮政储蓄银行。在保留利用邮政网络吸储功能的基础上，邮政业务与邮政储蓄业务财务分账核算，邮政储蓄实行市场化经营管理，自负盈亏，并积极完善条件，加快成立中国邮政集团公司控股的中国邮政储蓄银行，所有邮政金融业务划归邮政储蓄银行管理。中国邮政储蓄银行的组建方案及其业务范围由银监会审核后报国务院批准。中国邮政储蓄银行成立后由中国人民银行和银监会进行调控和监管，财政部进行财务监管和国有资产管理，实现金融业务规范化经营，并允许与国内外金融机构合资合作。

（二）改变目前邮储资金全额转存中央银行模式。在中国人民银行和银监会的监管下，逐步推动邮储资金自主运用，实现平稳过渡。以2003年8月1日为界，邮政储蓄在中央银行的原有转存款在2005年8月1日前维持现行政策不变，同时邮政储蓄新增存款由邮政储蓄机构自主运用。自2005年8月1日起，邮政储蓄在中央银行的原有转存款分5年逐步转出，原则上第一年转出10%，第二年转出3%，第三年转出20%，第四年转出25%，第五年转出30%，未转出部分仍按目前4.131%的利率计息，如存贷款利率再次上调，邮政储蓄在中央银行的转存款利率由人民银行根据宏观金融形势，依法与邮政储蓄机构协商调整。邮政储蓄机构可根据市场变化情况，经商有关部门同意，在保老转存款5年转出的前提下，对老转存款每年转出比例作适当调整。

（三）逐步扩大邮储资金的自主运用范围。可以利用邮储蓄资金购买信用等级较高的企业债券和商业银行发行的次级债券，参与银行间市场债券买卖；办理中资银行、农村信用社大额协议存款；与政策性银行合作，开展部分中间业务。结合农村金融改革，加大为“三农”服务的力度，保证一定比例的资金以适当形式投向“三农”。自本方案批准之日起，由银监会根据市场情况和邮政储蓄机构的风险防范能力，审批邮政储蓄机构逐步开展基金投资、个人质押贷款、同业拆借、外汇存款、票据等业务；同时做好有关业务开展的准备和衔接工作。

（四）健全金融风险控制和防范机制。按照金融风险要求，邮政储蓄机构要依据国家有关规定建立授权授信等内控机制，根据各分支机构不同的经营情况，分别授予相应经营权限；建立风险防范制度，制订邮政储蓄资金运用章程，严格执行消除应付利息挂账、坏账和避免占用储蓄资金的措施；建立内部稽核机构并配备相应人员，增强内部的独立性、专业性和有效性；加强邮政储蓄从业人员培训和资格认证，提高从业人员业务素质。银监会要加强对储蓄的稽核监督。

四、完善邮政改革配套机制

（一）建立普遍服务机制。中国邮政集团公司承担普遍服务义务。通过立法确定普遍服务范围和标准，邮政企业要建立健全成本削减激励机制，在保证普遍服务能力和服务标准的前提下努力降低普遍服务成本。在此基础上，邮政普遍服务亏损由国家财政补贴。

为支持邮政业发展，增强普遍服务能力，保障公民的基本通信权利，国家对邮政普遍服务和机要通信等特殊服务实行必要的税收减免政策，具体办法由财政部商税务总局研究提出，报国务院批准后实行。同时，国家设立邮政普遍服务基金，具体征收使用管理办法由财政部商有关部门研究提出，报国务院批准后公布实行。

（二）完善特殊服务机制。理顺机要通信、党报党刊发行、义务兵通信等特殊业务关系，调整和完善特殊业务成本负担机制。政企分开后，机要通信、党报党刊发行、义务兵通信、盲人读物寄递等特殊服务亏损，由国家财政在研究邮政企业承担普遍服务和特殊服务亏损问题时统筹解决。

自2005年8月1日起到2010年8月1日，邮政普遍服务和特殊服务亏损，经邮政储蓄在中央银行的老转存款收益弥补后的不足部分，以及邮政储蓄在中央银行的老转存款全部转出后的邮政普遍服务和特殊服务亏损，由国家财政根据邮政体制改革方案的实施情况，考虑邮政企业的实际承受能力综合测算予以补贴，并与邮政储蓄在中央银行的老转存款转出进度同步落实到位，确保支持力度不减。

（三）强化安全保障机制。保持邮政机要通信独立作业系统和生产组织方式，建立和强化信件监管体系，加强通信安全的专业化管理和监控制度，切实保障邮政通信安全。建立和强化信件监管体系，依据相关法律法规，配合公安、安全、海关等部门，对所有中国邮政集团公司经营和委托经营的信件实行统一监管，确保邮政通信安全。加强邮政监管力量，完善监管手段，强化对邮政市场的监管，维护信件寄递业务专营权，打击违法经营行为，促进邮政市场的稳定、有序发展。

（四）改革价格形成机制。邮政普遍服务业务资费、邮政企业专营业务资费及机要通信、党报党刊发行资费实行政府定价，由发展改革委商有关部门根据《中华人民共和国价格法》，按《中央定价目录》的规定进行管理。其他邮政业务资费实行市场调节价，由中国邮政集团公司按市场机制自主确定资费标准。

五、加强对邮政体制改革的领导和支持

（一）鉴于现行《中华人民共和国邮政法》已不适应改革与发展的需要，为保障邮政体制改革的顺利实施，有关部门要加快修订工作。

（二）国家赋予中国邮政集团公司信件寄递业务专营权，并通过立法明确邮政专营业务范围。对快递等邮政业务实行市场准入制度。

（三）国家对完善西部和农村地区邮政基础设施建设给予必要支持，增强普遍服务能力。

（四）有关部门要帮助中国邮政集团公司解决历史遗留问题。因政策性亏损产生的储蓄、汇兑挂账由财政部会同有关部门妥善处理。

（五）中国邮政集团公司按国家有关规定为部分人员补缴社会保险费后的基本养老保险金缺口，应按属地原则由地方政府在中央及地方基本养老保险专项补助资金中统筹安排解决。财政部、劳动保障部做好有关协调工作。

（六）加强改革的组织领导。在国务院领导下，由发展改革委会同有关部门成立领导小组，共同组织实施邮政体制改革，具体改革工作由国家邮政局承担，重大问题报国务院研究决定。各部门要统一思想，齐心协力，按照积极稳妥、加快推进的原则，精心组织实施。有关国有资产的分割、移交，必须严格执行国家规定，防止国有资产流失。要充分利用现有设施，防止盲目投资和重复建设。切实做好广大邮政干部职工的思想政治工作，保持队伍稳定和企业正常运转。有关人员分流工作应逐步进行，并努力做好下岗人员的转岗和再就业工作，确保社会稳定。

005

中华人民共和国交通运输部令

2011 年 第 2 号

《邮政行业安全监督管理办法》已于 2010 年 12 月 23 日经第 11 次部务会议通过，现予公布，自 2011 年 2 月 1 日起施行。

部长 李盛霖

二〇一一年一月四日

邮政行业安全监督管理办法

第一章 总则

第一条 为加强邮政行业安全监督管理，维护邮政通信与信息安全，保护用户合法权益，促进邮政行业健康发展，根据《中华人民共和国邮政法》及有关法律、行政法规，制定本办法。

第二条 在中华人民共和国境内管理、经营和使用邮政服务、快递业务及与此相关的安全活动，适用本办法。

第三条 邮政行业安全监督管理坚持安全第一、预防为主、综合治理的方针，保障寄递渠道畅通和邮件、快件寄递安全，确保邮政企业、快递企业生产安全和邮政行业从业人员人身安全。

第四条 国务院邮政管理部门负责全国的邮政行业安全监督管理工作。

省、自治区、直辖市邮政管理机构负责本行政区域内的邮政行业安全监督管理工作。

第五条 邮政管理部门应当与有关部门相互配合，健全邮政安全保障机制，加强对邮政通信与信息安全的监督管理。

第六条 邮政企业、快递企业应当遵守国家有关安全管理的规定，不得危害国家安全、公共安全和公民、法人、其他组织的合法权益。

第七条 用户交寄邮件、快件应当遵守国家关于禁止寄递或者限制寄递物品的规定，不得通过寄递渠道危害国家安全、公共安全和公民、法人、其他组织的合法权益。

第八条　任何公民、法人或者其他组织不得隐匿、毁弃、非法开拆邮件、快件，不得损毁邮政与快递服务设施或者影响邮政与快递服务设施的正常使用。

有关公民、法人或者其他组织应当配合邮政管理部门实施邮政行业安全监督管理工作。

第二章　通信与信息安全

第九条　邮政企业、快递企业应当提示用户如实填写寄递详情单，包括寄件人、收件人名址和寄递物品的名称、类别、数量等，并核对寄件人和收件人信息，准确注明邮件、快件的重量、资费。国务院邮政管理部门规定寄件人出具身份证明的，邮政企业、快递企业应当要求用户出示有效身份证件。

邮政企业、快递企业应当在用户在场的情况下，当面验视交寄物品，检查是否属于国家禁止或限制寄递的物品，以及物品的名称、类别、数量等是否与寄递详情单所填写的内容一致。依照国家规定需要用户提供有关书面凭证的，邮政企业、快递企业应当要求用户提供凭证原件，核对无误后，方可收寄。

用户拒绝验视、拒不如实填写寄递详情单、拒不提供相应书面凭证或者不按照规定出示有效身份证件的，邮政企业、快递企业不予收寄。

第十条　邮政企业、快递企业在收寄过程中发现用户寄递国家禁止寄递的物品的，应当拒绝收寄。已经收寄的邮件、快件中发现有上述物品的，邮政企业、快递企业应当立即停止转发和投递。

对其中依法需要没收或者销毁的物品，应当立即向有关部门报告，并配合有关部门进行处理。

对已经收寄的不需要没收、销毁的禁寄物品以及一同查处的禁寄物品之外的物品，邮政企业、快递企业应当与寄件人或者收件人取得联系，妥善处理。

第十一条　快递企业不得经营由邮政企业专营的信件寄递业务，不得寄递国家机关公文。

外商不得投资经营信件的国内快递业务。

第十二条　邮政企业、快递企业应当妥善投递邮件、快件。需要签收的，邮政企业、快递企业应当直接交付收件人，并办理签收手续，或者依法由他人代为签收。

机关、企事业单位、住宅小区管理单位等应当为邮政企业投递邮件提供便利，并保障代收代投邮件的安全。

第十三条　邮政企业、快递企业应当采用技术手段，对收寄、分拣、运输、投递等环节实行安全监控，防止邮件、快件在寄递过程中短少、丢失、损毁。

监控设备应当全天二十四小时运转，监控资料保存时间不得少于三十天，并按照国务院邮政管理部门的要求报送。

第十四条 邮政企业、快递企业应当保护用户的信息安全和通信秘密，确保所掌握的用户使用邮政服务、快递业务的信息不被窃取、泄露。未经法律明确授权或者用户书面同意，邮政企业、快递企业不得将用户使用邮政服务、快递业务的信息提供给任何组织或者个人，但公安机关、国家安全机关、检察机关依法行使职权的除外。

第十五条 邮政企业、快递企业应当配备符合国家标准的安全检查设备，安排具备专门技术和技能的人员对邮件、快件进行安全检查。安全检查设备的标准由国务院邮政管理部门会同有关部门另行制定。

第十六条 邮政企业、快递企业应当按照邮政管理部门规定的项目收集、统计、分析运营信息，确保有关数据的真实、完整，并按时向邮政管理部门报送。

邮政企业、快递企业应当为接入邮政管理部门的信息管理系统预留相应的数据接口，并按规定与邮政管理部门的信息管理系统联网。

第十七条 邮政企业、快递企业应当配合邮政管理部门、公安机关和国家安全机关的安全监督检查，为监督检查人员提供相应的便利条件。

邮政企业、快递企业设计和建设邮件、快件处理场所，应当符合国家安全机关、海关依法履行职责的要求。

第十八条 邮政企业、快递企业应当保障本企业寄递渠道的畅通。

因自然灾害、社会事件、生产安全事故、经营不善等造成或者可能造成邮件、快件积压的，邮政企业、快递企业应当及时组织和调配运力，进行有效疏运。

第十九条 邮政企业、快递企业及其分支机构、从业人员不得非法扣留邮件、快件。

第二十条 邮件、快件积压或者被扣留的，邮政管理部门应当协调处理，必要时可以组织邮政企业、快递企业运输、投递，由此产生的费用由邮件、快件积压或者被扣留的邮政企业、快递企业承担。

第三章 生产安全

第二十一条 邮政企业、快递企业应当遵守本办法和其他有关安全生产的规定，加强安全生产管理，建立、健全安全生产责任制度，完善安全生产条件，确保生产安全。

第二十二条 邮政企业、快递企业应当遵守国家有关安全生产的法律、法规、标准，落实安全生产管理责任。

邮政企业、快递企业的主要负责人是安全生产的第一责任人，对本单位安全生产工作负有下列职责：

（一）建立、健全本企业安全生产责任制；

（二）组织制定本企业安全生产规章制度和操作规程；

（三）保证本企业安全生产资金的投入和有效使用；

（四）积极配合相关部门对本企业的安全生产工作进行监督检查；

（五）督促、检查本企业的安全生产工作，及时消除生产安全事故隐患；

（六）组织制定并实施本企业的生产安全事故应急救援预案；

（七）及时、如实报告生产安全事故。

第二十三条　邮政企业、快递企业应当落实岗前安全培训制度，强化从业人员安全生产知识与技能的培训、教育，使其具备与本岗位相适应的安全生产知识和处置技能。未经安全生产教育和培训合格的从业人员，不得上岗作业。

特种作业人员应当按照规定经专门的安全作业培训并取得特种作业操作资格证书，方可上岗作业。

第二十四条　邮政企业、快递企业应当建立健全安全生产责任制，落实安全生产保障、安全生产检查与事故隐患排查、安全生产教育培训、安全生产信息报告等制度。

第二十五条　邮政企业、快递企业所使用的设施设备的安装、使用、检测、维修、改造和报废，应当符合国家标准或者行业标准。有较大危险因素的生产经营场所和有关设施设备上，应当设置明显的安全警示标志。

第二十六条　邮件处理中心、快件分拨中心、营业网点、员工宿舍等人员密集场所应当设有符合紧急疏散要求、标志明显、保持畅通的出口。禁止封闭、堵塞出口。

前款所列人员密集场所及用于存放物品的临时场地和库房应当按规定设置防火、防触电等安全设施、设备。

第二十七条　邮政企业应当按照有关规定加强邮政汇兑、邮政储蓄资金票据的安全管理。

第二十八条　邮政企业、快递企业新建、改建和扩建邮件处理中心、快件分拨中心，其安全设施必须与主体工程同时设计、同时施工、同时投入生产和使用。已经投入生产和使用的安全设施不符合安全防护标准和要求的，邮政企业、快递企业应当予以更换或者改建。邮政企业、快递企业的邮件处理中心、快件分拨中心设计建设前及竣工验收后，应当向当地省级邮政管理机构备案。

第二十九条　邮政企业、快递企业的从业人员有依法获得安全生产保障的权利，企业应当为从业人员提供工伤保险和相应的个人安全防护措施、装备，营造安全的工作环境。

第四章　应急管理

第三十条　邮政管理部门以及邮政企业、快递企业应当按照《国家邮政业突发事件应急预案》建立健全突发事件应对工作机制，提高应对邮政行业突发事件能力，预防与减少邮政行业突发事件及其造成的损害。

第三十一条 邮政管理部门应当结合邮政行业安全监督管理的实际，定期对本行业突发事件应急预案的可行性、科学性与有效性进行评估，适时修订。定期组织邮政企业、快递企业开展突发事件应急演练。

第三十二条 邮政企业、快递企业应当按照国务院邮政管理部门的规定，制定突发事件应急预案和专项预案，根据情势变化适时修订更新，并及时向邮政管理部门备案。

第三十三条 邮政企业、快递企业应当加强应急队伍建设和物资、技术、经费保障，满足突发事件预防与处置工作的需要。

邮政管理部门为应对突发事件，可以调集和征用有关邮政企业、快递企业的人员、物资及车辆、场地和相关设备，并按照有关规定给予补偿。

第三十四条 发生自然灾害、事故灾难、公共卫生事件、社会安全事件等，造成下列情形之一的，邮政企业、快递企业应当在一小时内向突发事件发生地的省级邮政管理机构和负有相关职责的公安、国家安全、安全生产监督管理等部门报告：

（一）本企业人员死亡或者失踪一人以上，或者重伤三人以上的；

（二）邮件、快件一次丢失、损毁一百件以上，或者积压一千件以上的；

（三）邮寄爆炸物、生物病原体、生物毒素、危险化学品、放射性物品等，在寄递过程中发生爆炸、泄漏的；

（四）邮件处理中心、快件分拨中心内发生重大事故，生产中断的；

（五）其他可能严重影响寄递渠道畅通的情形。

第三十五条 有下列情形之一的，邮政企业、快递企业应当在情形发生之日起三日内，向邮政管理部门报告相关情况：

（一）邮政企业、快递企业及其分支机构因面临高额债务追偿或者因投资、经营不善导致无法履行对其他主体的债务，可能影响正常开展寄递业务的；

（二）邮政企业、快递企业及其分支机构因经济纠纷或者违法行为被有关机关查封运营设备、设施，或者冻结资产的；

（三）邮政企业、快递企业分立、合并、投资融资、变更终止协议等，可能影响正常开展寄递业务的；

（四）邮政企业、快递企业及其从业人员私自开拆、隐匿、毁弃邮件、快件十件以上，或者因故意延误投递邮件、快件被侦查机关立案调查的；

（五）其他可能影响寄递渠道畅通的情形。

第三十六条 突发事件发生后，发生事件的邮政企业、快递企业在报告信息的同时，应当及时启动应急预案进行先期处置，控制事态。

邮政管理部门在接到报告后，应当依照规定及时组织处置并向上级部门报告，必要时，联系有关部门共同处置。

第三十七条　邮政管理部门应当妥善处置邮政行业突发事件，查明事件原因和责任，提出整改措施，并依法对有违法行为的责任人作出处理。涉及其他部门管理职权的，应当联合有关部门共同处理。

第五章　监督管理

第三十八条　邮政管理部门依法履行下列职责：

（一）制定保障邮政通信与信息安全、安全生产的政策、制度和相关标准，并监督实施；

（二）指导与监督邮政企业、快递企业落实安全责任制，督促企业加强内部安全管理；

（三）对邮政行业运行安全进行监测、预警和应急管理；

（四）指导、监督邮政企业、快递企业开展安全运营的宣传教育和培训；

（五）依法对邮政企业、快递企业实施安全监督检查；

（六）组织调查或者参与调查邮政行业安全事故，查处违反邮政行业安全监管规定的行为；

（七）法律、法规、规章规定的其他职责。

第三十九条　邮政管理部门应当加强邮政行业安全管理制度和安全知识的宣传，提高从业人员的安全意识、安全操作技能，增强公众使用寄递服务的安全意识。

第四十条　邮政管理部门应当加强邮政行业安全运行的监测预警，建立信息管理体系，收集、分析与邮政行业安全运行有关的各类信息。

省、自治区、直辖市邮政管理机构应当及时向国务院邮政管理部门报告邮政行业安全信息，并定期通报相应的公安机关、国家安全机关、海关、安全生产监督管理部门。

第四十一条　邮政管理部门应当对邮政企业、快递企业建立健全和遵守安全生产制度以及企业防范安全风险、规范从业人员安全生产行为等情况进行检查。

第四十二条　邮政管理部门发现邮政企业、快递企业存在违反安全管理规定，妨害或者可能妨害邮政行业安全的，应当对其调查。违法行为涉及其他部门的管理职权的，邮政管理部门应当会同有关部门，共同对邮政企业、快递企业进行调查。

第四十三条　邮政管理部门开展监督检查，应当有两名以上监督检查人员参加。

监督检查人员应当出示执法证件，告知邮政企业、快递企业检查事由和依据。

第四十四条 邮政安全监督检查人员应当将检查的时间、地点、内容、发现的问题及其处理情况，作出书面记录，并由监督检查人员和被检查单位的负责人签字；被检查单位负责人拒绝签字的，监督检查人员应当将情况记录在案。

第四十五条 邮政管理部门可以在行业内通报邮政企业、快递企业违反安全监管有关规定、发生安全事件以及对有关责任人员进行处理的情况，必要时可以向社会公开上述信息，但涉及国家秘密、商业秘密与个人隐私的除外。

第六章 法律责任

第四十六条 用户违反本办法第七条规定，寄递危害国家安全、公共安全的信息或者物品，尚不构成犯罪的，依照《中华人民共和国治安管理处罚法》及有关法律、法规处罚；构成犯罪的，依法追究刑事责任。违法邮寄国家禁止出境或者限制出境的物品，按照《中华人民共和国海关法》处罚。给邮政企业、快递企业或者公民、法人及其他组织造成损害的，应当依法承担赔偿责任。

第四十七条 邮政企业、快递企业违反收寄验视制度或者违反规定收寄禁止寄递物品或者限制寄递物品的，依照《中华人民共和国邮政法》第七十五条予以处罚。违法收寄国家禁止出境或限制出境的物品，依照《中华人民共和国海关法》处罚。

第四十八条 违反本办法第十一条规定的，依照《中华人民共和国邮政法》第七十二条予以处罚。

第四十九条 邮政企业、快递企业违法提供用户使用邮政服务、快递业务的信息的，依照《中华人民共和国邮政法》第七十六条予以处罚。

第五十条 违反本办法第十三条第二款、第十六条第一款、第二十八条规定，未按照要求报送有关数据、信息或者备案的，由邮政管理部门责令限期改正，可以处一千元以上一万元以下的罚款。逾期未改正的，处一万元以上三万元以下的罚款。

第五十一条 邮政企业、快递企业有下列行为之一的，由邮政管理部门责令限期改正，可给予警告或处一万元以下的罚款；逾期未改正的，责令停业整顿，可以并处二万元以下的罚款：

（一）未按照本办法第二十三条的规定对从业人员进行安全生产教育和培训的；

（二）特种作业人员（特种设备作业人员除外）未按照规定经专门的安全作业培训并取得特种作业操作资格证书，上岗作业的。

第五十二条 邮政企业、快递企业有下列行为之一的，由邮政管理部门责令限期改正，可以处三千元以上一万元以下的罚款；逾期未改正的，责令停业整顿，可以并处五万元以下的罚款；造成严重后果，构成犯罪的，依法追究刑事责任：

（一）未在有较大危险因素的生产经营场所和有关设施、设备上设置明显的安全警示标志的；

（二）安全设备的安装、使用、检测、改造和报废不符合国家标准或者行业标准的；

（三）未对安全设备进行经常性维护、保养和定期检测的；

（四）未为从业人员提供符合国家标准或者行业标准的劳动防护用品的；

（五）未对重大安全隐患进行整改的。

第五十三条　邮政企业、快递企业违反本办法第十七条规定，拒不配合安全监督检查的，依据《中华人民共和国邮政法》第七十七条的规定予以处罚。

第五十四条　邮政企业、快递企业违反本办法第三十二条规定，未制定突发事件应急预案和专项预案的，由邮政管理部门责令限期改正，可给予警告或处一千元以上五千元以下的罚款；逾期未改正的，处五千元以上一万元以下的罚款。

第五十五条　邮政管理部门工作人员在安全监督管理工作中滥用职权、玩忽职守、徇私舞弊，构成犯罪的，依法追究刑事责任；尚不构成犯罪的，依法给予处分。

第七章　附则

第五十六条　机要通信安全监督管理办法另行制定。

第五十七条　本办法自 2011 年 2 月 1 日起施行。

006

中华人民共和国交通运输部令

2012 年　第 7 号

《邮政业标准化管理办法》已于 2012 年 10 月 9 日经第 8 次部务会议通过，现予公布，自 2013 年 1 月 1 日起施行。

部长　杨传堂

二〇一二年十一月十七日

邮政业标准化管理办法

第一章　总则

第一条　为规范邮政业标准化工作，加强行业标准化管理，促进邮政业健康发展，提高服务质量和水平，依据《中华人民共和国标准化法》、《中华人民共和国邮政法》、《中华人民共和国标准化法实施条例》，制定本办法。

第二条　在中华人民共和国境内从事邮政业标准的制定和修订、实施、监督、管理及相关活动，适用本办法。

第三条　邮政业标准化工作应当遵循统一管理、分工负责、共同推进的原则。

第四条　国家邮政局依法主管邮政业标准化工作。

国家邮政局标准化管理部门归口管理邮政业标准化工作，组织拟定邮政业标准体系、标准化发展规划和年度计划，组织起草邮政业国家标准和制定、修订邮政业行业标准，统筹安排使用年度标准化专项经费，组织开展邮政业国家标准和行业标准的宣传、培训、贯彻和监督检查工作，指导省、自治区、直辖市邮政管理局的标准化工作。

国家邮政局相关业务部门负责本业务领域的标准化工作，研究提出本业务领域标准制定和修订项目建议，配合国家邮政局标准化管理部门起草本业务领域国家标准、行业标准，具体负责本业务领域标准的实施和监督检查工作。

省、自治区、直辖市邮政管理机构和按照国务院规定设立的省级以下邮政管理机构负责组织本辖区国家标准、行业标准的宣传、培训、实施和监督检查工作，按本办法规定负责企业标准备案工作。

全国邮政业标准化技术委员会承担邮政业标准化工作的技术管理工作。

第五条　邮政业标准化工作应当纳入邮政业发展规划和年度计划。

第六条　快递等相关行业协会按照规定程序参与邮政业国家标准和行业标准的制定、修订工作，反映行业会员单位的意见和要求，指导会员单位执行邮政业标准。

邮政企业、快递企业应当贯彻执行邮政业标准化工作的有关要求，建立健全标准化制度。

第二章　标准的制定范围与类型

第七条　邮政业标准分为国家标准、行业标准和企业标准。

第八条　对邮政业需要统一的下列技术与服务要求，应当制定国家标准或者行业标准：

（一）通用的术语、符号、代号（含代码）、标识、邮政编码编制规则等要求；

（二）邮政普遍服务和特殊服务的服务质量、服务流程、服务设施及其工程技术规范等要求；

（三）快递服务的服务质量、服务流程、服务设施及其工程技术规范等要求；

（四）邮政业使用的信封、封装用品、寄递单式等用品用具的技术要求；

（五）通用设备及车辆的技术要求以及检测方法等；

（六）信息化建设的通用技术要求；

（七）按照国家关于标准化的相关规定应当制定国家标准或行业标准的其他技术与服务要求。

行业标准在相应的国家标准公布实施后，自行废止。

第九条　下列要求，不得制定为邮政业国家标准或者行业标准：

（一）季节性操作规范、应急管理等临时性要求；

（二）只在单一企业内部适用的技术及服务要求，但本办法第八条第一款第（二）项规定的要求内容除外；

（三）只适用于单一行政区域的技术及服务要求；

（四）职业技能规范、操作指南、管理要求、工作办法、指导意见等。

第十条　邮政业技术与服务要求没有国家标准和行业标准的，邮政企业和快递企业应当制定企业标准。已有国家标准、行业标准的，鼓励邮政企业、快递企业制定更为严格的企业标准，在企业内部适用。

第十一条　符合下列情况之一的事项，可制定邮政业标准化指导性技术文件：

（一）技术尚在发展中，需要有相应的技术性文件引导其发展或者具有标准化价值，尚不能制定为标准的事项；

（二）采用国际标准化组织、万国邮政联盟及其他国际组织技术报告的项目。

邮政业标准化指导性技术文件在相应的国家标准或者行业标准实施后，自行废止。

第十二条 邮政业国家标准和行业标准分为强制性标准和推荐性标准。其中，下列国家标准和行业标准应当制定为强制性标准：

（一）邮政普遍服务标准；

（二）邮政行业安全作业、管理及安全设施标准；

（三）保障人体健康，人身、财产安全的邮政业其他技术与服务性要求的标准和法律、行政法规规定强制执行的标准。

强制性标准以外的标准是推荐性标准。

第三章 国家标准和行业标准的制定程序

第十三条 邮政业标准实行立项公开征集制度。任何单位和个人均可以提出国家标准和行业标准立项建议。

全国邮政业标准化技术委员会于每年 9 月 30 日前受理下一年度国家标准和行业标准立项建议。

第十四条 全国邮政业标准化技术委员会应当对收集到的标准立项建议进行初审，提出书面初审意见，并于每年 10 月 31 日前，连同标准立项建议报送国家邮政局标准化管理部门。

对拟立项的国家标准，由国家邮政局审核同意后，上报国务院标准化行政主管部门申请立项；对拟立项的行业标准，由国家邮政局审议批准后予以立项。

第十五条 国家邮政局标准化管理部门应当选择具备相应技术能力的单位承担邮政业国家标准、行业标准的起草工作。全国邮政业标准化技术委员会对标准起草全过程进行跟踪指导。

标准起草单位应当在广泛调研、深入研讨、试验论证的基础上，按照有关要求起草标准征求意见稿及编制说明。

第十六条 标准征求意见稿及编制说明应当在经全国邮政业标准化技术委员会初审后广泛征求意见。征求意见可以采取书面征求意见、座谈会、论证会等多种形式。征求意见的范围应当包含有关部门、行业协会、企业及相关生产、科研、检测单位和用户等。

全国邮政业标准化技术委员会统一组织全国范围的意见征集工作。各省、自治区和直辖市邮政管理机构配合做好本行政区域的意见征集工作。

对涉及面广、关系重大的标准，全国邮政业标准化技术委员会应当报国家邮政局标准化管理部门，在国家邮政局政府网站上公开征集社会各界的意见和建议。网上征求意见的期限不少于一个月。

第十七条　邮政业国家标准和行业标准由全国邮政业标准化技术委员会负责技术审查。

标准起草单位根据意见征集情况对标准征求意见稿修改后形成标准送审稿，提交全国邮政业标准化技术委员会。

技术审查可以采用会议审查或者书面审查方式。强制性标准的审查必须采用会议审查。技术审查应当符合《国家标准管理办法》和《行业标准管理办法》的规定。

第十八条　对全国邮政业标准化技术委员会审查通过的标准，标准起草单位应当根据审查意见对标准送审稿进行修改，及时形成报批稿。

标准报批稿经全国邮政业标准化技术委员会复核后，报国家邮政局标准化管理部门审核。

第十九条　邮政业国家标准和行业标准，须经国家邮政局局长办公会议审议。审议通过的国家标准，由国家邮政局报国务院标准化行政主管部门批准、发布；行业标准由国家邮政局发布，并报国务院标准化行政主管部门备案。

第二十条　邮政业国家标准和行业标准发布实施后，全国邮政业标准化技术委员会应当根据技术进步情况和行业发展的需要适时进行复审。复审结果须以书面报告形式报国家邮政局标准化管理部门。复审周期一般不超过五年。

第二十一条　邮政业标准化指导性技术文件的制定程序，参照邮政业国家标准和行业标准的制定程序执行。

第二十二条　邮政业国家标准和行业标准的对外解释工作，由国家邮政局负责，其中涉及国家标准的解释须报请国务院标准化行政主管部门批准。

第二十三条　邮政业国家标准或者行业标准编制内容或者编制程序不符合本办法规定的，不得以标准的形式发布，不具备国家标准或者行业标准的效力。

第四章　企业标准的制定

第二十四条　邮政企业和快递企业应当按照本办法第十条的要求，制定企业标准。

第二十五条　邮政企业、快递企业制定企业标准应当遵照《企业标准化管理办法》的规定执行。

第二十六条　国家规定应当制定企业标准的，邮政企业和快递企业应当在企业标准发布后三十日内，报邮政管理部门备案。在省、自治区、直辖市范围内经营业务的，应当报所在地的省、自治区、直辖市邮政管理机构备案；跨省、自治区、直辖市经营或者经营国际业务的，应当报国家邮政局备案。

第二十七条 邮政企业和快递企业在报备企业标准时，应当附送标准文本及编制说明等材料。

第二十八条 邮政管理部门应当在每年 3 月 1 日前公布上一年度备案的企业标准目录。

第五章 标准的实施与监督

第二十九条 邮政管理部门应当加强本业务领域、本地区标准的实施管理与监督检查。

第三十条 快递等相关协会、有关单位应当开展国家标准、行业标准的宣传和培训。

第三十一条 邮政业强制性标准一经批准发布，必须贯彻执行，不符合强制性标准的产品和服务，禁止生产、销售和提供。

第三十二条 鼓励邮政企业、快递企业自愿采用推荐性标准。推荐性标准一旦被企业采用，应当在企业内部严格执行。

邮政业用品用具、通用设备及车辆等生产企业应当在产品或者其说明书、包装物上标注所执行标准的编号、名称。

邮政企业、快递企业应当在包裹详情单、快递运单等寄递单式上标明或者在服务承诺中声明所执行标准的编号、名称。

第三十三条 鼓励符合邮政业国家标准或者行业标准的产品，向经国务院认证认可监督管理部门批准的认证机构申请产品质量认证。

第三十四条 快递等相关协会在开展企业等级评定、服务质量评比等工作中，其评定指标应当与标准相衔接。

第三十五条 国家邮政局可适时组织行业协会或者第三方专业机构评估邮政业标准实施效果，并发布评估报告。

第三十六条 邮政企业、快递企业应当通过内部监督检查、内部等级评定等方式，加强标准化建设，推动企业标准化实施工作。

第三十七条 国家邮政局以及省、自治区、直辖市邮政管理机构和按照国务院规定设立的省级以下邮政管理机构应当对企业执行标准化相关管理规定的下列事项开展监督检查，并定期予以通报：

（一）企业执行标准的总体情况；

（二）企业执行强制性标准的情况；

（三）企业自愿采用推荐性标准的情况；

（四）企业标准制定、实施、备案的情况。

第三十八条 国家邮政局根据国家有关规定，推荐技术水平高、实施效果显著的标准参加国家科技进步奖和中国标准创新贡献奖等评选活动。

第三十九条　对违反本办法规定，拒不执行邮政业强制性标准的，依据有关法律法规的规定予以处罚。

第六章　附则

第四十条　本办法自 2013 年 1 月 1 日起施行。

007

邮政业发展“十二五”规划

国家邮政局

2011年7月

邮政业是现代服务业的重要组成部分，邮政网络是国家重要的通信基础设施，在促进国民经济和社会发展、保障公民基本通信权利等方面，发挥着十分重要的作用。为了深入贯彻落实科学发展观，促进邮政业又好又快发展，更好地适应经济社会发展和人民生活需要，依据《中华人民共和国邮政法》（以下简称《邮政法》），按照《国民经济和社会发展第十二个五年规划纲要》精神和《交通运输“十二五”发展规划》的总体安排，结合我国邮政业改革和发展实际，制定邮政业发展“十二五”规划。

一、现状与形势

“十一五”时期我国邮政业改革与发展实现了历史性突破，以《邮政法》颁布实施为标志，邮政业法律法规体系初步形成，政府监管、行业自律、社会监督的邮政监管体系基本建立，两岸实现全面直接通邮。“十二五”时期是邮政业全面贯彻落实科学发展观，转变发展方式，深化改革，加快发展，更好地满足经济社会发展和人民生活需要的重要时期。

（一）“十一五”回顾

“十一五”期间，我国邮政业持续快速发展，市场秩序进一步规范，信息化水平逐步提升，服务能力和服务水平稳步提高，总体规模迅速扩大，“十一五”规划确定的主要目标基本完成。2010年，邮政业业务总量累计完成1286亿元（按2010年不变单价计算），年均增长17%。邮政业业务收入累计完成1280亿元（不含邮政储蓄直营收入，下同），年均增长15%。邮政业从业人员116.5万人，比“十五”末增长33.5万人。全国邮政局所总数达4.8万个。邮政普遍服务业务量达到260亿件，比“十五”末增长10%。

1. 邮政体制改革顺利实施

根据国务院《邮政体制改革方案》，2007年，重组国家邮政局，组建中国邮政集团公司，实现了政企分开的改革目标，建立了企业独立自主经营、政府依法监管的新邮政体制，推动了邮政普遍服务保障和监督机制的转变，为邮政业又好又快发展奠定了坚实的基础。2007年，成立中国邮政储蓄银行，邮政储蓄改革稳步推进。2010年，组建中国邮政速递物流股份有限公司，初步形成邮政速递物流专业化集约化规模化发展的新机制。邮政体制改革取得重大进展。

2. 行业发展环境明显改善

2009年，修订后的《邮政法》颁布实施。以《邮政法》为基础，《邮政普遍服务监督管理办法》、《快递市场管理办法》、《快递业务经营许可管理办法》等相配套的邮政业法律法规体系初步形成，行业规划、政策、标准等陆续出台，为邮政业发展创造了良好环境。国家邮政局划归交通运输部管理，为邮政业依托综合交通运输平台、加快发展带来了新机遇。中国快递协会成立，加强了行业自律，促进了政府、企业与用户之间的交流和沟通，完善了快递管理体制和市场机制。

3. 普遍服务保障力度显著加大

《邮政法》明确规定国家保障邮政普遍服务，要求各级政府采取措施给予保障和支持。《邮政普遍服务监督管理办法》、《邮政普遍服务标准》规定了邮政普遍服务的基本内容和要求，邮政普遍服务监督体系初步建立。五年来，国家对邮政企业提供邮政普遍服务、特殊服务给予补贴，实行税收优惠政策，减轻邮政企业运营负担，实施西部邮政普遍服务网点改造和空白乡镇邮政局所补建，增强了西部和农村地区的邮政服务能力。国家出台相关政策，支持邮政企业服务“三农”。同时，各级地方政府也对邮政普遍服务给予了政策和资金扶持。

4. 快递服务持续快速发展

《邮政法》明确了快递企业的法律地位，《快递市场管理办法》、《快递业务经营许可管理办法》规定了经营快递业务的基本规范，促进了快递服务的快速发展，初步形成多种所有制并存、多元主体竞合、多层次服务共生的快递市场发展格局。2010年，我国快递业务收入达575亿元，年均增长19%，占邮政业业务收入的比重达到45%。快递网络、服务领域和产品种类不断拓展，快递服务与产业链、供应链和服务链的联系更加密切，促进生产和服务民生的基础性作用日益显现。

5. 科技应用水平逐步提升

邮政业信息化水平、标准化水平、运行维护能力大幅提高。自动化分拣技术、无线传输技术、车辆运输跟踪定位技术、影像监控技术等广泛应用。手持终端和无线录入设备等进一步普及。企业信息化建设明显加快，实物传递网的技术改造和升级稳步推进，网络运营和管理水平显著提高。邮政业标准化体系初步形成。

“十一五”期间，我国邮政业虽然取得了显著成效，但整体上还不能适应经济社会发展和人民群众多层次需求，制约发展的体制性机制性障碍还有待突破，邮政改革需进一步深化。邮政普遍服务的保障和监督机制有待完善，基础网络薄弱，服务水平有待提高。企业竞争力不强，专业人才不足，服务质量亟待提高。

政府监管能力有待加强，市场秩序需要进一步规范。

（二）“十二五”形势

“十二五”时期是我国邮政业实现科学发展的战略机遇期。国际金融危机使世界经济环境发生深刻变化，世界经济衰退导致全球邮政业增速放缓。虽然受到国际金融危机的不利影响，但我国经济社会发展长期向好的基本态势没有根本改变，经济和社会发展对邮政业的需求依然强劲，机遇和挑战并存，为邮政业转变发展方式，调整产业结构，实现快速发展提供了有利时机。

1. 世界经济增长速度放缓，邮政业发展面临挑战

世界经济受国际金融危机的后续影响，实现复苏将经历一个缓慢复杂的过程。发达国家受经济衰退的影响，邮政增长速度将保持较低水平，甚至可能出现负增长。由于世界经济增长速度减缓，跨国快递公司受国际金融危机影响更甚。邮政业发展速度也将受到影响，尤其对国际业务发展带来严峻挑战。

2. 信息技术迅猛发展，推动邮政业增长方式深度调整

随着互联网的普及和电子邮件的广泛使用，世界邮政业长期赖以生存的信件业务不断萎缩，业务量下滑趋势加快。而包裹、快递和物流业务规模不断扩大，在业务收入中所占比重逐年增加。邮政业增长方式面临调整，由以信件增长为主转向以包裹、快递和物流增长为主，并从单一的寄递服务模式向多元化综合服务模式转变，对我国邮政业传统的增长方式带来了挑战。

3. 国民经济长期平稳较快发展，带动我国邮政业快速增长

“十二五”时期我国发展仍处于可以大有作为的重要战略机遇期，工业化、信息化、城镇化、市场化和国际化深入发展，转变发展方式，调整经济结构将推动国民经济长期平稳较快发展。伴随经济规模不断扩大和国际经济贸易往来更加密切，信息交流、物品递送和资金流通等活动更加频繁，对寄递服务的需求持续快速增长，邮政业发展潜力巨大。

4. 国家加快推进基本公共服务均等化进程，对邮政普遍服务提出更高要求

邮政普遍服务是国家基本公共服务的重要组成部分，也是发展较为薄弱的领域，还不能适应经济社会发展和人民群众日益增长的需要。必须加快推进邮政公共服务均等化进程，努力提高邮政普遍服务能力和水平，适应国民经济和社会发展新形势，顺应人民群众对邮政普遍服务的新期待，充分发挥出服务民生的基础性作用。

5. 社会生产和消费方式转变，使快递服务成为行业发展新的增长点

电子商务、网络购物等新型业态迅猛发展，推动大众生活消费方式向个性化转变。社会对个性化生产、服务和配送的需求迅速增长，成为拉动邮政业发展的引擎。邮政业通过提供个性化的快递物流配送服务，加入社会生产与消费的产业链、供应链和服务链，成为其中的重要环节。邮政业与电子商务和制造业的融合

更加紧密，三者将形成相互依存、相互促进、共同发展的新格局。

6. 综合交通运输体系一体化发展，为邮政业提升效能创造了条件

“十二五”时期我国将基本建成以“五纵五横”为主骨架的综合交通运输网络，基本建成国家快速铁路网和国家高速公路网，扩大和优化民用航空网络，初步建成网络设施配套衔接、技术装备先进适用、运输服务安全高效的综合交通运输体系。为邮政业依托综合交通运输平台，加强设施建设，完善服务网络，增加运力供给，提升传递速度，提供有力保障。

7. 邮政市场进一步开放，市场竞争呈现新特点

随着我国邮政市场准入制度的确立，快递企业获得更大的市场发展空间。民间资本加速进入邮政市场，企业兼并重组加剧，产业集中度将进一步提高。快递企业的网络由城市向发达地区农村扩展，激烈的竞争将促进农村地区邮政服务水平的提升。一些快递企业由区域性网络运营向全国性网络运营转变，由单一寄递运营商向综合性快递物流运营商转型，竞争地域由大城市及东部经济发达地区，向中小城市和中西部地区扩张。

总体上看，“十二五”时期，我国邮政业的发展条件和动力正在发生深刻变化，邮政业进入了必须以转型升级促发展的新阶段。大力发展我国邮政业，满足经济社会发展和人民群众生活需要，向惠民强业的战略目标迈进，显得尤为重要和紧迫。

二、指导思想和发展目标

（一）指导思想

以邓小平理论和“三个代表”重要思想为指导，深入贯彻落实科学发展观，全面实施《邮政法》，以惠民强业为战略目标，以转型升级为核心，深化邮政改革，优化发展环境，增强服务能力，满足社会需求，推进向现代邮政业转变。强化基础网络，健全保障机制，完善服务功能，提升服务水平，推进邮政公共服务均等化。加快发展步伐，做强国有邮政，做大快递企业，增强竞争能力，实现邮政业跨越式发展。

贯穿一条主线。以转变邮政业发展方式为主线，深化邮政改革，充分发挥市场的资源配置作用，促进邮政业转型升级。着力推进体制和机制创新，从单一的寄递服务模式向多元化综合服务模式转变，满足社会日益增长的个性化生产、服务和配送需求；从传统服务领域向与电子商务和制造业等相关产业融合发展转变，融入社会生产与消费的产业链、供应链和服务链；从粗放式经营向集约式经营转变，推动建立现代企业制度，提高企业经营管理水平。

构建两个体系。构建覆盖城乡、惠及全民、水平适度、可持续发展的邮政普遍服务体系，增强政府保障公共服务的能力。构建便捷高效、竞争有序、技术先

进、服务优质的快递服务体系，打造快递产业竞争新优势。

实现三大目标：

加快发展步伐。做大邮政业规模，实现业务收入翻一番，对国民经济的贡献率有所提高。

提高服务水平。优化邮政和快递服务网络布局，提供高效便捷优质的服务，满足经济社会发展和人民群众的用邮需求。

增强竞争能力。推动邮政业转型升级，支持企业做大做强，把邮政业培育成现代服务业新的增长点。

（二）“十二五”发展指标

1. 总体指标

到2015年，邮政业业务收入比“十一五”末翻一番。其中，快递业务收入比“十一五”末增长1.5倍，占邮政业业务收入的比重达到55%。“十二五”期间，全行业新增就业岗位40万个以上。

专栏1　邮政业“十二五”发展总体指标

指标	2010年	规划目标	
		2015年	年均增长
邮政业业务总量	1286亿元（按2010年不变单价计算）	2620亿元（按2010年不变单价计算）	15%
普遍服务业务量	260亿件	287亿件	2%
快递业务量	24亿件	61亿件	21%
邮政业业务收入	1280亿元	2580亿元	15%
快递业务收入	575亿元	1430亿元	20%

2. 普遍服务

服务能力。提升邮政普遍服务终端能力，重点加强农村邮政设施建设。基本完成空白乡镇邮政局所和行政村村邮站建设，做到乡乡设所、村村通邮。推进城镇居民楼信报箱建设，有效提升信报箱覆盖水平。

服务水平。邮政局所平均服务人口达到2.2万人。邮件全程时限、投递频次和深度不低于《邮政普遍服务标准》的要求。城镇居民楼投递插箱到户，农村投递到村邮站。全国邮政普遍服务满意度平均75分以上。

3. 快递服务

服务能力。引导和鼓励企业在全国物流节点城市建设快件处理中心、航空及陆运集散中心。重点快递企业在直辖市和省会城市网点覆盖率达98%，省辖市网点覆盖率达90%以上。有条件的快递企业形成自主航空运输能力。揽收分拣运输投递等环节的信息化机械化标准化水平大幅提升。

服务水平。构建多品种、个性化服务的产品体系，提高当日递、次晨达等限时产品的比重。重点快递企业省会及重点城市间快件72小时投递率90%以上。重点快递企业快件跟踪查询和信息反馈的便利性、及时性和准确性大幅提升。

服务质量。重点快递企业达到《快递服务标准》。快件延误率降低到千分之八、损毁率降低到万分之一、丢失率降低到十万分之五以下。快递服务的社会用户总体满意度达到70分以上。

4. 企业培育

做强国有邮政，做大快递企业。到2015年，中国邮政集团公司整体运营规模进入世界500强，培育出5个以上年业务收入超百亿元，具有较强竞争力的大型快递企业。

二、主要任务

（一）深化邮政主业改革

继续推进邮政普遍服务业务与竞争性业务分业经营分账核算。建立科学透明的邮政普遍服务收支核算与补贴制度。完善邮政普遍服务运营保障。建立现代企业制度，推动邮政速递物流上市，实现资本化运作，集约化管理，规模化运营。推动邮政企业体制创新，实施结构优化、资源整合、机制转换、科技引领战略，做大做强，充分发挥国有邮政的骨干作用。

专栏2　邮政转型升级工程
调整企业运营模式、网络结构和产品结构，从粗放向集约经营转变。 加强南京航空集散中心、重点区域分拨中心和配送中心建设。 充分发挥邮政综合服务平台作用，发展农村邮政物流和储蓄、保险、票务、政务等代理代办业务。 改造邮政电子商务信息平台，开发安全电子邮件、电子邮戳和邮政电子商务支付等系统，开发电子邮政业务应用。 推进农村邮政物流配送工程。加强农村物流配送信息系统和配送仓储中心建设，加快形成流通成本低、运行效率高、服务“三农”的邮政物流配送网络。 推动企业加强自动化信息化标准化建设，提升管理和运营效率。

（二）完善行业法规体系

贯彻落实《邮政法》，健全完善行业法律法规体系。推动出台《邮政企业专营业务范围的规定》和《邮政普遍服务基金征收、使用和监督管理办法》。制定《邮政行业统计管理办法》等配套规章，修订《邮政普遍服务监督管理办法》和《快递市场管理办法》。完善地方法规体系，研究制定一批地方邮政法规和规章，积极推进各省（区、市）邮政条例修订工作。

（三）提高普遍服务水平

健全邮政基础设施投资保障机制，加强邮政基础网络建设，增强邮政普遍服务能力。完善邮政普遍服务补贴机制，加快建立邮政普遍服务基金，形成责权统一的邮政普遍服务保障与监督机制。大力提高中西部和农村地区邮政普遍服务水平，缩小城乡和区域间普遍服务水平差距。推动发达地区普遍服务达到更高的标准和水平。适时修订《邮政普遍服务标准》。增强机要通信保密安全和服务能力，提高党报党刊发行服务质量。

专栏3　普遍服务建设工程	
空白乡镇邮政局所补建	在2012年之前基本完成全国约6000个空白乡镇邮政局所补建。
城乡局所改造	完成2万个城乡邮政局所标准化、电子化改造。
邮政进社区	依托6000个示范性城市综合社区服务设施，开办邮政代办代投业务。
村邮户箱建设	建设20万个行政村村邮站。 实施城镇居民楼信报箱配套建设，推进信报箱更新补建。
邮件处理中心新建及改造	新建和改扩建邮件处理中心，调整功能布局，加强运力资源投入，提升邮运能力。

专栏4　机要通信建设工程（略）

（四）促进快递转型升级

鼓励快递企业创新运行机制，推动企业功能整合和服务延伸，融入产业链、供应链和服务链，加快向综合型快递物流运营商转型。大力促进快递服务与电子商务协同发展，提高快递服务对国内国际网购的支撑能力，培育产业新的增长点。推进快递物流园区建设，实现产业集聚、功能集成和经营集约。鼓励企业拓展网络，优化布局，完善运营机制，提高网络覆盖率和稳定性。引导企业转变竞争方式，由偏重价格竞争向服务品质竞争转变，提升服务品质，打造服务品牌。

专栏 5　快递转型升级工程	
自主快递航空运输网建设	依托综合交通运输体系强化航空运力保障，提升网络运行效率，打造两个以上一体化的国内自主快递航空运输网络。
快递物流园区建设	按照国家《物流业调整与振兴规划》关于重点物流区域和全国性物流节点城市规划布局，在华北、东北、山东半岛、长三角、东南沿海、珠三角、中部、西北和西南等九大重点物流区域建设快递物流中心和快递物流园区。支持快递企业在北京、天津、沈阳、济南、上海、南京、杭州、厦门、广州、深圳、郑州、武汉、西安、重庆、成都等 15 个重要物流节点城市建设快件处理中心、航空及陆运集散中心等设施，提升运营能力。形成以重点物流区域和重要快递节点城市为基础，以航空进出境通道以及综合交通运输体系为支撑的全国快递物流网络布局。
航空快件绿色通道建设	在北京、青岛、大连、上海、杭州、南京、广州、深圳和厦门等重点城市，建设航空快件绿色通道。
企业信息化建设	加快企业信息系统开发应用和改造升级换代，推进企业业务创新、服务创新、管理创新和流程优化，提高企业信息化水平。
产业联动发展	以快递产业与关联产业融合联动、协同发展为目标，推动快递服务向产业上下游延伸，积极融入产业链、供应链和服务链。 构建快递企业与大型制造企业、电子商务企业合作发展平台。 建设适应制造业和电子商务发展的快递配送体系，形成若干具有区域优势，网络覆盖全国的电子商务快递服务联合体。 大力发展生产性快递物流服务，鼓励快递企业与世界著名企业和国内大型制造企业建立长期稳定的战略合作关系。
绿色发展	鼓励企业采用环保材料和节能技术，实现绿色环保低碳运营。

（五）强化行业监督管理

加强普遍服务监督检查，研究建立服务水平监测和综合评价体系，开展普遍服务综合绩效考核，保障普遍服务有效实施。实施快递经营许可制度，规范市场主体行为，营造公平竞争的市场环境。强化执法监督和行业自律，规范市场行为，建立公平公正竞争有序的市场秩序。监督寄递企业落实寄递物品安全责任制，履行服务安全承诺，切实保障寄递渠道安全。完善监管机构设置，加强邮政监管组织保障，健全政府监管、行业自律、社会监督的邮政行业监管体系。

专栏6 邮政业安全与监管工程	
公共服务信息化系统	以实现邮政业公共服务信息化为目标，建设以行业监测分析、政务公开、行政执法和社会应急等为重点内容的公共服务信息化平台。 建立行政许可、诚信管理、安全管理、时限监测、消费者申诉、公众满意度评价、资费及邮编查询、名址信息等公共服务子系统。 完善管理和服务手段，提高行业管理、公共服务和社会应急的信息化和一体化水平。
安检设备	加强邮政安全监管，在大型处理中心的重要生产环节配备符合国家标准的安全检查设备。

四、政策措施

（一）建立长效机制，保障普遍服务水平

研究建立邮政基础设施建设长效机制。明确邮政基础设施建设重点，推动邮政基础设施建设纳入地方城乡规划。积极争取对邮政普遍服务基础设施建设的资金支持。按照统筹规划、条块结合、分层负责、联合建设的思路，积极探索中央和地方共投共建邮政基础设施的模式，发挥地方政府积极性，扩大投资规模，加快建设速度，完善服务网络。

完善邮政普遍服务保障和监督机制。建立保障邮政普遍服务的长效机制。推动完善邮政普遍服务亏损补贴预算制度。制定邮政普遍服务补贴资金使用监督管理办法，加强补贴资金使用的专项监督，确保补贴资金用到实处。加快建立邮政普遍服务基金，制定邮政普遍服务基金征收、使用和监督管理办法，切实加强普遍服务运营保障。贯彻落实国家对西藏、四省藏区和新疆等特殊地区的政策措施。

建立普遍服务综合绩效考核机制。健全邮政普遍服务年度监管报告制度，研究建立邮政普遍服务综合评估制度，对邮政普遍服务质量和服务水平，基础设施建设资金使用效果，财政补贴资金使用情况等进行综合考核评估。

健全服务“三农”长效机制。支持邮政企业大力发展农村邮政物流，着力打造管理集约化、网络规模化、服务社会化的现代农村邮政物流综合服务平台。支持邮政企业发展农业生产资料、日用消费品、医药产品、中小学教材等连锁配送服务。

（二）加大政策扶持，提高综合服务能力

推动建立现代企业制度。推进邮政企业转型升级，构建产权明晰、责权明确、政企分开、管理科学的现代企业制度，实现管理科学化现代化。支持企业拓宽融资渠道，完善治理结构，健全管控体系，改革用工和薪酬制度。积极发展代理代办业务，提高基础网络运营效益，实现邮政普遍服务业务与竞争性业务互促共进。

完善政策法规配套。推动出台《邮政企业专营业务范围的规定》，保障邮政普遍服务，维护邮政通信和信息安全。推动将邮运地下通道、邮件处理设施等纳入火车站、机场等交通枢纽配套设施，争取各级政府给予用地、建设投资等方面的支持。协调解决城市局所的配套建设问题，适应城镇化对邮政普遍服务提出的新要求。

推动邮政服务中小企业。研究制定相关政策，鼓励邮政企业发挥金融、营销和物流等方面的综合优势，增强能力建设，增加服务品种，支持中小企业发展。

（三）加快产业培育，做大快递企业规模

完善政策保障。推动落实国家鼓励发展产业目录的相关配套政策。推动制定快递企业生产用地扶持政策。推进落实快递企业在用电、用水、用气、用热与工业同价政策。协调解决快递车辆通行、临时停车作业难等问题。推动快递企业与民航企业信息互联互通，开辟重点城市航空快件绿色通道。协调推动快递企业信用融资制度的建立，开辟多种融资渠道。鼓励以参股控股合资合作等方式进行快递企业重组，提高产业集中度。

推动快递与电子商务、制造业联动发展。促进快递配送网络与电子商务网络和企业物流网络一体化协同发展。引导快递企业发展分销配送、供应链服务和一体化物流，积极承接生产和商贸企业的外包服务。推动建立快递企业与电子商务、制造业企业合作发展机制，加强信息沟通、标准对接和业务联动。

支持快递企业“走出去”。支持快递企业跨境跨国经营，鼓励快递企业通过自建合作并购等方式设立境外分支机构，延伸服务网络，实施国际化发展战略。利用中美中欧等政府间对话机制，搭建中外企业交流平台，借鉴国际先进经验。为企业“走出去”提供有关市场准入、法律法规、投资环境和经济政策等信息咨询和服务。

（四）加强监督管理，优化市场竞争环境

规范市场准入。认真贯彻执行《快递业务经营许可管理办法》，严格许可条件，完善配套制度，规范快递代理行为，维护市场秩序。积极创造条件，开放邮政管理部门和快递企业相关系统端口，方便企业申请快递业务经营许可证。

规范企业经营行为。按照《邮政普遍服务监督管理办法》、《快递市场管理办法》等要求，加快完善配套制度。严格普遍服务营业场所撤销和业务停办的审批。建立快递企业等级评定和信用分级管理制度，促进快递市场健康发展。督促企业严格落实快递业务操作指导规范，确保快递服务质量。制定代收货款的操作流程和风险控制措施，规范快递代理。加大对快递企业经营的监督检查力度，制止各种违法违规经营行为，做到合法入市，守法经营，有序退出，维护国家利益和消费者合法权益。

加强行业安全监管。协助做好寄递渠道的安全监管工作，制定并施行邮政行业安全防范标准，强化企业安全防范，保障寄递渠道安全。重点防范利用寄递渠道进行恐怖、贩毒和传播反动宣传品等违法犯罪活动。指导企业建立严格的收寄验视制度和应急保障制度。使用信息技术和现代化装备，加强安全监管。加强对快递市场信息的分析研究，做好行业安全预测工作。

加强行业应急管理。制定邮政业突发事件应急体系建设规划。完善修订邮政业突发事件应急预案。建立应急管理指挥平台。加强应急物资的筹备与管理，建立应急物资储备及调配方案。

（五）依托交通平台，推动产业协同发展

推动设施建设同步配套。依托大交通平台，优化资源配置，支持邮政业发展，积极推动与综合交通运输体系的顺畅对接。在公路航空铁路客货运枢纽的布局中，推动邮政和快递服务网点、处理中心及作业枢纽设施建设的同步配套，促进综合交通运输平台的集约利用。

推进互利合作。鼓励邮政和快递企业与运输企业合作，实现资源与优势互补。依托邮政和快递网络，扩大代办代售网络，加大代理票务力度。推行公路甩挂运输方式，推进公路客运班线代运邮件和快件试点。研究推进在铁路客货运线路加载邮件和快件车厢，增开行邮专列。推动增加邮件和快件的航空运力供给。

（六）强化人才培养，提高队伍综合素质

健全完善人才培养体系。积极实施人才强邮战略，加快人才教育培养体系建设。大力推进校企合作，探索建立职业教育、高等教育和在职培训鉴定相衔接的教育培养模式。推动建立技能人才教育与公共实训基地，完善专业人才远程培训网络。

大力提升人才队伍素质。统筹推进各类人才队伍建设，加快培养行业发展急需的高层次经营管理人才、专业技术人才和技能型人才。重点实施快递人才培养工程。组织和推动快递企业各级各类专业技术人员参加职称评审。实施国家职业资格证书制度，积极开展邮政业特有工种职业分类和技能鉴定。

（七）推广科技应用，提升科学发展能力

推动新技术的应用。提高企业自动化标准化信息化应用水平。促进物联网等相关技术的应用，鼓励企业使用跟踪查询、全球定位系统、地理信息系统、单元化装载、自动识别、电子数据交换和可视化等技术。鼓励企业采用仓储运输、装卸搬运、分拣包装等专用技术装备，提高企业劳动生产率和运营效率。

提高科技和标准化水平。加强科技基础工作，制定邮政行业科技发展规划。加快制定基础类、服务类、产品类、技术类和信息类等国家和行业标准，完善行业标准化体系。加快行业标准的推广和应用，鼓励企业采用标准化的包装、计量、车辆和信息代码，提高标准化水平。选择重点快递企业和快递物流园区开展标准化试点示范。鼓励开展科技交流合作，加强企业之间科技交流成果展示，推动邮政业科技发展和科技进步。

008

邮政业标准化“十二五”发展规划

国家邮政局

2011 年 9 月

邮政业是现代服务业的重要组成部分，邮政网络是国家重要的通信基础设施，在促进国民经济和社会发展、保障公民基本通信权利等方面，发挥着十分重要的作用。标准化是提高服务质量、规范邮政市场、推动行业科技进步的重要手段。为进一步推动邮政业又好又快发展，国家邮政局依据《中华人民共和国邮政法》、《中华人民共和国标准化法》、《物流业调整和振兴规划》、《邮政业发展“十二五”规划》等相关法律法规和文件，制定《邮政业标准化“十二五”发展规划》。

一、“十一五”回顾

“十一五”时期，邮政业标准化工作在国家邮政局党组的高度重视和国家标准化管理委员会的大力支持下，取得了显著成效，颁布了一批重要标准，加强了标准的宣贯和实施，为整个行业的发展起到了重要的支撑和引导作用。

（一）初步建立邮政业标准体系，明确标准化工作任务

2007 年，国家邮政局重组后，组织制订了第一个《邮政业标准体系》和《邮政业标准化 2008—2010 年发展规划》，明确了邮政业标准化工作的总体思路、主要目标和工作任务。在此基础上，对政企合一体制下发布的 340 项行业标准进行了清理，并根据政府职能和实际业务需求加大了标准的研制力度。截至 2010 年底，邮政业现行国家标准 9 项、行业标准 38 项，初步形成了国家标准、行业标准与企业标准定位明确、重点突出，基本覆盖邮政基本业务和增值业务（主要是快递业务）两大重点领域的邮政业标准体系。

（二）相继研制一批重要标准，提升标准技术支撑作用

“十一五”时期，国家邮政局按照标准化发展规划的整体安排，相继研制完成了一批重要标准。其中，《邮政业术语》国家标准的制定，对统一和规范行业用语，搭建交流平台具有重要意义；《邮政普遍服务》行业标准的制定，有利于保障邮政普遍服务质量；《住宅信报箱工程技术规范》国家标准写入强制性条文，从根本上解决了信报箱建设难的问题；而首次制定发布的《快递服务》、《快递封装用品》等多项国家标准和行业标准，填补了相关领域的空白；特别是将《快递

服务》行业标准提升为国家标准，对于进一步规范快递市场秩序、提升快递服务质量和保护消费者合法权利起到了重要作用。

（三）成立全国邮政业标准化技术委员会，奠定标准化工作组织基础

2008年12月，全国邮政业标准化技术委员会（SAC/TC 462）正式成立，首届标委会由政府部门、企业、科研院校、消费者组织的专家组成。标委会的成立为邮政业标准化工作提供了强有力的组织保障，标志着邮政业标准化工作步入快速发展的轨道。

（四）加大重点标准实施力度，确保标准实施取得成效

“十一五”时期，各级邮政管理部门开展了广泛的标准宣传培训、达标测评和监督检查等工作，标准实施取得实效。2008年，《快递服务》标准实施后，相关部门在全国范围开展了达标工作，截至2010年，在18家具有全国性服务网络的快递企业中，70％以上的分支机构达到标准要求，服务质量明显提升。该标准由于技术内容先进、实施效果显著，荣获2009年度“中国标准创新贡献奖”二等奖。2009年10月《邮政普遍服务》标准实施后，国家邮政局依据标准在全国范围内开展了监督检查活动，切实提高了邮政普遍服务水平。

（五）建立邮政业标准化管理机制，吸纳各类市场主体广泛参与

2010年，国家邮政局组织制定并发布了《邮政行业标准管理办法》，建立了邮政行业标准立项、制定、发布与实施的系统化推进模式，在标准的制定和实施阶段，注重吸收企业、用户、行业协会、科研院校等主体广泛参与，积极采纳利益相关方意见，有效提高了标准化工作质量，获得社会各界好评。

（六）构建标准化信息平台，实现信息资源共享

“十一五”时期，国家邮政局门户网站设立标准专栏，实时发布现行国家标准和行业标准目录及全文，动态更新邮政业标准化工作信息，建立了标准化信息共享平台，为政府主管部门、企业、用户了解邮政行业标准化工作进展情况提供了窗口。

“十一五”时期，邮政业标准化工作虽然取得了显著成效，但与邮政业快速发展的需求相比，还存在一些不相适应的问题：修订后的《中华人民共和国邮政法》全面实施，邮政业面临的法律环境和发展形势发生巨大变化，邮政业标准体系尚需进一步完善；邮政普遍服务领域众多标准标龄较长，技术内容落后，亟待修订；快递领域标准数量还较少，急需补充完善以满足快递市场快速发展的需要；标准实施效果参差不齐，部分标准的实施力度有待加大；标准化人才相对不足，复合型人才更为匮乏。

二、“十二五”形势

“十二五”时期，是我国全面建设小康社会的关键时期，也是邮政业实现科

学发展的战略机遇期，作为邮政业科学发展的重要技术支撑，标准化工作面临的机遇和挑战并存。

（一）邮政业科学发展为标准化工作提出新任务

转变发展方式、发展现代邮政业，是实现邮政业科学发展的重大战略任务。"十二五"时期，邮政业将着力提高行业科技含量，用科技信息手段改造传统邮政业，大力推进信息化和自动化，实现由劳动密集型向技术和劳动密集型转变，发展现代邮政业。标准化作为加快科学技术传播以及创新成果产业化的桥梁和媒介，是促进技术进步和产业结构调整的重要工具。邮政业要实现转型升级，就要研制满足信息化、自动化要求的各类信息技术标准以及新技术设备应用标准，促进信息技术和先进设备在邮政业的应用，为邮政业的转型升级提供基础条件。

（二）基本公共服务均等化持续推进对标准化工作提出新要求

党的十七届五中全会明确指出，"十二五"时期要"坚持把保障和改善民生作为加快转变经济发展方式的根本出发点和落脚点"，"推进基本公共服务均等化"。邮政普遍服务是国家基本公共服务的重要组成部分，也是发展较为薄弱的领域。未来，我国将加强邮政基础网络建设，增强邮政普遍服务能力，强化服务质量监管，着力建立覆盖城乡、惠及全民、水平适度、可持续发展的邮政普遍服务体系。这就要求进一步完善邮政普遍服务相关标准，为城乡邮政设施建设提供技术支撑，为政府开展服务质量监管提供依据，以满足广大人民群众的基本用邮需求。

（三）快递转型升级对标准化工作提出新挑战

"十二五"时期将是快递转型升级的关键时期。在产业内部，快递企业将加大资源共享、兼并重组力度，加速向网络覆盖广、服务水平高、竞争能力强的综合性快递物流运营商转型，快递市场结构不断优化。在产业外部，快递产业将依托综合交通运输平台，从传统服务领域向与电子商务和制造业等相关产业融合发展转变，融入社会生产与消费的产业链、供应链和服务链。在此进程中，需要发挥标准化工作的重要作用，以标准为依据，引导企业完善内部管理，加强与关联产业的对接和联动，促进管理和服务升级。

（四）国际邮政业创新发展为标准化工作指明新重点

伴随全球经济一体化和技术进步不断加快，国际邮政业加速与邮政金融服务、邮政信息服务相结合，创新发展模式。全球邮政获得 .post 互联网顶级域名，在此平台上，邮政将整合实物传递、金融服务及电子服务等方面的综合能力，为社会提供多项富有创造性的新业务。主要发达国家纷纷依托先进科技，高度重视产品创新和服务创新。受此趋势影响，国际邮政业标准化工作的重点也随之调整，万国邮政联盟与国际标准化组织已将未来标准化工作的重点领域确定为电子新业务和邮政金融服务。为此，我国应积极开展邮政业国际标准化研究，适时采用现行国际标准，并立足国情，积极探索我国标准化工作的新重点，适应未来国际邮政业发展新形势。

三、指导思想

坚持以邓小平理论和“三个代表”重要思想为指导，深入贯彻落实科学发展观，全面贯彻实施《中华人民共和国邮政法》，以转变邮政业发展方式为主线，以加快构建邮政普遍服务体系和快递服务体系为目标，着力建立健全标准化“三大体系”，即完善邮政业标准体系，健全邮政业标准实施监督体系，夯实邮政业标准化工作运行体系，增强邮政业标准化的科学性、导向性与时效性，进一步发挥标准化对于加快发展步伐、提高服务水平、增强竞争能力的重要作用，为实现邮政业“十二五”发展目标提供坚实的技术支撑和服务保障。

四、基本原则

（一）突出重点

在“十一五”时期初步建立邮政业标准体系的基础上，结合邮政普遍服务、快递业务的现状和问题，重点研制基础通用和行业发展急需的标准，满足邮政业发展需要。

（二）统筹兼顾

把握标准化工作规律，统筹考虑邮政普遍服务与快递服务两大领域的标准布局与优先次序，推动两者协调发展，并强化利益相关方的有效沟通，确保国家利益、消费者利益和企业利益协调统一。

（三）适度超前

促进标准化与科技创新相结合，推动标准采用科研成果，提高标准的技术含量和前瞻性，使标准成为科技创新转化为生产力的桥梁，推动邮政业科技水平不断提升。

（四）注重实效

把标准实施效果作为标准化工作的关键因素予以重点关注。在标准制定过程中，充分考虑标准的引导性和可操作性。在标准实施过程中，要将标准的执行与市场准入、质量评定等工作有机地衔接起来，引导各类市场主体积极执行标准，确保标准有效实施，取得成效。

五、规划目标

为适应邮政业跨越式发展的总要求，在“十一五”标准化工作基础上，通过5年的努力，进一步完善标准体系，加大标准实施力度，使标准研制、实施、监督和管理达到更高水平，标准化对邮政业的支撑作用得到充分发挥。

到 2015 年底，基本实现以下目标：

——完善标准体系。研制 30 余项基础通用类、邮政普遍服务类、快递服务类国家标准和行业标准，加大技术标准制定力度，建立覆盖更全面、重点更突出、结构更优化、整体水平更高的邮政业标准体系。

——提升标准实施水平。通过加强宣贯、开展试点示范等方式，逐步形成市场导向和政府推动相结合，运转流畅、行之有效的标准实施体系，建立常态化、可量化的标准实施机制，整体提升邮政业标准实施水平。

——推进企业标准化工作。引导各类企业着力建立和完善符合自身发展实际的企业标准体系，推进企业间的交流，缩小企业间标准化的差距，大幅度提升企业生产、管理和服务水平，使企业标准化工作在“十二五”时期取得实质性进展。

六、主要任务

（一）完善标准体系，支撑邮政业“十二五”战略目标

优化标准体系框架，夯实邮政业标准化工作基础。依据《邮政业发展“十二五”规划》，针对科技进步与邮政业新进展，优化邮政业标准体系框架，提升基础标准、服务标准、技术标准与管理标准之间的协调性和统一性；明确国家标准、行业标准和企业标准之间的范围与界限，为标准的衔接与扩展留出空间。

（二）及时研制基础通用类标准，推动行业转型升级

研制一批基础信息标准，推动行业信息化建设。研制《快递信息系统技术要求》系列标准，引导企业加快信息系统开发应用和改造升级，推进业务创新、服务创新和管理创新。开展《邮政编码规则》、《快件编号编制规则》、《邮政业从业机构代码》以及《邮政地址信息数据结构及编码规则》等信息标准的研究和推广应用，为全行业提升信息化水平奠定基础。

研制一批接口标准，促进产业联动发展。研制邮政管理部门与邮政企业、快递企业的数据接口标准，实现信息互通和动态管理。研制邮政业与交通、电子商务、制造业等关联产业的网络互连、电子数据交换等接口标准，促进信息共享和资源综合利用，促进产业联动发展。

开展高新技术在邮政业的应用研究，适时制定相关标准。根据行业自身发展实际和现实需要，研究 .post、物联网、无线射频识别等高新技术在邮政业的应用，及时将相关成果转化为标准，推动邮政业科技发展和科技进步。

专栏 1　基础通用类重点标准项目		
序号	项目名称	标准类别
1	邮政编码编制规则	行标
2	快件编号编制规则	行标
3	邮政业从业机构代码	行标
4	邮政地址信息库结构及编码规则	行标
5	快递信息系统技术要求系列标准	行标
6	快递服务和电子商务信息交换标准化指南	行标
7	邮政业内部信息系统之间互连系列规范	行标
8	邮政业与外部信息系统互连系列规范	国标
9	邮政行业安全生产规范	行标
10	无线射频识别技术在邮政业应用标准化指南	行标
11	. post 顶级域名系列标准	行标

（三）制修订邮政普遍服务相关标准，推动邮政公共服务均等化

完成邮政普遍服务标准的拓展升级，提高标准的适用性。根据国民经济快速发展的现实，适时修订《邮政普遍服务》标准并将其上升为国家标准，确保用户享受与经济社会发展水平相适应的邮政普遍服务；研制《农村村邮站服务规范》，规范村邮站的服务行为，提高农村邮政普遍服务水平。

研制邮政基础设施相关标准，构建标准化的邮政普遍服务网络平台。研制《邮政营业场所工程设计规范》、《机要通信网点工程设计规范》等标准，加强对邮政基础设施建设的指导和管理，推动邮政网络建设，提高邮政普遍服务的终端能力。适时研制《邮政普遍服务信息交换数据接口标准》，加强与邮政企业的信息交换，加大对基础设施、服务能力等基础数据的综合利用力度，为邮政普遍服务网络的建设和维护提供技术支撑。

重点修订一批面向用户的邮政用品标准，确保通信安全和用户通信权益。针对信封、邮件包装用品、邮政包裹详情单、机要专用封装用品等标龄较长的标准开展复审，及时修订，逐步解决标准老化问题，提高邮政用品的可靠性与安全性，保障通信安全，保护用户权益。

专栏2　邮政普遍服务重点标准项目

序号	项目名称	标准类别
1	邮政普遍服务	国标
2	农村村邮站服务规范	国标
3	邮政普遍服务信息交换数据接口标准	行标
4	邮政营业场所工程设计规范	国标
5	机要通信网点工程设计规范	行标
6	邮件封面书写规范　第2部分：国际	国标
7	邮件包装用品（国内、国际）	行标
8	机要专用封装用品系列标准	行标
9	国内邮政包裹详情单	行标
10	信封、明信片	国标
11	信筒、挂式邮政信箱	国标

（四）拓展研制快递服务标准，促进快递服务上水平

研制快递增值服务标准，满足服务多元化发展需要。尽快研制《基于电子商务配送的快递服务》、《代收货款服务规范》等快递增值服务标准，积极促进快递服务与电子商务、制造业等产业的对接，推动快递企业功能整合和服务延伸，构建多品种、个性化服务的快递产品体系。研制《快递网上营业服务规范》，引导并规范快递企业积极利用互联网等平台开展各项网上服务，提升快递服务水平与质量。

研制快递基础设施标准，促进快递网络建设。研制快递营投场所、处理场所等快递网络重要设施设计规范，推动快递企业加强基础设施建设，优化网络布局，提升服务能力。

研制相关配套标准，推动快递物流园区建设。按照加快快递物流园区建设的要求，研制《快递物流园区配套设施要求》、《快递物流园区服务及评价指标》等标准，完善快递物流园区功能，有效整合快递物流资源。

专栏 3　快递服务重点标准项目		
序号	项目名称	标准类别
1	快递运单	国标
2	快递网上营业服务规范	行标
3	城市快递服务汽车选用规范	行标
4	城市快递服务收派非机动车辆技术标准	行标
5	快件信息跟踪查询规范	行标
6	快递营投场所技术规范	行标
7	快件（邮件）处理场所设计规范	国标
8	基于电子商务配送的快递服务规范	行标
9	代收货款服务规范	行标
10	快递服务突发事件处理规范	行标
11	快递物流园区配套设施要求	行标
12	快递物流园区服务及评价指标	行标

（五）全面提升标准实施力度，确保标准实施效果

加大宣贯力度，提高全行业对标准的理解和执行能力。重点针对《邮政业术语》、《快递服务》、《快递运单》、《住宅信报箱工程技术规范》等国家标准，面向各级政府管理人员、企业管理人员、社会监督员等，举办不同层次的培训班和研讨会。同时，利用媒体和网络，加大重点标准的宣传力度，提高全行业对标准的理解和执行能力。

分类推进、多措并举，强化重点领域标准实施。在邮政普遍服务领域，以“保障和监督并举”为原则，充分发挥政府主导作用，以标准为依据，制定相关措施，引导邮政企业完善基础设施，提高服务质量；联合国家相关部门，定期开展监督检查活动，确保标准的实施效果。在快递服务领域，以企业为主体，以规范促发展，继续在规模以上企业开展服务质量测评和达标活动，重点利用品牌效应和市场机制推动标准贯彻实施。

开展试点示范，培育服务品牌。通过评估，选择一批邮政企业、快递企业和快递物流园区开展标准化试点示范，树立服务品牌，提升服务质量；在此基础上总结经验、逐步推广，全面带动邮政业标准化工作水平的整体提升。

（六）扎实推进企业标准化工作，提升企业管理和服务水平

出台相关鼓励政策，营造良好的企业标准化制度环境。适时制定引导企业开展标准化工作的指导意见，研究出台鼓励企业开展标准化工作的相关措施，调动

企业积极性，推动企业标准化工作全面开展。

引导企业建立自身标准体系，提升企业核心竞争力。鼓励各类企业以国家标准和行业标准为依据，建立符合自身发展实际的企业标准体系，逐渐形成标准化的生产模式、管理模式和服务模式，提升企业的核心竞争力。

（七）积极参与国际标准化工作，提升国际竞争力

密切跟踪世界标准化发展重要进展，及时了解最新动态。加强对发达国家、国际标准化组织、万国邮政联盟标准化重要进展情况的跟踪，及时了解邮政业标准化的最新国际动态。加强与世界各国邮政的交流沟通，将国际成熟经验和先进理念吸纳到我国相关标准中，提高标准编制质量和标准化工作水平。

积极参与国际标准研制，提升国际竞争力。加大在电子新业务、快递等领域参与国际标准制修订的力度，提高我国在国际邮政业标准化工作中的地位和话语权，提升我国邮政业的国际竞争力。

七、保障措施

（一）强化统一领导，优化管理运行机制

落实国家标准化管理相关规定，进一步加大《邮政行业标准管理办法》实施力度，强化国务院邮政管理部门在标准化工作中的领导地位。地方邮政管理部门进一步加强组织领导，引导本地市场主体积极参与标准制定和实施，及时协调解决工作中遇到的问题，积极推进，务求实效。

（二）加大人才培养力度，搭建标准化人才梯队

落实《邮政行业人才队伍建设中长期规划（2009—2020）》，积极吸纳邮政管理部门、行业协会、市场主体等方面的专家，建立邮政业标准化专家库；面向邮政管理部门和企业，开展标准化基础知识培训和标准宣贯，培养一批既精通邮政业务又熟悉标准化的实用型人才；探索在邮政院校开设标准化课程，为邮政业标准化持续发展提供人才储备。

（三）完善信息平台，增进国内外标准化信息交流

加强国家邮政局标准信息平台的日常管理，定期维护，实时更新；及时跟踪国内外邮政业标准化动态，发布相关信息；开辟与公众互动的网络渠道，重点了解标准需求、收集标准实施反馈信息，为持续改进邮政业标准化工作提供依据。

（四）加大经费投入，提供稳定的标准化资金保障

加大对标准化工作的经费支持力度，每年在财政预算中列支标准化专项经费，确保标准化工作的稳定性和延续性；鼓励地方邮政管理部门积极向当地政府或相关部门争取经费支持，不断扩大标准化工作资金来源渠道。

（五）加强标委会建设，发挥技术组织中坚作用

加强全国邮政业标准化技术委员会制度建设和秘书处日常管理，配备专职工

作人员，提升秘书处工作能力，保障标委会有效运转；尽快征集邮政业、标准化等方面的专家，完成邮政基本业务标准化分技术委员会的筹建，适时成立增值业务相关工作组，不断充实和壮大邮政业标准化专家队伍和技术力量。

八、重点制修订标准项目

为贯彻落实“十二五”期间邮政业标准化工作的发展目标和主要任务，根据重点突破、整体提升、持续推进的原则，附表中列出了“十二五”期间邮政业重点制修订标准项目。

附件：

“十二五”邮政业重点制修订标准项目汇总表（按预计完成时间排序）

序号	项目名称	标准类别	标准性质	制/修订	预计完成时间
1	快递运单	国标	推荐	制定	2011 年
2	邮件封面书写规范　第 2 部分：国际	国标	推荐	制定	2011 年
3	邮政行业安全生产规范	行标	推荐	制定	2011 年
4	城市快递服务汽车选用规范	行标	推荐	制定	2011 年
5	快件信息跟踪查询规范	行标	推荐	制定	2011 年
6	快递服务和电子商务信息交换标准化指南	行标	推荐	制定	2011 年
7	邮政地址信息数据结构及编码规则	行标	推荐	制定	2012 年
8	快递网上营业服务规范	行标	推荐	制定	2012 年
9	城市快递服务收派非机动车辆技术标准	行标	推荐	制定	2012 年
10	邮政业从业机构代码	行标	推荐	制定	2012 年
11	基于电子商务配送的快递服务规范	行标	推荐	制定	2012 年
12	代收货款服务规范	行标	推荐	制定	2012 年
13	机要专用封装用品系列标准	行标	推荐	修订	2012 年
14	邮政普遍服务	国标	推荐	制定	2013 年
15	农村村邮站服务规范	国标	推荐	制定	2013 年
16	邮政营业场所工程设计规范	国标	推荐	制定	2013 年
17	邮政普遍服务信息交换数据接口标准	行标	推荐	制定	2013 年

续表

序号	项目名称	标准类别	标准性质	制/修订	预计完成时间
18	邮政编码编制规则	行标	推荐	制定	2013 年
19	快件编号编制规则	行标	推荐	制定	2013 年
20	快递营投场所技术规范	行标	推荐	制定	2013 年
21	快递信息系统技术要求系列标准	行标	推荐	制定	2013 年
22	信封、明信片	国标	推荐	修订	2014 年
23	国内邮政包裹详情单	行标	推荐	修订	2014 年
24	邮件包装用品（国内、国际）	行标	推荐	修订	2014 年
25	信筒、挂式邮政信箱	国标	推荐	修订	2014 年
26	快件（邮件）处理场所设计规范	国标	推荐	制定	2014 年
27	机要通信网点工程设计规范	行标	推荐	制定	2014 年
28	邮政业内部信息系统之间互连系列规范	行标	推荐	制定	2014 年
29	快递服务突发事件处理规范	行标	推荐	制定	2015 年
30	邮政业与外部信息系统互连系列规范	国标	推荐	制定	2015 年
31	快递物流园区配套设施要求	行标	推荐	制定	2015 年
32	快递物流园区服务及评价指标	行标	推荐	制定	2015 年
33	.post 顶级域名系列标准	行标	推荐	制定	2014 年
34	无线射频识别技术在邮政业应用标准化指南	行标	推荐	制定	2015 年

009

中华人民共和国交通运输部令

2013 年　第 8 号

《关于修改〈邮政行业统计管理办法〉的决定》已于 2013 年 4 月 3 日经第 3 次部务会议通过，现予公布，自公布之日之日施行。

部长　杨传堂

二〇一三年四月十二日

邮政行业统计管理办法

（2011 年 10 月 11 日交通运输部发布根据 2013 年 4 月 12 日交通运输部《关于修改〈邮政行业统计管理办法〉的决定》修正）

第一章　总则

第一条　为加强邮政行业监督管理，规范行业统计工作，保障行业统计资料的真实性、准确性、完整性和及时性，根据《中华人民共和国统计法》、《中华人民共和国邮政法》等法律和相关行政法规，制定本办法。

第二条　本办法适用于邮政管理部门组织实施的邮政行业统计活动。

第三条　邮政行业统计是邮政管理部门根据履行监督管理职责的需要，依法组织实施的部门统计调查活动。其基本任务是通过制定邮政行业统计制度，建立统计指标体系，运用各种统计方法对邮政行业发展情况进行统计调查和统计分析，准确掌握邮政行业的经济运行情况，为行业监督管理提供信息服务，同时为国家统计调查提供相关数据资料。

第四条　邮政行业统计工作实行统一领导、分级负责的原则。

国务院邮政管理部门是全国邮政行业统计工作的主管部门，负责组织、指导、管理、监督全国邮政行业统计工作。

省、自治区、直辖市邮政管理机构和按照国务院规定设立的省级以下邮政管理机构在国务院邮政管理部门的领导下，组织、开展、管理、监督本辖区的邮政行业统计工作。

国务院邮政管理部门和省、自治区、直辖市邮政管理机构以及省级以下邮政管理机构，统称为邮政管理部门。

第五条 统计调查对象负责组织开展本单位的统计工作，并接受邮政管理部门的监督管理。

统计调查对象是指有义务提供邮政行业统计调查所需资料的邮政企业、快递企业、集邮票品集中交易市场开办者以及邮政行业的其他相关企业和组织。

第六条 邮政管理部门统计机构和统计人员依法独立行使统计调查、统计报告和统计监督的职权，不受侵犯。

第七条 统计调查对象应当按照邮政管理部门规定，依法履行统计义务，真实、准确、完整、及时地提供统计调查所需的资料，不得提供不真实或者不完整的统计资料，不得迟报、拒报统计资料。

第八条 邮政管理部门、统计调查对象应当建立健全统计资料的审核、签署、报送、交接、保管、借用、归档、销毁等管理制度，依法管理统计资料。

第九条 邮政管理部门、统计调查对象应当加强统计能力建设，满足统计工作所需的人员、经费、技术装备和其他各项条件。

第十条 邮政管理部门对在邮政行业统计工作中做出重要贡献和取得突出成绩的统计调查对象和统计工作人员可以给予表彰或者奖励。

第二章 统计机构与统计人员

第十一条 国务院邮政管理部门应当设立统计机构，配备专职统计人员，在国家统计局的业务指导下，统一管理全国范围内的邮政行业统计工作。

省、自治区、直辖市邮政管理机构应当确定统计机构，设立统计岗位，配备专职或者兼职统计人员，在省级人民政府统计机构的业务指导下，统一管理本行政区域内的邮政行业统计工作。

省级以下邮政管理机构应当确定统计机构，配备专职或者兼职统计人员，统一管理本辖区的邮政行业统计工作。

第十二条 统计调查对象主要负责人是统计工作的第一责任人，全面负责本单位统计调查工作，并对本单位统计数据的真实性负责。

第十三条 统计调查对象应当确定人员承担本单位的统计工作，并保持本单位承担统计工作任务的人员的相对稳定，建立健全离岗交接制度。

第十四条 统计调查对象承担统计工作任务的人员应当具有良好的职业道德，具备执行统计任务所需的专业知识和业务能力。

第十五条 统计调查对象承担统计工作任务的人员应当按照邮政管理部门的规定参加统计培训。

第三章 统计调查管理

第十六条 邮政行业统计调查项目由邮政管理部门根据监督管理工作需要制

定。制定邮政行业统计调查项目应当经过论证。

邮政行业统计调查项目包括全国邮政行业统计调查项目和地方邮政行业统计调查项目。

第十七条　邮政行业统计调查项目按照下列规定制定、备案或者审批：

（一）全国邮政行业统计调查项目由国务院邮政管理部门统一制定，报国家统计局备案。其中统计调查对象超出邮政管理部门管辖系统的，报国家统计局审批；

（二）地方邮政行业统计调查项目由省、自治区、直辖市邮政管理机构制定，报省级人民政府统计机构审批，并报国务院邮政管理部门备案。

第十八条　邮政行业统计调查项目不得与国家统计调查项目重复。地方邮政行业统计调查项目不得与全国邮政行业统计调查项目重复。

第十九条　邮政管理部门制定统计调查项目，应当同时制定该项目的统计调查制度，并按照第十七条规定一并报经备案或者审批。

统计调查制度应当对调查目的、调查内容、调查方法、调查对象、调查组织方式、调查表式和统计资料的报送等做出规定。统计调查应当按照统计调查制度组织实施，未经批准，任何单位或者个人不得擅自修改。

邮政行业统计对邮政普遍服务业务和快递等其他业务实行分类统计。

第二十条　邮政行业统计调查分为常规统计调查和专项统计调查。

常规统计调查是指邮政管理部门根据统计调查制度开展的经常性、周期性的统计调查。

专项统计调查是指根据国家统一部署或者邮政行业管理需要，邮政管理部门为某一特定目的开展的统计调查。专项统计调查的内容原则上不得与常规统计调查的内容重复。

第二十一条　邮政管理部门统计机构归口管理邮政行业统计调查工作。邮政管理部门其他职能机构开展的专项统计调查，应当报同级统计机构审核，并将统计调查结果报送同级统计机构。

第二十二条　国务院邮政管理部门根据国家统计局制定的统计标准和相关要求统一制定邮政行业统计标准，保证邮政行业统计调查采用的指标涵义、计算方法、分类目录、调查表式和统计编码等的标准化。

第二十三条　邮政管理部门制发的邮政行业统计调查表，应当由本部门统计机构统一标明表号、制定机关、批准或者备案文号、有效期限等标志。对未标明上述规定标志或者超过有效期限的统计调查表，统计调查对象有权拒绝填报。

第二十四条　统计调查对象应当加强统计基础工作建设，建立健全原始记录和统计台账制度，严格落实统计工作责任制。

统计原始记录和统计台账应当按照邮政管理部门的规定进行设置，统计数据必须保持与原始记录和统计台账的一致性。

第二十五条 统计调查对象应当按照统计调查制度或者统计调查方案的要求，向邮政管理部门报送各项统计资料。

第二十六条 统计调查对象应当建立健全统计资料的填报审核制度，填报的统计资料须经统计调查填报人签名，单位负责人和统计负责人签署并加盖单位公章后方可报送。审核、签署人员应当对其审核、签署的统计资料的真实性、准确性、完整性负责。

统计调查对象报送的统计资料发生错误的，应当在报送时限内予以更正，逾期未更正的，应当提交书面说明。统计资料的信息内容出现非正常变化时，应当附加情况说明。

第二十七条 统计调查对象发生下列变更的，应当及时向邮政管理部门统计机构报告，统计机构对其相关信息予以及时调整：

（一）本单位统计负责人发生变化的；

（二）快递企业以商业特许经营模式经营的，其特许企业的组织机构代码或者服务品牌发生变化的。

第二十八条 统计调查对象应当积极推进统计信息化建设，逐步提高统计工作的信息化水平。

第二十九条 快递企业以商业特许经营模式经营的，其特许企业应当组织、指导、监督被特许企业的统计工作。

经国务院邮政管理部门同意后，可以由特许企业按照规定统一收集并报送被特许企业的统计资料。特许企业收集统计资料时，应对被特许企业的统计资料进行审核，对存在问题的应当要求重新报送。特许企业不得编造、篡改被特许企业的数据。

第四章 统计资料管理和公布

第三十条 邮政行业统计资料，是指能够反映邮政行业发展状况的数字、文字、图表等统计信息。主要包括：

（一）统计原始记录、统计台账和统计调查报表；

（二）经过加工整理、分析研究后的综合统计报表和统计分析报告。

第三十一条 邮政管理部门统计机构归口管理邮政行业统计资料，并建立与其他职能机构的资料共享与服务机制。

邮政管理部门内部各职能机构使用的统计资料应当从统计机构取得，或者经过统计机构审核。

第三十二条 统计调查对象应当建立健全统计资料的交接制度和档案管理制度。对原始记录、统计台账、统计报表及电子数据信息等统计资料，实行专人管理，不得涂改、丢损和随意销毁。原始记录和统计台账至少保存五年。

第三十三条　国务院邮政管理部门统计机构负责汇总、审定全国邮政行业统计资料，经本部门主要负责人签署后予以发布。

省、自治区、直辖市邮政管理机构负责汇总、审定本行政区域邮政行业统计资料，经本机构主要负责人签署后予以发布。

省级以下邮政管理机构负责汇总、审定本辖区邮政行业统计资料，经本机构主要负责人签署后予以发布。

第三十四条　邮政管理部门内部各职能机构在向有关部门、新闻媒体以及社会团体等组织提供相关资料涉及使用统计信息时，应当使用已予以发布的统计资料。需要使用未予以发布的统计资料时，应当经统计机构同意。

第三十五条　邮政管理部门、统计人员、统计调查对象承担统计工作的人员和其他取得统计资料的相关人员，对在统计工作中知悉的未经发布的、涉及统计调查对象商业秘密和个人信息的，应当予以保密。

第五章　监督检查

第三十六条　邮政管理部门应当会同同级人民政府统计机构加强对邮政行业统计调查对象执行统计法规和开展邮政行业统计工作情况的监督检查，协助同级人民政府统计机构依法查处统计违法行为。

第三十七条　邮政管理部门统计机构和统计人员根据邮政行业统计工作需要履行以下职责：

（一）按照邮政行业统计调查制度开展统计工作，调查、搜集有关资料，召开有关调查会议；

（二）在邮政行业统计调查中，可以就与统计有关的问题询问有关单位和相关人员，要求如实提供统计资料；

（三）对统计资料有疑问的，有权检查与统计资料有关的原始记录和凭证；

（四）按照邮政行业统计调查制度要求，对统计调查取得的统计资料和情况加以整理、分析，向上级邮政管理部门或者同级人民政府统计机构提出统计报告；

（五）根据邮政行业的统计调查和统计分析，对邮政行业的发展情况进行统计监督，并可以提出改进工作的建议；

（六）检查邮政行业统计调查制度执行情况；

（七）就发现的不真实的统计资料及统计违法行为进行检查。有权提取、保存检查中发现的违法证据，并移交同级人民政府统计机构。

统计人员履行以上职责时，应当出示邮政管理部门颁发的工作证件；未出示的，统计调查对象有权拒绝配合。

第三十八条 邮政管理部门执行监督检查任务时，被检查单位应当如实反映情况，提供相关证明和资料，不得拒绝、阻碍，不得转移、隐匿、篡改、毁弃原始记录和凭证、统计台帐、统计调查表、会计资料及其他相关证明和资料。

第三十九条 统计调查对象有下列行为之一的，由邮政管理部门责令改正，可以予以通报，并移交政府统计主管部门依法处理：

（一）未按照规定建立统计原始记录、统计台账的；

（二）拒绝提供统计资料或者经催报后仍未按时提供统计资料的；

（三）提供不真实或者不完整的统计资料的；

（四）转移、隐匿、篡改、毁弃或者拒绝提供原始记录和凭证、统计台账、统计调查表及其他相关证明和资料的。

第四十条 邮政管理部门负责人、工作人员有违反《中华人民共和国统计法》行为的，依据《中华人民共和国统计法》的规定给予处分。

第四十一条 邮政管理部门工作人员违反本办法规定，泄露统计调查对象的商业秘密及个人信息，构成犯罪的，依法追究刑事责任；尚不构成犯罪的，依法给予处分。

第四十二条 邮政管理部门工作人员在统计监督检查中滥用职权、玩忽职守、徇私舞弊，构成犯罪的，依法追究刑事责任；尚不构成犯罪的，依法给予处分。

第六章　附则

第四十三条 本办法自 2012 年 1 月 1 日起施行。

010

邮政行业统计报表制度

（快递业务部分）

2014 年

本报表制度根据《中华人民共和国统计法》、《中华人民共和国邮政法》和《邮政行业统计管理办法》的有关规定制定。

《中华人民共和国统计法》第 7 条规定：国家机关、企业事业单位和其他组织以及个体工商户和个人等统计调查对象，必须依照本法和国家有关规定，真实、准确、完整、及时地提供统计调查所需的资料，不得提供不真实或者不完整的统计资料，不得迟报、拒报统计资料。

《中华人民共和国统计法》第 9 条规定：统计机构和统计人员对在统计工作中知悉的国家秘密、商业秘密和个人信息，应当予以保密。

《中华人民共和国邮政法》第 62 条规定：邮政管理部门根据履行监督管理职责的需要，可以要求邮政企业和快递企业报告有关经营情况。

统计报表中涉及的企业信息秘密，不以任何形式对外提供，也不作为处罚的依据。

目　录

一、总说明
二、报表目录
三、调查表式（略）
（一）快递服务企业基本情况表（略）
（二）快递服务企业规模表（略）
（三）快递服务企业经营情况表（略）
（四）快递服务企业人员情况表（略）
（五）快递服务企业业务量及收入表（略）
（六）快递服务企业规模及人员情况表（略）
四、主要指标解释（略）

一、总说明

（一）目的意义　为了贯彻《国务院关于加快发展服务业的若干意见》，完善邮政行业统计制度，掌握全国邮政行业生产经营的基本情况，为邮政行业管理部门有效引导行业发展，为企业提供统计信息服务，依照《中华人民共和国统计法》、《中华人民共和国邮政法》和《邮政行业统计管理办法》的相关规定，特制定本统计报表制度。

（二）统计对象和范围　中国邮政集团公司、中国邮政速递物流股份有限公司和快递企业。

中国邮政集团公司的统计范围包括集团公司、各省（区、市）邮政公司、各市（地）邮政公司和各县（市）邮政公司，中国邮政速递物流股份有限公司包括速递物流公司、各省（区、市）速递物流公司、各市（地）和县（市）速递物流分支机构。

取得快递业务经营许可的快递企业及其备案分支机构全部按报表制度要求填报数据。

（三）主要指标内容　本报表包含被统计单位的邮政经营发展、效益及财务状况指标，从业人员、设备、投资指标，邮政局所数及邮路指标，邮政服务能力、水平及质量指标。

（四）调查项目的时间要求和调查频率　法人企业独立填报，拥有分支机构的法人企业填报法人企业本级数据及各分支机构数据。按规定数据格式通过统计信息系统填报、上传提交或以纸质报表报送。本统计报表制度是国家邮政局对中国邮政集团公司、中国邮政速递物流股份有限公司、各种所有制类型快递企业的综合要求，各填报单位应按照填表说明的要求，以统一规定的计算方法、统计口径、统计范围，认真组织实施，按时报送。各报表的报送时间详见目录，如遇节假日按国家规定的放假天数顺延。

（五）调查方法、组织方式和渠道　邮政行业管理部门将遵循统计制度建立的内在规律，按照科学程序开展工作，确保统计指标、方法科学可行，统计渠道明确清晰，统计信息真实准确。在报表的设计和实施过程中与相关企业密切沟通，充分考虑到企业经营与管理的现实情况，精简指标，优化报表，设计不同的填报方式，以确保统计工作的实际效果。

（六）其他需要阐明的问题　所有指标除特别指明外，均以自然单位进行统计，不得折算统计。本统计报表制度由国家邮政局负责解释。

二、报表目录

表号	表名	报告期别	填报范围	报送单位	报送日期及方式	页码
国邮年2.1表	快递服务企业基本情况表	年报	取得快递业务经营许可的企业及其备案分支机构	取得快递业务经营许可的企业	各地邮政管理局自行规定纸介质报送	44
国邮年2.2表	快递服务企业规模表	年报	取得快递业务经营许可的企业及其备案分支机构	取得快递业务经营许可的企业	次年3月20日前网络报送	46
国邮年2.3表	快递服务企业经营情况表	年报	取得快递业务经营许可的企业及其备案分支机构	取得快递业务经营许可的企业	次年4月30日前网络报送	48
国邮年2.4表	快递服务企业人员情况表	年报	取得快递业务经营许可的企业及其备案分支机构	取得快递业务经营许可的企业	次年3月20日前网络报送	50
国邮定2.1表	快递服务企业业务量及收入表	月报	取得快递业务经营许可的企业及其备案分支机构	取得快递业务经营许可的企业	次月10日前网络报送	52

续表

表号	表名	报告期别	填报范围	报送单位	报送日期及方式	页码
国邮定2.2表	快递服务企业规模及人员情况表	半年报	取得快递业务经营许可的企业及其备案分支机构	取得快递业务经营许可的企业	7月15日前、次年1月15日前网络报送	54

中华人民共和国国家邮政局制定
中华人民共和国国家统计局批准
二〇一三年九月

011

邮政行政处罚程序规定

国家邮政局

2013 年 3 月 1 日

第一章 总则

第一条 为了规范邮政行政处罚行为，保障和监督各级邮政管理部门有效实施行政管理，依法进行行政处罚，保护公民、法人和其他组织的合法权益，根据《中华人民共和国邮政法》、《中华人民共和国行政处罚法》、《中华人民共和国行政强制法》等法律、行政法规，制定本规定。

第二条 对公民、法人或者其他组织违反邮政行政管理秩序的行为，邮政管理部门依法给予行政处罚的，适用本规定。

本条第一款所称邮政管理部门，是指国务院邮政管理部门和省、自治区、直辖市邮政管理机构以及按照国务院规定设立的省级以下邮政管理机构。

第三条 各级邮政管理部门应当依照法律、法规或者规章规定，公正、公开地实施行政处罚，做到事实清楚、证据确凿、定性准确，坚持处罚与教育相结合，处罚与违法行为的事实、性质、情节以及社会危害程度相当，充分保护当事人的合法权益。

第四条 邮政管理部门对本级和下级邮政管理部门的行政处罚行为，应当加强监督检查，发现错误，及时纠正。

第五条 邮政管理部门应当加强系统内部办案协作。需要系统外其他部门协作的，按照有关规定办理。

第六条 邮政管理部门对公民、法人或者其他组织实施的违法行为给予行政处罚的，必须查明事实，确定具体违法行为的性质、情节和社会危害程度。违法事实不清的，不得给予行政处罚。

第七条 邮政管理部门在作出行政处罚决定前，应当告知当事人作出行政处罚决定的事实、理由、依据及处罚内容，并告知当事人依法享有陈述、申辩以及听证的权利。

邮政管理部门作出行政处罚决定的，应当告知当事人不服行政处罚决定可以依法申请行政复议或者提起行政诉讼。

第八条 当事人有权进行陈述和申辩。邮政管理部门必须充分听取当事人的意见，对当事人提出的事实、理由和证据，应当进行复核；当事人提出的事实、理由或者证据成立的，邮政管理部门应当采纳。

邮政管理部门不得因当事人申辩而加重处罚。

第九条 违法行为轻微，没有造成危害后果的，邮政管理部门可以约谈企业主要负责人予以告诫；及时纠正违法行为的，不予行政处罚。

第二章 管辖

第十条 邮政行政处罚以属地管辖为原则，由违法行为发生地的邮政管理部门依照职权管辖。法律、行政法规另有规定的，从其规定。

第十一条 按照国务院规定设立的省级以下邮政管理机构依职权管辖本辖区发生的案件。

省、自治区、直辖市邮政管理机构依职权管辖本行政区域发生的重大、复杂案件。

国务院邮政管理部门依职权管辖全国范围内发生的重大、复杂案件。

第十二条 上级邮政管理部门认为必要时，可以办理下级邮政管理部门管辖的案件。

下级邮政管理部门认为由其管辖的案件属于应由上级邮政管理部门管辖的重大、复杂案件，可以报请上一级邮政管理部门确定管辖。

第十三条 两个以上同级邮政管理部门都有管辖权的案件，由最先发现违法行为的邮政管理部门管辖。

第十四条 两个以上同级邮政管理部门因管辖权发生争议的，报请共同上一级邮政管理部门指定管辖。

有管辖权的邮政管理部门由于特殊原因不能行使管辖权或者上级邮政管理部门认为需要指定管辖的，可以指定管辖。

第十五条 邮政管理部门发现查处的案件不属于本部门管辖的，应当及时将案件移送有管辖权的邮政管理部门或者其他行政机关。

受移送的邮政管理部门对管辖有异议的，不得再自行移送，应当报请共同的上一级邮政管理部门指定管辖。

违法行为涉嫌犯罪的，移送司法机关。

第三章 一般程序

第十六条 邮政管理部门依据监督检查职权，或者通过举报、新闻媒体披露、其他机关移送、上级部门交办等途径发现、查处违法行为。

第十七条 对于符合下列条件的案件，邮政管理部门应当在 7 个工作日内予以立案，特殊情况下，经邮政管理部门负责人批准，可以延长至 15 个工作日：

（一）有证据初步证明有违法行为或者违法嫌疑，可能需要给予行政处罚；

（二）属于邮政行政处罚的范围；

（三）在法定追诉期限内；

（四）属于本部门管辖。

立案应当填写行政处罚立案审批表，并附相关材料，由邮政管理部门负责人批准，确定两名以上办案人员，负责案件调查等工作。

不予立案的，应当将有关材料归档留存。对于不予立案的实名举报，应当书面告知举报人。

检验、检测或者鉴定等所需时间，不计入本条第一款规定期限。

第十八条　有下列情形之一的，办案人员、听证人员应当自行回避，当事人也有权申请他们回避：

（一）是本案当事人或者当事人、委托代理人的近亲属；

（二）与本案有利害关系；

（三）与本案当事人有其他关系，可能影响对案件公正处理的。

第十九条　当事人或者办案人员、听证人员申请回避，应当在邮政行政处罚决定作出前提出，并说明理由，报本部门负责人决定。

本部门主要负责人的回避由上一级邮政管理部门决定。

回避决定尚未作出之前，被申请回避人员不停止对案件的调查处理。

第二十条　除依照本规定第五章可以当场作出的行政处罚外，办案人员应当及时、全面、客观、公正地调查收集与案件有关的证据，查明事实，并可以依法进行现场检查。

第二十一条　邮政管理部门进行调查取证时，办案人员不得少于二人，并应当出示邮政管理执法证件。

第二十二条　证据包括以下几种：

（一）书证；

（二）物证；

（三）视听资料；

（四）证人证言；

（五）当事人的陈述；

（六）鉴定意见；

（七）勘验笔录、现场笔录；

（八）电子数据。

证据必须查证属实，才能作为认定事实的依据。

第二十三条　办案人员应当收集、调取与案件有关的原始凭证或者原始载体作为证据。

获取原始凭证或者原始载体确有困难的，可以提取复制件、影印件或者抄录本，由证据提供人签名或者盖章确认与原件核对无误，注明情况，并由办案人员签名或者盖章。证据提供人拒绝签章确认的，办案人员应当注明情况。

对于视听资料、电子数据，收集原始载体有困难的，可以收集复制件，并注明制作方法、制作时间、制作人等情况。声音资料应当附有该声音内容的文字记录。

第二十四条 调查取证过程中，当事人或者有关人员拒绝配合的，办案人员可以在执法文书或者其他有关材料上注明情况。必要时，也可以使用拍照、录音、录像等方式记录现场情况。

第二十五条 办案人员可以依法要求当事人或者有关单位和个人提供证明材料，并由提供人在证明材料上签名或者盖章。根据需要可以采取拍照、录音、录像等方式收集证据。

第二十六条 办案人员可以询问当事人、证人及有关人员。

办案人员询问前，应当核对被询问人的身份证明，并告知其权利和义务。

办案人员应当制作询问笔录，由被询问人核对无误后在笔录上逐页签名或者盖章确认。被询问人拒绝签章的，办案人员应当注明情况。

办案人员应当在笔录上签名。

第二十七条 办案人员可以依法实施现场检查或者勘验，对与案件有关的场所进行检查或者对与案件有关的场所、物品进行勘验时，应当通知当事人或者有关人员到场，并制作现场笔录或者勘验笔录，由办案人员、当事人或者有关人员在现场笔录或者勘验笔录上签名或者盖章。当事人或者有关人员拒绝签章的，办案人员应当注明情况。

第二十八条 办案人员在收集证据时，可以采取抽样取证的方法。抽样取证时，应当通知当事人或者有关人员到场。办案人员应当制作抽样取证记录，对样品加贴邮政管理部门封条，开具物品清单，由办案人员和当事人或者有关人员在封条和相关记录上签名或者盖章。物品清单应当交付当事人。当事人或者有关人员拒绝签章的，办案人员应当注明情况。

第二十九条 办案人员调查违法事实，需要对案件中专门事项进行鉴定的，应当出具载明委托鉴定事项及相关材料的鉴定委托书，委托具有法定鉴定资格的鉴定机构进行鉴定。没有法定鉴定机构的，可以依法委托其他具备鉴定条件的机构鉴定。

鉴定意见应当由鉴定人员签名或者盖章，并加盖鉴定机构印章。鉴定意见应当告知当事人。

第三十条 在证据可能灭失、损毁或者以后难以取得的情况下，办案人员可以根据情况采取记录、复制、拍照、录像等证据保全措施，或者经邮政管理部门负责人批准，采取先行登记保存措施。采取先行登记保存措施，办案人员应当通知当事人到场。

对登记保存的物品应当制作先行登记保存证据清单，由办案人员、当事人签名或者盖章，交付当事人。当事人拒绝签章或者接收的，办案人员应当注明情况。

第三十一条　对于先行登记保存的证据，应当在7日内采取以下措施：

（一）需要鉴定的，及时送交有关机构鉴定；

（二）依法应当移交有关部门处理的，移交有关部门；

（三）违法事实成立，应当予以没收的，依法处理；

（四）根据有关法律、法规规定可以查封、扣押的，决定查封、扣押；

（五）违法事实不成立，或者违法事实成立但依法不应当予以查封、扣押的，决定解除先行登记保存措施。

逾期未作出处理决定的，先行登记保存措施自动解除。

第三十二条　经邮政管理部门主要负责人批准，办案人员可以依法查封与违法活动有关的场所，扣押用于违法活动有关的运输工具以及相关物品，对信件以外的涉嫌夹带禁止寄递或者限制寄递物品的邮件、快件开拆检查。

情况紧急，需要当场实施查封、扣押措施的，办案人员应当在24小时内向邮政管理部门主要负责人报告，并补办查封、扣押批准手续。邮政管理部门主要负责人认为不应当采取查封、扣押措施的，应当立即解除。

查封、扣押有关的场所、运输工具以及相关物品的，应当告知当事人有申请行政复议和提起行政诉讼的权利。

第三十三条　查封、扣押仅限于与违法活动有关的场所、运输工具以及相关物品，不得查封、扣押与违法行为无关的场所、运输工具或者物品，不得查封、扣押公民个人及其所扶养家属的生活必需品。

第三十四条　查封、扣押与违法活动有关的场所、运输工具以及相关物品，应当通知当事人到场，当场清点，开具清单，制作现场笔录，由办案人员和当事人在现场笔录上签名或者盖章，并当场向当事人交付查封、扣押财物决定书。当事人不在场的，邀请见证人到场，由见证人和办案人员在现场笔录上签名或者盖章。

采取查封、扣押措施的，应当加贴邮政管理部门封条。对查封、扣押的运输工具以及相关物品，邮政管理部门应当妥善保管，严禁动用、调换或者损毁。

第三十五条　查封、扣押的期限不得超过30日；情况复杂的，经邮政管理部门主要负责人批准，可以延长，但是延长期限不得超过30日。法律、行政法规另有规定的除外。

延长查封、扣押的决定应当及时书面告知当事人，并说明理由。

第三十六条 查封、扣押场所、运输工具以及相关物品，经查明与违法行为无关或者不再需要采取查封、扣押措施的，应当予以解除，并送达解除查封、扣押决定书，将查封、扣押的运输工具以及相关物品返还当事人，由办案人员和当事人在清单上签名或者盖章。

第三十七条 办案人员对调查取证过程中知悉的国家秘密和商业秘密，负有保密义务。

第三十八条 办案人员调查终结后，应当根据案件不同情况，制作案件处理意见报告，并报邮政管理部门负责人批准后分别处理。案件处理意见报告应当载明下列内容：

（一）当事人的基本情况；

（二）案件的调查经过；

（三）调查认定的事实、证据；

（四）处理意见及其法律依据。

第三十九条 邮政管理部门负责人审核案件处理意见报告后，认为应当给予行政处罚的，邮政管理部门应当制作行政处罚意见告知书，送达当事人，告知拟作出的行政处罚决定及事实、理由和依据，并告知当事人可以在收到该告知书之日起3日内，向邮政管理部门进行陈述和申辩，符合本规定第四十二条规定的听证条件的，可以要求听证。

第四十条 邮政管理部门作出行政处罚决定的，应当制作行政处罚决定书，行政处罚决定书应当载明下列事项：

（一）当事人的姓名或者名称、地址等基本情况；

（二）违反法律、法规或者规章的事实和证据；

（三）行政处罚的种类和依据；

（四）行政处罚的履行方式和期限；

（五）不服行政处罚决定，申请行政复议或者提起行政诉讼的途径和期限；

（六）作出行政处罚决定的邮政管理部门的名称和作出决定的日期。

行政处罚决定书应当加盖作出行政处罚决定的邮政管理部门的印章。

邮政管理部门应当在7日内依照本规定第五十四条规定，将行政处罚决定书送达当事人。

第四十一条 适用一般程序处理的案件应当自立案之日起90日内作出处理决定；案情复杂，不能在规定期限内作出处理决定的，经邮政管理部门负责人批准，可以延长至120日；案情特别复杂，经延期仍不能作出处理决定的，应当由邮政管理部门负责人集体讨论决定是否继续延期，但办案期限最长不超过1年。

案件办理过程中听证、检验、检测或者鉴定以及发生行政复议或者行政诉讼的，所需时间不计入本条第一款规定的期限。

第四章　听证程序

第四十二条　邮政管理部门作出下列行政处罚之一的，当事人有要求举行听证的权利：

（一）责令停产停业的；

（二）吊销许可证的；

（三）较大数额罚款的。

本条第三款所称较大数额，是指对公民罚款五千元以上，对法人或者其他组织罚款超过法定最高罚款数额的百分之五十且在三万元以上的。

第四十三条　当事人要求听证的，应当在收到行政处罚意见告知书之日起3日内以书面形式提出听证申请；当事人以书面形式提出申请确有困难，可以口头提出申请的，办案人员应当将当事人基本情况、听证请求事项以及事实和理由记录在案，并由当事人签名或者盖章。

逾期不申请的，视为放弃要求举行听证的权利。

第四十四条　当事人的听证要求符合本规定的，邮政管理部门应当组织听证，并在举行听证的7日前，以行政处罚案件听证通知书的形式通知当事人。行政处罚案件听证通知书应当载明下列有关事项：

（一）听证主持人、听证员和记录员。邮政管理部门负责人应当在本部门中指定一名非本案件办案人员担任听证主持人，必要时可以指定一至二名听证员，并指定一名记录员。听证主持人、听证员、记录员的回避，适用本规定第十八条、第十九条的规定。

（二）听证参加人。听证参加人包括办案人员、当事人等。当事人可以委托一至二名代理人参加听证，委托代理人参加听证的，应当提交书面委托书。

（三）听证主要内容。办案人员应当向听证主持人提交当事人基本情况、违法事实、证据、拟处罚意见以及听证申请等有关材料。

（四）听证时间和地点。

第四十五条　当事人在举行听证之前，提出撤回听证申请的，应当准许，并记录在案。

当事人无正当理由不出席听证的，视为撤回听证申请。

第四十六条　除涉及国家秘密、商业秘密或者个人隐私外，听证应当公开举行。涉及商业秘密或者个人隐私的，当事人可以申请不公开听证。

第四十七条 当事人在听证中的权利和义务：

（一）有权对案件涉及的事实、适用法律及有关情况进行陈述和申辩；

（二）有权对办案人员提出的证据质证并提出新的证据；

（三）如实回答听证主持人的提问；

（四）遵守听证程序。

第四十八条 听证按照下列程序进行：

（一）听证主持人核对听证参加人身份，告知有关权利和义务，宣布案由和听证纪律，宣布听证会开始；

（二）办案人员提出当事人违法的事实、证据、处罚意见和理由；

（三）当事人或者其委托代理人对案件的事实、证据、适用的法律等进行陈述和申辩，可以向听证会提交新的证据；

（四）涉及第三人的，由第三人进行陈述；

（五）听证主持人就案件的有关问题向当事人、办案人员、证人询问；

（六）办案人员、当事人或者其委托代理人经听证主持人允许，可以就有关证据进行质证，也可以向到场的证人发问；

（七）办案人员、当事人、第三人依次作最后陈述；

（八）听证主持人宣布听证结束。

第四十九条 听证应当制作行政处罚案件听证笔录。听证笔录应当载明下列事项：

（一）听证事项名称；

（二）听证主持人、听证员、记录员的姓名、职务；

（三）听证参加人及其他人员的姓名或者名称；

（四）举行听证的时间、地点和方式；

（五）办案人员提出的本案的事实、证据和行政处罚的内容及其依据；

（六）当事人、第三人的陈述、申辩，提出有关证据的内容；

（七）相互质证、辩论情况；

（八）最后陈述的内容；

（九）听证主持人认为其他需要载明的事项。

听证笔录由听证主持人、听证员以及听证参加人审核无误后签名或者盖章。听证参加人拒绝签章的，由记录员在听证笔录中注明情况。

第五章　简易程序

第五十条 违法事实确凿并有法定依据，符合下列情形之一的，可以当场作出行政处罚决定：

（一）警告；

（二）对公民处以五十元以下罚款；

（三）对法人或者其他组织处以一千元以下罚款。

第五十一条　适用简易程序当场查处违法行为，办案人员应当当场了解违法事实，制作现场笔录或者询问笔录，收集必要的证据。

在给予行政处罚前，办案人员应当口头告知当事人作出行政处罚决定的事实、理由、依据及处罚内容，告知当事人依法享有陈述和申辩的权利。

当事人进行陈述和申辩的，办案人员应当记入笔录。当事人提出的事实、理由或者证据成立的，应当采纳；不采纳的应当说明理由。

第五十二条　适用简易程序当场给予行政处罚，应当填写预定格式、统一编号的行政处罚决定书。

行政处罚决定书应当载明当事人的基本情况、违法行为、行政处罚依据、处罚种类、罚款数额、时间、地点、救济途径、邮政管理部门名称，并由办案人员及当事人签名或者盖章后，当场交付当事人。当事人拒绝签章的，办案人员应当注明情况。

第五十三条　适用简易程序查处案件，办案人员应在7个工作日内将当场处罚情况报所属邮政管理部门备案，并将相关材料交由所属邮政管理部门归档保存。

第六章　执行和结案

第五十四条　送达执法文书应当使用送达回证，由受送达人在送达回证上记明收到日期，签名或者盖章。受送达人在送达回证上的签收日期为送达日期。

送达执法文书，应当直接送交受送达人。受送达人拒绝接收执法文书的，送达人可以邀请第三方的见证人到场，说明情况，在送达回证上注明拒收事由和日期，由送达人、见证人签名或者盖章，把执法文书留在受送达人的住所；也可以把执法文书留在受送达人的住所，并采用拍照、录像等方式记录送达过程，即视为送达。

直接送达执法文书确有困难的，可以邮寄送达。邮寄送达的，以邮寄回执上载明的收件日期为送达日期。

采取本条第二款、第三款规定的方式无法送达的，可以公告送达。采取公告送达的，自发出公告之日起60日，即视为送达。公告送达，应当在案卷中记明原因和经过。

第五十五条　行政处罚决定依法作出后，当事人应当按照行政处罚决定书的内容、方式和期限，履行行政处罚决定。

当事人对行政处罚决定不服申请行政复议或者提起行政诉讼期间，行政处罚不停止执行，法律另有规定的除外。

第五十六条 除依法当场收缴罚款外，邮政管理部门对当事人作出罚款处罚的，当事人应当自收到处罚决定书之日起 15 日内，到指定银行缴纳罚款。

第五十七条 办案人员当场收缴罚款的，应当出具中央财政部门统一制发的罚款收据；不出具中央财政部门统一制发的罚款收据的，当事人有权拒绝缴纳罚款。

第五十八条 当事人逾期不履行行政处罚决定的，作出行政处罚决定的邮政管理部门可以依法采取下列措施：

（一）到期不缴纳罚款的，每日按罚款数额的百分之三加处罚款，加处罚款不得超出缴纳罚款的本数；

（二）根据法律规定，将查封、扣押的财物拍卖所得抵缴罚款；

（三）申请人民法院强制执行；

（四）法律、行政法规规定的其他措施。

第五十九条 当事人在法定期限内不申请行政复议或者提起行政诉讼，又不履行行政处罚决定的，邮政管理部门可以自期限届满之日起 3 个月内，依法申请人民法院强制执行。

邮政管理部门申请人民法院强制执行前，应当催告当事人履行义务。催告书送达 10 日后当事人仍未履行义务的，邮政管理部门可以向所在地有管辖权的人民法院申请强制执行。

第六十条 当事人确有经济困难，需要延期或者分期缴纳罚款的，应当在行政处罚决定书规定的缴款日期前提出书面申请，经作出行政处罚决定的邮政管理部门批准，可以暂缓或者分期缴纳。

第六十一条 有下列情形之一的，应当终结行政处罚决定的执行：

（一）公民死亡，无遗产可供执行，又无义务承受人的；

（二）法人或者其他组织终止，无财产可供执行，又无义务承受人的；

（三）据以执行的行政处罚决定被撤销的；

（四）邮政管理部门认为需要终结执行的其他情形。

第六十二条 有以下情形之一的，办案人员应当填写行政处罚结案报告，经邮政管理部门负责人批准后，予以结案：

（一）行政处罚决定执行完毕的；

（二）不予行政处罚的；

（三）案件移送有管辖权部门或者司法机关的；

（四）决定终止调查的；

（五）决定终止执行行政处罚决定的。

批准结案的，应将有关案件材料进行整理装订，归档保存。

第七章 附则

第六十三条 邮政管理部门查处违法案件，应当使用国务院邮政管理部门制定的统一格式的文书。

第六十四条 本规定自 2013 年 5 月 1 日起施行。国家邮政局 2009 年 9 月 27 日发布的《邮政行政处罚程序规定（暂行）》同时废止。

012

国务院办公厅关于完善省级以下邮政监管体制的通知

国办发〔2012〕6号

各省、自治区、直辖市人民政府，国务院各部委、各直属机构：

为保障邮政普遍服务，加强邮政市场监管，维护邮政通信与信息安全，促进邮政业健康发展，根据《中华人民共和国邮政法》、《国务院关于印发邮政体制改革方案的通知》（国发〔2005〕27号）和《国务院办公厅关于印发省（区、市）邮政监管机构机构设置主要职责和人员编制规定的通知》（国办发〔2006〕8号）等有关规定，经国务院同意，现就完善省级以下邮政监管体制有关问题通知如下：

一、充分认识完善省级以下邮政监管体制的重要意义

2005年，国务院实施邮政体制改革，实行政企分开，在剥离企业职能、资产和人员的基础上重组国家邮政局，并设立由其垂直管理的31个省（区、市）邮政管理局，履行行业管理和市场监管等职责。同时明确，关于进一步完善省级以下邮政监管体制问题另行研究。邮政体制改革以来，邮政行业发展明显加快，市场规模不断扩大，快递产业迅速兴起，改革取得了明显成效。2009年修订的邮政法将快递业务纳入邮政市场监管范围，并明确和强化了邮政管理部门的监管责任。面对新的形势和要求，省以下邮政监管缺乏组织保障的问题日益突出，现行邮政监管体制已难以适应实际工作需要，必须进一步深化改革。这是有效维护邮政通信和信息安全的客观需要，是贯彻实施邮政法、提高邮政普遍服务水平的必然要求，也是进一步落实政企分开、促进邮政企业健康发展的重要措施。各地区、各有关部门要统一思想，提高认识，认真做好完善省级以下邮政监管体制工作。

二、指导思想和总体目标

坚持行政管理体制改革的方向，进一步转变职能，强化和落实政府监管责任，健全邮政监管体系，促进行业健康发展；充分发挥中央和地方两个积极性，进一步明确和强化地方人民政府在邮政管理方面的责任；结合交通运输大部门体制改革，适应邮政业与交通运输业联系日益紧密、不断加深融合的实际，加强邮

政管理部门与地方交通运输部门的协作，发挥综合运输体系的整体效能。通过改革，建立健全政府依法监管、权责关系明确、上下运转顺畅的国家邮政管理体制，为促进新时期邮政业的发展提供体制保障。

三、主要内容

（一）设置市（地）一级邮政管理局。在27个省（区）按照市（地）行政区划设置332个市（地）邮政管理局，在4个直辖市和海南省（除海口市、三亚市）跨区域设置25个邮政监管派出机构。上述机构的规格比照同级政府部门管理机构确定，具体机构设置和人员编制另行规定。市（地）一级邮政管理局的主要职责是：贯彻执行国家邮政法律法规、方针政策和邮政服务标准，研究拟订本地区邮政发展规划，监督管理本地区邮政市场以及邮政普遍服务和机要通信等特殊服务的实施，负责行业安全生产监管、统计等工作，保障邮政通信与信息安全，承办上级邮政管理部门和地方人民政府交办的其他事项。

县一级原则上不单独设置邮政监管机构，一些业务集中、情况特殊的地方，可依托县级交通运输部门承担有关监管工作，或由上级邮政管理部门设置派出机构履行监管职责，具体形式由上级邮政管理部门与地方人民政府协商确定。

中国邮政集团公司设在市（地）、县的邮政企业不再使用“××邮政局”的名称，更名为“××邮政分公司”。

（二）调整邮政管理体制。将邮政管理体制由目前的中央垂直管理调整为中央和地方双重管理、以中央为主，省（区、市）及市（地）邮政管理局由上级邮政管理部门与所在地人民政府双重管理，邮政业务、机构编制、干部、财务等以上级邮政管理部门管理为主，主要负责人兼任同级交通运输部门副职领导，其任免需征得当地党委、政府同意。

（三）进一步明确和强化地方人民政府在邮政管理方面的责任。地方人民政府应当将邮政设施的布局和建设纳入本地城乡规划，对提供邮政普遍服务邮政设施的建设等提供政策和资金支持；统筹协调和指导邮政管理部门与相关方面的工作，将邮政管理相关工作纳入地方政府工作考核体系，加强邮政队伍思想政治和廉政监督等工作。地方交通运输部门根据地方人民政府要求，协助做好邮政管理相关工作，统筹协调本地邮政行业规划与交通运输规划的衔接，促进邮政与交通运输资源的整合，负责邮政管理部门党务等工作。

四、组织实施

完善省级以下邮政监管体制涉及面广、政策性强，交通运输部、国家邮政局要切实负起责任，精心组织，周密安排，认真实施，会同有关部门建立协调配合机制，研究解决重大问题。各省（区、市）人民政府、国务院各有关部门要高度重视，积极支持，加强指导，配合做好相关工作。中国邮政集团公司要认真落实改革要求，充分发挥市场主体作用，切实履行好邮政普遍服务义务。市（地）一级邮政管理局的组建，要按照精干高效、加强一线的要求，做好人员考录、业务培训等工作，确保邮政监管职责全面履行到位，确保邮政业持续健康快速发展。整体实施工作要在 2012 年底前完成。

国务院办公厅

二○一二年一月二十日

013

国务院办公厅关于印发省（区、市）邮政监管机构机构设置主要职责和人员编制规定的通知

国办发〔2006〕8号

各省、自治区、直辖市人民政府，国务院各部委、各直属机构：

《省（区、市）邮政监管机构机构设置主要职责和人员编制规定》已经国务院批准，现予印发。

国务院办公厅
二〇〇六年二月十三日

省（区、市）邮政监管机构机构设置主要职责和人员编制规定

国务院办公厅
2006年2月13日

根据《国务院关于印发邮政体制改革方案的通知》（国发〔2005〕27号）的有关精神，制定省（区、市）邮政监管机构机构设置、主要职责和人员编制规定。

一、职能调整

设立省（区、市）邮政管理局（副厅级机构），实行垂直管理体制，由国家邮政局直接领导。

省（区、市）邮政管理局组建后、原省（区、市）邮政局撤销。

二、主要职责

（一）贯彻执行国家关于邮政业管理的法律法规、方针政策和邮政服务标准。

（二）监督管理所在地区邮政市场。

（三）组织协调所在地区邮政普遍服务以及机要通信、义务兵通信、党报党刊发行、盲人读物寄递等特殊服务的实施。

（四）办理国家邮政局交办的其他事项。

三、人员编制

核定各省（区、市）邮政管理局行政编制共 498 名，为中央垂直管理系统的编制，不计入地方行政编制总数。

省（区、市）邮政管理局领导职数上按 1 正 1 副配备，少数管理任务较重的，可增配 1 名副职领导职数。

关于进一步完善省级以下邮政监管体制问题另行研究。

附件：

省（区、市）邮政监管机构序列和人员编制分配表

序列	人员编制（人）	序列	人员编制（人）
北京市邮政管理局	25	天津市邮政管理局	14
河北省邮政管理局	16	山西省邮政管理局	13
内蒙古自治区邮政管理局	15	辽宁省邮政管理局	21
吉林省邮政管理局	15	黑龙江省邮政管理局	16
上海市邮政管理局	25	江苏省邮政管理局	21
浙江省邮政管理局	21	安徽省邮政管理局	15
福建省邮政管理局	21	江西省邮政管理局	15
山东省邮政管理局	21	河南省邮政管理局	16
湖北省邮政管理局	15	湖南省邮政管理局	15
广东省邮政管理局	25	广西壮族自治区邮政管理局	15
海南省邮政管理局	12	重庆市邮政管理局	14
四川省邮政管理局	17	贵州省邮政管理局	10
云南省邮政管理局	15	西藏自治区邮政管理局	10
陕西省邮政管理局	15	甘肃省邮政管理局	10
青海省邮政管理局	10	宁夏回族自治区邮政管理局	10
新疆维吾尔自治区邮政管理局	15	合计	498

014

关于开办国内快递包裹业务的通知

国邮〔2001〕256 号

各省、自治区、直辖市邮政局：

为积极开拓邮政物流配送市场，充分发挥邮政网络资源优势，促进邮政业务结构的进一步调整，提高邮政物流的市场竞争能力，国家邮政局决定开办国内快递包裹业务。现将有关事宜通知如下：

一、开办日期及范围

国内快递包裹业务自 2001 年 8 月 1 日起，在全国范围内开办。个别偏远地区交通不便可暂缓开办，开办局由各省（区、市）局负责核定，报国家局公众服务部备案。

二、市场定位和服务对象

国内快递包裹的市场定位是拓展物流配送市场，弥补邮政包裹业务种类的不足。以形成普通包裹、快递包裹和特快专递包裹三个档次，来适应多层次的市场需求。其主要服务对象为工商企业、电子商务公司、邮购公司等，同时也可以满足居民之间扩大的包裹寄递的需求。

三、服务水平和时限标准

国内快递包裹业务的省会城市全程运递时限为 4～6 天，全程采用陆路运输，进出转口处理比照普通包裹的标准，适当增加封发频次，投递按每日二个频次组织投递到户。各省（区、市）局根据快递包裹传递时限规定（具体见国内快递包裹业务处理办法）要求核定开办局的全程时限，报备国家局网路运行部。

四、资费标准

快递包裹实行分区计费方式，其计费区与普通包裹计费区相同。各局按照附件 1 的标准编制国内快递包裹资例表，报备国家邮政局计划财务部。

为便于基层掌握此业务收费办法，现对快递包裹资费进行举例分析。

例：现有北京寄往上海的 6 千克快递包裹 1 件，保价金额为 500 元，计算该快递包裹资费如下：

1. 根据普通包裹资例表查得北京寄往上海的1000克普通包裹标准为2.30元，对应该计费区的快递包裹资费标准为首重1000克7元、5000克以内续重每500克3元，5001克以上续重每500克1.6元。

2. 根据上述标准，计算该快递包裹的分区资费应为：7＋3×8＋1.6×2＝34.2（元）。

3. 按1％的比例计算该快递包裹的保价费为500×1％＝5（元）。

4. 将基本资费与保价费和挂号费相加，计算出应收资费为41.2元。

五、财务统计处理

国内快递包裹业务的业务量统计为“国内快递包裹”，计量单位为“件”，是国内包裹的其中数；业务收入列入“邮政业务收入·包裹收入·国内快递包裹收入”科目。

六、业务处理

国内快递包裹是介于普通包裹与特快专递包裹之间的包裹寄递业务，从收寄到投递各环节的处理都适当加以区别。各局应根据本局实际情况，按照“国内快递包裹业务处理办法”（见附件3），认真安排作业组织，确保各环节的业务处理工作正常进行。

七、组织实施

各省（区、市）局公众服务处负责组织实施国内快递包裹业务，认真做好开办前的各项准备工作，同时于2001年7月15日之前将开办的局名、时限及资费报国家局相关部门，并对业务开办过程中遇到的问题和建议及时反馈国家局公众服务部。

附件：

1. 国内快递包裹资费分区资例简表（略）
2. 国内快递包裹资费参考表（对外）
3. 国内快递包裹业务处理办法

附件2：

国内快递包裹资费参考表（对外）

单位：元

计费区间综合里程数	资费		
	首重1000克	5000克以内续重每500克	5001克以上的续重500克
500公里及500公里以内	5	2	1
500公里以上至1000公里	6	2.5	1.3
1000公里以上至1500公里	7	3	1.6
1500公里以上至2000公里	8	3.5	1.9
2000公里以上至2500公里	9	4	2.2
2500公里以上至3000公里	10	4.5	2.5
3000公里以上至4000公里	12	5.5	3.1
4000公里以上至5000公里	14	6.5	3.7
5000公里以上至6000公里	16	7.5	4.3
6000公里以上	20	9	6

说明：

1. 此表供用户了解快递包裹资费水平。
2. 表中里程由国家邮政局综合计费区距离及邮路长度等因素统一核定。
3. 具体资费标准以各地根据国家邮政局规定编制的“快递包裹资例表”为准。
4. 本表所列资费标准不含保价费和挂号费。

附件3：

国内快递包裹业务处理办法

第一章 总则

第一条 为适应现代物流市场的需求，充分发挥邮政网络资源优势，为用户提供一种安全可靠、传递迅速和服务周到的物品递送服务，特制定国内快递包裹业务处理办法。

第二条 快递包裹业务是为满足不同的市场需求，服务水平介于普通包裹和特快专递包裹之间的包裹寄递业务。

第三条 快递包裹业务属邮政的主营业务，相关收寄、处理、运输、投递等生产环节，应严格遵守国家的法律、法规和邮政的相关规章制度。

第二章　基本规定

第四条　快递包裹按其内件性质属于包件；按处理手续属于给据邮件；按邮局所负责任分为保价邮件和非保价邮件。

第五条　快递包裹业务的准寄范围和开办范围同普通包裹（见《国内邮件处理规则》）。

第六条　快递包裹每件的重量限度以 40 千克为限；最大体积以能够装入二号邮袋为标准，最小尺寸同国内普通包裹。内件为脆弱易碎、流质易溶物品的快递包裹最大重量限度以 10 千克为限。

第七条　快递包裹业务的收寄，采取窗口收寄和上门揽收收寄两种方式。

第八条　快递包裹实行自愿保价的原则。保价快递包裹按所填申报价值的1%收取保价费，保价金额每件最高以人民币 10 万元为限。

第三章　收寄和处理

第九条　交寄快递包裹应填写“国内快递包裹详情单”一式三联（可暂时使用“国内包裹详情单（邮 1106）”代替），并通联加盖红色“快递包裹”戳记（见图 1 略），相关填写标准同国内普通包裹。凡同一寄件人同批交寄且收件人为同名址的，可以一单多件填写详情单，但必须标注明确。

第十条　收寄处理

一、视内件，确认是否符合准寄范围、邮件封面及详情单书写（应请寄件人填写收、寄件人的电话号码）、封装是否符合规格（除重量外，相关规格同国内普通包裹）。

二、逐件在邮件正面右上方粘贴“快递包裹条型码标签”，（可暂用“包裹条型码标签（邮 1108）”代替）并在包裹正面加盖红色“快递包裹”戳记。

三、逐件称重计费，填写详情单，核对无误后，第一联（收据）交寄件人，第二联（存根）收寄局留存，第三联随邮件投交收件人签收后，由投递部门存档。

四、脆弱或流质易溶物品的邮件分别按“红杯”或“红杯水”规定办理。

五、快递包裹的资费不可按贴票方式收取。

第十一条　分拣封发处理

一、快递包裹的分拣封发按快递包裹传递时限规定组织处理，各局出口按邮区中心局封发总包。收寄局收寄的单件超过 20 千克（脆弱包裹满 10 千克）的快递包裹可直封寄达局所在邮区中心局。袋装快递包裹逐件填写“封发快递包裹清单”一式两联（单式表格文字为红色），业务开办初期可暂时使用“封发包裹清单”（邮 1203 甲，或 1203 乙）代替，并加盖红色“快递包裹”戳记（其他相关标准同国内包裹)。拴挂“快递包裹袋牌”(相关文字内容为红色),业务开办初期,可暂时使用大件商包袋牌(邮 1219 乙)代替,并加盖“快递包裹”戳记。

二、快递包裹总包交运时,应缮制路单并办理交接手续。填写“收发快递包裹路单”(单式表格及文字为红色),业务开办初期可暂时使用“收发邮件路单”(邮 1301)代替,一并加盖红色“快递包裹”戳记。装入详情单的总包应在相关路单上进行批注(其他相关标准同国内普通包裹)。

第四章 运输和投递

第十二条 快递包裹业务采用以陆路运输为主的方式,其发运次序,排列在特快专递邮件之后、普通包裹之前,要选择快速有效的车次和最佳的邮路组织运递,车次和经转路由一经确定,应编制发运计划,并组织实施。

第十三条 快递包裹在干线运输环节按轻件计划发运,中转局按轻件经转时限要求转发相关车次。

第十四条 快递包裹的传递时限规定按附(略)执行。

第十五条 快递包裹除以下情况可改为局内投交外,一律实行按址投递到户:

一、单包不符,重量短少、封皮或内件破损、有拆动嫌疑及必须会同收件人当面拆验的;

二、经两次投递,因故无法投交的;

三、写交邮政专用信箱的(租箱用户申请或同意按址投递的除外);

四、因其他原因(如需补纳资费或有违反规定寄递禁寄物品嫌疑等)需要收件人到局办理手续的。

第十六条 有条件的投递局应利用机动车辆投递快递包裹,可以与实行投递到户的普通包裹合并投递,但要在相关清单的备注栏内注明“快包”字样。

第十七条 无法投递、改寄、退回、撤回和更改收件人名址的快递包裹的处理同国内普通包裹。

第五章 业务档案和查验补偿

第十八条 快递包裹的各类业务档案保管期为二年。自交寄之日起,一年内受理寄件人提出的查询申请。受理查询的最短时限为 7 天。

第十九条 快递包裹的查询,原则上直查投递局,投递局查无进口节目的,再依次进行递查,各环节查单处理最大时限不得超过 2 天,查询全程时限为 15 天。

第二十条 因邮局责任造成快递包裹逾限,并由此引发寄件人追究的,按所付邮费扣除其计费重量的普通包裹邮费后,全部退回寄件人,保价费不退。

第二十一条 快递包裹丢失或损毁的，按国内普通包裹相关规定处理。

第六章 财务统计处理

第二十二条 国内快递包裹业务量按件逐件统计为“国内快递包裹”，计量单位为“件”，一单多件按自然件数统计。

第二十三条 国内快递包裹业务收入列入：“邮政业务收入·包裹收入·国内快递包裹收入”科目。

附：快递包裹传递时限规定（略）

二〇〇一年六月七日

三　综合管理

015

交通运输部　公安部　国家发展改革委　工业和信息化部　住房城乡建设部　商务部　国家邮政局关于加强和改进城市配送管理工作的意见

交运发〔2013〕138号

各省、自治区、直辖市、新疆生产建设兵团交通运输厅（局、委）、公安厅（局）、发展改革委、工业和信息化主管部门、住房城乡建设厅（委）、商务主管部门、邮政管理局：

为深入贯彻落实《国务院办公厅关于促进物流业健康发展政策措施的意见》（国办发〔2011〕38号），切实加强和改进城市配送管理工作，促进城市配送健康有序发展，现提出如下意见：

一、充分认识加强和改进城市配送管理工作的重要意义

（一）加强和改进城市配送管理工作是促进物流业健康发展的客观要求。城市配送是现代物流服务体系的重要组成部分。多年来，在城市人民政府及其有关部门的共同努力下，我国城市配送管理工作取得了初步成效。但从总体情况看，城市配送的管理能力和发展水平仍亟待提高，城市配送难以及配送车辆通行难、停靠难、装卸难等问题在一些城市特别是大中型城市表现突出，严重影响了城市配送效率，增加了物流成本，制约了现代物流业发展。各有关部门要切实加强和改进城市配送管理工作，有效解决城市配送发展中存在的矛盾和问题，促进物流业健康发展。

（二）加强和改进城市配送管理工作是保障和改善民生的重要内容。城市配送关系广大城市居民的生产生活需求，是重大的民生工程。随着我国城市化进程的不断加快，城市人口数量不断增长，小批量、多批次的配送需求日益旺盛。现代商业的繁荣和商业模式的变革，特别是电子商务、连锁经营等新型流通业态的发展，也使得多样化、个性化的配送需求不断增加。城市居民对配送时效性、便

捷性的期待日益提高，配送企业和商贸企业对改善城市配送环境、提升城市配送效率的诉求愈加强烈。各有关部门要主动适应城市配送发展的新形势，切实履行职责，满足广大人民群众对城市配送管理工作的新要求。

（三）加强和改进城市配送管理工作是优化交通资源配置的有效举措。城市配送是城市经济运行的基础保障，关系城市功能的正常发挥。随着我国城市机动化的快速发展，城市机动车保有量急速增长，城市交通资源约束日益明显。提高城市配送管理水平，完善配送服务体系，统筹交通资源配置，对于提高城市配送车辆利用效率、优化城市交通资源配置、促进节能减排等具有重要的现实意义。各有关部门要把加强和改进城市配送管理工作作为优化城市交通资源配置的重要切入点，统筹解决城市配送发展中遇到的各类问题。

二、指导思想、基本原则和总体目标

（四）指导思想。深入贯彻落实科学发展观，按照依法、高效、安全、环保的原则，以满足城市居民和经济社会发展需求为目的，以提高配送效率、降低物流成本为核心，理顺体制机制，落实管理职能，创新管理方式，优化配送模式，全面提升城市配送的公共服务能力、市场监管能力，着力解决城市配送车辆通行难、停靠难、装卸难等突出问题，探索构建服务规范、方便快捷、畅通高效、保障有力的城市配送体系，促进城市配送与城市经济社会发展相适应、相协调。

（五）基本原则。

1. 多方联动，综合治理。在城市人民政府的统一领导下，加快完善城市配送管理体制机制，建立健全城市配送制度标准体系，明确各部门职责分工，加强部门间协调配合，综合运用法律、行政、经济等手段，创建城市配送管理工作新格局，推动城市配送规范、有序、高效发展。

2. 客货并举，均衡发展。正确处理城市配送快速发展与城市交通压力加剧的现实矛盾，在满足人民群众出行需求的同时，统筹兼顾城市配送需要，优化城市交通资源配置，实现“人便于行、货畅其流”。

3. 因地制宜，分类指导。结合城市规模、类型、产业结构和发展条件，根据不同配送货类、配送时段和配送区域的特点，科学规划城市配送发展目标，优化城市配送模式，制定适宜的交通管控措施，确保城市配送管理符合实际、适应需求。

4. 依靠科技，创新管理。加大城市配送科技研发投入和先进技术推广应用力度，加快城市配送专业人才和管理队伍培养，创新城市配送管理方式方法，及时消除不适应城市配送发展的制度障碍，鼓励多种形式的探索实践，不断提升城市配送科技支撑能力和创新管理能力。

（六）总体目标。力争用5年左右的时间，基本建立起职能明确、运转高效、监管有力的城市配送管理体制和运行机制，形成城市配送管理法律法规、制度标准体系，城市配送规划引领作用得到发挥，城市配送基础设施明显改善，城市配送市场主体结构明显优化，城市配送车型得到广泛应用，城市配送车辆通行更加有序顺畅，城市配送运营效率明显提高，城市配送服务保障能力显著增强。

三、完善管理体制机制

（七）明确工作职责。充分发挥全国现代物流工作部际联席会议制度作用，加强部门协调，明确职责分工，结合工作实际加快完善相关法规标准、制定发展政策，推进城市配送管理法制化、制度化。地方各级发展改革、交通运输、公安、工业和信息化、城乡建设、商务、邮政管理等部门要在地方人民政府的统一领导下，进一步明确各部门在城市配送管理工作中的职责和任务分工。

（八）健全体制机制。健全地方人民政府领导、多部门参与的城市配送管理体制和工作机制；强化地方人民政府在城市配送管理工作中的主导作用，明确牵头管理部门或成立协调管理机构，建立城市配送管理工作会商制度，完善城市配送管理工作目标考核机制，科学研判城市配送发展形势和规律特点，定期研究解决城市配送发展中的突出问题，及时完善相关政策措施。

四、发挥规划引领作用

（九）编制发展规划。城市规划部门要会同发展改革、交通运输、公安、工业和信息化、城乡建设、商务、邮政管理等有关部门，组织制定城市配送发展规划。规划内容应当包括：城市配送发展目标、通道与节点布局、运力投放规模与结构、运输组织、信息化建设、配送车辆通行管理措施以及城市配送基础设施用地保障等。城市配送节点布局应当考虑物流园区、物流中心、配送中心、分拨中心、快递营业网点、大型商业网点的货物接卸场地、大型货物装卸点和停车设施等。

（十）强化规划衔接。要将城市配送发展规划有关内容及时纳入城市总体规划，按照城市配送发展模式和需要，完善城市物流仓储用地、道路交通系统规划；做好城市配送发展规划与城市土地、商业、交通、物流、快递等相关规划的衔接，保障城市配送基础设施建设用地，满足城市配送发展要求。

五、提升基础设施保障能力

（十一）强化基础设施建设。城市发展改革、交通运输、规划建设、商务等部门要加大对城市配送通道、节点建设的支持力度，构建干支衔接、通行顺畅的城市配送通道网络，完善配送节点的功能和布局。加大公用型城市配送节点建设扶持力度，鼓励现有或规划货运枢纽站场升级转型，服务城市配送发展。有条件的城市应当依托中心城区以外便捷的交通条件，规划建设大型物流中心、配送中心、分拨中心，鼓励商贸流通企业和连锁超市利用第三方物流配送中心、分拨中心及运力资源，加快发展共同配送，从源头上减少中心城区货运车辆交通流量。

（十二）完善配送停车和装卸作业设施。城市商业区、居住区、生产区、高等院校和大型公共活动场地等城建项目，应在控制性详细规划中合理设置城市配送所需的停车和装卸场地，应完善大型商场、超市等设施配送停车场地的配建标准并强化对标准实施的监督；鼓励和引导企业将自用停车场、配送站点向社会开放。

（十三）开展城市配送交通影响评价。城市规划部门要会同交通运输、公安、商务等部门，建立完善城市配送交通影响评价标准和管理办法，明确城市配送交通影响评价的范围、内容、方式和审批程序，将城市配送交通影响评价作为新建、改（扩）建项目规划阶段的强制要求，对城市道路、商业区、居住区和大型公共活动场地等城建项目的规划、设计、施工以及竣工验收等环节全面施行城市配送交通影响评价，并适时提出整改措施和优化调整方案。

六、强化运输市场管理

（十四）加强车辆技术管理。要抓紧制定适用城市配送的车辆相关要求，积极引导企业推广使用符合标准的配送车型，推动城市配送车型向标准化、厢式化发展，加快开展城市配送车辆统一标识管理工作。邮政管理部门要研究制定非机动车从事快件收投业务的相关行业标准，城市邮政管理部门要会同交通运输等部门，研究出台非机动车从事快件收投业务的相关管理办法。

（十五）严格经营许可管理。城市交通运输管理、商务等有关部门要按照有关法律法规研究制定城市配送货物运输管理规定，改进城市配送经营管理方式，明确城市配送运输经营许可准入条件以及经营行为规范和法律责任；要会同公安、邮政管理等部门，定期开展城市配送需求量调查，科学确定并向社会公示城市配送运力投放标准、规模和投放计划，研究建立城市配送运力投放机制，探索实施城市配送服务质量招投标管理制度。

（十六）规范货运出租管理。城市交通运输管理部门要加强对城市货运出租企业的监督管理，研究制定城市货运出租汽车管理规定，规范货运出租汽车的服务质量和安全管理，禁止城市货运出租车经营权有偿使用和转让；要结合交通运输部开展的城市出租汽车服务管理信息系统试点工作，引导企业建立城市配送货运出租运营指挥调度系统，促进城市货运出租规模化、集约化发展。

（十七）健全诚信考核体系。城市交通运输、商务、邮政管理部门要建立完善城市配送企业和快递企业的质量信誉考核制度，科学制定评价内容、评价标准、评价方法和评价周期等，完善激励机制和市场退出机制，引导企业加强管理、优质服务、诚信经营、保障安全。

七、优化通行管控措施

（十八）加强配送车辆通行管理。城市公安交通管理部门要根据有关部门提供的城市中心区车辆流量、流向、流时、货品货类以及城市配送需求，合理确定城市配送车辆的通行区域和时段，根据需要为高峰时段通行的城市配送车辆发放通行许可，并提供通行便利；充分听取交通运输、商务、邮政管理等部门的意见，按照通行便利、保障急需和控制总量的原则，建立完善公开、公平、公正的配送车辆通行许可发放制度。

（十九）完善车辆停放管理措施。城市负责停车管理的部门要会同公安、规划建设、商务、邮政管理等部门在深入调查研究的基础上，完善城市配送车辆停靠限制措施，在部分一般车辆禁停的路段要在保障道路交通安全畅通的情况下给予城市配送车辆必要的停车便利；施划城市配送车辆专用临时停车位或临时停车港湾；完善标志标线及停车位设置，在大城市推广配送车辆分时停车、错时停车、分类停车，全面清理停车设施挪用、占用现象。

八、加大执法监督力度

（二十）清理不合理收费。城市发展改革（价格）、交通运输、商务等部门要按照各自职责分工对城市配送领域包装、搬运、装卸、仓储、运输等各环节乱收费行为进行清理整顿；规范和降低农产品批发市场、农贸市场的摊位费等相关收费，禁止零售商向供应商收取违反国家法律法规的费用，切实降低商品流通环节成本，稳定城市消费市场价格。

（二十一）加强价格监管。城市发展改革（价格）部门要会同交通运输、商务、邮政管理等部门加强对城市配送价格的动态监测，研究建立价格监测分析制度，适时公布城市配送平均运价，引导市场合理价格的形成；依照相关法律法规，严肃查处城市配送企业达成垄断协议、串通商定价格和以低运价抢夺货源、排挤竞争对手等违法行为，严厉打击城市配送企业价格欺诈、哄抬价格等不正当行为。

（二十二）严肃查处违法行为。城市公安交通管理部门要加强对城市配送车辆的交通管理，督导配送车辆按照规定的时段和路线通行，按照相关规定实施停车作业，减少对其他交通参与者的影响。城市交通运输管理部门要加强城市货物运输市场监管，进一步规范运输企业经营行为；会同公安交通管理部门依法严肃查处机动车非法改装、假牌假证、无证运输等严重违法行为，营造良好的车辆通行秩序和市场环境。

（二十三）落实交通安全主体责任。交通运输、公安交通管理等部门要加强物流企业监管，督促物流企业完善内部安全管理制度，加强对驾驶人的教育、监督和管理，加强配送车辆的例检、例保和维护，切实落实物流企业交通安全主体责任。

九、加快科技推广应用

（二十四）鼓励发展先进的配送组织模式。鼓励和引导物流企业通过集中存储、统一库管、按需配送、计划运输的方式整合资源，降低物流成本，提升物流效率。商务、发展改革等有关部门要支持商贸流通企业发展共同配送。鼓励物流配送企业针对特定的商业聚集区和生活居住区制定专业的配送实施计划，提供个性化的配送服务，提高配送效率。城市交通较为拥堵的大型城市，城市有关部门应结合实际积极推进“分时段配送”、“夜间配送”，为有需求的商贸和物流企业提供便利。鼓励快递企业建设适应电子商务发展的快件配送体系，探索“仓储一体化”等新型配送模式，提升电子商务配送水平。

（二十五）推广应用先进的设施设备。各有关部门要积极引导企业开发使用先进技术，大力推进标准化仓库和专业仓库建设，推广标准化托盘、自动化搬运装卸工具、无线射频识别技术、配送路径优化技术和配送车辆动态导航技术等在城市配送中的应用。鼓励各地对用于城市配送且符合技术标准的新能源汽车实施车辆购置补贴等优惠扶持政策。

（二十六）加快配送信息平台建设。各有关部门要积极推进物流信息资源的共享，建设完善城市配送综合信息服务平台，引导城市配送企业与生产制造企业、商贸流通企业信息资源的整合，充分发挥信息平台在城市配送运力调整、交通引导、供给调节和市场服务等方面的作用。

十、加快组织落实

（二十七）加强组织领导。城市人民政府及其有关部门要高度重视城市配送管理工作，切实加强组织领导，充分发挥管理部门、行业协会、企业等多方的积极性和主动性，及时出台加强和改进本地配送管理工作的实施意见，建立政府统一领导、部门协调配合、企业广泛参与、公众支持认同的城市配送管理工作格局，形成各方面齐抓共管的合力。

（二十八）开展示范工程。在全国现代物流工作部际联席会议制度框架内，商务等有关部门要按照各自职责继续组织开展城市配送试点工作，选取典型城市开展示范工程，在体制机制、法规政策、基础设施、通行管控、运输组织、市场监管、信息技术、装备设备等方面先行先试，总结成功经验，逐步向全国推广。

（二十九）加快政策落实。在全国现代物流工作部际联席会议制度框架内，要加大对各地区、各部门有关城市配送管理工作的督导考核。各有关部门要根据本指导意见，结合工作实际，抓紧细化政策措施，研究制定促进城市配送发展的实施办法，加快推进，务求实效。国务院各有关部门和省级人民政府有关部门要按照职责分工，加强指导检查，健全考核评价和责任追究制度，确保各项政策的贯彻落实，为城市配送健康有序发展创建良好的体制机制和政策环境。

交通运输部　公安部　国家发展改革委
工业和信息化部　住房城乡建设部
商务部　国家邮政局
二〇一三年二月六日

016

国家邮政局关于贯彻落实物流业调整和振兴规划的实施意见

国邮发〔2009〕70号

各省（区、市）邮政管理局、各快递企业、中国快递协会：

为贯彻落实《国务院关于印发物流业调整和振兴规划的通知》（国发〔2009〕8号）精神，结合邮政业自身发展特点和实际情况，切实履行邮政管理部门的引领和服务职能，充分发挥企业的主体作用，有效实施《物流业调整和振兴规划》（以下简称《规划》），现提出如下意见：

一、深刻认识贯彻实施《规划》的重要意义

《规划》是国务院出台的十大产业振兴规划之一，充分体现了党中央、国务院对物流业发展的高度重视。《规划》是为有效应对国际金融危机的影响，落实保增长、扩内需、调结构总体要求的重要措施，是物流业应对当前危机和着眼长远发展的必然要求。《规划》的出台为邮政业发展提供了前所未有的重大机遇。实施《规划》对于有效扩大国内需求，营造良好发展环境，克服目前国际金融危机不利影响，保持邮政业平稳、较快发展意义重大。实施《规划》，也必将推动邮政业化危机为机遇，调整产业结构，转变发展方式，深化体制改革，提升服务能力，充分发挥基础产业作用，满足民生和生产需要，实现行业科学发展。

二、贯彻实施《规划》的目标

以有效应对金融危机和保持行业平稳发展为契机，以满足经济社会发展需求为立足点，以推动结构调整和发展方式转变为途径，以破解发展难题、营造发展环境为手段，以改革创新为动力，大力发展现代邮政业，实现企业做大、行业做强。不断提升邮政普遍服务，促进基本公共服务均等化；大力发展快递服务，促进邮政业与制造业等关联产业有机融合、互动发展；大力发展邮政速递物流，充分发挥邮政网络优势服务城乡生产生活。到2011年，邮政业收入年均递增11%以上，其中快递业务收入年均递增17%以上，占邮政业总收入的比重达到50%；培育出若干家年收入过百亿、具有较强竞争实力的大型企业或企业集团，鼓励邮政速递物流公司成为具有国际竞争力的大型综合物流企业集团。

三、贯彻落实《规划》的具体政策措施

（一）充分发挥规划的引领和统筹作用

继续贯彻落实《邮政业“十一五”规划》，注重规划跟进与评估工作，引导企业树立信心、完善措施，确保“十一五”规划目标的实现。与《规划》相衔接，在行业内开展“十二五”前期重大问题研究，系统研究邮政业发展的全局性、战略性问题。编制邮政业“十二五”规划，科学谋划、布局“十二五”时期行业发展，并引导企业制定发展规划。做好邮政业规划与国家及地方国民经济和社会发展规划、交通运输等规划的有效衔接。积极推动将快递融入物流发展规划政策体系，逐步构建市场主导、环境良好、竞争有序、服务高效的快递服务体系。根据《规划》提出的物流业发展布局要求，推动重点区域快递服务体系建设。编制和实施长三角、京津冀、珠三角及其他地区快递服务发展规划，发挥一体化优势，打破行政区划限制，科学配置快递服务资源，建立区域快递发展协调机制，完善配套政策，强化产业引导、产业促进和产业扶持，推动重点区域快递服务实现跨越式发展。

（二）重点推动行业结构调整和服务升级

鼓励企业依托网络优势，丰富服务内涵，完善服务手段，拓展服务领域，发展实物流、资金流、信息流融合型业务，不断提升快递物流业务的比重，加快现代邮政业转型步伐。鼓励企业加快产品、服务和管理创新，积极向产业上下游延伸，发展供应链服务、电子商务配送、一体化物流和分销配送等业务，推动从事快递业务的企业功能整合和服务延伸，加快向综合型快递物流企业转型。开展“电子商务与快递服务网络平台发展战略”等专题研究，明确具体发展目标及相关政策措施，促进电子商务网络与实物配送网络一体化协同发展，有效提升快递服务平台对电子商务的承载能力。通过举办“快递企业与电子商务平台对接会”等方式，搭建交流平台，推荐优秀企业，沟通供求信息，实现互利合作。引导和鼓励从事快递业务的企业加大科技投入，完善呼叫中心和跟踪查询系统建设，鼓励企业采用先进信息技术改造和重组运营管理流程。推动快递企业通过体制、机制创新，实现管理体制优化和服务产品升级。

（三）进一步深化邮政体制改革

进一步深化邮政主业改革，实现邮政普遍服务与竞争性业务分业经营、分账核算。按照建立现代企业制度要求，完善邮政速递物流公司法人治理结构，建立完善适应市场经济要求的邮政速递物流新体制、新机制。加快推进邮政南京航空速递物流集散中心建设，增强核心能力，强化速递、一体化物流和分销配送服务，推动邮政速递物流做大做强。按照政府主导原则，完善普遍服务保障机制，加强邮政基础设施建设，进一步推进村邮站和户箱工程建设，着力解决农村通邮

及末端服务问题。加强普遍服务的监督管理，保持邮政普遍服务网络的完整性，保障普遍服务水平有效提升。支持中国邮政集团公司推进邮政储蓄改革，强化中国邮政储蓄银行服务“三农”的功能。

（四）着力消除快递发展瓶颈性制约

积极推动将快递服务纳入国家鼓励发展的产业目录，争取相关配套政策支持。深入贯彻落实《邮政法》，及时出台快递市场准入办法等配套制度，合理设定经营许可门槛，鼓励有条件的企业依法进入快递服务领域，为从事快递业务的企业提供优质的公共行政服务。加强部门协同，发挥“大交通”平台优势，研究制定快递服务标识、快递揽收派送车辆车型标准和协调解决城市快递车辆通行、停靠交通管理问题，提升揽收、派送效率。加强与民航、海关等部门协调，在国内重点机场进行试点，推动建立快件安检、快件交接与快递通关的“绿色通道”。积极与工商、财税部门协调，推动快递企业分支机构工商登记和年检程序的优化，研究提出税收优惠政策，推行快递服务专用发票。积极协调金融等部门，推动快递企业信用融资制度的建立，引导快递企业使用创新融资产品，为快递企业开辟多种融资渠道。支持有实力的快递企业通过兼并、联合、上市等方式，强化网络、改善服务、打造品牌，实现资本化运作、集约化运营、规模化发展。

（五）积极推动快递物流园区建设

发挥园区的规模和聚集效应，实现快递功能集成、经营集约，促进快递与其他产业融合发展。加强与国家物流园区规划布局衔接，统筹协调、因地制宜，分层次、有计划地推进快递基础设施建设。结合九大物流区域、十大物流通道、一批物流节点城市的规划布局，推动将快件处理中心、航空及陆运集散中心等建设项目纳入当地物流园区规划，依托园区政策体系和综合交通优势，升级作业设施，提升运营能力。鼓励邮政企业在全国性物流节点城市投资，建设仓储设施。支持从事快递业务的企业进入工业园区、经济园区、高新技术园区，完善园区综合服务功能。推动上海青浦等快递园区建设，将快件处理中心等大型重点建设项目纳入园区，在用地、资金等相关政策上给予支持。加强邮政农村物流基础网络设施与地方物流园区和农村物流配送中心建设衔接。充分利用“大交通”平台，协调公路、民航、铁路等运输政策，发展多式联运，优化快递和运输作业衔接，提高快件集散效率。鼓励从事快递业务的企业在快件运输、分拣场地等方面资源共享、优势互补。推动实施《邮政促进现代物流业发展专项规划》，加强邮政速递物流网络建设，发挥国有企业骨干作用。

（六）大力发展农村快递物流服务

积极会同有关部门，在全国范围内总结山东邮政打造农村物流成功经验，推广“连锁分销＋配送到户＋科技支撑”农村物流的综合服务新模式。做好农村邮政物流发展规划，着力打造高度组织化、规模化、社会化的现代农村邮政物流综合服务平台，加强基础设施建设，加强市场监管，健全完善制度机制，基本建成“布局合理、双向高效、种类丰富、服务便利”的农村邮政物流服务体系。加强农村邮政物流发展政策研究，建立邮政物流服务“三农”长效机制，推动出台扶持政策，解决农资经营资质认定、“万村千乡市场”工程衔接、流动资金短缺等实际问题。推动邮政物流配送中心和邮政“三农”服务站建设。大力支持邮政企业发展农业生产资料、日用消费品、医药产品、中小学教材等的连锁配送服务，开展“农副产品进城”服务。鼓励从事快递业务的企业在农村地区开办业务，为农村用户提供符合标准、价格合理的快递服务产品，引导快递服务资源向农村地区流动。支持从事快递业务的企业创新服务，构建质优价廉产品流入、特色农产品流出的快捷渠道。

（七）有效构建邮政业监管和公共服务信息平台

建立市场准入、诚信管理、安全监管、时限监测等信息系统，对行政许可、分级分类管理、合法诚信经营、公众满意度评价、安全管理和寄递时限等信息，实施信息化、系统化、一体化管理。建立和完善信息公开、网上准入、消费者申诉、满意度调查与公示、资费及邮编查询等公共服务系统。依托行业协会，推动建立快递企业与机场、航空公司信息共享平台，实现相关信息互联互通，有效满足企业和用户对快递服务全过程信息跟踪需求，发挥交通运输资源的综合优势和组合效率，提升快递管理和服务水平。创办《快递》杂志，及时传递国家关于快递物流发展的政策法规信息，搭建业内交流平台。根据海关无纸通关改革要求，推动国际邮件、快件通关信息平台建设，提高通关效率，降低邮政、快递通关成本。

（八）进一步加强邮政业统计、标准化体系建设

进一步完善《邮政业统计报表制度》，扩大统计范围，完善统计指标体系、改进调查方法。逐步将规模以下快递企业纳入行业统计，全面反映行业发展情况。认真实施报表制度，确保行业统计数据及时性、准确性。完善信息服务，加强行业发展形势研判，为相关部门、企业决策提供支持。建立产业安全评估机制，做好行业预测预警。参与统计信息共享平台和交流机制建设，完善物流业统计。充分发挥全国邮政业标准化技术委员会的作用，健全组织机构，组建相关分技术委员会，着力提升全行业标准化工作水平和标准编写质量。贯彻实施《邮政业标准化2008—2010年发展规划》，推动将快递服务行业标准上升为国家标准，制定快递包装、计量、车辆、用品用具、信息代码等专项标准，出台邮政普遍服务标准。加大对快递服务标准的宣贯实施力度，全面推动从事快递业务的企业的达标工作，切实提高快递服务水平。

（九）支持企业稳步实施“走出去”战略

积极参与WTO、自贸区等多双边谈判，在市场准入、国民待遇、快件清关

等方面为我国企业争取利益。支持邮政企业进一步完善国际网络，建设境外分支机构。鼓励有实力的快递企业实施国际化发展战略，通过自建、合作、并购等方式延伸服务网络，实现与美、日、韩等国家单点城市的网络连接，并逐步开辟我国到中东、欧盟及北美部分国家的快递专线。鼓励邮政企业加快发展国际物流和保税物流。会同有关部门，积极研究对“走出去”快递企业在税收、外汇、结算、签证等方面的扶持政策。利用中美、中欧等政府间对话机制，搭建中外企业间的交流平台，为国内企业学习、借鉴国际先进经验创造条件。搜集、整理有关国家邮政业市场准入、法律法规、投资环境、经济政策等方面的资料，建立信息共享平台，为企业“走出去”提供信息服务。鼓励专业机构提供国际业务、国际法规、人力资源等方面的咨询服务。

（十）加强快递人才培养

积极建立以政府为主导、院校为支撑、企业为主体的快递人才培养体系。配合教育行政主管部门，建立邮政行业多层次教育体系和在职人员培训体系。积极推动快递企业与各类院校合作办学，开设快递专业课程，推动教材编写工作，以委托培养、订单式招生等方式，培养快递专业人才。建立省（区、市）邮政行业职业技能鉴定机构，组织开展快递业务员职业技能鉴定工作。大力引导企业利用社会培训资源，多种形式开展在职员工岗前培训、在职教育、继续教育，全面提高企业员工素质。积极为从事快递业务的企业培养输送运营、管理等方面的快递专业人才。支持从事快递业务的企业采取灵活用工、弹性工时、组织培训等措施，促进下岗职工、农民工就业。

（十一）积极发挥行业协会作用

中国快递协会要完善和强化组织建设，统筹、推动全国快递协会工作。创新工作方式，深入开展调查研究，反映行业情况及会员诉求，协助政府部门制定行业政策、规划和标准，为应对金融危机、推动行业发展提供决策咨询。建立国内外快递企业交流渠道和平台，同时在政府授权下开展行业培训工作。近期，重点开展快递服务标识、快递揽收派送车辆车型标准研究，为促进快递服务标准化和解决快递车辆进城通行问题创造条件。推动资源共享，促进企业、行业联合，为企业开拓市场、规模发展创造条件。协助邮政管理部门开展《快递服务》标准达标工作，促进企业提升服务水平。引导社会消费，协助解决服务争议，维护消费者合法权益。制定并实施职业道德准则，大力推动行业诚信建设，建立和完善企业信用评估机制及行业自律性管理约束机制，规范会员行为，维护公平竞争。协调会员企业间、会员企业与消费者间、会员企业与社会间的关系。在金融危机的环境中，特别是要及时发现和有效化解因企业资产重组、运营体制改革、利益格局调整、经营战略转型等因素引发的企业内部和企业间的矛盾和争议，维护行业和谐、稳定。

各有关单位要把思想统一到党中央、国务院的决策部署上来，统一到国家邮政局的工作要求上来，要进一步增强危机感、责任感和紧迫感。要根据《规划》要求，按照本意见所提出的具体任务和措施，结合工作实际，进一步完善本单位《规划》实施方案。要加强组织领导，明确工作目标，突出重点任务，细化工作措施，注重内外协调，加大工作力度，发挥能动作用，确保《规划》在邮政业得到全面贯彻落实，推动行业科学发展。

国家邮政局

二〇〇九年五月十八日

017

国家邮政局关于提升快递末端投递服务水平的指导意见

国家邮政局

2013 年 11 月 22 日

各省、自治区、直辖市邮政管理局，中国快递协会：

为全面提升快递末端投递服务水平，进一步贯彻《国务院关于促进信息消费扩大内需的若干意见》（国发〔2013〕32 号）“完善智能物流基础设施，支持农村、社区、学校的物流快递配送点建设”的精神，落实交通运输部等七部门《关于加强和改进城市配送管理工作的意见》（交运发〔2013〕138 号）“鼓励快递企业建设适应电子商务发展的快件配送体系，探索‘仓储一体化’等新型配送模式，提升电子商务配送水平”的要求，现提出以下意见：

一、充分认识提升快递末端投递服务水平的重要意义

快递末端投递是快递服务的重要环节，是行业发展惠及百姓、服务民生的重要体现，也是衡量企业是否具有竞争优势的重要标准。随着城市化进程加快，快递服务生产生活的作用将更为突出。大型居住区、商业区、校区、机关企事业单位综合办公区等不断涌现，对快递末端投递服务能力提出了新的要求。这些区域人员密集、交通繁忙、管理各异，快递使用需求旺盛、服务需求个性化突出；但同时，在部分居住区、校区、写字楼、机关办公区中，快递服务与用户使用需求、生活习惯不匹配，造成服务满意程度降低。为了破解投递难题，各级邮政管理部门、快递企业开展了大量实践，进行了多种探索，取得了明显成效，这些好的做法应当及时总结、予以推广。全行业必须充分认识到提升快递末端投递服务水平的必要性和紧迫性，凝聚智慧和力量，齐心协力破解末端投递服务难题，真正让“小快递”服务“大民生”。

二、指导思想和基本原则

（一）指导思想：以科学发展观为指导，把不断满足人民群众日益增长和不断丰富的快递使用需求作为出发点，充分发挥市场机制的作用，释放企业的积极性和创造性。国家邮政局抓好行业政策框架搭建，各省、自治区、直辖市邮政管理局抓好政策落地创新推动，市（地）邮政管理局具体负责协调推进，切实解决

快递末端投递中存在的突出问题，促进快递行业又好又快发展。

（二）基本原则。

1. 企业自主与政府指导相结合。充分发挥企业的主体作用，依托市场机制提升服务水平。加大政策扶持力度，营造良好的发展环境。

2. 自身建设与合作创新相结合。立足快递企业自身网点建设，全面提升末端投递服务质量。鼓励将第三方合作模式作为网点建设的有益补充。

3. 科技创新与产品创新相结合。支持企业加大先进技术应用力度，提升服务信息化、标准化、自动化水平。引导企业丰富产品类型，满足用户的多样化需求。

4. 高效便捷与保障安全相结合。引导企业加强过程管理、优化服务流程，增强投递服务的时效性与便捷性。督促企业加强制度建设与落实，切实保障用户快件安全与信息安全。

三、主要内容

（三）引导企业加强自身能力建设。快递企业是末端投递网络建设的主体，引导企业科学设置服务半径，加快自有品牌末端网点建设，提高快递网络覆盖率和稳定性。鼓励企业丰富产品类型，合理规划投递路线，科学安排投递时间和频次，满足用户的多样化需求。

引导企业推广标准化管理模式，推动品牌企业全网统一管理和服务。建立标准门店、统一车辆标准，统一业务员着装、工号牌佩戴，规范仪容仪表，提升社会认可度。引导企业加快建设、完善全国统一客服电话，提升电话接通率和问题处理效率。鼓励企业通过门店、电话、网络等多种渠道为用户提供及时、便利的查询、投诉服务。

引导企业加大科技投入，提升信息化应用水平。要全面推广使用手持终端设备，增强投递服务的时效性和管理的智能化。继续提升对地理信息系统、卫星定位系统的综合应用能力，加强末端服务的统筹调度和全程管理。鼓励企业积极开发无线网络服务平台，推广智能手机客户端、微信应用等符合新型消费环境的服务创新。

（四）鼓励企业开展第三方合作模式创新。鼓励企业因地制宜，与连锁商业机构、便民服务设施、社区服务组织、机关学校管理部门以及专业第三方企业开展多种形式的投递服务合作。

快递企业应与合作方签订合作协议，明确约定投递方式、投递时效、快件保管、用户验收、费用支付、快件安全、用户信息安全等内容。快递企业应按照统一作业规范的要求，对合作方进行业务指导和培训，确保合作方提供的投递服务符合质量要求。以合作形式向用户提供投递服务的，快递企业应当保障用户的权益并征得用户的同意，提前告知用户选择合作投递服务时可能发生的单独费用。快递企业不得将代收货款快件委托合作方代为投递。

与居住区、写字楼物业等服务组织合作开展投递服务的快递企业，应严格区分代签服务和代投服务。开展代签服务的，要确保物业获得业主允许其代为签收的授权，并且具备快件的保管条件。

与学校管理部门合作开展投递服务的快递企业，应当遵守校方关于校园安全管理的有关要求，并确认校方能够提供符合快件投递服务要求的场所。

与专业第三方企业合作开展投递服务的快递企业，要保证快件全程寄递时限符合企业服务承诺及国家标准。专业第三方企业从事快件投递服务的，应当严格按照《快递服务》国家标准和《快递业务操作指导规范》向用户提供服务。

（五）积极探索和推广智能投递。鼓励和支持邮政、快递企业及社会资金，投入快递服务末端智能快件箱等自助服务设施建设并推广使用。开发智能快件箱设备应当执行《智能快件箱》邮政行业标准。使用智能快件箱等自助服务设备投递快件，应当事先征得用户同意，并采用必要科技手段确保快件安全和用户的信息安全，切实保障消费者按照服务约定验视签收的权利。

四、政策保障

（六）优化行业发展环境。国家邮政局将加快研究制定专项政策、技术标准和操作规范。推动出台从事快件收投业务非机动车技术要求行业标准和快递门店建设行业标准，积极指导各级邮政管理部门将快递营业网点建设纳入城市配送发展规划。

各省、自治区、直辖市邮政管理局要针对解决本省（区、市）末端投递服务问题制定明确的工作计划。通过综合利用地方立法、专项规划等手段，加大对快递末端投递服务的扶持力度，全面抓好行业各项政策措施在本区域的落地实施。全力争取本省（区、市）的扶持政策和相关部门的支持配合，有针对性地指导市（地）邮政管理局开展工作。

市（地）邮政管理局要因地制宜、主动作为。积极争取地方政府的支持，将改善投递服务的配套政策和措施纳入地方规划。进一步加强与地方发展改革、教育、公安、住建、交通、商务、工商等部门的合作，全力推动地方政府建立健全快递运输保障机制，制定实施便利快递车辆通行停靠的具体措施，出台智能快件箱用地、税收优惠、补贴等方面的鼓励政策。有条件的地区要探索邮政业综合服务平台建设，提升行业公共服务水平。

（七）简化许可备案手续。邮政管理部门要进一步简化登记备案手续和流程，对快递企业末端网点实行备案管理，为企业发展创造条件。专门从事快件投递业务的第三方企业应当纳入快递业务经营许可管理，国家邮政局将抓紧研究出台相关审核制度，优化流程，简化手续。

（八）营造良好的舆论氛围。进一步加强与媒体的沟通协作，及时介绍行业管理措施，通报服务质量监督和执法情况，争取社会各界的理解与支持。大力推动全行业精神文明建设，宣传学习先进事迹，报道企业改善管理、提升服务的工作实绩，营造用户理解支持的良好氛围，弘扬行业正气。

五、加强工作落实

（九）强化组织领导。各级邮政管理部门要立足本地区实际，认真研究影响本地区末端投递服务质量的关键问题，把推动解决末端投递困难作为开展党的群众路线教育实践活动的重要内容抓好抓实。要切实加强组织领导，充分发挥管理部门、行业协会、企业等多方的积极性和主动性，建立政府引领、协会指导、企业主导、公众支持的工作格局。要根据本意见抓紧细化政策措施，制定符合地区实际的具体方案，对已经出台的相关政策，要加快推进，务求实效。

（十）加强服务质量监督。充分发挥以公众满意度、时限准时率和用户申诉率为主要内容的快递服务质量评价体系的作用，督促企业改善服务。切实维护消费者合法权益，进一步加强消费者申诉处理工作，建立完善申诉通报制度。依法加强对快递用户的信息保护和末端投递服务的监督检查，对于违反《快递市场管理办法》、《快递服务》国家标准，严重损害用户权益的企业要坚决依法处理。

（十一）加强行业安全监管。严格依照《邮政法》、《邮政行业安全监督管理办法》关于通信与信息安全、生产安全和应急管理方面的规定，切实加强末端投递服务环节的安全保障。认真落实国家邮政局、工业和信息化部、公安部等六部门联合印发的《关于切实做好寄递服务信息安全监管工作的通知》要求，全面加强对寄递服务信息安全的监督检查，发现快递企业及从业人员非法泄露或者非法买卖快递服务信息的，要严格依法予以处罚。构成刑事犯罪的，要依照程序移送司法机关处理。

（十二）推动从业人员素质提升。大力加强全行业精神文明建设，宣传、学习先进事迹。深入开展快递业务员职业技能鉴定工作，大力引导企业通过多种形式开展快递业务员岗位技能培训和职业道德教育，着力提升快递业务员专业素养和从业水平。推进企业优秀文化建设，树立、倡导正确的核心价值理念。

（十三）发挥协会作用。快递协会要完善行业自律约束机制，制定服务公约和职业道德准则。依据《快递企业等级评定管理办法（试行）》，将企业自营网络覆盖范围以及服务能力作为评定的重要依据，推进评定工作有序开展。加强与其他行业协会沟通，发挥合力，协调解决投递难题。

018

国家邮政局 工业和信息化部关于推进快递服务制造业工作的指导意见

国邮发〔2013〕178号

为深入贯彻落实《服务业发展“十二五”规划》、《邮政业发展“十二五”规划》和《工业转型升级规划（2011—2015年）》，充分发挥快递在服务制造业发展方面的重要作用，加快结构调整和转型升级，提升发展的质量和效益，特提出以下意见：

一、充分认识推进快递服务制造业工作的重要意义

制造业是快递发展的重要需求基础，快递是制造业转型升级的重要服务支撑。近年来，快递和制造业在医药、电子信息等领域开展了业务合作，但总的来看，双方合作还处于初级阶段，政策环境有待完善，服务内涵有待深化，合作层次有待提升。积极推进快递服务制造业工作，有利于快递企业功能整合和服务延伸，加快向综合型快递物流运营商转型；有利于制造企业降低成本和提升效率，加快结构优化和由大变强；有利于深化产业链和服务链的融合，推动跨产业的技术、产品和服务创新，增强产业竞争力和可持续发展能力，促进实体经济健康发展。

二、指导思想和基本原则

（一）指导思想

深入贯彻落实科学发展观，以加快转变发展方式为主线，充分发挥市场的资源配置作用，加强政府统筹指导和政策协调，按照制造业改造提升和生产性服务业加速发展的要求，支持制造业外包服务环节，优化生产流程，支持快递完善产品体系，提升服务能力，逐步建立结构合理、协作深入、标准对接的合作发展新模式，形成长期稳定、互利共赢的战略合作关系，拓展创新发展新空间，构建产业发展新体系。

（二）基本原则

企业主导、政府推动。坚持市场化运作，发挥企业主体作用，加强政府引导，完善配套政策，健全信息衔接和标准规范等支撑体系，创造有利于推进快递服务制造业发展的良好环境。

分类指导、因地制宜。结合不同地区、不同制造业发展特点和需求，制定必要的扶持和鼓励措施。引导地方结合实际，积极开展政策创新。

试点先行、分步实施。开展试点示范工程，及时总结经验，研究瓶颈问题，推广成功案例，以点带面推进快递服务制造业发展模式的创新和普及。

突出重点、协调推进。加大重点领域扶持力度，发挥重点企业、重点区域的辐射带动作用，深化政府、企业和行业组织的协调互动，促进社会分工协作和产业结构优化提升。

三、推进快递服务制造业发展的重点领域

（一）推进快递服务于技术密集型制造业

支持电子信息、通信、医疗保健、精密仪器、航空、汽车等技术密集型制造业通过服务外包优化生产流程，整合高价值、小批量、多批次的递送需求，依托航空快递、限时快递等开展精益制造和准时制造。支持快递企业加强快件时效管理和全程监控，完善专业服务和技术装备，满足温控、防震、防腐等特殊物品的寄递需求，积极发展再包装、报关、保险、仓储等增值服务，探索提供一体化供应链解决方案。

（二）推进快递服务于制造业的规模化发展

鼓励快递企业与大型制造企业建立长期稳定的战略合作关系，支持大型制造企业依托快递网络开展综合集成制造和分销配送，提高生产组织化水平，促进全国性快递网络建设与大型制造企业空间布局的有效衔接。鼓励快递企业完善大客户管理机制，开发“一站式”整合服务和电子运单、简易组装等定制服务，探索承接维修中心、呼叫中心等售后环节。

（三）推进快递服务于制造业的定制化生产

支持纺织服装、鞋帽、工艺品等制造企业顺应个性化、多样化需求趋势，加强产品研发和功能设计，探索网络直销等发展模式，依托快递网络提供试穿、退换货、产品功能展示等特色服务。鼓励快递企业提供样品、设计图样等限时寄递，开发名址数据库、仓储优化、提单管理等增值服务，提供从厂商到最终用户的产品递送方案。加强产品和服务的融合，促进研发、制造和营销协同，提升市场反应能力。

（四）推进快递服务于经济活跃区域的制造业集群

鼓励快递企业优化区域布局，支持京津冀、长江三角洲、珠江三角洲等城市群的制造业发展，服务于郑州、重庆、成都、西安等中西部制造业基地。引导快递企业积极进驻工业园区、经济开发区、高新技术产业园等制造业集聚区，依托生产要素集聚优势，创新服务产品和配送体系，提高产业协作配套水平，建设产业链条完备、服务平台完善的现代产业集群。

（五）推进快递服务于中小制造企业

以中小企业服务需求为导向，支持快递企业在中小制造企业集聚区建设物流服务平台，完善经济类快递产品，整合快递网络资源，提供公共仓储配送、拼箱运输、信息接入等多样服务，降低中小制造企业的运营成本。依托快递基础网络和客户信息优势，帮助中小制造企业建立稳定的供应、生产、销售等协作关系，构筑富有活力的产业生态系统。

（六）推进快递服务于制造业国际化

推动快递与制造企业实施国际化同行战略。支持和推动有条件的快递企业通过自建、合作、并购等方式设立境外分支机构，延伸服务网络，为制造业“走出去”提供配套服务。推动提高国际快件通关效率，开发国际航空快递专线，支持制造企业打造区域化和全球化生产链，在更大范围内开展资源配置和价值链整合。

四、推进快递服务制造业发展工作措施

（一）建立协调工作机制

建立推进快递服务制造业发展的联系制度，定期交流情况，沟通信息，加强宏观分析和统筹指导，推动政策衔接和协调管理。针对工作中的重点、热点和难点问题，开展专题研究和联合调研，研究出台相关政策意见。

（二）搭建合作交流平台

支持快递协会和制造业相关协会加强合作，组织举办发展论坛和供需洽谈会议，促进企业信息交流和项目对接。鼓励快递和制造企业加入彼此的行业协会，推动建立由相关企业、研究机构、教育机构组成的产业联盟，定期开展技术交流和管理培训。

（三）实施示范和试点工程

结合国家工业化和信息化融合试验区建设、电子商务集成创新试点和跨境贸易电子商务综合试点进程，推进快递服务于制造业发展的典型示范。选择有条件并具有一定规模和影响力的企业作为示范企业，积极推进重点项目建设，加强政策和资金支持，及时总结和宣传经验，逐步在行业、区域或全国推广。

（四）引导开展跨行业协同创新

鼓励企业与高校、科研院所和科技服务机构开展合作，建立以产业链为基础的协同创新机制。依托快递物流园区和制造业基地，建设快递服务制造业发展的创新孵化中心，开展重点项目合作攻关。支持有关企业开展高新技术企业资格认定申报，争取国家及地方科技创新项目支持。

（五）促进信息共享、标准对接

鼓励快递与制造企业加强信息系统建设，促进信息交互，建立面向产业链上

下游的信息化服务平台。发挥行业协会和龙头企业在标准制定和宣贯中的作用，研究制定服务流程、工具器具和技术装备等标准和规范，开发网络互联、电子数据交换等接口标准。支持企业生产和采用标准化的包装、计量、车辆和信息设备，提高运营效率和服务水平。

（六）引导快递企业加强能力建设

引导快递企业兼并重组，完善现代企业制度，实现资本化、集约化和规模化发展。支持快递企业优化布局，推进快件处理中心、航空及陆运集散中心建设，提高网络覆盖率和稳定性。鼓励快递企业面向制造业需求，加强功能整合和服务延伸，开发信息流、资金流、实物流融合型服务，构建安全高效、技术先进、服务优质的快递服务体系，更好地为制造业转型升级服务。

（七）加强复合型、创新型人才培养

推动建设一支掌握快递和制造业知识技能的复合型专业人才队伍。大力推进校企合作，支持建立人才综合培养和实训基地。统筹推动“创新人才推进计划”在快递和制造业的组织实施。鼓励快递和制造企业建立人才交流机制，开展联合培养项目，提升人才队伍素质。

（八）优化推进快递服务制造业发展的政策环境

各省、自治区、直辖市邮政管理局和工业和信息化主管部门要结合本地实际，按照《国务院办公厅关于促进物流业健康发展政策措施的意见》（国办发〔2011〕38 号）和国家产业结构调整指导目录中鼓励类产业界定及相关配套政策文件，积极协调落实有关财政、税收、土地、人才等扶持政策，推进快递服务制造业发展。

对于制造企业剥离物流资产成立快递企业或与快递企业进行兼并重组，符合相关政策适用条件的，参照财政部《关于企业重组业务企业所得税处理若干问题的通知》（财税〔2009〕59 号）等规定，支持争取相关扶持政策；需要依法取得快递业务经营许可，企业名称、企业类型、股权关系、注册资本、经营范围、经营地域和分支机构等原许可事项发生变更的，可加快办理快递业务经营许可证申请或变更手续。对于推进快递服务于制造业的有关信息化建设项目，按照工业和信息化部等部门《关于加快推进信息化与工业化深度融合的若干意见》（工信部联信〔2011〕160 号）积极给予支持。

五、加强组织领导

国家邮政局、工业和信息化部将会同有关行业协会建立和完善推进快递服务制造业工作的动态跟踪和研究制度，收集和分析相关工作信息，为企业提供有关法律法规、投资环境和经济政策等信息咨询和服务。

各省、自治区、直辖市邮政管理局和工业和信息化主管部门要充分认识推进快递服务制造业工作的重要意义，强化服务意识，建立工作机制，加强沟通协调，密切协作配合，结合本地实际，细化和完善配套政策措施。要跟踪了解本地区发展动态，加强工作指导。要加强对本意见落实情况的监督检查，并将有关情况及时上报国家邮政局、工业和信息化部。

国家邮政局
工业和信息化部
二〇一三年九月十三日

019

国家邮政局　商务部关于促进快递服务与网络零售协同发展的指导意见

国邮发〔2012〕1号

各省、自治区、直辖市邮政管理局，商务主管部门，计划单列市及新疆生产建设兵团商务主管部门：

为全面贯彻《邮政业发展“十二五”规划》、《商务部“十二五”电子商务发展指导意见》，落实《国家邮政局关于做好快递业务旺季服务保障工作的意见》（国邮发〔2011〕30号）、《商务部关于促进网络购物健康发展的指导意见》（商贸发〔2010〕239号）等文件要求，进一步加强邮政管理部门和商务主管部门的合作，促进快递服务与网络零售协同发展，现提出以下意见：

一、充分认识促进快递服务与网络零售协同发展的重要意义

快递服务是面向生产和民生的现代服务业。网络零售是网络化的新型零售形式，是我国战略性新兴产业与现代流通方式的重要组成部分。近年来，快递服务与网络零售相互依存、互为支撑，业务合作日趋紧密、关联领域不断拓展，呈现出互利共赢的良好局面，有力促进了两个市场的发展壮大。同时，在快递服务与网络零售协调发展过程中，也存在一些衔接不顺畅、发展不协调的问题。如运营配套、信息共享等方面仍存在着差距。促进快递服务与网络零售协同发展，是坚持科学发展，转变发展方式，提高发展质量和效益，促进产业转型升级和跨越式发展的客观要求；是切实增强服务能力，提高服务水平，消除发展瓶颈，释放产业活力，实现产业共同做强做大的有效途径。促进快递服务与网络零售协同发展，符合产业发展的客观规律，合作基础坚实，发展前景十分广阔。

二、促进快递服务与网络零售协同发展的指导思想与原则

（一）指导思想。

以科学发展观为指导，以市场为导向，以企业为主体，充分发挥政府的引导作用，统筹快递市场与网络零售市场长远发展要求，优化发展环境，健全产业联动政策，消除协同发展障碍，推动快递服务转型升级，促进网络零售健康发展。

（二）基本原则。

科学发展，协调推进。政府部门、企业要分别发挥产业引领和市场主体作

用，推动快递与网络零售产业转变发展方式，优化产业结构，提高服务质量，增强发展后劲，提升竞争实力，推动两者全面、协调、可持续发展，有效满足经济社会发展的需要。

平等互利，互信合作。快递企业与电子商务企业是平等、独立的市场主体，企业间开展合作应当遵循市场规律，充分考虑双方利益，坚持双方自愿、互利共赢、友好诚信，夯实互信基础，不断推动合作深化。

消除瓶颈，以点带面。集中力量优先解决最终用户、双方企业共同关注的制约协同发展的关键问题，加大对重点环节、重点区域的扶持力度，形成重点带动、整体推进。

三、促进快递服务与网络零售协同发展的政策措施

（一）优化协同发展政策环境。

积极争取《产业结构调整指导目录（2011 年本）》及其他相关配套政策支持，认真落实快递服务与网络零售协同发展的财政、税收、土地、人才等扶持政策。研究制定促进协同发展的相关法律法规、政策措施和标准，实现《快递服务》标准与《电子商务模式规范》、《网络购物服务规范》、《第三方电子商务交易平台服务规范》等行业标准、规范的有效对接，推进快递服务和网络零售协同标准化、一体化进程。统筹协调双方资源优势，在快递节点城市和电子商务示范城市重合地区建立协同发展示范基地。深入开展协同发展热点问题的前瞻性研究，为相关政策出台提供理论支撑。

（二）推动双方信息共享、标准对接。

推进行业主管部门信息对接机制建设，加快快递服务与网络零售信息系统数据接口标准的制定工作，建立统一的信息交换标准。推动快递统计监测系统与网络零售统计监测体系、统计监测网络对接，逐步实现行业统计信息的共享与交换。逐步建立基于快递服务和网络零售的公共信息化服务平台，满足政府职能部门、电子商务企业、快递企业、最终用户之间的信息发布、查询、交换需求。鼓励行业间、企业间相关信息互联互通，引导电子商务企业、快递企业完善信息系统，建设面向网络零售的快递配送信息开放式平台，加快快递信息系统与网络零售系统的融合进程。

（三）推动信用体系建设。

积极引导快递企业和电子商务企业建立健全信用管理制度，提高服务诚信度，增强消费者信心。加快实施快递企业等级评定和信用分级管理，支持具备条件的第三方机构对电子商务企业进行信用评价，向消费者提供信用评价信息。推进快递企业与电子商务企业信用评价的互通、互联、互评、互认。建立健全行业管理部门之间信用信息资源的共享机制，建设在线信用信息服务平台，实现信用

数据的动态采集、处理、交换，实时向社会推荐诚信企业。

（四）鼓励快递企业构建与网络零售配套的服务体系。

鼓励和引导快递企业在全国物流节点城市和电子商务示范城市重合地区建设快件处理中心、航空及陆运集散中心，有条件的可形成自主航空运输能力。大幅提升揽收、分拣、运输、投递等环节的自动化、信息化、标准化水平。针对网络零售的特点，鼓励快递企业开发多品种、个性化服务的产品体系，拓展服务领域，满足网络零售差异化需求，构建“便捷高效、竞争有序、技术先进、服务优质”的快递服务体系。

（五）积极探索创新服务模式。

支持快递企业与电子商务企业构建合作发展平台，签订战略合作框架协议，建立战略联盟合作关系，实现合作共赢。鼓励快递企业提供和开发符合网络零售需求的代收货款、保价快件、验货签收等增值服务，促进业务合作深化。积极引导快递企业与电子商务企业建立以促销活动联动和业务分流联动为主的业务协同机制，减缓业务旺季网络零售对快递服务压力。引导具备条件的快递企业建设“仓配一体化”的快件处理中心，推进快件的一站式、规模化、集约化进程。探索构建农村快递服务模式，加大网络零售向农村的拓展力度，提高服务“三农”的能力。鼓励快递企业与电子商务企业开展联合经营或兼并重组，实现优势互补，促进产业链、供应链和服务链的一体化整合。

（六）深化安全领域合作。

制定涉及快递服务与网络零售领域的联动性安全措施。积极推动邮政业安全监管信息系统与商品流通回溯机制的对接，逐步实现对商品储存、销售、运输等重点环节的一体化安全监控。进一步促进快递企业和电子商务企业应急预案对接，健全突发事件应对工作机制。加强信息领域安全管理，防范用户信息泄露。鼓励快递企业和电子商务企业加强信息沟通，确保信息传递安全。积极引导快递企业和电子商务企业共同开展安全业务培训，健全安全生产责任制度，加强安全管理。

（七）提升快递服务网络零售科技应用水平。

支持快递企业与电子商务企业共同开发运用物联网相关技术，加快推广无线射频识别、导航定位、商品服务追溯等创新应用。鼓励快递企业采用仓储运输、装卸搬运、分拣包装等专用技术装备，推进重点快递企业普遍使用手持终端（PDA）设备，提升网络零售快递服务运作效率和服务质量。鼓励快递企业开发应用网络在线工具，推进快递解决方案与网络零售业务流程的融合。

四、促进快递服务与网络零售协同发展的有关要求

国家邮政局、商务部将统筹协调，建立快递服务与网络零售协同发展工作联

系制度，定期召开联席会议，协商政策解决问题。

各省、自治区、直辖市邮政管理部门和商务主管部门要充分认识快递服务与网络零售协同发展的重要意义，尽快制定、完善配套政策和措施，建立协同工作机制，密切沟通，抓出成效。

双方行业协会组织要切实发挥桥梁纽带作用，加强协调沟通，促进相关工作开展。中国快递协会要积极落实《快递服务》标准，扎实推进快递企业等级评定工作，促进快递企业服务标准化、管理规范化、品牌专业化建设。

快递企业、电子商务企业要转变观念，提高认识，开展广泛合作。快递企业要加快推动转型升级，加强产业链联动，优化产品结构、提升服务能力，大力支持网络零售健康发展，努力实现上下游互利共赢。电子商务企业要着力完善配套服务体系，深化普及电子商务应用，加强与快递企业的信息沟通与业务联动，提升协同水平。

各省、自治区、直辖市邮政管理部门和商务主管部门请将《意见》落实情况分别报国家邮政局、商务部。

国家邮政局
商务部
二〇一二年二月二十七日

020

国家邮政局中国民用航空局关于促进快递与民航产业协同发展的意见

国邮发〔2009〕180号

为全面贯彻国务院《物流业调整和振兴规划》，加强邮政和民航部门的合作，强化快递与民航产业优势互补，促进两产业协同发展，现提出如下意见：

一、促进快递与民航协同发展具有十分重要的意义

快递产业属于邮政业范畴，是现代服务业的重要组成部分，快递网络已成为信息交流、物品递送和资金流通的重要渠道。近年来快递年均增速在20%以上，快递产业已经形成多种所有制并存、多元主体竞争、多层次服务共生的格局，发展潜力巨大。航空运输以其快速、方便、舒适和安全的优势，在国家综合交通运输体系中发挥着重要的作用。长期以来，民航对快递产业的发展起到了重要支撑作用。航空运输是快递产业保障远程快递产品寄递时限、维系运营能力、提高服务水平、提升竞争实力的关键环节和重要领域。

当前，快递与民航的合作日趋密切，范围不断拓宽，水平不断提升。但在发展中也存在一些衔接不顺畅、发展不协调问题，如部门间缺乏必要的协调机制、快件信息不能对接等。进一步乘势而上，推动合作深化，解决突出问题，促进两产业协同发展，有利于推动我国快递产业强化航空运能保障、提升服务质量、实现做大做强，有利于推动我国民航产业服务升级，产品结构优化，提升产业整体竞争实力。促进产业协同发展，是贯彻国务院《物流产业调整和振兴规划》的具体举措，是依托大交通平台消除发展瓶颈、释放产业活力的具体措施，符合快递与民航产业发展的客观规律，合作基础坚实，发展前景十分广阔。

二、促进快递与民航协同发展的指导原则

以确保运输安全为前提。民航系统始终坚持“安全第一”的方针，科学统筹安全与发展、效益的关系。从事快递业务的企业通过民航运输快件，除要符合邮政行业收寄验视制度的要求外，还必须严格执行货物航空运输的有关规定，严把收货关口。民航和邮政部门必须加强配合，形成合力，保障快件航空运输环节的持续安全。

以实现互利共赢为基础。从事快递业务的企业与民航企业是平等、独立的市场主体，企业间开展合作必须遵循市场原则，充分考虑双方利益，坚持双方自愿、互利共赢、友好诚信，从而夯实基础，不断推动合作深化。

以构建协调机制为依托。要着力构建快递与民航间的产业协调机制，建立管理部门、企业间的沟通平台，推动制度衔接，协调行业政策，交流行业信息，引导企业业务对接，深化互利合作，推动产业协同发展上台阶、上水平。

以推动科学发展为目标。政府部门、企业要分别发挥产业引领和市场主体作用，推动快递与民航产业转变发展方式，优化产业结构，提高服务质量，增强发展后劲，提升竞争实力，推动两产业全面、协调、可持续发展，有效满足经济社会发展的需要。

三、促进快递与民航协同发展的政策措施

（一）建立行业协调机制。在国家邮政局、中国民用航空局的统筹领导下，建立重点区域邮政与民航行业协调机制。由北京市、天津市、河北省、上海市、江苏省、浙江省、广东省邮政管理局和相对应的民航省、市安监局分别就当地邮政和民航行业监管与发展的相关问题建立协调机制。以该协调机制为依托，定期召开会议，通报民航货运安检情况，建立应急处理联动机制，就加强邮件、快件航空运输安全监管统一政策、协调步调，交换双方关注的行业信息，深入研究和解决行业协作中存在的主要问题，为双方企业搭建沟通平台，促进业务直接衔接和联手运营，不断提升协同发展水平。

（二）加强“快件绿色通道”建设。在北京、青岛、大连、上海、杭州、南京、广州、深圳、厦门等城市机场，进一步加强国内航空运输环节的“快件绿色通道”建设工作。上述机场、以其为基地的航空公司、快递企业，遵循市场原则，共同推动实施“快件绿色通道”。机场和航空公司要整合资源，优化作业流程，完善内控制度，提供快速安检、快速配载、快速装卸、快速交接的“快件绿色通道”服务。出港、进港快件的具体交接时限，由双方根据快件作业时限要求、机场设施及处理情况，商定后认真执行。从事快递业务的企业按照民航、邮政部门的规定，严格执行收寄验视制度，在快件总包、服务标识等方面按照方便民航操作的要求进行改进，加强与民航企业的衔接。双方管理部门积极推动，搭好平台，做好衔接与协调。

（三）推动信息互联互通。鼓励航空公司、机场、快递企业完善本企业信息系统，促进企业间相关信息实现互联互通。中国民用航空局将制定货运系统的标准和规范、网络和数据接口标准，推动航空货运公共信息系统建设。两部门相互配合，发挥行业协会作用，积极推动快件地面作业处理规范、快递与航空货运信息系统数据接口标准的制定工作。国家邮政局将制定快件运单编码标准等行业标

准，推动快递信息系统与航空货运公共信息系统的衔接。协调行业力量，推动相关机制建设，支持货运公共信息系统的建设和运营，满足用户对快递服务全实时、全过程、全透明信息查询需求。

（四）支持机场快递设施建设。各地在机场新建、扩建规划中，要明确快递功能区，统筹快递基础设施建设，优化快递航空运输网布局。邮政和民航部门要加强协调，有效衔接快递产业规划与机场建设规划。引导、支持快递转运中心等项目进入功能区，优化快递枢纽布局，集约利用机场配套资源，从根本上解决快递设施布局离散带来的快件地面运输环节多、距离远、时间长的问题。机场在用地、安检、运输通道等方面给予快递企业必要支持。鼓励有实力的快递企业通过与机场、航空公司采取多种方式加强合作，有效利用机场资源，提升地面服务质量和效率。

（五）提升航空货运能力。进一步鼓励发展全货运航空公司，支持快递货运航空公司的发展。鼓励快递企业与航空公司进行战略合作，积极培育和壮大国内航空货运市场。对进口货运飞机放宽审批条件、简化审批程序，在飞机租赁、航班、时刻保障上给予支持，有效提升快件航空运输能力与规模。结合民航时刻资源情况和快递企业需求，支持全夜航货机运营。

（六）规范快件航空运输市场。进一步整顿航空货运销售代理市场，规范航空货运销售代理企业的经营行为，严厉打击无证从事航空货运销售代理的违规经营活动，为快件航空运输创造良好的市场环境。鼓励快递企业优化快递业务环节，鼓励符合资质的快递企业申办《中国民用航空运输销售代理业务资格认可证书》。加强快件航空运输安全监管，双方行业管理部门共同研究建立快件航空运输的安全责任追究制度；中国快递协会和中国航空运输协会要加强协调与沟通，强化对企业有关危险品航空运输的业务培训；鼓励快递企业建立和完善收寄环节的安全检查制度。鼓励航空公司、机场、航空货运销售代理企业、快递企业加强安全信息沟通，建立有效的安全信息传递方式和安全保障机制。

四、有关要求

各地邮政和民航管理部门，要强化服务意识，充分认识民航与快递产业协同发展的重要意义，要尽快制定、完善配套政策和措施，要建立工作机制，加强沟通协商，密切配合协作，做好意见落实工作的指导、协调，切实抓出成效。各地邮政和民航管理部门要及时将有关工作进展情况分别报国家邮政局、中国民用航空局。

快递协会及航空运输协会要切实发挥桥梁纽带作用，加强协调沟通，凝聚行业力量，促进相关工作开展。快递、民航企业要转变观念，加强沟通、理解，强化市场和服务意识，积极开展合作。快递企业要严格遵守民航管理部门的有关规定，切实保障民航货运安全，抓住机遇，加快发展，优化运力布局，有力支持民航产业发展。机场、航空公司要着力改善服务条件，加强产品创新，提升服务水平，为快递产业发展提供有力的航空运力保障。

四 快递企业管理

021

国家邮政局关于快递企业兼并重组的指导意见

国邮发〔2011〕108号

各省、自治区、直辖市邮政管理局，中国快递协会，各快递企业：

为贯彻国家“十二五”规划纲要和《中华人民共和国邮政法》（以下简称《邮政法》），落实《国务院关于促进企业兼并重组的意见》（国发〔2010〕27号）等文件要求，推动快递服务持续健康发展，现就促进快递企业兼并重组提出以下意见：

一、充分认识促进快递企业兼并重组的重要意义

快递服务是邮政业的重要组成部分，是面向生产和民生的现代服务业，在信息交流、物品递送、资金流通等方面发挥着重要作用。近年来，快递服务规模迅速扩大，社会影响力不断提升，服务国民经济的基础性作用日益显现。同时，快递企业规模小、实力弱、经营分散，产业集中度低，运营和管理能力滞后，服务水平不高等问题突出，快递产业的整体能力和水平还不能满足经济社会发展的需要。

快递企业兼并重组，是优化产业布局，转变发展方式，提高发展质量和效益，促进快递产业转型升级和跨越式发展的必然要求；是切实增强服务能力，提高服务水平，转变竞争模式，实现做强做大的有效途径。要把兼并重组作为贯彻落实国家“十二五”规划纲要和《邮政法》，践行科学发展观，加快转变邮政业发展方式的重要举措，进一步统一思想，明确方向，增强紧迫感和责任感，明确政府、行业协会、企业自身的定位，突出行业协同，有序有效地做好快递企业兼并重组的相关工作。

二、促进快递企业兼并重组的指导思想、基本原则和主要目标

（一）指导思想。促进快递企业兼并重组要以科学发展为主题，以加快转变发展方式为主线，遵循快递发展规律，坚持市场化、产业化、现代化，统筹快递企业、快递市场和快递产业的长远发展要求，鼓励指导行业内以及跨行业、跨地

区、跨所有制的兼并重组，做强做大快递企业，提升快递产业综合竞争实力。

（二）基本原则。坚持企业自主与政府指导相结合。发挥企业的主体作用，充分尊重快递企业意愿，遵循市场经济规则，依托市场机制开展快递企业兼并重组。同时，注重发挥政府在完善配套措施、解决市场失灵以及指导、服务、规范快递发展等方面的重要作用。

坚持做大企业与转型升级相结合。支持企业通过兼并重组，扩大资本规模，壮大运营网络，增强竞争实力，促进产业集中度提升。同时，鼓励企业引进先进技术和管理，整合运力及客户等资源，实现优势互补，提升运营能力和管理水平，打造快递品牌，创新产品体系，延伸服务链条。

坚持统筹协调与分类指导相结合。统筹协调产业服务和行业规范、企业转型和市场发展、规模扩张和质量提升等方面的关系，针对不同类型快递企业兼并重组的特点进行分类指导。

坚持经济利益与社会责任相结合。引导快递企业在追求规模、利润、市场等经济利益的同时，切实承担维护用户权益、保障寄递安全、促进和谐稳定等方面的社会责任。

（三）主要目标。“十二五”时期，通过兼并重组，快递产业集中度明显提高，培育出一批年收入超百亿、具有较强国际竞争力的大型快递企业。现代企业制度普遍建立，公司治理结构明显改善，管理体制和运营机制显著优化，技术水平不断提升，形成资本化运作、集约化运营和规模化发展的产业发展态势。

三、快递企业兼并重组的重点

（一）鼓励不同类型快递企业的兼并重组。鼓励优势快递企业加强联合，形成品牌化、规模化、网络化、信息化的大型快递企业集团。鼓励大型快递企业与中小快递企业，以及中小快递企业间的兼并重组，提升服务能力、质量和专业化水平，实现优势互补、合作共赢。支持优势快递企业兼并重组准备退出市场的快递企业。

（二）鼓励特许经营型快递企业的兼并重组。鼓励总部企业与被特许企业实施以资本为纽带、集约化管理为目标、一体化运营为核心的兼并重组。在平等协商、依法合规的基础上，通过合作、收购、股权置换等形式，完善产权和激励机制，切实强化总部的管理和控制，促进网络资源优化配置，有效提升服务质量和水平。

（三）鼓励快递关联产业的兼并重组。鼓励航空、铁路、公路等运输企业与快递企业合资、合作或兼并重组，拓展服务网络，提升核心能力。鼓励电子商务企业、制造企业和物流企业与快递企业联合或兼并重组，促进产业链、供应链和服务链的一体化整合，实现产业协同发展。

（四）鼓励快递企业利用资本市场开展兼并重组。支持符合条件的快递企业通过发行股票、债券、可转换债等方式为兼并重组融资。鼓励上市快递企业以股权、现金及其他金融创新方式作为兼并重组的支付手段，依托资本市场提升兼并重组效率，促进行业整合和产业升级。

（五）鼓励不同所有制快递企业的兼并重组。支持国有快递企业间的兼并重组，集约配置快递服务资源，实现优势互补，发挥国有企业的骨干作用。鼓励国有快递企业兼并重组民营快递企业。鼓励民营快递企业通过参股、资产收购等多种形式，参与国有快递企业的改制重组。

（六）鼓励优势快递企业跨国兼并重组。支持优势企业加强联合，兼并重组周边、新兴市场、欧美等国家的快递企业，建立境外分支机构，延伸服务网络，稳步实施国际化发展战略。

四、加强对快递企业兼并重组的指导和规范

（一）指导企业有效实施兼并重组。要指导企业把握快递产业特点与规律，认清网络运营的特殊性和复杂性，做到理性进入、长远谋划、稳健经营，避免短期逐利行为。要鼓励企业完善治理结构和管理制度，切实增加财力、物力、人力投入，推动技术进步和创新，加强业务整合和文化融合，强化品牌建设，提升竞争实力。

（二）规范快递企业兼并重组行为。督促快递企业严格遵守兼并重组的相关法律法规和政策，妥善解决债权债务和职工安置等问题，确保业务管控到位和有序运行。配合有关部门，防范和打击内幕交易和市场操纵行为，防止恶意收购，防止以兼并重组之名甩包袱、偷逃税款、逃废债务。

（三）依法开展兼并重组备案和相关快递经营许可工作。建立并实施快递企业兼并重组备案制度。企业兼并重组后，需要依法取得快递业务经营许可，企业名称、企业类型、股权关系、注册资本、经营地域等原许可事项发生变更的，应责成其及时办理许可证申请或变更手续。兼并重组涉及外资的，依法对经营范围进行调整和规范。

（四）加强对兼并重组后企业快递服务的监督管理。加强快递服务诚信管理，完善快递服务质量评价体系，及时测评快递企业公众满意度、时限准时率和用户申诉率，有效引导社会消费，促进服务质量稳步提升。强化市场监督检查，对有超范围经营、违反寄递安全规定、违法提供用户信息等行为的快递企业，依法进行查处直至吊销经营许可证。

五、加强对快递企业兼并重组的服务和协调

（一）做好快递企业兼并重组的咨询服务。依托行业协会建立兼并重组的服

务机制，畅通信息交流渠道，开展兼并重组的相关咨询、争议协调等服务工作。制定快递企业网络、品牌等资产的价值评估指南。充分依托境内银行、证券公司等金融机构在跨国并购中的咨询服务作用，指导和帮助企业制定境外并购风险防范和应对方案，保护企业利益。

（二）加强行业层面的政策协调。国家邮政局将规范审批流程和监管程序，细化有关政策和配套措施，研究解决快递企业兼并重组工作中的重大问题，并重点指导跨省、涉及外资的快递企业兼并重组工作。参照财政部、国家税务总局《关于企业重组业务企业所得税处理若干问题的通知》（财税〔2009〕59号）、《关于企业改制重组若干契税政策的通知》（财税〔2008〕175号）等规定，积极争取支持快递企业兼并重组的财税、土地等优惠政策，营造支持快递企业跨地区、跨行业、跨所有制兼并重组的良好环境。

（三）加强快递企业兼并重组的地方指导和服务。在国家邮政局的统一领导下，各省、自治区、直辖市邮政管理局开展本地区快递企业兼并重组指导工作。要加强对本地区快递企业兼并重组行为的了解、跟踪和指导。要结合本地实际，推动地方人民政府落实支持兼并重组的财税、土地等优惠政策。要加强与商务、工商等部门的政策协调和工作联动，完善涉及快递企业兼并重组的相关工作流程，切实改善服务，方便企业办理许可证申请和变更手续。

六、有关要求

各地邮政管理部门、行业协会要按照本意见，切实加强指导和服务，结合本地区、本部门的实际，提出贯彻落实的具体方案。要明确工作目标，突出重点任务，细化工作措施，注重内外协调，加大工作力度，促进快递企业兼并重组工作有序有效进行，推动行业科学发展。要对新问题和新情况加强研究并及时上报国家邮政局。

022

经营快递业务的企业分支机构备案管理规定

国家邮政局

2014 年 6 月 5 日

第一条 为规范经营快递业务的企业分支机构备案工作，完善快递业务经营许可管理制度，根据《快递市场管理办法》和《快递业务经营许可管理办法》制定本规定。

第二条 办理经营快递业务的企业分支机构备案手续，适用本规定。

经营快递业务的企业分支机构，是指依法取得快递业务经营许可的企业设立的，经营快递业务的分公司、营业部等非法人分支机构。

第三条 省级以下邮政管理机构在国务院邮政管理部门和省、自治区、直辖市邮政管理机构的指导下，负责本辖区经营快递业务的企业分支机构备案的管理工作。

国务院邮政管理部门和省、自治区、直辖市邮政管理机构以及按照国务院规定设立的省级以下邮政管理机构统称邮政管理部门。

第四条 邮政管理部门实施备案管理，应当遵循公开、公平、公正以及便利高效的原则。

第五条 经营快递业务的企业分支机构应当依照《快递市场管理办法》和《快递业务经营许可管理办法》的规定，自取得营业执照之日起二十日内到所在地邮政管理部门办理备案手续。

第六条 办理经营快递业务的企业分支机构备案手续，应当提交以下材料：

（一）分支机构备案登记表（一式两份）；

（二）企业法人的快递业务经营许可证（副本）及所附分支机构名录复印件；

（三）分支机构营业执照（副本）复印件；

（四）分支机构负责人身份证明复印件；

（五）法律、行政法规规定的其他材料。

分支机构备案登记表通过邮政管理部门网站在线填写，打印两份，签章后提交。

分支机构备案手续可以由企业法人办理，也可以由企业分支机构自行办理。

第七条 备案提交材料符合要求的，分支机构所在地邮政管理部门应当当场办理备案手续，备案提交材料不符合要求的，应当当场告知。

第八条　备案登记表应当如实、准确填写，分支机构所在地邮政管理部门对审核通过的备案登记表加盖备案专用章存档一份，企业分支机构留存一份。

第九条　备案事项发生变更的，应当更新备案登记表信息，报所在地邮政管理部门办理变更手续。企业分支机构名称、营业场所、经营范围发生变更的，应当同时提交企业法人快递业务经营许可证（副本）、分支机构名录及分支机构营业执照（副本）复印件；分支机构负责人变更的，应当提交分支机构名录、分支机构负责人身份证明复印件。

企业分支机构备案事项变更，可以按季度集中办理。

第十条　经营快递业务的企业分支机构撤销的，由企业法人报许可机关并向分支机构所在地邮政管理部门交回备案登记表。

第十一条　邮政管理部门依法对经营快递业务的企业及其分支机构进行监督检查，有关单位和个人应当予以配合。

第十二条　经营快递业务的企业分支机构未依法办理备案的，依照《快递业务经营许可管理办法》第三十一条规定予以处罚。

第十三条　本规定实施前，已经报省、自治区、直辖市邮政管理机构办理备案手续的，应当自本规定实施之日起三个月内，到分支机构所在地省级以下邮政管理机构办理备案。

第十四条　本规定自 2014 年 6 月 1 日起施行。

附件：经营快递业务的企业分支机构备案登记表（略）

023

国家邮政局关于印发《快递企业等级评定管理办法（试行）》的通知

为推进快递诚信体系建设，引导快递企业提高服务质量，加快科学发展，国家邮政局制定了《快递企业等级评定管理办法（试行）》，现印发给你们，请结合本地实际，认真贯彻执行。

附件：《快递企业等级评定管理办法（试行）》

国家邮政局

二〇一一年八月三十日

附件：

快递企业等级评定管理办法（试行）

国家邮政局

2011 年 8 月 30 日

第一条 为推进快递诚信体系建设，引导快递企业提高服务质量，加快科学发展，根据《中华人民共和国邮政法》、《快递市场管理办法》的规定，制定本办法。

第二条 快递企业等级评定工作按照“政府引导、企业自愿、客观公正、科学合理”的原则实施。

第三条 在中华人民共和国境内依法经营快递业务的企业（简称快递企业），按照服务品牌申请参加企业等级评定。

第四条 快递企业等级评定工作设立等级评定指导委员会、全国快递企业等级评定委员会和省、自治区、直辖市快递企业等级评定机构。省、自治区、直辖市设立的快递企业等级评定机构，应当报全国快递企业等级评定委员会备案。

等级评定指导委员会负责制定快递企业等级评定办法和标准，指导和监督等级评定工作，受理和审议有异议的评定结果，以及其他需要审议的事项。

全国快递企业等级评定委员会由中国快递协会邀请有关专家组建，负责等级评定工作的组织协调、评议审定，并负责各省、自治区、直辖市快递企业等级评定机构的管理。

省、自治区、直辖市快递企业等级评定机构负责向全国快递企业等级评定委员会推荐本地区快递企业参加等级评定，并承担全国快递企业等级评定委员会交办的有关工作。

第五条 按照快递企业经营范围和业务种类分为三类。一是在省、自治区、直辖市范围内经营或经营同城快递业务；二是跨省、自治区、直辖市经营快递业务；三是经营国际及港澳台快递业务。

本办法对跨省、自治区、直辖市经营快递业务的企业进行等级评定。在省、自治区、直辖市范围内经营或经营同城快递业务的企业等级评定，由省、自治区、直辖市快递企业等级评定机构制定评定办法和标准，报全国快递企业等级评定委员会审批后实施。经营国际及港澳台快递业务的企业等级评定工作待条件成熟后再予实施。

第六条 快递企业等级评定由企业规模评定和服务评定两部分组成，快递企业应当根据自身情况，申请等级评定。

第七条 快递企业规模评定主要从企业的业务量、经营收入、自营网络覆盖范围等方面对参评企业进行综合评定，分为A型、B型、C型和D型四个等级。

第八条 企业应当同时符合下列分型标准

（一）A型企业

1. 年业务量4.5亿件以上；

2. 年经营收入100亿元以上；

3. 自营网络覆盖全国25个以上省、自治区、直辖市。

（二）B型企业

1. 年业务量2亿件以上；

2. 年经营收入30亿元以上；

3. 自营网络覆盖全国15个以上省、自治区、直辖市。

（三）C型企业

1. 年业务量8千万件以上；

2. 年经营收入8亿元以上；

3. 自营网络覆盖全国8个以上省、自治区、直辖市。

（四）D型企业

1. 年业务量8百万件以上；

2. 年经营收入8千万元以上；

3. 自营网络覆盖全国2个以上省、自治区、直辖市。

本条所称“以上”均包括本数。

第九条 快递企业服务评定从公众服务评价、服务时效、人员素质和信息化管理水平等方面对参评企业进行综合评定，分为五星、四星、三星、二星四个等级。五星级最高，依次降低。

第十条 企业应同时符合下列分级标准

（一）五星级企业

1. 年度快递服务总体满意度得分在73分以上；

2. 本品牌网络内，重点城市间的快件全程时限72小时准时率在95%以上；

3. 百万件快件用户有效申诉在10件以下；

4. 快递业务员中，具备《快递业务员国家职业技能标准》初级以上资格的不低于60%；

5. 品牌所辖自营网点在省会、直辖市的覆盖范围达到100%；网点在省辖市的覆盖率在90%以上，其中，自营网点覆盖率应不低于50%。

6. 工作日8：00至16：00时段内上门揽收时限不超过2小时；工作日8：00至16：00时段内到达投递站点的快件，完成指定地点的投递时限不超过3小时；

7. 全年无休，节假日营业网点、运输网络和信息网络维持正常运行；

8. 拥有全国统一客户服务号码，一站式办理咨询、揽收、查询和投诉处理；

9. 企业网站首页明显标注有全国统一客户服务号码、能够提供对分支机构、收费标准、通达范围和服务时限等内容的搜索，以及提供快件查询功能；

10. 快件跟踪信息保持动态更新，如有延时，不超过3小时；

11. 符合规定的快件信息上网率达到99%以上。

（二）四星级企业

1. 年度快递服务总体满意度得分在70分以上；

2. 本品牌网络内，重点城市间的全程时限72小时准时率在90%以上；

3. 百万件快件用户有效申诉在15件以下；

4. 快递业务员中，具备《快递业务员国家职业技能标准》初级以上资格的不低于55%；

5. 品牌所辖自营网点在省会、直辖市的覆盖范围达到80%以上；网点在省辖市的覆盖率在90%以上，其中，自营网点覆盖率应不低于50%；

6. 工作日8：00至16：00时段内上门揽收时限不超过2小时；工作日8：00至16：00时段内到达投递站点的快件，完成指定地点的投递时限不超过3小时；

7. 全年无休，节假日营业网点、运输网络和信息网络维持基本运行；

8. 拥有全国统一客户服务号码，一站式办理咨询、揽收、查询和投诉处理；

9. 企业网站首页明显标注有全国统一客户服务号码，能够提供对分支机构、通达范围和服务时限等内容的搜索，以及提供快件查询功能；

10. 快件跟踪信息保持动态更新，如有延时，不超过6小时；

11. 符合规定的快件信息上网率达到98%以上。

（三）三星级企业

1. 年度快递服务总体满意度得分在67分以上；

2. 本品牌网络内，重点城市间的全程时限72小时准时率在85%以上；

3. 百万件快件用户有效申诉在20件以下；

4. 快递业务员中，具备《快递业务员国家职业技能标准》初级以上资格的不低于50%；

5. 品牌所辖自营网点在省会、直辖市的覆盖范围达到70%以上；网点在省辖市的覆盖率在85%以上，其中，自营网点覆盖率应不低于30%；

6. 工作日8：00至16：00时段内上门揽收时限不超过3小时；工作日8：00至16：00时段内到达投递站点的快件，完成指定地点的投递时限不超过4小时；

7. 工作日无休，节假日营业网点、运输网络和信息网络维持基本运行；

8. 拥有区域统一客户服务号码，一站式办理咨询、查询和投诉处理；

9. 企业网站首页明显标注有区域统一客户服务号码，能够提供对下属分支机构、通达范围和服务时限等内容的搜索，以及提供快件查询功能；

10. 快件跟踪信息保持动态更新，如有延时，不超过8小时；

11. 快件信息上网率达到97%以上。

（四）二星级企业

1. 年度快递服务总体满意度得分在65分以上；

2. 本品牌网络内，重点城市间的全程时限72小时准时率在80%以上；

3. 百万件快件用户有效申诉在25件以下；

4. 快递业务员中，具备《快递业务员国家职业技能标准》初级以上资格的不低于45%；

5. 品牌所辖自营网点在省会、直辖市的覆盖范围达到50%以上；网点在省辖市的覆盖率在80%以上，其中，自营网点覆盖率应不低于20%；

6. 工作日8：00至16：00时段内上门揽收时限不超过4小时；工作日8：00至16：00时段内到达投递站点的快件，完成指定地点的投递时限不超过5小时；

7. 工作日无休，节假日网络维持主要线路的基本运行和信息网络的运行；

8. 拥有城市统一客服号码，能够提供网络覆盖城市范围内的咨询、揽收、查询和投诉处理；

9. 快件跟踪信息保持动态更新，如有延时，不超过12小时；

10. 快件信息上网率达到96%以上。

本条所称“以上”、“以下”、“不超过”“不低于”均包括本数。

第十一条　快递企业等级评定经过初评、复评两个阶段，结果由全国快递企业等级评定委员会对外公示和公告。快递企业等级评定有效期为三年，有效期内对企业进行跟踪监测，对于没有持续符合相关等级评定标准的企业，可调整和变更其评定结果。

全国快递企业等级评定委员会应当依据本办法制定《快递企业等级评定实施细则》。

第十二条 全国快递企业等级评定委员会应当按照下列程序组织对企业进行等级评定：

（一）公布《快递企业等级评定实施细则》；

（二）受理企业申请，组织对申请资料进行审核；

（三）按照评定标准进行评定，形成初评结果；

（四）公示初评结果。公示期内，对被举报的企业，组织核实举报信息，查证属实的，应当重新评定；

（五）初评结果公示期结束后，召开复评会议，形成评定结果和报告；

（六）对评定结果仍有异议的，可向等级评定指导委员会提出异议申请，由等级评定指导委员会组织审议和仲裁，形成最终评定结果；

（七）向企业出具等级评定报告，通过全国快递企业等级评定委员会网站（中国快递协会网站）或媒体向社会公告最终评定结果，并向企业颁发等级评定证书和牌匾。

第十三条 全国快递企业等级评定委员会应当通过其网站，为社会公众提供快递企业等级评定有关情况的查询服务，公众可以查询等级评定结果，以及等级评定有效期内企业等级变动情况等。

第十四条 等级评定指导委员会要加强对等级评定工作的监督，发现问题要责令改正。全国快递企业等级评定委员会要加强对等级评定工作的组织管理，严格按照规定程序和标准组织评定工作，对省、自治区、直辖市快递企业等级评定机构有关工作进行监督。

第十五条 快递企业等级牌匾、证书由全国快递企业等级评定委员会统一制作。

第十六条 本办法由等级评定指导委员会解释。

第十七条 本办法自颁布之日起实施。

024

关于发布《快递企业等级评定实施细则》的通知

中国快递协会
2011年10月28日

各省（区、市）快递行业协会、会员企业：

根据国家邮政局《快递企业等级评定管理办法（试行）》（以下简称《管理办法》）的规定，我会制定了《快递企业等级评定实施细则》（以下简称《细则》）。各相关单位要结合深入贯彻落实中央十七届六中全会精神，对照《管理办法》和《细则》找差距、定措施、定目标，加强有中国特色社会主义企业文化建设，加快企业改革创新、转型升级，加强企业服务诚信建设，确保快递业又好又快地发展。

请各地行业协会在当地邮政管理局领导下，依据《管理办法》和《细则》，成立快递企业等级评定机构，并组织本地快递企业认真学习，做好等级评定实施准备工作，并将本地区等级评定机构相关情况、联系方式于12月1日前报中国快递协会。

中国快递协会
二〇一一年十月二十八日

快递企业等级评定实施细则

第一条　根据《快递企业等级评定管理办法（试行）》（以下简称《办法》）制定本实施细则。

第二条　全国快递企业等级评定委员会由中国快递协会邀请相关专家、消费者代表等组建，负责等级评定工作的组织协调、评议审定。

全国快递企业等级评定委员会下设办公室，办公室设在中国快递协会，负责等级评定的日常工作。

各省、自治区、直辖市快递企业等级评定机构由省、自治区、直辖市快递协会参照本条第一款组建。

第三条　跨省、自治区、直辖市经营快递业务的企业，按照快递服务品牌由企业总部向全国快递企业等级评定委员会办公室申报。

第四条 《办法》中下列用语的含义是：

年业务量，是指一年内企业收寄各类快件的总数量。

年经营收入，是指一年内企业经营快递业务取得的收入。

自营网络，是指企业直接投资经营的快递服务网络，包括营业网点和分拨中心，覆盖范围以快递业务经营许可核准的经营地域范围为准。

公众服务评价，是指第三方调查机构开展的快递服务公众满意度调查。

重点城市间的快件全程时限，是指直辖市、省（自治区）人民政府所在地的市、经济特区所在地的市和快件业务量较大的市之间互寄快件全程所需要的时间。重点城市共50个（见附件一）。

用户有效申诉，是指经邮政业消费者申诉中心（12305）受理，并确认快递企业在服务过程中存在不当服务责任的申诉。

品牌所辖自营网点在省会、直辖市的覆盖范围，是指企业自营网点在省会、直辖市中心城区提供快递服务的区域。

网点在省辖市的覆盖率，是指企业快递服务网点覆盖的省辖市的数量占省辖市总数的比例。

全年无休，是指企业向社会提供全年不间断的快递服务。

符合规定的快件信息，是指企业按照《邮政市场监管信息系统数据管理办法》规定，主动与国家邮政局监管系统进行实时数据同步，数据报送延时最迟不得超过12小时。快件信息内容包括基本信息和状态信息。

基本信息主要包括：

（1）详情单号码：即快件单号/运单号，非流水号；

（2）重量：首次称重的重量数，单位为千克；

（3）收件人城区代码：企业内部自定的收件人所在区域代码；

（4）寄件人城区代码：企业内部自定的寄件人所在区域代码；

（5）收件人姓名、地址；

（6）寄件人姓名、地址；

（7）收件人联系电话；

（8）寄件人联系电话；

（9）内件物品名称：如手表、手机、衣物等；

（10）内件物品类型：信件\文件\物品；

（11）产品代码：企业内部自定义的不同服务产品的代码标识（如当日递、次日递、隔日递、经济型快件等）。

状态信息包括：

（1）详情单号码：即快件单号/运单号，非流水号；

（2）扫描网点代码：揽收、中转、派送等操作所在的网点编码；

（3）扫描时间：扫描揽收、中转、到达投递网点、签收的时间；

（4）扫描类型代码：用于区分揽收、中转、派送、签收等操作类型的编码。

快件信息，是指快件寄递过程中经过的环节和时间。包括快件收寄、进入出口分拣处理场所、封发、离开出口分拣处理场所、运输、到达进口分拣处理场所、分拣、离开进口分拣处理场所、到达投递网点、初次投递、用户签收等的时间和相关情况。

以上数据由申报企业填报，数据均使用上年度或最近半年的数据。

第五条　快递企业申请等级评定，应向全国快递企业等级评定委员会办公室提交以下材料：

（一）快递企业等级评定申请表（见附件二）；

（二）快递业务经营许可证复印件；

（三）快递企业工商营业执照复印件；

（四）快递企业等级评定自评报告（见附件三）；

（五）全国快递企业等级评定委员会规定的其他材料。

第六条　全国快递企业等级评定委员会办公室对企业申报材料进行审核。申报材料不符合要求的，通知企业补充完善。

第七条　全国快递企业等级评定委员会办公室对符合要求的申报材料，按照快递企业等级评定表（见附件四），组织核实并形成审核报告，提交全国快递企业等级评定委员会。

第八条　全国快递企业等级评定委员会召开初评会议，按照标准组织评定，形成初评结果，并向社会公示。公示期为15天。

第九条　公示期内，对初评结果有异议的，向全国快递企业等级评定委员会办公室提出异议申请。由办公室组织核实，查证属实的提交全国快递企业等级评定委员会重新评定。

第十条　初评结果公示期结束后，全国快递企业等级评定委员会召开复评会议，形成评定结果和报告。

第十一条　对评定结果仍有异议的，提交全国快递企业等级评定指导委员会审议和仲裁。

第十二条　全国快递企业等级评定委员会向企业出具等级评定报告，在中国快递协会网站或媒体公告最终评定结果，并向企业颁发等级评定证书和牌匾。

第十三条　全国快递企业等级评定委员会每年组织对已经获得等级证书的企业进行复查，对没有持续符合等级标准的企业，提出警告，限期整改。对未整改的企业，收回证书和牌匾并向社会公告。

第十四条　全国快递企业等级评定委员会通过中国快递协会网站，为社会公众提供快递企业等级评定有关情况的查询服务。

第十五条 本细则由全国快递企业等级评定委员会负责解释。

第十六条 本细则自颁布之日起实施。

附件：

一、快递服务重点城市

二、快递企业等级评定申请表（略）

三、快递企业等级评定自评报告应包括的内容

四、快递企业等级评定表（略）

附件一：

快递服务重点城市

（一）直辖市（4个）：

北京、上海、天津、重庆

（二）省（自治区）人民政府所在地的市（27个）：

石家庄、太原、呼和浩特、沈阳、长春、哈尔滨、南京、杭州、合肥、福州、南昌、济南、郑州、武汉、长沙、广州、南宁、海口、成都、昆明、贵阳、拉萨、西安、兰州、西宁、银川、乌鲁木齐

（三）经济特区所在地的市（4个）：

深圳、珠海、汕头、厦门

（四）快件业务量较大的市（15个）：

大连、青岛、苏州、无锡、常州、扬州、徐州、金华、宁波、绍兴、温州、泉州、东莞、佛山、中山

总计：50个。

附件三：

快递企业等级评定自评报告应包括的内容

（一）企业参与等级评定工作的组织方案

（二）企业管理方面的制度建设情况

（三）企业规模方面包括：

1. 年业务量；

2. 年经营收入；

3. 自营网络覆盖全国哪些省、自治区、直辖市。

（四）快递服务方面包括：

1. 上年度快递服务总体满意度；

2. 重点城市间的快件全程时限72小时准时率；

3. 百万件快件用户有效申诉率；

4. 快递业务员中，具备《快递业务员国家职业技能标准》初级以上资格的有多少人，占全部快递业务员总数的比例；

5. 自营网点在省会、直辖市的覆盖范围；

网点在省辖市的覆盖率，其中，自营网点覆盖率；

6. 上门揽收时限和投递时限；

7. 全年无休，节假日营业网点、运输网络和信息网运行情况；

8. 客户服务号码的设置情况；

9. 企业网站首页显示情况；

10. 快件跟踪信息动态更新时效；

11. 符合规定的快件信息（或快件信息）上网率。

025

关于印发《快递行业失信警示制度（试行）》和《快递行业安全自律公约》的通知

中国快递协会

2014 年 5 月 23 日

各快递企业：

为促进快递行业诚信体系建设和推进快递服务安全工作的落实于 2014 年 4 月 23 日、5 月 15 日在北京两次召开专题座谈会并两次发函，向国家邮政局市场监管司和 10 家规模型快递企业法律事务负责人征求意见，经修改完善后，制定了《快递行业失信警示制度（试行）》和《快递行业安全自律公约》，现予以发布并印发给你们，请遵照执行。

附件：

1.《快递行业失信警示制度（试行）》

2.《快递行业安全自律公约》

中国快递协会

二〇一四年五月二十三日

附件 1：

快递行业失信警示制度（试行）

第一章　总则

第一条　为推进快递企业诚信体系建设，维护快递企业和消费者的合法权益，促进快递服务网络的畅通与安全，保障快递行业健康有序发展，根据《中华人民共和国邮政法》、《快递市场管理办法》、《邮政行业安全监督管理办法》等法律法规、规范性文件，参照《快递服务》标准，结合我国快递业发展情况，特制定本制度。

第二条　在快递企业诚信服务的基础上，遵循事实清楚、客观公正、及时准确的原则，将快递服务中发生的有关重大事件，汇总登入《快递行业失信警示名录》（以下简称《警示名录》）。

第二章　警示的范围

第三条　快递企业有下列行为之一的，登入《警示名录》：

（一）根据《国家邮政业突发事件应急预案》（2013 年修订）的规定，快递企业因生产事故等原因引起的Ⅳ级及以上邮政业突发事件的。符合下列情形之一的，为Ⅳ级邮政业突发事件：

1. 造成相关人员受伤 5 人以下，快件积压或损毁 2 万件以下。

2. 快递企业信息系统和分拨中心发生事故，影响快递通信安全畅通。

3. 快递企业营业网点、快件处理或存放场地等场所被劫、被盗或因其他原因损毁，造成快件、贵重物品、设备等损失达 300 万元以下。

4. 其他对快递企业通信安全畅通构成一定威胁、造成一定影响的突发事件。

（二）快递企业因拖欠企业员工工资造成群体上访或中断快递服务，造成快件积压或损毁 2 万件以下的。

（三）因快递服务问题被省级以上新闻媒体曝光，在社会造成恶劣影响，被国家邮政局通报的。

（四）经公安、司法机关、工商行政管理部门及邮政管理部门查证，快递企业有采取非法扣押快件，对收件人或寄件人进行敲诈勒索等违法行为的。

第四条　快递企业从业人员有下列情形之一，且被解除劳动合同或退回用工的，登入《警示名录》：

（一）以殴打、威胁、侮辱等方式侵犯客户人身权利的。

（二）以盗窃、诈骗、调包、侵占等方式非法侵犯客户或快递企业的快件（内件）、快递费、代收货款及其他财产的。

（三）因故意或重大过失造成快件延误、丢失、损毁的。

（四）非法获取、泄露、买卖客户的个人信息及寄递信息的。

（五）因违法、违规驾驶造成特大交通事故，被追究刑事责任的。

（六）未严格执行快件收寄验视制度，造成严重后果的。

第五条　经公安、司法机关等相关部门或邮政管理部门认定，寄件人或收件人有下列行为之一的，登入《警示名录》：

（一）未如实申报、交寄禁限寄递物品，发生Ⅳ级及以上邮政业突发事件的。

（二）无正当理由拖欠企业快递服务费用的。

（三）以殴打、威胁、侮辱、限制人身自由等方式，侵犯快递企业从业人员的人身权利，妨碍快递服务正常进行的。

（四）以围堵营业场所、扣押、盗窃、抢夺、诈骗、打砸抢等方式，侵犯快递企业快件及其他财产，妨碍快递服务正常进行的。

第六条 经公安、司法机关及邮政管理部门认定，非法获取、泄露、买卖客户的个人信息及寄递信息的其他单位或个人，登入《警示名录》。

第三章 警示的内容

第七条 失信警示的内容包括身份信息、事实信息和警示信息。

第八条 身份信息包括失信主体的姓名（单位名称）、地址等信息。

第九条 事实信息包括经确认的失信事实的信息。

第十条 警示信息包括需重点关注的信息。

第四章 《警示名录》的登入与解除

第十一条 失信警示内容的确定，遵循谁提供谁负责的原则。

第十二条 快递企业发生第三条行为，被省级以上邮政管理部门通报的，登入《警示名录》。

第十三条 快递企业从业人员有第四条原因之一的，由快递企业提出报告，随附相关文件或材料。报告要事实清楚，责任明确，客观公正，加盖公章。经审核后，登入《警示名录》。

第十四条 寄件人或收件人有第五条行为之一的，由相关快递企业根据公安、司法机关等相关部门或邮政管理部门的认定提出报告，随附相关文件或材料。报告要事实清楚，责任明确，客观公正，加盖公章。经审核后，登入《警示名录》。

第十五条 有第六条行为的，根据省级以上邮政管理部门的通报，登入《警示名录》。

第十六条 快递企业有第三条行为的，在事件发生后，能主动向相关部门报告情况，并采取措施积极整改的，可不登入《警示名录》。

第十七条 自失信事件发生或被有关机关、部门认定之日起三个月内，有关信息报中国快递协会，登入《警示名录》。

第十八条 从《警示名录》中解除，按以下程序办理：

(一) 相关责任企业（人）提出书面申请，经相关组织和企业审核后，可以解除的予以解除。

(二) 出现其他可以解除的因素，依据相关规定予以解除。

第五章 失信警示的披露

第十九条 《警示名录》的披露，应当客观、准确、公正，保证所披露信息的合法性、真实性。禁止披露企业的商业秘密。

第二十条　各快递企业可通过中国快递协会网站查询《警示名录》。

第六章　失信警示的执行

第二十一条　中国快递协会负责本制度的宣传、推进。

第二十二条　中国快递协会负责研发“快递行业失信警示信息系统”，并在行业内应用。

第二十三条　被登入《警示名录》的单位或者个人，如对警示内容有异议，应书面向快递企业或中国快递协会法律事务部提出申诉。

第七章　附则

第二十四条　本规定由中国快递协会负责解释。

第二十五条　本规定自发布之日起施行。

附件 2：

快递行业安全自律公约

第一条　为做好快递行业的安全工作，保护消费者的合法权益，推动快递行业的健康持续发展，特制定本公约。

第二条　倡议快递企业加入本公约，共同维护行业整体利益和形象，积极推进行业安全自律，创造良好的行业发展环境。

第三条　快递企业自觉接受各级快递行业主管部门的监督与管理。

第四条　快递企业严格按照《中华人民共和国邮政法》、《邮政行业安全防范工作规范》等相关法律、法规以及规范性文件的要求，做好安全工作。快递企业在作业过程中，要采取安全保障措施，确保快件寄递安全、消费者信息安全和公共安全。

第五条　快递企业的安全防范，坚持预防为主、全面防范，注重人防、物防、技防相结合。对收寄、运输、分拣、投递等生产环节，营业场所、分拣中心等场所的安全防范措施，都要严加落实，防范发生重特大安全事故。

第六条　快递企业应建立以下安全保障制度：（1）企业安全管理责任制度；（2）快件收寄验视与安全检查制度；（3）安全生产操作规程；（4）信息安全管理制度；（5）突发事件应急处理预案；（6）安全信息报告制度；（7）安全资金设备投入制度；（8）安全文化建设制度。

第七条　快递企业应设立专门机构负责安全工作，确保资金和人员到位。快递企业应加强安全管理，强化考核，确保各项安全保障制度贯彻落实。加强对从业人员的安全教育和培训，保证从业人员具备作业需要的安全知识和技能。

第八条　快递企业对其加盟商，应当从资质、设备、人员等方面加强事前考察、事中监督与事后奖惩。快递企业不得将快递业务委托给未取得快递业务经营许可的企业经营。

第九条 快递企业接受网络购物、电视购物和邮购等经营者委托提供快递服务的，要按照邮政管理部门的规定签订安全协议。

第十条 快递企业要保护消费者的信息安全，防止所掌握的消费者使用快递服务的信息不被窃取、泄露。

第十一条 快递企业有义务遵守本公约。

五 快递市场

026

中华人民共和国交通运输部令

2013 年　第 1 号

《快递市场管理办法》已于 2012 年 12 月 31 日经第 10 次部务会议通过，现予公布，自 2013 年 3 月 1 日起施行。

部长　杨传堂

二〇一三年一月十一日

快递市场管理办法

第一章　总则

第一条　为加强快递市场管理，维护国家安全和公共安全，保护用户合法权益，促进快递服务健康发展，依据《中华人民共和国邮政法》及有关法律、行政法规，制定本办法。

第二条　从事快递业务经营活动应当遵守本办法。

第三条　本办法所称快递，是指在承诺的时限内快速完成的寄递活动。寄递，是指将信件、包裹、印刷品等物品按照封装上的名址递送给特定个人或者单位的活动，包括收寄、分拣、运输、投递等环节。

第四条　经营快递业务的企业应当依法经营，诚实守信，公平竞争，为用户提供迅速、准确、安全、方便的快递服务。

第五条　公民的通信自由和通信秘密受法律保护。除因国家安全或者追查刑事犯罪的需要，由公安机关、国家安全机关或者检察机关依照法律规定的程序对通信进行检查外，任何组织或者个人不得以任何理由侵犯他人的通信自由和通信秘密。

第六条　国务院邮政管理部门负责对全国快递市场实施监督管理。

省、自治区、直辖市邮政管理机构负责对本行政区域的快递市场实施监督管理。

按照国务院规定设立的省级以下邮政管理机构负责对本辖区的快递市场实施监督管理。

第七条 国务院邮政管理部门和省、自治区、直辖市邮政管理机构以及省级以下邮政管理机构（以下统称邮政管理部门）对快递市场实施监督管理，应当遵循公开、公平、公正以及鼓励竞争、促进发展的原则，规范快递服务，满足经济社会发展的需要。

邮政管理部门应当加强快递市场安全监督管理，维护寄递安全与信息安全。

第八条 快递行业协会应当依照法律、行政法规及其章程规定，制定快递行业规范，加强行业自律，为企业提供信息、培训等方面的服务，促进快递行业的健康发展。

第二章 经营主体

第九条 国家对快递业务实行经营许可制度。经营快递业务，应当依照《中华人民共和国邮政法》的规定，向邮政管理部门提出申请，取得快递业务经营许可；未经许可，任何单位和个人不得经营快递业务。

第十条 邮政管理部门根据企业的服务能力审核经营许可的业务范围和地域范围，对符合规定条件的，发放快递业务经营许可证，并注明经营许可的业务范围和地域范围。

经营快递业务的企业应当在经营许可范围内依法从事快递业务经营活动，不得超越经营许可业务范围和地域范围。

第十一条 任何单位和个人不得伪造、涂改、冒用、租借、倒卖和非法转让快递业务经营许可证。

取得快递业务经营许可的企业不得以任何方式将快递业务委托给未取得快递业务经营许可的企业经营，不得以任何方式超越经营许可范围委托经营。

第十二条 取得快递业务经营许可的企业设立分公司、营业部等非法人分支机构，凭企业法人快递业务经营许可证（副本）及所附分支机构名录，到分支机构所在地工商行政管理部门办理注册登记。企业分支机构取得营业执照之日起二十日内到所在地邮政管理部门办理备案手续。

快递业务经营许可证（副本）载明的股权关系、注册资本、业务范围、地域范围发生变更的，或者增设、撤销分支机构的，应当报邮政管理部门办理变更手续，并持变更后的快递业务经营许可证办理工商变更登记。

第十三条 快递企业进行合并、分立的，应当在合并、分立协议签订之日起二十日内，向颁发快递业务经营许可证的邮政管理部门备案。

备案应当提交以下材料：

（一）快递业务经营许可证；

（二）合并、分立协议；

（三）上一年度快递业务经营许可年度报告书。

合并、分立后新设立的企业法人经营快递业务的，应当依法取得快递业务经营许可。合并、分立涉及外商投资企业的，应当遵守国家有关外商投资快递业务的相关规定。

第十四条　以加盟方式经营快递业务的，被加盟人与加盟人均应当取得快递业务经营许可，加盟不得超越被加盟人的经营许可范围。被加盟人与加盟人应当签订书面协议约定双方的权利义务，明确用户合法权益发生损害后的赔偿责任。参与加盟经营的企业，应当遵守共同的服务约定，使用统一的商标、商号、快递服务运单和收费标准，统一提供跟踪查询和用户投诉处理服务。

第十五条　经营快递业务的企业应当按照国务院邮政管理部门的规定，向颁发快递业务经营许可证的邮政管理部门提交年度报告书。

第三章　快递服务

第十六条　经营快递业务的企业应当按照快递服务标准，规范快递业务经营活动，保障服务质量，维护用户合法权益，并应当符合下列要求：

（一）填写快递运单前，企业应当提醒寄件人阅读快递运单的服务合同条款，并建议寄件人对贵重物品购买保价或者保险服务；

（二）企业分拣作业时，应当按照快件（邮件）的种类、时限分别处理、分区作业、规范操作，并及时录入处理信息，上传网络，不得野蛮分拣，严禁抛扔、踩踏或者以其他方式造成快件（邮件）损毁；

（三）企业应当在承诺的时限内完成快件（邮件）的投递；

（四）企业应当将快件（邮件）投递到约定的收件地址和收件人或者收件人指定的代收人。

第十七条　经营快递业务的企业投递快件（邮件），应当告知收件人当面验收。快件（邮件）外包装完好的，由收件人签字确认。投递的快件（邮件）注明为易碎品及外包装出现明显破损的，企业应当告知收件人先验收内件再签收。企业与寄件人另有约定的除外。

对于网络购物、代收货款以及与用户有特殊约定的其他快件（邮件），企业应当与寄件人在合同中明确投递验收的权利义务，并提供符合约定的验收服务，验收无异议后，由收件人签字确认。

第十八条　经营快递业务的企业应当在营业场所公示或者以其他方式向社会公布其服务种类、服务时限、服务价格、损失赔偿、投诉处理等服务承诺事项。服务承诺事项发生变更的，企业应当及时发布服务提示公告。

第十九条 经营快递业务的企业应当遵循公平原则，以书面合同确定企业与用户双方的权利和义务。

对免除或者限制企业责任及涉及快件（邮件）损失赔偿的条款，应当在快递运单上以醒目的方式列出，并予以特别说明。

第二十条 在快递服务过程中，快件（邮件）发生延误、丢失、损毁和内件不符的，经营快递业务的企业应当按照与用户的约定，依法予以赔偿。

企业与用户之间未对赔偿事项进行约定的，对于购买保价的快件（邮件），应当按照保价金额赔偿。对于未购买保价的快件（邮件），按照《中华人民共和国邮政法》、《中华人民共和国合同法》等相关法律规定赔偿。

第二十一条 经营快递业务的企业应当建立与用户沟通的渠道和制度，向用户提供业务咨询、查询等服务，并及时处理用户投诉。

经营快递业务的企业对邮政管理部门转办的用户申诉，应当及时妥善处理，并按照国务院邮政管理部门的规定给予答复。

第二十二条 经营快递业务的企业应当按照国家有关规定建立突发事件应急机制。发生重大服务阻断、暂停快递业务经营活动时，经营快递业务的企业应当按照有关规定在二十四小时内向邮政管理部门和其他有关部门报告，并向社会公告；以加盟方式开展快递业务经营的，被加盟人、加盟人应当分别向所在地邮政管理部门报告。

经营快递业务的企业在事故处理过程中，应当对所有与事故有关的资料进行记录和保存。相关资料和书面记录至少保存一年。

第二十三条 经营快递业务的企业应当妥善应对快递业务高峰期，做好业务量监测，加强服务网络统筹调度，及时向社会发布服务提示，认真处理用户投诉。

第二十四条 经营快递业务的企业对无法投递的快件（邮件），应当退回寄件人。

对无法投递又无法退回寄件人的快件（邮件），企业应当登记，并按照国务院邮政管理部门的规定和快递服务标准处理；其中无法投递又无法退回的进境国际快件（邮件），应当依照相关规定交由有关部门处理。

第二十五条 经营快递业务的企业在从事快递业务的同时，向用户提供代收货款服务的，应当建立有关安全管理制度，与寄件人的合同中应当对代收货款服务的权利义务进行约定。

提供代收货款服务，涉及金融管理规定的，应当接受相关部门的监督管理。

第二十六条 经营快递业务的企业应当按照国家关于快递业务员职业技能的规定，加强快递从业人员职业技能培训，组织符合条件的快递从业人员参加职业技能鉴定。

第二十七条　经营快递业务的企业不得实施下列行为：

（一）违反国家规定，收寄禁止寄递的物品，或者未按规定收寄限制寄递的物品；

（二）相互串通操纵市场价格，损害其他经营快递业务的企业或者用户的合法权益；

（三）冒用他人名称、商标标识和企业标识，扰乱市场经营秩序；

（四）违法扣留用户快件（邮件）；

（五）违法提供从事快递服务过程中知悉的用户信息；

（六）法律、法规禁止的其他行为。

第二十八条　快递从业人员不得实施下列行为：

（一）扣留、倒卖、盗窃快件（邮件）；

（二）违法提供从事快递服务过程中知悉的用户信息；

（三）法律、法规禁止的其他行为。

第四章　快递安全

第二十九条　任何组织和个人不得利用快递服务网络从事危害国家安全、社会公共利益或者他人合法权益的活动。下列物品禁止寄递：

（一）法律、行政法规禁止流通的物品；

（二）危害国家安全和社会政治稳定以及淫秽的出版物、宣传品、印刷品等；

（三）武器、弹药、麻醉药物、生化制品、传染性物品和爆炸性、易燃性、腐蚀性、放射性、毒性等危险物品；

（四）妨害公共卫生的物品；

（五）流通的各种货币；

（六）法律、行政法规和国家规定禁止寄递的其他物品。

第三十条　经营快递业务的企业应当遵守《中华人民共和国邮政法》、《邮政行业安全监督管理办法》等相关规定，建立并严格执行收寄验视制度，加强生产安全和应急管理。

第三十一条　经营快递业务的企业对不能确定安全性的可疑物品，应当要求用户出具相关部门的安全证明。用户不能出具安全证明的，不予收寄。

经营快递业务的企业收寄已出具安全证明的物品时，应当如实记录收寄物品的名称、规格、数量、重量、收寄时间、寄件人和收件人名址等内容。记录保存期限不少于一年。

第三十二条　经营快递业务的企业接受网络购物、电视购物和邮购等经营者委托提供快递服务的，应当遵守邮政管理部门的规定，与委托方签订安全保障协议，并向颁发快递业务经营许可证的邮政管理部门备案。

第三十三条 经营快递业务的企业设置快件（邮件）处理场所，应当事先征询邮政管理部门及有关部门意见，并按照国家有关规定预留相关工作场地，其设计和建设应当符合国家安全机关和海关依法履行职责的要求。

第五章 监督管理

第三十四条 国家鼓励和引导经营快递业务的企业采用先进技术，充分利用交通运输资源，促进规模化、品牌化、网络化经营。

第三十五条 邮政管理部门应当结合邮政行业安全监督管理的实际，指导和监督经营快递业务的企业落实安全责任制，依法对经营快递业务的企业实施安全监督检查，并依照相关规定对妨害或者可能妨害行业安全的经营快递业务的企业进行调查和处理。

邮政管理部门应当加强对突发事件的管理，督促经营快递业务的企业定期组织开展突发事件应急演练。

第三十六条 国务院邮政管理部门建立以公众满意度、时限准时率和用户申诉率为核心的快递服务质量评价体系，指导评定机构定期测试评估快递行业服务水平，评定服务质量等级，并向社会公告。

第三十七条 邮政管理部门应当依法及时处理用户对经营快递业务的企业提出的申诉，并自接到申诉之日起三十日内作出答复。

任何单位和个人有权向邮政管理部门举报违反本办法的行为。邮政管理部门接到举报后，应当依法及时处理。

第三十八条 邮政管理部门应当加强对经营快递业务的企业及其从业人员遵守本办法情况的监督检查。

邮政管理部门依法实施监督检查，可以采取下列措施：

（一）进入有关场所进行检查；

（二）查阅、复制有关文件、资料、凭证；

（三）约谈有关单位和人员；

（四）经邮政管理部门负责人批准，查封与违法活动有关的场所，扣押用于违法活动的运输工具以及相关物品，对信件以外的涉嫌夹带禁止寄递或者限制寄递物品的快件（邮件）开拆检查。

第三十九条 邮政管理部门工作人员应当严格按照法定程序进行监督检查。实施监督检查时，应当出示执法证件，并由两名或者两名以上工作人员共同进行。被检查单位及其有关人员应当予以配合，不得拒绝、阻碍，并对有关情况予以保密。

邮政管理部门工作人员对监督检查过程中知悉的被检查单位的技术秘密和业务秘密，应当保密。

第六章　法律责任

第四十条　经营快递业务的企业违反快递服务标准，严重损害用户利益，由邮政管理部门责令改正，处五千元以上三万元以下的罚款。

第四十一条　违反本办法第十条规定的，由邮政管理部门责令改正，处五千元以上三万元以下的罚款。

第四十二条　违反本办法第十一条第二款规定的，由邮政管理部门责令改正，处一万元以下的罚款；情节严重的，处一万元以上三万元以下的罚款。

第四十三条　违反本办法第十四条规定的，由邮政管理部门责令改正，处五千元以上三万元以下的罚款。

第四十四条　违反本办法第十六条第（二）项规定的，由邮政管理部门处一万元罚款；情节严重的，处一万元以上三万元以下的罚款。

第四十五条　违反本办法第十八条、第二十一条、第二十二条、第三十一条规定的，由邮政管理部门责令改正，处三千元以上三万元以下的罚款。

第四十六条　违反本办法第二十四条第二款规定，未按照国务院邮政管理部门规定处理无法投递又无法退回寄件人的快件的，由邮政管理部门对快递企业处三千元以上一万元以下的罚款；情节严重的，处一万元以上三万元以下的罚款。

第四十七条　违反本办法第二十七条第（一）项、第（五）项规定的，分别依照《中华人民共和国邮政法》第七十五条、第七十六条的规定予以处罚。

违反本办法第二十七条第（四）项规定的，由邮政管理部门责令改正，对快递企业处一万元以上三万元以下的罚款。

违反本办法第二十七条第（二）项、第（三）项规定的，由国家有关部门依法处理。

第四十八条　违反本办法第二十八条规定的，由邮政管理部门责令改正，依法没收违法所得，对直接责任人员处五千元以上一万元以下的罚款；构成犯罪的，依法追究刑事责任。

第四十九条　邮政管理部门工作人员违反本办法第三十七条第一款、第三十九条规定的，依法给予行政处分；构成犯罪的，依法追究刑事责任。

第五十条　拒绝、阻碍邮政管理部门及其工作人员依法履行监督检查职责的，依照《中华人民共和国邮政法》第七十七条的规定予以处罚。

第五十一条　公民、法人或者其他组织认为邮政管理部门的具体行政行为侵犯其合法权益的，可以依法向上一级邮政管理部门申请行政复议或者直接向人民法院起诉。

经营快递业务的企业逾期不履行邮政管理部门处罚决定的，由邮政管理部门依法申请人民法院强制执行。

第七章　附则

第五十二条　本办法自 2013 年 3 月 1 日起施行。交通运输部 2008 年 7 月 12 日发布的《快递市场管理办法》（交通运输部令 2008 年第 4 号）同时废止。

027

关于贯彻实施《快递市场管理办法》加强快递业务经营活动管理的通知

国邮发〔2013〕21 号

各省、自治区、直辖市邮政管理局：

《快递市场管理办法》已于 2012 年 12 月 31 日经交通运输部第 10 次部务会议通过，自 2013 年 3 月 1 日起施行。为贯彻实施《快递市场管理办法》，进一步规范快递业务经营活动，加强对快递市场的监督管理，促进快递行业健康有序发展，现就有关事项通知如下。

一、依法加强快递业务经营主体的监管

（一）严格执行快递业务经营许可制度。邮政管理部门要按照《邮政法》、《快递市场管理办法》、《快递业务经营许可管理办法》的有关规定，根据企业的网络和运递能力、安全监管条件、信息网络系统和从业人员资质等服务能力，审核快递业务经营许可的业务范围和地域范围，对符合规定条件的，发放《快递业务经营许可证》，并注明经营许可的业务范围和地域范围。其中，对地域范围审核到设区的市一级。

（二）督促企业认真开展自查和整改。自 2013 年 3 月 1 日至 6 月 30 日，邮政管理部门要指导依法取得快递业务经营许可的企业，对照《快递业务经营许可证》所载明的业务范围和地域范围进行自查。凡违反《快递市场管理办法》第十条第二款、第十一条第二款和第十四条规定，超越业务范围或地域范围经营快递业务的，要如实上报颁发许可证的邮政管理部门，并及时整改；符合条件的，申请办理许可事项变更手续。邮政管理部门要对企业自查情况开展专项督导，发现问题要逐一核实；对符合规定条件的，依法办理变更手续。2013 年 6 月 30 日后，邮政管理部门对仍然超越许可范围经营快递业务的企业，依法予以处罚。

二、切实加强快递服务质量的监管

（一）严肃查处违反《快递服务》标准，严重损害用户利益的违法行为。邮政管理部门要督促经营快递业务的企业贯彻执行《快递服务》标准及《快递业务操作指导规范》，在现场检查、视频监控中发现企业存在野蛮分拣，抛扔、踩踏或者以其他方式损毁快件（邮件）等违法行为，以及用户通过申诉、举报等渠道

反映的快递服务质量问题，经查证属实的，要依法予以查处。

（二）切实做好快递服务申诉和投诉处理工作。邮政管理部门要充分发挥邮政业申诉受理中心的作用，依法及时处理用户对经营快递业务的企业提出的申诉，并自接到申诉之日起三十日内作出答复。要督促经营快递业务的企业建立与用户沟通的渠道和制度，向用户提供业务咨询、查询等服务，并及时处理用户投诉，以及邮政管理部门转办的用户申诉，并按照有关规定给予答复。经营快递业务的企业未畅通投诉渠道，未及时处理用户投诉以及邮政管理部门转办的用户申诉的，邮政管理部门要依法予以处罚。

三、继续强化快递服务安全的监管

（一）严格落实有关安全管理规定。邮政管理部门要指导和监督经营快递业务的企业认真遵守《邮政法》、《邮政行业安全监督管理办法》等相关规定，建立并严格执行收寄验视制度。对不能确认安全性的可疑物品，应当要求用户出具相关部门的安全证明。用户不能出具安全证明的，不予收寄。要教育和监督经营快递业务的企业和快递从业人员保障用户信息和快件（邮件）安全，发现经营快递业务的企业或者快递从业人员有违法提供用户信息和扣留用户快件（邮件）等行为，要依法严肃处理。

（二）加强应急管理和旺季服务保障。邮政管理部门要加强对突发事件的管理，督促经营快递业务的企业建立突发事件应急机制。指导经营快递业务的企业妥善应对快递业务高峰期，做好业务量监测，加强服务网络统筹调度，及时向社会发布服务提示，认真处理用户投诉。

请各省（区、市）邮政管理局将贯彻落实本通知的有关情况于 2013 年 7 月 15 日前报国家邮政局市场监管司。

国家邮政局

二〇一三年二月七日

六 快递业务许可管理

028

中华人民共和国交通运输部令

2013 年　第 4 号

《关于修改〈快递业务经营许可管理办法〉的决定》已于 2013 年 4 月 3 日经第 3 次部务会议通过，现予公布，自公布之日起施行。

部长　杨传堂

二〇一三年四月十二日

关于修改《快递业务经营许可管理办法》的决定

交通运输部决定对《快递业务经营许可管埋办法》（交通运输部令 2009 年第 12 号）作如下修改：

一、将第三条修改为："国务院邮政管理部门和省、自治区、直辖市邮政管理机构以及按照国务院规定设立的省级以下邮政管理机构（以下统称邮政管理部门）负责快递业务经营许可的管理工作。"

二、将第十五条修改为："取得快递业务经营许可的企业设立分公司、营业部等非法人分支机构，凭企业法人快递业务经营许可证（副本）及所附分支机构名录，到分支机构所在地工商行政管理部门办理注册登记。企业分支机构取得营业执照之日起二十日内到所在地省级以下邮政管理机构办理备案手续。

经营快递业务的企业合并、分立或者撤销分支机构的，应当向邮政管理部门备案。"

本决定自公布之日起施行。

《快递业务经营许可管理办法》根据本决定作相应修正，重新公布。

快递业务经营许可管理办法

（2009年9月1日交通运输部发布　根据2013年4月12日交通运输部《关于修改〈快递业务经营许可管理办法〉的决定》修正）

第一章　总则

第一条　为规范快递业务经营许可管理，促进快递行业健康发展，根据《中华人民共和国邮政法》、《中华人民共和国行政许可法》及其他有关法律、行政法规的规定，制定本办法。

第二条　快递业务经营许可的申请、审批和监督管理，适用本办法。

第三条　国务院邮政管理部门和省、自治区、直辖市邮政管理机构以及按照国务院规定设立的省级以下邮政管理机构（以下统称邮政管理部门）负责快递业务经营许可的管理工作。

第四条　快递业务经营许可管理，应当遵循公开、公平、公正以及便利高效的原则。

第五条　经营快递业务，应当依法取得邮政管理部门颁发的《快递业务经营许可证》，并接受邮政管理部门及其他有关部门的监督管理；未经许可，任何单位和个人不得经营快递业务。

第二章　许可条件

第六条　申请经营快递业务，应当符合《中华人民共和国邮政法》第五十二条的规定，具备下列条件：

（一）符合企业法人条件；

（二）在省、自治区、直辖市范围内经营的，注册资本不低于人民币五十万元，跨省、自治区、直辖市经营的，注册资本不低于人民币一百万元，经营国际快递业务的，注册资本不低于人民币二百万元；

（三）有本办法第七条、第八条、第九条规定的与申请经营的地域范围相适应的服务能力；

（四）有严格的服务质量管理制度，包括服务承诺、服务项目、服务价格、服务地域、赔偿办法、投诉受理办法等，有完备的业务操作规范，包括收寄验视、分拣运输、派送投递、业务查询等制度；

（五）有健全的安全保障制度和措施，包括保障寄递安全、快递服务人员和用户人身安全、用户信息安全的制度，符合国家标准的各项安全措施，开办代收货款业务的，应当以自营方式提供代收货款服务，具备完善的风险控制措施和资金结算系统，并明确与委托方和收件人之间的权利、义务；

（六）法律、行政法规规定的其他条件。

第七条　申请在省、自治区、直辖市范围内经营快递业务的，应当具备以下服务能力：

（一）具备在省、自治区、直辖市范围内经营快递业务的网络和运递能力；

（二）经营同城快递业务的，须提供寄递快件（邮件）的电话查询服务，经营省内异地快递业务的，除提供上述电话查询服务外，还应当有提供寄递快件（邮件）跟踪查询的信息网络；

（三）有符合《快递业务员国家职业技能标准》并通过资格认定的快递业务员，经营同城快递业务的，快递业务员中具备初级以上资格的不低于30%，经营省内异地快递业务的，快递业务员中具备初级以上资格的不低于40%。

第八条　申请跨省、自治区、直辖市经营快递业务的，应当具备以下服务能力：

（一）具备与申请经营地域范围相适应的网络和运递能力；

（二）有封闭的、面积适宜的快件（邮件）处理场所，符合国务院邮政管理部门及国家安全机关依法履行职责的要求，并配备相应的处理设备、监控设备和消防设施；

（三）有统一的计算机管理系统，有可提供寄递快件（邮件）跟踪查询的信息网络，并配置符合规定的数据接口，能够根据要求向邮政管理部门提供寄递快件（邮件）的有关数据；

（四）有符合《快递业务员国家职业技能标准》并通过资格认定的快递业务员，企业及其各分支机构快递业务员中，具备初级以上资格的均不低于40%。

第九条　申请经营国际快递业务的，应当具备以下服务能力：

（一）具备经营国际快递业务的网络和运递能力；

（二）有封闭的、面积适宜的快件（邮件）处理场所，符合国务院邮政管理部门及国家安全机关、海关依法履行职责的要求，并配备相应的处理设备、监控设备和消防设施；

（三）有统一的计算机管理系统，有可提供寄递快件（邮件）跟踪查询的信息网络，并配置符合规定的数据接口，能够根据要求向邮政管理部门和有关部门提供寄递快件（邮件）的报关数据；

（四）有符合《快递业务员国家职业技能标准》并通过资格认定的快递业务员，企业及其各分支机构快递业务员中，具备初级以上资格的均不低于50%；

（五）有获得专业资格的报关、报检、报验人员。

第十条　外商不得投资经营信件的国内快递业务。

国内快递业务，是指从收寄到投递的全过程均发生在中华人民共和国境内的快递业务。

邮政企业以外的经营快递业务的企业（以下称快递企业），不得经营由邮政企业专营的信件寄递业务，不得寄递国家机关公文。

第三章 审批程序

第十一条 申请快递业务经营许可，在省、自治区、直辖市范围内经营的，应当向所在地省、自治区、直辖市邮政管理机构提出申请；跨省、自治区、直辖市经营或者经营国际快递业务的，应当向国务院邮政管理部门提出申请。

第十二条 申请快递业务经营许可，应当向邮政管理部门提交下列申请材料：

（一）快递业务经营许可申请书；

（二）工商行政管理部门出具的企业名称预核准通知书或者企业法人营业执照；

（三）验资报告、场地使用证明以及本办法第六、七、八、九条规定条件的相关材料；

（四）法律、行政法规规定的其他材料。

第十三条 邮政管理部门应当自受理之日起四十五日内对申请材料审查核实，作出批准或者不予批准的决定。予以批准的，颁发《快递业务经营许可证》；不予批准的，书面通知申请人并说明理由。

邮政管理部门审查快递业务经营许可的申请，应当考虑国家安全等因素，并征求有关部门的意见。

第十四条 申请人凭《快递业务经营许可证》向工商行政管理部门办理设立或者变更登记。

第十五条 取得快递业务经营许可的企业设立分公司、营业部等非法人分支机构，凭企业法人快递业务经营许可证（副本）及所附分支机构名录，到分支机构所在地工商行政管理部门办理注册登记。企业分支机构取得营业执照之日起二十日内到所在地省级以下邮政管理机构办理备案手续。

经营快递业务的企业合并、分立或者撤销分支机构的，应当向邮政管理部门备案。

第十六条 《中华人民共和国邮政法》公布前按照国家有关规定，经国务院对外贸易主管部门批准或者备案，并向工商行政管理部门依法办理登记后经营国际快递业务的国际货物运输代理企业，依照《中华人民共和国邮政法》第八十五条规定领取《快递业务经营许可证》的，应当向国务院邮政管理部门提交下列材料：

（一）《快递业务经营许可证》领取申请书；

（二）国务院对外贸易主管部门批准或备案文件；

（三）工商行政管理部门依法颁发的营业执照；

（四）分支机构名录。

第四章　许可证管理

第十七条　经营快递业务的企业，应当按照《快递业务经营许可证》的许可范围和有效期限经营快递业务。

《快递业务经营许可证》的有效期限为五年。

经营快递业务的企业，应当在《快递业务经营许可证》有效期届满三十日前向颁发许可证的邮政管理部门提出申请，换领许可证。

第十八条　《快递业务经营许可证》管理实行年度报告制度。经营快递业务的企业应当在每年四月三十日前向颁发《快递业务经营许可证》的邮政管理部门提交下列材料：

（一）年度报告书，包括年度经营情况、遵守法律法规情况等；

（二）《快递业务经营许可证》副本原件；

（三）企业法人营业执照复印件。

第十九条　《快递业务经营许可证》企业名称、企业类型、股权关系、注册资本、经营范围、经营地域和分支机构等事项发生变更的，应当报邮政管理部门办理变更手续，并换领许可证。

第二十条　快递企业在《快递业务经营许可证》有效期内停止经营的，应当提前书面告知颁发许可证的邮政管理部门，交回《快递业务经营许可证》，并按邮政管理部门规定妥善处理未投递的快件。

第二十一条　遇有下列情形之一的，邮政管理部门应当依法办理快递业务经营许可的注销手续：

（一）《快递业务经营许可证》有效期届满未延续的；

（二）企业法人资格依法终止的；

（三）申请人自取得《快递业务经营许可证》后无正当理由超过六个月未经营快递业务的，或者自行连续停业六个月以上的；

（四）《快递业务经营许可证》有效期内停止经营的；

（五）快递业务经营许可依法被撤销、撤回的，或者《快递业务经营许可证》被依法吊销的；

（六）法律、行政法规规定的其他情形。

第二十二条　邮政管理部门应当对《快递业务经营许可证》的颁发、变更、注销等事项向社会公告。

第二十三条　《快递业务经营许可证》由国务院邮政管理部门统一印制。

任何组织和个人不得伪造、涂改、冒用、租借、买卖和转让《快递业务经营许可证》。

第五章 监督检查

第二十四条 邮政管理部门依法对取得《快递业务经营许可证》的企业进行监督检查，被检查企业应当接受和配合监督检查。

第二十五条 监督检查的主要内容：

（一）经营快递业务的企业名称、法定代表人（负责人）、经营地址、经营范围、经营地域、经营期限等重要事项，应当与《快递业务经营许可证》登记事项相符合；

（二）《快递业务经营许可证》变更、延续、注销等手续的执行和办理情况；

（三）经营快递业务的企业应当持续符合颁发《快递业务经营许可证》的条件；

（四）法律、行政法规规定的其他内容。

第二十六条 邮政管理部门进行监督检查时，监督检查人员不得少于二人，并应当出示执法证件；应当记录监督检查的情况和处理结果，由监督检查人员签字后归档。

第二十七条 邮政管理部门进行监督检查时，不得妨碍经营快递业务的企业正常的生产经营活动，不得收取任何费用。

第二十八条 公民、企业和其他组织发现邮政管理部门的工作人员在实施行政许可和监督检查过程中有违法行为，有权向邮政管理部门举报，接到举报的邮政管理部门应当及时核实、处理。

第六章 法律责任

第二十九条 违反本办法第五条、第十七条第一款规定的，依照《中华人民共和国邮政法》第七十二条规定予以处罚。

第三十条 申请快递业务经营许可时，申请人隐瞒真实情况，弄虚作假，骗取经营许可的，由邮政管理部门依法撤销经营许可，并可处以一万元以上三万元以下的罚款。

伪造、涂改、冒用、租借、买卖和转让《快递业务经营许可证》的，邮政管理部门可处以一万元以上三万元以下罚款，构成犯罪的，依法追究刑事责任。

第三十一条 快递企业设立分支机构、合并、分立，未向邮政管理部门备案的，依照《中华人民共和国邮政法》第七十三条规定予以处罚。

除前款规定外，经营快递业务的企业，未按本办法规定办理备案、变更手续，或者未按期提交年度报告书的，由邮政管理部门责令改正，并可处以一万元以下的罚款；办理备案和变更手续、提交年度报告书，隐瞒真实情况、弄虚作假的，由邮政管理部门责令改正，并可处以一万元以上三万元以下的罚款。

第三十二条　快递企业停止经营快递业务，未书面告知邮政管理部门并交回《快递业务经营许可证》，或者未按照国务院邮政管理部门的规定妥善处理尚未投递的快件的，依照《中华人民共和国邮政法》第七十三条规定予以处罚。

第三十三条　违反本办法第二十四条规定，依照《中华人民共和国邮政法》第七十七条规定予以处罚。

第三十四条　经营快递业务的企业对邮政管理部门根据本办法作出的具体行政行为不服的，可以依法申请行政复议，也可以向人民法院提起行政诉讼。

经营快递业务的企业逾期不履行行政处罚决定的，由作出行政处罚决定的邮政管理部门申请人民法院强制执行。

第三十五条　邮政管理部门工作人员在快递业务经营许可管理工作中滥用职权、玩忽职守、徇私舞弊的，由主管机关或者监察机关给予行政处分；涉嫌构成犯罪的，由司法机关追究刑事责任。

第七章　附则

第三十六条　除本办法第十六条规定的企业外，《中华人民共和国邮政法》公布前依法向工商行政管理部门办理登记后经营快递业务的企业，不具备经营快递业务的条件的，应当自本办法实施之日起一年内达到经营快递业务的条件，并依法取得快递业务经营许可，逾期不能取得快递业务经营许可的，不得继续经营快递业务。

第三十七条　本办法自 2009 年 10 月 1 日起施行。

029

中华人民共和国交通运输部令

2009 年　第 12 号

《快递业务经营许可管理办法》已于 2009 年 8 月 27 日经第 8 次部务会议讨论通过，现予公布，自 2009 年 10 月 1 日起施行。

部长　李盛霖

二〇〇九年九月一日

快递业务经营许可管理办法

第一章　总则

第一条　为规范快递业务经营许可管理，促进快递行业健康发展，根据《中华人民共和国邮政法》、《中华人民共和国行政许可法》及其他有关法律、行政法规的规定，制定本办法。

第二条　快递业务经营许可的申请、审批和监督管理，适用本办法。

第三条　国务院邮政管理部门及省、自治区、直辖市邮政管理机构（以下统称邮政管理部门）负责快递业务经营许可的管理工作。

第四条　快递业务经营许可管理，应当遵循公开、公平、公正以及便利高效的原则。

第五条　经营快递业务，应当依法取得邮政管理部门颁发的《快递业务经营许可证》，并接受邮政管理部门及其他有关部门的监督管理；未经许可，任何单位和个人不得经营快递业务。

第二章　许可条件

第六条　申请经营快递业务，应当符合《中华人民共和国邮政法》第五十二条的规定，具备下列条件：

（一）符合企业法人条件；

（二）在省、自治区、直辖市范围内经营的，注册资本不低于人民币五十万元，跨省、自治区、直辖市经营的，注册资本不低于人民币一百万元，经营国际快递业务的，注册资本不低于人民币二百万元；

（三）有本办法第七条、第八条、第九条规定的与申请经营的地域范围相适应的服务能力；

（四）有严格的服务质量管理制度，包括服务承诺、服务项目、服务价格、服务地域、赔偿办法、投诉受理办法等，有完备的业务操作规范，包括收寄验视、分拣运输、派送投递、业务查询等制度；

（五）有健全的安全保障制度和措施，包括保障寄递安全、快递服务人员和用户人身安全、用户信息安全的制度，符合国家标准的各项安全措施，开办代收货款业务的，应当以自营方式提供代收货款服务，具备完善的风险控制措施和资金结算系统，并明确与委托方和收件人之间的权利、义务；

（六）法律、行政法规规定的其他条件。

第七条　申请在省、自治区、直辖市范围内经营快递业务的，应当具备以下服务能力：

（一）具备在省、自治区、直辖市范围内经营快递业务的网络和运递能力；

（二）经营同城快递业务的，须提供寄递快件（邮件）的电话查询服务，经营省内异地快递业务的，除提供上述电话查询服务外，还应当有提供寄递快件（邮件）跟踪查询的信息网络；

（三）有符合《快递业务员国家职业技能标准》并通过资格认定的快递业务员，经营同城快递业务的，快递业务员中具备初级以上资格的不低于30%，经营省内异地快递业务的，快递业务员中具备初级以上资格的不低于40%。

第八条　申请跨省、自治区、直辖市经营快递业务的，应当具备以下服务能力：

（一）具备与申请经营地域范围相适应的网络和运递能力；

（二）有封闭的、面积适宜的快件（邮件）处理场所，符合国务院邮政管理部门及国家安全机关依法履行职责的要求，并配备相应的处理设备、监控设备和消防设施；

（三）有统一的计算机管理系统，有可提供寄递快件（邮件）跟踪查询的信息网络，并配置符合规定的数据接口，能够根据要求向邮政管理部门提供寄递快件（邮件）的有关数据；

（四）有符合《快递业务员国家职业技能标准》并通过资格认定的快递业务员，企业及其各分支机构快递业务员中，具备初级以上资格的均不低于40%。

第九条　申请经营国际快递业务的，应当具备以下服务能力：

（一）具备经营国际快递业务的网络和运递能力；

（二）有封闭的、面积适宜的快件（邮件）处理场所，符合国务院邮政管理部门及国家安全机关、海关依法履行职责的要求，并配备相应的处理设备、监控设备和消防设施；

（三）有统一的计算机管理系统，有可提供寄递快件（邮件）跟踪查询的信息网络，并配置符合规定的数据接口，能够根据要求向邮政管理部门和有关部门提供寄递快件（邮件）的报关数据；

（四）有符合《快递业务员国家职业技能标准》并通过资格认定的快递业务员，企业及其各分支机构快递业务员中，具备初级以上资格的均不低于50%；

（五）有获得专业资格的报关、报检、报验人员。

第十条 外商不得投资经营信件的国内快递业务。

国内快递业务，是指从收寄到投递的全过程均发生在中华人民共和国境内的快递业务。

邮政企业以外的经营快递业务的企业（以下称快递企业），不得经营由邮政企业专营的信件寄递业务，不得寄递国家机关公文。

第三章 审批程序

第十一条 申请快递业务经营许可，在省、自治区、直辖市范围内经营的，应当向所在地省、自治区、直辖市邮政管理机构提出申请；跨省、自治区、直辖市经营或者经营国际快递业务的，应当向国务院邮政管理部门提出申请。

第十二条 申请快递业务经营许可，应当向邮政管理部门提交下列申请材料：

（一）快递业务经营许可申请书；

（二）工商行政管理部门出具的企业名称预核准通知书或者企业法人营业执照；

（三）验资报告、场地使用证明以及本办法第六、七、八、九条规定条件的相关材料；

（四）法律、行政法规规定的其他材料。

第十三条 邮政管理部门应当自受理之日起四十五日内对申请材料审查核实，作出批准或者不予批准的决定。予以批准的，颁发《快递业务经营许可证》；不予批准的，书面通知申请人并说明理由。

邮政管理部门审查快递业务经营许可的申请，应当考虑国家安全等因素，并征求有关部门的意见。

第十四条 申请人凭《快递业务经营许可证》向工商行政管理部门办理设立或者变更登记。

第十五条 跨省、自治区、直辖市经营或者经营国际快递业务的，自企业取得《快递业务经营许可证》之日起三十日内，企业分支机构应当持《快递业务经营许可证》副本，到所在地省、自治区、直辖市邮政管理机构备案。

快递企业设立、撤销分支机构或者合并、分立的，应当向邮政管理部门备案。

第十六条　《中华人民共和国邮政法》公布前按照国家有关规定，经国务院对外贸易主管部门批准或者备案，并向工商行政管理部门依法办理登记后经营国际快递业务的国际货物运输代理企业，依照《中华人民共和国邮政法》第八十五条规定领取《快递业务经营许可证》的，应当向国务院邮政管理部门提交下列材料：

（一）《快递业务经营许可证》领取申请书；

（二）国务院对外贸易主管部门批准或备案文件；

（三）工商行政管理部门依法颁发的营业执照；

（四）分支机构名录。

第四章　许可证管理

第十七条　经营快递业务的企业，应当按照《快递业务经营许可证》的许可范围和有效期限经营快递业务。

《快递业务经营许可证》的有效期限为五年。

经营快递业务的企业，应当在《快递业务经营许可证》有效期届满三十日前向颁发许可证的邮政管理部门提出申请，换领许可证。

第十八条　《快递业务经营许可证》管理实行年度报告制度。经营快递业务的企业应当在每年四月三十日前向颁发《快递业务经营许可证》的邮政管理部门提交下列材料：

（一）年度报告书，包括年度经营情况、遵守法律法规情况等；

（二）《快递业务经营许可证》副本原件；

（三）企业法人营业执照复印件。

第十九条　《快递业务经营许可证》企业名称、企业类型、股权关系、注册资本、经营范围、经营地域和分支机构等事项发生变更的，应当报邮政管理部门办理变更手续，并换领许可证。

第二十条　快递企业在《快递业务经营许可证》有效期内停止经营的，应当提前书面告知颁发许可证的邮政管理部门，交回《快递业务经营许可证》，并按邮政管理部门规定妥善处理未投递的快件。

第二十一条　遇有下列情形之一的，邮政管理部门应当依法办理快递业务经营许可的注销手续：

（一）《快递业务经营许可证》有效期届满未延续的；

（二）企业法人资格依法终止的；

（三）申请人自取得《快递业务经营许可证》后无正当理由超过六个月未经

营快递业务的，或者自行连续停业六个月以上的；

（四）《快递业务经营许可证》有效期内停止经营的；

（五）快递业务经营许可依法被撤销、撤回的，或者《快递业务经营许可证》被依法吊销的；

（六）法律、行政法规规定的其他情形。

第二十二条 邮政管理部门应当对《快递业务经营许可证》的颁发、变更、注销等事项向社会公告。

第二十三条 《快递业务经营许可证》由国务院邮政管理部门统一印制。

任何组织和个人不得伪造、涂改、冒用、租借、买卖和转让《快递业务经营许可证》。

第五章 监督检查

第二十四条 邮政管理部门依法对取得《快递业务经营许可证》的企业进行监督检查，被检查企业应当接受和配合监督检查。

第二十五条 监督检查的主要内容：

（一）经营快递业务的企业名称、法定代表人（负责人）、经营地址、经营范围、经营地域、经营期限等重要事项，应当与《快递业务经营许可证》登记事项相符合；

（二）《快递业务经营许可证》变更、延续、注销等手续的执行和办理情况；

（三）经营快递业务的企业应当持续符合颁发《快递业务经营许可证》的条件；

（四）法律、行政法规规定的其他内容。

第二十六条 邮政管理部门进行监督检查时，监督检查人员不得少于二人，并应当出示执法证件；应当记录监督检查的情况和处理结果，由监督检查人员签字后归档。

第二十七条 邮政管理部门进行监督检查时，不得妨碍经营快递业务的企业正常的生产经营活动，不得收取任何费用。

第二十八条 公民、企业和其他组织发现邮政管理部门的工作人员在实施行政许可和监督检查过程中有违法行为，有权向邮政管理部门举报，接到举报的邮政管理部门应当及时核实，处理。

第六章 法律责任

第二十九条 违反本办法第五条、第十七条第一款规定的，依照《中华人民共和国邮政法》第七十二条规定予以处罚。

第三十条 申请快递业务经营许可时，申请人隐瞒真实情况，弄虚作假，骗取经营许可的，由邮政管理部门依法撤销经营许可，并可处以一万元以上三万元以下的罚款。

伪造、涂改、冒用、租借、买卖和转让《快递业务经营许可证》的，邮政管理部门可处以一万元以上三万元以下罚款，构成犯罪的，依法追究刑事责任。

第三十一条　快递企业设立分支机构、合并、分立，未向邮政管理部门备案的，依照《中华人民共和国邮政法》第七十三条规定予以处罚。

除前款规定外，经营快递业务的企业，未按本办法规定办理备案、变更手续，或者未按期提交年度报告书的，由邮政管理部门责令改正，并可处以一万元以下的罚款；办理备案和变更手续、提交年度报告书，隐瞒真实情况、弄虚作假的，由邮政管理部门责令改正，并可处以一万元以上三万元以下的罚款。

第三十二条　快递企业停止经营快递业务，未书面告知邮政管理部门并交回《快递业务经营许可证》，或者未按照国务院邮政管理部门的规定妥善处理尚未投递的快件的，依照《中华人民共和国邮政法》第七十三条规定予以处罚。

第三十三条　违反本办法第二十四条规定，依照《中华人民共和国邮政法》第七十七条规定予以处罚。

第三十四条　经营快递业务的企业对邮政管理部门根据本办法作出的具体行政行为不服的，可以依法申请行政复议，也可以向人民法院提起行政诉讼。

经营快递业务的企业逾期不履行行政处罚决定的，由作出行政处罚决定的邮政管理部门申请人民法院强制执行。

第三十五条　邮政管理部门工作人员在快递业务经营许可管理工作中滥用职权、玩忽职守、徇私舞弊的，由主管机关或者监察机关给予行政处分；涉嫌构成犯罪的，由司法机关追究刑事责任。

第七章　附则

第三十六条　除本办法第十六条规定的企业外，《中华人民共和国邮政法》公布前依法向工商行政管理部门办理登记后经营快递业务的企业，不具备经营快递业务的条件的，应当自本办法实施之日起一年内达到经营快递业务的条件，并依法取得快递业务经营许可，逾期不能取得快递业务经营许可的，不得继续经营快递业务。

第三十七条　本办法自二〇〇九年十月一日起施行。

030

关于印发《快递业务经营许可条件审核规范》的通知

各省、自治区、直辖市邮政管理局：

《快递业务经营许可条件审核规范》于2009年9月2日经国家邮政局局长办公会审议通过，现印发给你们，请认真贯彻执行。

各级邮政管理部门在快递业务经营许可工作中，要认真遵循公开、公平、公正以及便利高效的原则，严格遵照法律法规规定的条件和程序，统一标准，依法实施。要牢固树立“管理就是服务，发展才是目的”的理念，在服务中实施管理，在管理中体现服务。

《快递业务经营许可条件审核规范》贯彻执行中遇有问题，请及时报告国家邮政局。

国家邮政局

二〇〇九年九月三十日

快递业务经营许可条件审核规范

国家邮政局

2009年9月30日

为贯彻落实《中华人民共和国邮政法》，保证《快递业务经营许可管理办法》的顺利实施，统一操作程序，方便企业办理快递业务经营许可，制定本规范。

一、适用范围

邮政管理部门依据《快递业务经营许可管理办法》规定的许可条件，对申请快递业务经营许可的企业进行审核，适用本规范。

二、申请类别

快递业务经营许可的申请分为三类，在省、自治区、直辖市范围内经营的，跨省、自治区、直辖市经营的和经营国际快递业务的。

在省、自治区、直辖市范围内经营的，是指企业网络覆盖范围在省、自治区、直辖市内；

跨省、自治区、直辖市经营的，是指企业网络覆盖范围跨两个以上省、自治区、直辖市；

经营国际快递业务的，是指企业提供中华人民共和国境内的用户与其他国家或者地区的用户相互寄递信件、包裹和印刷品等快递业务。

三、职责划分

国家邮政局审核跨省、自治区、直辖市经营和经营国际快递业务的许可申请。

各省、自治区、直辖市邮政管理局审核在省、自治区、直辖市范围内经营的许可申请。

各省、自治区、直辖市邮政管理局承担国家邮政局指定的相关申请材料的核查工作。

四、审核内容

申请快递业务经营许可，应当符合《快递业务经营许可管理办法》第六条、第七条、第八条、第九条的规定。具体内容包括以下方面：

（1）符合企业法人条件；

（2）在省、自治区、直辖市范围内经营的，注册资本不低于人民币五十万元，跨省、自治区、直辖市经营的，注册资本不低于人民币一百万元，经营国际快递业务的，注册资本不低于人民币二百万元；

（3）有与申请经营的地域范围相适应的服务能力；

（4）有严格的服务质量管理制度，包括服务承诺、服务项目、服务价格、服务地域、赔偿办法、投诉受理办法等，有完备的业务操作规范，包括收寄验视、分拨运输、派送投递、业务查询等制度；

（5）有健全的安全保障制度和措施，包括符合国家标准的各项安全措施，保障收寄、运输、投递安全，快递服务人员、用户人身安全，以及用户信息安全等制度，有专人负责安全管理工作，开办代收货款业务的，应当以自营方式提供代收货款服务，具备完善的风险控制措施和资金结算系统，并明确与委托方和收件人之间的权利、义务；

（6）法律、行政法规规定的其他条件。

申请在省、自治区、直辖市范围内经营快递业务的，应当具备以下服务能力：

（1）具备在省、自治区、直辖市范围内经营快递业务的网络和运递能力。

网络由传递快件（邮件）的固定营业网点、处理场所、运输网路、揽收和投递线路等组成。营业网点是指有企业标识的、固定的、易识别的营业场所。

运递能力是指包括机动车辆在内的满足寄递快件（邮件）运输和投递的能力。

（2）经营同城快递业务的，须提供寄递快件（邮件）的电话查询服务，经营省内异地快递业务的，除提供上述电话查询服务外，还应当有提供寄递快件（邮件）跟踪查询的信息网络。

（3）有符合《快递业务员国家职业技能标准》规定条件并通过鉴定考试、持有证书的快递业务员。经营同城快递业务的，快递业务员中持有初级以上快递业务员国家职业资格证书的不低于30%。经营省内异地快递业务的，快递业务员中持有初级以上快递业务员国家职业资格证书的不低于40%。

快递业务员，是指从事快件收寄、分拣、运输、投递等工作的人员。

申请跨省、自治区、直辖市范围内经营快递业务的，应当具备以下服务能力：

（1）具备与申请经营地域范围相适应的的网络和运递能力。

（2）有封闭的、面积适宜的快件（邮件）处理场所，符合国务院邮政管理部门及国家安全机关依法履行职责的要求，并配备相应的处理设备、监控设备和消防设施。

面积适宜的快件（邮件）处理场所，是指处理场所面积能够满足企业分拣、封发快件（邮件）的需要。

（3）有统一的计算机管理系统，有可提供寄递快件（邮件）跟踪查询的信息网络，并配置符合规定的数据接口，能够根据要求向邮政管理部门提供寄递快件（邮件）的有关数据。

（4）有符合《快递业务员国家职业技能标准》规定条件并通过鉴定考试、持有证书的快递业务员。企业及其各分支机构快递业务员中持有初级以上快递业务员国家职业资格证书的不低于40%。

申请经营国际快递业务的，应当具备以下服务能力：

（1）具备经营国际快递业务的网络和运递能力；

（2）有封闭的、面积适宜的快件（邮件）处理场所，符合国务院邮政管理部门及国家安全机关、海关依法履行职责的要求，并配备相应的处理设备、监控设备和消防设施；

（3）有统一的计算机管理系统，有可提供寄递快件（邮件）跟踪查询的信息网络，并配置符合规定的数据接口，能够根据要求向邮政管理部门和有关部门提供寄递快件（邮件）的报关数据；

（4）有符合《快递业务员国家职业技能标准》规定条件并通过鉴定考试、持有证书的快递业务员。企业及其各分支机构快递业务员中持有初级以上快递业务员国家职业资格证书的不低于50%；

(5) 有获得专业资格的报关、报检、报验人员。

对已经受理的申请，邮政管理部门对申请材料进行审查，必要时可实地核查。涉及国家安全等因素时，应当征求有关部门的意见。

快递业务员获得国家统一制发的资格证书即可认定其具备职业资格。审核部门可要求申请企业提供快递业务员国家职业资格证书（或复印件），根据证书编号进行抽查。

五、申请材料

申请快递业务经营许可，应当向邮政管理部门提交以下材料：

（一）快递业务经营许可申请书；

（二）工商行政管理部门出具的企业名称预核准通知书，或者企业法人营业执照；

（三）验资报告、场地使用证明以及《快递业务经营许可管理办法》第六、七、八、九条规定条件的相关材料；

以加盟或者代办形式经营快递业务的企业，除提交上述材料外，应当提交书面形式的加盟合同或代办协议；

经营快递业务的企业开办代收货款业务的，除提交上述材料外，应当提交自营代收货款承诺书，完善的风险控制措施及资金结算系统的相关资料，以及代收货款服务合作协议；

（四）法律、行政法规规定的其他材料。

六、审核时限

邮政管理部门应当自受理之日起对申请材料进行审查核实，并在四十五日内作出批准或者不予批准的决定。

协助国家邮政局审核相关申请材料的省、自治区、直辖市邮政管理局，应当自接到材料之日起二十日内进行核查，并向国家邮政局提交核查意见。

七、监督检查

国家邮政局、各省、自治区、直辖市邮政管理局应当依法加强对审核工作的组织和监督检查，及时纠正和查处违规行为。

附件：

一、快递业务经营许可申请与审批流程

图 1－1：快递业务经营许可申请流程图（略）

图 1－2：快递业务经营许可审批流程图（略）

二、申请企业提交的材料（略）

三、符合《邮政法》第 85 条规定的国际货物运输代理企业应提交的材料（略）

四、审核文书样式（略）

031

国家邮政局关于印发《快递业务经营许可年度报告规定》的通知

各省、自治区、直辖市邮政管理局：

为做好快递业务经营许可年度报告工作，规范办理流程，方便企业办理年度报告手续，现将《快递业务经营许可年度报告规定》印发给你们，请认真遵照执行。

执行中若有问题，请及时报告国家邮政局市场监管司。

国家邮政局
二〇一一年六月九日

快递业务经营许可年度报告规定

国家邮政局
2011 年 6 月 9 日

第一条　为规范快递业务经营许可年度报告工作，根据《快递业务经营许可管理办法》，制定本规定。

第二条　本规定所称快递业务经营许可年度报告工作，是指邮政管理部门对依法取得《快递业务经营许可证》的企业上一年度经营情况、遵守法律法规和规章情况等进行的集中性审核。

第三条　凡经邮政管理部门批准并领取《快递业务经营许可证》（以下简称许可证），在工商行政管理部门依法办理登记手续的企业，均应当向原颁发许可证的邮政管理部门提交快递业务经营许可年度报告（以下简称年度报告）。

年度报告提交时间为每年 3 月 1 日至 4 月 30 日，有特殊情况的可以向原发证机关申请延期提交，经批准可以延期 30 日。

当年经邮政管理部门批准并领取许可证的，自下一年起提交年度报告。

第四条　本规定所称邮政管理部门是指国家邮政局和省、自治区、直辖市邮政管理局。

国家邮政局负责跨省、自治区、直辖市经营和经营国际快递业务企业的年度报告工作。省、自治区、直辖市邮政管理局负责本行政区域内经营的企业的年度报告工作。

第五条 经营快递业务的企业应当按规定和要求，将下列材料报送原发证机关：

（一）公司盖章且法定代表人签名的《快递业务经营许可年度报告书》（附件1）；

（二）《快递业务经营许可证》副本原件；

（三）企业法人营业执照复印件；

《快递业务经营许可年度报告书》格式由国家邮政局统一制定。

第六条 经营快递业务的企业应当通过邮政管理部门政府网站的“快递业务经营许可管理信息系统”网上提交年度报告，同时提交纸质材料。

第七条 经营快递业务的企业应当如实、准确填写并按期提交年度报告材料。隐瞒真实情况、弄虚作假，或者未按期提交的，由邮政管理部门依照《快递业务经营许可管理办法》第三十一条规定处理。

第八条 邮政管理部门对企业提交的年度报告材料应当认真审核，并根据需要对申报企业进行现场检查、征求有关部门意见，或者要求申报企业补充材料、重新填报或者作出说明。申报企业应当接受检查、补充材料、重新填报或者作出说明。

第九条 邮政管理部门根据申报企业年度经营情况、遵守法律法规和规章情况等进行审核。经审核符合规定的，邮政管理部门在《快递业务经营许可证》副本指定栏标注年报标记。

第十条 对于报告年度内存在下列情形之一的企业，邮政管理部门视情节轻重约谈企业负责人，责令限期整改，对于年度报告审核过程中发现的违法违规行为，依法予以处理，并将有关情况向社会通告。

（一）企业名称、法定代表人、经营范围、经营地域、经营期限等重要事项，与《快递业务经营许可证》登记事项不相符合的；

（二）《快递业务经营许可证》登记事项发生变化，但未依法办理变更手续的；

（三）经营快递业务未能持续符合颁发《快递业务经营许可证》条件的；

（四）与未取得《快递业务经营许可证》的企业通过加盟、代理方式经营快递业务的；

（五）许可证有效期内擅自停业、歇业的；

（六）其他违反法律法规和规章行为的。

第十一条 邮政管理部门应当向社会通告经营快递业务企业的年度报告情况，并可将年度报告情况通报工商行政管理机关等有关部门。

第十二条 邮政管理部门应当在每年6月30日前完成年度报告工作。遇有特殊情况，经本行政机关负责人批准，年度报告工作完成时间可以延长30日。

邮政管理部门应当在年度报告工作完成之后30日内汇总、发布年度报告情况。

省、自治区、直辖市邮政管理局应当及时将本行政区域的年度报告工作情况向国家邮政局报告。

第十三条　本规定由国家邮政局负责解释，自印发之日起施行。

附件：

1. 快递业务经营许可年度报告书（略）

2. 年度报告流程图

附件2：

年度报告流程图

1. 企业办理快递业务经营许可年度报告流程图

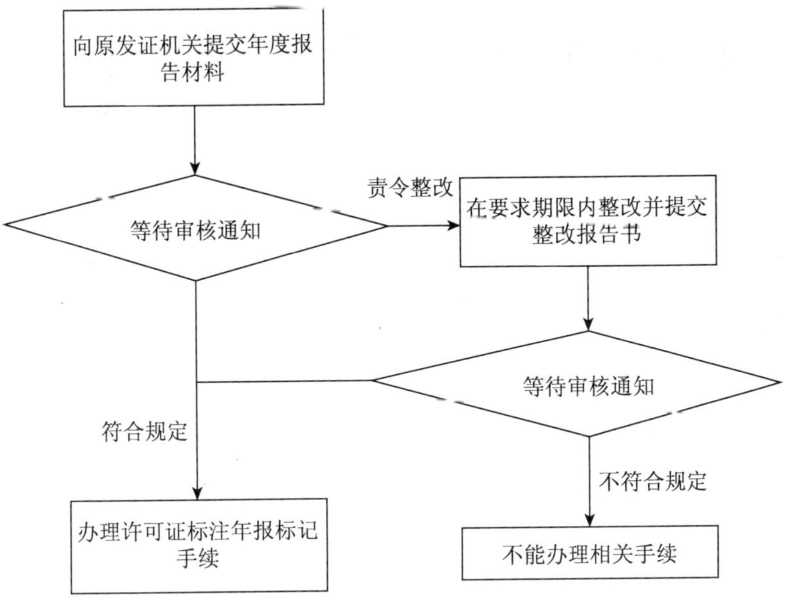

2. 邮政管理部门办理快递业务经营许可年度报告流程图

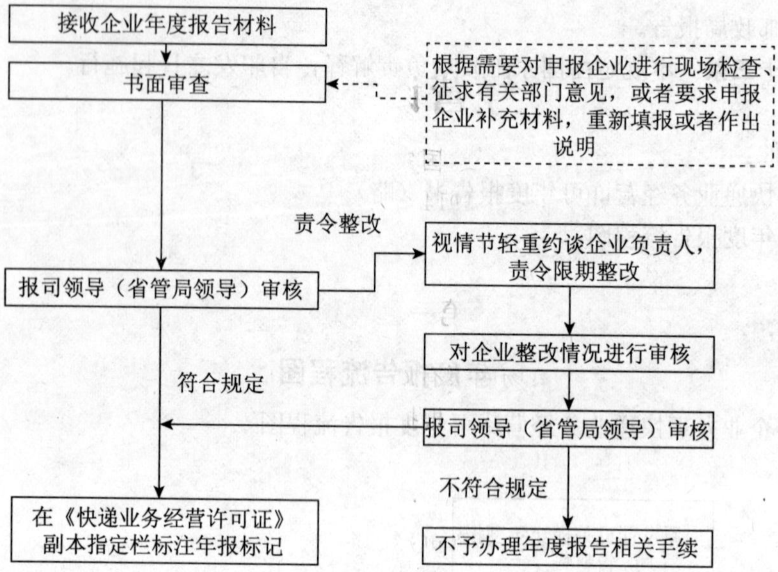

032

快递业务经营许可注销管理规定

国家邮政局

2014 年 6 月 6 日

第一章　总则

第一条　为促进快递市场健康有序发展，完善快递业务经营许可管理制度，规范快递业务经营许可注销管理，根据《中华人民共和国行政许可法》、《中华人民共和国邮政法》、《快递市场管理办法》、《快递业务经营许可管理办法》等法律、规章，制定本规定。

第二条　实施快递业务经营许可注销管理，适用本规定。

本规定所称快递业务经营许可注销，是指快递业务经营许可被依法撤回、撤销，快递业务经营许可证被依法吊销，或快递业务经营许可存在其他法定情形被依法终止，邮政管理部门办理许可注销手续。

第三条　国务院邮政管理部门和省、自治区、直辖市邮政管理机构以及按照国务院规定设立的省级以下邮政管理机构（以下统称邮政管理部门）负责快递业务经营许可注销管理工作。

第四条　快递业务经营许可注销管理，应当遵循公开、公平、公正的原则。

第二章　注销的适用

第五条　有下列情形之一的，邮政管理部门依法注销快递业务经营许可：

（一）快递业务经营许可证有效期届满未延续的；

（二）企业法人资格依法终止的；

（三）连续六个月未营业的；

（四）快递业务经营许可证有效期内停止经营的；

（五）快递业务经营许可依法被撤销、撤回，或者快递业务经营许可证被依法吊销的；

（六）法律、行政法规规定的其他情形。

第六条　本规定所称快递业务经营许可证有效期届满未延续，包括下列情形：

（一）未在快递业务经营许可证有效期届满三十日前向颁发许可证的邮政管

理部门提出换领许可证申请的；

（二）在法定期限内向颁发许可证的邮政管理部门提出换领许可证申请，经审查申请企业不符合延续条件，作出不予换领决定的；

（三）法律、行政法规规定的其他情形。

第七条 本规定所称企业法人资格依法终止，是指经营快递业务的企业发生解散、破产等情形，导致企业法人主体资格终止。

第八条 本规定所称连续六个月未营业，包括下列情形：

（一）申请人取得快递业务经营许可后，无正当理由超过六个月未经营快递业务的；

（二）申请人取得快递业务经营许可后，超过六个月未完成工商登记手续的；

（三）取得快递业务经营许可的企业，连续六个月未按许可范围开展快递业务，且未按规定书面报告邮政管理部门的；

（四）法律、行政法规规定的其他情形。

第九条 本规定所称快递业务经营许可证有效期内停止经营，包括下列情形：

（一）经营快递业务的企业在许可有效期内终止经营，交回快递业务经营许可证的；

（二）取得快递业务经营许可的企业，连续两年未提交快递业务经营许可年度报告书，经邮政管理部门通告仍未提交，并按照其快递业务经营许可证载明的注册地址无法联络的；

（三）法律、行政法规规定的其他情形。

第十条 本规定所称快递业务经营许可被依法撤销，包括下列情形：

（一）邮政管理部门工作人员滥用职权、玩忽职守作出准予快递业务经营许可决定的；

（二）邮政管理部门及工作人员超越法定职权作出准予快递业务经营许可决定的；

（三）邮政管理部门违反法定程序作出准予快递业务经营许可决定的；

（四）对不具备申请资格或者不符合法定条件的申请人准予快递业务经营许可决定的；

（五）依法可以撤销快递业务经营许可的其他情形。

被许可人以欺骗、贿赂等不正当手段取得快递业务经营许可的，应当予以撤销。

依照前两款的规定撤销快递业务经营许可，可能对公共利益造成重大损害的，不予撤销。

第十一条 本规定所称快递业务经营许可依法被撤回，包括下列情形：

（一）快递业务经营许可依据的法律、法规、规章修改或者废止的；

（二）准予快递业务经营许可所依据的客观情况发生重大变化的；

（三）依法应当撤回快递业务经营许可的其他情形。

第十二条　本规定所称快递业务经营许可证被依法吊销，包括下列情形：

（一）经营由邮政企业专营的信件寄递业务或者寄递国家机关公文，依照《中华人民共和国邮政法》第七十二条吊销快递业务经营许可证的；

（二）违反《中华人民共和国邮政法》第五十一条第二款的规定，经营信件的国内快递业务，依照《中华人民共和国邮政法》第七十二条吊销快递业务经营许可证的；

（三）不建立或者不执行收件验视制度，或者违反法律、行政法规以及国务院和国务院有关部门关于禁止寄递或者限制寄递物品的规定收寄快件，依照《中华人民共和国邮政法》第七十五条吊销快递业务经营许可证的；

（四）违法提供用户使用快递服务的信息，依照《中华人民共和国邮政法》第七十六条吊销快递业务经营许可证的；

（五）拒绝、阻碍依法实施的监督检查，依照《中华人民共和国邮政法》第七十七条吊销快递业务经营许可证的；

（六）在经营活动中有危害国家安全行为，依照《中华人民共和国邮政法》第七十八条吊销快递业务经营许可证的；

（七）法律、行政法规规定的依法应当吊销快递业务经营许可证的其他情形。

第三章　注销程序

第十三条　快递业务经营许可的注销手续由颁发许可证的邮政管理部门办理。

国务院邮政管理部门负责办理跨省、自治区、直辖市经营或者经营国际快递业务许可的注销手续。省、自治区、直辖市邮政管理机构负责办理本行政区域范围内快递业务经营许可的注销手续。

按照国务院规定设立的省级以下邮政管理机构负责本辖区日常检查，发现经营快递业务的企业存在本规定第五条所列情形的，应当及时进行调查取证，并报上一级邮政管理部门。

第十四条　符合本规定第五条第（一）项、第（二）项、第（三）项、第（五）项和第九条第（二）项情形的，颁发许可证的邮政管理部门应当启动快递业务经营许可注销程序，开展调查取证，填写快递业务经营许可注销审核表，提出拟注销被许可人名单，并在邮政管理部门政府网站上进行公示，公示期不少于十五日。

公示期内无异议的，由颁发许可证的邮政管理部门办理注销手续。公示期内被许可人提出陈述和申辩的，邮政管理部门应当进行核实；被许可人提出的陈述和申辩成立的，应当予以采纳。

第十五条 符合本规定第九条第（一）项情形的，被许可人在终止经营后三十日内，应当向颁发许可证的邮政管理部门申请注销快递业务经营许可，并提交以下材料：

（一）法定代表人签字并加盖申请企业公章的快递业务经营许可注销申请书和快递业务经营许可注销登记表；

（二）法定代表人身份证原件及复印件，如需代理人办理的，提供代理人身份证原件及复印件以及法定代表人签字的授权委托书原件，以上文件均需加盖申请企业公章；

（三）快递业务经营许可证原件正本及所有副本（含所有分支机构名录）；

（四）终止经营快递业务的书面报告；

（五）按照国务院邮政管理部门的规定妥善处理尚未投递的快件的书面证明；

（六）国务院邮政管理部门规定的其他材料。

未按照前款规定在终止经营后三十日内提出快递业务经营许可注销申请的，颁发许可证的邮政管理部门按照本规定第十四条办理注销手续。

第十六条 颁发许可证的邮政管理部门按照本规定进行调查取证时，被许可人经营地域范围内的邮政管理部门应当协助核查，并在快递业务经营许可注销审核表上签署意见。

第十七条 颁发许可证的邮政管理部门办理注销手续，应当填写快递业务经营许可注销登记表，并在邮政管理部门政府网站上公告注销，公告应包括注销的被许可人名单、事项等。

第十八条 颁发许可证的邮政管理部门对交回的快递业务经营许可证原件及副本加盖注销专用章，并负责注销档案资料的收集、归档。

第四章　监督管理

第十九条 停止经营快递业务，未书面告知邮政管理部门并交回快递业务经营许可证，或者未按照国务院邮政管理部门的规定妥善处理尚未投递的快件的，邮政管理部门应当依照《中华人民共和国邮政法》第七十三条处理。

第二十条 快递业务经营许可被注销后，仍继续经营快递业务的，邮政管理部门应当依照《中华人民共和国邮政法》第七十二条处理。

第二十一条 违反《中华人民共和国邮政法》规定被吊销快递业务经营许可证的，自快递业务经营许可证被吊销之日起三年内，不得申请经营快递业务。

第二十二条 公民、法人和其他组织发现邮政管理部门的工作人员在办理快递业务经营许可注销时有违法行为的，有权向邮政管理部门举报，接到举报的邮政管理部门应当及时核实、处理。

第五章　附则

第二十三条　邮政管理部门依法办理快递业务经营许可注销，应当使用国务院邮政管理部门制定的统一格式的文书。

第二十四条　本规定自 2014 年 6 月 1 日起施行。

七 快递业务管理

033

关于印发快递业务旺季服务保障工作指南的通知

国邮发〔2013〕153号

为逐步建立旺季服务保障长效机制，指导快递业务旺季期间工作有序开展，国家邮政局制定了《快递业务旺季服务保障工作指南》（以下简称《旺季指南》)。《旺季指南》针对业务旺季的准备、运营和应急保障等工作，划定旺季范围、确定保障原则、并明确了相关组织机构的设置、工作内容和职责分工。现将《旺季指南》印发给你们。请各省（区、市）邮政管理局及时通知并指导企业遵照执行。

国家邮政局

二〇一三年八月七日

快递业务旺季服务保障工作指南

国家邮政局

2013年8月7日

第一章 总则

第一条 为指导快递业务旺季期间工作有序开展，保证服务质量和安全，维护消费者合法权益，依据《中华人民共和国邮政法》、《快递市场管理办法》等有关法律、法规规章，制定本指南。

第二条 本指南所称快递业务旺季，是指因市场需求波动引起快件（邮件）业务量急剧增长，超出快递服务网络的常规处理能力而形成的具有一定周期性业务高峰期。

快递业务旺季范围包括：

（一）春节前30天，以及其他重要节日前后的一定时期；

（二）大型电子商务平台促销活动期间；

（三）其他特殊情况形成的快递业务高峰期。

第三条　快递业务旺季服务保障工作坚持提前准备，周密计划；围绕中心，全力保障；着眼全网，统一调度；加强监管，统筹协调的原则，通过加强快递业务监测预警和信息沟通，合理调配资源储备，建立快递旺季服务应急处置机制，切实保障生产运行安全、平稳、有序。

第四条　邮政管理部门加强指导与协调，快递行业协会做好行业自律和服务，在我国境内经营快递业务的企业（以下简称快递企业）加大资源投入、强化运营管理，共同保障快递业务旺季服务的顺利进行。

第二章　前期准备

第五条　国务院邮政管理部门成立快递业务旺季服务保障工作领导小组，设置办公室，负责组织、指挥、协调全国快递业务旺季服务保障监督管理工作，指导有关重大问题的处理。

省、自治区、直辖市邮政管理机构，以及按照国务院规定设立的省级以下邮政管理机构，也应设立相应机构，负责本辖区快递业务旺季服务保障工作的监督管理，及时协调和处理重大问题，完成上级邮政管理部门交办的有关工作。

第六条　快递行业协会应设置快递业务旺季服务协调机构，引导企业加强行业自律，积极帮助企业解决有关困难，为旺季保障工作做好服务。

第七条　快递企业及其分支机构应成立快递业务旺季保障工作领导小组，设立快递业务旺季生产运行指挥调度中心，贯彻落实国家有关制度规范，制定本企业快递业务旺季生产运行指挥调度方案并组织实施。

快递企业业务旺季保障工作领导小组成员名单及相关信息应及时向所在地邮政管理部门报备。

第八条　邮政管理部门应逐步建立快递旺季服务保障长效机制，加强对快递市场的监测、分析和评估，对于具有较强规律性或能够通过与网络零售平台联动机制提前获知信息的快递业务旺季，应提前1个月对旺季的业务量增长程度、寄递渠道受影响范围等做出判断。

第九条　邮政管理部门应在日常巡检中指导快递企业合理组织和使用生产要素，改进服务薄弱环节，规范业务操作流程；应与快递企业签署快递业务旺季服务和安全保障工作责任书，落实保障措施和责任。

第十条　快递行业协会应引导快递企业贯彻落实国家关于快递业务旺季的各项部署，搭建快递企业与电子商务协会、电子商务企业的对接协调机制，推动网购信息与快递信息的互联互通，保障电子商务企业和快递企业业务衔接、运行顺畅。

第十一条　快递企业应加强对快递业务旺季生产的预测、研判，制定措施严密的保障方案、灵活有效的指挥调度方案和应急预案，严明业务旺季生产运营纪律，确保方案、预案的落实执行。

第十二条 快递企业应加强快递业务旺季的从业人员储备，对储备人员进行必要的岗前教育和培训，采取积极措施保障员工队伍稳定，关心员工生活，维护员工权益。

第十三条 快递企业应根据对旺季的业务预测，提前做好全网车辆、航空仓位等运能资源，以及收寄、投递资源的组织、调配计划和应急预案，确保服务承诺、服务时限和服务质量。

第十四条 快递企业应根据业务发展需求，合理规划设计和建设快件（邮件）集散交换和分拣处理场所，新建设、改造的分拣处理场所，宜预留备用场地。

第十五条 快递企业应持续加大基础设施投入，提升快件（邮件）装卸和传输的机械化、自动化水平，提高快件（邮件）处理效率，并确保生产设施、设备完好，保障快递业务旺季正常运行。

第三章　旺季运营

第十六条 快递企业的生产运行调度指挥中心在业务旺季应实行 24 小时值班制度，实行自下而上的信息报告制度，掌握全网生产运行动态，及时调配生产资源，处置突发情况，确保全程全网生产运行稳定。

第十七条 快递企业应按照《快递服务》国家标准、《快递业务操作指导规范》、《邮政行业安全防范工作规范》等要求组织生产作业，加强对重点地区、重点部位、重点环节的过程监控和监督检查，确保快递服务质量和安全生产。

第十八条 快递业务旺季期间，快递企业在每个开办业务的城市应持续提供快件（邮件）收寄和投递服务，不得擅自停收或停投快件（邮件）。

因特殊原因，快递企业需暂停经营服务的（包括关闭网络、停开网络班车、停止收寄或停止投递等情况），应向所在地邮政管理部门提交书面报告，并按照规定妥善处理好未投递的快件（邮件）。

第十九条 快递企业服务地点、服务时间、服务范围、服务方式、快件（邮件）时限、查询投诉方式等发生变更时，要通过大众媒介或企业网站、对外营业服务场所向消费者公告，并同时说明原因，做好宣传解释工作。

快递企业的营业时间应向所在地邮政管理部门备案。

第二十条 快递企业对于因成本增加确需上调资费，或者为提供法定节假日快递增值服务而需要另行收费的，应提前向用户说明，并向社会公布。

第二十一条 快递企业应合理规划和控制全网快件（邮件）总量，做好快件（邮件）收寄预警工作，为用户提供寄件频次和寄件数量调整等合理化建议。

第二十二条　快递企业应通过采取加大直运力度、减少中转环节、增加处理频次等措施，加快快件（邮件）处理速度；中转和投递中应遵循“先到先转、先到先投”的原则，避免积压。

快递企业应文明生产、安全生产，严禁野蛮作业行为，避免快件（邮件）延误、丢失和损毁。

第二十三条　快递企业应适当增加旺季期间客服人员，及时提供快件（邮件）跟踪查询和投诉受理服务。对邮政业消费者申诉受理中心交办的申诉事项及时处理并进行回复。

第二十四条　邮政管理部门应指导企业严格履行服务承诺，畅通投诉渠道；督促快递企业严防收寄违禁品，防范发生快件（邮件）丢失损毁以及交通、火灾等安全事故，及时消除安全隐患。

第二十五条　邮政管理部门应严格按照法律法规规定，依法加强对快递企业的全过程监督管理。对经营许可期内违法停止经营服务的企业，依据《邮政法》第七十三条规定严肃查处。将快递企业旺季服务保障情况纳入经营许可年度报告，实行快递企业分等分级管理，实行快递服务表彰处罚制度，强化快递服务监管。

第二十六条　快递行业协会应落实快递行业自律公约，引导快递企业积极履行社会责任义务，自觉维护快递市场秩序和消费者合法权益；引导企业依法用工，维护企业员工权益；积极推动快递企业之间的合作交流，为企业合作共赢发挥桥梁纽带作用；积极协助快递企业开展员工培训，为快递企业做好旺季生产保障工作提供帮助和服务。

第二十七条　快递业务由旺季转入正常运营后，快递企业应对旺季服务保障工作进行认真分析与评估，及时总结经验与教训，不断改进服务水平和提升服务质量。

第四章　应急保障

第二十八条　邮政管理部门应指导快递企业强化应急物资储备，提高应急防范能力。当快递旺季业务量激增程度对全行业寄递渠道畅通产生严重影响时，邮政管理部门可通过报告、沟通、协调等方式，帮助快递企业争取更大范围的社会支持，妥善应对旺季业务高峰。

第二十九条　邮政管理部门可根据辖区内旺季业务量变动以及流量和流向情况，向社会发布快递业务旺季消费提示。消费提示的内容应包括：通告快件（邮件）收寄、投递压力较大的区域，提示消费者应注意的事项和消费建议等。必要时，国务院邮政管理部门和重点省、自治区、直辖市邮政管理机构可召开快递业务旺季新闻发布会，向社会公布快递业务旺季的有关情况以及行业的应对措施。

第三十条 在快递业务旺季期间，邮政管理部门实行值班制度，保持上下内外联系，及时处置各种突发事件。

省级以下邮政管理机构的值班人员安排和联系方式应报上一级邮政管理部门备案。

各省、自治区、直辖市邮政管理机构的值班人员安排和联系方式应报国务院邮政管理部门备案。

第三十一条 各级消费者申诉处理中心应实行值班制度，畅通消费者申诉渠道，及时妥善处理消费者申诉。

第三十二条 快递企业应按照国家有关规定建立突发事件应急机制。凡发生影响县域及其以上范围寄递渠道安全畅通的情况，应按照《国家邮政业突发事件应急预案》要求，向邮政管理部门报告和进行处置，并对社会公告；以加盟方式开展快递业务经营的，被加盟人、加盟人应分别向所在地邮政管理部门报告。

第五章 附则

第三十三条 本工作指南由国家邮政局解释说明。

第三十四条 本工作指南自 2013 年 9 月 1 日起施行。

034

关于印发《无法投递又无法退回邮件管理办法》的通知

国邮发〔2014〕12号

各省、自治区、直辖市邮政管理局，中国邮政集团公司：

《无法投递又无法退回邮件管理办法》已经2013年12月31日第155次局长办公会议审议通过，自发布之日起施行。现将《无法投递又无法退回邮件管理办法》印发给你们，请结合实际认真贯彻执行。

国家邮政局

二〇一四年一月十四日

无法投递又无法退回邮件管理办法

国家邮政局

2014年1月14日

第一条　为了保护通信自由和通信秘密，保护用户合法权益，根据《中华人民共和国邮政法》及相关规定，制定本办法。

第二条　邮政企业寄递的无法投递又无法退回的信件和其他邮件的保管、处理及销毁等适用本办法，法律法规另有规定的除外。

第三条　邮政企业对无法投递的邮件，应当退回寄件人。

邮件无法投递的情形包括：

（一）收件人地址书写不详或者错误；

（二）原书地址无该收件人；

（三）收件人迁移新址不明；

（四）收件人是已经撤销的单位，且无代收单位或个人；

（五）收件人死亡，且无承继人或代收人；

（六）收件人拒收邮件或者拒付应付的费用；

（七）邮件保管期满收件人仍未领取；

（八）其他原因导致邮件无法投递。

第四条　邮件无法投递，且具有下列情形之一的，作为无法投递又无法退回邮件处理：

（一）寄件人地址不详；

（二）寄件人声明抛弃；

（三）邮件退回后寄件人拒收或者拒绝支付有关费用；

（四）邮件保管期满寄件人仍未领取。

第五条 国家邮政局负责监督本办法在全国范围内的施行。各省、自治区、直辖市邮政管理局（以下简称省级邮政管理机构）在国家邮政局的领导下，负责监督本办法在本地区的施行。

第六条 各省、自治区、直辖市邮政公司（以下简称省级邮政企业）应当设立或指定具体处理无法投递又无法退回邮件工作的内部机构，执行本地区无法投递又无法退回邮件的保管、核实和处理工作。

省级邮政企业应当将无法投递又无法退回邮件处理的内部机构报省级邮政管理机构备案。

第七条 省级邮政企业应当对经过确认的无法投递又无法退回邮件按照时间顺序予以分类登记保管。

无法投递又无法退回邮件的保管期限分别为：

（一）平常信件和给据国际信件自登记保管之日起不少于六个月；

（二）平常印刷品自登记保管之日起不少于十日；

（三）给据国内信件自登记保管之日起不少于六个月且自用户交寄之日起不少于一年；

（四）其他给据国内邮件自用户交寄之日起不少于一年；

（五）其他给据国际邮件自用户交寄之日起不少于一百八十日。

对于不宜长期保存或发生泄漏造成污染的无法投递又无法退回邮件，省级邮政企业在登记注明后可视实际情况处理。

第八条 省级邮政企业应当安排专门的场地对无法投递又无法退回邮件进行保管，并应将场地地点、面积等信息报省级邮政管理部门备案。

第九条 无法投递又无法退回邮件在保管期限内，且在法定邮件查询期限内的，遇用户出具相关交寄邮件证明查询给据邮件，邮政企业应当予以投交或退回，相关资费按物价管理部门规定的标准执行；已按照本办法第七条规定提前处理的除外，但应向用户提供书面说明。

法定邮件查询期限届满的无法投递又无法退回邮件，可不再接受用户查询。

第十条 无法投递又无法退回的邮件在保管期限内，邮政企业应妥善保管，不得泄露用户的通信秘密；不得抽拿、隐匿；不得私自开拆处理和销毁。

第十一条 无法投递又无法退回的信件，自省级邮政企业确认超过保管期限又无人认领的，由省级邮政企业在省级邮政管理机构的监督下销毁。

省级邮政企业拟销毁无法投递又无法退回信件的，应当提前十个工作日向省级邮政管理机构报送关于销毁无法投递又无法退回信件的申请书，申请书应当注明拟销毁的无法投递又无法退回信件的数量、保管时间，以及预定的销毁时间、销毁地点、销毁费用等内容，并附拟销毁的无法投递又无法退回信件的登记保管时间的证明资料。

第十二条　省级邮政管理机构收到省级邮政企业关于销毁无法投递又无法退回信件的申请书后，应当审查申请书内容及其所附拟销毁的无法投递又无法退回信件的登记保管时间的证明资料是否完备。

申请书内容及其所附拟销毁的无法投递又无法退回信件的登记保管时间的证明资料完备的，省级邮政管理机构应当按照审定的销毁时间，派员到场监督销毁。监督销毁人员不得少于二人。

省级邮政企业不得在没有省级邮政管理机构监督的情况下销毁无法投递又无法退回信件。

申请书内容及其所附拟销毁的无法投递又无法退回信件的登记保管时间的证明资料不完备的，省级邮政管理机构应当自受理之日起五个工作日内通知省级邮政企业补报相关资料。

省级邮政管理机构及其受理、审查、监督销毁人员，不得泄露用户的通信秘密。

第十三条　省级邮政企业应当委托具有保密资质的单位销毁无法投递又无法退回信件。

接受委托的单位，应书面承诺保守因销毁工作而接触到的有关商业秘密和用户的通信秘密。

第十四条　省级邮政企业对确认超过保管期限的无法投递又无法退回的其他邮件，应当由两名以上工作人员共同开拆处理，逐项登记处理情况。

省级邮政企业对无法投递又无法退回的其他邮件的处理情况，应当按季度报省级邮政管理机构备案。备案信息应当包括本季度处理无法投递又无法退回的其他邮件的详细清单、各件邮件的处理情况、处理结果、处理费用和处理人员等内容。

第十五条　省级邮政企业对从无法投递又无法退回的其他邮件中开拆出的货币和物品，按下列规定处理：

（一）人民币现金，金银饰品和外币兑换的人民币现金，国内现行有效邮票销售所得价款，以及其他各类可变卖物品交当地相关部门收购（变卖）所得价款，扣除无法投递又无法退回邮件的处理费用和应付邮资后，按照政府非税收入管理和国库集中收缴管理有关规定，上缴中央国库。

（二）存款单、存折、银行票据凭证应以给据邮件形式寄往签发该单证的银行业金融机构的法人机构或外资银行的境内主报告行处理。

（三）户口迁移证、护照、居民身份证和其他证书、证件应以给据邮件形式寄往证件制作机构或证件签发机构处理。

（四）其他不能变卖的物品，以及第（二）、第（三）项中因签发该单证或证书的机构撤销、调整而无法寄达的单证或者证书，根据具体情况依法处理。

第十六条 无法投递又无法退回邮件的处理费用包括保管费用、销毁费用、变卖交易费用等。

第十七条 省级邮政企业开拆处理无法投递又无法退回的其他邮件的内件以及转送相关机构处理时，应做好记录和交接工作。

第十八条 无法投递又无法退回的进境国际邮递物品交海关依照《中华人民共和国海关法》的规定处理。

第十九条 省级邮政企业集中处理本地区无法投递又无法退回邮件工作确有困难的，经省级邮政管理机构书面同意，市（地）级邮政企业可以在市（地）级邮政管理机构的监督下，参照本办法开展本市（地）无法投递又无法退回邮件的保管、处理及销毁工作。

第二十条 中国邮政集团公司和省级邮政企业应加强对无法投递又无法退回邮件的内部管理。无法投递又无法退回邮件的处理情况，应当纳入向邮政管理机构提交的年度自查结果。

第二十一条 国家邮政局和省级邮政管理机构应当对邮政企业保管、核实和处理无法投递又无法退回邮件的情况加强日常监督检查，检查结果纳入邮政普遍服务年度监管报告。

第二十二条 本办法自发布之日起施行。

035

关于加强快递企业代收货款业务管理的通知

国邮发〔2010〕62号

各省、自治区、直辖市邮政管理局：

代收货款业务是快递企业适应社会需求，利用快递网络和资源，最大限度地为用户提供便利的增值服务，对促进经济社会发展起到积极的作用。由于代收货款业务主要是以现金方式完成，资金量大、经营风险高，增加了管理难度。为进一步加强代收货款业务的管理，防范风险。现将有关事项通知如下：

一、加强监督管理，促进规范发展。各省（区、市）邮政管理部门要加强对代收货款业务的监督管理，按照“谁经营，谁负责”的原则，督促快递企业强化内部管理，制定和完善操作流程和风险防控措施。建立代收货款业务资金独立账户，并与委托方签订权利、义务明确的服务协议。快递企业应承担所属品牌经营者代收货款业务的管理责任，在履行快件寄递责任与义务的同时，严格遵守国家相关的法律、法规，确保代收货款资金支付与结算安全，严禁挪用、拆借代收货款资金以及无故拖延还款等情况的发生。

二、加强检查指导，防范经营风险。各省（区、市）邮政管理部门要加强代收货款业务的检查，规范快递市场经营秩序，提升快递服务水平。重点是对管理制度落实、关键环节监控以及风险防控措施进行检查，提高快递企业规范操作和风险防范能力。要指导和帮助快递企业建立规范的管理制度、操作流程、资金返还以及突发事件应急机制，有效防范经营风险，促进代收货款业务健康、稳定发展。

三、加强信息掌控，确保应急处置。各省（区、市）邮政管理部门要建立代收货款业务信息定期上报制度，实时掌控快递企业办理代收货款业务的基本情况和发展动态。要充分发挥邮政业12305申诉中心的作用，及时掌握代收货款业务的“投诉、申诉、举报”情况，发现倾向性、苗头性、趋势性问题，果断处理。密切关注代收货款业务新动向，发现快递企业出现挪用、拆借等严重问题，迅速启动应急处置机制，采取措施妥善处置，防止事态蔓延扩大，严防群体事件发生。

四、加强宣传教育，引导诚信经营。各省（区、市）邮政管理部门要加强对快递企业的宣传教育，引导快递企业严格遵守国家相关的法律、法规，自觉形成守法经营、诚信经营、规范运作的经营思想和经营理念，积极服务于社会各界。

要充分发挥政府职能作用，努力营造良好的市场发展环境。开展快递企业服务评价工作，建立企业诚信管理体系，向社会推荐服务优、信誉好的快递企业，展示快递企业良好形象。

五、加强行业自律，建立沟通机制。各省（区、市）邮政管理部门要积极发挥快递协会协调和指导作用，加强行业自律，努力构建政府监管，行业自律，企业内控，社会监督的风险防范体系，促进代收货款业务健康、稳定发展。要建立沟通机制，组织快递企业研究和探索代收货款业务经营模式，交流管理经验，引导快递企业强化管理，运用技术手段，有效降低经营风险。

国家邮政局

二〇一〇年四月十九日

036

关于废止《国家邮政局、国家外汇管理局、海关总署关于对海关、国家外汇管理局进出口结售汇专用报关单核查工作使用特快专递寄送的通知》（国邮联〔1999〕340号）的公告

经与国家外汇管理局、海关总署研究，现决定废止1999年7月6日原国家邮政局、国家外汇管理局、海关总署联合印发的《国家邮政局、国家外汇管理局、海关总署关于对海关、国家外汇管理局进出口结售汇专用报关单核查工作单证使用特快专递寄送的通知》（国邮联〔1999〕340号）。

特此公告。

国家邮政局

二〇一二年八月十三日

八 快递标准

037

邮政行业标准管理办法（试行）

国家邮政局

2010 年 5 月 6 日

第一章 总则

第一条 为了加强邮政行业标准的管理，有序开展标准化工作，根据《中华人民共和国邮政法》、《中华人民共和国标准化法》和《行业标准管理办法》的有关规定，制定本办法。

第二条 邮政行业标准是指没有国家标准而又需要在全国邮政行业内统一的技术要求、服务要求和管理要求所制定的标准。

第三条 下列内容应当制定为行业标准：

（一）行业通用的术语、符号、代号（含代码）、标识、文件编写格式等技术语言；

（二）邮政普遍服务的服务质量、服务设施以及安全管理等要求；

（三）快递业务的服务质量、安全管理以及相关信息系统的互联互通等要求；

（四）行业通用设备、车辆及用品用具的技术要求以及检测方法等；

（五）其他需要制定为行业标准的。

第四条 邮政行业标准不得与有关国家标准相抵触。有关行业标准之间应保持协调、统一，不得重复。行业标准在相应的国家标准实施后，即行废止。

第五条 鼓励企业制定高于国家标准和行业标准的企业标准。企业标准应依法报邮政管理部门备案。

第二章 组织机构

第六条 国家邮政局是邮政行业标准的主管部门，政策法规司负责邮政行业标准的归口管理工作。主要包括：

（一）贯彻执行国家标准化法律法规，制定并组织实施行业标准化管理办法和相关管理制度；

（二）组织建立行业标准体系，拟订行业标准化发展规划；

（三）组织年度行业标准项目的制修订工作；

（四）组织行业标准的审批发布工作；

（五）归口管理行业标准的学习和培训工作，并对标准实施进行指导，协调处理标准化的有关问题；

（六）组织行业标准的复审工作；

（七）组织提出有关国家标准的建议；

（八）组织对国际标准化动态的跟踪研究工作，参加相关国际标准化活动。

第七条　国家邮政局其他司局的标准化工作，主要包括：

（一）根据需要，提出年度标准制修订项目建议；

（二）参与相关标准的制修订工作，对起草单位在标准制修订过程中遇到的业务问题进行指导；

（三）按照职责分工，负责相关标准的组织实施和监督检查工作；

（四）参与协调处理标准化的有关问题。

第八条　各省（区、市）邮政管理局应指定机构和人员，组织完成本地区的邮政业标准化工作。主要包括：

（一）贯彻执行国家标准化法律法规、行业标准化管理办法和相关管理制度；

（二）根据本地区需要，提出年度行业标准制修订项目建议；

（三）组织本地区有关部门和人员参与有关国家标准、行业标准和地方标准的制修订工作；

（四）负责有关国家标准、行业标准在本地区的培训、宣贯和实施工作，并依法对实施情况进行监督检查。

（五）按照国家邮政局部署，协调处理本地区标准化的有关问题。

第九条　行业标准化技术委员会（以下简称标委会）负责邮政行业国家标准的起草和技术审查等工作。经国家邮政局委托，负责邮政行业标准的技术审查工作，其工作内容和工作程序遵照标委会的有关章程执行。

第十条　邮政企业、快递企业和相关生产企业等应充分发挥在标准化工作中的作用。主要包括：

（一）根据本单位需要，提出年度行业标准制修订项目建议；

（二）参与有关国家标准和行业标准的制修订工作；

（三）协助完成相关标准的调研工作；

（四）负责有关国家标准和行业标准在本单位的培训、宣贯和实施工作；

（五）组织开展企业标准的制修订工作。

第三章　标准项目的立项

第十一条　邮政行业标准项目包括行业标准的制修订项目和标准化研究

课题。

第十二条 邮政行业标准化研究课题的范围，主要包括：标准化方针政策研究；标准体系研究；标准化发展规划研究；标准化基础理论和基本方法研究；重要标准制定的预先研究；标准实施与实施监督研究；国际、国外标准化工作方法及发展动向的研究。

第十三条 对于邮政行业中尚在发展的某项技术，需要有相应的标准文件引导其发展；或具有标准化价值，尚不能制定为标准的项目；或采用国际标准化组织、万国邮政联盟以及其他国际组织技术报告的项目，可以制定邮政行业标准化指导性技术文件。

第十四条 国家邮政局各司局、各省（区、市）邮政管理局、相关企业等，可根据标准体系、标准化发展规划和业务发展等需要，提出年度行业标准制修订项目的立项建议。

第十五条 国家邮政局政策法规司对各单位提出的立项建议进行汇总、整理，报局批准后，负责与标准起草单位协商标准项目委托事宜。起草单位按照合同条款执行标准制修订任务。

第四章 标准的制定

第十六条 起草单位对标准项目的编写质量及其技术内容全面负责。起草单位应在广泛调研、深入研究的基础上，按 GB/T 1《标准化工作导则》的要求起草征求意见稿，同时编写“编制说明”及有关附件。“编制说明”的主要内容一般包括：

（一）工作简况，包括任务来源、项目意义、主要工作过程；

（二）标准编制原则和标准主要内容的确定依据。修订标准时，应增列新旧标准内容的对比；

（三）重大分歧意见的处理结果和依据；

（四）与有关的现行法律、法规和国家标准的关系；

（五）采用国际标准和国外先进标准的程度，以及与国际、国外同类标准水平的对比情况；

（六）标准预期的经济效益和社会效益；

（七）贯彻实施标准的要求和措施建议；

（八）废止现行有关标准的建议；

（九）其他应予以说明的事项。

对需要有样品对照的标准，一般应在标准审查前制备相应的标准样品。

第十七条 征求意见稿及其“编制说明”和有关附件，经起草单位的技术负责人审查后，按国家邮政局要求，由起草单位负责征求各省（区、市）邮政管理局、标委会各位委员、有关生产、使用、科研、检验等单位的意见，征求意见的期限一般为一个月。对于涉及面广、关系重大的行业标准，国家邮政局还应在其政府网站上公开征集社会各界的意见和建议。

被征求意见的委员和单位应在规定期限内回复意见，如没有意见也应复函说明，逾期不复函，按无异议处理。对于比较重大的意见，应提出技术经济论证等理由。

第十八条　起草单位对征集的意见进行归纳整理、分析研究后，提出标准送审稿、“编制说明”、“意见汇总处理表”及有关附件，送标委会秘书处审阅，确定能否提交审查。必要时可重新征求意见。

第十九条　标委会秘书处将标准送审稿等材料送主任委员初审后，提交全体委员进行审查（会审或函审）。

一般情况下，秘书处应在会议或投票前半个月，将标准送审稿等材料提交给各位委员；对于任务紧急的制修订标准，可适当缩短提交时间。

第二十条　标准审查时，原则上应协商一致，如需表决，则必须有全体委员的四分之三以上同意，方为通过（会审时未出席会议，也未说明意见者，以及函审时未按规定时间投票者，按弃权计票）。

会议审查时，标委会负责形成“会议纪要”；函审时，应负责写出“函审结论”，并附各位委员提交的“函审单”。秘书处应当将标准审查的投票情况和不同意见以书面形式记录在案，作为标准审查意见的附加说明。

第二十一条　对于审查通过的标准项目，起草单位应根据审查意见对标准送审稿进行修改完善，及时完成报批稿，经标委会秘书处复核，主任委员或者其委托的副主任委员审核后，由国家邮政局政策法规司报局批准发布。对于审查未通过的标准项目，起草单位应按照审查意见的要求，修改补充有关内容，再次形成标准送审稿，重新提交全体委员进行审查。

第二十二条　标准报批时，起草单位应提交的文件有：公文1份、标准报批稿、“编制说明”、“意见汇总处理表”、标准审查会议纪要或“函审结论”及其他附件各2份；如系采用国际标准或国外先进标准制定的标准，应有该国际标准或国外先进标准原文和译文各1份。

第二十三条　标准项目在执行过程中，必要时可以进行调整。调整分为以下两种情况：

（一）对项目的内容、起草单位、计划进度等内容进行调整；

（二）对确属不宜制定行业标准的项目，予以撤销。

第二十四条　项目调整履行以下程序：

（一）起草单位认真编写调整事项和调整理由，报国家邮政局政策法规司审批；

（二）对于重大调整事项，政策法规司报局领导审批；

（三）如果调整申请未被批准，起草单位应按原定计划开展工作。

第二十五条 标准化指导性技术文件和标准化研究课题的制定程序，遵照行业标准的制定程序执行。

第二十六条 政策法规司可根据需要，委托标委会秘书处承担行业标准的跟踪管理、主持审查、文稿核对等事务性工作，并提供必要的经费支持。

第五章 标准的审批与发布

第二十七条 国家邮政局对行业标准报批稿及其相关材料进行审批。审批通过后，进行编号、发布。

第二十八条 邮政行业标准的编号由标准代号、发布顺序号及发布年号组成。

强制性行业标准编号：

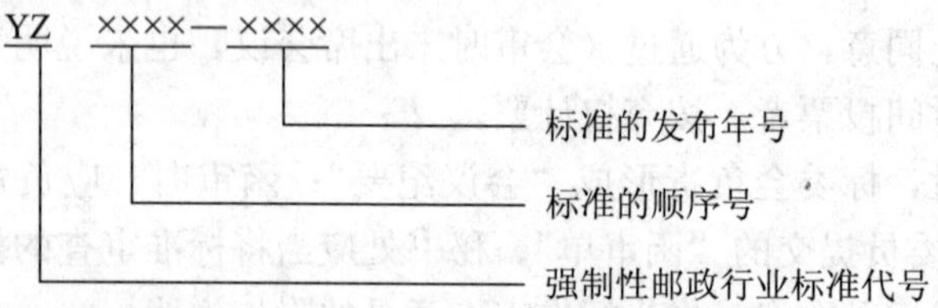

推荐性行业标准编号：

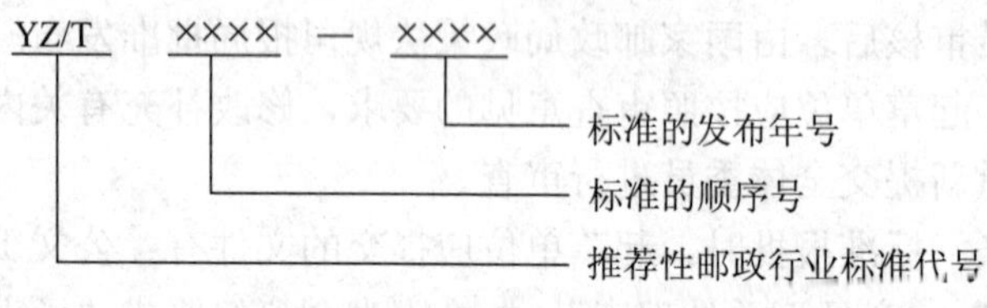

第二十九条 标准化指导性文件的编号由文件代号 YZ/Z、顺序号及发布年号组成。

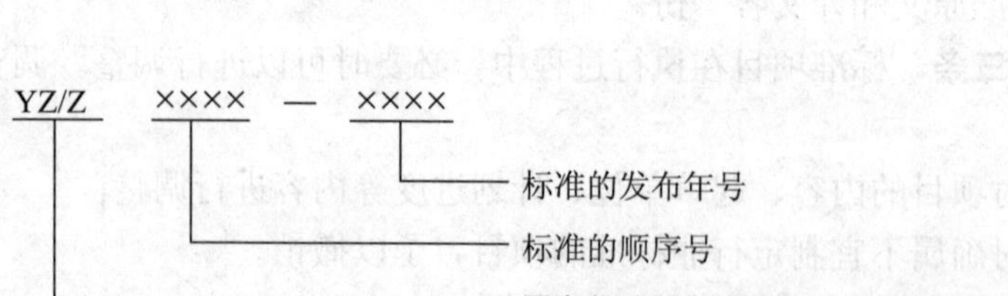

第三十条 邮政行业标准制修订过程中形成的有关资料，起草单位应按标准

档案管理规定的要求，进行归档。

第三十一条　邮政行业标准由国家邮政局指定的出版社出版发行。在标准出版过程中，发现内容有疑点或错误时，由标准出版单位及时与起草单位联系。如标准技术内容需要更改时，须报国家邮政局批准。

第三十二条　标准出版后，如发现个别技术内容有问题，必须作少量修改或补充时，应由起草单位提出“标准修改通知单”，报国家邮政局批准。

第三十三条　国家邮政局应在行业标准发布后30日内，将已发布的行业标准及其编制说明，连同发布文件各1份，送国务院标准化行政主管部门备案。

第三十四条　按照国家邮政局标准项目委托合同研制出来的邮政行业标准及其相关知识产权归国家邮政局所有。标准起草人员享有在标准文本上署名和取得有关荣誉证书、奖励的权利。对技术水平高、经济社会效益显著的邮政行业标准，国家邮政局应推荐其参加国家科技进步奖和中国标准创新贡献奖等评选活动。

第六章　标准的复审

第三十五条　邮政行业标准发布实施后，应根据邮政行业发展和科学技术发展的需要，适时进行复审。邮政行业标准复审一般不超过五年，以确定现行标准继续有效或者予以修订、废止。标准化指导性技术文件发布后三年应进行复审，以确定是否继续有效、转化为邮政行业标准、修订或废止。

第三十六条　邮政行业标准和标准化指导性技术文件的复审工作由标委会负责。复审结果有以下三种情况：

（一）不需要修改的标准确认继续有效；确认继续有效的行业标准，不改顺序号和年号。当标准重版时，在标准封面上、标准编号下写明“××××年确认有效”字样。

（二）需作修改的标准作为修订项目，列入年度制修订任务。标准发布时，标准顺序号不变，年号修改为修订的年号。

（三）已无存在必要的标准，予以废止。

标委会秘书处应及时将复审情况和复审结果报国家邮政局审批。

第七章　标准的实施与监督

第三十七条　对于强制性邮政行业标准，各相关单位必须执行；对于推荐性邮政行业标准，鼓励和引导相关单位予以采用。

第三十八条　生产符合邮政行业标准的产品，应当在产品或其说明书、包装物上标注所执行行业标准的代号、编号、名称。

第三十九条　对于在标准宣传和标准执行工作中，有突出业绩的人员和单位，予以表扬和奖励。

第八章　附则

第四十条　本办法由国家邮政局负责解释。办法中的“函审单”、“函审结论表”和“标准修改通知单”等表格式样，参照《国家标准管理办法》的有关规定执行。

第四十一条　本办法自发布之日起实施。原国家邮政局《关于印发国家邮政局标准化工作管理办法（试行）的通知》（国邮〔2003〕138号）即行废止。

038

关于印发《国内快递服务合同》示范文本的通知

国邮发〔2008〕193号

各省、自治区、直辖市邮政管理局、工商行政管理局：

为规范快递服务，维护消费者的合法权益，国家邮政局和国家工商行政管理总局组织制订了《国内快递服务合同》示范文本。现予印发，自2008年10月1日起施行。请各省（区、市）邮政管理局、工商行政管理局指导快递企业做好施行工作，要密切注意施行过程中的情况，出现问题及时向国家邮政局、国家工商行政管理总局报告。

国家邮政局
国家工商行政管理总局
二〇〇八年八月十八日

附件：

国内快递服务协议

（GF—2008—0410）

1. 快递详情单是本协议的组成部分。本协议自寄件人、快递服务组织收寄人员在快递详情单上签字或盖章后成立。

2. 快递服务组织依法收寄快件，对信件以外的快件按照国家有关规定当场验视，对禁寄物品和拒绝验视的物品不予收寄。向寄件人提供自快件交寄之日起一年内的查询服务。

3. 寄件人不得交寄国家禁止寄递的物品，不得隐瞒交寄快件的内件状况，应当依照相关规定出示有效证件，准确、工整地填写快递详情单。

4. 快递服务组织在服务过程中造成快件延误、毁损、灭失的，应当承担赔偿责任。双方没有约定赔偿标准的，可按照相关法律规定执行。既无约定也无相关法律规定的，服从快递服务标准规定。快递服务组织有偿代为封装的，承担因封装不善造成的延误、毁损、灭失责任。

5. 寄件人违规交寄或填单有误，造成快件延误、无法送达或无法退还，或因封装不善造成快件延误、毁损、灭失的，由寄件人承担责任。

6. 快递服务组织可以与寄件人约定送达时间，没有约定的服从快递服务标准规定。快递服务组织将快件送达收件人，登记收件人有效证件号，经收件人签章，视为送达。收件人是单位的，由单位收件人员签章，加盖该单位收发章，视为送达。

7. 免责事由服从法律法规规定，未尽事宜可由协议双方另行商定。

DOMESTIC EXPRESS SERVICE AGREEMENT

1. THE EXPRESS WAYBILL CONSTITUTES PART OF THIS AGREEMENT WHICH SHALL COME INTO FORCE UPON THE SIGNATURE OR SEAL BY BOTH THE SENDER AND COLLECTOR ON THE WAYBILL.

2. ALL COLLECTION AND DELIVERY ACTIVITIES SHALL BE GOVERNED BY LAW. THE EXPRESS SERVICE PROVIDER WOULD EXAMINE RIGHT ON THE SPOT ALL ITEMS EXCEPT LETTERS ACCORDING TO RELEVANT RULES AND REGULATIONS, AND SHALL NOT ACCEPT PROHIBITED OR UNEXAMINED ITEMS. TRACKING AND TRACING SERVICE SHALL BE AVAILABLE WITHIN ONE YEAR AS OF THE COLLECTION DATE.

3. THE SENDER SHALL NOT CONSIGN ANY PROHIBITED ARTICLES, OR CONCEAL ANY INFORMATION CONCERNING THE ARTICLES CONTAINED IN THE ITEMS TO BE DELIVERED, SHALL PROVIDE VALID CERTIFICATES AS STIPULATED AND FILL OUT THE EXPRESS WAYBILL ACCURATELY AND CAREFULLY.

4. THE EXPRESS SERVICE PROVIDER SHALL ASSUME THE LIABILITIES OF COMPENSATION FOR ANY DELAY OR DAMAGE TO OR LOSS OF ITEMS INCURRED IN THE PROCESS OF THE SERVICE. RELEVANT RULES OR REGULATIONS SHALL APPLY IN CASE OF UNAVAILABILITY OF AGREEMENT ON COMPENSATION STANDARD, AND THE EXPRESS SERVICE STANDARD IN CASE OF ABSENCE OF BOTH AGREEMENT AND REGULATIONS. THE EXPRESS SERVICE PROVIDER SHALL BEAR THE RESPONSIBILITY FOR ANY DELAY OR DAMAGE TO OR LOSS OF ITEMS ARISING FROM PRE-PAID BUT IMPROPER PACKAGING BY THE EXPRESS SERVICE PROVIDER.

5. THE SENDER SHALL TAKE THE RESPONSIBILITY FOR ANY DELAY OR FAILURE IN DELIVERY OR RETURN ARISING FROM IMPROPER CONSIGNMENT OR INACCURATE INFORMATION PROVIDED, OR

ANY DELAY OR DAMAGE TO OR LOSS OF ITEMS INCURRED IN CONNECTION WITH INAPPROPRIATE PACKAGING BY THE SENDER.

6. THE EXPRESS SERVICE PROVIDER MAY AGREE ON A DELIVERY TIME WITH THE SENDER, AND THE EXPRESS SERVICE STANDARD SHALL APPLY IN CASE NO SUCH AGREEMENT IS MADE. THE EXPRESS ITEM SHALL BE DEEMED DELIVERED UPON RECORDING OF RECEIVER'S ID NUMBER, SIGNATURE OR SEAL BY THE RECEIVER, AND/OR THE COMPANY SEAL IF APPLICABLE AFTER THE EXPRESS SERVICE PROVIDER SENDS IT TO THE ADDRESSEE.

7. RELEVANT RULES AND REGULATIONS SHALL APPLY TO DISCLAIMER SUBJECTS. AND MATTERS NOT MENTIONED HEREIN MAY BE NEGOTIATED LATER BY THE TWO PARTIES TO THIS AGREEMENT.

国内快递情单

EXPRESS WAYBILL

快递服务组织名称、标识 条形码或编号位置
Express Service Provider Name & Logo Barcode or Waybill No.

<table>
<tr><td>寄件人姓名
FROM</td><td>联系电话（非常重要）
PHONE（VERY IMPORTANT）</td><td>收件人姓名
TO</td><td>联系电话（非常重要）
PHONE（VERY IMPORTANT）</td></tr>
<tr><td colspan="2">单位名称
COMPANY NAME</td><td colspan="2">单位名称
COMPANY NAME</td></tr>
<tr><td colspan="2">寄件地址
ADDRESS
…………………………
…………………………
用户代码 邮政编码 □□□□□□
CUSTOMER CODE POSTAL CODE</td><td colspan="2">收件地址
ADDRESS
…………………………
…………………………
城市 邮政编码 □□□□□□
CITY POSTAL CODE</td></tr>
</table>

续表

<table>
<tr><td>文件□
DOCUMENT</td><td>物品 □
PARCEL</td><td colspan="2">如系物品，请据实填写内件名称及数量。如需保价，请据实申报保价金额并交纳保价费。
PLEASE SPECIFY THE CONTENTS AND AMOUNT OF THE PARCEL, DECLARE VALUE FOR CARRIAGE AND PAY THE APPROPRIATE CHARGE.</td><td>重量
（千克）
WEIGHT
(KG)</td><td colspan="4">体积 长 ×宽 ×高 ＝ 厘米^3
VOLUME L ×W ×H ＝ CM^3</td></tr>
<tr><td></td><td></td><td>保价 □
DECLARING A VALUE FOR CARRIAGE</td><td>保价金额：万仟佰拾元（大写）
DECLARED VALUE FOR CARRIAGE</td><td colspan="5">付款方式 现金 □ 协议结算 □
MEANS OF PAYMENT CASH AGREEMENT</td></tr>
<tr><td colspan="3">内件品名
NAME OF CONTENTS</td><td></td><td colspan="2">数量
AMOUNT</td><td colspan="3"></td></tr>
<tr><td>资费
CHARGE</td><td>¥</td><td>加急费
URGENCY SURCHARGE</td><td>¥</td><td>包装费
PACKAGING FEE</td><td>保价费</td><td colspan="2">CHARGE FOR DECLARED VALUE</td><td>¥</td></tr>
<tr><td colspan="4">费用总计
TOTAL</td><td colspan="2">¥</td><td colspan="3">1%□ 2%□ 3%□
商定
AGREEMENT □</td></tr>
</table>

续表

特别声明 SPECIAL STATEMENT	非禁寄品□易碎□加急□其他□ NON - PROHIBITED ARTICLES FRAGILE URGENT OTHERS	非保价快件赔偿限额 COMPENSATION LIMITS FOR ARTICLES WITHOUT DECLARED VALUE	资费 2 倍□资费 5 倍□商定□ CHARGE×2 CHARGE×5 AGREEMENT
寄件人签名： SENDER' S SIGNATURE Y 年 M 月 D 日 H 时	收寄人员签章： ACCEPTED BY (SIGNATURE)	收件人签名： RECEIVER'S SIGNATURE Y 年 M 月 D 日 H 时 证件： ID： 证件号： ID NO.：	代签人签名： AUTHORIZED SIGNATORY： Y 年 M 月 D 日 H 时 证件： ID： 证件号： ID NO.：

备注 REMARKS 单号位置　填写本单前，务请阅读背面快递服务协议！您的签名意味着您理解并接受协议内容。

YOUR SIGNATURE INDICATES YOU HAVE READ, FULLY UNDERSTAND AND ACCEPT THE “DOMESTIC EXPRESS SERVICE AGREEMENT” ON THE BACK OF THIS FORM.

请正楷用力填写！服务电话：________查询电话：________网址：________

PRESS HARD HOTLINE INQUIRY LINE WEBSIT

039

国家邮政局关于印发《快递业务操作指导规范》的通知

为全面贯彻实施《中华人民共和国邮政法》，提升快递服务水平，国家邮政局制定了《快递业务操作指导规范》（以下简称《规范》）。针对快递业务全过程作业的重要环节和关键质量控制点，规定了规范操作的基本要求，旨在指导快递企业科学组织生产管理，解决因快递作业不规范引发的服务质量问题。现将《规范》印发给你们。请各省（区、市）邮政管理局发时通知并指导企业遵照执行。

国家邮政局

二〇一一年八月十一日

快递业务操作指导规范

国家邮政局

2011 年 8 月 11 日

第一章　总则

第一条　为规范快递业务操作，指导企业提供“迅速、准确、安全、方便”的快递服务，保护用户合法权益，依据《中华人民共和国邮政法》和国家有关法律法规，制定本指导规范。

第二条　本指导规范适用于在中华人民共和国境内提供快递服务的企业（以下简称快递企业）。

第三条　快递企业应当加大投入，改善基础设施，逐步配备满足自动化、信息化处理需求的设施设备，提高业务操作的现代化水平。

第四条　快递企业应当建立健全各项业务操作制度，加强培训，强化考核，杜绝不规范操作。

第五条　快递企业应当科学合理地组织生产作业，不断优化运行流程，加强对全网运行的指挥调度和监督检查，满足《快递服务》标准中对快件全程时限的要求。

第六条　快递企业应当建立完备的安全保障机制，保障寄递渠道畅通。确保快件寄递安全、用户的信息安全，企业生产安全和从业人员安全。

第七条　快递企业应当按照《国家邮政业突发事件应急预案》，建立健全操作过程中应对突发事件的工作机制，预防减少突发事件造成的损害。

第八条　快递企业在经营许可期内不得擅自停止经营快递业务。停止经营快递业务的（包括关闭网络、停开网络班车、停止收寄或停止投递等情况，导致全网不能畅通运行），应当向当地邮政管理部门书面报告，交回快递业务经营许可证，并按国务院邮政管理部门的规定妥善处理尚未投递的快件。

第二章　收寄

第九条　快递企业应当提供电话、互联网等多种方式接收寄件人的寄件要求。接单时，客服人员应当记录寄件人姓名、取件地址、联系方式、快递种类、快件品名、快件寄达地等相关信息，并和寄件人约定取件时间。

快递企业在接单后，宜在 2 小时内取件；取件后，宜在 3 小时内将快件送交快递营业场所。

上门收寄时，要保证已收取快件的安全，严禁将已收取快件单独放置在无人保管的地方。

第十条　快递企业如提供营业场所收寄，则营业场所设施设备应当满足附录一的要求。

第十一条　快递企业应当建立并执行快件收寄验视制度。对寄件人交寄的信件，必要时快递企业可要求寄件人开拆，进行验视，但不得检查信件内容。寄件人拒绝开拆的，快递企业不予收寄。

对信件以外的快件，快递企业收寄时应当场验视内件，检查是否属于国家禁止或限制寄递的物品。寄件人拒绝验视的，不予收寄。

快递企业在收寄相关物品时，依照国家规定需要寄件人出具书面证明的，应当要求寄件人出示证明原件，核对无误后，方可收寄。经验视，快递企业仍不能确定安全性的存疑物品，应当要求寄件人出具身份证明及相关部门的物品安全证明，核对无误后，方可收寄。收寄已出具相关证明的物品时，应当以纸质或电子文档形式如实记录收寄物品的名称、规格、数量、收寄时间、寄件人和收件人名址等信息，记录保存期限应当不少丁 1 年。

验视时，如发现法律、法规规定禁寄物品，快递企业应当拒收并向寄件人说明原因。如发现各种反动报刊、书籍、淫秽物品、毒品及其他危险品，应当及时通知国家有关部门处理，并及时报告当地邮政管理部门；发现限寄物品，应当告知寄件人处理方法。

第十二条　快件封装时，应当使用符合国家标准和行业标准的快递封装用品。封装时应当充分考虑安全因素，防止快件变形、破裂、损坏、变质；防止快件伤害用户、快递业务员或其他人；防止快件污染或损毁其他快件。

快件封装时，单件重量应当不超过 50 千克，最大任何一边的长度不超过 150 厘米，长、宽、高三边长度之和不超过 300 厘米。

信件封装应当使用专用封套，不得打包后作为包裹寄递。包裹封装应当综合考虑寄递物品的性质、状态、体积、重量、路程和运输方式等因素，选用适当的材料妥为包装。印刷品应当平直封装，不得卷寄。

第十三条 快递企业应当使用符合国家、行业标准的秤、卷尺等计量用具，确定正确的计费重量，并根据计费重量、服务种类等确定服务费用。快递企业应当在提供服务前告知寄件人收费依据、标准或服务费用。

第十四条 寄件人填写快递运单前，快递企业应当提醒寄件人阅读快递业务合同条款。快递企业应当提示寄件人如实填写快递运单，包括寄件人、收件人名址、电话等联系方式和寄递物品的名称、类别、数量等，并核对有关信息填写完整后，准确标注快件的重量。

国务院邮政管理部门规定寄件人出具身份证明（证件）的，快递企业应当要求寄件人出示有效身份证件。寄件人拒不如实填写快递运单、拒不按照规定出示有效身份证件的，快递企业不予收寄。

寄件人应当按照相关要求填写快递运单，以确保字迹清楚、工整，运单各联字迹都应能清晰辨认；内件品名、种类、数量等信息填写准确；寄件人姓名、地址、联系方式，收件人姓名、地址、联系方式等内容填写完整；在确认阅读合同条款处签字。快递运单填写完成后，应当牢固粘贴在快件外包装上，保持快递运单完整性。

第三章　分拣

第十五条 快递企业的快件处理场所及其设施设备应当满足附录二的要求。

快递企业应当加强对分拣场地的管理，严格执行通信保密规定，制定管理细则，严禁无关人员进出场地，实行封闭式作业，禁止从业人员私拆、隐匿、毁弃、窃取快件，确保快件的安全。

对快件的分拣作业应当在视频监控之下进行。

第十六条 快递企业在分拣前，应当对分拣场地和分拣设备进行检查，确保分拣场地整洁，无灰尘、无油污、不潮湿；分拣设施设备工作正常。

第十七条 快递企业应当根据车辆到达的先后顺序、快件参加中转的紧急程度，安排到达车辆的卸载次序；卸载完成后，应检查车厢各角落，确保无快件遗漏在车厢内。

第十八条 快递企业在分拣前，应当对快件总包进行开拆，开拆前应当检查总包封条是否牢固，袋身有无破损，开拆后应当核对总包内快件数量是否与总包袋牌或内附清单标注的数量一致。

对每一件快件，应当检查外包装是否完整，快递运单有无缺失，并确认是否属于发件范围。

第十九条　快递企业使用皮带机进行快件的分拣传送时，应当确保皮带机匀速流转，快件摆放均匀，防止快件滑落。

第二十条　快递企业由人工进行快件分拣传送时，如需进行较远距离搬运，应当将快件装入货物搬运设备（如手推车）进行搬运，不得对快件进行猛拉、拖拽、抛扔等破坏性动作。

第二十一条　分拣时，应当按收件地址、快件种类、服务时限要求等进行分拣，对于当日进入分拣场所的快件，应在当日分拣完毕。

5 千克以下的快件，放入分拣用托盘，确保小件不落地，并应当建立总包进行中转；5 千克以上的快件，码放到指定的位置，码放遵循大不压小、重不压轻、易碎件单独摆放的原则。快件分拣脱手时，离摆放快件的接触面之间的距离不应超过 30 厘米，易碎件不应超过 10 厘米。

第二十二条　分拣过程中发现问题快件，应当及时做好记录并妥善处理；对破损快件应当在确认重量与快递运单书写信息无误后进行加固处理。

发现禁寄物品，应当立即停止寄递，对各种反动报刊、书籍、淫秽物品、毒品及其他危险品，应当及时通知国家有关部门处理，并及时报告当地邮政管理部门。

第二十三条　5 千克以下的快件，宜建立总包进行装车，总包应牢固加封；5 千克以上的快件可单独装车，码放遵循大不压小、重不压轻、易碎件单独摆放的原则。

若一辆车有 2 个以上（包括 2 个）卸载点，用物流隔离网将不同卸货点的快件隔离，并固定隔离网的位置，防止车辆中途颠簸导致快件混散。

快件全部装车完毕后，应当对车辆进行封车，对分拣现场进行清理，防止快件遗落。

第四章　运输

第二十四条　快件运输应当符合国家有关部门对运输管理的规定，严格遵守相关法律法规和规章。

快递企业应当对快件运输进行统一规划和调度，制定科学的路由，并严格执行，确保快件快速运输，防止积压和滞留。

第二十五条　在快件运输的装载和卸载环节，应对快件轻拿轻放，不得对快件进行猛拉、拖拽、抛扔等破坏性动作，确保快件不受损坏。要核对快件数量，如发现异常快件，及时记录，并注明处理情况。

第二十六条 所有干线运输车辆宜实行双人派押，宜安装全球定位系统终端。对运输车辆要进行日常维护和定期保养，在车辆出发前，应当进行必要的车辆安全检查，保证车况良好。

公路运输途中，如车辆发生故障，运输人员不得擅自离开现场和打开后车厢门。故障车辆装载的快件应当由快递企业及时妥善处理。

如租用社会车辆进行运输，快递企业应与承运单位签署安全保障服务合同，并对车辆加装必要的监控设备。

第二十七条 所有航空快件在交付运输前，应当进行X光机检查。在航空快件的交运和提件时，应当认真核对快件数量和重量，保存好相关交接单据。

第五章 投递

第二十八条 快递企业应当对快件提供至少2次免费投递。

每日15时以前到达投递网点的快件，宜在当日完成首次投递；每日15时以后到达投递网点的快件，宜在次日12时以前完成首次投递。

第二十九条 收派员应当根据自己的服务区域，按照最佳投递路线将快件按序整理装车，每次投递快件不宜超过10件。用摩托车或单车进行投递的，用捆绑带将快件固定，小件装入背包内。

投递前，收派员应当电话联系收件人，确认客户地址并且预约投递时间。

投递过程中，妥善放置其他未投递的快件，严禁委托他人投递和保管快件。

第三十条 收派员将快件交给收件人时，应当告知收件人当面验收快件。快件外包装完好，由收件人签字确认。如果外包装出现明显破损等异常情况的，收派员应当告知收件人先验收内件再签收；快递企业与寄件人另有约定的除外。

对于网络购物、代收货款以及与客户有特殊约定的其他快件，快递企业应当按照国家有关规定，与寄件人（商家）签订合同，明确快递企业与寄件人（商家）在快件投递时验收环节的权利义务关系，并提供符合合同要求的验收服务；寄件人（商家）应当将验收的具体程序等要求以适当的方式告知收件人，快递企业在投递时也可予以提示；验收无异议后，由收件人签字确认。国家主管部门对快件验收另有规定的，从其规定。

第三十一条 收件人本人无法签收时，经收件人（寄件人）委托，可由其委托的代收人签收。代收时，收派员应当核实代收人身份，并告知代收人代收责任。

第三十二条 在验收过程中，若发现快件损坏等异常情况，收派员应当在快递运单上注明情况，并由收件人（代收人）和收派员共同签字；收件人（代收人）拒绝签字的，收派员应当予以注明。若联系不到收件人，或收件人拒收快件，快递企业应当在彻底延误时限到达之前联系寄件人，协商处理办法和有关费用。

第三十三条 快递企业应当及时登记无法投递又无法退回的快件，并按邮政管理部门相关规定进行处理。

第六章 信息记录

第三十四条 快递企业应当加强快件寄递过程中业务信息的规范管理，使用计算机应用系统，对各生产环节、场地部位的快件处理进行信息记录。要及时完整地采集信息，满足信息存储和查询的需要。

第三十五条 快递企业应当对以下快件寄递信息进行记录，包括：收寄、进入出口分拣处理场所、封发、离开出口分拣处理场所、运输、到达进口分拣处理场所、分拣、离开进口分拣处理场所、到达投递网点、初次投递、用户签收等的时间和相关情况。

第三十六条 快递企业应当提供覆盖服务范围的快件即时查询服务，快件查询信息保持动态更新。相关信息记录的电子档案保存期限不应少于2年。

第六章 附则

第三十七条 本指导规范由国家邮政局解释说明。

本指导规范自发布之日起实施。

附录：

1. 快递营业场所设施设备要求
2. 快件处理场所设施设备要求

附录一：

快递营业场所设施设备要求

快递企业宜具有固定的、易识别的营业场所，如搬迁或停业应通过各种渠道和有效方式告知用户，并及时上报邮政管理部门。

快递营业场所应满足以下要求：

——有企业标识，并配备必要的服务设施；

——有符合相关规定的消防设施；

——有符合相关规定的视频监控设备，做到工作区域全覆盖；

——提供各种业务单据和填写样本。

——在显著位置悬挂证明快递企业取得合法经营快递业务资格的《快递业务经营许可证》、《工商营业执照》；

——在显著位置粘贴《禁寄物品指导目录》；

——悬挂场所名称牌和营业时间牌，标牌保持干净、整洁；

——在显著位置公布：服务种类；服务范围；资费标准；服务承诺；服务电话、电子邮箱和企业网址；监督投诉电话或者电子邮箱。

附录二：

快件处理场所设施设备要求

快递企业设置的处理场所应当封闭，且面积适宜；配备相应的符合国家标准的处理设备、监控设备和消防设施；对快件处理场所进行合理分区，并设置异常快件处理区和贵重快件保管区；保持整洁，并悬挂企业标识；快件处理场所的设计和建设，应当符合国家安全机关和海关依法履行职责的要求。

快件处理场所的面积和设施设备配备宜参照如下标准：

年快件处理量（万件）	面积	设施设备
50	不少于 $200m^2$	分拣格、称重台、工具架、托盘、电脑、视频监控系统
500	不少于 $2000m^2$	除上述设备外，还应具备：货物搬运设备（例如手推车）、条码识读器、安全检查设备（例如X光机）
1000	不少于 $4000m^2$	除上述设备外，还应具备：门禁系统、半自动皮带输送设备
2000	不少于 $8000m^2$	除上述设备外，还应具备：快件半自动或自动分拣系统、远程影像监控系统

续　表

年快件处理量（万件）	面积	设施设备
3000	不少于 10000m^2	除上述设备外，还应具备：叉车、快件自动分拣系统、场所统一指挥调度系统
4000 以上	不少于 15000m^2	等同于年处理量 3000 万件的处理场所

注：所有快件处理场所面积均不应少于 50m^2。

九 快递信息及信息安全

040

关于印发《快递业务经营许可信息公开暂行规定》的通知

国邮发〔2010〕83号

各省、自治区、直辖市邮政管理局：

为依法推进快递业务经营许可政务公开工作，国家邮政局制定了《快递业务经营许可信息公开暂行规定》。现印发给你们，请认真组织学习，结合实际，贯彻执行。

对执行过程中发现的问题，请及时上报国家邮政局（市场监管司）。

附件：快递业务经营许可信息公开暂行规定

国家邮政局

二〇一〇年五月十四日

附件：

快递业务经营许可信息公开暂行规定

国家邮政局

2010年5月14日

第一条 为规范国家邮政局快递业务经营许可信息公开的范围和内容，根据《中华人民共和国邮政法》、《中华人民共和国行政许可法》、《中华人民共和国政府信息公开条例》、《快递业务经营许可管理办法》及《国家邮政局政务公开工作办法（暂行）》，制定本规定。

第二条 国家邮政局快递业务经营许可办理机构（以下简称快递业务经营许可办理机构）负责受理范围内的快递业务经营许可信息公开事宜。

第三条 快递业务经营许可信息公开应当遵循依法、准确、及时、便民的原则。快递业务经营许可的实施和结果，除涉及国家秘密、商业秘密或者个人隐私的外，应当公开。

本规定公开范围以外的事项，依据《国家邮政局政务公开工作办法（暂行）》有关规定执行。

第四条　快递业务经营许可信息公开主要包括以下五类：

（一）快递业务经营许可的申请信息公开；

（二）快递业务经营许可证颁发信息公开；

（三）快递业务经营许可证变更信息公开；

（四）快递业务经营许可证延续信息公开；

（五）快递业务经营许可证注销信息公开。

第五条　快递业务经营许可办理机构应当将以下快递业务经营许可的申请信息予以公布：

（一）快递业务经营许可申请事项的名称；

（二）实施该项行政许可的依据；

（三）申请快递业务经营许可所需的条件；

（四）实施快递业务经营许可的程序；

（五）实施快递业务经营许可的期限；

（六）需要提交的申请材料目录；

（七）申请文书示范文本；

（八）提出快递业务经营许可申请的方式；

（九）受理快递业务经营许可申请的机构名称、通信地址、联系电话、监督电话等。

第六条　快递业务经营许可办理机构应当在《快递业务经营许可证》颁发前将以下内容予以公示：

（一）申请企业名称；

（二）申请企业地址；

（三）法定代表人；

（四）企业类型；

（五）注册资本；

（六）经营范围；

（七）经营地域。

快递业务经营许可证颁发公示期为 7 天，依法接受社会监督。

第七条　快递业务经营许可办理机构应当在快递业务经营许可证颁发决定做出后，将以下内容予以公告：

（一）准予快递业务经营许可的事项名称；

（二）准予快递业务经营许可的理由和依据。

（三）对颁发的快递业务经营许可证，应当在公告中载明企业名称、注册地址、经营范围、经营地域，以及许可证编号和有效期等。

第八条 对于被许可企业要求变更快递业务经营许可事项，或要求延续快递业务经营许可证有效期的，快递业务经营许可办理机构应当在批准变更或延续后将以下内容予以公告：

（一）准予变更、延续快递业务经营许可的事项名称；

（二）准予变更、延续快递业务经营许可的理由和依据。

第九条 对于注销快递业务经营许可的，快递业务经营许可办理机构应当在注销快递业务经营许可后将以下内容予以公告：

（一）注销快递业务经营许可的事项名称；

（二）使快递业务经营许可失去效力的特定事实；

（三）注销快递业务经营许可的决定；

（四）申请行政复议的期限和机关；

（五）提起行政诉讼的期限。

第十条 快递业务经营许可办理机构根据快递业务经营许可实施情况，按《国家邮政局政务公开工作办法（暂行）》规定期限，分批向社会公告快递业务经营许可证颁发、变更、延续、注销等事项。

第十一条 当公民、法人和其他组织要求快递业务经营许可办理机构对信息公开内容予以说明、解释的，快递业务经营许可办理机构应当说明、解释，并提供准确信息。

公民、法人和其他组织对信息公开的内容向快递业务经营许可办理机构发表意见时，应表明真实身份、提供联系方式，发表的意见应真实、具体。

第十二条 国家邮政局快递业务经营许可相关信息，通过政府网站（www.chinapost.gov.cn）向社会公布。

第十三条 省、自治区、直辖市邮政管理局快递业务经营许可信息公开事宜，可结合本地实际，参照本规定执行。

第十四条 本规定自2010年5月31日起实施。

041

国家邮政局等六部门关于切实做好寄递服务信息安全监管工作的通知

国邮发〔2013〕96号

各省、自治区、直辖市邮政管理局、工业和信息化主管部门、通信管理局、公安厅（局）、国家安全厅（局）、商务主管部门、工商行政管理局，新疆生产建设兵团工业和信息化委员会、公安局、国家安全局、商务局：

用户在使用寄递服务过程中的个人信息（以下简称寄递服务信息）包括了寄件人、收件人的姓名、地址、电话号码、单位名称，以及使用寄递服务的时间、寄递物品明细等内容，涉及用户的个人信息和通信秘密。近年来，随着邮政行业快速发展，寄递服务深入千家万户，在服务民生、促进发展的同时，寄递服务信息数量也急剧增加，非法泄露、非法买卖寄递服务信息的案件呈多发趋势，甚至形成了“地下产业”，严重损害了有关公民的个人权益，妨碍了邮政行业的健康发展，危害了公共安全和公民个人安全。为切实做好寄递服务信息安全监管工作，保护公民合法权益，现将有关要求通知如下：

一、提高思想认识。寄递服务信息安全是随着邮政行业、互联网技术及网络购物的发展而出现的新问题。《中华人民共和国宪法》第四十条规定：中华人民共和国公民的通信自由和通信秘密受法律保护。《中华人民共和国邮政法》明确规定：除因国家安全或追查刑事犯罪需要，寄递企业及其从业人员不得向任何单位或者个人泄露寄递服务信息。因此，做好寄递服务信息安全监管工作，关系到保护用户的通信秘密，关系到维护用户的信息安全，也关系到保护公民的基本权利。各地邮政管理、工业和信息化、通信管理、公安、国家安全、商务和工商行政管理部门要充分认识做好寄递服务信息安全监管工作的重要意义，增强做好相关工作的责任感和紧迫感。要站在“以人为本、执政为民”的高度，采取有效措施，共同维护寄递服务信息安全。

二、加强监督检查。各级邮政管理部门要会同公安、国家安全、工业和信息化等部门组织寄递企业对生产各个环节、各个部位开展全面、系统、彻底的排查，细化工作流程，落实各项安全防范措施。重点检查企业信息安全管理的制度是否存在漏洞，相关岗位工作人员责任制是否健全，信息安全保障措施是否到位，对本企业涉及用户信息的每个环节、每个岗位、每个人员要逐一排查，发现漏洞与隐患要及时整改。要指导企业完善相关规章制度，加大科技投入，提高信息安全技术防范能力。各级工业和信息化主管部门要联合邮政管理部门引导寄递企业加强信息系统个人信息保护自律，依据信息系统个人信息保护国家标准，督促寄递企业不断改进管理措施和技术手段，保障个人信息安全。各级商务、工商行政管理部门要依照各自职责加强对电子商务企业的监督检查，全面排查电子商务企业个人信息安全隐患，督促企业落实用户个人信息安全保障措施，堵塞安全漏洞。各级通信管理部门要加强对互联网管理，对经相关管理部门认定的非法从事寄递服务信息买卖的网站，依法予以关闭。

三、严惩非法行为。各级邮政管理部门要公开举报电话、举报邮箱，畅通社会公众举报非法泄露、非法买卖寄递服务信息案件的途径与渠道。对非法泄露或非法买卖寄递服务信息的寄递企业与从业人员，要严格依照《中华人民共和国邮政法》等相关规定予以处罚。各级公安机关要依法严厉打击出售、非法提供和获取寄递服务信息等各种违法犯罪行为，尤其对利用互联网或者跨地区实施的有组织犯罪案件，要加大侦办力度。各级国家安全机关要按照相关法律规定和现行工作机制，积极配合邮政管理部门，加强安全监管工作，同时结合自身工作实际，为发现、查处非法采集、泄露、买卖寄递服务信息等不法行为提供必要的支持。各级工商行政管理部门要加大对消费者个人信息管理不善的电子商务企业的训诫和处罚力度，严厉打击各类扰乱电子商务市场秩序的行为。对寄递企业违法提供寄递服务信息被邮政管理部门吊销快递业务经营许可证的，要依法办理变更登记或注销登记；对符合吊销营业执照情形的，依法吊销营业执照。寄递企业、电子商务企业应积极配合邮政管理、公安、国家安全、商务、工商行政管理等部门做好监督检查和执法工作，依法提供必要的支持与协助。

四、加强宣传引导。各级邮政管理部门要会同工业和信息化、通信管理、公安、国家安全、商务和工商行政管理等部门加大宣传教育工作力度。要指导有关企业与个人树立守法意识，不得从事寄递服务信息买卖等各类不法活动。要加强对寄递企业与从业人员的信息安全培训，增强企业与从业人员的信息安全意识，提高信息安全保障能力。要利用电视、网站、报纸、杂志等媒介向社会公众广泛宣传保护个人信息安全的重要性，引导社会公众切实提高个人信息保护意识，养成良好的个人信息保护习惯。

五、建立长效机制。寄递服务信息交易主要通过互联网进行，涉及电子商务、电子支付、即时通信、网站、寄递等多个方面。各级邮政管理、工业和信息化、通信管理、公安、国家安全、商务和工商行政管理部门要注重协作配合，充分发挥部门合力作用。要立足各自职责，明确任务分工，建立“分工合理、配合得力、守土有责、协同作战”的寄递服务信息安全监管协作机制。要加强信息沟通，通过定期召开联席会议等方式，及时交流工作动态。要建立案件协作机制，各部门在工作中发现与寄递服务信息安全有关的案件线索，超越本部门职权范围或处置能力的，要及时移交有关部门，并配合做好后续工作。要建立联合执法机制，共同开展专项整治行动，确保工作实效。

本通知贯彻过程中遇有重要问题，请及时上报。

国家邮政局
工业和信息化部
公安部
国家安全部
商务部
国家工商行政管理总局
二〇一三年五月九日

042

寄递服务用户个人信息安全管理规定

国家邮政局

2014年4月4日

第一章 总则

第一条 为加强邮政行业寄递服务用户个人信息安全管理，保护用户合法权益，维护邮政通信与信息安全，促进邮政行业健康发展，根据《中华人民共和国邮政法》、《全国人大常委会关于加强网络信息保护的规定》、《邮政行业安全监督管理办法》等法律、行政法规和有关规定，制定本规定。

第二条 在中华人民共和国境内经营和使用寄递服务涉及用户个人信息安全的活动以及相关监督管理工作，适用本规定。

第三条 本规定所称寄递服务用户个人信息（以下简称寄递用户信息），是指用户在使用寄递服务过程中的个人信息，包括寄（收）件人的姓名、地址、身份证件号码、电话号码、单位名称，以及寄递详情单号、时间、物品明细等内容。

第四条 寄递用户信息安全监督管理坚持安全第一、预防为主、综合治理的方针，保障用户个人信息安全。

第五条 国务院邮政管理部门负责全国邮政行业寄递用户信息安全监督管理工作。

省、自治区、直辖市邮政管理机构负责本行政区域内的邮政行业寄递用户信息安全监督管理工作。

按照国务院规定设立的省级以下邮政管理机构负责本辖区的邮政行业寄递用户信息安全监督管理工作。

国务院邮政管理部门和省、自治区、直辖市邮政管理机构以及省级以下邮政管理机构，统称为邮政管理部门。

第六条 邮政管理部门应当与有关部门相互配合，健全寄递用户信息安全保障机制，维护寄递用户信息安全。

第七条 邮政企业、快递企业及其从业人员应当遵守国家有关信息安全管理的规定及本规定，防止寄递用户信息泄露、丢失。

第二章 一般规定

第八条 邮政企业、快递企业应当建立健全寄递用户信息安全保障制度和措施，明确企业内部各部门、岗位的安全责任，加强寄递用户信息安全管理和安全责任考核。

第九条　以加盟方式经营快递业务企业应当在加盟协议中订立寄递用户信息安全保障条款，明确被加盟人与加盟人的安全责任。加盟人发生信息安全事故时，被加盟人应当依法承担相应安全管理责任。

第十条　邮政企业、快递企业应当与其从业人员签订寄递用户信息保密协议，明确保密义务和违约责任。

第十一条　邮政企业、快递企业应当组织从业人员进行寄递用户信息安全保护相关知识、技能培训，加强职业道德教育，不断提高从业人员的法制观念和责任意识。

第十二条　邮政企业、快递企业应当建立寄递用户信息安全投诉处理机制，公布有效联系方式，接受并及时处理有关投诉。

第十三条　邮政企业、快递企业受网络购物、电视购物和邮购等经营者委托提供寄递服务的，在与委托方签订协议时，应当订立寄递用户信息安全保障条款，明确信息使用范围和方式、信息交换安全保护措施、信息泄露责任划分等内容。

第十四条　邮政企业、快递企业委托第三方录入寄递用户信息的，应当确认其具有信息安全保障能力，并订立信息安全保障条款，明确责任划分。第三方发生信息安全事故导致寄递用户信息泄露、丢失的，邮政企业、快递企业应当依法承担相应责任。

第十五条　未经法律明确授权或者用户书面同意，邮政企业、快递企业及其从业人员不得将其掌握的寄递用户信息提供给任何单位或者个人。

第十六条　公安机关、国家安全机关或者检察机关的工作人员依照法律规定程序调阅、检查寄递详情单实物及电子信息档案，邮政企业、快递企业应当配合，并对有关情况予以保密。

第十七条　邮政企业、快递企业应当建立寄递用户信息安全应急处置机制。对于突发的寄递用户信息安全事故，应当立即采取补救措施，按照规定报告邮政管理部门，并配合邮政管理部门和相关部门的调查处理工作，不得迟报、漏报、谎报、瞒报。

第三章　寄递详情单实物信息安全管理

第十八条　邮政企业、快递企业应当加强寄递详情单管理，对空白寄递详情单发放情况进行登记，对号段进行全程跟踪，形成跟踪记录。

第十九条　邮政企业、快递企业应当加强营业场所、处理场所管理，严禁无关人员进出邮件（快件）处理、存放场地，严禁无关人员接触、翻阅邮件（快件），防止寄递详情单实物信息（以下简称实物信息）在处理过程中泄露。

第二十条 邮政企业、快递企业应当优化寄递处理流程，减少接触实物信息的处理环节和操作人员。

第二十一条 邮政企业、快递企业应当采用有效技术手段，防止实物信息在寄递过程中泄露。

第二十二条 邮政企业、快递企业应当配备符合国家标准的安全监控设备，安排具有专门技术和技能的人员，对收寄、分拣、运输、投递等环节的实物信息处理进行安全监控。

第二十三条 邮政企业、快递企业应当建立健全寄递详情单实物档案管理制度，实行集中封闭管理，确定集中存放地，及时回收寄递详情单妥善保管。设立、变更集中存放地，应当及时报告所在地邮政管理部门。

第二十四条 邮政企业、快递企业应当对寄递详情单实物档案集中存放地设专人管理，采取必要的安全防护措施，确保存储安全。

第二十五条 邮政企业、快递企业应当建立并严格执行寄递详情单实物档案查询管理制度。内部人员因工作需要查阅档案时，应当确保档案完整无损，并做好查阅登记，不得私自携带离开存放地。

第二十六条 寄递详情单实物档案应当按照国家相关标准规定的期限保存。保存期满后，由企业进行集中销毁，做好销毁记录，严禁丢弃或者贩卖。

第二十七条 邮政企业、快递企业应当对实物信息安全保障情况进行定期自查，记录自查情况，及时消除自查中发现的信息安全隐患。

第四章 寄递详情单电子信息安全管理

第二十八条 邮政企业、快递企业应当按照国家规定，加强寄递服务用户信息相关信息系统和网络设施的安全管理。

第二十九条 邮政企业、快递企业信息系统的网络架构应当符合国家信息安全管理规定，合理划分安全区域，实现各安全区域之间有效隔离，并具有防范、监控和阻断来自内部和外部网络攻击破坏的能力。

第三十条 邮政企业、快递企业应当配备必要的防病毒软件、硬件，确保信息系统和网络具有防范计算机病毒的能力，防止恶意代码破坏信息系统和网络，避免信息泄露或者被篡改。

第三十一条 邮政企业、快递企业构建信息系统和网络，应当避免使用信息系统和网络供应商提供的默认密码、安全参数，并对通过开放公共网络传输的寄递用户信息采取加密措施，严格审查并监控对信息系统、网络设备的远程访问。

第三十二条 邮政企业、快递企业在采购计算机软件、硬件产品或者技术服务时，应当与供应商签订保密协议，明确其安全责任，以及在发生信息安全事件时配合邮政管理部门和相关部门调查的义务。

第三十三条　邮政企业、快递企业应当建立信息系统安全内部审计制度，定期开展内部审计，对发现的问题及时整改。

第三十四条　邮政企业、快递企业应当加强信息系统及网络的权限管理，基于权限最小化和权限分离原则，向从业人员分配满足工作需要的最小操作权限和可访问的最小信息范围。

邮政企业、快递企业应当加强对信息系统和数据库的管理，使网络管理人员仅具有进行信息系统、数据库、网络运行维护和优化的权限。网络管理人员的维护操作须经安全管理员授权，并受到安全审计员的监控和审计。

第三十五条　邮政企业、快递企业应当加强信息系统密码管理，使用高安全级别密码策略，定期更换密码，禁止将密码透露给无关人员。

第三十六条　邮政企业、快递企业应当加强寄递用户电子信息的存储安全管理，包括：

（一）使用独立物理区域存储寄递用户信息，禁止非授权人员进出该区域；

（二）采用加密方式存储寄递用户信息；

（三）确保安全使用、保管和处置存有寄递用户信息的计算机、移动设备和移动存储介质。明确管理数据存储设备、介质的负责人，建立设备、介质使用和借用登记制度，限制设备输出接口的使用。存储设备和介质报废的，应当及时删除其中的寄递用户信息数据，并销毁硬件。

第三十七条　邮政企业、快递企业应当加强寄递用户信息的应用安全管理，对所有批量导出、复制、销毁用户个人信息的操作进行审查，并采取防泄密措施，同时记录进行操作的人员、时间、地点和事项，留作信息安全审计依据。

第三十八条　邮政企业、快递企业应当加强对离岗人员的信息安全审计，及时删除或者禁用离岗人员系统账户。

第三十九条　邮政企业、快递企业应当制定本企业与市场相关主体的信息系统安全互联技术规则，对存储寄递服务信息的信息系统实行接入审查，定期进行安全风险评估。

第五章　监督管理

第四十条　邮政管理部门依法履行下列职责：

（一）制定保障寄递用户信息安全的政策、制度和相关标准，并监督实施；

（二）监督、指导邮政企业、快递企业落实信息安全责任制，督促企业加强寄递用户信息安全管理；

（三）对寄递用户信息安全进行监测、预警和应急管理；

（四）监督、指导邮政企业、快递企业开展寄递用户信息安全宣传教育和培训；

（五）依法对邮政企业、快递企业实施寄递用户信息安全监督检查；

（六）组织调查或者参与调查寄递用户信息安全事故，依法查处违反寄递用户信息安全管理规定的行为；

（七）法律、行政法规和规章规定的其他职责。

第四十一条 邮政管理部门应当加强邮政行业寄递用户信息安全管理制度和知识的宣传，强化邮政企业、快递企业及其从业人员的信息安全管理意识，提高用户对个人信息安全保护的认识。

第四十二条 邮政管理部门应当加强邮政行业寄递用户信息安全运行的监测预警，建立信息管理体系，收集、分析与信息安全有关的各类信息。

下级邮政管理部门应当及时向上一级邮政管理部门报告邮政行业寄递用户信息安全情况，并根据需要通报工业和信息化、通信管理、公安、国家安全、商务和工商行政管理等相关部门。

第四十三条 邮政管理部门应当对邮政企业、快递企业建立和执行寄递用户信息安全管理制度，规范从业人员信息安全保护行为，防范信息安全风险等情况进行检查。

第四十四条 邮政管理部门发现邮政企业、快递企业存在违反寄递用户信息安全管理规定，妨害或者可能妨害寄递用户信息安全的，应当依法进行调查处理。违法行为涉及其他部门管理职权的，邮政管理部门应当会同有关部门对涉案邮政企业、快递企业进行调查处理。

第四十五条 邮政管理部门应当加强对邮政企业、快递企业及其从业人员遵守本规定情况的监督检查。

第四十六条 邮政企业、快递企业拒不配合寄递用户信息安全监督检查的，依照《中华人民共和国邮政法》第七十七条的规定予以处罚。

第四十七条 邮政企业、快递企业及其从业人员因泄露寄递用户信息对用户造成损失的，应当依法予以赔偿。

第四十八条 邮政企业、快递企业及其从业人员违法提供寄递用户信息，尚未构成犯罪的，依照《中华人民共和国邮政法》第七十六条的规定予以处罚。构成犯罪的，移送司法机关追究刑事责任。

第四十九条 任何单位和个人有权向邮政管理部门举报违反本规定的行为。邮政管理部门接到举报后，应当依法及时处理。

第五十条 邮政管理部门可以在行业内通报邮政企业、快递企业违反寄递用户信息安全管理规定行为、信息安全事件，以及对有关责任人员进行处理的情况。必要时可以向社会公布上述信息，但涉及国家秘密、商业秘密和个人隐私的除外。

第五十一条　邮政管理部门及其工作人员对在履行职责过程中知悉的寄递用户信息应当保密，不得泄露、篡改或者损毁，不得出售或者非法向他人提供。

第五十二条　邮政管理部门工作人员在寄递用户信息安全监督管理工作中滥用职权、玩忽职守、徇私舞弊，依照《邮政行业安全监督管理办法》第五十五条的规定予以处理。

第六章　附则

第五十三条　本规定自发布之日起施行。

043

关于印发《国家邮政局寄递服务信息安全专项整治行动实施方案》的通知

国邮发〔2013〕106号

各省、自治区、直辖市邮政管理局：

为贯彻落实国家邮政局、工业和信息化部、公安部、国家安全部、商务部、国家工商行政管理总局《关于切实做好寄递服务信息安全监管工作的通知》（国邮发〔2013〕96号）要求，根据年度工作安排，国家邮政局决定于2013年6月至10月开展寄递服务信息安全专项整治行动。现将《国家邮政局寄递服务信息安全专项整治行动实施方案》印发给你们，请遵照执行。

专项整治行动中如有问题，请及时上报国家邮政局。

国家邮政局

二〇一三年五月二十八日

国家邮政局寄递服务信息安全专项整治行动实施方案

国家邮政局

2013年5月28日

为贯彻落实国家邮政局、工业和信息化部、公安部、国家安全部、商务部、国家工商行政管理总局《关于切实做好寄递服务信息安全监管工作的通知》（国邮发〔2013〕96号）要求，进一步加强邮政行业安全监管，切实维护邮政通信和信息安全，国家邮政局决定于2013年6月至10月在全国范围内开展寄递服务信息安全专项整治行动。特制订实施方案如下：

一、总体要求

深入贯彻落实科学发展观，牢固树立“以人为本、安全发展”的科学理念。坚持“安全第一、预防为主、综合治理”的方针。坚持依法行政、依章办事、依规管理，着力健全邮政行业安全监管工作体系，提高邮政管理部门安全监管工作能力，完善与工业和信息化、通信管理、公安、国家安全、商务和工商行政管理等部门协作配合机制，切实保障寄递服务信息安全，为广大人民群众提供安全的寄递服务。

二、目标任务

专项整治行动以强化《邮政法》、《邮政行业安全监督管理办法》、《快递市场管理办法》等各项法律规章的贯彻落实为重点，以提高寄递服务信息安全保障能力为核心，以促进邮政行业科学发展安全发展为目标。严格依照法律法规规定开展监督检查，严查寄递企业及从业人员贩卖快递单号、泄露用户信息等违法行为，严肃追究违法违规寄递企业及有关人员的责任。通过专项整治行动，进一步促进寄递企业增强防范意识，强化寄递服务信息安全管理，落实安全责任，排除安全隐患，落实整改措施，确保邮政通信和信息安全，维护广大用户的合法权益。

三、重点内容

（一）寄递企业信息安全制度建设情况。寄递企业是否按照国家有关规定建立了寄递服务信息安全管理责任制、寄递服务信息安全管理制度等；是否通过各种方式加强宣传，落实对企业员工应知应会的要求，增强防范意识。寄递企业总部是否对各分支机构，包括加盟企业提出相关工作要求，并监督落实。

（二）寄递企业信息安全隐患自查情况。寄递企业是否建立了信息安全隐患自我排查工作机制，开展定期与不定期的安全隐患排查。是否通过自查发现了本企业寄递服务信息安全方面存在的隐患和漏洞，是否及时落实责任进行整改，对整改情况是否开展了复查。

（三）寄递企业信息安全管理措施情况。寄递企业是否加强对重点环节和重点部位的信息安全管理，是否从内控制度、人员管理、岗位职责设置、寄递详情单流转（印制、分发、使用、存档、销毁）、计算机使用与信息系统管理等各个方面进行全面梳理完善，制定防范措施，确保信息安全。

（四）寄递企业配合信息安全整治工作情况。寄递企业是否配合邮政管理、公安、国家安全、工商行政管理等部门认真做好寄递服务信息安全工作，是否及时发现、举报有关违反寄递服务信息安全规定的案件或重要线索等。

四、工作步骤

专项整治行动以企业自查自纠与邮政管理部门监督检查相结合，全面排查与重点整治相结合，监督检查与联合执法相结合。专项行动分为四个阶段：

（一）动员部署，制定方案（6月）

各省（区、市）邮政管理局结合实际，建立专项行动的领导机构和办事机构，制定实施方案，明确工作职责，细化工作措施，及时进行动员部署。加强与辖区内工业与信息化、通信管理、公安、国家安全、商务、工商行政管理等部门的沟通合作。国家邮政局将召开全系统电视电话会议进行动员部署。

（二）企业自查，宣传引导（6～7月）

去年年底，大部分寄递企业已经按照邮政管理部门的工作部署，进行了一定程度的自查，但仍不够深入、不够全面。各省（区、市）邮政管理局要组织寄递企业进一步开展全面自查自纠工作，从人员管理、岗位职责设置、寄递详情单流转与管理、计算机使用与信息系统管理等各个方面进行全面梳理。各级邮政管理部门要加大宣传教育工作力度，利用电视、网站、报纸、杂志等媒介向社会公众广泛宣传保护寄递服务信息安全的重要性，引导社会公众切实增强信息保护意识，养成良好的信息保护习惯。同时，要公开举报电话、举报邮箱，畅通社会公众举报非法泄露、非法买卖服务信息案件的途径与渠道。

（三）监督检查，严格执法（8～9月）

各省（区、市）邮政管理局要会同相关部门，在企业自查的基础上，对寄递企业生产各个环节、各个部位开展全面、系统的检查。重点检查企业寄递服务信息安全管理的制度是否存在漏洞，相关岗位工作人员责任制是否健全，寄递服务信息安全保障措施是否到位，发现漏洞与隐患要及时整改。要指导寄递企业完善相关规章制度，加大科技投入，提高寄递服务信息安全技术防范能力。对检查中发现寄递企业及从业人员非法泄露或者非法买卖寄递服务信息的，要严格依照《邮政法》等相关规定予以处罚。构成刑事犯罪的，要依照程序移送司法机关处理。对于加盟制企业，要将处罚结果通报给加盟企业总部，并抄送至国家邮政局。对于涉及具有团伙性、跨地域性等重大嫌疑或重要线索的，要及时通报给当地公安机关，并报国家邮政局协调查处。

（四）抽查督导，总结通报（10月）

国家邮政局将联合有关部门组成检查小组，对专项整治行动开展情况进行抽查，对专项整治行动全过程进行监督指导。各省（区、市）邮政管理局丁10月15日前形成专题报告，对专项整治行动开展情况、取得成效、存在问题等进行总结，并报送国家邮政局。

五、工作要求

（一）加强组织领导。寄递服务信息安全整治工作是一项长期性、系统性工作。专项整治工作需要各级邮政管理部门联动配合，实现全国一盘棋。各级邮政管理部门要切实承担起寄递服务信息安全监督管理的职责，精心策划，周密组织，加强领导，增强主动性，切实组织开展好此次行动，切实取得整治成效。

（二）发挥基层作用。各省（区、市）邮政管理局在此次专项整治行动中，要充分发挥新成立的省级以下邮政管理机构的作用，充分利用省级以下邮政管理机构置身基层的优势，通过此次的专项行动，为省级以下邮政管理机构的市场监管队伍提供实践的机会，积累执法经验，培养和锻炼基层执法队伍。

（三）加强协作配合。专项整治行动中，各级邮政管理部门要按照六部门通知要求，加强与工业和信息化、通信管理、公安、国家安全、商务、工商行政管理等部门协作配合，建立健全寄递服务信息安全监管长效机制，加强信息沟通，加强案件协办，共同做好寄递服务信息安全保障工作。

十 快递业安全

044

中华人民共和国交通运输部令

2011年　第2号

《邮政行业安全监督管理办法》已于2010年12月23日经第11次部务会议通过，现予公布，自2011年2月1日起施行。

部长　李盛霖

二〇一一年一月四日

邮政行业安全监督管理办法

第一章　总则

第一条　为加强邮政行业安全监督管理，维护邮政通信与信息安全，保护用户合法权益，促进邮政行业健康发展，根据《中华人民共和国邮政法》及有关法律、行政法规，制定本办法。

第二条　在中华人民共和国境内管理、经营和使用邮政服务、快递业务及与此相关的安全活动，适用本办法。

第三条　邮政行业安全监督管理坚持安全第一、预防为主、综合治理的方针，保障寄递渠道畅通和邮件、快件寄递安全，确保邮政企业、快递企业生产安全和邮政行业从业人员人身安全。

第四条　国务院邮政管理部门负责全国的邮政行业安全监督管理工作。

省、自治区、直辖市邮政管理机构负责本行政区域内的邮政行业安全监督管理工作。

第五条　邮政管理部门应当与有关部门相互配合，健全邮政安全保障机制，加强对邮政通信与信息安全的监督管理。

第六条　邮政企业、快递企业应当遵守国家有关安全管理的规定，不得危害国家安全、公共安全和公民、法人、其他组织的合法权益。

第七条　用户交寄邮件、快件应当遵守国家关于禁止寄递或者限制寄递物品的规定，不得通过寄递渠道危害国家安全、公共安全和公民、法人、其他组织的合法权益。

第八条　任何公民、法人或者其他组织不得隐匿、毁弃、非法开拆邮件、快件，不得损毁邮政与快递服务设施或者影响邮政与快递服务设施的正常使用。

有关公民、法人或者其他组织应当配合邮政管理部门实施邮政行业安全监督管理工作。

第二章　通信与信息安全

第九条　邮政企业、快递企业应当提示用户如实填写寄递详情单，包括寄件人、收件人名址和寄递物品的名称、类别、数量等，并核对寄件人和收件人信息，准确注明邮件、快件的重量、资费。国务院邮政管理部门规定寄件人出具身份证明的，邮政企业、快递企业应当要求用户出示有效身份证件。

邮政企业、快递企业应当在用户在场的情况下，当面验视交寄物品，检查是否属于国家禁止或限制寄递的物品，以及物品的名称、类别、数量等是否与寄递详情单所填写的内容一致。依照国家规定需要用户提供有关书面凭证的，邮政企业、快递企业应当要求用户提供凭证原件，核对无误后，方可收寄。

用户拒绝验视、拒不如实填写寄递详情单、拒不提供相应书面凭证或者不按照规定出示有效身份证件的，邮政企业、快递企业不予收寄。

第十条　邮政企业、快递企业在收寄过程中发现用户寄递国家禁止寄递的物品的，应当拒绝收寄。已经收寄的邮件、快件中发现有上述物品的，邮政企业、快递企业应当立即停止转发和投递。

对其中依法需要没收或者销毁的物品，应当立即向有关部门报告，并配合有关部门进行处理。

对已经收寄的不需要没收、销毁的禁寄物品以及一同查处的禁寄物品之外的物品，邮政企业、快递企业应当与寄件人或者收件人取得联系，妥善处理。

第十一条　快递企业不得经营由邮政企业专营的信件寄递业务，不得寄递国家机关公文。

外商不得投资经营信件的国内快递业务。

第十二条　邮政企业、快递企业应当妥善投递邮件、快件。需要签收的，邮政企业、快递企业应当直接交付收件人，并办理签收手续，或者依法由他人代为签收。

机关、企事业单位、住宅小区管理单位等应当为邮政企业投递邮件提供便利，并保障代收代投邮件的安全。

第十三条　邮政企业、快递企业应当采用技术手段，对收寄、分拣、运输、投递等环节实行安全监控，防止邮件、快件在寄递过程中短少、丢失、损毁。

监控设备应当全天二十四小时运转，监控资料保存时间不得少于三十天，并按照国务院邮政管理部门的要求报送。

第十四条 邮政企业、快递企业应当保护用户的信息安全和通信秘密，确保所掌握的用户使用邮政服务、快递业务的信息不被窃取、泄露。未经法律明确授权或者用户书面同意，邮政企业、快递企业不得将用户使用邮政服务、快递业务的信息提供给任何组织或者个人，但公安机关、国家安全机关、检察机关依法行使职权的除外。

第十五条 邮政企业、快递企业应当配备符合国家标准的安全检查设备，安排具备专门技术和技能的人员对邮件、快件进行安全检查。安全检查设备的标准由国务院邮政管理部门会同有关部门另行制定。

第十六条 邮政企业、快递企业应当按照邮政管理部门规定的项目收集、统计、分析运营信息，确保有关数据的真实、完整，并按时向邮政管理部门报送。

邮政企业、快递企业应当为接入邮政管理部门的信息管理系统预留相应的数据接口，并按规定与邮政管理部门的信息管理系统联网。

第十七条 邮政企业、快递企业应当配合邮政管理部门、公安机关和国家安全机关的安全监督检查，为监督检查人员提供相应的便利条件。

邮政企业、快递企业设计和建设邮件、快件处理场所，应当符合国家安全机关、海关依法履行职责的要求。

第十八条 邮政企业、快递企业应当保障本企业寄递渠道的畅通。

因自然灾害、社会事件、生产安全事故、经营不善等造成或者可能造成邮件、快件积压的，邮政企业、快递企业应当及时组织和调配运力，进行有效疏运。

第十九条 邮政企业、快递企业及其分支机构、从业人员不得非法扣留邮件、快件。

第二十条 邮件、快件积压或者被扣留的，邮政管理部门应当协调处理，必要时可以组织邮政企业、快递企业运输、投递，由此产生的费用由邮件、快件积压或者被扣留的邮政企业、快递企业承担。

第三章 生产安全

第二十一条 邮政企业、快递企业应当遵守本办法和其他有关安全生产的规定，加强安全生产管理，建立、健全安全生产责任制度，完善安全生产条件，确保生产安全。

第二十二条 邮政企业、快递企业应当遵守国家有关安全生产的法律、法规、标准，落实安全生产管理责任。

邮政企业、快递企业的主要负责人是安全生产的第一责任人，对本单位安全生产工作负有下列职责：

（一）建立、健全本企业安全生产责任制；

（二）组织制定本企业安全生产规章制度和操作规程；

（三）保证本企业安全生产资金的投入和有效使用；

（四）积极配合相关部门对本企业的安全生产工作进行监督检查；

（五）督促、检查本企业的安全生产工作，及时消除生产安全事故隐患；

（六）组织制定并实施本企业的生产安全事故应急救援预案；

（七）及时、如实报告生产安全事故。

第二十三条　邮政企业、快递企业应当落实岗前安全培训制度，强化从业人员安全生产知识与技能的培训、教育，使其具备与本岗位相适应的安全生产知识和处置技能。未经安全生产教育和培训合格的从业人员，不得上岗作业。

特种作业人员应当按照规定经专门的安全作业培训并取得特种作业操作资格证书，方可上岗作业。

第二十四条　邮政企业、快递企业应当建立健全安全生产责任制，落实安全生产保障、安全生产检查与事故隐患排查、安全生产教育培训、安全生产信息报告等制度。

第二十五条　邮政企业、快递企业所使用的设施设备的安装、使用、检测、维修、改造和报废，应当符合国家标准或者行业标准。有较大危险因素的生产经营场所和有关设施设备上，应当设置明显的安全警示标志。

第二十六条　邮件处理中心、快件分拨中心、营业网点、员工宿舍等人员密集场所应当设有符合紧急疏散要求、标志明显、保持畅通的出口。禁止封闭、堵塞出口。

前款所列人员密集场所及用于存放物品的临时场地和库房应当按规定设置防火、防触电等安全设施、设备。

第二十七条　邮政企业应当按照有关规定加强邮政汇兑、邮政储蓄资金票据的安全管理。

第二十八条　邮政企业、快递企业新建、改建和扩建邮件处理中心、快件分拨中心，其安全设施必须与主体工程同时设计、同时施工、同时投入生产和使用。已经投入生产和使用的安全设施不符合安全防护标准和要求的，邮政企业、快递企业应当予以更换或者改建。邮政企业、快递企业的邮件处理中心、快件分拨中心设计建设前及竣工验收后，应当向当地省级邮政管理机构备案。

第二十九条　邮政企业、快递企业的从业人员有依法获得安全生产保障的权利，企业应当为从业人员提供工伤保险和相应的个人安全防护措施、装备，营造安全的工作环境。

第四章　应急管理

第三十条　邮政管理部门以及邮政企业、快递企业应当按照《国家邮政业突发事件应急预案》建立健全突发事件应对工作机制，提高应对邮政行业突发事件能力，预防与减少邮政行业突发事件及其造成的损害。

第三十一条　邮政管理部门应当结合邮政行业安全监督管理的实际，定期对本行业突发事件应急预案的可行性、科学性与有效性进行评估，适时修订。定期组织邮政企业、快递企业开展突发事件应急演练。

第三十二条　邮政企业、快递企业应当按照国务院邮政管理部门的规定，制定突发事件应急预案和专项预案，根据情势变化适时修订更新，并及时向邮政管理部门备案。

第三十三条　邮政企业、快递企业应当加强应急队伍建设和物资、技术、经费保障，满足突发事件预防与处置工作的需要。

邮政管理部门为应对突发事件，可以调集和征用有关邮政企业、快递企业的人员、物资及车辆、场地和相关设备，并按照有关规定给予补偿。

第三十四条　发生自然灾害、事故灾难、公共卫生事件、社会安全事件等，造成下列情形之一的，邮政企业、快递企业应当在一小时内向突发事件发生地的省级邮政管理机构和负有相关职责的公安、国家安全、安全生产监督管理等部门报告：

（一）本企业人员死亡或者失踪一人以上，或者重伤三人以上的；

（二）邮件、快件一次丢失、损毁一百件以上，或者积压一千件以上的；

（三）邮寄爆炸物、生物病原体、生物毒素、危险化学品、放射性物品等，在寄递过程中发生爆炸、泄漏的；

（四）邮件处理中心、快件分拨中心内发生重大事故，生产中断的；

（五）其他可能严重影响寄递渠道畅通的情形。

第三十五条　有下列情形之一的，邮政企业、快递企业应当在情形发生之日起三日内，向邮政管理部门报告相关情况：

（一）邮政企业、快递企业及其分支机构因面临高额债务追偿或者因投资、经营不善导致无法履行对其他主体的债务，可能影响正常开展寄递业务的；

（二）邮政企业、快递企业及其分支机构因经济纠纷或者违法行为被有关机关查封运营设备、设施，或者冻结资产的；

（三）邮政企业、快递企业分立、合并、投资融资、变更终止协议等，可能影响正常开展寄递业务的；

（四）邮政企业、快递企业及其从业人员私自开拆、隐匿、毁弃邮件、快件十件以上，或者因故意延误投递邮件、快件被侦查机关立案调查的；

（五）其他可能影响寄递渠道畅通的情形。

第三十六条　突发事件发生后，发生事件的邮政企业、快递企业在报告信息的同时，应当及时启动应急预案进行先期处置，控制事态。

邮政管理部门在接到报告后，应当依照规定及时组织处置并向上级部门报告，必要时，联系有关部门共同处置。

第三十七条　邮政管理部门应当妥善处置邮政行业突发事件，查明事件原因和责任，提出整改措施，并依法对有违法行为的责任人作出处理。涉及其他部门管理职权的，应当联合有关部门共同处理。

第五章　监督管理

第三十八条　邮政管理部门依法履行下列职责：

（一）制定保障邮政通信与信息安全、安全生产的政策、制度和相关标准，并监督实施；

（二）指导与监督邮政企业、快递企业落实安全责任制，督促企业加强内部安全管理；

（三）对邮政行业运行安全进行监测、预警和应急管理；

（四）指导、监督邮政企业、快递企业开展安全运营的宣传教育和培训；

（五）依法对邮政企业、快递企业实施安全监督检查；

（六）组织调查或者参与调查邮政行业安全事故，查处违反邮政行业安全监管规定的行为；

（七）法律、法规、规章规定的其他职责。

第三十九条　邮政管理部门应当加强邮政行业安全管理制度和安全知识的宣传，提高从业人员的安全意识、安全操作技能，增强公众使用寄递服务的安全意识。

第四十条　邮政管理部门应当加强邮政行业安全运行的监测预警，建立信息管理体系，收集、分析与邮政行业安全运行有关的各类信息。

省、自治区、直辖市邮政管理机构应当及时向国务院邮政管理部门报告邮政行业安全信息，并定期通报相应的公安机关、国家安全机关、海关、安全生产监督管理部门。

第四十一条　邮政管理部门应当对邮政企业、快递企业建立健全和遵守安全生产制度以及企业防范安全风险、规范从业人员安全生产行为等情况进行检查。

第四十二条　邮政管理部门发现邮政企业、快递企业存在违反安全管理规定，妨害或者可能妨害邮政行业安全的，应当对其调查。违法行为涉及其他部门的管理职权的，邮政管理部门应当会同有关部门，共同对邮政企业、快递企业进行调查。

第四十三条 邮政管理部门开展监督检查，应当有两名以上监督检查人员参加。

监督检查人员应当出示执法证件，告知邮政企业、快递企业检查事由和依据。

第四十四条 邮政安全监督检查人员应当将检查的时间、地点、内容、发现的问题及其处理情况，作出书面记录，并由监督检查人员和被检查单位的负责人签字；被检查单位负责人拒绝签字的，监督检查人员应当将情况记录在案。

第四十五条 邮政管理部门可以在行业内通报邮政企业、快递企业违反安全监管有关规定、发生安全事件以及对有关责任人员进行处理的情况，必要时可以向社会公开上述信息，但涉及国家秘密、商业秘密与个人隐私的除外。

第六章 法律责任

第四十六条 用户违反本办法第七条规定，寄递危害国家安全、公共安全的信息或者物品，尚不构成犯罪的，依照《中华人民共和国治安管理处罚法》及有关法律、法规处罚；构成犯罪的，依法追究刑事责任。违法邮寄国家禁止出境或者限制出境的物品，按照《中华人民共和国海关法》处罚。给邮政企业、快递企业或者公民、法人及其他组织造成损害的，应当依法承担赔偿责任。

第四十七条 邮政企业、快递企业违反收寄验视制度或者违反规定收寄禁止寄递物品或者限制寄递物品的，依照《中华人民共和国邮政法》第七十五条予以处罚。违法收寄国家禁止出境或限制出境的物品，依照《中华人民共和国海关法》处罚。

第四十八条 违反本办法第十一条规定的，依照《中华人民共和国邮政法》第七十二条予以处罚。

第四十九条 邮政企业、快递企业违法提供用户使用邮政服务、快递业务的信息的，依照《中华人民共和国邮政法》第七十六条予以处罚。

第五十条 违反本办法第十三条第二款、第十六条第一款、第二十八条规定，未按照要求报送有关数据、信息或者备案的，由邮政管理部门责令限期改正，可以处一千元以上一万元以下的罚款。逾期未改正的，处一万元以上三万元以下的罚款。

第五十一条 邮政企业、快递企业有下列行为之一的，由邮政管理部门责令限期改正，可给予警告或处一万元以下的罚款；逾期未改正的，责令停业整顿，可以并处二万元以下的罚款：

（一）未按照本办法第二十三条的规定对从业人员进行安全生产教育和培训的；

（二）特种作业人员（特种设备作业人员除外）未按照规定经专门的安全作

业培训并取得特种作业操作资格证书，上岗作业的。

第五十二条　邮政企业、快递企业有下列行为之一的，由邮政管理部门责令限期改正，可以处三千元以上一万元以下的罚款；逾期未改正的，责令停业整顿，可以并处五万元以下的罚款；造成严重后果，构成犯罪的，依法追究刑事责任：

（一）未在有较大危险因素的生产经营场所和有关设施、设备上设置明显的安全警示标志的；

（二）安全设备的安装、使用、检测、改造和报废不符合国家标准或者行业标准的；

（三）未对安全设备进行经常性维护、保养和定期检测的；

（四）未为从业人员提供符合国家标准或者行业标准的劳动防护用品的；

（五）未对重大安全隐患进行整改的。

第五十三条　邮政企业、快递企业违反本办法第十七条规定，拒不配合安全监督检查的，依据《中华人民共和国邮政法》第七十七条的规定予以处罚。

第五十四条　邮政企业、快递企业违反本办法第三十二条规定，未制定突发事件应急预案和专项预案的，由邮政管理部门责令限期改正，可给予警告或处一千元以上五千元以下的罚款；逾期未改正的，处五千元以上一万元以下的罚款。

第五十五条　邮政管理部门工作人员在安全监督管理工作中滥用职权、玩忽职守、徇私舞弊，构成犯罪的，依法追究刑事责任；尚不构成犯罪的，依法给予处分。

第七章　附则

第五十六条　机要通信安全监督管理办法另行制定。

第五十七条　本办法自2011年2月1日起施行。

045

禁寄物品指导目录及处理办法（试行）

国家邮政局

2007 年 11 月 7 日

一、禁寄物品是指国家法律、法规禁止寄递的物品，主要包括：

（一）各类武器、弹药。如枪支、子弹、炮弹、手榴弹、地雷、炸弹等。

（二）各类易爆炸性物品。如雷管、炸药、火药、鞭炮等。

（三）各类易燃烧性物品，包括液体、气体和固体。如汽油、煤油、桐油、酒精、生漆、柴油、气雾剂、气体打火机、瓦斯气瓶、磷、硫磺、火柴等。

（四）各类易腐蚀性物品。如火硫酸、盐酸、硝酸、有机溶剂、农药、双氧水、危险化学品等。

（五）各类放射性元素及容器。如铀、钴、镭、钚等。

（六）各类烈性毒药。如铊、氰化物、砒霜等。

（七）各类麻醉药物。如鸦片（包括罂粟壳、花、苞、叶）、吗啡、可卡因、海洛因、大麻、冰毒、麻黄素及其他制品等。

（八）各类生化制品和传染性物品。如炭疽、危险性病菌、医药用废弃物等。

（九）各种危害国家安全和社会政治稳定以及淫秽的出版物、宣传品、印刷品等。

（十）各种妨害公共卫生的物品。如尸骨、动物器官、肢体、未经硝制的兽皮、未经药制的兽骨等。

（十一）国家法律、法规、行政规章明令禁止流通、寄递或进出境的物品，如国家秘密文件和资料、国家货币及伪造的货币和有价证券、仿真武器、管制刀具、珍贵文物、濒危野生动物及其制品等。

（十二）包装不妥，可能危害人身安全、污染或者损毁其他寄递件、设备的物品等。

（十三）各寄达国（地区）禁止寄递进口的物品等。

（十四）其他禁止寄递的物品。

二、寄递服务企业对禁寄物品处理办法：

（一）企业发现各类武器、弹药等物品，应立即通知公安部门处理，疏散人员，维护现场。同时通报国家安全机关。

（二）企业发现各类放射性物品、生化制品、麻醉药物、传染性物品和烈性毒药，应立即通知防化及公安部门按应急预案处理。同时通报国家安全机关。

（三）企业发现各类易燃易爆等危险物品，收寄环节发现的，不予收寄；经转环节发现的，应停止转发；投递环节发现的，不予投递。对危险品要隔离存放。对其中易发生危害的危险品，应通知公安部门，同时通报国家安全机关，采取措施进行销毁。需要消除污染的，应报请卫生防疫部门处理。其他危险品，可通知寄件人限期领回。对内件中其他非危险品，应当整理重封，随附证明发寄或通知收件人到投递环节领取。

（四）企业发现各种危害国家安全和社会政治稳定以及淫秽的出版物、宣传品、印刷品，应及时通知公安、国家安全和新闻出版部门处理。

（五）企业发现妨害公共卫生的物品和容易腐烂的物品，应视情况通知寄件人限期领回，无法通知寄件人领回的可就地销毁。

（六）企业对包装不妥，可能危害人身安全，污染或损毁其他寄递物品和设备的，收寄环节发现后，应通知寄件人限期领回。经转或投递中发现的，应根据具体情况妥善处理。

（七）企业发现禁止进出境的物品，应移交海关处理。

（八）其他情形，可通知相关政府监管部门处理。

046

关于切实加强寄递物品安全监管工作的通知

中国邮政集团公司，各寄递服务企业：

近年来，国内外不法分子利用寄递渠道实施反宣渗透、窃密通联、恐怖袭击、私怨报复、恐吓诈骗、走私贩假等各类违法犯罪活动十分突出，寄递渠道的安全形势日趋严峻。国家邮政局作为国务院行业主管部门，近期先后发布了《禁寄物品指导目录及处理办法》（国邮发〔2007〕152 号）、《寄递服务企业收寄物品安全管理规定》（国邮发〔2008〕21 号）、《关于加强第 29 届奥林匹克运动会寄递物品安全工作的通告》（国邮发〔2008〕33 号）等一系列规范性文件。邮政企业和各寄递服务企业（包括从事寄递业务的外资、合资、民营等各类快递、运输企业）应认真贯彻落实国家有关规定，进一步树立安全运营意识，切实承担起本企业寄递物品的安全运营职责。

一、严格执行收寄验视制度。邮政企业和各寄递服务企业要站在维护国家利益和人民生命财产安全的高度，自觉防范各类禁寄物品通过寄递渠道进行传播、扩散。用户交寄物品时，邮政企业或有关寄递服务企业应当当面验视内件，确认安全后方可收寄。凡国家规定的禁寄物品，一律不予收寄。对不能确认安全的物品（如机电装置、粉末、不明金属、装有不明气体或液体的密闭装置等）或寄件人拒绝验视的，不予收寄。

二、认真核查登记寄件人身份和寄递物品信息。邮政企业和各寄递服务企业在收寄物品时，应请用户出示有效身份证件。对没有随身携带身份证件的，可正常收寄，但应做重点查验。要认真登记寄递物品的收寄日期、号码及收寄件人的姓名、地址、身份证号码等信息，并配合国家有关部门的安全查验。

三、明确落实责任，切实维护寄递渠道安全。邮政企业和各寄递服务企业要按照“谁经营，谁负责”的原则，建立健全并严格执行收寄物品安全查验等制度，努力维护寄递渠道的安全。对发现通过寄递渠道从事违法活动的，应立即报告当地公安机关、国家安全机关或邮政监管机构，并配合做好有关调查工作。奥运会期间，从事涉奥寄递业务的企业要确保进入奥运会各组织、场馆等寄递物品的绝对安全。

四、自觉接受监督，严格遵规守法。邮政企业和各寄递服务企业应自觉接受公安机关、国家安全机关、工商行政管理机关和邮政监管机构的监管。凡未严格执行收寄验视制度，收寄、投递禁寄物品的企业，一经发现，邮政监管机构将立即要求企业进行整改，并视情给予行政处罚。发现利用寄递渠道从事危害国家安全、公共安全和社会政治稳定等违法活动的，工商行政管理机关将根据有关部门认定的违法事实，依法吊销企业营业执照；国家安全机关和公安机关将依法对有关企业负责人和直接责任人予以行政处罚；构成犯罪的，依法追究刑事责任。

特此通知

公安部
国家安全部
国家工商行政管理总局
国家邮政局
二〇〇八年五月十四日

047

国家邮政局　公安部　国家安全部关于印发《寄递渠道治安检查工作规定》的通知

国邮发〔2012〕42号

为进一步规范寄递渠道治安检查工作，及时发现和依法打击通过寄递渠道非法贩运枪支弹药、管制刀具、危险品等禁寄物品的违法犯罪活动，维护寄递渠道安全畅通，国家邮政局、公安部、国家安全部共同制定了《寄递渠道治安检查工作规定》，现印发给你们，请遵照执行。

国家邮政局
公安部
国家安全部
二〇一二年三月十六日

寄递渠道治安检查工作规定

国家邮政局
公安部
国家安全部
2012年3月16日

第一条　为规范寄递渠道实施治安检查工作，及时发现和依法打击通过寄递渠道贩运枪支弹药、管制刀具和毒品、爆炸物品、危险化学品、放射性物品、传染性病原体等禁寄物品违法犯罪活动，维护寄递渠道安全畅通，根据《邮政法》、《治安管理处罚法》、《邮政行业安全监督管理办法》、《企业事业单位内部治安保卫条例》、《公安机关监督检查企业事业单位内部治安保卫工作规定》等法律、行政法规和规章以及公安部、国家安全部、国家邮政局《关于加强寄递渠道治安管理工作的通知》要求，制定本规定。

第二条　本规定所称寄递渠道，是指基于邮政企业、快递企业寄递服务活动形成的信息和实物传递渠道。

禁寄物品，是指国家有关规定明确不得交寄的物品。

邮政企业，是指中国邮政集团公司及其提供邮政服务的全资企业、控股企业。

快递企业，是指依法取得快递业务经营许可的企业。

第三条　邮政管理部门依据《邮政法》、《邮政行业安全监督管理办法》等法规，负责检查邮政企业、快递企业日常安全管理工作。

公安机关依据《企业事业单位内部治安保卫条例》、《公安机关监督检查企事业单位内部治安保卫工作规定》等法规，负责检查邮政企业、快递企业治安防范等工作。

第四条　省级邮政管理部门、公安机关、国家安全机关应当联合成立寄递渠道治安管理协调小组，由邮政管理部门分管领导任协调小组负责人，国家安全机关发挥职能优势，支持、协助公安机关开展寄递渠道治安检查工作。

协调小组每半年召开一次例会，相互通报寄递渠道治安管理情况；邮政管理部门、公安机关应当明确专人为联络员，负责收集掌握本部门寄递渠道治安管理工作情况，协调组织相关案（事）件查处和联合执法检查等工作。

省级以下邮政监管机构可以参照省级寄递渠道治安管理协调小组的做法，与当地公安机关、国家安全机关联合成立寄递渠道治安管理协调小组，开展相关工作。

第五条　邮政管理部门负责检查以下事项：

（一）邮政企业、快递企业是否开展全员安全教育培训，教育培训活动是否有记录；邮政企业、快递企业特种作业人员是否依法取得相应的资格证书，是否熟悉《禁寄物品指导目录及处理办法（试行）》、《仿真枪认定标准》、《管制刀具认定标准》等，是否掌握禁寄物品的形状、性能及辨识要领。

（二）邮政企业、快递企业是否执行收寄验视制度，寄件人填写的寄递详情单是否完整规范，实际寄递的物品与寄递详情单所填写的名称、数量等是否一致；是否配备专门人员、安检设备对邮件、快件实施安全检查，发现禁寄物品是否按规定处理。

（三）邮政企业、快递企业是否安装监控设备，监控设备是否覆盖收寄、分拣、储存等生产场所，是否确保监控设备全天二十四小时运转，且监控记录保存时间是否达到三十天；寄递业务流程是否实行计算机管理，是否为邮政管理部门预留数据接口。

（四）邮政企业、快递企业生产场所是否配备与场所面积相适应的消防设施，是否确保消防设施始终处于正常状态；配备的消防、监控、安检等安全设备是否符合国家标准或者行业标准。

第六条　公安机关负责检查以下事项：

（一）邮政企业、快递企业是否建立并执行治安保卫制度；是否设置治安保卫机构、配备专职治安保卫人员或确定专人负责治安保卫工作；是否配备值守人员；

（二）邮政企业、快递企业营业网点（包括邮政储蓄业务和非邮政储蓄业务）、邮件处理中心、数据中心、快件分拨中心、金库、邮资票品库等治安保卫重点部位的治安保卫措施是否符合有关标准和规定；邮政企业、快递企业生产场所是否封闭式作业，是否安装门禁系统并严格执行人员进出管理制度；

（三）邮政企业、快递企业是否制定治安突发事件处置预案并组织演练；从业人员发现寄递枪支弹药、管制刀具和毒品、爆炸物品、危险化学品、放射性物品、传染性病原体等禁寄物品的可疑情况线索，是否立即报告公安机关和邮政管理部门。

第七条 邮政管理部门、公安机关对寄递渠道实施治安检查，可以采取听取汇报、查阅档案、实地查看（包括查看收寄、分拣、储存场所监控录像）、模拟演练等方法，以及定期检查、随机抽查、专项检查、调查核实等方式进行。国家安全机关按照现行工作机制，与邮政管理部门、公安机关相互配合，落实寄递物品安全监管工作要求。

凡发现寄递渠道涉嫌收寄禁寄物品的，邮政管理部门、公安机关应当逐件溯源查实具体企业及其收寄人员。

第八条 邮政管理部门、公安机关开展治安检查，应当由 2 名以上工作人员进行；检查时应当出示执法证件或工作证件，并向被检查企业告知检查事由和依据。

检查人员应当制作《检查笔录》，记录检查的时间、地点、内容、发现的问题及其处理情况，由被检查企业的负责人或者陪同检查人员共同核对签名。被检查企业的负责人或者陪同检查人员对笔录有异议，应当允许其作出说明并记录在案；拒绝签名的，检查人员应当在《检查笔录》上注明。

检查人员对检查知悉的国家秘密、商业秘密和个人隐私，应当予以保密。

第九条 省级邮政管理部门对本行政区域内邮政企业、快递企业的安全管理工作，应当定期组织安全检查；对检查发现的问题，每月在全行业通报一次，督导企业落实安全管理措施。

县级公安机关和属地公安派出所对本行政区域内邮政企业、快递企业的治安保卫工作，应当至少分别每半月、每周抽查一次，督导企业落实治安保卫措施。

中国邮政集团公司和其他快递公司对其所属全资企业、控股企业、分支机构，应当定期组织安全检查，督促基层单位及时整改治安隐患。

第十条 对下列情况，公安机关应当立即组织调查核实：

（一）不法分子向邮政企业、快递企业交寄枪支弹药、管制刀具和毒品、爆炸物品、危险化学品、放射性物品、传染性病原体等禁寄物品的；

（二）邮政企业、快递企业明知交寄物品为枪支弹药、管制刀具和毒品、爆炸物品、危险化学品、放射性物品、传染性病原体等禁寄物品仍收寄的；

（三）邮政企业、快递企业发生盗窃、非法扣押、冒领、隐匿、毁弃、私拆邮件、快件的；

（四）扰乱邮政企业、快递企业正常生产经营秩序，危害寄递渠道安全畅通的；

（五）其他违反治安管理的情形。

第十一条　经公安机关调查核实，凡属于公安机关查处打击的违法犯罪问题，公安机关应当依法查处；属于国家安全机关依法查处打击的违法犯罪问题，国家安全机关应当依法查处；属于邮政管理、工商等部门依法处理的违法违规问题，公安机关应当及时通报同级邮政管理、工商等部门查处，并建档留存通报材料。

国家安全机关工作中发现危害社会治安秩序的情况和线索，应及时通报公安机关进行处置；对安全管理问题和隐患较大的企业，应及时通报邮政管理部门，由邮政管理部门依法处理。

第十二条　邮政企业、快递企业不执行收寄验视制度，或者违反国家有关规定收寄邮件、快件的，邮政管理部门应当依照《邮政法》，对邮政企业直接负责的主管人员和其他直接责任人员给予处分，对快递企业责令停业整顿直至吊销快递业务经营许可证。

邮政企业、快递企业从业人员取得法定从业资格的人员比例不足，由邮政管理部门依照《快递业务经营许可管理办法》督促其补足。邮政企业、快递企业未按照国家有关规定配备安检人员和设备、未安装监控和消防等安全设备或者安装的安检、监控和消防等安全设备不能正常运行使用，以及未按照国家有关规定对寄递业务流程实行计算机管理并向邮政管理部门预留数据接口的，由邮政管理部门责令限期改正，并依照《邮政行业安全监督管理办法》规定处罚。

第十三条　邮政企业、快递企业存在治安隐患的，由公安机关责令限期整改并处警告；企业逾期不整改，严重威胁公民人身安全、公私财产安全或者公共安全的，公安机关应当依照《企业事业单位内部治安保卫条例》第十九条的规定，对邮政企业、快递企业及其相关人员予以处罚。

第十四条　邮政管理部门、公安机关应当建立违规寄递禁寄物品责任倒查追究制度。对违规收寄禁寄物品的邮政企业、快递企业及其主要负责人，邮政管理部门应当依法予以行政处罚；邮政企业、快递企业从业人员因未执行验视制度而收寄禁寄物品或明知是禁寄物品仍收寄，构成违反治安管理的，公安机关应当依法予以治安处罚；构成犯罪的，应当依法追究刑事责任。

第十五条　邮政管理部门、公安机关对寄递渠道治安检查工作应当建立考核奖惩制度。

省级寄递渠道治安管理协调小组应当每年度考核寄递渠道治安管理工作。对措施得力、成绩突出的，上级机关应当予以表彰奖励；对因工作措施不到位造成寄递渠道禁寄物品问题突出的，上级机关应当对负有直接检查职责的下级机关进行通报批评，并取消年度评优评先资格；直接负责的主管人员和其他直接负责人员涉嫌失职渎职的，应当依法追究责任。

第十六条 本规定由国家邮政局、公安部、国家安全部负责解释。

第十七条 本规定自公布之日起施行。

048

关于转发《寄递渠道治安检查工作规定》的通知

国邮发〔2012〕48 号

为进一步规范寄递渠道治安检查工作，及时发现和依法打击通过寄递渠道非法贩运枪支弹药、管制刀具、爆炸物品、危险化学品等禁寄物品的违法犯罪活动，维护寄递渠道安全畅通，国家邮政局、公安部、国家安全部共同下发了《关于印发〈寄递渠道治安检查工作规定〉的通知》（国邮发〔2012〕42 号），现将通知转发给你们，并将有关事宜通知如下：

一、认真抓好《寄递渠道治安检查工作规定》的学习和贯彻落实。《寄递渠道治安检查工作规定》（以下简称《规定》）明确了邮政管理部门、公安机关负责检查的寄递渠道具体事项，是贯彻《中华人民共和国邮政法》、《邮政行业安全监督管理办法》等法律、规章的体现，是确保各项行业安全监管制度落到实处的重要举措。各省（区、市）邮政管理局要认真学习《规定》，按照《规定》要求建立完善与公安机关、国家安全机关的寄递渠道治安管理协调工作机制，认真履行寄递渠道安全监管职责，加大安全检查工作力度，确保将《规定》的有关工作要求落到实处。

二、充分发挥《规定》在促进行业安全发展方面的积极作用。《规定》明确了公安机关应当对邮政企业、快递企业发生的盗窃、非法扣押、冒领、隐匿、毁弃、私拆邮件、快件案件以及扰乱邮政企业、快递企业正常生产经营秩序，危害寄递渠道安全畅通的违法行为立即组织调查核实，对于维护邮政企业、快递企业正常的生产秩序和寄递渠道安全畅通，促进行业安全发展具有重要的现实意义。各省（区、市）邮政管理局要充分利用《规定》搭建的协作机制平台，充分发挥《规定》的作用，切实促进行业安全发展。

三、进一步加强与有关部门的协调配合。寄递渠道治安检查工作，是邮政管理部门和公安、国家安全等有关部门的共同责任。各省（区、市）邮政管理局要以此为契机，进一步加强与有关部门的协调配合，特别是要加强与公安机关沟通协作，妥善处理扣押快件、围堵邮政企业、快递企业生产场地等各类治安案件，着力解决妨碍行业健康发展的寄递渠道治安问题。

贯彻执行过程中，遇有重要问题，请及时报告国家邮政局。

附件：寄递渠道治安检查工作规定（略）

国家邮政局
二〇一二年三月二十二日

049

国家邮政局关于进一步加强快递企业收寄验视工作的通知

国邮电传〔2012〕25号

收寄验视是寄递企业收寄过程中的关键环节。执行收寄验视制度是快递企业应尽的责任和义务。为进一步加强快递企业收寄验视工作，确保寄递渠道安全畅通，现将有关事项通知如下：

一、充分认识执行收寄验视制度的重要意义。《中华人民共和国邮政法》第二十五条、《快递市场管理办法》第十八条、《邮政行业安全监督管理办法》第九条、《快递服务》国家标准等法律、规章、标准等均对寄递企业建立和执行收寄验视制度作出了规定。严格执行收寄验视制度，严把收寄关口，严防不法分子利用寄递渠道实施各类违法犯罪活动，关系到社会公共安全和国家安全，关系到用户的生命财产安全，关系到一线从业人员的人身安全和寄递企业的财产安全。各级邮政管理部门要督促快递企业充分认识收寄验视工作的重要意义，进一步增强做好收寄验视工作的责任感和紧迫感，不折不扣地执行有关法律规定，采取有效的措施加强收寄验视工作，务必做到常抓不懈、警钟长鸣。

二、确保收寄验视制度落到实处。从近年来寄递渠道发生的安全事件看，未按照规定严格执行收寄验视制度，是造成事件发生的最直接、最主要的原因。各省（区、市）邮政管理局要指导快递企业按照国家规定，落实有关禁限寄物品的检查措施，严格进行收寄过程中的检查。对用户交寄的物品，必须全部检查，对粉末、液体，以及不能直接辨识的机电装置等要重点查验，确保将各类易燃烧性、易爆炸性、易腐蚀性等禁寄物品堵截在寄递渠道之外。用户拒绝开拆、拒绝验视的，不予收寄。

三、进一步加大监督检查工作力度。一段时间来，个别企业无视邮政管理部门三令五申的工作要求，不执行收寄验视制度，违法收寄危险品，严重威胁了公共安全和国家安全。各省（区、市）邮政管理局要依法履行监督管理职责，进一步加大监督检查工作力度。特别是在近期要组织一次全面的检查，重点检查快递企业安全管理责任制落实情况和收寄验视制度落实情况。对收寄验视制度落实不到位的邮政企业，必须依法严肃处理，情节严重的，责令停业整顿，直至依法吊销快递业务经营许可证。

请各省（区、市）邮政管理局接本通知后，认真抓好贯彻落实工作。

国家邮政局

二〇一二年二月二十八日

050

国家邮政局关于开展2011年邮政普遍服务和特殊服务监督检查工作的通知

国邮发〔2011〕52号

中国邮政集团公司：

为了保障邮政普遍服务和邮政特殊服务，保护用户合法权益，国家邮政局及各省（区、市）邮政管理局将根据《中华人民共和国邮政法》、《邮政普遍服务监督管理办法》和《邮政机要通信保密规定》等法律法规的要求，开展2011年邮政普遍服务和邮政特殊服务监督检查，现将有关事项通知如下：

一、邮政普遍服务监督检查的内容和方式

1. 邮政普遍服务综合检查

国家邮政局将对海南、湖南、天津、上海、江西、河南、新疆和四川等8个省（区、市）邮政企业履行邮政普遍服义务情况开展检查。其他各省（区、市）邮政管理局对本地邮政企业开展监督检查。每个省选择2个地州市、2个县和2个乡镇的邮政营业场所和部分生产场地进行抽查，重点检查企业履行邮政普遍服务达标情况。检查内容包括：邮政局所、邮筒箱设施布局，邮政普遍服务业务开办，邮政营业场所服务公示，邮件查询和损失赔偿，邮政按址汇兑时限和邮件投递频次、投递深度等达标情况；邮政企业执行《邮政企业设置和撤销邮政营业场所管理规定》和《邮政企业停止办理或者限制办理邮政普遍服务业务和特殊业务管理规定》情况。

检查的主要形式有：听取当地邮政企业汇报履行邮政普遍服务义务情况；实地抽查地市、县、乡镇三级邮政普遍服务场所和生产场地；实地查阅有关资料、凭证。

2. 邮件全程时限达标情况检查

国家邮政局及各省（区、市）邮政管理局将对照邮政普遍服务标准，统一组织直辖市、省会城市间，省际地级以上城市间和省际其他地区间的信件、包裹、印刷品三类邮件的全程时限测试。测试同时检查邮件日戳加盖情况，邮件丢失损毁情况。测试采取实际寄发邮件方式进行。

3. 邮政普遍服务满意度调查

国家邮政局将开展2011年度邮政普遍服务满意度调查。调查从邮政服务设

施、邮件传递时限、投递准确性、邮件安全完好性、工作人员服务态度以及邮件查询服务、邮件赔偿服务、投诉处理服务等方面了解用户对邮政普遍服务的满意度。调查工作由国家邮政局统一组织，委托社会专业调查机构独立完成。

4. 信报箱安装情况监督检查

国家邮政局将组织各省（区、市）邮政管理局对省会城市（含直辖市）的新建住宅楼房信报箱安装情况进行实地检查。

二、邮政机要通信监督检查内容和方式

1.《邮政机要通信寄递范围》落实情况专项检查

各省（区、市）邮政管理局与当地保密局组织联合检查组，对邮政企业宣贯《邮政机要通信寄递范围》情况进行检查。检查的主要内容是：是否对《邮政机要通信寄递范围》（2010 版）进行转发；是否及时对机要营业室内的公示内容进行了更换；是否收到《〈邮政机要通信寄递范围〉学习读本》；是否组织相关人员进行了学习培训；是否采取有效措施告知机要通信用户寄递范围的新变化。检查采取听取邮政企业汇报，并实地检查不少于 2 个市（地）级机要通信部门（含省会局）、不少于 4 个县及以下机要通信部门（至少应包含一个县以下网点）。

各省（区、市）邮政管理局在营业收寄和落地开拆环节进行机要件实体检查。检查机要通信部门营业收寄环节收寄的与落地开拆环节处理的机要件是否符合《邮政机要通信寄递范围》（2010 版）的规定，所查的机要件封装是否破损。

2. 机要通信保密安全和服务能力建设全国调研检查工作

2011 年，国家邮政局将会同中央办公厅机要交通局、中央编办、国家发展改革委、财政部、国家保密局和中国邮政集团公司等单位组织联合工作组，开展邮政机要通信保密安全和服务能力建设现状全国调研检查工作。为配合做好此项工作，今年各省（区、市）邮政管理局将开展机要通信保密安全与服务能力建设专项检查。检查内容：邮政机要通信保密安全和服务能力发展现状，与国家相关规定间存在的差距和存在的困难、问题，了解邮政企业开展达标活动的进展情况。

检查方式由各省（区、市）邮政管理局实地检查机要网点，检查 2 个地市、4 个县及以下地区（至少包含一个县以下地区）。

3. 机要通信保密安全与用户评价满意度调查

2011 年，国家邮政局将组织开展机要通信保密安全与用户评价满意度调查。内容包括用户对机要通信营业厅（室）保密安全，营业场所服务设施方便，营业服务，营业局所的设置距离，投递质量，传递时限等方面的满意度。调查分别采取第三方函调和机要通信特邀监督员走访用户填写调查表两种方式进行。

4. 机要函件时限测试

2011 年，国家邮政局及各省（区、市）邮政管理局将对全国 31 个省会城市间机要邮件的寄递时限及北京至 108 个市（地）城市的机要邮件的寄递时限进行测试。同时检测机要通信日戳及投递单使用情况；机要邮件封装破损情况。测试采取实寄机要件来完成。

三、组织邮政特邀监督员开展社会监督

各省（区、市）邮政管理局将有计划、有重点、有层次地组织邮政特邀监督员对邮政的服务设施、营业服务、投递服务、查询服务、赔偿及邮件时限等方面开展日常的社会监督工作。针对"建党九十周年"、"辛亥革命一百周年"等重大活动，适时组织开展专项社会监督。

四、有关要求

请你公司按照《中华人民共和国邮政法》等相关法律法规的要求，积极配合邮政管理部门的监督检查工作，按照检查要求提供相关资料和工作条件，并组织所属企业做好邮政普遍服务和特殊服务自查工作。各省（区、市）邮政公司应于 2011 年 6 月份和 12 月份前，将本地区邮政普遍服务和特殊服务自查结果报送当地邮政管理部门；中国邮政集团公司应于 2012 年 1 月底前，将 2011 年全国邮政普遍服务和特殊服务自查结果书面报送国家邮政局。

国家邮政局

二〇一一年三月二十八日

051

关于切实做好春节期间收寄验视工作的通知

局监传〔2013〕5号

各省、自治区、直辖市邮政管理局：

根据《中国交通报》、《济南时报》等媒体报道，春节前夕，一些网店以“冷焰火”为噱头售卖烟花炮竹，并声称可以通过快递送货上门。春节即将来临，邮寄烟花爆竹存在重大的安全隐患，为切实做好春节期间安全生产工作，严密防范烟花爆竹等违禁物品通过寄递渠道传递，现就有关事项通知如下：

一、严格落实收寄验视制度。近两年，行业内还先后发生了多起快件爆炸、爆燃事件，特别是2012年10月，韵达公司因收寄网店销售的防风火柴，其快件在大连发生自燃，险些造成重大飞行事故，对邮政业的安全生产造成了严重危害。究其根源，主要原因是寄递企业未严格执行收寄验视制度，疏于防范，特别是对网店销售的物品疏于检查，造成危险品流入到寄递渠道。春节在即，各级邮政管理部门要按照《邮政法》等有关规定，督促寄递企业严格履行法定义务，严格落实收寄验视制度。对用户（包括网店）交寄的物品，必须全部检查，对粉末、液体，以及不能直接辨识的机电装置等要重点查验，确保将各类易燃烧性、易爆炸性、易腐蚀性等禁寄物品堵截在寄递渠道之外。用户拒绝开拆验视的，不予收寄。

二、严格执行禁寄物品有关规定。为加强寄递渠道安全监管，国家邮政局先后制定了《快递市场管理办法》、《邮政行业安全监督管理办法》、《禁寄物品指导目录及处理办法》等一系列规章制度。烟花爆竹属于禁寄物品，寄递企业收寄、运输烟花爆竹属违法违规行为。各级邮政管理部门组织一定形式的宣传工作，告诫用户不要交寄烟花爆竹等各类危险品，要督促寄递企业强化安全意识，严格落实相关规定，对明令禁止寄递的物品，要坚决不予收寄，严防出现邮件、快件爆炸、爆燃事件。

三、严肃查处有关违法违规行为。各级邮政管理部门要依照有关法律规定，加大监督检查工作力度，特别是浙江、江西、山东、湖南等烟花爆竹主要产区的省邮政管理局，要结合本地实际加强对寄递企业的监督管理，及时发现并消除安全隐患。对监督检查中发现的企业违法违规行为，要依法严肃查处。湖南省邮政管理局要对媒体（报道信息见http://b2b.toocle.com/

detail－6078563.html）反映湖南申通、圆通不验视的违法行为开展调查，查证属实，要依法予以处罚。

国家邮政局

二〇一三年二月一日

052

关于转发《上海市寄递行业反恐防范指导性意见》的通知

沪邮管〔2009〕44 号

各快递企业：

为建立健全上海市寄递行业反恐防范长效管理机制，并为上海世博会反恐防范督促检查工作提供依据，市反恐办组织有关专家和行业主管单位开展了《上海市寄递行业反恐防范标准及指导》课题研究，完成了《上海市寄递行业反恐防范指导性意见》(以下简称《指导性意见》)。《指导性意见》提出了本市寄递行业收寄、分拣、运输、投递环节中反恐防范的总体要求以及分类分级的规定，明确了常态状态下寄递行业在人防、物防和技防上应达到的标准，以及重大节点、敏感时期等非常态下的特殊防范措施。

各企业接此通知后，请即将本《指导性意见》下发至分支机构和加盟企业，认真组织各相关单位和企业按照《指导性意见》，抓紧制定本单位、本企业反恐防范工作方案，细化落实各项反恐防范工作措施，加大技防、物防的投入，强化人防的管理，以确保企业一方平安，维护国家安全和社会治安稳定。上海市邮政管理局与相关政府部门将加强指导。市反恐办于今年 7 月份将对各快递企业落实情况进行督导检查。

特此通知

二〇〇九年六月十七日

上海市寄递行业反恐防范指导性意见

1　范围

本指导性意见规定了本行业收寄、分拣、运输、投递环节中反恐防范的分类分级要求。

本指导性意见适用于本市邮政企业和其他性质快递企业（组织）的局（所）和营业网点、分拣场所、禁寄物品处理处（室）、监控机房、计算机信息机房、运输车辆和人员。

2　规范性引用文件

《中华人民共和国突发事件应对法》

《中华人民共和国邮政法》
《中华人民共和国邮政法实施细则》
《中华人民共和国消防法》
《上海市突发公共事件总体应急方案》
《上海市处置恐怖袭击事件应急预案》
《企业事业单位内部治安保卫条例》
GB 50348《安全防范工程技术规范》
GA 308《安全技术防范系统验收规则》
GA/T 367《视频安防监控系统技术要求》
GA/T 368《入侵报警系统技术要求》
GA/T 394《出入口控制系统技术要求》
GB 20815—2006《视频安防监控数字录像设备》
GB 50016—2006《建筑设计防火规范》

3　术语和定义

下列术语和定义适用于本指导性意见。

3.1　禁寄规定

对部分物品禁止寄递的规定。

3.2　禁寄物品

国家法律、法规禁止寄递的物品。

3.3　验视

查验用户交寄的快件（邮件）是否符合寄递规定的过程。

3.4　邮政企业和快递企业的重要部位与设施

主要包括邮政局所（营业网点）、分拣场所、禁寄物品暂存处、电视、消防监控机房、计算机信息机房、运输车辆等。

4　反恐防范指导意见

4.1　总体要求

将企业安全生产管理、企业内部治安防范、消防安全与反恐防范要求相结合；将技防、物防与人防要求相结合；将日常安全管理与重大活动、敏感时期的要求相结合，提出对邮政企业和其他性质快递企业（组织）在不同场所、不同生产环节中的反恐防范标准。

4.2　常态反恐防范要求

4.2.1　收寄环节

4.2.1.1　邮政局所（营业网点）技防物防要求

a）应安装视频安防监控系统，配置彩色摄像头，能显示操作区域所有人员的活动情况，面部特征的有效画面不小于监视屏显示画面的 1/60，24h 图像记录，记录保存时间不少于 30 日。

b）应安装对外公开的业务受理电话，具有来电显示和录音功能。

c）现金收费柜台应安装紧急报警，与公安 110 联网。

d）应按消防规范要求配置灭火器。

4.2.1.2　人防要求

a）应对拟招聘的员工进行背景审查。

b）应及时掌握本单位员工的思想动态。

c）应定期或不定期对员工开展反恐防范教育、宣传、培训、提高员工反恐防范意识和能力。

d）窗口收寄和揽收人员应严格执行禁寄物品规定和收寄验视内件制度（除信件外）。

e）员工发现快件（邮件）中有枪支、弹药、核生化物质及其他疑似禁寄物品，应及时向 110 报警。

4.2.2　分拣环节

4.2.2.1　分拣场所技防物防要求

a）应安装视频安防监控系统（技术标准同 4.2.1.1a)）。

b）应按消防规范要求，配置相应的灭火设施设备。

c）配置 X 光安检机。

d）网络型企业至少配置一条（只）防爆毯（防爆桶）。

4.2.2.2　分拣场所的禁寄物品处理处（室）技防物防要求

a）应采取砌墙或用牢固的物质分隔，安装防盗门、窗。

b）禁寄物品处理场所的出入口应在摄像机的监控范围内。

c）应安装防盗报警装置，与公安 110 联网。

4.2.2.3　分拣场所的电视、消防监控机房和计算机信息机房技防物防要求

a）应安装视频安全监控系统（技术标准同 4.2.1.1a)）。

b）应按照消防要求，配置相应的灭火设施设备。

c）应安装防盗门、窗。

4.2.2.4　分拣场所人防要求

a）分拣中发现有疑似禁寄物品，应及时向 110 报警。

b）禁寄物品处理室操作人员应对禁寄物品进出情况进行登记，并妥善保管。

c）管理人员发现疑似核、生、化、爆等禁寄物品后，应立即指挥员工疏散并保护现场，及时向 110 报警。

d）其他要求同 4.2.1.2。

4.2.3　运输环节

4.2.3.1　运输车辆技防物防要求

a）车厢门应能关闭、上锁。

b）应配置灭火器。

c）安装入侵报警、视频监控、GPS 定位装置。

4.2.3.2 人防要求

a）运输途中发现有可疑车辆或人员尾随或受到暴力袭击时，应及时向 110 报警。

b）发现寄递物品中有枪支、弹药、核生化物质及其他疑似禁寄物品，应及时向 110 报警。

c）发现核、生、化类寄递物品泄漏，及时将车开到空旷地域，告示周围群众疏散，并向 110 报警。

d）其他要求同 4.2.1.2。

4.2.4 投递环节

人防要求

a）发现所投或退回的快件（邮件）内有枪支、弹药、核生化物质及其他疑似禁寄物品，应立即停止投递，并及时向 110 报警。

b）其他要求同 4.2.1.2。

4.3 非常态反恐防范要求

4.3.1 成立专项领导小组，明确反恐防范职责，检查履责情况。

4.3.2 开展重大活动或敏感时期的反恐防范教育，增强员工反恐防范意识。

4.3.3 敏感时期或承担为重大活动提供快递服务的企业应制定工作预案，其所属相关部门或单位应制定子预案。

4.3.4 员工在收寄或揽收快件（邮件）时，应告知用户出示有效身份证件，用户不出示有效身份证件的，不予收寄或拒收。

4.3.5 管理人员应加强对员工执行快件（邮件）内件验视制度和告知用户出示有效身份证件制度的管理，对不执行制度的，要严肃处理。

4.3.6 为重大活动服务的指定企业，应对收寄（揽收）、投递、驾驶运输车辆等服务及相关人员进行背景审查，使用专用证件和运输车辆通行证；对进入重要场所的快件（邮件）按相关部门要求安检。

4.3.7 加强重大活动或敏感时期的安全防范检查，认真整改查出的隐患和问题。

4.3.8 发现寄递物品中有枪支、弹药、核生化物质及其他疑似禁寄物品，应及时向 110 报警。

4.3.9 管理人员应加强反恐防范管理，完善制度，若发生暴力恐怖事件，应立即指挥员工及用户疏散并保护现场，及时向 110 报警。

4.3.10 利用航空、陆路、水路、地面公交、轨道交通等交通工具从事寄递业务，应遵守相关运输管理法规，接受运输主管部门的监督管理，配合相关部门的安检工作。

4.3.11 接受相关部门的检查，及时整改检查发现的隐患和问题。

4.3.12 及时上报发生或发现的涉恐事件信息，配合相关部门开展调查。

4.3.13 坚持重大活动和敏感时期的各级值班制度，确保通信畅通。

4.3.14 遵守市公安局和市反恐办提出的其他防范要求。

4.4 应急预案体系

本指导性意见所指的各种性质的快递企业（组织），应制订完善的反恐怖应急预案体系。其中包括：

4.4.1 恐怖袭击（包括扬言实施恐怖袭击）的风险分析

4.4.2 邮政和快递企业总体预案

邮政和快递企业（组织）应制定反恐防范应急预案，内容包括指导思想、编制依据、适用范围、应急指挥组织体系（注意分级响应的标准及与上下左右的协调联动）、应急响应的启动—响应等级的变动—解除机制、信息报告制度、应急保障（包括演练）机制、奖惩机制与解释权属等。

4.4.3 专项预案

按可能发生的恐怖袭击类型编制，或针对各类重大活动应采取的非常规措施，尤其是应急疏散避难的预案。

4.4.4 工作预案或子预案

5 责任追究和处罚办法

按照《中华人民共和国突发事件应对法》第六十四条规定："未按规定采取预防措施，导致发生严重突发事件的；未及时消除已发现的可能引发突发事件的隐患，导致发生严重突发事件的；未做好应急设备、设施日常维护、检测工作，导致发生严重突发事件的；突发事件发生后，不及时组织开展应急救援工作，造成严重后果的。"市政府有关部门将根据情节轻重，给予行政处罚，乃至追究刑事责任。

在被检查单位发现有违反本指导性意见或存在严重安全隐患的，各级反恐办要会同公安消防、治安部门及时下达整改通知书，责令限期整改；单位逾期不整改，造成严重威胁公民人身安全的，参照《企业事业单位内部治安保卫条例》，由公安机关治安部门对该单位处 1 万元以上 10 万元以下罚款，对单位主要负责人和其他直接责任人员处 500 元以上 5000 元以下罚款。负责监督检查的反恐办和公安机关应当将有关情况通报该单位上一级主管部门，提出对单位主要负责人和其他直接责任人员依法给予处分的建议，同时抄送同级党委、政府的组织人事部门、纪检部门备案。有关主管部门应当依法对该单位主要负责人和其他直接责任人员给予行政处分，并由组织人事部门、纪检部门监督落实，处分情况应当通报监督检查的有关反恐办和公安机关。

本指导性意见由上海市反恐怖工作协调小组办公室负责解释和修改。

本指导性意见中序号 4.2.2.1c）、d）、4.2.3.1c）为推荐性条款外，其余为强制性条款。

十一 专项管理

053

国家邮政局关于做好 APEC 会议期间进（出）京邮件、快件疏运安排的通知

国家邮政局

2014 年 10 月 29 日

中国邮政速递物流股份有限公司、各主要快递企业：

受 2014 年 11 月 3 日至 12 日期间北京市 6 环内禁止普通货运车辆通行及单双号限行的临时政策影响，在此期间北京同城、进（出）北京，以及经北京转运的邮件、快件不能正常运行。为尽量减少邮件、快件时限延误，确保“双 11”快递业务旺季的有序运营，现将有关事项通知如下：

一、各企业总部要加强内部指挥协调，提前在全网发布进出京邮件、快件的收寄预警，有效控制到达北京的邮件、快件总量；要切实做好网络运营的指挥调度和疏运方案，严明纪律，确保方案的落实执行。

二、各企业总部应提前通过本企业网站、对外营业服务场所向用户公告临时通行政策对于北京同城、进（出）京邮件、快件时限带来的影响，并通过客服热线、一线服务人员对用户做好宣传解释工作，为用户提供寄件频次和寄件数量调整等合理化建议。

三、各企业总部要切实加强内部信息沟通和反馈，及时了解北京地区营运中心的运输、操作情况，如遇邮件、快件滚存超过 24 小时，应及时在全网进行动态调度，避免加重积压延误。

四、各企业在上述期间，应尽量减轻北京经转运输的邮件、快件压力，增开临时直运线路，或调整至天津、河北等地进行转运。

五、各企业要认真执行收寄验视、安全检查等安全措施，严把收寄防范关口，坚决将各类禁寄物品堵截在寄递渠道之外，确保寄递渠道安全畅通。

六、各企业在北京地区的营运中应加强对一线服务人员的培训和后勤保障，部署替代交通工具，妥善做好同城及进（出）京邮件、快件的各环节服务。

054

国家邮政局关于加强第29届奥林匹克运动会寄递物品安全工作的通告

国邮发〔2008〕33号

寄递服务是奥运服务的重要组成部分。做好第29届奥林匹克运动会寄递物品安全工作，维护奥运会期间寄递物品经营秩序，为奥运会的成功举办营造安全、和谐的环境，是邮政业各企业与社会公众的共同责任和义务。为切实做好奥运会寄递物品安全工作，现通告如下：

一、按照与北京奥组委有关协议，第29届奥运会期间，允许提供邮政普遍服务的中国邮政集团公司（以下简称邮政企业）经营奥运会寄递物品业务；允许奥运会赞助商——优比速包裹运送（广东）有限公司（以下简称UPS）经营奥运会的进出境物品快递业务和邮政委托业务。其他寄递企业不能经营奥运会寄递物品业务，不得到奥运会各组织、场馆等涉及奥运会的场所揽收和投递各类寄递物品。

二、邮政企业和UPS在经营奥运会寄递物品业务时，应遵守《中华人民共和国邮政法》等法律法规的规定，依法经营。服从国家有关部门和北京奥组委的统一指挥，切实维护奥运会寄递物品的经营秩序，确保进入奥运会各组织、场馆等的寄递物品的绝对安全。

三、各寄递企业要做好奥运会期间的安全管理工作，认真执行国家邮政局《禁寄物品指导目录及处理办法（试行）》等安全监管文件。在用户交寄除信件以外的其他物品时，当面验视内件，并请用户出示有效身份证件。对用户没有随身携带有效身份证件而不能出示的，亦应正常收寄，但要做重点查验。对拒绝验视内件的，或不能确认是否安全的可疑物品（如机电装置、粉末、不明金属、装有不明气体或液体的密闭装置等）不予收寄。

四、各寄递企业在处理各类寄递物品过程中，应接受有关部门的安全查验，同时认真组织自查。在自查时发现恐怖可疑物品或发生邮路恐怖袭击事件的，应立即报告当地邮政监管机构和公安机关，并配合做好有关的调查工作。

五、任何公民、法人和其他组织不得交寄《禁寄物品指导目录及处理办法（试行）》中规定的禁寄物品。在交寄除信件以外的其他物品时，应主动配合工作人员做好验视内件等工作。

国家邮政局

二〇〇八年三月十日

055

国家邮政局、国家安全部、公安部关于加强中国2010年上海世博会期间寄递物品安全监管工作的通告

国邮发〔2010〕33号

为切实维护中国2010年上海世博会（以下简称上海世博会）期间寄递物品安全，规范寄递市场经营秩序，保障国家利益和人民生命财产安全，现就加强寄递物品安全监管工作的有关事项通告如下：

一、确保寄递物品安全是邮政企业、快递企业（以下统称寄递企业）与全体社会公众的共同责任和义务。寄递企业是维护寄递物品安全的第一责任单位，应严格执行《中华人民共和国邮政法》（以下简称《邮政法》）等国家有关法律法规和有关部门关于禁止、限制寄递物品的规定，采取有效措施，切实加强安全防范，确保寄递物品安全。社会公众要依法、正确使用寄递服务，主动配合国家有关部门做好寄递物品安全监管工作。

二、寄递企业要按照《邮政法》等相关规定，严格落实收寄验视制度，严把收寄关。对用户交寄的信件，必要时邮政企业可以要求用户开拆，检查其夹寄的其他物品，但不得检查信件内容。对用户交寄的除信件以外的邮件、快件，寄递企业要当面验视内件，确认安全后方可收寄。对国家明令禁止寄递的物品、不能确认安全的物品（如不明机电装置、粉末、装有不明气体或液体的密闭装置等）或用户拒绝验视的，寄递企业不予收寄。上海世博会期间，寄递企业对寄往上海的邮件、快件，应要求用户出示有效身份证件，认真登记寄递物品、收件人和寄件人信息。对未出示有效身份证件的，要做重点查验，确认安全后方可收寄。

三、寄递企业应按照“谁经营，谁负责”的原则，切实加强安全管理。要进一步完善收寄、分拣、运输、投递等环节的各项规章制度，建立健全内部控制体系。有条件的企业，要配置必要的安全检查设备，提高邮件、快件安全检查效率；要加强安全隐患排查，对自查中发现的问题及时整改，防患于未然；应积极配合邮政管理、国家安全、公安等部门的安全监管工作，为有关部门的执法检查提供便利条件。发现利用寄递渠道从事违法犯罪活动的，要立即报告当地邮政管理、国家安全、公安等部门并协助处理。

四、按照有关规定，上海世博会期间，未经上海世博会事务协调局（以下简称上海世博局）专门许可，寄递企业不得进入世博园区围栏区域从事寄递服务。

对发往世博园围栏区内的邮件、快件，寄递企业应交上海世博局指定的园区地点统一签收分发。全国其他地区寄递企业车辆前往上海市的，应按上海市的有关规定办理通行手续。

五、任何公民、法人和其他组织不得交寄国家明令禁止寄递的各类物品。在交寄物品时，应配合寄递企业做好内件验视工作。寄往上海市的，要主动出示有效身份证件。用户在邮件、快件中夹带禁止寄递或者限制寄递的物品，尚不构成犯罪的，依法给予治安管理处罚，造成人身伤害或者财产损失的，依法承担赔偿责任；构成犯罪的，依法追究刑事责任。

六、各级邮政管理、国家安全、公安等部门要加大对寄递市场的监管力度，依法查处无照经营、超范围经营和不执行收寄验视制度等违反《邮政法》的行为，严厉打击利用寄递渠道从事危害国家安全、公共安全和社会政治稳定的违法犯罪行为。寄递企业不执行收寄验视制度，或者违反国家有关禁止、限制寄递物品的规定收寄邮件、快件的，对邮政企业直接负责的主管人员和其他直接责任人员给予处分；对快递企业，依法责令停业整顿直至吊销其快递业务经营许可证。对寄递企业和有关责任人员的其他违法行为，有关部门要依法追究相应法律责任。

特此通告

国家邮政局

国家安全部

公安部

二〇一〇年三月三十一日

056

关于加强广州亚运会亚残运会期间寄递物品安全监管工作的通告

国邮发〔2010〕166号

为切实维护广州亚运会和亚残运会（以下简称亚运会和亚残运会）期间（2010年11月1日至12月31日）的寄递物品安全，保障国家利益和人民生命财产安全，现就加强亚运会和亚残运会期间寄递物品安全监管工作的有关事项通告如下：

一、确保寄递物品安全是邮政企业、快递企业（含所有从事信件、包裹、印刷品等寄递服务业务的企业）与全体社会公众的共同责任和义务。邮政企业、快递企业是寄递物品安全的第一责任单位，应严格执行《中华人民共和国邮政法》等有关法律法规，切实做好寄递物品安全工作。社会公众要依法、正确使用寄递服务，自觉维护寄递物品安全。

二、邮政企业、快递企业要严格落实收寄验视制度。对用户交寄的信件，必要时邮政企业可以要求用户开拆，检查其夹寄的其他物品；对用户交寄的除信件以外的邮件、快件，邮政企业、快递企业要当场验视内件，确认安全后方可收寄；对国家明令禁止寄递的物品、不能确认安全的物品（如不明机电装置、粉末、装有不明气体或液体的密闭装置等）或用户拒绝验视的，不予收寄。亚运会和亚残运会期间，对寄往广东省广州、佛山、东莞、汕尾4个亚运赛区城市的邮件、快件，应要求用户出示有效身份证件，认真登记寄递物品、收件人和寄件人信息。对未出示有效身份证件的，要重点查验，确认安全后方可收寄。

三、邮政企业、快递企业应按照“谁经营、谁负责”的原则，切实加强安全管理，提高安全防范水平。要进一步完善收寄、分拣、运输、投递等环节的各项安全制度，配置必要的安全检查人员和检查设备，提高邮件、快件安全检查效率；要加强安全隐患排查，对自查中发现的问题及时整改，防患于未然；要加强对员工的安全培训教育，提高安全防范意识与能力；要积极配合邮政管理、国家安全、公安、海关等部门的安全监管工作，为有关部门的执法检查提供便利条件。发现利用寄递渠道从事违法犯罪活动的，要立即报告当地邮政管理、国家安全、公安、海关等部门并协助处理。

四、广州亚运会、亚残运会组委会已指定广东省邮政企业（广东省邮政公司、广东省邮政速递物流有限公司）负责亚运村及比赛场馆的寄递服务，其他快递企业不得进入亚运村及比赛场馆从事物品的收寄或投递服务。对已收寄的寄往亚运村及比赛场馆区内的快件，快递企业应委托邮政企业代为投递，相关费用由快递企业负担。

五、任何公民、法人和其他组织不得交寄国家明令禁止寄递或者违反规定交寄国家限制寄递的各类物品。在交寄物品时，应配合邮政企业、快递企业做好内件的验视工作，如实填写寄件人、收件人姓名地址、内件物品的名称；寄往广州、佛山、东莞、汕尾4个亚运赛区城市的用户，要主动出示有效身份证件。用户在邮件、快件中夹带禁止寄递或者限制寄递的物品，构成违反治安管理行为的，依法给予治安管理处罚；构成犯罪的，依法追究刑事责任；造成人身伤害或者财产损失的，依法承担赔偿责任。

六、进出境邮递物品、快件在办结海关手续前，除法律规定的有关部门外，未经海关许可，任何单位及个人不得擅自开拆、分拣、运输、投递、封发或者进行其他处置。进出境邮递物品、快件的收件人、寄件人应当向海关如实申报收寄或承运的物品。邮政企业、快递企业在进出境邮递物品、快件中发现夹带禁止或者限制进出境物品的，应当立即通知海关并协助调查、处理。违反《中华人民共和国海关法》及其他有关法律、行政法规的规定的，依照有关法律、行政法规的规定处罚。

七、邮政管理、国家安全、公安、海关等部门要加大对寄递物品安全的宣传和检查力度，严厉打击利用寄递渠道从事危害国家安全、公共安全和社会政治稳定的违法犯罪行为。要加强对邮政企业、快递企业的监督管理，对不认真执行《中华人民共和国邮政法》等有关法律法规，不执行收寄验视制度，违法收寄禁止、限制寄递物品，以及不配合有关部门依法实施监督检查的，要依法追究邮政企业、快递企业与有关责任人员的相应责任，构成犯罪的，依法追究刑事责任。

特此通告

国家邮政局
国家安全部
海关总署
二〇一〇年十月八日

十二　快递业运行

057

国家邮政局公布2014年邮政行业运行情况

国家邮政局

2015年1月15日

2014年，邮政企业和全国快递服务企业业务收入（不包括邮政储蓄银行直接营业收入）累计完成3203.3亿元，同比增长25.7%；业务总量累计完成3696.1亿元，同比增长35.6%。

12月，全行业业务收入完成317.5亿元，同比增长30.9%；业务总量完成403.2亿元，同比增长39.2%。

2014年，邮政函件业务累计完成56.1亿件，同比下降11.2%；包裹业务累计完成6024.2万件，同比下降13.0%；报纸业务累计完成191.1亿份，同比下降1.6%；杂志业务累计完成10.8亿份，同比下降5.4%；汇兑业务累计完成1.3亿笔，同比下降27.4%。

2014年，全国快递服务企业业务量累计完成139.6亿件，同比增长51.9%；业务收入累计完成2045.4亿元，同比增长41.9%。其中，同城业务收入累计完成265.9亿元，同比增长59.8%；异地业务收入累计完成1130.6亿元，同比增长36.4%；国际及港澳台业务收入累计完成315.9亿元，同比增长16.7%。

12月，快递业务量完成16.4亿件，同比增长53.1%；业务收入完成224.6亿元，同比增长44.4%。

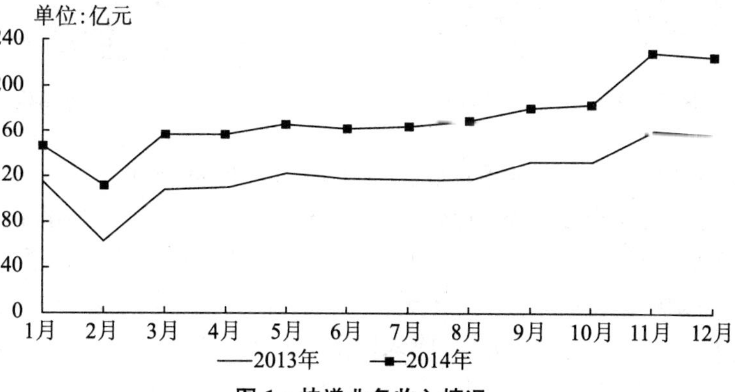

图1　快递业务收入情况

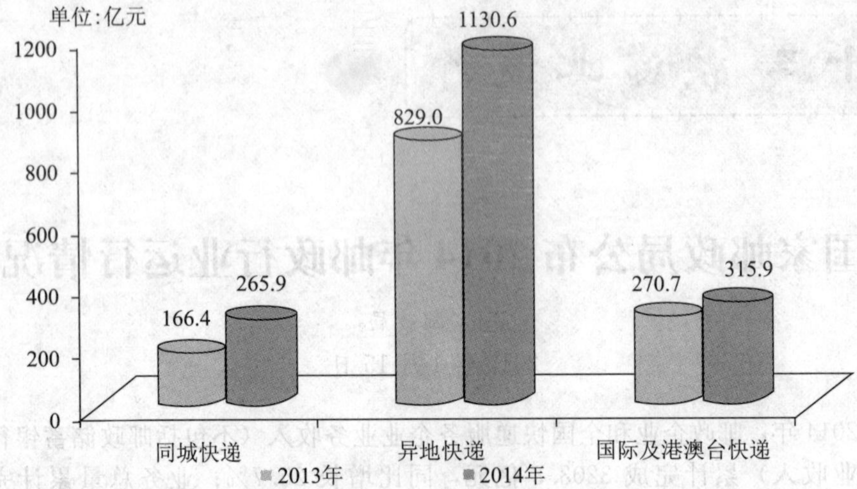

图 2 分专业快递业务收入比较

2014 年，同城、异地、国际及港澳台快递业务收入分别占全部快递收入的 13.0%、55.3%和 15.4%；业务量分别占全部快递业务量的 25.4%、72.3%和 2.3%。与去年同期相比，同城快递业务收入的比重上升 1.5 个百分点，异地快递业务收入的比重下降 2.2 个百分点，国际及港澳台业务收入的比重下降了 3.4 个百分点。

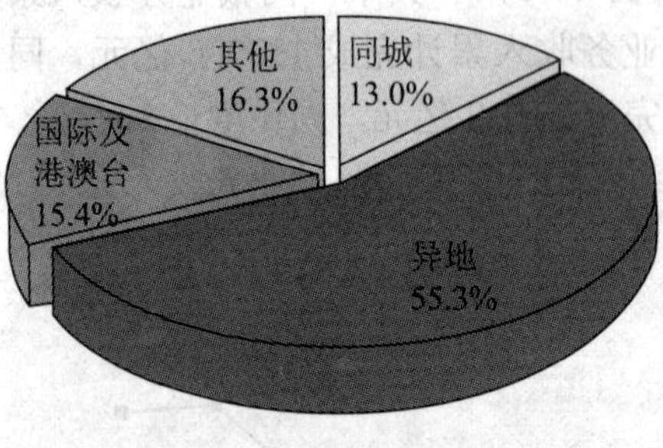

图 3 快递业务收入结构

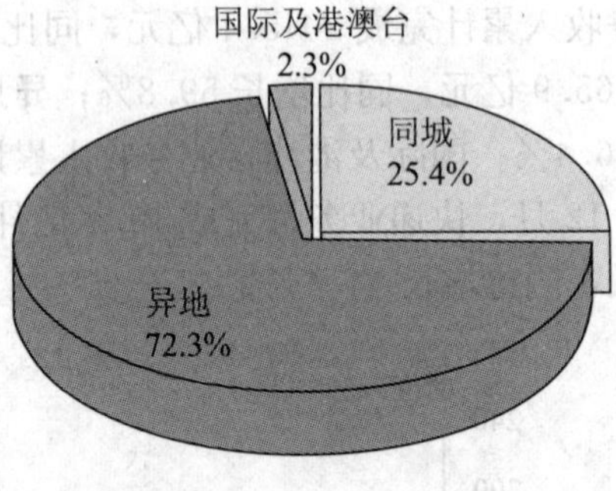

图 4 快递业务量结构

2014 年，东、中、西部地区快递业务收入的比重分别为 82.8%、9.4%和 7.8%，业务量比重分别为 82.0%、10.6%和 7.4%。与去年同期相比，东部地区快递业务收入比重下降了 0.4 个百分点，快递业务量比重上升了 0.7 个百分点；中部地区快递业务收入比重上升了 0.2 个百分点，快递业务量比重下降了 0.2 个百分点；西部地区快递业务收入比重上升了 0.2 个百分点，快递业务量比重下降了 0.5 个百分点。

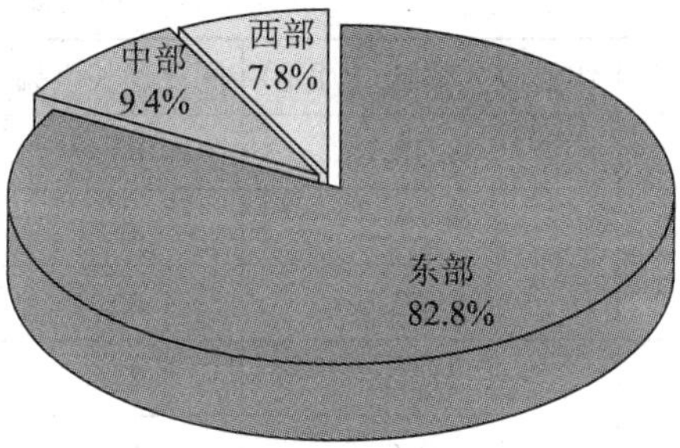

图 5 地区快递业务收入结构

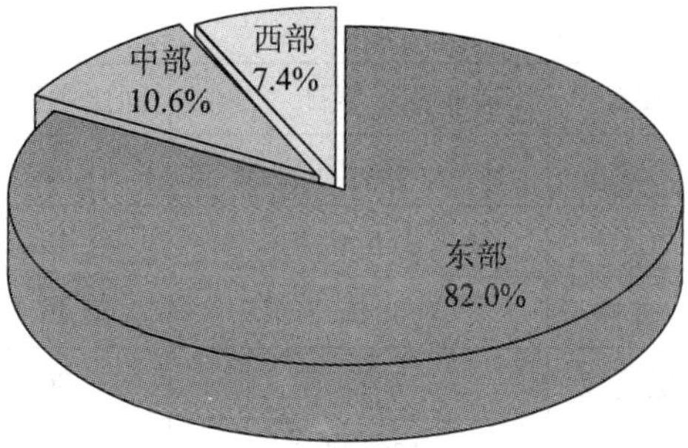

图 6 地区快递业务量结构

2014 年，快递服务品牌集中度指数 CR8 为 77.9，较 1—11 月下降了 0.1。

表 1 全国邮政行业发展情况表

指标名称	单位	12 月		比去年同期增长（%）	
		累计	当月	累计	当月
一、邮政行业业务收入	亿元	3203.3	317.5	25.7	30.9
其中：快递业务收入	亿元	2045.4	224.6	41.9	44.4
二、邮政行业业务总量	亿元	3696.1	403.2	35.6	39.2
其中：函件	万件	560983.3	39407.5	−11.2	−16.0
包裹	万件	6024.2	615.1	−13.0	−16.9
快递	万件	1395925.3	163681.1	51.9	53.1
订销报纸累计数	万份	1910938.6	162996.0	−1.6	0.4
订销杂志累计数	万份	107516.8	8740.2	5.4	0.8
汇兑	万笔	12928.0	905.1	−27.4	−38.1

注：邮政行业业务收入中未包括邮政储蓄银行直接营业收入。

表 2 分省快递服务企业业务量和业务收入情况表

单位	快递业务量累计（万件）	同比增长（%）	快递收入累计（万元）	同比增长（%）
全国	1395925.3	51.9	20453586.2	41.9
北京	111011.9	35.7	1476107.9	57.4
天津	12404.2	42.3	250712.6	41.1
河北	34019.1	63.9	410725.8	42.2
山西	9130.4	2.9	103493.4	50.6

续 表

单位	快递业务量累计（万件）	同比增长（%）	快递收入累计（万元）	同比增长（%）
内蒙古	4363.6	53.7	103218.8	60.2
辽宁	16656.4	46.0	300127.3	32.1
吉林	6640.2	46.7	130649.0	49.3
黑龙江	7014.5	30.0	124136.3	24.0
上海	128366.1	35.1	3613060.4	40.3
江苏	148435.2	50.8	2010744.2	40.6
浙江	245744.8	73.1	2744402.5	52.7
安徽	23859.1	73.5	291488.9	49.4
福建	65417.3	46.9	810815.0	31.7
江西	15993.6	64.0	182151.1	40.3
山东	44685.0	42.4	670123.1	23.0
河南	29484.0	51.6	408429.9	54.1
湖北	33143.8	50.7	413805.5	44.9
湖南	22716.2	47.1	262122.8	33.8
广东	335555.9	59.3	4612533.2	37.0
广西	9055.4	34.3	155902.0	39.1
海南	2248.6	1.0	43190.6	53.8
重庆	13886.3	30.8	201060.0	46.8
四川	37941.8	55.5	479628.0	57.6
贵州	4669.1	59.3	98170.6	62.7
云南	8546.1	24.4	152401.0	44.7
西藏	484.3	27.8	17384.5	17.1
陕西	13762.3	44.1	179548.3	34.3
甘肃	2655.6	48.5	51198.0	25.5
青海	579.8	38.9	15442.2	29.7
宁夏	1514.1	55.6	33500.2	37.8
新疆	5940.5	16.7	107313.3	21.2

表 3　　快递业务量前 50 位城市情况表

排名	城市	快递业务量累计（万件）	排名	城市	快递业务量累计（万件）
1	广州市	139031.4	26	厦门市	11064.1
2	上海市	128366.1	27	西安市	10679.1
3	北京市	111011.9	28	青岛市	10482.3
4	深圳市	95255.3	29	合肥市	10189.6
5	杭州市	84562.8	30	石家庄市	9989.1
6	金华（义乌）市	61153.9	31	绍兴市	9421.0
7	东莞市	46399.4	32	中山市	9236.5
8	苏州市	36942.6	33	南通市	8850.8
9	成都市	30422.8	34	南昌市	8251.8
10	南京市	28391.4	35	常州市	7972.7
11	泉州市	25938.9	36	湖州市	7477.2
12	武汉市	24719.0	37	扬州市	7290.2
13	温州市	21682.8	38	沈阳市	7144.8
14	宁波市	21112.4	39	汕头市	7103.9
15	台州市	18553.1	40	太原市	6685.2
16	无锡市	18502.9	41	莆田市	6531.4
17	宿迁市	18083.8	42	昆明市	6283.8
18	郑州市	16193.9	43	保定市	5827.4
19	嘉兴市	14491.2	44	廊坊市	5707.2
20	福州市	14318.3	45	惠州市	5398.1
21	佛山市	13924.9	46	徐州市	4826.1
22	重庆市	13886.3	47	南宁市	4702.4
23	长沙市	13469.6	48	乌鲁木齐市	4641.1
24	天津市	12404.2	49	哈尔滨市	4624.1
25	济南市	11255.0	50	大连市	4410.6

表 4　　**快递业务收入前 50 位城市情况表**

排名	城市	快递业务收入累计（万元）	排名	城市	快递业务收入累计（万元）
1	上海市	3613060.4	26	长沙市	165977.5
2	深圳市	1686716.0	27	济南市	143128.9
3	广州市	1597317.0	28	西安市	134305.9
4	北京市	1476107.9	29	石家庄市	133466.9
5	杭州市	1022279.0	30	中山市	126758.1
6	苏州市	629164.9	31	合肥市	126552.5
7	东莞市	584426.6	32	常州市	124065.9
8	金华（义乌）市	531847.3	33	绍兴市	119573.9
9	南京市	411668.5	34	沈阳市	117005.6
10	成都市	351228.1	35	南通市	113909.3
11	宁波市	305038.5	36	昆明市	109968.7
12	武汉市	300821.0	37	大连市	103713.1
13	泉州市	263512.1	38	南昌市	89087.6
14	天津市	250712.6	39	惠州市	83677.1
15	温州市	247885.4	40	莆田市	82540.9
16	郑州市	232626.9	41	长春市	79180.5
17	宿迁市	216512.6	42	哈尔滨市	77987.0
18	无锡市	208896.4	43	南宁市	76313.1
19	青岛市	206574.2	44	湖州市	71658.1
20	重庆市	201060.0	45	珠海市	69919.8
21	嘉兴市	199361.8	46	乌鲁木齐市	64676.0
22	佛山市	196094.8	47	保定市	64085.5
23	厦门市	192977.7	48	扬州市	63881.7
24	台州市	174364.6	49	烟台市	58196.4
25	福州市	173093.2	50	太原市	58022.5

058

2013 年邮政行业发展统计公报

国家邮政局

2014 年 5 月 23 日

2013 年是全面建设与小康社会相适应的现代邮政业的开局之年，也是实施邮政业发展“十二五”规划的关键一年。全系统认真贯彻落实中央决策部署，开拓进取，务实创新，邮政行业整体保持了持续快速发展的态势。

一、业务发展情况

全年邮政行业业务总量完成 2725.1 亿元，同比增长 33.8%，比上年提高 7.1 个百分点。全年邮政行业业务收入（不包括邮政储蓄银行直接营业收入）完成 2547.8 亿元，同比增长 28.6%，比上年提高 1.7 个百分点。

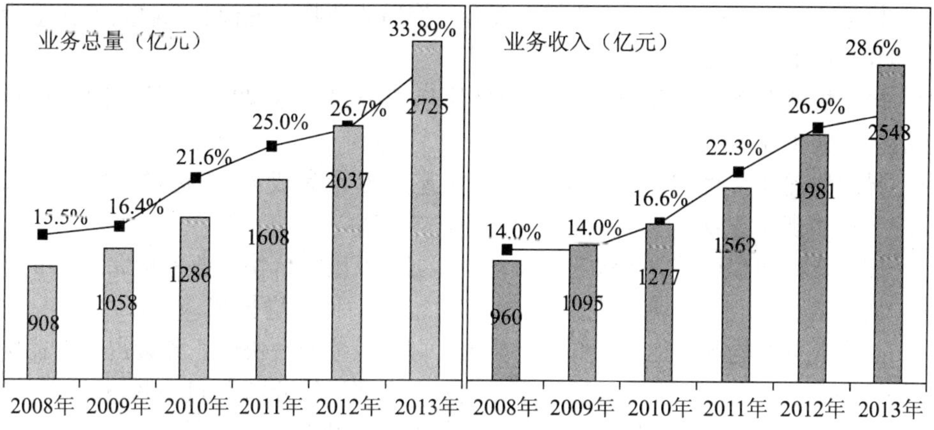

图 1 2008—2013 年邮政全行业业务发展情况

（一）邮政普遍服务业务

函件业务下降明显。全年函件业务量完成 63.4 亿件，同比下降 10.4%。

包裹业务基本持平。全年包裹业务量完成 6924.8 万件，同比增长 0.7%。

报刊业务小幅增长。全年订销报纸业务完成 194.3 亿份，同比增长 2.7%。全年订销杂志业务完成 11.4 亿份，同比增长 1.5%。

汇兑业务持续下降。全年汇兑业务完成 1.9 亿笔，同比下降 19.2%。

（二）快递业务

快递业务快速增长。全年全国规模以上快递服务企业业务量完成 91.9 亿件，同比增长 61.6%；快递业务收入完成 1441.7 亿元，同比增长 36.6%。

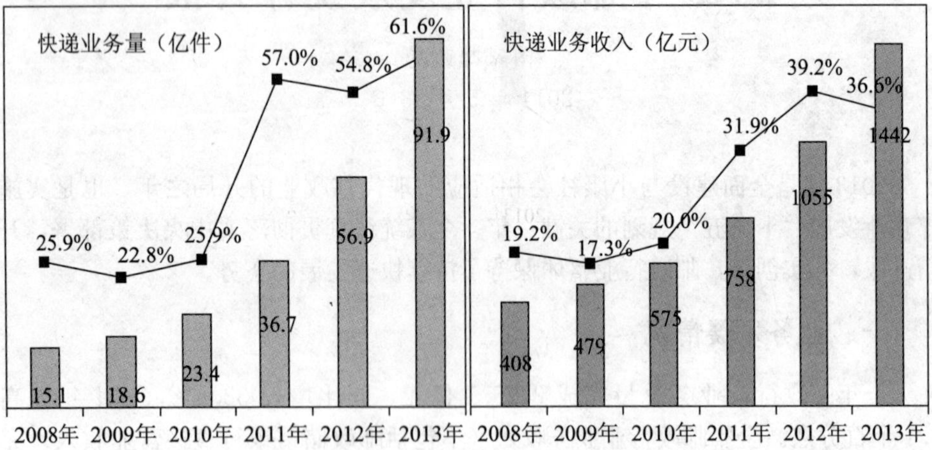

图 2　2008—2013 年快递业务发展情况

快递业务收入在行业中占比继续提升。快递业务收入占行业总收入的比重为 56.6%，比上年末提高 3.3 个百分点。

同城快递业务增长迅猛。全年同城快递业务量完成 22.9 亿件，同比增长 74.1%；实现业务收入 166.4 亿元，同比增长 51%。

异地快递业务增势显著。全年异地快递业务量完成 66.4 亿件，同比增长 58.4%；实现业务收入 829 亿元，同比增长 30.5%。

国际及港澳台快递业务快速增长。全年国际及港澳台快递业务量完成 2.6 亿件，同比增长 43.6%；实现业务收入 270.7 亿元，同比增长 31.7%。

快递业务结构基本稳定。同城、异地、国际及港澳台快递业务量占全部比例分别为 24.9%、72.2%和 2.9%，业务收入占全部比例分别为 11.5%、57.5%和 18.8%。与上年末相比，同城快递业务比例继续上升。

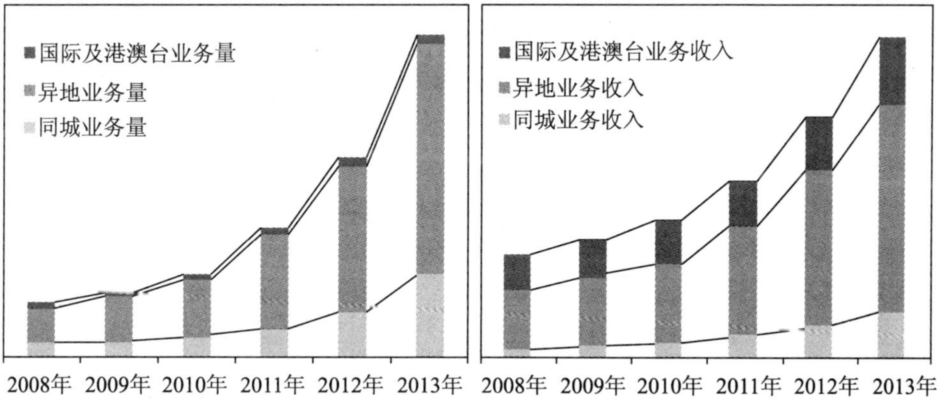

图3　2008—2013年快递业务结构发展情况

东、中、西部市场占比基本稳定。全年东部地区完成快递业务量74.7亿件，同比增长60.4%；实现业务收入1199.2亿元，同比增长38.1%。中部地区完成快递业务量9.9亿件，同比增长66.3%；实现业务收入132.8亿元，同比增长34.5%。西部地区完成快递业务量7.3亿件，同比增长67.8%；实现业务收入109.7亿元，同比增长23.9%。东、中、西部地区快递业务量比重分别为81.3%、10.8%和7.9%，快递业务收入比重分别为83.2%、9.2%和7.6%。

民营快递企业发展迅速。全年国有快递企业业务量完成18.2亿件，实现业务收入291.5亿元；民营快递企业业务量完成72.5亿件，实现业务收入973.8亿元；外资快递企业业务量完成1.1亿件，实现业务收入176.4亿元。国有、民营、外资快递企业业务量市场份额分别为19.9%、78.9%和1.2%，业务收入市场份额分别为20.2%、67.5%和12.3%，与上年末相比，民营快递企业市场份额显著提升。

快递业务量排名前五位的省份依次是广东、浙江、江苏、上海和北京，其快递业务量合计占全部快递业务量的比重达到68.4%。快递业务收入排名前五位的省份依次是广东、上海、浙江、江苏和北京，其快递业务收入合计占全部快递业务收入的比重达到70.1%。

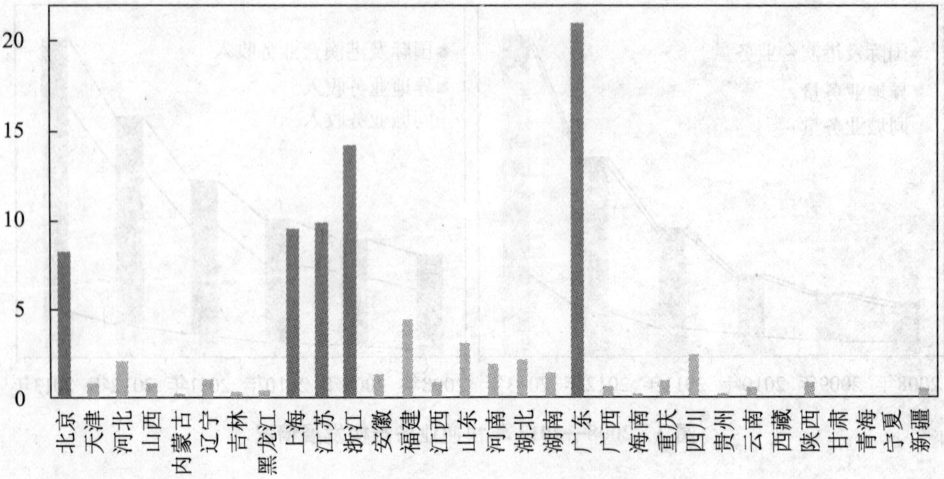

图 4　2013 年分省快递业务量情况

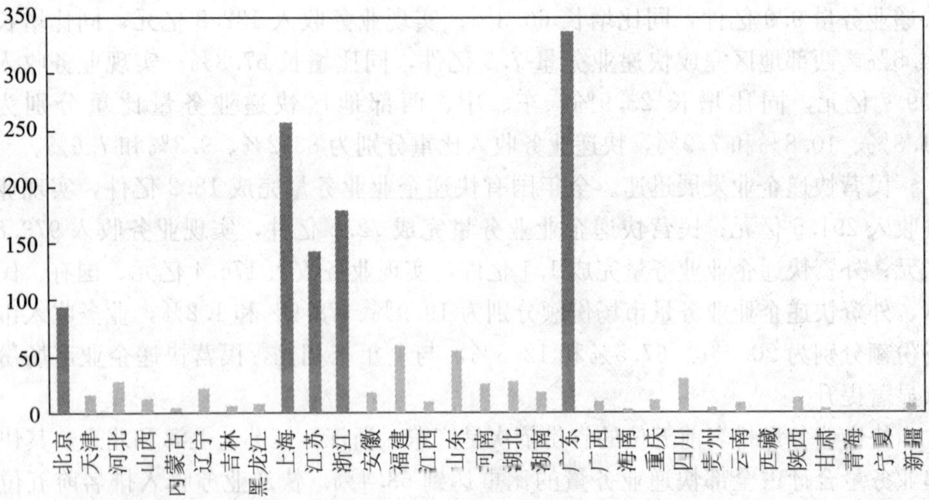

图 5　2013 年分省快递业务收入情况

快递业务量排名前十五位的城市依次是上海、北京、广州、深圳、杭州、金华、苏州、东莞、南京、成都、武汉、泉州、温州、宁波和福州，其快递业务量合计占全部快递业务量的比重达 62%。快递业务收入排名前十五位的城市依次是上海、深圳、广州、北京、杭州、苏州、东莞、金华、南京、宁波、成都、武汉、温州、泉州和天津，其快递业务收入合计占全部快递业务收入的比重达 63.8%。

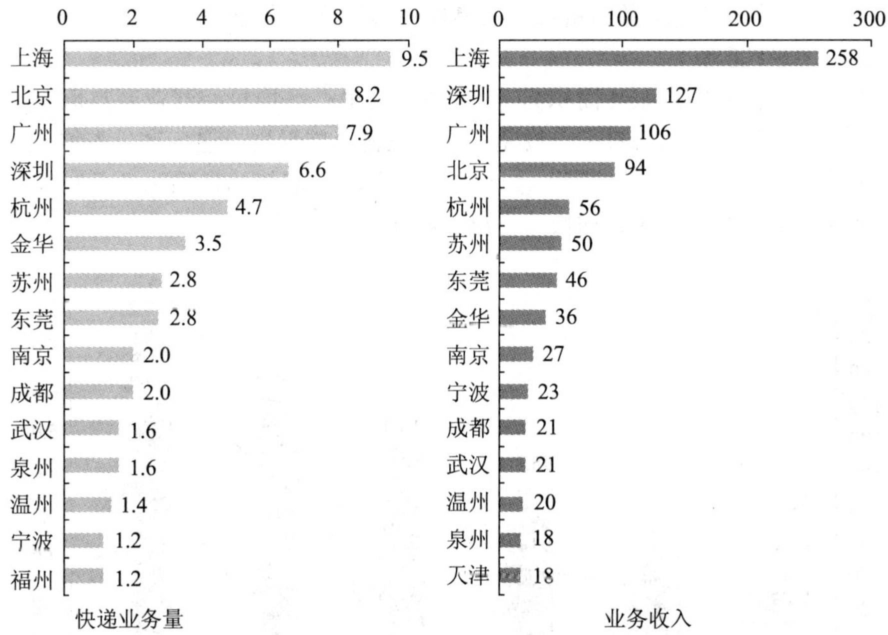

图6 2013年快递业务量/业务收入前15名城市情况

快递市场集中度略有下降。全年快递服务品牌集中度指数CR8为80，较上年末下降0.3。

二、通信能力和服务水平

（一）机构设备

全行业拥有各类营业网点12.5万处，比上年末增长30.9%。其中，快递服务营业网点11.8万处，比上年末增长32.4%。全国拥有邮政信筒信箱14.7万个，比上年末减少2920个。全国拥有邮政报刊亭总数3.2万处，比上年末减少241处。

全行业拥有国内快递专用货机54架。全行业拥有各类汽车20.7万辆，比上年末增长22.4%，其中快递服务汽车15.7万辆，比上年末增长30.4%。

快递服务企业拥有计算机29.2万台，手持终端44.4万台。

（二）通信网路

全国邮政邮路总条数2.3万条，比上年末减少1621条。邮路总长度（单程）589.7万公里，比上年末增加4.2万公里。全国邮政农村投递路线9.1万条，比上年末减少565条；农村投递路线长度（单程）374.5万公里，比上年末增加1.3万公里。全国邮政城市投递路线5.5万条，比上年末减少1391条；城市投递路线长度（单程）128.2万公里，比上年末减少4.5万公里。全国快递服务网路条数 10.5 万条，快递服务网路长度（单程）2271.7 万公里。

（三）服务能力

平均每一营业网点服务面积为 76.7 平方公里；平均每一营业网点服务人口为 1.1 万人。邮政城区每日平均投递 2 次，农村每周平均投递 5 次。人均函件量为 4.7 件，每百人订有报刊量为 11.1 份。年人均快递使用量约为 6.8 件。年人均用邮支出 187.2 元，年人均快递支出 106 元。

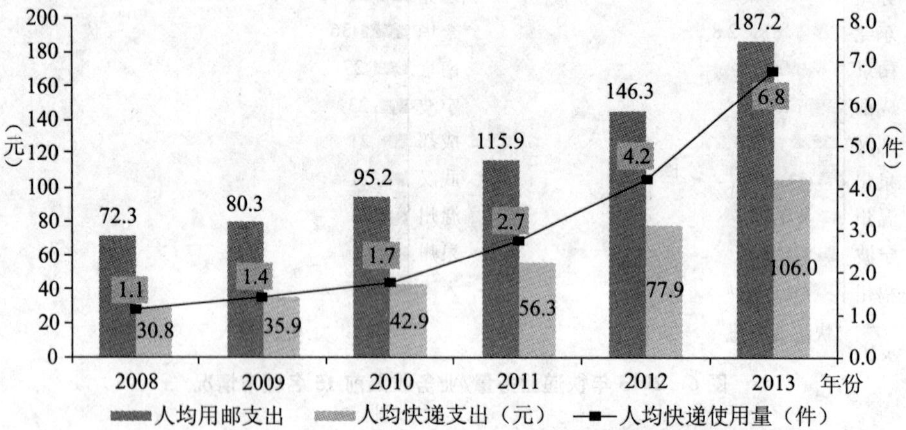

图 7　2008—2013 年人均用邮支出、快递使用量和快递支出情况

备注：

1. 本公报中邮政普遍服务业务、通信能力和服务水平有关数据来自年报，其他数据为月报统计数据。

2. 各项统计数据未包括香港和澳门特别行政区及台湾省。

3. 部分数据因四舍五入的原因，存在着与分项合计不等的情况。

4. 邮政行业业务总量按 2010 年不变价格计算。

5. 全国人口数据来自国家统计局《2013 年国民经济和社会发展统计公报》。

059

2012年邮政行业发展统计公报

国家邮政局

2013年5月22日

2012年，邮政行业以邓小平理论和“三个代表”重要思想为指导，深入贯彻落实科学发展观，全面贯彻实施《中华人民共和国邮政法》，以科学发展为主题，以加快转变发展方式为主线，以转型升级为重点，以强邮惠民为目标，深化邮政改革，优化发展环境，增强服务能力，健全保障机制，满足社会需求，推动公共邮政服务均等化，促进快递大发展上水平，全行业发展取得了新的重大进展。

一、业务发展情况

全年全行业继续保持平稳较快发展。全年邮政行业业务总量完成2036.8亿元，同比增长26.7%，比上年提高1.7个百分点。全年邮政行业业务收入（不包括邮政储蓄银行直接营业收入）完成1980.9亿元，同比增长26.0%，比上年提高4.6个百分点。

（一）邮政普遍服务业务

函件业务小幅下降。全年函件业务量完成70.7亿件，同比下降4.1%。

包裹业务基本持平。全年包裹业务量完成6875.5万件，同比下降0.1%。

报刊业务平稳增长。全年订销报纸业务完成189.3亿份，同比增长4.2%。全年订销杂志业务完成11.2亿份，同比增长4.0%。

汇兑业务出现萎缩。全年汇兑业务完成2.3亿笔，同比下降13.5%。

（二）快递业务

快递业务快速增长。全年全国规模以上快递服务企业业务量完成56.9亿件，同比增长54.8%；快递业务收入完成1055.3亿元，同比增长39.2%。

快递业务收入占比提高。快递业务收入占行业总收入的比重为53.3%，比上年末提高4.8个百分点。

同城快递业务增长显著。全年同城快递业务量完成13.1亿件，同比增长60.6%；实现业务收入110.2亿元，同比增长67.3%。

异地快递业务增势突出。全年异地快递业务量完成41.9亿件，同比增长53.6%；实现业务收入635.5亿元，同比增长42.5%。

国际及港澳台快递业务恢复增长。全年国际及港澳台快递业务量完成 1.8 亿件，同比增长 43.1%；实现业务收入 205.6 亿元，同比增长 11.3%。

快递业务结构小幅变动。同城、异地、国际及港澳台快递业务量占全部比例分别为 23.1%、73.7%和 3.2%，业务收入占全部比例分别为 10.4%、60.2%和 19.5%。与上年末相比，同城快递业务比例有所上升。

东、中、西部市场占比基本稳定。全年东部地区完成快递业务量 46.6 亿件，实现业务收入 868.1 亿元；中部地区完成快递业务量 6.0 亿件，实现业务收入 98.7 亿元；西部地区完成快递业务量 4.3 亿件，实现业务收入 88.6 亿元。东、中、西部地区快递业务量比重分别为 81.9%、10.5%和 7.6%，快递业务收入比重分别为 82.3%、9.3%和 8.4%，与上年末相比，东部地区比重出现小幅上升。

民营快递企业发展迅速。全年国有快递企业业务量完成 13 亿件，实现业务收入 299.1 亿元；民营快递企业业务量完成 42.9 亿件，实现业务收入 638.7 亿元；外资快递企业业务量完成 1 亿件，实现业务收入 117.5 亿元。国有、民营、外资快递企业业务量市场份额分别为 22.8%、75.4%和 1.8%，业务收入市场份额分别为 28.4%、60.5%和 11.1%。

二、通信能力和服务水平

（一）机构设备

全年全行业拥有各类营业网点 9.6 万处，比上年末增长 21.5%。其中，快递服务营业网点 8.9 万处，比上年末增长 18.3%。全国拥有邮政信筒信箱 15 万个，比上年末增加 2065 个。全国拥有邮政报刊亭总数 3.2 万处。

全年全行业拥有各类汽车 16.9 万辆，比上年末增长 19.1%，其中快递服务汽车 12.1 万辆，比上年末增长 26.1%。

（二）通信网路

全国邮政邮路总条数 2.4 万条，比上年末增加 2786 条。邮路总长度（单程）585.5 万公里，比上年末增加 71.5 万公里。全国邮政农村投递路线 9.1 万条，比上年末减少 2416 条；农村投递路线长度（单程）373.2 万公里，比上年末增加 9.9 万公里。全国邮政城市投递路线 5.6 万条，比上年末增加 2426 条；城市投递路线长度（单程）132.8 万公里，比上年末增加 15.6 万公里。

（三）服务能力

全年平均每一营业网点服务面积为 100.4 平方公里；平均每一营业网点服务人口为 1.4 万人。人均函件量为 5.2 件，每百人订有报刊量为 11.4 份。邮政城区每日平均投递 2 次，农村每周平均投递 5 次。

备注：

1. 本公报中邮政普遍服务业务、通信能力和服务水平有关数据来自年报，其他数据为月报统计数据。

2. 各项统计数据未包括香港和澳门特别行政区及台湾省。

3. 部分数据因四舍五入的原因，存在着与分项合计不等的情况。

4. 全国人口数据来自国家统计局《2012 年国民经济和社会发展统计公报》。

060

2011 年邮政行业发展统计公报

国家邮政局

2012 年 5 月 25 日

2011 年，是“十二五”的开局之年，邮政行业认真贯彻落实党中央、国务院的决策部署，坚持以科学发展为主题，以加快转变发展方式为主线，不断深化改革，创新管理，加快推动邮政基本公共服务均等化，促进快递转型升级，行业发展环境明显改善，发展动力不断增强，发展水平逐渐提升。

一、业务发展情况

全年全行业继续保持平稳较快发展。全年邮政行业业务总量完成 1607.7 亿元，同比增长 25%，比上年提高 3.4 个百分点。全年邮政行业业务收入（不包括邮政储蓄银行直接营业收入）完成 1561.5 亿元，同比增长 22.3%，比上年提高 5.7 个百分点。

（一）邮政普遍服务业务

函件业务基本稳定。全年函件业务量完成 73.8 亿件，同比下降 0.3%。

包裹业务增幅提高。全年包裹业务量完成 6883.2 万件，同比增长 3.6%。

报刊业务平稳增长。全年订销报纸业务完成 181.7 亿份，同比增长 5.8%。全年订销杂志业务完成 10.8 亿份，同比增长 2.8%。

汇兑业务增长放缓。全年汇兑业务完成 2.6 亿笔，同比下降 5.6%。

（二）快递业务

快递业务快速增长。全年全国规模以上快递服务企业业务量完成 36.7 亿件，同比增长 57%；快递业务收入完成 758 亿元，同比增长 31.9%。

快递业务收入占比提高。快递业务收入占行业总收入的比重为 48.5%，比上年末提高 3.5 个百分点。

同城快递业务增长明显。全年同城快递业务量完成 8.2 亿件，同比增长 52.6%；实现业务收入 65.9 亿元，同比增长 58.8%。

异地快递业务增势突出。全年异地快递业务量完成 27.3 亿件，同比增长 63.0%；实现业务收入 445.9 亿元，同比增长 41.8%。

国际及港澳台快递业务增长放缓。全年国际及港澳台快递业务量完成 1.3 亿件，同比下降 1.6%；实现业务收入 184.7 亿元，同比增长 3.3%。

快递业务结构小幅变动。同城、异地、国际及港澳台快递业务量占全部比例分别为22.3%、74.2%和3.5%，业务收入占全部比例分别为8.7%、58.8%和24.4%。与上年末相比，国际及港澳台快递业务比例有所下降。

东、中、西部市场占比基本稳定。全年东部地区完成快递业务量29.4亿件，实现业务收入614.3亿元；中部地区完成快递业务量4.1亿件，实现业务收入75.3亿元；西部地区完成快递业务量3.3亿件，实现业务收入68.4亿元。东、中、西部地区快递业务量比重分别为79.9%、11.2%和8.9%，与上年末相比，东部地区比重出现上升；快递业务收入比重分别为81.1%、9.9%和9.0%，与上年末基本持平。

民营快递企业发展迅速。全年国有快递企业业务量完成10.8亿件，实现业务收入271.1亿元；民营快递企业业务量完成24.8亿件，实现业务收入374.5亿元；外资快递企业业务量完成1.1亿件，实现业务收入112.5亿元。国有、民营、外资快递企业业务量市场份额分别为29.4%、67.6%和3.0%，业务收入市场份额分别为35.8%、49.4%和14.8%。

二、通信能力和服务水平

（一）机构设备

全年全行业拥有各类营业网点7.9万处，比上年末增长3.9%。其中，快递服务营业网点7.5万处，比上年末增长16.9%。全国拥有邮政信筒信箱14.8万个，比上年末减少2.3万个。全国拥有邮政报刊亭总数3.1万处。

全年全行业拥有各类汽车14.2万辆，比上年末增长27.0%，其中快递服务汽车9.6万辆，比上年末增长36.6%。

（二）通信网路

全国邮政邮路总条数2.1万条，比上年末增加481条。邮路总长度（单程）514万公里，比上年末增加50.5万公里。其中，航空邮路条数1842条，比上年末增加208条；航空邮路长度271.8万公里，比上年末增加18.9万公里。铁路邮路条数200条，比上年末增加19条；铁路邮路长度30.9万公里，比上年末增加3.9万公里。汽车邮路条数1.6万条，比上年末增加642条；汽车邮路长度201.7万公里，比上年末增加26.4万公里。

全国邮政农村投递路线9.4万条，比上年末减少5949条；农村投递路线长度（单程）363.3万公里，比上年末减少5.8万公里。全国邮政城市投递路线5.4万条，比上年末增加183条；城市投递路线长度（单程）117.1万公里，比上年末减少29万公里。

（三）服务能力

全年平均每一营业网点服务面积为122平方公里；平均每一营业网点服务人

口为1.7万人。人均函件量为5.5件，每百人订有报刊量为11.1份。邮政城区每日平均投递2.1次，农村每周平均投递5次。

备注：

1. 本公报中邮政普遍服务业务、通信能力和服务水平有关数据来自年报，其他数据为月报统计数据。

2. 各项统计数据未包括香港和澳门特别行政区及台湾省。

3. 部分数据因四舍五入的原因，存在着与分项合计不等的情况。

4. 全国人口数据来自国家统计局《2011年国民经济和社会发展统计公报》。

5. 邮政行业业务总量按2010年不变价格计算，同比增幅按可比口径计算。

061

2010年邮政行业发展统计公报

国家邮政局

2011年5月13日

2010年，是“十一五”时期的最后一年，面对复杂多变的国内外经济环境和各种重大挑战，邮政行业认真贯彻落实党中央、国务院的决策部署，以科学发展为主题，突出转变发展方式，推动行业转型升级，各项工作取得新成绩。邮政普遍服务保障水平明显提升，快递业务迅猛发展，行业对国民经济的基础性作用进一步增强。

一、业务发展情况

全年全行业总体保持平稳较快发展。全年邮政行业业务总量完成1985.3亿元，同比增长21.6%，比上年末提高5.2个百分点。全年邮政行业业务收入（不包括邮政储蓄银行直接营业收入）完成1276.8亿元，同比增长16.6%，比上年末提高2.6个百分点。

（一）邮政普遍服务业务

函件业务基本稳定。全年函件业务量完成74亿件，同比下降1.7%。其中，国内函件业务量完成73.2亿件，同比下降1.8%；国际及港澳台函件业务量完成8484.4万件，同比增长1%。国内和国际函件业务量占全部函件业务量的比重分别为98.9%和1.1%。

包裹业务继续萎缩。全年包裹业务量完成6642.5万件，同比下降8.1%，比上年末收窄0.8个百分点。其中，国内包裹业务量完成6496万件，同比下降8.3%；国际及港澳台包裹业务量完成146.5万件，同比增长0.7%。国内包裹业务量占全部包裹业务量的比重比去年下降0.2个百分点至97.8%，国际及港澳台包裹业务量占比为2.2%。

报刊业务平稳增长。全年订销报纸业务完成171.7亿份，同比增长5.9%。全年订销杂志业务完成10.5亿份，同比增长2.6%。

汇兑业务较快增长。全年汇兑业务完成2.8亿笔，同比增长3.1%。

（二）快递业务

快递业务快速增长。全年全国规模以上快递服务企业业务量完成23.4亿件，同比增长25.9%，比上年末提高3.1个百分点；快递业务收入完成574.6亿元，同比增长20.0%，比上年末提高2.7个百分点。

快递业务收入占比提高。快递业务收入占行业总收入的比重为45%，比上年末提高1.2个百分点，比2008年提高2.5个百分点。

同城快递业务增长加快。全年同城快递业务量完成5.4亿件，同比增长22.6%，比上年末提高13.9个百分点；实现业务收入41.5亿元，同比增长21.2%，比上年末提高10.9个百分点。

异地快递业务增速减缓。全年异地快递业务量完成16.7亿件，同比增长27.9%，比上年末下降2.3个百分点；实现业务收入314.5亿元，同比增长19%，比上年末下降4.4个百分点。

国际及港澳台快递业务加快增长。全年国际及港澳台快递业务量完成1.3亿件，同比增长15.2%，比上年末提高9.4个百分点；实现业务收入178.8亿元，同比增长15.3%，比上年末提高9.9个百分点。

快递业务结构总体稳定。同城、异地、国际及港澳台快递业务量占全部比例分别为22.9%、71.5%和5.6%，业务收入占全部比例分别为7.2%、54.7%和31.1%。

东、中、西部市场占比基本稳定。全年东部地区完成快递业务量18.5亿件，实现业务收入465.8亿元；中部地区完成快递业务量2.7亿件，实现业务收入56.8亿元；西部地区完成快递业务量2.1亿件，实现业务收入52亿元。东、中、西部地区快递业务量比重分别为79.3%、11.6%和9.1%，与上年末相比，中部地区比重出现上升；快递业务收入比重分别为81.1%、9.9%和9.0%，与上年末基本持平。

快递业务平均单价稳中趋降。全年快递业务平均单价为24.6元/件，比上年末降低1.2元/件。其中同城快递业务平均单价为7.7元/件，比上年末降低0.1元/件；异地快递业务平均单价为18.8元/件，比上年末降低1.4元/件；国际及港澳台快递业务平均单价为137.9元/件，比上年末提高0.1元/件。

二、通信能力和服务水平

（一）机构设备

全年全行业拥有各类营业网点7.6万处，比上年末增长15.3%。其中，快递营业网点6.4万处，比上年末增长80%。全国拥有邮政信筒信箱17.1万个，比上年末减少3.6万个。全国拥有邮政报刊亭总数2.8万处。

全年全行业拥有各类汽车11.2万辆，比上年末增长23.3%，其中快递汽车7万辆，比上年末增长61.3%。

（二）通信网路

全国邮政邮路总条数2.1万条，比上年末增加66条。邮路总长度（单程）

463.6万公里，比上年末增加60.8万公里。其中，航空邮路条数1634条，比上年末增加430条；航空邮路长度252.9万公里，比上年末增加35.1万公里。铁路邮路条数181条，比上年末增加6条；铁路邮路长度27万公里，比上年末增加2.1万公里。汽车邮路条数1.6万条，比上年末减少16条；汽车邮路长度175.3万公里，比上年末增加30.2万公里。

全国邮政农村投递路线10万条，比上年末增加851条；农村投递路线长度（单程）369.1万公里，比上年末增加1.5万公里。全国邮政城市投递路线5.4万条，比上年末减少3701条；城市投递路线长度（单程）146.1万公里，比上年末增加13.7万公里。

（三）人力资源

全行业年末从业人员116.5万人，比上年末增长33.1%。其中，快递年末从业人员54.2万人，比上年末成倍增长。

（四）服务能力

全年平均每一营业网点服务面积为126.8平方公里；平均每一营业网点服务人口为1.8万人。人均函件量为5.5件，每百人订有报刊量为12.8份。邮政城区每日平均投递2.1次，农村每周平均投递4.9次。

备注：

1. 本公报中邮政普遍服务业务、通信能力和服务水平有关数据来自年报，其他数据为月报统计数据。

2. 各项统计数据未包括香港和澳门特别行政区及台湾省。

3. 部分数据因四舍五入的原因，存在着与分项合计不等的情况。

4. 全国人口数据来自国家统计局《2010年第六次全国人口普查主要数据公报》。

5. 邮政行业业务总量按2000年不变价格计算。

062

国家邮政局公布 2009 年邮政业运行情况

国家邮政局

2010 年 1 月 20 日

2009 年，邮政企业和全国规模以上快递企业业务收入（不包括邮政储蓄银行直接营业收入）累计完成 1094.7 亿元，同比增长 14%；业务总量累计完成 1632.1 亿元，同比增长 16.4%。

12 月当月全行业业务收入完成 113.3 亿元，同比增长 14.2%；业务总量完成 154.1 亿元，同比增长 20.5%。

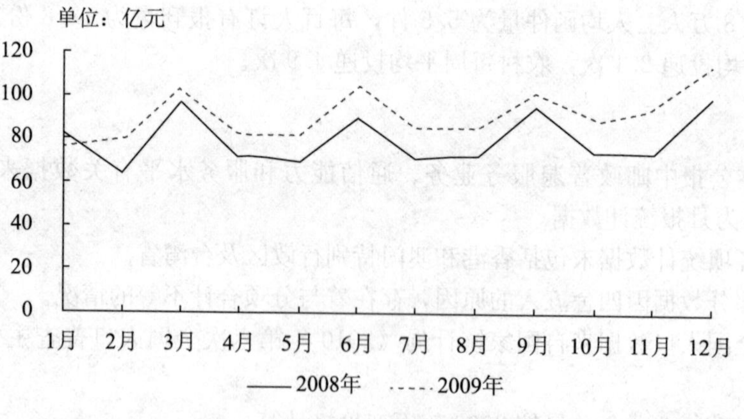

图 1　邮政行业业务收入分月图

邮政函件业务累计完成 75.2 亿件，同比增长 3%；包裹业务量累计完成 7172.4 万件，同比下降 9.6%；报纸业务累计完成 162 亿份，同比下降 0.7%；杂志业务累计完成 10.2 亿份，同比下降 2.5%；汇兑业务累计完成 2.7 亿笔，同比增长 2.8%。

全国规模以上快递企业业务量累计完成 18.6 亿件，同比增长 22.8%；业务收入累计完成 479 亿元，同比增长 17.3%。

12 月当月快递业务量完成 1.9 亿件，同比增长 27.2%；业务收入完成 47.3 亿元，同比增长 25.5%。

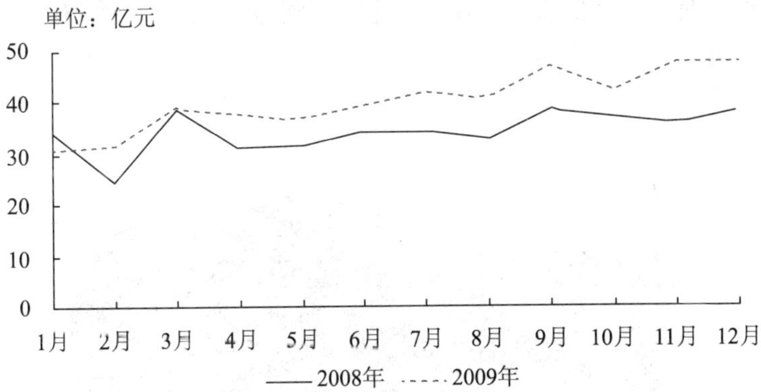

图2　快递业务收入分月图

同城、异地、国际及港澳台快递业务收入分别占全部快递收入的7.3%、55.7%和31.7%；业务量分别占全部快递业务量的23.5%、70.4%和6.1%。

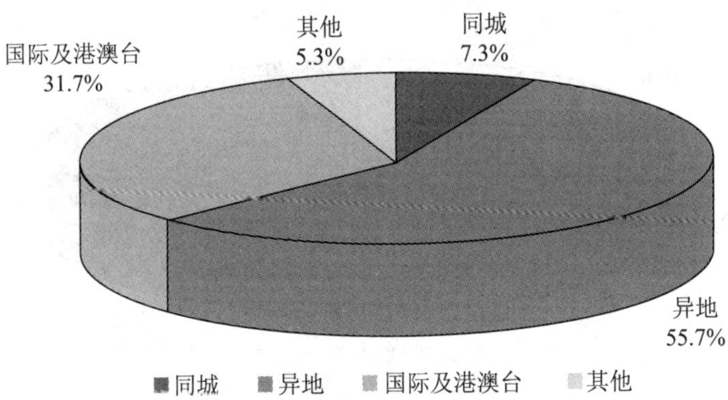

图3　快递业务收入结构图

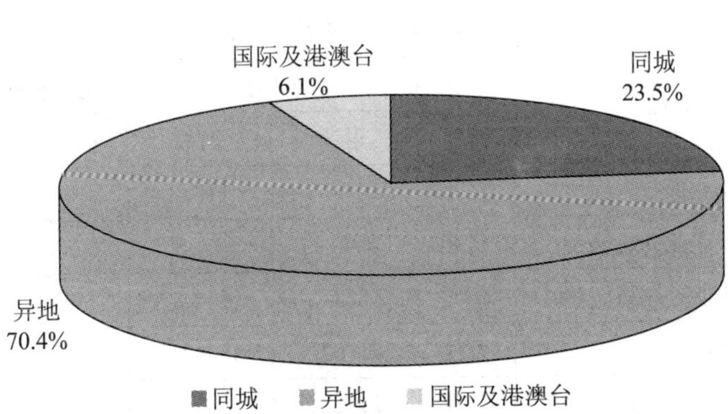

图4　快递业务量结构图

东、中、西部地区快递业务收入的比重分别为81.1%、10%和8.9%，业务量比重分别为80.2%、10.6%和9.2%。

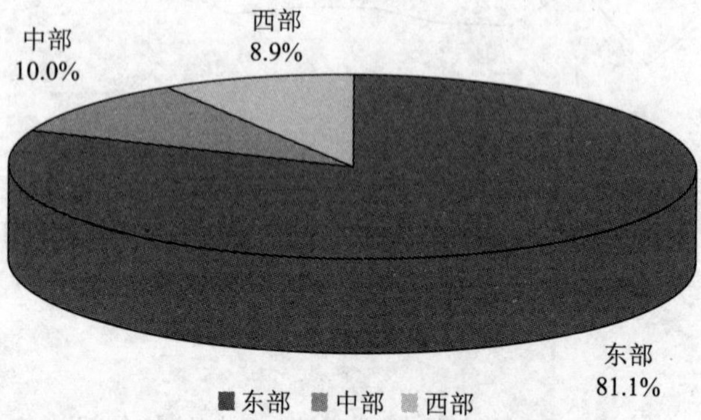

图5　东、中、西部快递业务收入结构图

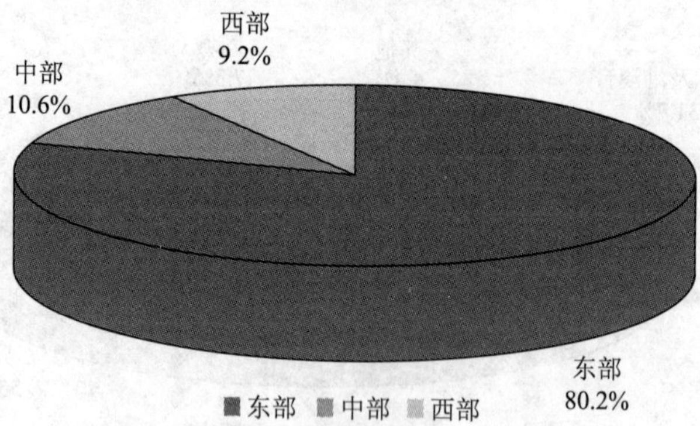

图6　东、中、西部快递业务量结构图

全国邮政行业发展情况表

指标名称	单位	12月		比去年同期增长（%）	
		累计	当月	累计	当月
一、邮政行业业务收入	亿元	1094.7	113.3	14.0	14.2
其中：快递业务收入	亿元	479.0	47.3	17.3	25.5
二、邮政行业业务总量	亿元	1632.1	154.1	16.4	20.5
其中：函件	万件	751797.3	63642.9	3.0	7.2
包裹	万件	7172.4	620.7	−9.6	−27.4
快递	万件	185784.8	19299.0	22.8	27.2

续　表

指标名称	单位	12月		比去年同期增长（%）	
		累计	当月	累计	当月
订销报纸累计数	万份	1620146.6	140304.2	－0.7	－2.0
订销杂志累计数	万份	101529.0	8237.4	－2.5	－7.7
汇兑	万笔	27150.1	2521.9	2.8	9.2

注：2009年邮政行业业务收入中未包括邮政储蓄银行直接营业收入。

063

国家邮政局公布 2008 年邮政业运行情况

国家邮政局

2009 年 1 月 23 日

2008 年，邮政业保持平稳较快发展。邮政企业和全国规模以上快递企业收入（不包括邮政储蓄银行直营收入）累计完成 960.2 亿元，同比增长 14%；业务总量累计完成 1401.8 亿元，同比增长 15.5%。

邮政函件业务累计完成 73 亿件，同比增长 5%；报纸累计完成 163.2 亿份，同比增长 8.4%；杂志累计完成 10.4 亿份，同比增长 6%；汇兑累计完成 2.6 亿笔，同比增长 15.5%。

全国规模以上快递企业业务收入累计完成 408.4 亿元，同比增长 19.2%，比上月上升 0.9 个百分点；业务量累计完成 15.1 亿件，同比增长 25.9%，比上月上升 1.5 个百分点。当月快递业务收入比上月增加 2.1 亿元，业务量比上月增加 1931.8 万件。

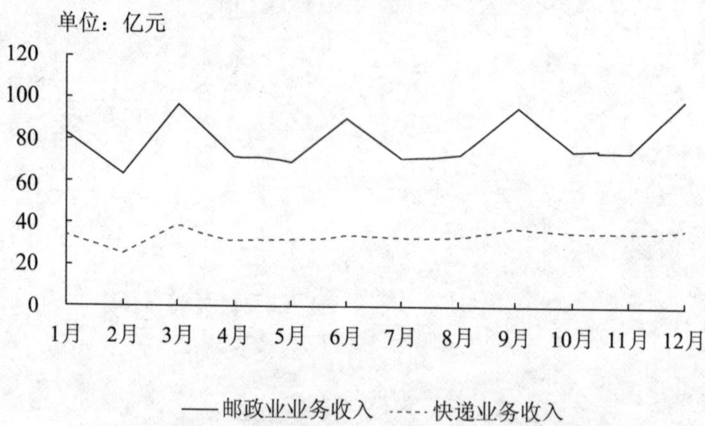

图 1　邮政业业务收入与快递收入分月图

同城、异地、国际及港澳台快递业务收入分别占全部快递收入的 7.6%、52.4%和 36%；业务量分别占全部快递业务量的 26.6%、66.4%和 7%。

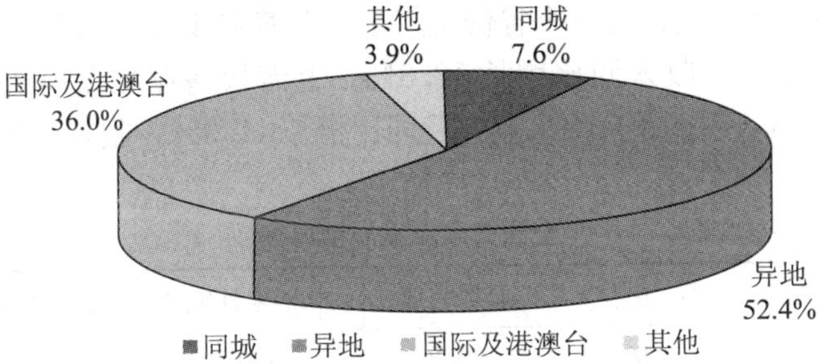

图 2　快递业务收入结构图

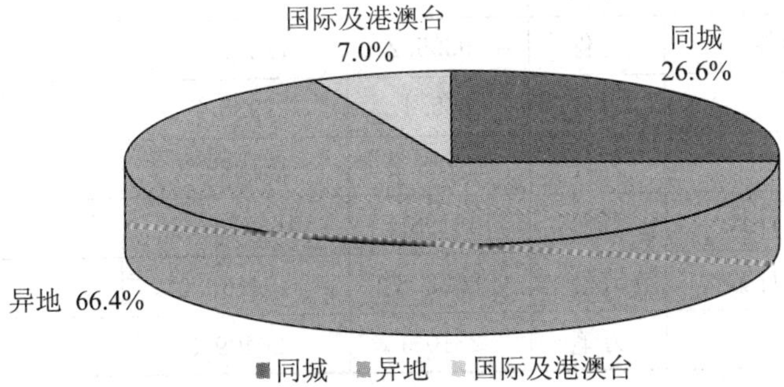

图 3　快递业务量结构图

其中，同城快递业务量完成 4 亿件，同比增长 20.7%，收入完成 31 亿元，同比增长 5%；异地快递业务量完成 10 亿件，同比增长 30.2%，收入完成 214.2 亿元，同比增长 24.4%；国际及港澳台业务量完成 1 亿件，同比增长 9.5%，收入完成 147.2 亿元，同比增长 13.5%。

东、中、西部地区快递业务收入的比重分别为 81.4%、9.6%和 9%，业务量比重分别为 78.5%、11.5%和 10%。

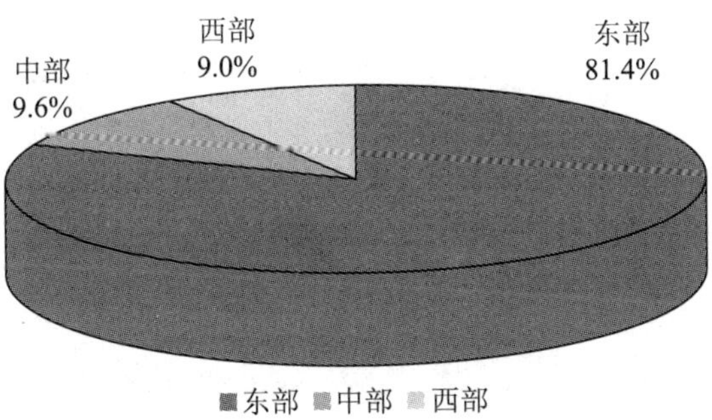

图 4　东、中、西部快递业务收入结构图

全国快递业务最发达的三个省份是广东、上海和北京。其中，广东快递业务量同比增长41.5%，收入同比增长18.3%；上海快递业务量同比增长20.7%，收入同比增长28.3%；北京快递业务量同比增长41.9%，收入同比增长23.8%。

全国邮政业发展情况表

指标名称	单位	本月完成	本年累计完成	比去年同期 增长（%）
一、邮政业业务收入	亿元	99.2	960.2	14.0
其中：快递业务收入	亿元	37.7	408.4	19.2
二、邮政业业务总量	亿元	127.9	1401.8	15.5
其中：函件	万件	59395.2	729775.1	5.0
包裹	万件	855.4	7936.7	—12.9
快递	万件	15168.2	151329.3	25.9
订销报纸累计数	万份	143198.7	1631837.6	8.4
订销杂志累计数	万份	8922.8	104166.0	6.0
汇兑	万笔	2310.1	26409.8	15.5

注：2008年邮政业务收入中未包括邮政储蓄银行直营收入。

064

国家邮政局公布2007年邮政业发展情况

国家邮政局

2008年6月19日

2007年，全国邮政业保持快速健康发展，邮政业务规模持续扩大，行业整体实力进一步增强。邮政业规模以上企业业务收入累计完成967.1亿元（含邮政储蓄收入），同比增长19.3%。

邮政普遍服务业务稳定发展，保证了社会公民的用邮需要。全年函件业务量完成69.5亿件，包裹9103.3万件，订销报刊160.4亿份，汇票2.3亿笔。

快递业务继续快速发展，市场规模迅速壮大。全年规模以上快递企业完成业务收入342.6亿元，同比增长17.4%；快递业务量完成12亿件，同比增长20.4%。

邮政业规模以上企业从业人员93.7万人，其中快递企业从业人员达到23.4万人。营业网点7.1万处，其中快递营业网点4.7万处。

人均函件量5.3件。

邮政业发展情况表（2007年）

指标名称	单位	2007年	比去年增长（%）
一、邮政业业务收入	亿元	967.1	19.3
其中：快递业务收入	亿元	342.6	17.4
二、邮政业业务总量	亿元	1213.7	9.2
其中：函件	万件	695034.4	−2.5
包裹	万件	9103.3	−2.3
快递	万件	120189.6	20.6
订销报纸累计数	万份	1505639.6	−2.1
订销杂志累计数	万份	98104.1	−2.4
汇兑	万笔	22875.2	20.9

注：2007年邮政业业务收入中包括邮政储蓄收入。

邮政业通信能力和服务水平情况表（2007年）

指标名称	单位	2007年
从业人员	万人	93.7
其中：快递从业人员	万人	23.4
营业网点	万处	7.1
其中：快递营业网点	万处	4.7
汽车	万辆	7.8
其中：快递汽车	万辆	3.6
平均每一营业网点服务面积	平方公里	135.9
平均每一营业网点服务人口	万人	1.9
人均函件量	件	5.3
每百人订阅报刊数	份	9.9

十三 快递满意度调查

065

国家邮政局关于 2014 年快递服务满意度调查结果的通告

国家邮政局

2015 年 1 月 26 日

为持续改善快递服务质量，促进行业健康有序发展，国家邮政局委托专业第三方于 2014 年第二季度和第四季度对快递服务满意度进行了调查。现将有关情况通告如下：

一、基本情况

2014 年快递服务满意度调查范围覆盖全部省会城市、直辖市以及快递业务量较大的 50 个城市，具体包括：北京、天津、石家庄、太原、沈阳、大连、哈尔滨、上海、南京、苏州、杭州、合肥、福州、厦门、南昌、济南、青岛、郑州、武汉、长沙、广州、深圳、重庆、成都、昆明、西安、兰州、乌鲁木齐、宁波、呼和浩特、长春、南宁、海口、贵阳、拉萨、西宁、银川、珠海、汕头、无锡、常州、扬州、徐州、金华、绍兴、温州、泉州、东莞、佛山和中山。调查的快递企业为 2013 年国内快递业务总量排名前 10 且服务水平较好的品牌，包括：邮政 EMS、圆通速递、申通快递、顺丰速运、韵达快递、中通快递、百世汇通、天天快递、宅急送快运和优速快递。调查采用计算机辅助电话访问和快件时限查询；其中，电话访问由 2014 年使用过快递服务的用户对受理、揽收、投递和售后 4 个快递服务环节及 13 项基本指标进行满意度测评，共获得有效样本 60374 个。

二、调查结果

调查显示，用户对于快递行业的服务品质基本认可，快递服务总体满意度得分连续 6 年稳步提升，2014 年总体得分为 73.7 分，较 2013 年提升 1.0 分。其中，公众满意度为 78.4 分，较 2013 年提升 1.3 分，对总体满意度的贡献度是 0.65 分；时测满意度为 69.0 分，较 2013 年提升 0.7 分，对总体满意度的贡献度是0.35分。

快递企业总体满意度排名和得分依次为：顺丰速运（83.9分）、邮政EMS（80.1分）、中通快递（74.7分）、圆通速递（74.1分）、韵达快递（72.5分）、申通快递（72.3分）、宅急送快运（71.9分）、百世汇通（69.5分）、天天快递（68.8分）和优速快递（68.4分）。其中，邮政EMS、中通快递提升较为明显。

公众满意度方面，在涉及评价的4项二级指标中，受理环节满意度有所下降，得分为83.2分，较2013年下降2.0分；揽收环节满意度得分为84.6分，与2013年基本持平；用户评价显示，快递服务后端环节改善较为明显，投递和售后环节满意度得分分别为79.2分、73.0分，较2013年分别提升2.9分、2.0分。

在涉及评价的13项3级指标中，用户满意度较高的项目是：揽收员服务、送达质量、揽收质量、普通电话受理、上门时限、查询和派件员服务。满意度增长较快的项目是：投递证实、送达时限、查询和快递费用。满意度有所降低的项目是：统一客服热线受理和揽收质量。

在受理环节，普通电话受理满意度为84.9分，较2013年下降1.0分；统一客服热线受理满意度为77.7分，在所有评价指标中下降幅度最大（－4.3分），亟待改进。表现较好的企业有：顺丰速运、优速快递、宅急送快运。用户评价反映出，快递企业在统一客服热线的受理能力、下单便捷性和话务员业务规范性等方面仍待加强。

在揽收环节，揽收员服务满意度得分为87.9分，在所有评价指标中满意度表现最佳，是快递服务中的优势环节；快递费用的满意度得分为77.5分，较2013年提升2.6分，表明用户较为认可现有价格水平。揽收环节表现较好的企业有：百世汇通、顺丰速运、天天快递。

在投递环节，送达质量满意度表现最佳，得分为85.9分；其中送达时限和投递证实满意度得分较2013年有明显提升。投递环节表现较好的企业有：顺丰速运、邮政EMS、中通快递。

在售后环节，查询服务满意度表现最好，得分为82.9分，同时也是该环节提升最显著的指标；投诉服务满意度得分较低，仅50.9分，但较2013年提升1.4分。售后环节表现较好的企业有：顺丰速运、中通快递、百世汇通。用户评价表明，快递企业仍需进一步改进投诉服务。

消费者选择快递品牌时考虑的主要因素依次为“时效”（占比26.4%）、“价格”（占比22.7%）和“服务”（占比14.4%）。连续6年的监测显示，用户对以上三个因素的关注度近4年来始终排名前三位，用户使用快递服务时的选择标准已经基本形成。

从消费者反映的问题件类型及投诉原因看，确保快件准时送达仍是快递服务目前的主要改进方向；因投递服务投诉的比例较 2013 年有所上升，反映出企业应改善末端服务，提高软性服务水平。

从消费者对新兴快递服务方式的评价看，使用过手机客户端或微信下单、智能快件箱收取快件的消费者对其服务评价均较高，满意度得分分别为 84.2 分、80.1 分，新兴服务方式得到公众认可，发展潜力较大。

调查结果显示，2014 年快递公众满意度得分居前十五位的城市是：大连、长春、呼和浩特、徐州、太原、哈尔滨、天津、西宁、扬州、济南、乌鲁木齐、常州、兰州、青岛和石家庄。与 2013 年相比，大连、长春、呼和浩特、徐州、太原、扬州、济南、常州和石家庄继续保持在前十五位，哈尔滨、天津、西宁、乌鲁木齐、兰州和青岛首次进入前十五位。进步幅度排名前五的城市是：西宁、温州、厦门、宁波和杭州。消费者对寄往三、四线城市快件的服务满意度较高，得分为 77.3 分，显示出“快递西进”、“快递下乡”工程较好地满足了用户需要。

调查还显示，2014 年快递行业口碑得到增强，用户口碑阻力指数由 2013 年的 0.59 下降到 2014 年的 0.25，行业总体正面口碑多于负面口碑，部分企业如顺丰、中通、申通具有良好的口碑效应；快递行业的公众形象稳步提升，公众对快递服务的总体期望趋于理性平稳，快递服务前后端差异进一步缩小，行业整体均衡性向好发展。

066

国家邮政局关于2013年快递服务满意度调查结果的通告

国家邮政局

2014年1月28日

为进一步提升快递服务质量，促进行业健康有序发展，国家邮政局委托零点研究咨询集团对2013年快递服务满意度进行了调查。现通告如下：

一、基本情况

2013年快递服务满意度调查范围覆盖全部省会城市、直辖市以及快递业务量较大的共50个城市，具体包括：北京、天津、石家庄、太原、沈阳、大连、哈尔滨、上海、南京、苏州、杭州、合肥、福州、厦门、南昌、济南、青岛、郑州、武汉、长沙、广州、深圳、重庆、成都、昆明、西安、兰州、乌鲁木齐、宁波、呼和浩特、长春、南宁、海口、贵阳、拉萨、西宁、银川、珠海、汕头、无锡、常州、扬州、徐州、金华、绍兴、温州、泉州、东莞、佛山和中山市。调查的快递品牌为2012年业务量排名前10且服务水平较好的企业，包括：邮政EMS、顺丰速运、申通快递、圆通速递、韵达快运、中通速递、宅急送快运、百世汇通、天天快递和优速快递。调查采用计算机辅助电话访问和快件时限查询：其中，电话访问获得有效样本59662个，时限查询获得有效样本33597个。

二、调查结果

调查显示，2013年快递服务总体满意度为72.7分，较2012年增加1.0分，行业服务水平稳步提升。其中，公众满意度为77.1分，较2012年提升2.6分，对总体满意度的贡献度为1.33分；时测满意度为68.3分，较2012年下降0.7分，对总体满意度的贡献率为－0.33分。品牌总体满意度得分依次为：顺丰速运、邮政EMS、圆通速递、申通快递、韵达快递、中通快递、天天快递、百世汇通、宅急送快运和优速快递；其中，顺丰速运得分超过80分、邮政EMS和圆通速递得分均超过75分。

公众满意度方面，受理和揽收环节满意度均突破80分，分别达到85.2分、84.7分，较2012年分别提升3.9分、1.7分；派送和售后环节均突破70分，分别达到76.3分、71.0分，较2012年分别提升3.8分、7.1分。快递服务“重前不重后”的现象有所缓解，但仍有进一步缩小服务差距的空间。

在受理环节，普通电话受理满意度为85.9分，较2012年提升3.3分；客服热线受理满意度为82.0分，较2012年提升1.3分。表现较好的企业有顺丰速运、邮政EMS、百世汇通、韵达快递。用户对于部分企业客服热线接通率偏低、下单操作复杂以及服务态度较差等问题不满意。

在揽收环节，揽收服务满意度表现最佳，得分为88.9分；上门时限满意度进步明显，较2012年提升2.4分；快递费用的满意度仅为74.9分，明显低于其他指标得分，表明用户对快递价格的敏感度较高。揽收环节表现较好的企业有百世汇通、顺丰速运、天天快递、中通快递。

在投递环节，送达质量表现最佳，得分为85.6分；投递证实满意度进步明显，较2012年提升5.5分，但同时仍是投递环节中满意度得分最低的指标，满意度仅为65.9分，投递环节表现较好的企业有顺丰速运、圆通速递、申通快递、邮政EMS。用户对于部分快递企业无法提供投递证实服务表示不满意。

在售后环节，查询服务满意度表现最佳，分值为80.0分，同时也是售后环节中提升最明显的指标，较2012年提升5.8分；投诉服务仍是售后环节中满意度评价最低的指标，得分仅49.5分，投诉服务质量仍待提升。售后环节表现较好的企业有顺丰速运、圆通速递、韵达快递、中通快递。

消费者选择快递品牌时考虑的主要因素依次为时效（占比38.9%）、价格（占比38.0%）和服务（占比24.7%）。

从消费者反映的问题件类型及投诉快递企业的原因看，快件延误仍然是目前快递企业存在的主要问题，确保快件时效仍然是快递企业提升服务的关键。

从用户使用快递的习惯看，48.3%的受访者拨打快递企业本地网点或快递员手机进行下单，而选择快递企业官方网站进行快件单号查询的用户比例也达到62.0%。在签收快件的场所方面，办公室前台仍然是用户的首选，比例达到41.5%。

调查还显示，2013年快递行业服务均衡性增强，快递行业公众形象稳步提升，公众期望进一步趋于理性；公众满意度与时测满意度的匹配程度得到改善，用户主观评价与企业时限实际完成情况之间的均衡性不断加强；受售后环节满意度提升的影响，快递服务前后端均衡性改善较大；地区服务水平差距缩小。

067

国家邮政局关于2012年快递服务满意度调查结果的通告

国家邮政局

2013年2月26日

为提升快递服务水平，促进行业健康发展，国家邮政局委托零点研究咨询集团，于2012年第二季度和第四季度对快递服务满意度进行了调查。现通告如下：

一、基本情况

2012年快递服务满意度调查范围覆盖全部省会城市、直辖市以及快递业务量较大的50个城市，具体包括：北京、天津、石家庄、太原、沈阳、大连、哈尔滨、上海、南京、苏州、杭州、合肥、福州、厦门、南昌、济南、青岛、郑州、武汉、长沙、广州、深圳、重庆、成都、昆明、西安、兰州、乌鲁木齐、宁波、呼和浩特、长春、南宁、海口、贵阳、拉萨、西宁、银川、珠海、汕头、无锡、常州、扬州、徐州、金华、绍兴、温州、泉州、东莞、佛山、中山。调查的企业11家，包括：邮政EMS、民航快递、申通快递、顺丰速运、宅急送快运、圆通速递、国通快递、天天快递、韵达快运、百世汇通、中通速递。调查方式为计算机辅助电话访问和快件时限查询：其中，电话访问获得有效定量调查问卷60509份，快件时限查询信息29015条。

二、调查结果

调查显示，2012年快递服务总体满意度71.7分，较2011年提升2.8分。其中，公众满意度74.5分，较2011年提升1.6分，对总体满意度的贡献度为0.8分；快件时限满意度69分，较2011年提升4.1分，对总体满意度的贡献度为2分。顺丰速运和邮政EMS总体满意度达到75分以上，排名前5名的企业为：顺丰速运、邮政EMS、圆通速递、申通快递和宅急送快运。

从公众满意度看，公众对快递服务环节中的受理服务和揽收服务比较满意，满意度分别为81.3分和83分，较2011年分别提升5.1分和8.6分；公众对投递服务和售后服务不满意，满意度分别为72.5分和63.9分，比2011年分别下降1.9分和4.2分。

受理服务方面，与2011年相比，满意度提升5.1分。普通电话和统一客服电话受理满意度均突破 80 分。满意度较高的企业有：顺丰速运、邮政 EMS、中通速递、民航快递和圆通速递。

揽收服务方面，与 2011 年相比，满意度提升 8.6 分。公众对上门时限、揽收质量和揽收服务的满意度均超过 80 分。满意度较高的企业有：顺丰速运、百世汇通、天天快递、圆通速递和中通速递。

投递服务方面，与 2011 年相比，满意度下降 1.9 分。公众对快件送达质量的满意度较高，得分超过 80 分。满意度较高的企业有：顺丰速运、民航快递、圆通速递、中通快递、韵达快运和百世汇通。公众对快件送达时限和信息反馈满意度较低，其中信息反馈的满意度相比 2011 年降幅明显。

售后服务方面，与 2011 年相比，满意度下降 4.2 分。满意度较高的企业有：顺丰速运、圆通速递、韵达快运、民航快递、百世汇通。公众对售后服务中投诉指标的满意度较 2011 年大幅下降，表明当前快递服务中投诉处理环节的服务质量不高、投诉渠道不畅、问题件处理不及时等问题突出，需引起各企业高度重视。

从快件时限看，2012 年快递服务总体时限为 55 小时，与 2011 年相比，总体用时缩短 5.5 小时。

连续六年快递服务满意度调查结果显示，我国快递服务整体水平呈稳步提升态势。2012 年快递服务满意度首次突破 70 分，表明在快递业务量高速增长的情况下，行业的服务能力不断提升，服务质量逐步改善。与此同时，售后服务成为满意度提升的瓶颈，亟待解决。

目前，快递服务发展的均衡性仍有待进一步改善。首先表现在服务环节中，前端服务（受理和揽收）与后端服务（投递和售后）的满意度差值达 14 分，快递服务“重前不重后”的现象仍未得到有效改善；其次，全国七大区域服务水平差异明显，华东地区满意度较高，西北地区相对较低，两地区相差 5.4 分，较 2011 年的差距进一步拉大。

从消费者选择快递服务考虑的因素看，排名前三位的是：投递速度快（35.6%）、价格便宜（27.3%）、服务态度好（22.3%）。其中，企业用户对安全性的考虑明显高于个人和网上卖家用户；个人用户更注重快递网点的便利程度；网上卖家用户考虑因素主要是价格便宜和网络覆盖范围。

从参与调查的企业看，顺丰速运和邮政 EMS 服务水平继续领先。服务水平处于中偏上（满意度 70 分至 75 分）的企业增至 5 家，企业竞争加剧。

068

国家邮政局通告 2011 年快递服务满意度调查结果

国家邮政局

2012 年 4 月 11 日

为引导经营快递业务企业提升服务水平，促进快递业务健康发展，国家邮政局委托零点研究咨询集团，于 2011 年第二季度和第四季度对快递服务满意度进行了调查。现通告如下：

一、基本情况

本次调查的范围是：北京、天津、石家庄、太原、沈阳、大连、哈尔滨、上海、南京、苏州、杭州、合肥、福州、厦门、南昌、济南、青岛、郑州、武汉、长沙、广州、深圳、重庆、成都、昆明、西安、兰州、乌鲁木齐、宁波和呼和浩特 30 个城市。调查的企业有：邮政 EMS、民航快递、申通快递、顺丰速运、宅急送快运、圆通速递、CCES 快递、天天快递、韵达快运、百世汇通、中通速递 11 家。调查的方式为定量调查和实物寄递。其中，定量调查共获得有效问卷 14282 份，实物寄递数量为 1875 件。

二、调查结果

调查显示，快递服务总体满意度为 68.9 分，比 2010 年提升 0.2 分。其中，公众满意度为 72.9 分，较 2010 年提升 2 分；实地测试满意度为 64.9 分，较 2010 年降低 1.5 分。满意度较高的企业有顺丰速运、邮政 EMS、宅急送快运、韵达快运、申通快递、圆通速递。其中，顺丰速运、邮政 EMS 满意度达到 70 分以上。

公众对快递服务环节中的受理服务和揽收服务比较满意，满意度分别为 76.5 分和 71.0 分，其中受理服务比上年提升了 1.7 分，揽收服务与上年基本持平；公众对投递服务和售后服务满意程度一般，满意度分别为 66.1 分和 65.8 分 。

受理服务方面，公众对客服热线服务效率、业务较为熟练、用语礼貌等方面比较满意，满意度较高的企业有：顺丰速运、邮政 EMS、宅急送快运、CCES 快递、圆通速递和中通速递。公众对普通受理电话接通效率低、不能主动预约上门时间不满意。

揽收服务方面，公众对揽收人员态度热情评价较高，满意度较高的企业有：顺丰速运、邮政 EMS、CCES 快递、天天快递、申通快递和百世汇通。公众对揽收人员不能在约定时间内上门，取件时间过长、揽收人员着装不规范不满意。

投递服务方面，公众对投递人员业务熟练程度、快件外包装完好程度和快件安全性比较满意，满意度较高的企业有：顺丰速运、邮政 EMS、民航快递、圆通速递、申通快递和宅急送快运。公众对快件不能在承诺时间内送达、不能主动反馈投递结果、快递寄递速度较慢不满意。

售后服务方面，公众对快递企业提供的投诉受理、问题件处理、结果反馈满意度不高，希望企业改进。

连续五年的快递服务满意度调查结果显示，我国快递服务整体水平呈稳步提升态势，但是近两年提升速度放缓，表明快递服务还不能满足公众不断增长的需求，服务水平的健康度较低。首先表现在服务环节中，受理和揽收满意度较高，投递和售后服务满意度偏低，快递服务“重前不重后”的现象仍未得到有效改善。其次，全国七大区域服务水平差异明显，东北地区满意度高，西南地区相对较差，存在不够均衡问题。

从参与调查的企业看，部分企业快递服务水平领先优势明显，并保持稳定。服务水平处于中端的企业增多，竞争加剧。企业间满意度得分差距缩小，最高分与最低分相差 10.5 分，较 2010 年缩小 1.1 分。

069

国家邮政局通告 2010 年快递服务满意度调查结果

国家邮政局

2011 年 3 月 25 日

为引导快递企业提升服务水平，促进快递服务健康发展，国家邮政局委托零点研究咨询集团，于 2010 年对快递服务满意度进行了调查。现通告如下：

一、基本情况

调查的范围是：北京、天津、石家庄、太原、沈阳、大连、哈尔滨、上海、南京、苏州、杭州、合肥、福州、厦门、南昌、济南、青岛、郑州、武汉、长沙、广州、深圳、重庆、成都、昆明、西安、兰州、乌鲁木齐 28 个城市。调查的企业有：邮政 EMS、民航快递、申通快递、顺丰速运、宅急送、圆通快递、CCES 快递、天天快递、韵达快递、汇通快递、中通快递 11 家。调查的方式为定量调查和实地测试。其中，定量调查共获得有效问卷 13951 份，实地测试数量为 1757 件。

二、调查结果

快递服务总体满意度平均为 68.7 分，较 2009 年提升 2.4 分。其中，公众满意度平均为 70.9 分，较 2009 年提升 1.7 分；实地测试满意度平均为 66.4 分，较 2009 年提升 3 分。

公众对快递服务环节中的受理服务和揽收服务满意度高，满意度分别为 74.8 分和 70.9 分，较上年度分别提升 3.3 分和 4.6 分；对投递服务和售后服务满意度稍低，满意度分别为 64.3 分和 65.7 分，与上年度基本持平。

受理服务方面，公众对电话接通速度给予较高评价，满意度较高的企业有顺丰速运、邮政 EMS、宅急送等。公众对于电话受理人员语言不规范，不能主动预约上门时间不满意。

揽收服务方面，公众对快递服务揽收人员态度热情、面单规范等方面给予了较高的评价，满意度较高的企业有顺丰速运、邮政 EMS 和韵达货运。公众对快递服务揽收人员不能在约定时间内上门，等待上门取件时间过长不满意。

投递服务方面，公众对投递范围不断扩大和外包装完好较满意，满意度较高的企业有顺丰速运、邮政 EMS 和民航快递。对快件不能在承诺时间内送达、投递后没有信息反馈的反应强烈。

售后服务方面，公众对查询服务给予了较高的评价，满意度较高的企业有顺丰速运、邮政 EMS 和宅急送。对于投诉受理及问题件处理不满意。

连续四年的快递服务满意度调查结果显示，我国快递服务整体水平呈稳步提升态势。其中，受理和揽收服务满意度提升明显，投递和售后服务满意度提升幅度不大，快递服务“重前不重后”的现象没有得到有效改善，“快递不快”问题仍较突出。

快递企业业务品种与价格水平逐渐出现分层，企业形象和品牌因素逐渐成为公众选择的参考因素，表明公众对快递业务呈现多元化需求，品牌意识增强。

从参与调查的企业看，部分企业快递服务水平领先优势明显，并保持稳定。服务水平处于中端的企业增多。企业间满意度得分差距缩小，最高分与最低分相差 11.3 分，较 2009 年缩小 0.7 分。

快递服务在全国七大区域的发展还不均衡。东北地区的公众对于快递服务的满意度较高，西北地区表现相对较差，两者相差 7.5 分。

070

2009年快递服务公众满意度调查结果通告

国家邮政局

2010年2月11日

为促进我国快递服务健康发展，国家邮政局委托零点研究咨询集团，于2009年第四季度对快递服务公众满意度进行了调查。现通告如下：

一、基本情况

本次调查的范围是：北京、哈尔滨、沈阳、天津、济南、上海、南京、南昌、郑州、长沙、昆明、西安、兰州、重庆、广州、深圳、武汉、成都、太原、福州、苏州、青岛、大连、杭州、合肥、厦门、石家庄、乌鲁木齐28个城市。调查的企业有邮政EMS、民航快递、申通快递、顺丰速运、宅急送、圆通快递、全一快递、天天快递、韵达快递、汇通快递、中通快递，共计11家。调查的方式为定量问卷调查和实地测试。其中，定量调查共获得有效问卷12420份，实地测试快件数量为1090件。

二、调查结果

调查显示，快递服务总体满意度平均为66.3分，比2008年提升1.4分。其中，公众满意度平均为69.2分，比2008年提升1.1分。实地测试满意度平均为63.4分，比2008年提升1.8分。

公众对快递服务比较满意的是受理服务、揽收服务和售后服务，满意度分别为71.5分、66.3分和64.3分，满意度稍低的是投递服务，满意度为63.5分。

受理服务方面，公众对普通电话接通速度、全国统一客服热线服务等给予了较高的评价，满意度较高的企业有顺丰速运、全一快递、宅急送等。公众对快递企业不能主动预约上门时间表示不满意。

揽收服务方面，公众对上门揽收人员态度热情、揽收范围不断扩大、揽收价格透明等方面给予了较高的评价，满意度较高的企业有顺丰速运、宅急送、邮政EMS等。对不按照约定时间上门取件、速度缓慢不满意。

投递服务方面，公众对送达质量、上门投递时工作人员服务态度等给予了较高的评价，满意度较高的企业有顺丰速运、邮政EMS、民航快递。对快件延误、投递后信息反馈满意度较低。

售后服务方面，公众对查询服务给予了较高的评价，满意度较高的企业有顺丰速运、邮政 EMS、全一快递。对问题件处理和投诉受理满意度较低。

从调查结果来看，我国快递服务公众满意度比 2008 年有了稳步提升。受理和揽收服务满意度比较稳定，投递和售后服务满意度波动较大。快递服务的主要问题是快件延误和损毁，在用户投诉中所占比例分别为 69%和 20%。

本次调查结果表明，我国快递服务公众满意度正在逐步提高，快递服务整体水平呈上升趋势，快递企业服务定位逐渐清晰，快递企业间的差异逐步拉大，关键服务环节亟待加强，特别是快递服务延误问题需要下大力气解决。

071

2008 年快递服务公众满意度调查结果通告

国家邮政局

2009 年 2 月 4 日

为促进我国快递服务健康发展，国家邮政局委托零点研究咨询集团，于 2008 年第四季度对快递服务公众满意度进行了调查。现通告如下：

一、基本情况

本次调查的范围是，北京、天津、上海、沈阳、济南、南京、南昌、郑州、长沙、昆明、西安、兰州、重庆、广州、深圳、武汉、成都、太原、福州、苏州 20 个城市。调查的企业有，邮政 EMS、民航快递、中外运速递、顺丰速运、宅急送、申通快递、圆通快递、全一快递、天天快递、韵达快递、汇通快递、中通快递共计 12 家。调查的方式为定量调查和实地测试。其中，定量调查共获得有效问卷 5437 份，实地测试快件 698 件。两部分共同构成快递服务总体满意度。

二、调查结果

调查显示，快递服务总体满意度平均为 64.9 分，最高为 72.1 分，最低为 59.5 分。其中，定量调查满意度平均为 68.1 分，最高为 70.3 分，最低为 66.1 分。实地测试满意度平均为 61.6 分，最高为 74.9 分，最低为 52.9 分。为了使定量调查与实地测试能够相互验证，本次定量调查与实地测试满意度指标设置保持一致。

从定量调查情况看，公众对快递服务比较满意的是受理服务、揽收服务和投递服务，满意度分别为 73.4 分、71.2 分和 69 分；不满意的是售后服务，满意度为 56.1 分。公众对受理服务、揽收服务和投递服务中，电话接通速度、工作人员礼貌用语、揽收人员服务态度热情、业务规范熟练、快件安全寄达等给予了较高的评价，在这方面做得较好的企业有，中外运速递、顺丰速运、民航快递、宅急送等。但公众对快递服务中，受理人员主动预约上门时间、揽收人员着装规范、承诺期限内送达、主动反馈投递结果等方面不满意。公众对售后服务中查询方便、准确、及时给予了较高的评价，但对投诉程序复杂、投诉反馈不及时、赔偿不遵守承诺、赔偿不及时、投诉受理人员态度差等问题反应强烈。

定量调查显示，公众对快递服务投诉的主要问题中，快件延误占 66.2%，损毁占 17.5%，丢失占 12.8%。在快递服务投诉中，公众对快递企业设有投诉电话，投诉电话通畅等比较满意，在这方面做得比较好的企业有：顺丰速运、中外运速递、民航快递、邮政 EMS 等。

从实地测试情况看，受理服务、揽收服务和投递服务满意度较高，分别为 68.1 分、61.6 分和 65.2 分，售后服务满意度较低，为 51.6 分，这与定量调查满意度结果基本一致。在实地测试中，国有快递企业在揽收、投递服务方面的满意度高于民营企业，而民营快递企业在受理、售后服务方面的满意度高于国有企业。

从被调查的快递企业看，不同企业之间快递服务差异缩小，满意度得分接近，最高满意度与最低满意度差距不足 5 分。从公众选择不同性质快递企业的原因看，选择国有快递企业主要是，知名品牌、网络覆盖广、专业规范。选择民营快递企业主要是，服务态度好、上门取件快、价格便宜。从定量调查和实地测试结果看，快递服务各环节中，前端服务较好，后端服务相对滞后。从被调查的城市看，不同城市间快递服务水平差距较小，满意度最高的是北京市，为 69.8 分。

本次公众满意度调查结果表明，我国快递服务总体处于发展的初级阶段，满意度尚有比较大的提升空间。今后，快递企业应重点加强售后服务，提升快递服务总体水平。

072

全国首次快递服务统计调查结果分析

国家邮政局

2007年7月24日

邮政业既有面向民生的普遍服务，同时也包括面向生产的快递等商业化服务。作为邮政业的重要组成部分，当前快递服务不仅在企业数量、市场规模、技术水平、从业人员等方面迅速发展，还与信息技术和互联网发展紧密结合，成为采用有址包裹方式实现电子商务配送的重要依托。我国的快递服务在促进经济发展、方便社会交流、满足用户多元化寄递需求等方面发挥了积极的作用，其重要性日益为人们所认识。全国首次快递服务统计调查已落下帷幕，但健全和完善邮政业统计，充分发挥政府信息的引导作用，加强对邮政业经济运行的统计、分析工作却刚刚起步。此次调查结束后，通过对调查数据的整理与分析，解读出我国快递服务发展有以下几个方面的特点。

一、快递服务总体规模增长迅速

从被调查企业的从业人数、业务量、业务收入的发展情况看，快递服务的总体规模增长迅速（详见表1）。2006年与2005年相比，快递服务表现出非常强的活力，在需求的拉动下从业主体数量出现了快速增长，新增快递法人企业404家，增幅为20%。所有被调查快递企业的从业人员数量增长36.3%，快递业务量增长22.4%，快递业务收入增长25%。2006年，第三产业增加值增幅为10.3%，其中交通运输、仓储和邮政业增加值增幅为8.3%，快递业务收入增幅较上述指标分别高出14.7个百分点和16.7个百分点。从数据上看，快递服务规模的增长与GDP增长密切相关，2005年至2006年，大体上GDP增长1%，快递规模增长2.5%。相关数据表明，快递服务需求旺盛，发展速度明显高于国民经济及第三产业，发展潜力巨大，发展前景广阔。

表1　　被调查企业主要规模指标

指标	计量单位	2006年	2005年	增长（%）
年末从业人员	万人	22.67	16.63	36.3
快递业务量	亿件	10.599	8.658	22.4
快递业务收入	亿元	299.7	239.7	25.0

二、快递服务能力显著提升

1. 服务支撑能力有效提升

从被调查企业所拥有的房屋建筑面积、生产场地面积、营业网点数量、运输设备配备等方面的发展情况看，我国快递服务支撑能力提升显著。与2005年相比，2006年被调查企业房屋建筑面积增幅为43.3%；独立分拣场地面积增幅为68.8%；拥有营业网点增幅为28.6%；拥有揽收、派送等用途的汽车数量达3.2万辆，增幅为32.4%；摩托车1.8万辆，增幅为44.2%；计算机5.7万台，增幅为53.1%；手持终端设备4.8万台，增幅为119.8%。快递服务企业通过在营业网点、作业设施、运输设备等方面的大幅投入，拓宽了经营的地域范围，提高了作业处理能力，显著提升了对服务的支撑能力。计算机、手持终端设备投入增长迅猛，有效提升了快递企业揽收、分拣、派送、查询等环节的信息化处理水平。信息技术的广泛应用，在为服务提供有效支撑的同时，也显现了快递企业向技术密集型企业发展的趋势。

2. 服务功能迅速完善

随着人员、资金、技术等方面投入的增加，网络的迅速扩张，快递企业在上门揽收、投递到户、限时送达、跟踪查询等服务功能上日趋完善。在被调查企业中，2006年能够全面开展国际、国内业务的企业占调查企业数的28.4%。在被调查的企业中，有88.8%的企业能够提供查询服务；在能够提供查询服务的企业中，又有93.1%的企业能够提供按作业环节的查询服务。

三、快递服务发展与经济发展水平高度关联

从调查情况看，快递服务作为面向生产的邮政服务，其发展水平与整体经济的发展水平高度相关，越是经济发达的地区，快递服务的需求越旺盛，竞争就越充分，服务水平就越高。由于我国区域经济发展的不均衡性，使得快递服务发展呈现出显著的区域性集中特征。与国民经济区域发展水平相对应，快递企业数量、资产、快递业务量、快递业务收入，主要集中在东部地区。东部地区，法人企业数量占全部法人企业总数的73.7%，企业资产占全部快递企业资产的72.1%，业务量占全部快递业务量的75.5%，快递业务收入占全部快递业务收入总额的81.4%，营业利润占全部营业利润总额的97.6%（详情见图1略）。

在东部地区，快递服务又集中于重点区域。调查结果显示，即使在东部，快递服务区域布局同样显示了集中化的特点，快递业务量和业务收入主要集中在重点区域。东部的环渤海湾地区、长江三角洲、珠江三角洲是快递服务发展最为集中的区域。

四、快递服务多元竞争的格局已经形成

根据初步测算，2006年国有、民营、外资快递企业分别实现快递业务收入148.4亿元、52.4亿元、98.8亿元，分别占快递业务总收入的49.5%、17.5%、33%（详见图2）。2006年国有、民营、外资快递企业分别完成业务量61927.5万件、28571.8万件、15493.6万件，分别占总业务量的58.4%、27%、14.6%。调查结果显示，快递服务从业主体呈现多元化趋势，国有、民营、外资快递企业多元共存、相互竞争的市场格局已经形成。

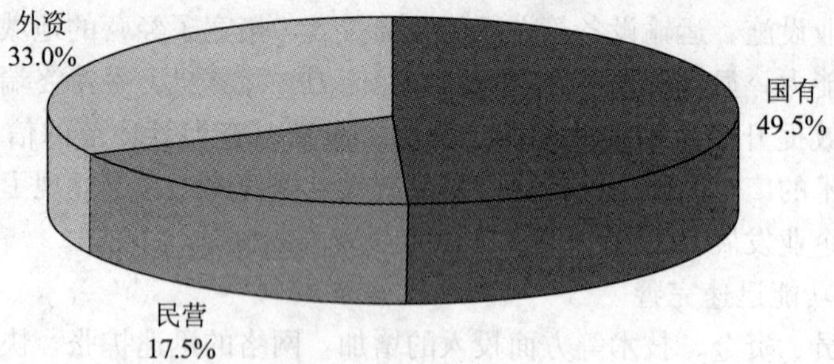

图2　不同资本类型快递业务收入结构

从调查数据看，国有、民营、外资快递企业在业务结构中各具优势。2006年国有快递企业的国内异地快递业务收入占该板块快递业务总份额的64.1%，其份额明显高于其他类型的快递企业。这一数据说明，国有快递企业凭借其网络、品牌等优势，把握着国内异地业务的主动权。同期，民营快递企业的国内同城快递业务收入迅速增长，较2005年实现了54.4%的增幅，同城快递业务份额提升了6.8个百分点。这些数据表明，民营快递企业凭借其灵活的机制、相对较低的成本、方便的服务以及众多的从业主体，在国内同城快递业务上的优势逐渐提升。在国际快递业务方面，2006年外资企业占该板块业务总收入的60.1%，外资企业依靠其遍布全球的运递网络、雄厚的资金与技术实力，良好的管理与服务，在国际快递业务上优势明显。

五、快递服务促进就业作用明显

被调查企业2006年年末从业人员为22.7万人，比2005年增长了36.3%，比全国同期城镇就业人员增幅（4.2%）高32个百分点。在被调查企业中，注册资本在100万～500万元之间的快递企业从业人员增幅最大，达到58.9%。数据表明，快递服务的发展对于吸纳劳动力，促进就业，发挥着积极的作用，且潜力很大。

通过上述分析，我们不难得出这样一个结论：包括快递服务在内的我国邮政业是一个发展前景十分广阔的朝阳产业。《国务院关于加快发展服务业的若干意见》（国发〔2007〕7号）中指出，“加快发展服务业，提高服务业在三次产业结构中的比重，尽快使服务业成为国民经济的主导产业，是推进经济结构调整、加快转变经济增长方式的必由之路，是有效缓解能源资源短缺的瓶颈制约、提高资源利用效率的迫切需要，是适应对外开放新形势、实现综合国力整体跃升的有效途径”。这为我国大力发展服务业指明了战略方向。邮政业作为国民经济发展的重要基础性产业和公共服务业，在关注民生促进社会和谐、全面建设小康社会的崭新时期，无论在普惠于民的基础性邮政服务方面，还是在面向生产的快递等商业化服务方面，都迎来了发展的历史机遇。在新时期，政府部门和邮政业从业主体都应当站在行业发展的战略高度上，遵循行业发展的客观规律，从科学发展的层面看远的、想新的、做实的，统筹行业发展的社会效益与经济效益，实现邮政业的全面协调可持续发展。

全国首次快递服务统计调查大事记

2007年1月30日，快递服务统计调查进入准备阶段。

国家统计局、国家邮政局1月30日联合下发《国家统计局国家邮政局关于开展快递服务统计调查的通知》（国统字〔2007〕11号），明确了快递服务统计调查方案。

2月6日，快递服务统计调查进入启动阶段。

国家统计局、国家邮政局联合召开各省（区、市）调查总队、各省（区、市）邮政管理局及部分快递企业代表600余人参加的全国快递服务统计调查电视电话会议。

国家邮政局王渝次副局长和国家统计局林贤郁副局长对统计调查工作作了全面动员与部署，提出了具体工作要求。随后，国家邮政局和国家统计局在北京召开了全国快递服务统计调查工作布置会议，进一步明确了调查对象、调查指标、调查方案、录入程序等。

3月5日，快递服务统计调查进入入户调查阶段。

为了全面了解工作中存在的问题，切实做好统计调查的组织工作，国家统计局、国家邮政局组成联合调研小组，分两组赴上海、浙江、江苏、广东、广西5省（区、市）的上海、杭州、义乌、苏州、南京、广州、深圳、东莞、南宁、柳州、桂林等11个城市，对万邦、申通、汇通、全一、天天、强生、顺丰、嘉里大通、韵达、UPS等20家快递企业进行了调研，并走访了各省（区、市）调查总队、各省（区、市）邮政管理局，了解快递统计调查工作的进展情况及存在的主要问题。调研结束后，共同研究并提出了相应措施。

6月中旬，快递服务统计调查进入收尾阶段。

国家统计局、国家邮政局联合召开部分省快递服务统计调查工作座谈会，对快递调查工作进行总结，对下一步建立快递服务企业统计报表制度进行研讨。

073

2007年快递服务公众满意度调查结果通告

国家邮政局

2008年4月9日

为促进我国快递服务健康发展，国家邮政局、国家工商行政管理总局委托零点研究咨询集团和特邀社会监督员，于2007年四季度对快递服务公众满意度进行了调查。现通告如下：

一、基本情况

本次调查的范围是：北京、沈阳、济南、南京、长沙、郑州．南昌、西安、昆明、兰州10个城市。调查的企业有：邮政EMS、民航快递、申通快递、顺丰速运、宅急送、圆通快递、全一快递、天天快递、韵达快递、汇通快递共计10家。调查的方式为电话访问和实地测试。其中，电话访问共获得有效问卷3134份，实地测试快件数量为900件。本次满意度调查，由专业调查公司和特邀社会监督员各自独立完成，专业调查公司采用电话访问了解快递用户的感受，社会监督员通过实物寄递实地测试快递服务，两部分共同构成快递服务总体满意度。本次快递服务公众满意度调查在国内尚属首次，虽然只选择了10个城市和10家快递企业，但在一定程度上反映出我国快递服务水平，对社会各界了解国内快递服务具有重要意义。

二、调查结果

调查显示，快递服务总体满意度平均为79.7分，最高为82.9分，最低为75.4分。其中，专业调查满意度平均为67.7分，最高为70.7分，最低为62.7分。实地测试满意度平均为91.6分，最高为97.4分，最低为88分。

从专业调查情况看，公众对快递服务比较满意的是受理服务和揽收服务，满意度分别为76.9分和77分；不满意的是售后服务和投递服务，满意度分别为66.2分和71.5分。公众对受理人员用语礼貌、受理规范和揽收人员服务热情、业务熟练等给予了较高的评价，在这方面做得较好的企业有：顺丰速运、民航快递、汇通快递和邮政EMS等。公众对售后服务中投诉电话不畅通、投诉反馈不及时、赔偿不按标准、赔偿不及时和投递服务中信息反馈慢、快件延误和丢失损毁等问题反应较强烈。

专业调查显示，公众对快递服务投诉的主要问题中，快件延误的占62.3%，损毁的占22.6%，丢失的占12.7%。在快递服务投诉中，公众对快递企业设有投诉电话和客户服务热线，投诉便利、受理认真等比较满意，在这方面做得比较好的企业有：天天快递、顺丰速运、汇通快递和韵达快递等。

从实地测试情况看，快递服务在服务保障和服务能力方面，满意度较高，分别为97分和93分；在服务形象和服务方式上满意度较低，分别为89分和88分。在测试过程中，社会监督员对交寄快件可以电话受理、上门服务感觉非常方便，对受理人员和揽收人员的服务态度、文明礼貌、操作规范、业务熟练等比较满意，对快件能够安全快速寄达给予肯定。在这方面满意度较高的企业有，邮政EMS、宅急送、顺丰速运和全一快递。社会监督员对部分投递人员责任心不强、快件在承诺期限内没有送达等问题不满意。特别是对部分投递人员投递快件时，不征求收件人意见，随意将快件交与他人签收表示不满意。

从专业调查和实地测试的结果可以看出，目前我国快递服务中，前端服务较好，后端服务相对滞后。从被调查的快递企业看，快递服务差异较小，企业之间满意度得分接近，最高满意度与最低满意度差距不足10分，这一点从专业公司调查和社会监督员测试结果看是一致的。从被调查的城市看，不同城市间快递服务水平接近，满意度最高的是沈阳市，为81.07分。

本次公众满意度调查结果表明，我国快递服务总体处于较好水平，但服务环节上存在较大差异，今后快递企业应重点加强售后和投递等后端服务，提升快递服务总体水平。

政府监管部门建议消费者，要选择商业信誉比较好、诚信意识比较强的快递企业。要慎重阅读、填写、保管快件收寄单。出现服务问题时，注意证据保存并及时维权。

十四 快递业统计调查结果分析

074

国家邮政局关于2013年上半年重点地区快递服务时限准时率测试结果的通告

国家邮政局

2013年7月3日

为提升快递服务水平，促进行业健康发展，2013年1至4月，国家邮政局委托北京国邮科讯科技发展有限公司组织开展了重点地区快递服务时限准时率测试工作。现通告如下：

一、基本情况

快递服务时限准时率测试范围覆盖50个城市，包括：北京、天津、石家庄、太原、沈阳、大连、哈尔滨、上海、南京、苏州、杭州、合肥、福州、厦门、南昌、济南、青岛、郑州、武汉、长沙、广州、深圳、重庆、成都、昆明、西安、兰州、乌鲁木齐、宁波、呼和浩特、长春、南宁、海口、贵阳、拉萨、西宁、银川、珠海、汕头、无锡、常州、扬州、徐州、金华、绍兴、温州、泉州、东莞、佛山和中山；测试的快递品牌企业10家，包括：邮政EMS、顺丰速运、申通快递、圆通速递、韵达快运、中通速递、宅急送快运、百世汇通、天天快递和优速快递。测试方法为：通过邮政监管信息系统进行抽样测试和实地寄递测试：其中，系统抽样测试获得有效样本596674件，实地寄递测试获得有效样本5296件。

二、测试结果

1. 快递服务全程时限（以下简称“全程时限”）的均值为57.16小时。按照《快递服务》国家标准，“国内异地快递服务时限”72小时准时率（以下简称“72小时准时率”）计算均值为75.27%。分企业看，在全程时限及72小时准时率方面，整体表现较好的企业有顺丰速运、邮政EMS、宅急送快运和圆通速递。

2. 分环节时限

环节	平均时限（小时）	表现较优的品牌企业
寄出地处理	11.63	邮政 EMS、优速快递、宅急送快运和韵达快递
运输	27.18	顺丰速运、圆通速递、邮政 EMS 和宅急送快运
寄达地内部处理	12.30	顺丰速运、邮政 EMS、申通快递和宅急送快运
投递	6.05	顺丰速运、邮政 EMS、韵达快递和百世汇通

3. 不同寄送距离时限

城市间距离（按公路里程）	平均时限（小时）	表现较优的品牌企业
1000 公里以下	43.85	顺丰速运、邮政 EMS、宅急送快运和优速快递
1000～2000 公里	58.55	顺丰速运、邮政 EMS、宅急送快运和圆通速递
2000～3000 公里	65.55	顺丰速运、邮政 EMS、圆通速递和宅急送快运
3000 公里以上	80.56	顺丰速运、邮政 EMS、宅急送快运和圆通速递

时限准时率测试结果显示，2013 年全程时限比 2012 年缩短 2.68 小时，72 小时准时率比 2012 年提高 2.54%。

075

国家邮政局关于2013年下半年重点地区快递服务时限准时率测试结果的通告

国家邮政局

2014年1月28日

为提升快递服务水平，促进行业健康发展，国家邮政局委托北京国邮科讯科技发展有限公司开展了2013年下半年重点地区快递服务时限准时率测试工作。现通告如下：

一、基本情况

本次快递服务时限准时率测试范围覆盖50个城市，包括：北京、天津、石家庄、太原、沈阳、大连、哈尔滨、上海、南京、苏州、杭州、合肥、福州、厦门、南昌、济南、青岛、郑州、武汉、长沙、广州、深圳、重庆、成都、昆明、西安、兰州、乌鲁木齐、宁波、呼和浩特、长春、南宁、海口、贵阳、拉萨、西宁、银川、珠海、汕头、无锡、常州、扬州、徐州、金华、绍兴、温州、泉州、东莞、佛山和中山市；测试的快递品牌为2012年业务量排名前10且服务水平较好的企业，包括：邮政EMS、顺丰速运、申通快递、圆通速递、韵达快递、中通速递、宅急送快运、百世汇通、天天快递和优速快递。测试方式为，通过邮政监管信息系统进行抽样测试和实际寄递测试：其中，系统抽样测试获得有效样本73.19万件，实际寄递测试获得有效样本5812件。

二、测试结果

1.2013下半年快递服务全程时限（以下简称“全程时限”）的均值为58.18小时，比2013上半年延长1.02小时，与2012全年平均水平相比，缩短1.66小时；2013下半年“国内异地快递服务时限72小时准时率”（以下简称“72小时准时率”）的均值为73.9%，比2013上半年降低1.4个百分点，与2012全年平均水平相比，提高了1.5个百分点。10家品牌企业在“全程时限”指标中的表现依次为：顺丰速运、邮政EMS、圆通速递、申通快递、宅急送快运、中通速递、优速快递、韵达快运、天天快递和百世汇通。

2. 分环节时限

环节	平均时限（小时）	表现较优的品牌企业
寄出地处理	12.59	邮政 EMS、顺丰速运、天天快递和优速快递
运输	29.92	顺丰速运、邮政 EMS、圆通速递和宅急送快运
寄达地内部处理	11.31	顺丰速运、邮政 EMS、申通快递和中通快递
投递	4.36	顺丰速运、宅急送快运、韵达快递和邮政 EMS

3. 不同寄送距离时限

城市间距离（按公路里程）	平均时限（小时）	表现较优的品牌企业
1000 公里以下	42.8	顺丰速运、邮政 EMS、圆通快递和申通快递
1000～2000 公里	59.7	顺丰速运、邮政 EMS、圆通快递和宅急送快运
2000～3000 公里	67.6	顺丰速运、邮政 EMS、圆通快递和申通快递
3000 公里以上	80.6	顺丰速运、邮政 EMS、圆通快递和优速快递

076

国家邮政局关于 2014 年上半年重点地区快递服务时限准时率测试结果的通告

国家邮政局

2014 年 7 月 15 日

为提升快递服务水平，促进行业健康发展，国家邮政局委托北京国邮科讯科技发展有限公司开展了 2014 年上半年重点地区快递服务时限准时率测试工作。现将有关情况通告如下：

一、基本情况

本次快递服务时限准时率测试范围覆盖 50 个城市，包括全部省会城市、直辖市以及快递业务量较大的部分城市，具体包括：北京、天津、石家庄、太原、沈阳、大连、哈尔滨、上海、南京、苏州、杭州、合肥、福州、厦门、南昌、济南、青岛、郑州、武汉、长沙、广州、深圳、重庆、成都、昆明、西安、兰州、乌鲁木齐、宁波、呼和浩特、长春、南宁、海口、贵阳、拉萨、西宁、银川、珠海、汕头、无锡、常州、扬州、徐州、金华、绍兴、温州、泉州、东莞、佛山和中山市。测试对象为 2013 年国内快递业务总量排名前 10 且服务水平较好的品牌，包括：邮政 EMS、圆通速递、申通快递、顺丰速运、韵达快递、中通快递、百世汇通、天天快递、宅急送快运和优速快递。测试方式为通过邮政监管信息系统进行抽样测试和实际寄递测试：其中，系统抽样测试获得有效样本 60 万件，实际寄递测试获得有效样本 5880 件。

二、测试结果

1. 2014 年上半年快递服务全程时限（以下简称“全程时限”）的均值为 57.58 小时，比 2013 下半年缩短 0.6 小时。10 家品牌企业在“全程时限”指标中的表现依次为：顺丰速运、邮政 EMS、圆通速递、中通快递、申通快递、韵达快递、宅急送快运、百世汇通、天天快递和优速快递。

2014 年上半年“国内异地快递服务时限 72 小时准时率”（以下简称“72 小时准时率”）的均值为 75.4%，比 2013 下半年提高 1.5 个百分点。10 家品牌企业在“72 小时准时率”指标中的表现依次为：邮政 EMS、顺丰速运、中通快递、圆通速递、申通快递、宅急送快运、百世汇通、韵达快递、天天快递和优速快递。

2. 分环节时限

测试数据显示，寄出地处理环节平均时限 11.81 小时，运输环节平均时限 32.37 小时，寄达地处理环节平均时限 10.68 小时，投递环节平均时限 2.72 小时。

表 1　　品牌企业分环节时限排名

	寄出地处理环节	运输环节	寄达地处理环节	投递环节
邮政 EMS	1	1	3	3
顺丰速运	2	2	1	1
申通快递	5	6	5	8
圆通速递	7	3	7	6
韵达快递	9	7	6	5
中通快递	6	5	4	2
百世汇通	10	10	2	9
宅急送快运	3	4	10	4
天天快递	8	9	9	7
优速快递	4	8	8	10

3. 不同寄送距离时限

测试数据显示，1000 公里以下平均时限 44.96 小时，1000～2000 公里平均时限 60.79 小时，2000～3000 公里平均时限 70.84 小时，3000 公里以上平均时限 73.92 小时。

表 2　　品牌企业分里程时限排名

	1000 公里以下	1000～2000 公里	2000～3000 公里	3000 公里以上
邮政 EMS	2	2	2	2
顺丰速运	1	1	1	1
申通快递	5	5	4	5
圆通速递	4	3	3	3
韵达快递	8	6	6	4
中通快递	3	4	5	6
百世汇通	10	10	8	7

续　表

	1000公里以下	1000～2000公里	2000～3000公里	3000公里以上
宅急送快运	6	7	7	8
天天快递	7	8	9	9
优速快递	9	9	10	10

4. 分区域时限

全程时限方面，东部平均时限54.44小时，中部平均时限58.29小时，西部平均时限69.30小时；72小时准时率方面，东部、中部、西部分别为79.60%、79.25%和63.21%。

注：分区域时限是以寄达地划分区域，分析寄往该区域内快件的全程时限水平。

077

国家邮政局关于2014年下半年重点地区快递服务时限准时率测试结果的通告

国家邮政局

2015年1月26日

为提升快递服务水平，促进行业健康发展，国家邮政局委托专业第三方开展了2014年下半年重点地区快递服务时限准时率测试工作。现将有关情况通告如下：

一、基本情况

本次快递服务时限准时率测试范围覆盖50个城市，包括全部省会城市、直辖市以及快递业务量较大的部分城市，具体包括：北京、天津、石家庄、太原、沈阳、大连、哈尔滨、上海、南京、苏州、杭州、合肥、福州、厦门、南昌、济南、青岛、郑州、武汉、长沙、广州、深圳、重庆、成都、昆明、西安、兰州、乌鲁木齐、宁波、呼和浩特、长春、南宁、海口、贵阳、拉萨、西宁、银川、珠海、汕头、无锡、常州、扬州、徐州、金华、绍兴、温州、泉州、东莞、佛山和中山。测试对象为2013年国内快递业务总量排名前10且服务水平较好的品牌，包括：邮政EMS、圆通速递、申通快递、顺丰速运、韵达快递、中通快递、百世汇通、天天快递、宅急送快运和优速快递。测试方式为系统抽样测试和实际寄递测试：其中，系统抽样测试获得有效样本60万件，实际寄递测试获得有效样本5580件。

二、测试结果

1.2014年下半年快递服务全程时限（以下简称“全程时限”）的均值为59.41小时，比上半年延长1.83小时。10家品牌企业在“全程时限”指标中的表现依次为：顺丰速运、邮政EMS、圆通速递、中通快递、申通快递、宅急送快运、韵达快递、百世汇通、天天快递和优速快递。

2014年下半年“国内异地快递服务时限72小时准时率”（以下简称“72小时准时率”）的均值为72.01%，比上半年下降3.41个百分点。10家品牌企业在“72小时准时率”指标中的表现依次为：顺丰速运、邮政EMS、中通快递、圆通速递、宅急送快运、申通快递、韵达快递、百世汇通、天天快递和优速快递。

按不同寄送距离观测，与上半年相比，寄送距离在2000公里以下（业务量占比超过2/3）的快件全程时限有所缩短，寄送距离在3000公里以内（业务量占比接近90%）的快件的72小时准时率得到改善。

2. 分环节时限

测试数据显示，寄出地处理环节平均时限为11.51小时，运输环节平均时限为35.16小时，寄达地处理环节平均时限为9.82小时，投递环节平均时限为2.92小时。

表1　　品牌企业分环节时限排名

	寄出地处理环节	运输环节	寄达地处理环节	投递环节
顺丰速运	1	1	1	2
邮政EMS	2	2	3	1
圆通速递	3	3	7	8
中通快递	6	4	6	4
申通快递	5	6	2	10
宅急送快运	4	5	8	3
韵达快递	7	7	4	5
百世汇通	8	10	5	7
天天快递	9	8	10	6
优速快递	10	9	9	9

3. 不同寄送距离时限

测试数据显示，1000公里以下平均时限为42.85小时，1000～2000公里平均时限为59.42小时，2000～3000公里平均时限为72.17小时，3000公里以上平均时限为79.07小时。

表2　　品牌企业分里程时限排名

	1000公里以下	1000～2000公里	2000～3000公里	3000公里以上
顺丰速运	1	1	2	2
邮政EMS	2	2	1	1
圆通速递	4	4	3	3

续 表

	1000公里以下	1000～2000公里	2000～3000公里	3000公里以上
中通快递	3	3	4	5
申通快递	5	5	5	7
宅急送快运	6	7	7	4
韵达快递	7	6	6	6
百世汇通	8	8	8	8
天天快递	9	9	9	9
优速快递	10	10	10	10

4. 分区域时限（以寄达地划分区域，分析寄往该区域内快件的全程时限水平）

全程时限方面，东部平均时限为 54.25 小时，中部平均时限为 60.27 小时，西部平均时限为 72.61 小时；72 小时准时率方面，东部、中部、西部分别为 77.41％、70.82％和 52.32％。

十五　消费者申诉

078

国家邮政局关于印发《邮政业消费者申诉处理办法》的通知

各省、自治区、直辖市邮政管理局：

现将修订后的《邮政业消费者申诉处理办法》印发给你们，请认真遵照执行。

国家邮政局

二〇一四年八月二十七日

邮政业消费者申诉处理办法

国家邮政局

2014 年 8 月 27 日

第一章　总则

第一条　为了维护邮政业消费者的合法权益，依法公正处理消费者申诉，促进邮政业服务质量提高，根据《中华人民共和国邮政法》等有关法律、法规，制定本办法。

第二条　消费者按照《中华人民共和国邮政法》第六十五条的规定对邮政企业和快递企业服务质量提出申诉，以及邮政业消费者申诉中心对申诉进行处理，适用本办法。

第三条　申诉处理应当以事实为依据，以法律为准绳，坚持合法、公正、合理的原则。

第四条　邮政业消费者申诉中心对消费者的申诉实行调解制度。

第五条　邮政业消费者申诉中心及其人员对履职过程中知悉的国家秘密、商业秘密负有保密义务。

第二章　受理

第六条　邮政业消费者申诉专用电话为“12305”（省会区号－12305）。消费者可以通过电话或者登录国家邮政局和各省、自治区、直辖市邮政管理局网站申诉，也可以采用微信、书信或者传真形式申诉。

消费者向市（地）邮政管理局提出申诉的方式，由各省、自治区、直辖市邮政管理局根据实际情况确定。

第七条 在受理消费者申诉的工作时间，邮政业消费者申诉中心应当有专人值守“12305”申诉电话，保证消费者申诉渠道畅通。

各级邮政管理部门应当在本单位门户网站公示受理消费者申诉的工作时间。如“12305”申诉电话因故暂停，还应当公示暂停原因、暂停时间和应急措施。

第八条 消费者申诉受理范围：

（一）邮政企业经营的邮政业务服务质量问题，具体包括：邮件（信件、包裹、印刷品）寄递，报刊订阅、零售、投递，邮政汇兑，集邮票品预订、销售，其他依托邮政网络办理的业务（不包括邮政储蓄）；

（二）经营快递业务企业的快递业务服务质量问题。

第九条 消费者申诉应当符合下列条件：

（一）申诉事项属于本办法第八条规定的消费者申诉受理范围；

（二）申诉人是与申诉事件有直接利害关系的当事人（寄件人或者收件人以及寄件人、收件人的委托人）；

（三）有明确的被申诉人和具体的事实根据；

（四）申诉事项向邮政企业、快递企业投诉后 7 日内未得到答复或者对企业处理和答复不满意，或者邮政企业、快递企业投诉渠道不畅通，投诉无人受理；

（五）未就同一事项向邮政管理部门进行过申诉，或者已申诉过的事项有新增内容；

（六）申诉事项发生于与邮政企业、快递企业产生服务争议或者交寄邮件、快件之日起一年之内；

（七）申诉事项未经人民法院、仲裁机构受理或者处理。

第十条 邮政业消费者申诉中心应当及时受理消费者申诉。消费者采取电话方式申诉，应当及时接听，并告知申诉人处理流程与时限。消费者采取网上、书信、传真形式申诉，应当于两个工作日内处理。

对于不符合申诉条件的申诉，应当告知申诉人不予受理的理由。对于符合申诉条件的申诉，受理后应当及时将申诉内容转被申诉企业或者相关部门处理。网上受理的申诉，转办同时回复申诉人申诉受理情况及处理时限。以书信、传真等形式受理的申诉，于七个工作日内告知申诉人受理情况。

第十一条 国家邮政局邮政业消费者申诉中心受理的申诉按照属地管理的原则转给相关省、自治区、直辖市邮政管理局邮政业消费者申诉中心办理。

第十二条 邮政业消费者申诉中心应当将消费者的举报、表扬、批评、建议等相关问题于两个工作日内转给相关部门处理。

第三章　处理

第十三条　邮政业消费者申诉中心处理消费者申诉的主要依据包括：

（一）《中华人民共和国邮政法》《中华人民共和国合同法》《中华人民共和国消费者权益保护法》等有关邮政业的法律、法规、规章；

（二）邮政业国家标准、行业标准；

（三）邮政管理部门规范性文件；

（四）消费者与企业签订的书面合同（邮件详情单、快递运单）；

（五）企业对外公布的有关承诺。

第十四条　被申诉企业收到邮政业消费者申诉中心转办的申诉后应当按照以下情形妥善处理：

（一）对确认企业负有责任的申诉，应当依法赔偿消费者损失或者向消费者致歉；

（二）企业在处理收件人申诉中涉及赔偿问题应当赔偿寄件人的，由企业负责联系寄件人按规定理赔；

（三）对确认企业无责的申诉，应当将企业无责理由与申诉人沟通并解释；

（四）企业内部以及企业之间责任划分，由企业自行处理，不得相互推诿，不能影响消费者诉求的解决。

第十五条　被申诉企业应当按照如下要求，自收到转办申诉之日起十五日内向转办申诉的邮政业消费者申诉中心答复处理结果：

（一）答复内容应当包括调查结果、企业责任，与申诉人达成的处理意见、赔偿金额或者解释与道歉情况以及申诉人对处理意见是否满意等；

（二）经调查，认为对于申诉内容无需承担责任的，应当在答复时说明详细情况和无责理由，并提供运单底单、通话录音、视频等相关证据；

（三）消费者在同一申诉中提出多项诉求的，企业应当逐一答复处理情况；

（四）消费者申诉内容涉及企业新开办业务的，企业应当提供新开办业务的法律依据或者完整处理规则。

企业未按照申诉内容正面答复，或者未按规定提供无责证据的，视为企业同意申诉内容；企业未逐一答复消费者提出的多项诉求处理情况的，对企业未答复部分视为企业同意申诉内容。

企业收到转办申诉十五日内尚未处理完毕的，应当于到期日前一天向转办申诉的邮政业消费者申诉中心答复处理进展情况、与申诉人协商结果等。延期答复的，应当在到期日后五日内答复处理结果。

第十六条　全国网络型企业应当建立内部协调处理机制，当地企业不能确定责任单位的申诉，由当地企业转企业总部或者相关地区企业处理，企业内部处理完毕后，由首次接到转办申诉的企业将处理结果答复邮政业消费者申诉中心。

第十七条 邮政业消费者申诉中心收到企业对申诉处理结果的答复后，应当于三个工作日内回访消费者，核实企业处理情况并征询消费者对申诉处理是否满意。

第十八条 邮政业消费者申诉中心回访申诉人时，如申诉人提出新的申诉内容，作为新的申诉转企业处理。

第十九条 邮政业消费者申诉中心回访消费者后，符合下列条件的，可以作结案处理：

（一）企业的处理符合双方当事人的约定或者相关规定；

（二）企业的答复与回访消费者实际处理情况相符；

（三）企业责任单位明确。

回访消费者，初次联系无果的，应当隔四个小时后再次联系，仍无法联系的可作结案处理。

第二十条 邮政业消费者申诉中心回访消费者或者经过调查，有下列情形之一的，应当要求企业重新处理并于五日内重新答复处理结果：

（一）企业的处理不符合双方当事人的约定或者相关规定；

（二）消费者反映企业实际处理情况与企业答复不符；

（三）企业未确定责任单位或者相互推诿。

第二十一条 邮政业消费者申诉中心收到企业再次答复后应当再次回访消费者核实情况后结案。

第二十二条 同一申诉，转办企业处理三次后仍不符合结案条件则不再转办，邮政业消费者申诉中心根据申诉内容作结案处理。

第二十三条 邮政业消费者申诉中心应当自接到消费者申诉之日起三十日内向消费者作出答复。

第二十四条 企业对邮政业消费者申诉中心的申诉处理结果有异议时，应当于申诉结案之日起五日内向转办申诉的邮政业消费者申诉中心提出，如企业未在规定时间内提出视为企业无异议。

第四章 调查

第二十五条 邮政业消费者申诉中心在处理申诉过程中可以向申诉人、被申诉人了解情况。经当事人同意，可以召集有关当事人进行调查。

第二十六条 调查人员可行使下列权利：

（一）向当事人和有关人员询问申诉情况；

（二）要求有关单位和个人提供相关材料和证明；

（三）查阅、复制与申诉内容有关的材料等。

第二十七条　调查时，调查人员不得少于两人，应当出示有效证件和有关证明，并制作调查笔录。

第二十八条　被调查人员应当如实回答调查人员的询问，必要时提供相关证据。

第二十九条　需要对有关邮（快）件、物品进行检测或者鉴定的，被申诉企业应当予以配合。

第三十条　调查人员依法公正地行使调查权，不得与申诉人、被申诉人及其他相关人员发生直接或者间接利益关系。

第五章　调解

第三十一条　满足下列情形的，邮政业消费者申诉中心可以组织双方当事人进行调解：

（一）申诉事项属于本办法第八条规定的消费者申诉受理范围；

（二）申诉人与被申诉人已经就申诉事项进行协商，但未能和解的；

（三）申诉人与被申诉人同意由邮政业消费者申诉中心进行调解的。

第三十二条　邮政业消费者申诉中心就当事人所争议的事项进行调解，以电话或者网上调解为主。

第三十三条　邮政业消费者申诉中心调解无效的或者消费者对调解结果不满意的，争议双方可依法通过提起诉讼或者申请仲裁等方式解决纠纷。

第六章　监督管理

第三十四条　国家邮政局和各省、自治区、直辖市邮政管理局应当定期向社会通告邮政业消费者申诉情况。

第三十五条　邮政业消费者申诉中心应当督办企业及时妥善处理申诉。对于发生虚假答复、拒不按规定处理、逾期处理等问题的企业，邮政管理部门应当依法予以处罚。

第三十六条　根据消费者申诉情况，对存在下列情形的企业，邮政管理部门应当约谈相关企业负责人，责令企业限期整改并提交整改报告：

（一）持续三个月百万件快件有效申诉三十件以上且排名前三的；

（二）百万件快件有效申诉数量环比增加十件以上的；

（三）消费者对企业申诉处理结果满意率持续较低的；

（四）同一申诉邮政管理部门转办企业处理三次后仍不符合结案条件较多的；

（五）侵害消费者合法权益问题较多的；

（六）其他需要约谈的情形。

第三十七条 申诉事项反映企业有严重侵害消费者利益等违法行为，或者在申诉受理中发现的消费者申诉数量骤增等市场异常现象的，邮政业消费者申诉中心应当及时报告本级邮政管理部门相关内设监管机构。

第七章 附则

第三十八条 本办法自 2014 年 9 月 1 日起施行。国家邮政局 2011 年 6 月 24 日发布的《邮政业消费者申诉处理办法》（国邮发〔2011〕116 号）同时废止。

079

国家邮政局关于2015年1月邮政业消费者申诉情况的通告

国家邮政局

2015年2月15日

一、总体情况

2015年1月，国家邮政局和各省（区、市）邮政管理局通过“12305”邮政行业消费者申诉电话和申诉网站共受理消费者申诉73849件。申诉中涉及邮政服务问题的2793件，占总申诉量的3.8%；涉及快递业务问题的71056件，占总申诉量的96.2%。已处理申诉中有效申诉（确定企业责任的）27679件，同比下降4.5%。有效申诉中涉及邮政服务问题的572件，占有效申诉量的2.1%；涉及快递业务问题的27107件，占有效申诉量的97.9%。经调解消费者申诉已全部妥善处理，为消费者挽回经济损失331.1万元，消费者对邮政管理部门申诉处理工作满意率为95.4%，对企业申诉处理结果满意率为93.2%。

表1　2015年1月消费者对主要企业申诉处理结果满意率统计表

序号	企业名称	申诉处理结果满意率（%）
1	圆通速递	96.1
2	中通速递	95.1
3	速尔	95.0
4	百世汇通	94.6
5	中国邮政	94.3
6	宅急送	94.3
7	国通	94.0
8	邮政快递（EMS）	93.9
9	优速	93.9
10	韵达快运	93.4
11	申通快递	92.2
12	如风达	91.9

续 表

序号	企业名称	申诉处理结果满意率（%）
13	快捷速递	91.5
14	天天	90.7
15	DHL	90.5
16	顺丰速运	89.8
17	京东	88.6
18	全峰快递	84.0
	全国平均	93.2

2015 年 1 月，企业对邮政管理部门转办的申诉未能按规定时限回复的有 75 件，同比增加 12 件。

表 2　**2015 年 1 月企业对邮政管理部门转办的申诉未能按规定时限回复统计表**

企业名称	北京	河北	上海	江苏	浙江	江西	山东	湖北	湖南	广东	广西	海南	重庆	贵州	云南	陕西	甘肃	宁夏	新疆	合计
韵达快运			1		1				2					24				3		31
中通速递		1	3	2	3		3						1		2	1				16
中国邮政												1		2			2			5
快捷速递	4		1																	5
申通快递																			3	3
国通						1		1					1							3
佳吉快运										2	1									3
百世汇通										1								1		2
优速									1											1
其他										5					1					6
合计	4	1	5	2	4	1	3	1	3	8	1	1	2	26	3	1	2	4	3	75

二、邮政服务申诉情况

2015年1月，受理消费者关于邮政服务问题的有效申诉572件，环比下降33.5%，同比下降5.9%。

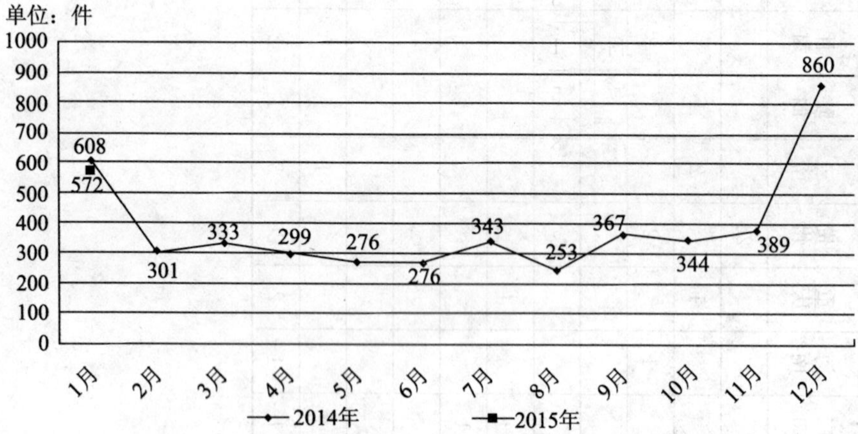

图1　2015年1月与2014年各月邮政有效申诉数量图

表3　　2015年1月消费者申诉的邮政服务主要问题及所占比例统计表

<table>
<tr><th>序号</th><th colspan="3">申诉问题</th><th>申诉件数</th><th>占比例（%）</th><th>环比增长（%）</th><th>同比增长（%）</th></tr>
<tr><td rowspan="5">1</td><td rowspan="5">投递服务</td><td>函件</td><td>249</td><td rowspan="5">306</td><td rowspan="5">53.5</td><td rowspan="5">−26.3</td><td rowspan="5">31.9</td></tr>
<tr><td>包件</td><td>46</td></tr>
<tr><td>报刊</td><td>7</td></tr>
<tr><td>集邮</td><td>1</td></tr>
<tr><td>其他</td><td>3</td></tr>
<tr><td rowspan="5">2</td><td rowspan="5">邮件丢失短少</td><td>函件</td><td>63</td><td rowspan="5">106</td><td rowspan="5">18.5</td><td rowspan="5">−21.5</td><td rowspan="5">1.9</td></tr>
<tr><td>包件</td><td>37</td></tr>
<tr><td>集邮</td><td>1</td></tr>
<tr><td>报刊</td><td>1</td></tr>
<tr><td>其他</td><td>4</td></tr>
<tr><td rowspan="3">3</td><td rowspan="3">邮件延误</td><td>函件</td><td>60</td><td rowspan="3">92</td><td rowspan="3">16.1</td><td rowspan="3">−60.3</td><td rowspan="3">−52.6</td></tr>
<tr><td>包件</td><td>30</td></tr>
<tr><td>报刊</td><td>2</td></tr>
</table>

续　表

序号	申诉问题		申诉件数		占比例（%）	环比增长（%）	同比增长（%）
4	收寄服务	函件	15	36	6.3	16.1	−5.3
		包件	12				
		集邮	3				
		报刊	1				
		其他	5				
5	邮件损毁	函件	8	14	2.4	−39.1	−12.5
		包件	4				
		其他	2				
6	违规收费	包件	4		0.7	−71.4	−82.6
7	其他		14		2.4	40.0	1300.0
合计	—		572		100.0	−33.5	−5.9

单位：件

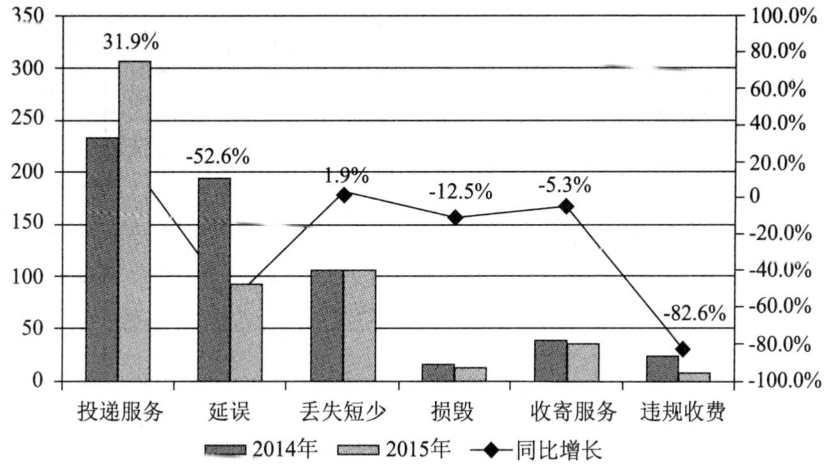

图 2　2015 年 1 月邮政业务申诉问题同比增长图

三、快递业务申诉情况

（一）消费者申诉的主要问题

2015 年 1 月，受理消费者关于快递业务的有效申诉 27107 件，环比下降 40.3%，同比下降 4.4%。

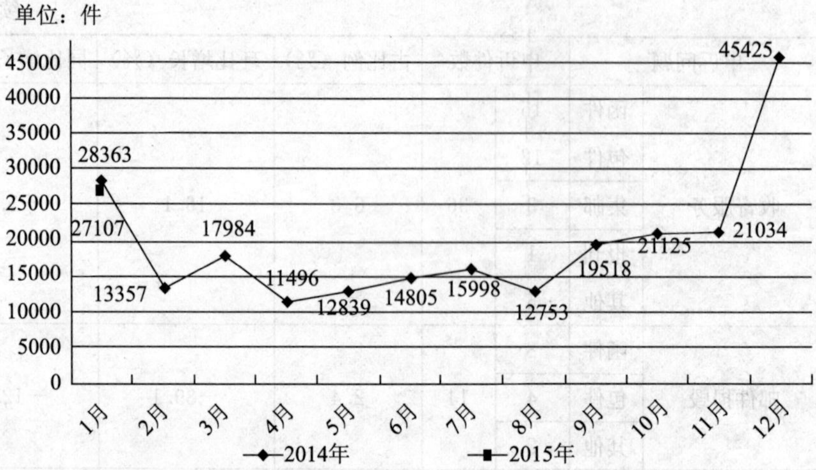

图 3　2015 年 1 月与 2014 年各月快递有效申诉数量图

表 4　　2015 年 1 月消费者申诉快递业务的主要问题及所占比例统计表

序号	申诉问题	申诉件数	占比例（%）	环比增长（%）	同比增长（%）
1	投递服务	9960	36.7	－33.7	38.8
2	快件丢失短少	7249	26.7	－16.2	39.3
3	快件延误	6685	24.7	－63.0	－50.2
4	快件损毁	1819	6.7	－14.8	42.1
5	收寄服务	835	3.1	－21.1	22.6
6	代收货款	245	0.9	118.8	－10.3
7	违规收费	192	0.7	－4.9	25.5
8	其他问题	122	0.4	－6.9	－32.2
合计	—	27107	100	－40.3	－4.4

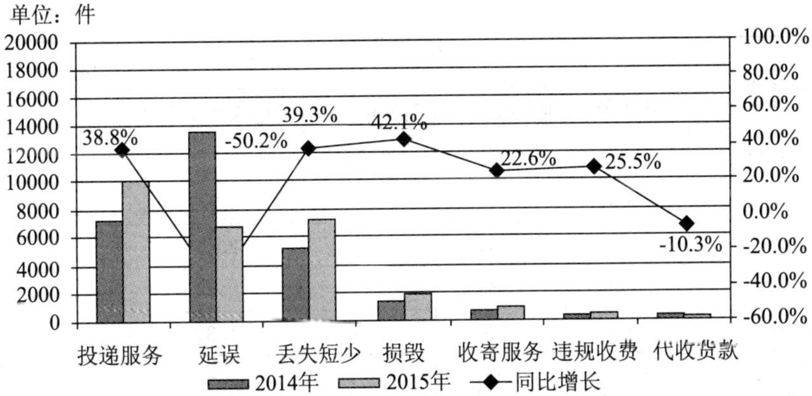

图 4　2015 年 1 月快递业务申诉问题同比增长图

（二）消费者对快递企业申诉情况

2015 年 1 月，消费者对 41 家快递企业进行了有效申诉，全国快递业务平均百万件快件有效申诉 18.8 件，环比减少 9 件，同比减少 13.1 件。

表 5　　2015 年 1 月主要快递企业申诉率表

单位：件有效申诉/百万件快件

企业名称	2015 年 1 月申诉率	其中			2014 年 1 月申诉率	同比
		延误申诉率	丢失申诉率	投递服务申诉率		
全峰快递	70.75	8.01	15.24	32.25	224.5	↓
申通快递	50.77	10.66	15.92	18.50	35.7	↑
韵达快运	31.42	9.52	9.16	9.63	75.6	↓
优速	29.95	8.76	5.41	10.68	26.2	↑
天天	25.04	5.90	5.95	10.78	67.5	↓
国通	21.06	6.47	4.76	7.92	32.7	↓
速尔	20.85	3.44	4.53	7.80	52.8	↓
百世汇通	18.55	6.05	4.40	6.36	31.8	↓
快捷速递	16.59	2.96	4.71	7.13	104.2	↓
宅急送	14.20	4.28	2.96	5.06	56.6	↓
圆通速递	13.29	3.51	3.31	5.27	32.0	↓
如风达	13.26	4.66	1.08	6.81	22.1	↓
中通速递	13.13	2.14	4.10	5.13	33.5	↓
邮政快递（EMS）	10.11	3.50	1.76	3.80	22.2	↓

续 表

企业名称	2015年1月申诉率	其中			2014年1月申诉率	同比
		延误申诉率	丢失申诉率	投递服务申诉率		
全一快递	7.37	1.73	2.60	1.73	4.9	↑
TNT	4.86	—	—	4.86	12.9	↓
UPS	4.18	0.84	—	2.51	7.6	↓
FedEx	2.52	0.84	—	0.84	2.5	↑
DHL	2.05	0.34	—	1.37	2.0	↑
港中能达	2.00	1.00	—	—	118.0	↓
世纪卓越	1.97	—	—	1.97	—	—
顺丰速运	1.53	0.28	0.20	0.62	5.7	↓
京东	0.51	0.07	0.09	0.31	0.7	↓
苏宁易购	0.25	0.12	0.12	—	37.2	↓

080

部分快递企业投诉联系方式

投诉电话：11183

网址：http：//www. ems. com. cn

投诉电话：4008－111－111

网址：http：//www. sf—express. com

投诉电话：4008－895－543

网址：http：//www. sto. cn

投诉电话：95554

网址：http：//www. yto. net. cn

投诉电话：4008－216－789

网址：http：//www. yundaex. com

投诉电话：400 - 9565 - 656
网址：http：//www. 800bestex. com

投诉电话：4008 - 270 - 270
网址：http：//www. zto. cn

投诉电话：4001 - 888 - 888
网址：http：//www. ttkdex. com

投诉电话：11185
网址：http：//www. chinapost. com. cn

投诉电话：4001 - 111 - 123
网址：http：//www. gto365. com

投诉电话：400 - 100 - 0001
网址：http：//www. qfkd. com. cn

宅急送 ZJS EXPRESS

投诉电话：400－678－9000

网址：http：//www. zjs. com. cn

十六 技能培训

081

关于印发《邮政行业职业技能鉴定专家委员会管理办法（暂行）》的通知

国邮办发〔2012〕24号

各省、自治区、直辖市邮政局：

为推动邮政行业高技能人才队伍建设，进一步加强职业技能鉴定工作，更好地鼓励行业专家致力于职业技能鉴定理论和技术咨询服务，结合邮政行业实际，制定《邮政行业职业技能鉴定专家委员会管理办法（暂行）》，现印发给你们，请参照执行。

国家邮政局办公室

二〇一二年八月三日

邮政行业职业技能鉴定专家委员会管理办法（暂行）

国家邮政局办公室

2012年8月3日

第一条 为适应邮政行业高技能人才培养和职能（工种）技能鉴定工作发展需要，促进标准、教材、命题、考核和培训等工作的开展，更好地提供职业（工种）技能鉴定、职业培训的指导、咨询和服务，根据工作需要组织建立邮政行业职业技能鉴定专家委员会。

第二条 专家委员会负责职业（工种）技能鉴定的专业指导与技术咨询，主要工作职责如下：

（一）参与邮政行业国家职业技能标准、规范、教材、题库的开发等相关工作。

（二）开展职业（工种）技能鉴定考试、高技能人才考评技术与方法的研究和实验。

（三）提供职业（工种）技能鉴定考评技术指导、咨询、支持与服务。

（四）为职业（工种）技能鉴定师资培训和考评员培训提供支持。

（五）开展学术理论研究、交流和宣传活动。

（六）承担邮政行业职业技能竞赛的技术工作。

（七）承办国家邮政局交办的其他工作等。

第三条　专家委员会是非常设工作机构，下设办公室承担专家委员会的日常事务性工作。

第四条　专家委员会主任由国家邮政局分管局领导担任，办公室设在国家邮政局职业技能鉴定指导中心（以下简称国家局职鉴中心）。

第五条　专家委员会成员由邮政管理部门、邮政行业各级鉴定机构、行业组织、相关院校以及企事业单位推荐。推荐人选需填写《邮政行业职业技能鉴定专家委员会专家推荐表》（见附表略），并经所在单位审核盖章后报国家局职鉴中心审批。

第六条　专家应具备以下资格条件：

（一）大专及以上文化程度，并具有本职业（专业）高级专业技术职务或技师以上职业资格。

（二）长期从事本职业（专业）工作，熟悉职业（工种）技能鉴定的有关政策、理论和考评技术，具有相应专业丰富的理论及实践经验，并在本职业（专业）领域有较大影响。

（三）具有良好的职业道德，一定的表达能力和工作协调能力。

第七条　专家委员会管理实行聘任制，专家聘任有效期为 3 年，可以连续聘任。

第八条　专家委员会应当根据工作需要适时进行人员调整，以保持专家委员会机构的权威性、广泛性和公正性。

第九条　专家委员会应根据工作需要，经常组织研讨活动，分析本行业发展动态，开展技术研究，并将活动情况进行总结，书面报送给专家委员会办公室。

第十条　国家局职鉴中心与专家委员会应建立定期联系沟通机制，充分利用专家资源，发挥技术优势，满足业务工作开展的需要。

第十一条　专家委员会的活动经费由国家局职鉴中心和有关支持单位共同筹措，主要用于制定标准、开发教材和题库、理论研讨、经验交流、日常管理等费用。

第十二条　以专家委员会名义宣传和发布涉及本行业职业技能鉴定业务需经国家局职鉴中心审定。

第十三条　专家委员会应积极开展工作，在聘期内违反本办法及相关规定的个人，将取消其专家资格，不再聘任。

第十四条　本管理办法自发布之日起施行。

082

关于印发快递业务员国家职业标准的通知

人社厅发〔2008〕63号

各省、自治区、直辖市人事、劳动和社会保障厅（局）、邮政管理局，国务院有关部门劳动保障工作机构：

根据《中华人民共和国劳动法》，人力资源和社会保障部、国家邮政局共同制定了快递业务员国家职业标准，现印发施行。

附件：国家职业标准目录（略）

职业编码	职业（工种）名称	备注
3-03-01-12	快递业务员	原名“速递业务员”

人力资源和社会保障部办公厅

国家邮政局综合司

二〇〇八年八月十一日

083

关于印发快递业务师职业技能鉴定考评工作实施办法（试行）的通知

国邮职鉴〔2014〕9号

各省、自治区、直辖市邮政行业职业技能鉴定（指导）中心：

为贯彻落实国家关于进一步加强高技能人才建设工作的战略部署，推行邮政行业国家职业资格证书制度，做好快递业务师职业技能鉴定考评工作，根据快递业务员国家职业技能标准要求，国家邮政局职业技能鉴定指导中心制定了《快递业务师职业技能鉴定考评工作实施办法》（试行），现印发给你们，请认真组织实施，执行中如有问题，请及时反馈。

附件：

1. 快递业务师考评申报表（略）
2. 快递业务师工作业绩评定表（略）
3. 快递业务师鉴定考评申报材料目录（略）

国家邮政局职业技能鉴定指导中心

二〇一四年五月二十八日

快递业务师职业技能鉴定考评工作实施办法（试行）

国家邮政局职业技能鉴定指导中心

2014年5月28日

第一章　总则

第一条　为贯彻落实《国务院关于加强职业培训促进就业的意见》（国发〔2010〕36号）和《高技能人才队伍建设中长期规划（2010－2020年）》，提高劳动者技能水平，加快高技能人才队伍建设，结合快递企业实际，制定本办法。

第二条　快递业务师职业技能鉴定考评工作遵循客观公正、科学规范、统一标准、自主申报、行业考核、企业聘任的原则，对具备高级技能快递业务员职业资格或同等资格的人员进行考核和职业资格认证。

第三条 快递业务师职业技能鉴定要以职业能力为导向，以工作业绩为重点，注重对劳动者职业道德、职业知识水平和技能进行综合考核和评价。企业应充分发挥高技能人才的作用，完善高技能人才培训、考核、使用与待遇相结合的激励机制，为高技能人才成长和发挥作用创造条件。

第二章 组织管理

第四条 国家邮政局职业技能鉴定指导中心（以下简称“国家局职鉴中心”）负责全国快递业务师考评工作的管理和指导，包括负责审核各省快递业务师资格评审委员会；负责建设和管理快递业务师国家职业技能鉴定试题库，拟定理论和技能操作考核试题和评分标准；负责快递业务师职业资格证书的核发和管理。

第五条 各省（区、市）邮政行业职业技能鉴定（指导）中心（以下简称“省中心”）负责组织本地区快递业务师鉴定考评工作，包括组建由相关专家和高级考评员组成的快递业务师资格评审委员会，评审委员会人数为不少于5人的单数；负责对申报快递业务师人员的申报资格进行审查和综合评定。

第六条 邮政行业特有工种职业技能鉴定站（以下简称“鉴定站”）在省中心的指导下负责鉴定考核等具体工作。

第三章 申报条件

第七条 申报快递业务师应具备以下基本条件：

1. 热爱本职工作，具有良好的职业道德，无不良从业记录。

2. 具有本职业较高的专业技术理论水平和实际操作技能，有较强的分析、判断、解决疑难问题、突发事件的能力，在传授技艺、推广和应用新技术等方面成绩突出，能出色完成本职工作。

第八条 申报快递业务师除具备以上基本条件外，还要符合下列条件之一：

1. 取得本职业高级技能快递业务员职业资格证书后，连续从事本职业工作3年以上，经本职业快递业务师正规培训达规定标准学时数，并取得结业证书。

2. 取得本职业高级技能快递业务员职业资格证书后，连续从事本职业工作4年以上。

3. 取得本职业高级技能快递业务员职业资格证书的高级技工学校、技师学院和高职院校本专业毕业生，连续从事本职业工作3年以上；取得预备技师证书的技师学院毕业生连续从事本职业工作2年以上。

4. 在高级技工学校、技师学院和高职院校等从事与本职业相关专业教学工作的人员，具备中级及以上相关专业技术职称。

5. 连续从事本职业中层管理工作6年以上，具备中级及以上相关专业技术职称或同等级别的国家职业资格。

第九条　下列人员在符合基本申报条件的基础上，可直接取得快递业务师资格：

在国家一类职业技能竞赛中取得邮政行业特有职业前 15 名者、国家二类竞赛中取得前 12 名者；在省级一类职业技能竞赛中取得邮政行业特有职业前 3 名者，在省级二类竞赛中取得前 2 名者，可不受上述条件限制，直接取得快递业务师资格。

第四章　考评内容与方式

第十条　依据快递业务员国家职业技能标准，快递业务师考评由理论知识考试、技能操作考核和综合评审三部分组成。

第十一条　理论知识考试和技能操作考核在省中心的指导下由鉴定站组织实施，综合评审由快递业务师资格评审委员会具体负责。

1. 理论知识考试和技能操作考核试题均从国家职业技能鉴定试题库邮政行业分库中提取，理论知识考试采取笔试方式，满分 100 分，成绩 60 分为合格。

2. 技能操作考核采用实际操作、口试、笔试相结合的方式，必须由具备高级考评员资格或相当于中级职称以上的人员进行考评。重点考核现场分析、判断、处理问题的能力及传授技艺的能力，满分 100 分，成绩 60 分为合格。

3. 理论知识考试、技能操作考核任一项考试不合格者，不能参加综合评审。单科考试合格成绩两年内有效。

第十二条　综合评审主要结合理论知识考试、技能操作考核、工作业绩评定三部分进行。

工作业绩评定由申报人员所在单位根据申报者的日常工作表现进行。

第五章　鉴定考评程序

第十三条　快递业务师职业技能鉴定考评一般每年进行一次。具体程序如下：

（一）国家局职鉴中心发布快递业务师鉴定考评工作计划。

（二）省中心发布本地区快递业务师鉴定考评工作通知并组织报名，受理申报材料，组织进行资格审查。

申报人员须提供下列材料：

1.《快递业务师鉴定考评申报表》（见附件 1）；

2. 本人获得的与生产技能相关荣誉的证明材料（原件及复印件）。

（三）鉴定站组织开展鉴定考试、考核，汇总成绩。

（四）省中心组织申报人员所在单位按要求对申报人进行工作业绩评定，主要包括职业道德、安全生产和工作业绩等内容（见附件 2），提出推荐意见。

（五）省中心组织快递业务师资格评审委员会进行综合评审。评审委员会结合快递业务师申报材料目录（见附件3）对申报人的工作业绩、成果逐一评议、表决，并形成书面评价意见。评审结果采取评审专家无记名投票表决，同意通过票数达到出席会议的评委总数三分之二及以上视为通过。

（六）快递业务师综合评审合格的人员，由各省中心进行公示，公示期为5天。公示期满无异议的，报国家局职鉴中心审核，核发相应职业资格证书。

第六章　考评纪律

第十四条　快递业务师考评工作实行回避制度。实施考评人员及考评机构工作人员与申报人有亲属关系、同单位等，须在考核、评审的全过程回避。

第十五条　考评工作要规范管理，严格执行考评纪律，切实做好申报审核、命题、试卷管理、考场组织、综合评审、证书管理等各个环节的组织管理和保密工作，对造成不良影响的行为，要追究相关人员及主要负责人的责任。

第十六条　快递业务师资格评审委员会应加强管理，对于利用职务之便营私舞弊、泄露评审情况、干扰评审工作的人员，要进行通报批评，情节严重的取消其评审工作资格。

第十七条　申报人有下列情形之一的，取消其考评资格或收回其职业资格证书，并在两年内不得参加快递业务师资格考评：

1. 伪造、涂改证件、证明；
2. 提交虚假申报材料；
3. 剽窃他人成果；
4. 其他严重违反考试和评审规定的行为。

第七章　附则

第十八条　本实施办法未尽事宜，按国家有关规定执行。

第十九条　本实施办法由国家邮政局职业技能鉴定指导中心负责解释。

第二十条　本实施办法自发布之日起施行。

084

关于印发《邮政行业职业资格证书管理办法（试行）》的通知

国邮职鉴〔2013〕15号

各省、自治区、直辖市邮政行业职业技能鉴定（指导）中心：

为加强和规范邮政行业职业资格证书管理，推进邮政行业国家职业资格证书制度，根据人力资源和社会保障部的总体要求，结合邮政行业职业技能鉴定工作实际，国家邮政局职业技能鉴定指导中心研究制定了《邮政行业职业资格证书管理办法（试行）》。请各省（区、市）职业技能鉴定工作机构遵照执行，执行中如有问题，请及时反馈。

国家邮政局职业技能鉴定指导中心

二〇一三年十二月三十日

邮政行业职业资格证书管理办法（试行）

国家邮政局职业技能鉴定指导中心

2013年12月30日

第一章　总则

第一条　为加强和规范邮政行业职业资格证书管理，推进邮政行业国家职业资格证书制度，根据《关于颁发〈职业资格证书规定〉的通知》（劳部发〔1994〕98号）、《关于行业部门核发职业资格证书有关问题的通知》（劳社培就司函〔2003〕92号）和《关于职业资格证书改版及核发管理工作有关问题的通知》（人社厅发〔2009〕137号）要求，制定本办法。

第二条　职业资格证书是国家对申请人专业（工种）学识、技术、能力的认可，是求职、任职、独立开业和单位录用的主要依据。

本办法所称职业资格证书是邮政行业从业人员职业技能水平的凭证，是表明从业人员具有从事某一职业所必备的学识和技能的证明。证书由人力资源和社会保障部统一印制、行业主管部门核发并在全国通用。

第三条　职业资格证书共分为五个等级，即职业资格五级（初级技能）、职业资格四级（中级技能）、职业资格三级（高级技能）、职业资格二级（技师/业务师）、职业资格一级（高级技师/高级业务师）。

第四条 国家邮政局职业技能鉴定指导中心负责管理邮政行业职业资格证书的申领、编码、组织打印、统计和发放等工作。

第二章 证书申领

第五条 邮政行业从业人员可通过参加邮政行业职业技能鉴定机构组织的职业技能鉴定、职业技能竞赛等方式申请获得职业资格证书。

第六条 参加职业技能鉴定理论知识考试和操作技能考核均合格者，可获得相应等级的职业资格证书。

第七条 证书申领程序：

（一）国家邮政局职业技能鉴定指导中心按照人力资源和社会保障部要求定期申领空白证书。

（二）省级职业技能鉴定（指导）中心按年度申领空白证书，每年 1 月 31 日前，向国家邮政局职业技能鉴定指导中心提出上一年度空白证书申领计划，并按规定填写邮政行业职业资格证书申领表（附件 1），申领的空白证书数量不得超过考试合格人数的 102%。

（三）国家邮政局职业技能鉴定指导中心根据各省申领计划统筹安排核发空白证书。

（四）各省清点空白证书数量并将空白证书接收回执单（附件 2）加盖公章后交回国家邮政局职业技能鉴定指导中心。

第三章 证书制作与核发

第八条 省级职业技能鉴定（指导）中心负责打印制作、发放本地区职业资格证书。

第九条 审核鉴定结果。

（一）鉴定站按照国家邮政局职业技能鉴定指导中心统一要求向省级职业技能鉴定（指导）中心上报鉴定结果。

（二）省级职业技能鉴定（指导）中心对鉴定结果进行初审，并报国家邮政局职业技能鉴定指导中心审核。

（三）国家邮政局职业技能鉴定指导中心审核确认后核发证书。

第十条 职业资格证书填写要求。

（一）职业资格证书填写内容的汉字、数字、日期一律采用打印机打印。证书各项内容所填写的汉字使用仿宋小四号字体，数字使用仿宋小四号阿拉伯数字。姓名超过六个汉字的可以按照两行填写，职业（工种）名称超过八个汉字的可以按照两行填写。

（二）文化程度应分别填写：高中、中等专业学校、技校、职高、大学专科和专科院校、大学本科、研究生。

（三）发证日期处应填写发证机关审核批准办理证书的日期，发证日期是职业资格证书生效日期。

（四）证书编号应根据原劳动部《职业技能鉴定证书编码方案》（劳培司字〔1997〕44 号）规定编码，由国家邮政局职业技能鉴定指导中心统一编码。

职业资格证书编号采取 16 位数字代码，第 1、2 位为证书核发年份代码，取核发年份的后两位数字。第 3、4 位为行业部门代码，邮政行业代码为 35。第 5、6 位为地市级代码，邮政行业取值 00。第 7 位为行业鉴定站识别代码，取值为 3。第 8～10 位为三位数字组成的鉴定站序号，序号顺序为人社部批复鉴定站机构编码号。第 11 位为证书类别（等级）代码，取值为 1～5，依次表示，1 为国家职业资格一级（高级技师/高级业务师）；2 为国家职业资格二级（技师/业务师），以此类推。第 12～16 位为证书核发顺序编号，每年度按照实施鉴定机构分等级从 00001～99999 依次顺序取值。

例：1335003006502741，13 表示 2013 年，35 表示邮政行业，00 为地市级代码，邮政行业为 00，3 表示是行业鉴定站，006 表示人社部批复的邮政行业机构编码为 35003006 的鉴定站，5 表示国家职业资格五级（初级技能），02741 表示的是证书核发序号。

（五）职业（工种）名称应按照《中华人民共和国职业分类大典》中规定的名称填写。

（六）理论知识考试成绩和操作技能考核成绩采取百分制填写。

评定成绩应填写合格、良好、优秀。成绩在 60～79 分的为合格，在 80～89 分的为良好，90～100 分的为优秀，评定成绩按理论知识考试成绩和操作技能考核成绩两项中最低成绩确定。

（七）证书照片处须贴本人近期二寸免冠红底彩照，并在左下角加盖国家邮政局人事司职业技能鉴定专用钢印。

（八）发证机关处应盖国家邮政局人事司职业技能鉴定专用印章，职业技能鉴定指导中心（印）处应盖国家邮政局职业技能鉴定指导中心职业技能鉴定专用章，日期处应填写考核成绩审定的日期。

（九）证书加盖钢印及专用章须按照国家邮政局职业技能鉴定指导中心统一安排进行。

（十）未按上述要求填写与验印的证书，一律为无效证件。

第四章　证书更换、补发

第十一条　证书因质量问题或填写损坏，省级职业技能鉴定（指导）中心填写邮政行业职业资格证书换发申请表（附件 3）盖章后报国家邮政局职业技能鉴定指导中心备案并交回需变更的证书原件。

第十二条 遗失职业资格证书者，可申请补发，由省级职业技能鉴定（指导）中心负责审核办理。省级职业技能鉴定（指导）中心填写邮政行业职业资格证书补发申请表（附件 3）盖章后报国家邮政局职业技能鉴定指导中心。补办的证书使用原证书编号和新证书流水码，并在备注栏内注明。

第十三条 申请补发者需提供申请人报考单位证明、身份证原件和复印件、近期二寸免冠红底彩照一张、申请人本人联系方式和通讯地址等材料。

第五章 证书管理

第十四条 邮政行业职业资格证书在全国范围内有效，未经邮政行业职业技能鉴定机构鉴定取得的证书不予承认。

第十五条 理论知识考试和操作技能考核的单项合格成绩，两年内有效。

第十六条 国家邮政局职业技能鉴定指导中心、省级职业技能鉴定（指导）中心和鉴定站分别建立职业资格证书核发档案。

第十七条 推行职业资格证书复核制度，对涉及国家安全和利益，人民生命财产安全，关系广大消费者利益，服务质量要求高，技术性强的职业（工种）的从业人员，加强法制教育、职业道德教育、安全教育和业务技能培训，定期进行证书复核。

第十八条 职业资格证书只限本人使用，涂改、转让者作废。

第十九条 严禁伪造、仿制或滥发职业资格证书，一经查出，除宣布所发证书无效外，对有违法行为的部门和当事人追究相关法律责任。

第二十条 国家邮政局职业技能鉴定指导中心、省级职业技能鉴定（指导）中心和鉴定站的工作人员，在证书管理中如有弄虚作假、徇私舞弊行为，视情节轻重，建议其所在单位给予相应处分，直至追究相关法律责任。

第二十一条 本办法未尽事宜，按国家有关规定执行。

第二十二条 本办法由国家邮政局职业技能鉴定指导中心负责解释。

第二十三条 本办法自颁布之日起试行。

附件：

1. 邮政行业职业资格证书申领表（略）
2. 空白证书接收回执单（略）
3. 邮政行业职业资格证书换（补）发申请表（略）

085

关于印发《2013年快递业务员职业技能鉴定计划》的通知

国邮职鉴〔2013〕1号

各省、自治区、直辖市邮政行业职业技能鉴定（指导）中心：

为加快实施“快递人才百千万”工程，进一步提升邮政行业技能人才整体素质，根据各省上报的2013年鉴定计划，同时参照各省历年累计鉴定量和规模以上快递企业数量、快递业务量及收入情况，制定了《2013年快递业务员职业技能鉴定计划》，现印发给你们，请遵照执行，执行中如有问题请及时反馈。

附件：2013年各省快递业务员职业技能鉴定计划表

国家邮政局职业技能鉴定指导中心

二〇一三年一月五日

2013年快递业务员职业技能鉴定计划

国家邮政局职业技能鉴定指导中心

2013年1月5日

一、鉴定职业及等级

1. 鉴定职业：快递业务员。
2. 鉴定等级：

国家职业资格五级（初级技能）

国家职业资格四级（中级技能）

国家职业资格三级（高级技能）。

二、鉴定考核形式和时间

初级、中级、高级技能快递业务员鉴定考试原则上采取全国统一考试。理论知识考试采取闭卷笔试方式。技能操作考核采取笔试和实操的形式进行考核。2013年计划在3月、5月、10月、12月共安排4批次全国统考，具体时间安排见下表。

2013 年快递业务员职业技能鉴定全国统一考试时间安排

时间 \ 等级	初级技能	中级技能	高级技能	
	理论及实操	理论及实操	理论及实操 笔试部分	操作考核
2013 年 3 月 30 日 （周六）	9：00—11：30	9：00—11：15	9：00—11：05	13：00—17：00
2013 年 5 月 25 日 （周六）	9：00—11：30	9：00—11：15	9：00—11：05	13：00—17：00
2013 年 10 月 26 日 （周六）	9：00—11：30	9：00—11：15	9：00—11：05	13：00—17：00
2013 年 12 月 7 日 （周六）	9：00—11：30	9：00—11：15	9：00—11：05	13：00—17：00

三、鉴定考核内容和标准

鉴定考试试题由国家局职业技能鉴定指导中心从邮政行业题库中抽取并统一组卷，考试考核内容和申报条件依据《快递业务员国家职业技能标准》执行。

四、相关要求

（一）加强组织领导，明确目标任务。各省（区、市）邮政行业职业技能鉴定（指导）中心要把开展职业技能鉴定工作与快递市场准入和快递企业等级评定工作有机结合，高度重视，根据本地区快递服务发展情况和快递业务员鉴定工作实际，确定目标任务，进行广泛宣传，全力推动。要努力健全机构，配备专职人员，积极整合各方力量，全力以赴完成鉴定考试任务，对完成鉴定任务成绩突出的省份，国家局中心将给予一定的奖励。要重点加强市（地）级，尤其是 15 个副省级城市职业技能鉴定考试的宣传发动工作，扩大鉴定规模，满足企业需求。

（二）加强培训，严格考务管理。各省要做好考前培训工作，充分发挥师资骨干力量，采取“送培训上门”等方式，将培训鉴定工作与企业的教育培训工作相结合，以鉴定促培训，提高企业从业人员素质，规范生产流程。要严格执行国家职业技能鉴定有关规定，加强对鉴定考试考务工作的监督检查，坚决杜绝弄虚作假、考场舞弊和违规评判等不正之风。对出现的鉴定质量问题，要按照规定严肃处理。

（三）进一步加强信息化管理，提高工作效率。各省鉴定机构在组织鉴定时要统一使用邮政行业职业技能鉴定信息管理系统和邮政行业职业技能鉴定网上报名信息系统进行操作，未按要求使用系统影响职业资格证书打印发放的，各省自行负责。

附件：

2013年各省快递业务员职业技能鉴定计划表

序　号	省　份	初级技能	中级技能	高级技能	总　计
1	北京	4000	1100	1000	6100
2	天津	1000	200	300	1500
3	河北	2000	300	500	2800
4	山西	1200	300	400	1900
5	内蒙古	1000	200	200	1400
6	辽宁	1200	300	500	2000
7	吉林	1000	600	600	2200
8	黑龙江	1700	300	300	2300
9	上海	5800	1200	1000	8000
10	江苏	5200	2500	1000	8700
11	浙江	6000	1300	1500	8800
12	安徽	1200	300	500	2000
13	福建	2500	500	500	3500
14	江西	1700	300	500	2500
15	山东	3400	800	1100	5300
16	河南	1300	600	600	2500
17	湖北	1700	300	500	2500
18	湖南	1700	300	300	2300
19	广东	9500	1000	1500	12000
20	广西	1300	300	300	1900
21	海南	500	120	180	800
22	重庆	900	200	300	1400
23	四川	2000	500	500	3000
24	贵州	700	150	150	1000

续 表

序 号	省 份	初级技能	中级技能	高级技能	总 计
25	云南	1200	300	300	1800
26	西藏	100	30		130
27	陕西	1200	200	300	1700
28	甘肃	600	100	100	800
29	青海	300	110	100	510
30	宁夏	260	80	100	440
31	新疆	900	400	300	1600
合 计		63360	14890	15130	93380

十七 地区规划

086

快递服务“十二五”规划

国家邮政局

2011 年 12 月

快递服务是邮政业的重要组成部分，是融合信息交流、物品递送、资金流通等多种功能于一体的复合型新兴服务业，具有促进商品流通能力强、拉动居民消费作用大、吸纳就业人数多等特点，在便利民众生活、服务社会生产和推动经济社会发展等方面，发挥着越来越重要的基础性作用。为更好地促进快递服务发展，满足经济社会发展和人民生活需要，按照《邮政业发展“十二五”规划》的总体要求，结合我国快递服务发展实际，制定《快递服务“十二五”规划》。本规划是邮政业“十二五”规划体系的重要组成部分，是“十二五”时期推动我国快递服务跨越式发展的重要指导性文件。

一、现状与形势

（一）“十一五”回顾

“十一五”期间，我国快递服务实现了平稳快速发展，市场秩序逐步改善，服务水平不断提升，总体规模迅速扩大。2010 年，快递业务量累计完成 24 亿件，年均增长 21%。业务收入累计完成 575 亿元，占邮政业业务收入（不含邮政储蓄直营收入，下同）的比重达到 45%，年均增长 19%。规模以上快递企业最高日处理量突破 1000 万件，进入世界前三位。取得快递业务经营许可证的法人企业接近 6000 家，快递从业人员达 60 万以上。在全国 31 个省（自治区、直辖市）开展快递业务员职业技能鉴定工作，共有 19.3 万名快递业务员参加了职业技能鉴定考试。

1. 发展环境逐步优化

2009 年，修订后的《中华人民共和国邮政法》（以下简称《邮政法》）颁布实施，首次将快递业务纳入调整范畴，明确了快递企业的法律地位，确立了“鼓励竞争、促进发展”的原则。以《邮政法》为基础，《快递市场管理办法》、《快递业务经营许可管理办法》、《邮政行业安全监督管理办法》等相配套的快递法律法规体系基本形成。邮政管理部门积极协调其他相关部门出台扶持政策，较好地解决了制约快递企业发展的瓶颈问题。《快递服务标准》、《快递业务员国家职业技能标准》以及《中国快递协会企业自律公约》的发布施行，为快递服务发展奠定了良好的基础。

2. 服务网络加速拓展

截至 2010 年底，快递营业网点达 6.4 万处。重点快递企业在北京、上海、广州、杭州、深圳、武汉和成都等全国性物流节点城市相继建成规模较大的快件分拨中心。我国快递服务网络已通达国内县级以上城市和港澳台地区，连通世界大部分国家。国内重点快递企业在直辖市和省会城市网点覆盖率达到 95%以上，省辖市网点覆盖率达到 88.9%以上，部分快递企业的服务已深入农村乡镇。

3. 产品创新日益活跃

快递市场逐步细分，产品种类更加丰富。限时达、当日递、次晨达、次日递等服务项目不断涌现，满足了消费者对于快递服务的差异化需求。快递企业适时开办网上下单、代收货款等增值服务，适应了电子商务、网络购物快速发展的需求。电子商务配送业务成为快递服务新的增长点。快递服务与电子商务协同发展的模式初步形成。

4. 市场竞争更加充分

国有、民营、外资等不同快递企业利用多种方式、发挥各自优势开展竞争。民营快递企业发展尤为迅猛，已占据国内异地快递业务市场份额的 60%以上。部分运输、物流、电子商务企业开始进入快递服务领域。多种所有制并存、多元主体竞合、多层次服务共生的快递市场发展格局基本形成。

5. 区域发展特征明显

截至 2010 年底，快递企业在东中西部的业务量比重分别为 79%、11%、10%，业务收入比重分别为 81%、10%、9%。东部地区的快递服务布局呈现出集中化的特点，快递业务量和业务收入明显向长江三角洲、珠江三角洲、京津冀地区聚集。2010 年三大区域快递业务量共计 15.83 亿件，占全部快递业务量的 67.6%，实现业务收入 398.8 亿元，占全部快递收入的 69.5%。

“十一五”期间，快递服务虽然取得了快速发展，但仍然存在一些突出问题。主要表现为：服务能力不能满足经济社会发展和人民群众日益增长的需求；行业整体发展不平衡；快递市场上存在低价格、同质化竞争现象，缺乏差异化服务和具有核心竞争力的领军企业；快递企业科技应用能力不强，信息化程度不高；从业人员整体素质偏低，高技能人才严重匮乏，专业技术和经营管理人才不足。

（二）“十二五”形势

“十二五”时期，我国快递产业仍处于持续快速发展的重要战略机遇期，既面临难得的历史机遇，也面对诸多风险和挑战。虽然受到国际金融危机的不利影响，但我国经济社会发展长期向好的基本态势没有改变，人民生活持续改善，经济和社会发展对快递服务的需求依然强劲，为快递服务实现跨越式发展创造了有利条件。

1. 国际金融危机影响深远，快递服务机遇与挑战并存

受国际金融危机的后续影响，世界经济增长速度减缓，邮政业发展速度也将受到影响，跨国快递公司受国际金融危机影响更甚，国际快递服务发展面临挑战。随着全球经济的逐步复苏和国际贸易往来的不断加强，我国仍将是全球重要的物品流通市场，对产品、服务、资本具有较强的吸引力，全球采购、生产和销售需要更多更快捷的物品寄递服务，国际快递服务需求潜力巨大。

2. 国民经济平稳较快发展，快递服务需求持续增长

“十二五”时期是我国全面建设小康社会的关键时期，工业化、信息化、城镇化、市场化、国际化将进一步加速发展，我国人均国民收入稳步增加，经济结构转型加快，经济社会发展和综合国力再上新台阶。预计 2015 年我国 GDP 将达到 55.8 万亿元人民币，年均增长 7%左右；城镇化率将从 47.5%提高到 51.5%；外贸进出口总额将保持 8%左右的年均增长率。伴随经济规模不断扩大和国际经济贸易往来更加密切，信息交流、物品递送和资金流通等活动日趋频繁，对快递服务的需求将持续增长。

3. 电子商务发展迅猛，快递服务支撑作用愈加突出

预计未来五年电子商务交易额将保持年均 20%以上的速度增长，到 2015 年，电子商务年交易额将突破 18 万亿元；我国规模以上企业应用电子商务比率达 80%以上；应用电子商务完成进出口贸易额占我国当年进出口贸易总额的 10%以上；网络零售额相当于社会消费品零售总额的 9%以上。电子商务、网络购物等新型服务业态的迅猛发展，推动人们消费方式的转变，促进网购快递需求快速增长。快递服务成为电子商务、网络购物发展的重要支撑。

4. 企业兼并重组加剧，产业集中度进一步提升

随着快递业法律法规体系的逐步健全，快递市场运行机制将进一步完善。我国快递企业规模较小、业务模式单一，网络化、一体化服务能力不强的问题仍旧突出，生存与发展的压力依然较大；一些国内快递企业经过多年发展，积累了一定的经营实力和管理经验，具备做大做强的基本条件。遵循市场经济规则，依托市场机制开展快递企业兼并重组，成为做大行业做强企业的客观要求。快递业内以及跨行业、跨地区、跨所有制的兼并重组步伐加快，推动产业集中度进一步提升。

5. 综合交通运输体系不断优化，快递服务网络日益健全

我国将基本建成以“五纵五横”为主骨架的综合交通运输网络，基本建成国家快速铁路网和国家高速公路网，扩大和优化航空运输网络。预计到“十二五”末，高速公路总里程达到10.8万公里，覆盖90%以上的20万以上城镇人口城市；通用航空运输机队规模达到约2750架；全国铁路运营里程达到12万公里。我国高速公路、民航、铁路的快速发展，综合交通运输体系的进一步优化整合，大大提升快递网络的承载能力，为快递服务依托综合交通运输平台，扩大运输能力、提高服务质量、加快发展提供更为坚实的基础。

6. 科学技术应用更为广泛，快递服务能力不断增强

随着信息和物联网技术的发展及推广，科学技术在快递服务领域将得到更加广泛和深入的应用。先进的分拣传输设备和车辆定位系统的广泛使用将会大大提高快件处理效率。用户数据和各种信息的综合利用以及快件传递过程中信息采集点的逐步增加，将使快递处理信息更加完整，快件跟踪查询的响应速度不断提高。呼叫、营销、客户服务中心等工程的建设，使快递企业的客户关系管理能力显著增强。

总体上看，“十二五”时期，我国快递市场发展潜力巨大，快递服务仍将持续保持高速增长。把握快递产业发展的历史机遇，面向服务生产和民生的重大需求，不断健全和完善我国快递服务体系，加快推进快递服务的现代化进程，显得尤为重要和紧迫。

二、指导思想、基本原则和发展目标

（一）指导思想

以邓小平理论和“三个代表”重要思想为指导，深入贯彻落实科学发展观，紧紧围绕“十二五”邮政业发展总体战略目标，坚持以科学发展为主题，以转变发展方式为主线，以提升服务品质为重点，以加大科技应用为手段，着力构建便捷高效、竞争有序、技术先进，服务优质的快递服务体系，着力推进快递服务转方式、调结构、大发展、上水平，基本满足经济社会发展和人民群众生活对快递服务日益增长的需求。

加快推进快递服务现代化，围绕产业结构调整和转型升级，努力推动“四大根本转变”，力争实现“两个协调发展”：

——推动“四大根本转变”。推动快递服务提升发展质量，从注重快递服务网络的覆盖范围和完整性，向提高网络管控能力、增强网络稳定性转变；从主要依靠人力投入，向主要依靠科技进步、改革创新、从业者素质提高和网络品牌优势等核心能力转变；从单纯注重规模增长、追求发展速度，向规模、速度、结构、质量、效益并重转变；从劳动密集型向劳动和技术密集型产业转变，促进快

递产业转型升级。

——实现“两个协调发展”。推动快递企业加强综合能力建设，促进快递服务与电子商务、现代制造业融合联动，实现快递服务与上下游产业协调发展；引导快递企业顺应电子商务发展规律，加快配送网络向中西部和乡镇拓展，逐步缩小区域和城乡间快递服务的差别，实现快递服务与区域经济城乡经济协调发展。

（二）基本原则

促进“十二五”时期快递服务科学发展要坚持以下原则：

1. 坚持速度与质量相统一

牢固树立发展是第一要务的战略思想，正确处理加快发展速度与提高服务质量的关系。在保持较快发展速度的同时，积极引导快递企业不断提高服务质量和水平，从根本上改变发展速度较快而服务质量不高的局面，实现速度与质量的同步提升。

2. 坚持能力与需求相匹配

着力夯实基础、提升发展质量，正确处理快递服务能力不足与市场需求快速增长的矛盾。引导企业根据市场需求完善基础网络，整合网络资源，优化运营监控，从根本上改善快递服务能力不能满足经济社会发展的状况，实现快递服务的供给与需求协调增长。

3. 坚持技术应用与业务发展相适应

充分发挥科学技术对快递服务现代化建设的巨大促进作用，正确处理科技投入不足与快递生产规模迅速增长的矛盾。积极引导快递企业广泛应用现代信息技术、机械化自动化分拣技术、物联网技术等。通过关键技术的应用，全面提升快递服务的自动化、信息化水平，从根本上改变快递规模不断扩大而企业生产技术落后制约行业发展的状况，促进快递服务转型升级。

4. 坚持与关联产业相融合

深刻认识服务价值链的演进和发展规律，正确处理快递与相关产业融合发展的关系。充分发挥快递服务的终端配送优势，引导快递企业把握电子商务大发展和制造业转型升级的机遇，积极挖掘需求，加强产业融合业务联动。从根本上化解快递企业与上下游产业衔接不紧密的问题，在开放和合作的基础上推动快递与关联产业相互促进共同发展。

（三）发展目标

到 2015 年，快递服务要努力实现三大目标：

——做大行业。实现我国快递服务业务收入翻一番以上，总体规模进入世界前列；

——做强企业。形成一批规模较大、服务质量好、核心能力强、管理规范的大型快递企业或企业集团；

——做优品牌。推进快递企业增强服务能力，提升服务品质，打造五星级优质快递服务品牌，大力发展国内市场，积极拓展国际市场。

1. 总体指标

到2015年，快递业务量达到61亿件以上，年均增长21%；快递业务收入超过1430亿元，年均增长20%，比“十一五”末增长1.5倍，占邮政业业务收入的比重达到55%；新增就业岗位35万个以上，从业人员总数达到100万。

2. 服务能力

在重点区域建设与国家规划布局相衔接的快递物流中心和快递物流园区。支持快递企业在重要物流节点城市建设快件处理中心、航空及陆运集散中心等基础设施，重点快递企业在直辖市和省会城市网点覆盖率达到98%，省辖市网点覆盖率达90%以上。打造一体化的自主快递航空运递网络，形成自主航空运输能力。用于快件运输的专用货机总数达到80架左右。用于生产的汽车总数达到14万辆以上。揽收分拣运输投递等环节的自动化标准化信息化水平大幅提升。重点快递企业大型快件处理设施建设总投资达到50亿元以上。

3. 服务水平与服务质量

重点快递企业达到《快递服务》标准，构建多品种、个性化的产品服务体系，提高当日递、次晨达等限时递产品的比重。同城快递和次晨达24小时投递率达到95%以上。在省会及重点城市间快件72小时投递率达到90%以上。快件延误率、损毁率、丢失率分别控制在千分之八、万分之一、十万分之五以内。快递服务的社会用户总体满意度达到70分以上。

4. 信息化建设

快递企业均建立快件跟踪查询系统，重点快递企业快件跟踪查询和信息反馈的便利性、及时性和准确性大幅提升。快件信息的入网采集程度达到95%以上。同品牌的快递企业建立全国统一客户服务号码。重点快递企业要按照规定与快递市场监管信息系统联网。

5. 企业培育

到2015年，力争培育出5个以上年业务收入超百亿，具有较强竞争力的大型快递企业。鼓励和倡导企业创建快递品牌，快递企业等级评定四星级以上的快递服务品牌达到8个以上。

6. 人才培养

“十二五”期间，要在全国选择、推荐、联合建设近百所快递专业人才教育和在职培训重点院校，建设一支千人的中、高级快递专业技术人才队伍，实现5万人次快递专业教育和在职培训目标，建立万名高技能人才队伍。到2015年，规模以上企业持有国家职业资格证书的快递业务员占快递业务员总量的70%，中级业务员占快递业务员总量的30%，高级以上快递业务员占快递业务员总量的5%以上。

三、主要任务

（一）加强服务能力建设

以加快网络基础设施建设为重点，着力加强服务能力建设。大力推进快递服务网点、处理中心、区域和全国陆运及航空集散中心建设，组建区域陆运快速集散网和跨区域自主航空快递网络，增强快件处理与集散能力。发展多式联运，促进与公路、航空、铁路等各种运输方式的衔接和配套。推行公路甩挂运输方式，提高干线运输力量和运输效率。拓展快递服务网络，由城市及东部地区向乡镇和中西部延伸。促进内资快递企业开拓国际市场，完善网络布局。

专栏1　服务能力建设工程	
重点区域快递物流园区建设	按照国家《物流业调整与振兴规划》关于重点物流区域和全国性物流节点城市规划布局，在华北、东北、山东半岛、长江三角洲、东南沿海、珠江三角洲、中部、西北和西南等九大重点物流区域建设快递物流中心和快递物流园区。支持快递企业在北京、天津、沈阳、济南、上海、南京、杭州、厦门、广州、深圳、郑州、武汉、西安、重庆、成都等十五个重要物流节点城市建设快件处理中心、航空及陆运集散中心。
航空快件绿色通道建设	在北京、青岛、大连、上海、杭州、无锡、南京、广州、深圳和厦门等重点城市，建设航空快件优先配仓、优先安检、快速通关的"绿色通道"。
快递自主航空网络建设	加强重点快递企业航空集散中心、航陆互转集散中心建设规划及实施，加大集散中心的投入和建设力度。依托综合交通运输体系强化航空运力保障，提升网络运行效率。形成以北京、上海、广州、深圳、南京、武汉、杭州等城市为主要航空集散中心，连接国内外20多个节点城市，覆盖华北、华东、东北、华中、华南、西南、西北7个地区，连通部分周边国家和地区的快递自主航空网络。（见图1）

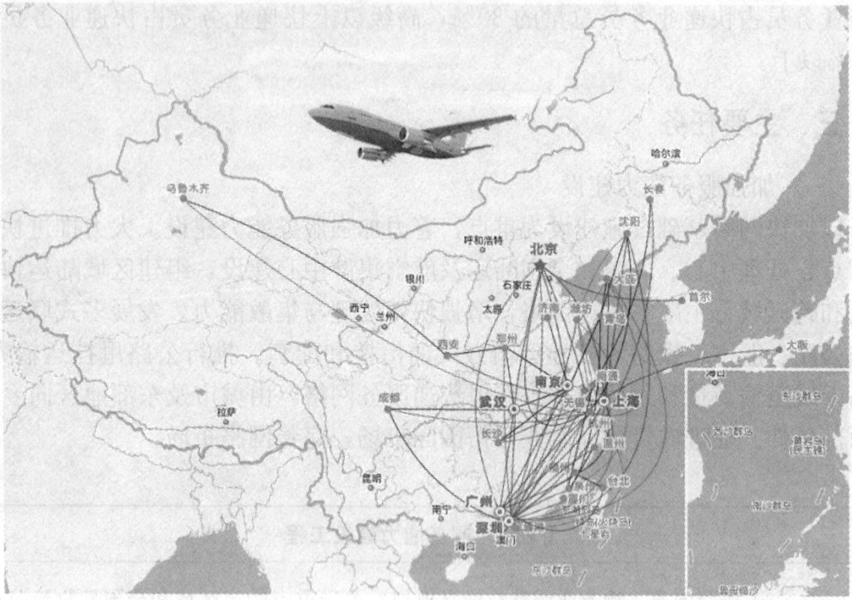

图 1　快递自主航空网络规划图

（二）提升服务水平和质量

以实行差异化经营和规范化服务为重点，着力提升快递服务水平和质量。引导快递企业创新服务产品和服务模式，根据商务快递与网购快递不同服务需求，细分市场，调整完善产品结构，提供多层次、多样化和个性化的产品体系。大力拓展快递服务领域，大力发展实物流、资金流、信息流“三流合一”的融合型业务。统筹区域、城乡快递服务发展，缩小服务水平差距。加强企业内部管理，优化操作流程，降低快件延误率、损毁率和丢失率。

专栏 2　服务水平和质量提升工程	
快递企业等级评定	设立等级评定指导委员会、全国快递企业等级评定委员会和省、自治区、直辖市快递企业等级评定机构。根据业务量、经营收入、自营网络覆盖范围等综合条件，对快递企业的规模分等，根据公众服务评价、服务时效、人员素质和信息化管理水平等综合条件，对快递企业的服务分级。
快递服务评价	健全以“公众满意度、时限准时率、用户申诉率”三项指标为核心的快递服务评价体系，督促快递企业提升服务水平，引导社会消费。
规范快递业务操作	督促快递企业严格落实快递业务操作指导规范，建立健全各项业务操作制度，加强培训，强化考核。

（三）促进产业联动发展

以推进快递与电子商务和制造业的融合为重点，着力促进相关产业联动发展。鼓励快递企业与电子商务、制造业等关联企业、上下游企业加强联合，建立战略联盟，开展一体化经营。做大做强快递企业，推进快递企业兼并重组，扩大企业资本规模，壮大快递运营网络，增强企业竞争实力，实现优势互补。鼓励重点快递企业上市，拓宽融资渠道。

专栏 3　产业联动发展工程
推动快递服务向产业上下游延伸，积极融入产业链、供应链和服务链。 构建快递企业与大型制造企业、电子商务企业合作发展平台。 建设适应制造业和电子商务发展的快递配送体系，形成若干具有区域优势，网络覆盖全国的电子商务快递服务联合体。 大力发展生产性快递物流服务，鼓励快递企业与世界著名企业和国内大型制造企业建立长期稳定的战略合作关系。

（四）推进科技应用与创新

以加大科技投入为重点，着力推进科技应用与创新。加强监管政务信息平台和网络信息平台建设，完善行业监管信息化支撑体系。推进快递服务的自动化标准化信息化，加强对服务质量、信息技术、处理设施和运载工具等标准的研究制定和推广。引导快递企业加大生产处理设备和自动分拣设备的投入，提高快件机械化、自动化处理水平。加强对快件跟踪查询、自动识别、全球定位、电子数据交换等先进技术的推广使用，提升信息技术应用水平。鼓励企业采用环保材料和节能技术，实现绿色环保低碳运营。

专栏 4　科技与信息化体系建设工程	
公共服务信息化平台建设	建设以政务公开、消费者申诉、公众满意度评价、资费及邮编查询、名址信息等为重点内容的公共服务信息化平台。对接工商部门 12315 热线与邮政管理部门 12305 申诉热线，实现申诉举报统一受理、快速反应。
市场监管信息系统建设与互联互通	建立集监测分析、行政许可、诚信管理、安全管理、行政执法和社会应急等多种功能为一体的市场监管信息系统，完善邮政业统计信息系统、快递业务经营许可管理信息系统、邮政业安全监管系统、快递检查管理等系统。实现市场监管系统的集成整合、数据资源的集成共享，保证各信息系统的互联互通。建设视频监控系统，加大对重点企业重点部位的监控力度。为行业监管提供迅速、准确、可靠的信息支持。

（五）强化行业监督管理

以加强安全与应急反应为重点，着力加强快递业监督管理。按照《邮政行业安全监督管理办法》要求，制定相关标准规范，严格安全生产责任制。加强应急体系建设，有效应对各种突发事件和自然灾害。健全行业监督管理体系，健全完善快递市场监管报告制度。严格落实快递业务经营许可制度，指导企业加强代收货款管理，规范快递企业行为，净化市场环境。畅通用户申诉渠道，妥善解决用户申诉的问题。

四、政策措施

（一）引导行业发展，提升服务品质

营造公平竞争的市场环境。全面贯彻实施《邮政法》及相关法规，鼓励竞争促进发展。依法规范市场秩序，加强市场管理。建立健全市场监管信息系统，完善快递企业信息数据库，加强信息的互联互通，维护市场安全。加快实施快递企业分等分级管理，构建快递诚信管理体系，引导企业优质服务，向社会推荐服务好、品质优、有诚信的品牌企业。

鼓励快递与电子商务融合发展。鼓励快递企业与电子商务企业的联合，促进产业链、供应链和服务链的一体化整合。鼓励电子商务入股快递企业或电子商务企业和快递企业成立合资公司，实现产业上下游联合经营，发挥双方优势，打造网络购物快递新产品、新模式；鼓励快递企业与电子商务企业建立战略伙伴关系，以快递与电子商务的协同平台和机制、网络购物与快递融合产品服务等为依托，不断深化快递与电子商务的合作。

促进快递与民航协同发展。建立重点区域快递与民航协调机制，研究和解决行业协作中存在的主要问题，为双方企业建立沟通平台，促进业务直接衔接和联手运营。在北京、青岛、大连、上海、杭州、无锡、南京、广州、深圳、厦门等城市机场，建设快速安检、快速配载、快速装卸、快速交接的“快件绿色通道”。落实《国家邮政局中国民用航空局关于促进快递与民航产业协同发展的意见》要求，协调推动航空公司、机场、快递企业完善本企业信息系统，促进企业间相关信息实现互联互通，满足用户对快递服务全过程实时信息查询需求。加强快递产业规划与机场建设规划的衔接，鼓励有实力的快递企业与机场加强合作，有效利用机场资源，提升地面服务质量和效率；鼓励快递企业与航空公司加强战略合作，积极培育和壮大国内航空货运市场，提升航空货运能力。

推进快递企业兼并重组。支持国有快递企业间的兼并重组，发挥国有企业的骨干作用。鼓励大型快递企业与中小快递企业以及中小快递企业间的兼并重组，实现优势互补、合作共赢。鼓励总部企业与被特许企业通过合作、收购、股权置换等形式，促进网络资源优化配置。鼓励航空、铁路、公路等运输企业与快递企业合资、合作或兼并重组，拓展服务网络。支持优势企业兼并重组周边、新兴市场、欧美等国家的快递企业，延伸服务网络。推动快递服务持续健康发展。

（二）加大政策扶持，优化发展环境

建立协调机制。加强与相关部门和地方政府的沟通协调，解决快递发展中遇到的瓶颈问题。与工商行政管理部门建立快递业务经营许可与快递企业及其分支机构登记的协调配合机制，缩短审批时间，提高审批效率。推动研究解决快递代理、配送等环节与运输环节营业税税率不统一的问题，积极配合相关部门做好营业税改征增值税试点工作，研究完善快件处理分拨中心用地的土地使用税政策。推动研究完善快件处理分拨中心等设施建设用地政策，对纳入物流园区规划的用地给予重点保障。推动建立快递企业信用融资制度，为快递企业开辟多种融资渠道。推动建立快件通关应急机制，设立“出口快件通关快速通道”。

促进快递车辆便利通行。发挥“大交通”优势，加强部门协同。积极参与城市配送管理办法、城市配送车辆标准、环保车型的研究和制定工作，争取将快递车辆相关内容纳入管理办法和标准车型。协调解决城市快递车辆通行、停靠交通管理问题，提升快件揽收派送效率。大力推广快件甩挂运输，推动有关部门研究制定关于牵引车与挂车在车辆检测和监管等方面的扶持政策。

有效防范代收货款风险。协调有关部门研究制定代收货款业务管理办法，明确邮政管理部门与金融监管部门的职责划分，形成监管合力。制定代收货款业务操作标准，推广使用手持 POS 机收费终端，实现从代收货款到返还货款全程电子化处理。建立代收货款业务风险预警机制，确保资金和行业安全，维护用户权益。

支持快递企业“走出去”。加强与其他相关部门的沟通协调，建立统一的国际业务出口咨询平台，为快递企业“走出去”提供有关市场准入、法律法规、投资环境和经济政策等信息咨询和服务。继续扶持已经走出去的快递企业拓展国际网络，进一步增强国际竞争力；鼓励有条件的快递企业通过自建合作并购等方式组建大的国际快递公司，设立境外分支机构，开展国际快递业务，实施国际化发展战略。利用中美中欧中日等政府间对话机制，为中小快递企业建立沟通交流平台，了解国外相关政策，学习借鉴国际快递公司先进经验，为实施“走出去”发展战略打好基础。

（三）规范市场秩序，保障用户权益

加强市场管理。依照《邮政法》、《快递市场管理办法》和《快递业务经营许可管理办法》的规定，加强快递业务经营许可管理。依法受理审核快递业务经营许可申请。加强对已许可企业的监督管理。依照快递业务经营许可证的变更规定和年度报告规定，开展快递业务经营许可证的变更、年报和注销工作。对无证无照、超范围经营、超地域经营行为开展分阶段有重点地专项检查工作。针对消费者反映强烈的快件延误、丢失、损毁等服务问题，以及其他严重侵犯用户合法权益的行为，开展专项整治工作。

加强快递企业自律。充分发挥快递协会的桥梁纽带作用和服务、协调职能，完善行业自律性管理约束机制。积极推进快递非公企业工会组织建设，尽快筹建行业工作机构。引导快递企业自觉遵守《中国快递协会企业自律公约》，规范快递企业行为，协调快递企业关系，保障消费者合法权益，维护国家、行业的整体利益，共同创造良好的发展环境。

充分发挥社会监督的作用。引导新闻媒体关注快递服务发展的热点难点重点问题，及时跟踪和客观报道快递发展动态，提高社会关注度，共同推动快递服务发展。进一步畅通投诉和申诉渠道，督促快递企业改善服务，促进管理部门提升服务效能，维护用户合法权益。

（四）强化安全监管，确保行业安全

加强安全防范。依照《邮政行业安全监督管理办法》，研究制定行业安全标准规范，完善行业安全监管法规体系。健全安全监管协调工作机制，加强与公安、国家安全、海关等有关部门的配合，共同做好安全监管工作。加强安全监管的技术应用，督导快递企业广泛配置安全检查设备和安全检查人员；加快推进安全监管信息系统建设，增加接入企业，扩大监管范围；加强快递企业重点部位的视频监控，提高监测预警的及时性和有效性。

加强应急管理。督促快递企业按照《国家邮政业突发事件应急预案》建立健全突发事件应对工作机制，定期开展应急预案演练，提高应对行业突发事件能力。研究制定应急资金筹集和管理制度，加强应急物资的储备和管理。开展安全生产隐患排查治理专项行动，推进安全生产事故隐患的治理和整改落实。开展应急队伍培训，加强应急保障能力建设。建立完善业务监测预警预测机制，预测预警国庆、春节等重大节假日期间的高峰处理量，提高快递业务旺季应对能力，有效缓解快递业务旺季压力。

（五）加快科技应用，提高服务水平

提高自动化。引导快递企业加大对技术设备的投入，积极引入机械化或半机械化流水线等生产处理设备，提升快件装卸和传输的机械化水平；引入快件自动分拣设备，提高快件处理效率和劳动生产率。普及多功能手持终端的配置，提升信息扫描、反馈、发票打印等综合服务能力。加大科技推广以及科技交流的深度和广度，围绕地址库、无线射频识别技术、机械化设备、包装标准化等重大课题，开展专题研讨，为企业和科研机构、设备厂商等建立沟通交流的平台，拓宽成果展示和合作洽谈的渠道，鼓励政产学研用相结合，推进科技成果的产业化运用。

加强标准化。完善标准体系，加快研制快件编号编制规则、快递服务和电子商务信息交换标准化指南、代收货款服务规范、快递网上营业服务规范、快递营投场所处理场所设计规范、快递物流园区配套设施要求、快递物流园区服务及评价指标等相关配套标准；会同有关部门研究制定快递服务城市收派非机动车辆技术标准；加强对万国邮联相关标准的跟踪研究，组织有能力的企业积极参与国际标准的制定，充分发挥标准化对快递服务的支撑作用。提升标准实施水平，加强标准的宣贯，积极推进标准的试点示范工作，形成市场导向和政府推动相结合、运转流畅行之有效的标准实施体系，提升标准实施水平。推进企业标准化工作，引导各类企业建立完善符合实际的企业标准体系，推进企业间的交流，缩小企业间标准化的差距，使企业标准化工作取得实质性进展。

推进信息化。积极推进企业快递服务管理信息化，促进信息技术的广泛应用。加快行业公共服务信息化平台建设和公共服务子系统建设。倡导快递企业提高快件跟踪查询的广度和深度，在快件传递的全过程，增加信息采集点，采集快件处理的完整信息，保证为用户提供及时、准确和完整的跟踪查询服务。倡导建设全网运行质量监控信息系统，不断提高运行质量。加强快递企业信息化技术应用研究，加快企业信息系统升级。以客户服务一体化、关联业务协同、网络组织和生产流程优化为目标，研究快递企业信息化平台的技术架构和功能实现，打造生产、服务和管理一体化的企业信息化集成平台。

（六）强化人才培养，提升全员素质

加强人才培养基地建设。构建政府、企业、院校等联系沟通和合作发展平台，通过相互交流，协作配合，完善人才教育培养体系。积极整合行业内外教育资源，发挥各类主体优势，探索创新多元化人才培养模式，组织全方位、多层次、多形式的快递专业人才教育与培训。

推进专业技术人才和管理人才队伍建设。开展快递企业人力资源状况的调查，掌握快递企业管理和专业技术人员数量和专业结构，组织开展快递企业专业技术人员职称评审。积极利用地方人才评价机构、人力资源和社会保障部门等职称评审机构资源，组织快递企业符合条件的各类专业技术人员参加经济系列、工程系列等通用专业职称的社会评审。鼓励高等院校开办面向快递企业高管人员的培训班，通过系统学习培训，培养一支职业经理人队伍，掌握先进管理理论知识，提升企业科学管理水平。

推进技能型人才队伍建设。积极推动快递职业教育、高等教育和在职培训鉴定相衔接的教育培养体系，在条件成熟的职高、高职院校开设快递专业，积极扩大招生规模，加快职高、高职、本科和研究生等各层次的快递专业人才培养，满足企业高层次技能型人才需求；引导院校实施快递人才“速成班”试点工程，开展企业各层次人才中、长、短期分类培训，强化企业人员受训力度，缩短企业人才培养周期，快速提升企业劳动者整体素质；认真做好邮政行业职业分类修订工作，构建适应快递业发展的科学规范的快递职业分类体系。积极推行学历证书和快递业务员职业资格证书的“双证书”制度，探索专业教育与培训鉴定的有机衔接，开展在校快递专业或相关专业学生的鉴定考试。

（七）倡导绿色环保，促进低碳发展

加快推进快递运输车辆节能减排。鼓励快递企业增加低能耗、低排放营运车辆的使用，积极争取国家节能减排资金支持，鼓励快递企业更新使用大吨位、环保型运输车辆，推进企业车辆升级换代。鼓励快递企业积极引进节能减排新产品、新技术、新工艺、新材料，为车辆升级提供必要的技术支持。

加快推进快件包装等材料的环保和回收利用。鼓励支持快递企业推广使用对人体健康无害、对生态环境有良好保护作用和可回收再用的绿色包装物料，支持快递企业推广使用成本低、无污染、易回收再生的复合环保材料，增强对环境的保护。鼓励支持快递企业推广使用电子单式，减少对纸张的消耗。

加快推进服务网点、分拨中心、办公楼等的节能减排。引导快递企业在服务网点、分拨中心、办公楼的建设改造中，严格执行《绿色建筑评价标准》，节约能源及资源，减轻建筑对环境的负荷。充分利用太阳能，采用节能的建筑围护结构以及采暖和空调，减少采暖和空调的使用。在利用天然条件和人工手段创造良好、健康的生产和工作环境的同时，尽可能地控制和减少对自然环境的使用和破坏。

087

京津冀地区快递服务发展规划（2010—2014年）

国家邮政局

2010年10月19日

快递服务是新兴的基础性产业，是现代服务业的重要组成部分。快递服务联系各行各业，贴近人民生活，服务生产消费，对于促进国民经济和社会发展具有重要作用。

京津冀地区是国家开展区域规划的重点地区，也是我国北方最大的都市经济区和建设创新型国家的重点区域，在我国经济社会发展中具有重要的战略地位。编制地区快递发展规划，是落实国家区域发展战略的重要体现，有利于发挥规划的引领和统筹作用，促进快递服务在本地区健康持续发展。

根据国家邮政局关于编制区域快递发展规划的部署，特制定《京津冀地区快递服务发展规划》。规划编制的主要依据是：修订后的《中华人民共和国邮政法》（以下简称《邮政法》）和国务院《物流业调整和振兴规划》。规划区域是北京市、天津市、河北省的行政区划范围，规划期限为2010—2014年。

一、发展现状与环境

（一）发展现状

京津冀地区是我国最重要的经济发展战略区域之一。近年来，随着地区国民经济的持续发展和社会对快递服务的需求增加，京津冀地区快递服务进入快速成长与发展的新阶段，整体规模不断扩大，服务水平不断提升，对经济社会发展的贡献日趋显著，有效地促进了社会生产、人民生活和城市化水平的提升。

业务规模发展迅速。2009年本地区快递业务量达到2.2亿件，同比增长11.4%，实现业务收入55.5亿元，同比增长8.4%，占全国快递收入的11.6%。经营快递服务的法人企业达593家，从业人员超过5万人。服务网点已覆盖到县及以上城市和大部分乡镇。

市场格局基本形成。本地区集中了中国邮政速递物流公司等多家国有快递企业总部，国有快递企业发挥全程全网优势，加速改革重组、横向合作，加快向现代快递物流企业转型。民营快递企业拓展服务网络，扩大业务范围，经营规模迅速扩大。外资快递企业实施收购兼并，加大网络投入，着力拓展国内业务。各类快递企业结合市场需求和自身优势，细分市场，提供多样化服务，基本形成了相互竞争、相互促进、共同发展的市场格局。

服务领域不断扩展。本地区快递服务产品种类丰富，服务领域不断拓展。业务种类已从快递基本服务扩大到收件人付费、代收货款、代客报关、签单返回等多种增值服务。多样化服务丰富了用户选择，方便了社会生产和人民生活。与此同时，快递服务已开始向制造业渗透和延伸，电子商务、生产型快递服务增长显著。

技术装备水平显著提高。区域内快递企业拥有的计算机、手持终端、生产场地、营业网点、运输设备等大幅增加。规模以上快递企业均建立了客服系统和快递信息系统，并利用无线移动网络、可视快件追踪等技术设备，实现快件全程实时监控。在快件自动分拣方面，射频识别技术（FRID）已完成了在快件总包处理环节的示范应用。区域内大型快递企业重点作业设施获得了国际 TAPA 安全认证，在高价值快件安全监控方面已达到国际先进水平。

行业管理机制初步建立。邮政政企分开后，“政府监管、行业自律、社会监督”的快递管理体制已经确立。为促进快递发展，京津冀邮政管理部门与当地政府密切配合，在建设用地、车辆通行、降低税负等方面已出台了扶持政策。各级快递协会、消费者申诉受理中心和职业技能鉴定中心相继成立，快递企业经营许可、快递统计报表制度发布实施，快递企业达标、快递服务评价、消费维权等相继开展，地区快递市场环境明显改善。

（二）发展环境

政策法规环境。《国务院关于加快发展服务业的若干意见》于 2007 年出台，确定了我国加快转变经济发展方式，大力发展包括邮政、快递在内的现代服务业的战略。国务院《物流业调整和振兴规划》进一步明确了国家发展快递物流业的政策导向。《邮政法》、《快递服务》标准、《快递业务经营许可管理办法》等相关法规、标准颁布实施，奠定了快递发展的法制基础，市场秩序逐步规范，发展战略逐渐清晰，快递发展活力得到释放。

经济发展环境。京津冀地区在我国区域发展战略布局中具有重要地位。本地区经济发展正处于历史上最好时期，增长速度高于全国平均水平，2009 年地区 GDP 达到 3.63 万亿元，同比增长 10%，占全国 GDP 的 10.8%。经济的健康运行，为快递的持续发展提供了现实需求和发展动力。京津冀在区位、人才、技术和资源方面具有互补优势。北京具有智力和科技资源优势，高科技产业聚集，经济发展充满活力。天津产业基础雄厚，高新技术产业规模不断扩大，产业集群正在形成，建设北方制造业中心的进程不断加快。河北省具有资源和工农业优势，初步形成了门类齐全、功能完备的工农业产业体系，已成为我国重要的北方经济大省。京津冀地区是全国航空及水陆路交通运输网的枢纽地带。区域内有近 250 条国内国际航线和 4 大港口，有 35 条高速公路与 280 多条国道及省干线相连，基本形成了覆盖京津和河北 11 个市的 3 小时都市交通圈。京津冀是我国铁路、公路、水路和航线最为密集、基础设施最为完备的地区之一。完善的综合交通运输体系为发展快递服务提供了有利条件。

社会发展环境。京津冀地区是我国政治、科技与文化的中心区域。该区地域相连、文化相近，在区位、人力、技术和资源方面具有天然互补优势。进入新世纪，特别是在“十一五”期间，国务院对京津冀的功能做了全新定位，加快了京津冀合作与发展进程。北京定位为“国家首都、国际城市、文化名城、宜居城市”。天津定位为“国际港口城市、北方经济中心和生态城市”。河北定位为“沿海经济社会发展强省”，并确立了“服务京津、承接辐射、主动融合、错位发展”的区域合作发展战略。三省市各自的比较优势已基本建立，分工轮廓初步显现。2009 年，三省市规划部门签订了《关于建立京津冀两市一省城乡规划协调机制框架协议》，为区域内产业、交通、物流、旅游、生态等多方面协商和对接创造了条件。同时，京津冀地区发展中仍然存在着较明显差异，主要表现在京津对河北的聚集效应大于辐射效应，产业结合程度较低，区域一体化进程尚处于起步阶段。

（三）发展趋势

制造业集群迫切需要现代快递物流。以中关村科技园高端研发基地、天津滨海新区现代制造基地、曹妃甸原材料能源基地和京津唐高新技术产业带、石家庄、廊坊、保定、唐山制造业产业带为产业布局构架，本地区正在形成以软件、集成电路、网络通信、生物制药、新材料、汽车制造、航空航天、现代冶金和重化工为代表的高新技术产业集群。产业集群物流规模大、需求集中，与快递企业深度合作，协同发展已成为趋势。

电子商务快递配送需求持续增长。电子商务正成为京津冀地区重要的新兴产业，在知名电子商务总部、大型门户和行业网站数量方面，本地区位列全国第一，京津冀已成为中国互联网产业最发达的地区之一，由电子商务带动的快递物流配送业务持续快速增长，快递企业已成为电子商务企业至关重要的战略合作伙伴。

快递服务推动专业市场升级改造。京津冀地区聚集了 400 余个闻名全国的大型专业市场。这些市场是相应产业集群的重要交易平台，是产品流通的重要渠道，已经成为地区经济的重要组成部分。传统专业市场借助互联网、创新交易方式、接轨现代快递物流，带动市场全面改造升级，已经成为发展方向。

城市产业聚集区带动快递服务发展。京津冀地区是全国总部经济最集中的区域之一。大批世界 500 强企业、国内大型中央企业集团、高科技研发中心在京津聚集，形成了具有区域特色的科技、商务、金融、文化创意、会展等产业聚集区和功能区，这些区域作为物流、资金流、信息流的重要集散地，对快递服务有持续增长的需求。

农村快递服务需求不断增长。改革开放以来区域内农村消费规模不断扩大，消费观念日益更新，通过快递实现的网上交易已成为农村新的购物方式。新农村建设、服务“三农”等政策的实施，带来大量工业品下乡需求，同时城市对有机绿色农产品需求迫切。快递服务开展工业品下乡、优质农产品进城，市场发展潜力巨大。快递服务对构建现代农村流通体系、增加农民收入、保障民生等方面将发挥更为重要的作用。

快递企业服务延伸转型发展趋势明显。伴随着区内社会生产方式和人民生活、消费方式的变化，物流对象呈现“一多、两高、三小”（多批次、高时效、高附加值、小批量、小体积、小重量）特征，“门到门”、“一站式”和“可跟踪”的快递物流需求日益增多，快递服务已开始向服务链的上下游渗透延伸，电子商务和生产性快递服务将持续增长。快递企业通过资源整合与服务延伸，向现代综合快递物流企业转型，已成为大型快递企业发展的共同战略选择和行业变革的重要方向。

（四）存在问题

京津冀地区快递发展仍然存在一些亟待解决的问题，主要表现在：快递服务能力不足，不能满足社会不断增长的快递服务需求；传统快递业务增长势头趋缓，新兴业务增长点正在形成，但规模尚小；部分快递企业职业化程度偏低，缺乏明晰的发展战略，管理体制和运营机制落后；行业发展虽初具规模，但缺乏具有国际竞争力的内资快递企业和优质快递品牌；快递服务投诉率较高，服务质量不稳定，服务水平有待提高；寄递违禁品、危险品情况时有发生，快递安全面临的形势依然严峻；网络经济环境对快递提出全新要求，信息技术、自动化技术对快递发展的支撑能力亟待加强；中心城市与二三线城市快递服务发展水平差异较大，城乡快递资源配置不均衡，农村地区快递发展相对滞后；快递发展的政策环境仍需进一步改善，涉及快递企业车辆进城、工商注册等问题需要重点解决。

二、指导思想和发展目标

（一）指导思想

深入贯彻科学发展观，落实《邮政法》、国务院《物流业调整和振兴规划》和国家邮政局促进重点区域快递服务发展的部署和要求，优先发展重点服务领域，着力构建现代快递服务体系，突出“集成优势、高端引领、竞合共赢、点轴支撑、跨越发展”指导方针，更好服务于区域经济和社会发展。

集成优势。充分利用三地区位优势和企业优势，既发挥局部优势和现有优势，更注重集成内部和外部优势资源，实现快递服务由“发挥优势”向“集成优势”的高效发展方式跃升。

高端引领。站在先进发展理论、发展模式的前沿，占据产业链和技术进步的高端，引领地区快递发展。着力发展新兴业务和高端业务，带动提升行业整体发展水平。

竞合共赢。克服过度竞争，提倡合作双赢，开展企业间在产品、网络、运能、技术、地缘等方面的合作，促进优势互补，放大规模效应，实现地区快递发展“竞合共赢”的良性循环。

点轴支撑。强化地区中心城市快递服务集聚节点作用，“点”、“轴”要素结合，建立地区快递服务的发展带，实现不同功能的快递节点和快递服务资源在空间上的科学分布，支撑和带动地区快递服务全面发展。

跨越发展。努力实现服务能力和技术进步的跨越发展，传统快递领域向电子商务、供应链领域的跨越发展，全面提升区域快递发展的整体水平和综合竞争力。

（二）发展目标

完善快递发展环境，转变发展方式，创新服务模式，拓展和延伸服务领域，发展现代综合快递物流，推动重点领域发展，形成互利共赢的地区快递发展机制和点轴支撑的快递发展布局。在规划期内实现“五个显著提升”：经济与社会效益显著提升，服务能力显著提升，服务质量显著提升，行业竞争力显著提升，安全保障能力显著提升。努力将京津冀地区建设成为我国快递服务的创新区、发展现代快递物流的先导区、重点领域跨越发展的示范区。

经济与社会效益目标

——实现京津冀地区快递服务业务收入年均增长率达到同期地区 GDP 增长率的 2.5 倍以上。2014 年规模以上快递企业业务收入达到 170 亿元以上，年均增长速度达到 20％以上。

——拓展服务领域开发新的就业岗位，年新增就业岗位 3000 个以上。

服务能力目标

——京津冀设区市全面实现市内快递“当日达”、城区实现“12 小时送达”。地区城市、城关地区和部分重点乡镇互寄快递实现“次晨达”或“次日达”。地区乡镇快递网点（直营、代营点）建设覆盖率达 90％。

——建设适应电子商务发展的快递配送体系，建立 5～7 个网络覆盖广泛、具有一定知名度和影响力的电子商务快递服务联合体，建设 3～4 个大型电子商务快件处理中心。

——发展生产性快递物流服务，重点发展与世界 500 强企业和国内大型制造企业的合作共同体和战略联盟，实现一批百万元级和千万元级的协议客户。

服务质量目标

——公众满意度逐年提高，规划期末达到 85 分以上。

——投递时限准时率提升到95%，信息上网率、查询回复率、投诉办结率接近100%。

——骨干快递企业85%以上分支机构通过《快递服务》标准达标验收，快递业务员持证上岗率达到60%以上。

行业竞争力目标

——培育自主快递服务品牌，形成3～4个国内领先、具有一定知名度和影响力的现代快递企业。

——发挥国有企业骨干作用，支持邮政速递物流公司成为具有国际竞争力的现代综合快递物流企业。

——构建多种形式的合作共同体，形成3～4个国内有影响力，综合效益显著的快递战略联盟。

——企业技术投入显著提高，重点推广快递信息化、自动化和安全监控技术，加大技术改造力度，力争实现骨干企业研发经费投入占企业收入的2.5%左右，达到国内服务业的先进水平。

安全保障能力目标

——快递安全保障能力显著增强，骨干快递企业建立包括技防、人防和流程控制的安全管理体系。

——快递安全达到《邮政法》及地方配套规定的要求。

三、主要任务

（一）优化快递发展空间布局

立足于京津冀快递服务布局的现实基础，综合考虑三地功能定位、产业发展、快递需求等因素，形成以北京、天津为主核心，以石家庄、唐山为次核心，以北京—廊坊—天津—滨海新区为发展主轴，以北京—保定—石家庄和北京—唐山—秦皇岛为两大发展次轴，以曹妃甸—滨海新区—沧州—黄骅港为临海城镇新兴发展带，以张家口和承德为冀北发展带，以衡水—邢台—邯郸为冀南发展带，以广大腹地为农村快递发展区的快递发展空间布局。优化快递网点布局建设，形成对主要城市重点区域、社区和乡镇快递网点的有效覆盖。促进快递服务资源要素在空间上的优化配置，力争到规划期末，基本形成京津冀地区点轴支撑、相互依托、优势互补、服务高效的地区快递服务发展布局。

（二）构建现代快递服务体系

发展城市重点领域快递服务。突出首都地区全国政治、文化和国际交流中心地位，全力保障首都政治、经济、文化和外事活动的快递服务。立足北京“世界城市”、天津“国际城市”、河北“沿海经济强省”定位，适应中心城市产业和功能布局，引导企业开展总部、科技、金融、文化、高校、会展等重点领域快递服务，大力发展适应城市产业聚集区和功能区特点的样品、票务、单证、文件等快递业务，发展高时效、高附加值、小批量、小体积的高端快递物流服务和国际快递服务，使中心城市成为支撑地区快递发展的重要增长极。

发展同城便民快递服务。加强同城快递基础设施建设，完善同城快递网络。重点发展同城购物、同城代收、节日礼仪和快速消费品快递服务，鼓励创新快递业务模式，开发各类服务民生的个性化快递服务。推进快递服务网络贴近校区、街区和社区，促进快递服务联系各行各业、深入千家万户，为人民生活提供更大便利。

发展电子商务快递配送服务。大力推进快递企业与地区电子商务总部的全方位合作，通过建立电子商务快递公司、电子商务快递联盟等各种形式，构建电子商务与快递的合作发展平台。积极提供代收货款、验货签收、信用认证、快递保价、签收信息电子返单、目录推广和各种网络在线工具等适合电子商务特点的综合服务。支持企业建立“仓储管理＋配送服务”的电子商务快件处理中心。支持企业向二、三线城市和农村地区发展电子商务快递配送。鼓励企业与电子商务企业整合供应链，提供一体化解决方案，重点建立一批具有知名度和影响力的电子商务快递服务合作联盟。

发展产业集群快递物流服务。推动生产性快递物流服务与制造业的衔接、配套。支持快递企业根据客户产业特征，创新快递物流服务模式，促进快递服务向提供仓储、包装、配送、在途跟踪、货款结算、客户信息反馈和定制服务等一体化快递物流服务转变，促进快递物流与制造业上下游供应链的资源整合。以专业化综合性快递物流服务，支持制造业的高效集约运营。

发展大型专业市场快递物流服务。发挥快递的服务与网络优势，借助专业市场电子商务平台，促进地区大型专业市场创新交易模式，全面改造升级，推动地区性、传统市场向全国性、开放型市场转型，促进专业批发市场销售渠道向零售企业和消费者终端的延伸。

开拓农村地区快递服务。重视农村地区快递需求，推动将具有快递功能的邮政“三农服务网点”纳入地区新农村建设规划。支持快递企业向农村发展，鼓励有条件企业成为国家“农超对接”工程的承办单位。积极发展优质工业品下乡、特色农产品直接进城的快递服务，积极探索构建“布局合理、城乡衔接、双向高效、富有特色”的农村快递服务模式，促进农村现代流通体系建设，缩小地区城乡二元结构差异。

建立地区快递应急机制。充分发挥北京作为行业管理中心、企业运营中心的作用，加强区域间相关部门协调，依托邮政、铁路、民航等骨干快递物流企业，储备航空和陆路应急运能，制定快件紧急疏运预案，推动建立“政府统一指挥协调、社会力量配合参与、骨干企业负责实施”的快递应急管理机制，保障自然灾害和突发事件发生时快递网络的畅通，确保滞留快件、应急物资的及时疏运。

（三）推进地区优势资源整合

推动企业优势资源整合。鼓励地区内快递企业发挥比较优势，开展基础设施、干支线运输、网络网点、快件揽收和末端配送等各方面的合作。鼓励企业通过参股或联合等方式，结成利益共享、业务互补的合作伙伴关系。支持跨地区、跨行业资源整合，实现双赢多赢的地区快递“竞合”发展模式，进一步增强地区快递服务综合实力。

鼓励快递企业与工商企业整合。鼓励快递企业与工商企业整合供应链，开展上下游合作，建立合作伙伴关系。建立工商企业、电子商务企业与快递物流企业联动发展的协作机制、行为约束机制、利益补偿机制，实现互利双赢和共同发展。

促进快递企业内部资源整合。推动快递企业建立现代企业制度，完善组织结构，优化管理模式，整合运营资源，加快向现代快递企业转型，实现由服务价格竞争向服务品质竞争转变，由依靠资金、低成本劳动力发展向依靠科学技术和高素质人才持续发展转变，由单一快递领域向供应链服务领域拓展，在地区内造就一批主导业务突出、综合竞争力强的大型快递企业。积极推动国有快递企业深化改革，做强核心快递业务，提高企业经营效益，树立大局意识，承担社会责任、安全稳定运行、不断发展壮大，进一步发挥国有快递企业在地区乃至全国快递发展中的支撑和带动作用。

（四）优化快递综合运输网络

充分依托大交通平台，发挥地区航空、公路和铁路交通密集的优势，强化北京快递中枢作用。支持企业完善和优化公路快递干线网络，在区内二三线城市至北京之间开通夜间快件汽运直达班车，实现地区城市“京转航”快件与京津两市快件的处理时限同步。鼓励企业运输方式创新，开展拼车归集运输合作，减少迂回空驶，提高快递运输社会化程度。积极探索社会化、集约化超大型城市低碳快递运输体系的发展模式。推动企业与铁路部门开展合作，重点利用京发特快行邮专列、快速行包专列搭载快件。积极探索城际高铁带运快件的合作模式，推动发展高效安全、经济环保的铁路干线快递运输方式。鼓励企业完善航空快递运输网络，支持邮政航空公司继续增加运能，增开国内国际航线，增加经停点，提高地区航站快件的进出口能力。支持快递企业拓展国际航线覆盖范围，促进国际快递业务发展。

（五）强化快递科技支撑能力

提高快递信息化水平。充分发挥信息技术对快递的运营支撑和引领创新作用，以信息网支撑快递实物网，实现快递实物网与信息网融合，提升快递作业效率和服务水平。推动快递公共信息服务平台、电子商务配送信息平台建设。

提升快递技术应用水平。强化科技对快递服务的支撑作用，鼓励快递企业增加投入，积极采用先进适用技术、设备实现企业改造升级，增强技术进步对快递发展的促进作用。鼓励企业运用自动识别、全球定位、单元化装载、数据交换和可视化等技术，采用仓储运输、装卸搬运、分拣包装等专用设备，提升劳动生产率和运营效率。推动产学研合作，积极参与快递前沿技术创新开发和先行先试，力争使本地区成为快递应用新技术的研发和示范中心。

（六）推进快递基础设施建设

推动在本地区国家级经济技术开发区、省级以上开发园区、总部基地、电子商务总部聚集区及卫星城，规划和建设一批集中式快递处理和配送中心、大型电子商务快件处理中心。支持骨干企业利用自有房产和各类社会店面，发展有固定场所的快递经营网点。鼓励快递企业对所辖网点统一门店装修、统一服务标准和统一信息平台。根据国家出台的区域空港中长期规划，推动空港快递物流园区的规划和建设，为快递企业提供集中式、专业化、高水准的空港快递服务聚集地、人才培训基地、新技术实验基地，着力构建支撑本地区快递发展，具有综合快递物流服务功能的重要枢纽。

（七）全力保障快递渠道安全

坚持地区快递服务“以快为先，以安为本”的发展理念，推动企业建立内部流程、技防、人防三结合的快递安全体系。鼓励骨干快递企业达到国际物流安全标准，提高承接高安全性快递业务的能力。在国家重要活动期间，强化对快件的安检工作。推动建立快件出入境口岸检验检疫、海关、公安、安全等有关单位的联络协调机制，重点防范通过快件传递“核、生、化、爆”等危险品，有效应对快递领域的突发事件，确保区域内快递渠道安全。

（八）切实加强快递监督管理

开展地区快递市场发展规模及结构问题的研究，科学把握快递发展规律，统筹引导快递市场健康发展。引导大型快递企业扩大网络覆盖，促进快递服务资源在区域内的均衡配置。鼓励加盟制企业管理体制和运营机制创新，运用资本和管理等手段，加强总部调控力度，强化网络稳定性。完善快递监管的配套制度，实施快递企业分级分类管理。加强监管队伍建设，完善监管手段，提升监管能力和水平，逐步实现由市场准入型监管向日常动态型监管转变。加强对快递企业的监督检查，及时查处违法违规行为，保护消费者权益，维护市场公平竞争环境。

四、重点工程

（一）电子商务快件处理中心工程

适应电子商务快件小批量、多批次、多品种和客户分散等特点，采取政府政策引导与企业投入为主的运作模式，推动建设3～4个处理流程科学、技术设备先进、处理能力强的大型电子商务快件处理中心，实现电子商务快件的信息处理、仓储、分拣封装、配送跟踪、客户管理等环节的一站式、规模化、集约化处理。建立以电子商务商流为基础、以快递物流为手段、以信息流为支撑、以资金流为归属的快递集中配送模式，全面提升电子商务快递综合服务能力。

（二）快递公共信息服务平台工程

以地区快递运营、商务应用、电子政务应用间的联系为基础，依托互联网、无线通信、卫星定位等技术，推动建立快递公共信息化服务平台，满足制造商、供应商、快递企业、最终客户和政府职能部门之间的信息发布与交换需求，实现快递信息互联和共享，促进快递服务链上下游间的业务协同与合作深化。

（三）电子商务配送信息平台工程

以地区电子商务和快递合作需求为导向，建设面向电子商务的快递配送信息开放式平台，实现电子商务信息系统叠加快递服务功能，实现订单、投递、结算等信息系统的对接，完成快递信息系统与电子商务系统的整合，为电子商务与快递企业合作提供信息平台支撑。

（四）快递服务安全防范体系工程

发挥京津冀地区在信息安全、智能化技术方面的优势，推动企业实施快递安全防范体系建设工程。主要包括：快递企业建立覆盖收寄、封装、分拣、运输、投递等各环节、全过程的安全体系；支持重点企业采用DVIR快递物流跟踪可视化系统，增强快件安全监控能力；支持重点快递企业配备安检设备，自建安检机构，强化安检力度；鼓励2～3个重点快递企业主要处理场地通过国际TAPA的A级安全认证，实现与国际物流安全标准接轨；配合有关部门加强快件出入境口岸生化实验室、隔离室及配套安检设施建设，提高对危险品快速检测、检疫能力。

五、政策措施

（一）建立合作协调机制

按照“政府牵头、专家参与、统筹协调”的思路，推动建立由发展改革、交通、工商、海关、公安和邮政等多部门参加的促进快递发展的协调机制。完善区域快递发展的配套政策，推动建立区域一体化发展的产业政策体系。建立区域一体化的监管机制，统一监管标准，实施相关许可证互认制度，协同推进一体化应急机制建设。三地邮政管理部门推动建立地区快递服务合作交流平台，组织跨省市的技术交流、专题研究和信息发布，对区域快递服务规划的实施进行评估，提出改进意见。

（二）完善快递发展环境

依据《邮政法》规定，实施快递市场准入制度，维护市场秩序。邮政管理部门加强与政府相关部门协调，推动将快递车辆列为特殊车辆或城市生活保障车辆进行管理，逐步解决快递车辆进入市区的通行和停靠问题，积极推动建设社会化、集约化的城市绿色快递运输体系。协调民航部门加强快递航空运能保障，提升快件运递速度。推动建立集安全检查、海关监管、商检卫检、地面服务等于一体的快递物品进出境“绿色通道”，提升通关效率。全面落实快递服务按“邮电通信业”税目征收营业税的政策，推动快递服务专用发票的实行。鼓励和引导企业开展快递科技创新和技术集成应用，推动将快递重点科技项目纳入政府专项规划、示范工程并予以财税、金融方面的政策支持。鼓励保险机构与快递企业合作，开发符合快递特点的保险产品，降低用户及企业运营风险。贯彻国务院《关于推动农村邮政物流发展的意见》，协助落实邮政“三农”服务网点经营资质和工商登记等配套政策，支持邮政速递物流企业发展农村连锁经营和配送服务。

（三）开展标准规范研究

以政府主导、企业和科研院所参与模式，开展地区乃至全国快递发展重要理论和战略性问题研究，为引领和促进快递健康发展提供支持。重点开展“电子商务快递物流发展对策”、“快递联盟合作形式、利益分配和风险评估”、“城市社会化快递运输体系研究”、“快递突发事件处置与防范”、“快递代收货款业务的风险与规范”等课题研究。借鉴国家相关物流信息化标准，开展“快递信息分类编码标准”、“快递信息采集标准”、“快递电子单证及信息交换平台标准”等快递信息标准化研究，推动快递相关标准制定和实施，完善快递服务标准体系，提升快递的标准化和科技水平。

（四）加强人力资源建设

建立和完善以政府为主导、企业为主体、院校为支撑的快递人才培养体系，着力建设一支高层次、专业化、技能型快递人才队伍。充分利用本地区教育、科技和人才资源优势，鼓励快递企业引进和培育高层次职业经理人和专业技术人才。发挥职业技能鉴定机构作用，开展多层次职业技能培训，推行快递员工持证上岗，形成支撑快递发展的职业化员工队伍。推进高校开展快递专业教育，培养高职、本科和研究生等多层次的专业人才。引导企业规范用工行为，严格执行《劳动合同法》等法律法规，健全与完善员工培养发展、薪酬分配、激励约束等人力资源管理的制度和机制，强化企业劳动者权益保障。

（五）发挥行业协会作用

积极发挥行业协会等中介组织的作用，推动行业协会组织按市场化原则规范和发展，加快协会的职能转变进程。进一步发挥行业协会在企业与政府间的桥梁纽带作用，增强行业服务、行业自律、内外协调以及维护行业合法权益的职能。对转移或授权给行业协会的事项，邮政管理部门做好相关项目的衔接工作，加强指导、跟踪和监督。快递行业协会通过推广行业标准、教育培训、从业人员资格认证等工作，为政府管理、企业经营和行业发展建言献策、提供服务。

088

长江三角洲地区快递服务发展规划（2009—2013年）

国家邮政局
2009年3月23日

根据《国务院关于进一步推进长江三角洲地区改革开放和经济社会发展的指导意见》和国家邮政局《邮政业“十一五”规划》，为促进长江三角洲地区快递服务实现跨越式发展，制定《长江三角洲地区快递服务发展规划（2009—2013年)》。规划区域是上海市、江苏省、浙江省的行政区划范围。

一、现状、环境与存在问题

（一）发展现状

快递服务是我国改革开放后兴起的朝阳产业，是邮政业的重要组成部分。经过多年的发展，长江三角洲地区（以下简称“长三角”）已经成为全国快递服务最发达的区域之一，长三角快递服务呈现以下几个特点：

1. 快递服务快速增长，市场规模逐年扩大

进入二十一世纪，随着国民经济快速平稳健康发展，长三角快递服务呈现高速增长势头。截止到2008年，快递服务收入年均增长超过20%。快递服务的发展为促进长三角进出口贸易，改善投资环境，满足社会生产和人民生活需求，扩大社会就业发挥了重要作用。长三角已经成为全国快递服务市场的重要组成部分。2008年，长三角规模以上快递企业的业务量达到5.1亿件，业务收入达到147.1亿元。长三角快递业务收入占区域邮政业业务收入（不含邮政储蓄银行直接营业收入）的比重超过60%，占长三角GDP的比重达到0.22%。

2. 总部经济效应显现，区域战略地位凸显

长三角依托其区位优势和战略地位，吸引了众多快递服务企业，长三角已经发展成为快递服务的竞争高地和市场风向标。同时，快递企业纷纷将总部设在长三角，总部经济带来的产业聚集效应开始显现。2008年，长三角快递服务业务收入占全国市场份额为36%，高于长三角GDP占全国GDP的比重14.2个百分点。目前，长三角已经成为全国快递市场的重要区域，其战略地位日益突出。

3. 市场主体多元化，经营模式多样化

到2008年底，在长三角邮政管理机构备案的快递企业有1883家，国有民营

外资等各类市场主体多元并存，差异化竞争。长三角作为“加盟制”快递企业的发源地和聚集地，兼容了“直营制”、“混合制”等多种经营模式，区域快递市场呈现出各具特色、共同发展的格局。

4. 基础设施较为健全，企业综合实力较强

区域内规模以上快递企业的网络较为健全，设立了国际国内和区域等不同规模的转运中心；收派作业、分拣作业、客户服务、营销管理、财务结算等各环节的机械化操作程度或信息化应用水平明显提高。规模以上快递企业从业人员众多，运营管理水平较高，综合实力较强。到 2007 年底，长三角规模以上快递企业拥有汽车 10227 辆，从业人数达 56865 人。

5. 服务覆盖范围广，服务产品多样化

到 2007 年底，长三角规模以上快递企业的服务网点共 8945 处，基本覆盖区域内的地级城市。服务网点的密度较高，县级城市服务覆盖率已达到 85%，部分企业的服务深入乡镇村庄。服务种类较为丰富，规模以上快递企业普遍提供“次日达”、“隔日达”、“次晨达”、“当日达”等服务，部分企业还提供代收货款等增值服务，涉足电子商务配送、供应链管理等服务领域，满足了不同层次的需求。

6. 市场竞争较为充分，区域联动效应显著

不同市场主体发挥自身优势，开展错位竞争、差异化竞争。以邮政 EMS 为代表的国有快递企业主导了长三角国内异地服务市场，民营快递企业占有区域内及同城快递服务的主要市场份额，外资（合资）企业在长三角国际快递市场竞争中优势显著。快递企业通过服务商务区、园区（经济、工业、高新技术）、校区和社区，带动周边，辐射全国。长三角内部互寄快件量已经占据长三角国内业务市场的“半壁江山”，与环渤海经济带、珠三角互寄快件量已占据长三角国内异地服务市场的较大份额，国际与港澳台业务呈崛起之势，快递服务与区域经济发展日益互动互联和互融。

（二）环境分析

1. 社会经济发展充满活力，区域一体化进程加快

长三角作为世界第六大城市群，是我国经济发展速度最快、经济总量最大、内在潜力最足、驱动能量最高、发展前景最好的地区之一。在全国经济实力最强的 35 个城市中，长三角占有 10 个；在全国综合实力百强县中，长三角占有 41 个。2008 年长三角 GDP 达到 6.56 万亿元，占全国 GDP 的比重为 21.8%，同比增长 16.8%，高于全国 GDP 增速 7.8 个百分点。受全球金融危机影响，短期内长三角经济增速将有所减缓，但国家正在采取强有力的政策措施扩大内需、振兴产业，长三角经济平稳较快发展的基本面不会改变，其外向型经济和以服务业为主的产业结构，将拉动区域快递市场持续增长。信息一体化、交通一体化、市场

一体化、现代物流一体化、金融一体化和生态环境治理一体化等区域经济一体化进程正在逐步推进。上海市、江苏省、浙江省政府签署的《长三角现代服务业合作协议》，将进一步推进区域服务业发展一体化，为快递服务发展搭建重要的公共政策平台。

2. 政策与法律环境逐步完善，市场监管格局初步形成

《国务院关于加快发展服务业的若干意见》和《国务院关于进一步推进长江三角洲地区改革开放和经济社会发展的指导意见》，进一步明确了服务业是国民经济的重要组成部分，强调要加快邮政业等服务业的发展，这为快递服务发展创造了良好的政策环境。快递服务的法律法规和标准化体系建设逐步完善，《快递市场管理办法》等法规的出台，《快递服务》标准的发布实施，邮政法修订工作顺利推进，将为快递服务发展奠定坚实的法律基础。邮政管理机构依法开展市场监管，快递协会积极规范企业经营行为，消费者维权意识和能力显著增强，政府监管、行业自律、社会监督的快递市场监管格局初步形成。

3. 交通基础设施日趋完善，技术创新不断涌现

长三角交通一体化进程加快。随着一批重要的交通基础设施相继开工建设和投入运营，长三角“1 小时、2 小时、3 小时都市圈”正在加紧构筑，区域“同城化”格局加速形成。航空设施日趋完善，正在形成以上海浦东、虹桥机场为国际枢纽机场，以南京、杭州、宁波和无锡等为区域性枢纽机场，以南通、温州、义乌、常州等为干线和支线机场的多级航路格局。日趋便利的交通为区域内快递企业利用社会公共资源、实现集约化运营搭建了网络运输平台。快件自动分拣设备、手持终端（PDA）、影像监控系统等技术和设备已经成熟，计算机电话集成（CTI）、全球定位系统（GPS）、地理信息系统（GIS）、通用分组无线业务（GPRS）、射频识别（RFID）技术逐步投入应用，为优化快递操作流程、提高运营效率提供了技术保障。

4. 市场需求旺盛，发展潜力巨大

未来几年，随着国民经济继续保持平稳较快发展势头，长三角作为我国重要的经济增长极，将迎来新一轮的快速发展。这一时期也是长三角快递服务实现跨越式发展的战略机遇期，预计年增长将保持在 25%以上。长三角全面推进产业结构优化升级，建设国际先进制造业基地，为快递服务参与生产企业供应链管理，提供一体化物流、分销配送服务提供了有利时机。2010 年世博会在上海举行，将会大幅度增加对快递服务的需求。长三角是全国电子商务最发达的地区，快递配送服务十分活跃。据统计，2008 年，每天为“淘宝网”提供的快递配送量 150 万件中，长三角的配送量超过 1/3。预计随着电子商务在规划期内继续保持高速增长，电子商务配送将成为快递服务发展的重要增长点。

（三）存在问题

1. 相关法律与政策滞后。有关快递服务的法律缺乏，新邮政法还有待颁布。扶持快递服务发展的配套政策不完备，车辆进城难、发展融资难、企业用地难、空运租舱难等问题突出。

2. 服务能力和水平亟待提高。快递服务规模偏小，服务能力不足，服务水平不高，不能满足社会生产和人民生活日益增长的需求。市场低端服务过剩，中高端服务供给不足。部分企业服务质量差，快件延误、损毁和丢失的投诉率较高。

3. 经营管理水平较低。部分快递企业组织形式落后，管理方式陈旧，经营模式和管理水平不适应企业规模化发展的需要，制约了企业健康发展和做大做强。

4. 市场竞争有待规范。部分快递企业把低价竞争作为市场营销的主要手段，导致"谁先涨价谁先垮、谁不涨价谁等垮"的无序竞争现象蔓延，阻碍了市场健康发展。

5. 产业集中度低。市场准入门槛较低，导致近年来快递企业数量急增，盲目扩张，"小、弱、散、差"现象突出，缺乏品牌优、实力强、网络全、具有国际竞争力的大型快递企业。

6. 从业人员素质偏低。快递从业人员流动性大，多数快递企业没有建立业务和技能培训制度，专业化、技能型人员紧缺，管理、运营、技术等方面的专业人才匮乏，严重制约了企业的发展。

二、指导思想与发展目标

（一）指导思想

以邓小平理论、"三个代表"重要思想为指导，深入贯彻落实科学发展观，贯彻《国务院关于加快发展服务业的若干意见》、《国务院关于进一步推进长江三角洲地区改革开放和经济社会发展的指导意见》精神，按照《邮政业"十一五"规划》要求，以世界眼光和战略思维谋划发展，以服务区域经济社会发展和实现产业做大做强为目标，以改革创新为动力，依托区域一体化发展优势，统一制定快递发展政策，优化快递发展环境，建立供需均衡竞争有序的市场机制，推进长三角快递服务科学发展、和谐发展和跨越式发展。

（二）发展目标

1. 总体目标

加强能力建设。满足区域经济社会发展对快递服务的需求，将长三角打造成为快递服务的国内重要基地和国际快递服务的重要门户，将快递服务培育成为区域经济新的增长点。

提升产业层次。拓展服务领域，将服务范围向上游产业延伸，统筹协调快递基本业务与电子商务配送、供应链管理等新业务的发展，加速推进传统服务方式向现代服务方式转变。

转变发展方式。提高快递服务的信息化、标准化水平。逐步从价格竞争向服务内涵、服务质量竞争发展。推进科技创新、产品创新和管理创新，实现企业运营集约化，规划布局集群化，产业发展集聚化。

统筹协调发展。整合长三角快递服务资源，提高产业集中度。推进区域内各种不同经济成分的快递企业协调发展，推进国际业务、国内业务和长三角区域互寄业务协调发展，推进快递服务在区域内城乡之间一体化协调发展。

增强企业竞争能力。鼓励和引导企业加强品牌建设，拓展网络能力，提升服务质量，不断增强企业竞争能力和应对危机的能力。培育一批具有国际竞争力的大型快递企业。

推进一体化发展。建设各类生产要素自由流动合理配置的统一区域市场体系，建立有效的联动服务联合监管机制。

2. 具体目标

经济与社会效益目标：规划期内，快递服务的年增长率保持在25%以上。到规划期末，规模以上快递企业的业务收入达到500亿元；占GDP的比重由2008年的0.22%提高到2013年的0.51%。新增就业岗位8万个。从业者年人均劳动生产率由2008年的23万元提高到2013年的37万元。

集中度目标：通过集约化经营，集聚化发展，提高市场集中度。到规划期末，重点培育出年收入超过100亿元的网络型快递企业。

服务质量目标：推行标准化服务。到规划期末，规模以上快递企业普遍达到快递服务标准。延误率、损毁率和丢失率等指标处于全国领先水平。规模以上快递企业全部建立投诉处理平台，投诉受理率达到100%，投诉处理满意率达到90%以上，社会用户满意度达到80%以上。

服务能力目标：提高信息化应用水平，建立完善的经营管理计算机系统，提高快件跟踪查询和信息反馈水平。到规划期末，规模以上快递企业普遍采用手持终端（PDA）设备。提高快递转运中心自动传输设备和自动分拣设备的应用水平。增加直发城市的快递班车。实现地级城市间“次晨达”，区域内全国“百强县”间“次晨达”，其他县级城市间“次日达”。推动快递服务延伸到乡村，服务“三农”。到规划期末，规模以上快递企业普遍提供“限时达”、“当日达”“次晨达”等多样化和标准化服务产品，并推广实施收件人付费、代收货款、短期仓储、代为包装等系列增值服务。

一体化目标：到规划期末，规模以上快递企业全部实现内部作业和对外服务标准化。实现服务人员着装、操作和礼仪统一。实现作业车辆和营业网点外观、标识统一。基本实现快递企业与交通、海关和航空等外部系统的标准化连接。统一制定车辆市区通行、快递转运中心用地等扶持政策。建立区域一体化服务质量评价体系。建立统一的邮政监管信息平台。

职业培训目标：实施《快递业务员国家职业技能标准》，鼓励快递从业人员经过培训和考核取得快递业务员国家职业资格证书。到规划期末，从业人员持证上岗率超过40％，快递企业普遍推行员工岗前培训制度和在岗培训制度。

三、主要任务与政策措施

（一）主要任务

1. 强化快递市场监管，营造公平竞争环境

依照即将颁布的新邮政法等有关法律法规，建立公平规范和一体化的快递市场准入和退出机制。加强市场监管，实施分类分级的管理制度，构建统一开放竞争有序的市场体系，营造公平竞争的市场环境。充分发挥快递协会的作用，建立健全行业自律制度，保护消费者权益，维护企业合法利益。

2. 制定扶持政策，支持企业快速发展

争取相关部门支持，清理区域内限制快递发展的不合理地方规章，制定税务、公安、交通、航空、土地管理等部门的配套扶持政策。引导快递企业由价格竞争向服务竞争转变，提升综合服务水平，促进快递服务与其他产业的有机融合。引导国内外资本投资快递服务领域。实施“走出去”战略，鼓励和支持内资快递企业更多地进入国际市场，在巩固传统国际市场的基础上，大力拓展新兴国际市场。

3. 做大做强，提高企业竞争力

培育若干家品牌优、规模大、实力强、后劲足的网络型内资快递企业。推进长三角邮政速递物流改革，充分发挥邮政企业的骨干作用。鼓励企业之间资源共享，做到优势互补，发挥整体竞争优势。

4. 科学规划，推进快递服务基础设施建设

打破长三角行政区划限制，建立区域快递服务资源配置一体化机制。统一规划，推进快递重大基础设施项目建设。支持快递园区建设，发挥园区的聚集和带动效应，推动企业集约化运营和规模化发展。

5. 拓宽服务领域，促进产业结构优化升级

鼓励引导企业加快进入制造业供应链服务领域，承接电子商务配送服务，大力发展信息流、资金流、实物流“三流合一”业务，推进快递服务和电子商务融合发展。鼓励企业抓住长三角城乡一体化发展机遇，促进农村快递发展。

6. 建立质量评价体系，提升整体服务水平

充分发挥快递协会、消费者协会等中介组织的作用，建立长三角快递服务质

量评价体系。通过建立科学的评估指标，促进快递企业提高服务质量。鼓励快递企业建立高于《快递服务》标准的企业服务标准，提供优质的承诺服务。

（二）政策措施

1. 推进制度创新，建立区域快递服务协调和监管机制

建立区域快递服务一体化发展联席会议制度，争取区域内有关部门的支持，制定统一的扶持政策，协调解决快递车辆进城、企业融资、设施用地、航空运能、快件通关、税费减免、工商登记、人才培育等问题。依托“长三角城市经济协调会”，率先在核心区域的十六个地级以上城市取得相关政策突破，并逐步覆盖到其他城市。建立长三角统一的监管机制，构建统一的监管信息平台，统一监管标准，实施相关许可证互认制度，协同推进一体化应急机制建设。

2. 依托“大交通”平台，整合快递服务资源

鼓励企业依托“大交通”平台，综合利用社会运输资源，理顺产品成本、服务时限和社会需求之间的关系，做到成本省、服务优、客户满意度高。争取相关部门支持，探索快递企业与其他运输企业的合作模式，鼓励利用城际高速铁路和高速客运班线运送快件；推动建立快件优先配舱、优先安检、快速通关的“绿色通道”，鼓励利用社会航空运力进行 800 公里以上快件运输。鼓励快递企业在快件运输、分拣场地等方面资源共享、优势互补。

3. 依托电子商务，培育快递服务新增长点

抓住电子商务快速发展的有利时机，促进快递服务与电子商务产业紧密结合，融合发展。推动快递企业加强与电子商务网站合作，不断优化业务结构，提升服务水平，实现互利共赢。鼓励快递企业提供企业对个人（B2C)、个人对个人（C2C)、企业对企业（B2B）的配套快递配送服务。充分发挥快递协会等中介组织作用，研究电子商务快递中代收货款、签收方式、快件保险等问题，组织拟定相关服务规范。

4. 提升科技应用水平，增强快递服务能力

推动快递企业采用先进科学技术，提升信息化水平。鼓励快递企业实现快件分拣机械化，提高处理效率，降低劳动强度。提高快递企业信息技术应用水平，利用手持终端（PDA)、计算机电话集成（CTI)、全球定位系统（GPS)、地理信息系统（GIS）等信息技术及设备，提升服务水平和生产作业效率。支持快递企业设立统一服务热线，建立统一的客户服务平台。

5. 完善快递基础设施建设，优化网络布局

发挥区域内快递企业总部聚集的优势，推进快递园区建设，实现园区内基础设施建设集聚化、集约化和功能化。有条件的城市，要将快递转运中心建设纳入当地物流园区规划。争取相关部门支持，规划建设浦东、虹桥、萧山、无锡、禄口航空快递枢纽，和宁波、义乌、温州、台州、连云港航空快递支线等两级航空

转运中心；规划建设上海、杭州、无锡、南京陆路快递枢纽，和宁波、嘉兴、金华、温州、泰州、南通、义乌、台州陆路快递支线等两级陆路转运中心。

6. 强化企业管理，实现规模发展

建立健全现代企业制度，完善企业内部管理，加强总部调控，优化经营模式，改造作业流程，提升管理水平。鼓励和引导企业通过盘活存量资产、兼并、联合、重组、上市等资本运作，实现规模化发展，集约化运营。培育若干拥有知名品牌、具有国际竞争力的大型快递企业。

7. 建立教育培训机制，培养专业人才

建立职业技能鉴定机构，引导企业支持员工参加职业技能培训，取得快递业务员国家职业资格证书，持证上岗。鼓励企业制定专业培训和职业技能培训计划，联合社会培训机构，建立快递培训基地，提高企业员工素质。利用长三角教育资源优势，与高等院校开展合作，开设快递专业课程，以委托培养、订单式招生等方式完善教育培训体系，培养快递专业人才。

8. 强化市场监管，确保运行安全

加强快递市场监管，防止不正当竞争，维护市场秩序。积极配合相关部门，做好快递物品安全监管工作。创新监管手段，探索对空港快递作业场地、快递园区等重点区域的集中安检方式。落实寄递物品安全责任制，引导快递企业履行“服务安全”承诺。制定完善2010年上海世博会寄递物品安全监管方案。

9. 发挥快递协会作用，加强行业自律

发挥快递协会的桥梁纽带作用，支持快递协会制定行业规范，推动资源共享，建立业内竞争自律机制。鼓励快递协会开展诚信企业评比活动，建立快递从业人员诚信档案，建立快件公共查询平台和客户诚信信息系统。鼓励快递协会与消费者协会等中介机构开展快递服务质量评价活动。

089

珠江三角洲地区快递服务发展规划（2010—2014年）

国家邮政局

2010年12月16日

前　言

依据《中华人民共和国邮政法》（修订）和《广东省邮政业管理办法》，为贯彻落实《邮政业“十一五”规划》、《珠江三角洲地区改革发展规划纲要》和《物流业调整和振兴规划》，促进珠江三角洲地区快递服务实现跨越式发展，结合本地区快递服务发展现状，编制《珠江三角洲地区快递服务发展规划》。

国家出台《珠江三角洲地区改革发展规划纲要》，将珠江三角洲地区改革发展上升到国家战略层面，明确要求构建现代产业体系，其中突出优先发展现代服务业，建设与港澳地区错位发展的国际航运、物流、贸易、会展、旅游和创新中心。《物流业调整和振兴规划》鼓励做大做强快递物流，加快建立快递物流体系。国家邮政局高度重视区域快递物流服务的发展，提出抓紧编制《珠江三角洲地区快递服务发展规划》，促进重点区域快递服务实现又好又快发展。

快递服务是现代服务业的重要组成部分，在珠江三角洲地区的产业体系中，快递服务通过加速物品运递和信息传送，有效提高了本地区物流、信息流、资金流的运行效率。编制《珠江三角洲地区快递服务发展规划》，提升本地区快递服务的产业层次、服务水平，对促进珠江三角洲地区产业战略转型升级、外向型经济发展，充分发挥珠江三角洲地区的整体优势，提高辐射引领能力和国际竞争力有着重要战略意义。

本规划的范围是，以广东省的广州、深圳、珠海、佛山、江门、东莞、中山、惠州和肇庆市为主体，辐射环珠江三角洲区域，并将与港澳地区紧密合作的相关内容纳入规划。

本规划期限为2010年—2014年。

一、发展现状与面临的形势

（一）发展现状

改革开放30年来，珠江三角洲地区率先开放，开拓进取，实现了经济社会发展的历史性跨越，成为中国经济发展最快、市场化程度最高、发展潜力最大的地区之一。随着经济社会的快速发展，珠江三角洲地区快递服务发展势头强劲，已经形成了多种所有制企业并存、多样化产品互补、多层次服务共生共赢的快递服务产业格局。

地区快递服务规模化发展。2008 年，珠江三角洲地区规模以上快递企业完成业务收入达 70 亿元，快递业务量超过 2.8 亿件，占全国的 1/6 以上。全省快递网点 6000 多处，大部分集中在珠江三角洲地区，部分快递企业已将服务网点覆盖到区域外围偏远乡村。

区域快递服务吸引力不断增强。国外著名的快递企业纷纷设立地区总部或转运中心，联邦快递公司（FEDEX）在广州白云机场兴建亚太区规模最大的航空货物转运中心，TNT 公司将其位于香港的处理中心移至广州，优比速包裹公司（UPS）已将其位于菲律宾的泛亚航空转运中心转移至深圳机场。

快递企业软硬件水平显著提升。珠江三角洲地区快递企业管理、技术、服务标准化水平较高，多数能利用互联网技术为客户提供服务，广东邮政速递物流公司（EMS）、民营顺丰速运以及各外资快递企业已成立快递航空公司或拥有服务包机。

快递服务产品呈多元化趋势。快递企业不断通过技术创新提高自身的服务水平，从提供单一型的快递服务，逐步向包括普通运输、仓储与配送、进出口代理、通关服务、物流咨询及代收货款等相关增值业务多元化发展，服务层次向高端延伸。

行业管理逐步规范。《快递市场管理办法》、《快递服务》标准的发布实施，邮政业统计报表制度在全行业的推行，《广东省邮政业管理办法》的颁布实施，广东省邮政管理部门加强依法监管，指导快递行业协会加强行业自律，推动着珠江三角洲地区快递服务政策法规、市场环境的不断优化。

（二）主要问题

珠江三角洲地区快递服务业在快速发展过程中还存在一些问题，主要表现为：

市场竞争格局有待优化。跨国快递公司以实力雄厚、技术先进的优势抢滩珠江三角洲快递市场，主攻国际速递业务等高端市场。大量本土快递中小企业经营模式和管理水平不适应企业发展需要，其主要市场为国内客户的普通物品寄递等低端业务，市场竞争激烈。

从业人员素质有待提高。快递服务从业人员流动性大，多数快递企业没有建立业务和技能培训制度，专业化、技能型人员紧缺，管理、运营、技术等专业人才匮乏，严重制约了企业的发展。

网络资源配置有待整合。少数规模较大的快递企业拥有完善的网络资源，珠江三角洲地区快递网络覆盖面虽广，但企业之间的运营网络资源未实现优化配置。企业快递网络与区域内交通基础设施网络未能有效衔接，影响了快递服务时限和质量的提升。

行业发展环境有待优化。本地区快递服务行业管理有待加强，市场准入有待规范，企业分类管理有待完善。相关配套扶持政策有待完备，以进一步解决车辆进城难、发展融资难、企业用地难、空运租舱难等制约快递服务发展的瓶颈问题。

（三）形势需求

当前国际金融危机不断扩散蔓延，珠江三角洲地区发展受到冲击，制约本地区服务业发展的深层次矛盾和问题凸显，快递服务作为本地区服务业的重要组成部分，也面临着经济运行困难、产业结构转型、市场竞争激烈等诸多挑战，但总体上珠江三角洲地区经济的快速发展，软硬件设施的不断完善，为该地区快递服务发展提供了有利条件和广阔空间。

地区经济快速发展为快递服务发展提供了动力。2008 年，全地区实现 GDP 2.97 万亿元，同比增长 12.6%，增幅比广东省平均水平高 2.5 个百分点，经济增长主引擎作用明显。未来 5 年，珠江三角洲地区 GDP 将以高于年均 7.7%的速度增长，地区经济快速发展将大幅拉动快递市场发展。

战略定位的确定将为快递服务创造旺盛的需求。珠江三角洲将定位于世界先进制造业和现代服务业基地，并形成全国重要的经济中心，成为带动全国发展更为强大的引擎。这一战略定位的确定，地区制造业和现代服务业将进一步发展，尤其是电子制造、电子商务的发展，将给快递服务市场带来更旺盛的需求。

毗邻港澳东南亚的地缘优势为快递服务外向型发展提供了便利。珠江三角洲地区快递业务收入中 40%以上是国际及港澳台业务，外向型快递服务特点显著。随着《内地与香港（澳门）关于建立更紧密经贸关系的安排》（CEPA）的签订及广东与东盟《合作备忘录》的签署，珠江三角洲地区对外合作的地缘优势进一步显现，粤港澳合作大力推进、大珠江三角洲合作成效显著、与东盟的贸易快速增长、经济一体化逐渐形成，为珠江三角洲地区快递服务向外延伸提供了便利。

完善的交通运输和信息化设施为快递服务发展提供了重要的基础保障。珠江三角洲地区的交通运输设施基础较好，公路、铁路、水路、航空等条件便利，为快递服务提供重要的支撑。本地区电子信息产业居全国前列，先进的电子信息技术将有力促进快递服务技术的提升。

高效便利的协调机制和体系为快递服务发展创造了有利政策环境。珠江三角洲九市同属广东省管辖范围，各市有明确的定位，广州将成为区域性现代服务业中心、国际商务会展中心、亚洲物流中心、国内先进制造业基地、华南科技创新中心；深圳将成为全国高新技术产业基地。本区域将大力推进城市规划、基础设施、产业发展、生态环保一体化，区域协调更易展开，将有力推动本地区快递服务发展。

二、指导思想与发展目标

(一) 指导思想

深入贯彻落实科学发展观，按照《珠江三角洲地区改革发展规划纲要(2008—2020年)》和《物流业调整与振兴规划》的总体部署，着眼于满足本地区社会经济快速发展及居民生活水平日益提高的需求，以服务区域经济社会发展和实现产业做大做强为目标，依托区域开放的现代综合交通运输体系和地缘优势，以改革创新为动力，以信息技术为支撑，以优化网络布局为手段，以扶优做大企业为主线，积极营造有利于快递服务发展的政策环境，构建功能齐全、运行高效的现代快递物流服务体系，继续保持珠江三角洲快递服务的领先优势，实现快递服务全面、协调与可持续发展。

(二) 发展目标

加快提升快递服务产业层次，推进传统服务方式向现代服务方式转变，率先引导快递企业加快进入制造业供应链服务领域，率先促进快递服务与电子商务融合发展，率先推动珠江三角洲快递服务实现一体化、协同化、国际化。建立完善的城乡快递服务网络，构筑区域协调、辐射海外的高效、快速、安全的快递服务平台。推进国有快递企业进一步发展，做优做精一批具有竞争优势、有特色的快递企业。提升快递服务的信息化、标准化、规范化水平，增强服务能力，提高运行效率。逐步建立市场有序、管理有效的监管体系，促进发展政策环境的进一步优化，创造公平有序的市场竞争环境。

——经济与社会效益指标。保持珠三角地区快递行业高速增长，到2014年，快递服务收入超过240亿元，年均增长速度达到23%。做大做强邮政速递物流。培育出年收入超过百亿元的总部型快递企业。每年创造就业岗位8000个以上。

——服务质量指标。珠江三角洲中心城市（市区）全面实现“12小时送达”，快递服务时限准时率95%以上。申诉受理率达到100%，申诉处理满意率达到95%以上。快递服务公众满意度达80分以上。

——服务能力指标。通过《快递服务》标准达标验收的企业比重增加到80%以上。快递企业从业人员持证上岗率达到60%以上。快递企业信息化水平显著提高。

三、主要任务

(一) 提升产业层次，促进结构优化

推动快递企业与生产、商贸企业互动发展，优化调整快递基本业务与电子商务配送、供应链管理等新业务的协调发展。鼓励生产和商贸企业按照分工协作的原则，剥离或外包产品配送功能，整合快递服务资源，促进供应链各环节的有机结合，加速推进传统服务方式向现代服务方式转变。引导快递企业加快进入制造业供应链服务领域，承接电子商务配送服务，大力发展信息流、资金流、实物流“三流合一”业务，推进快递服务和电子商务融合发展，加强快递服务与多种运输方式的融合，积极拓展服务领域，将服务范围向上游产业延伸，建立高效、安全、低成本的快递服务运输系统，为快递服务专业化运作与管理提供条件。鼓励企业抓住珠江三角洲地区城乡一体化发展机遇，促进农村快递发展。

（二）扶持骨干企业，鼓励兼并重组

推进珠江三角洲邮政速递物流改革，做大做强邮政速递物流，进一步发挥国有企业的影响力、带动力和核心竞争力，充分发挥邮政企业的骨干作用，引领快递市场快速发展。鼓励快递企业之间资源共享，做到优势互补，发挥整体竞争优势。推动快递企业联合打造合作发展的共同体，提高技术水平，提高整体竞争力。鼓励中小快递企业加强信息沟通，创新物流服务模式，加强资源整合，满足多样性的快递需要。加大对快递企业兼并重组的政策支持力度，缓解当前快递企业面临的经营困难，鼓励快递企业通过参股、控股、兼并、联合、合资、合作等多种形式进行资产重组，培育一批服务水平高、竞争力强的大型现代快递企业。

（三）加强区域合作，构建开放格局

进一步发挥“窗口”作用，搭建粤港澳台合作、泛珠江三角洲区域合作、中国一东盟合作等重要平台。借助CEPA的深入实施和服务业扩大对港澳开放在广东先行先试，加强粤港澳快递服务合作。以对台“大三通”为契机，加强与台湾快件往来的通道建设，为快递企业开发与台湾之间的贸易合作创造政策条件。充分利用中国与东盟共建自由贸易区的机会，实施快递服务“东盟开拓战略”，构建快递服务发展的外围合作平台。大力推进对内对外开放，全面加强与世界主要经济体的快递业务交流，鼓励有条件的企业“走出去”从事国际快递业务，在国外建立生产基地、营销中心、研发机构。主动参与国际分工，提升对外资的利用水平，建立全方面、多层次、宽领域、高水平的开放合作新格局。

（四）统筹网络规划，完善流转场站

依托开放的现代综合交通运输体系，遵循政府推动、市场主导，资源共享、优势互补，协调发展、互利共赢的原则，优化快递资源配置，优化重点城市、区域的快递网络布局。规划建设广州、深圳为华南地区快递服务中枢城市、快件集散地、快递服务信息中心，规划建设东莞为珠江三角洲地区快件集散地、分拣中转中心，规划建设佛山、珠海、中山、惠州、肇庆、江门为快递服务省内一级转运中心，规划建设环珠江三角洲地区为快递服务集散节点。各市要根据本地的发展定位、产业特点、发展水平、市场需求等，完善快递网络布局。

加强与交通管理部门的沟通和协调，在珠江三角洲地区物流园区（中心）布局规划中纳入快递服务相关内容，统筹布局与建设物流园区快递服务集疏功能区，实现“集散一体化”，实现园区内基础设施建设集聚化、集约化和功能化。充分依托公路、水路、轨道交通以及航空运输枢纽，建立快递服务中转场站，在枢纽布局中纳入快递服务流转功能区，充分利用各种运输方式覆盖面广、频率高、运输成本低等优势，实现“枢纽中转一体化”与“交通运输一体化”。

（五）促进研发应用，提高科技水平

推动快递企业采用先进科学技术，提升自动化、标准化、信息化应用水平，鼓励企业采用集装单元、射频识别、货物跟踪、自动分拣、立体仓库、配送中心信息系统等物流新技术，降低劳动强度，提高处理效率，提升服务水平。加快对《快递服务》标准的推广工作，鼓励快递企业技术改造、标准升级。积极推进快递企业信息化建设，加快快递服务公共信息平台建设，扶持一批快递信息服务企业成长。充分利用珠江三角洲地区高校在教学、科研方面的优势和特色，创办珠江三角洲地区快递服务和技术的研发、培训基地。

（六）强化行业管理，完善监管机制

贯彻落实《邮政法》、《广东省邮政业管理办法》、《快递市场管理办法》等政策法规，加大宣传力度，制定相关配套实施办法，逐步完善市场准入、快递企业备案管理制度，明确经营者的从业条件与经营范围，对快递企业进行分类管理，加强执法监督，强化行业自律，规范市场行为，建立公开公平、竞争有序的市场环境。积极配合相关部门，做好快递物品安全监管工作。创新监管手段，探索对空港快递作业场地、快递园区等重点区域的集中安检方式。落实寄递物品安全责任制，引导快递企业履行“服务安全”承诺。制定完善 2010 年广州亚运会寄递物品安全监管方案。

四、重点工程

（一）快递服务与制造业、电子商务联动发展工程

积极引导快递企业大力发展样品配送、供应链服务、电子商务配送、一体化物流、分销配送、邮政金融及代理代办业务，指导和促进制造厂商、邮购商、电子商务企业改造现有业务流程，实现物流分离外包，通过专业化的快递服务提高企业服务质量、效率和效益。推动快递企业加强与电子商务网站合作，为企业搭建与阿里巴巴、淘宝网等网购企业合作的平台，不断优化业务结构，提升服务水平，实现互利共赢，同时加强快递企业与相关企业合作模式的监管，制定鼓励合

作发展的相关优惠政策。组织实施一批快递企业与制造业、电子商务企业联动发展的示范工程和重点项目，促进三者有机融合、联动发展。

（二）快递中转枢纽建设工程

依托规划建设中的港口、铁路、公路货站、机场等交通运输设施，重点解决各种交通枢纽相互分离带来的快件在运输过程中多次搬倒、拆装等问题，促进快递服务基础设施协调配套运行，实现快递服务与多种运输方式“无缝对接”，推动各种运输方式对快递服务的优先搭载。将广州白云机场、深圳宝安机场建设成为珠江三角洲地区快递服务重要的航空港，大力发挥香港机场对国际快递服务的中转潜力；借助东莞优越的地理位置、发达的公路交通，建设成为区域内重要的中转中心；借助港珠澳大桥的便利，在“江中珠（江门、中山、珠海）都市圈”和粤西地区规划建设一批快递服务多式联运中转场，大力提高对铁路资源的应用，在广州新客站、深圳龙华新客站等铁路枢纽开辟快递服务处理场地和快速通道；探索在高速公路服务区专设“快递服务集疏功能区”。

（三）粤港澳台邮件快捷通道工程

建立粤港澳快件监管协调机制，推动海关电子口岸建设。快递企业应建设相应软硬配套设施、加强业务操作的规范管理，行业主管部门应按照国家安全与国家税收相关法律与政策，强化监管，为实现快捷、安全的出口通关创造条件。优化珠江三角洲地区快递监管中心的总体布局，对广州、深圳、珠海、江门、汕头、湛江等重点通关口岸建立统一的快件监管中心，对出入境快件进行实时监管，确保寄递物品安全的同时，提高通关速度。支持有条件的快递企业开展对台直航包机，推进粤台快件往来的快速发展。

（四）区域城际快递、同城快递配送工程

鼓励企业依托“大交通”平台，综合利用社会运输资源，积极争取快递服务搭载珠江三角洲城际轨道交通网络，加强深度合作，在节点城市的“一小时生活圈”范围内实现快递服务当日限时送达，进一步提高珠江三角洲快递服务效率。鼓励企业依托区内铁路、高速公路和区域快速干线网络，应用现代物流管理技术，适应电子商务和连锁经营发展的需要，在各城市发展面向流通企业和消费者的社会化、专业化同城配送，促进流通的现代化，扩大居民消费。推动建立快件优先配舱、优先安检、快速通关的“绿色通道”，鼓励利用社会航空运力进行800公里以上快件运输。加强协调，解决城市快递、配送车辆进城通行、停靠和装卸作业问题，完善城市快递配送网络。

（五）快递服务信息化工程

推动快递企业自动化、信息化、网络化的建设，建立全省公路、铁路、航空运能信息系统，实现地区之间、企业之间快递服务的信息共享。加快构建与商务、金融、税务、海关、检验检疫、交通运输、铁路运输、航空运输、工商管理等政府部门的快递服务管理和服务公共信息平台。积极实现企业信息平台与海关电子口岸的衔接，为便捷通关提供技术保障。鼓励快递企业开展信息发布和信息系统外包等服务业务，充分利用社会专业化资源，降低企业经营成本，提高经营效益。建立完善快递服务信息化应急管理系统，提高快递服务应急调度能力。

五、政策措施

（一）健全协调机制，完善发展环境

加入“珠江三角洲区域经济一体化发展协调委员会”中的城市、交通、产业、信息化等专项协调小组，建立快递服务联席会议制度和联动工作机制。制定配套扶持政策，协调解决快递车辆进城、企业融资、设施用地、航空运能、快件通关、税费优惠等问题。建立统一的监管机制，构建相互共享的监管信息平台。制定统一的监管标准，实施相关许可证互认制度，协同推进一体化应急机制建设。

（二）依托地方政策，完善行业规划

按照《珠江三角洲地区改革发展规划纲要》提出的“构建现代产业体系，优先发展现代服务”要求，结合国家及省有关促进企业生产、扩大社会就业等方面的政策精神，将快递服务列入“拓展生产性服务业”、政府鼓励发展的重点产业，作为重点发展任务融入省“十二五”规划。在珠江三角洲地区交通基础设施一体化、运输一体化、信息化建设一体化规划的基础上，编制快递服务流转场站规划，落实快递服务重点工程项目，为珠江三角洲地区物流、会展、电子商务等现代服务业的发展奠定坚实基础。

（三）建立培训机制，培育专业人才

鼓励快递企业强化人才是第一资源理念，发挥区域优势，积极引进港澳台等地高层次快递、物流专业经营管理人员，大力度集聚和培育高水平快递物流专业技术人才。努力发挥职业技能鉴定机构作用，引导和支持快递企业组织员工参加职业技能培训、考试、持证上岗，并不断提高从业人员技术等级，不断增加现代快递企业发展急需、紧缺的专业化、技能型管理和操作人才数量。积极推动珠江三角洲地区快递企业和职业院校联合协作，以委托培养、订单式招生等灵活方式开展快递企业从业人员的各类职业教育和在职培训，大幅度提高快递从业人员的整体素质。

（四）加强行业自律，提高服务水平

快递行业协会应依照相关法律法规，制定快递行业规范，加强行业自律，充分发挥协会在行业协调、政策研究、行规行约制定、专业技术职称评定等方面的作用，规范行业行为、维护行业秩序、协调会员利益、促进公平竞争，保障快递服务的健康发展。建立珠江三角洲地区快递服务质量评价体系，开展快递企业服务质量等级评定活动，督促企业不断优化操作流程，提高服务质量。鼓励快递企业全面达到《快递服务》标准，提供优质的承诺服务。指导行业协会展开会员企业间的学习交流，实现优势互补、互利共赢。

090

国家邮政局关于印发《海峡西岸经济区快递服务发展规划（2011—2015 年）》的通知

国邮发〔2011〕231 号

福建、浙江、广东、江西省邮政管理局：

根据国家邮政局工作部署，《海峡西岸经济区快递服务发展规划（2011—2015 年）》（以下简称《规划》）已编制完成，现予以印发。

《规划》贯彻修订后的《中华人民共和国邮政法》、国务院《关于支持福建省加快建设海峡西岸经济区的若干意见》精神，按照《海峡西岸经济区发展规划》和国家邮政局《邮政业发展“十二五”规划》部署，紧紧围绕海峡西岸地区经济社会发展需要，密切结合对台区位优势，明确提出了“十二五”时期区域快递服务发展的指导思想、发展目标、主要任务和保障措施，具有很强的战略性、前瞻性和可操作性。《规划》根据国家对海峡西岸经济区的战略定位，以“加快转变，跨越发展”为主线，提出了“先行先试、便捷两岸；对接两洲、带动中西；区域协作、联动发展”的基本思路，对促进区域快递一体化发展，构建与台湾地区对接的现代快递服务体系，推动该地区快递服务健康持续发展具有重要的指导意义。

请你们充分认识《规划》的重要作用，全面做好《规划》的宣传和贯彻工作。要制定《规划》实施的具体方案，明确阶段性任务，统筹谋划、加强组织，切实抓出成效。要做好与区域内规划、政策的衔接，大力推动《规划》所提出任务、措施的全面落实。要推动建立促进区域快递发展的协调机制，完善一体化监管体系，消除瓶颈性制约，优化政策环境，释放产业发展活力，确保《规划》目标顺利实现。

请及时将宣传与贯彻《规划》情况上报国家邮政局。

国家邮政局

二〇一一年十一月二十九日

海峡西岸经济区快递服务发展规划（2011—2015年）

国家邮政局

2011年11月29日

前　言

快递服务是邮政业的重要组成部分，是融合物品递送、信息传递、资金流通等多种功能于一体的复合型高附加值新兴服务业。快递服务在优化制造业供应链、拉动市场消费、方便人民生活以及服务经济建设等方面发挥着日益重要的基础性作用。

海峡西岸经济区（以下简称海西）是我国沿海经济带的重要组成部分，在全国区域经济发展布局中处于重要位置，具有对台交往的独特优势。编制地区快递服务发展规划，是落实国家区域发展战略的重要体现，有利于发挥规划的引领和统筹作用，促进本地区快递服务健康持续发展，更好地服务于本地区经济社会又好又快发展。

根据国家邮政局关于编制区域快递发展规划的部署，结合海西快递服务发展现状及两岸合作交流先行先试的探索，特制定《海峡西岸经济区快递服务发展规划》。规划编制的主要依据是：修订后的《中华人民共和国邮政法》（以下简称《邮政法》），国务院《海峡西岸经济区发展规划》和《物流业调整和振兴规划》，国家邮政局《邮政业发展“十二五”规划》等。规划范围是：福建省全境以及浙江省温州市、衢州市、丽水市，广东省汕头市、梅州市、潮州市、揭阳市，江西省上饶市、鹰潭市、抚州市、赣州市，陆域面积约27万平方公里，人口约8700万。规划期限是2011－2015年。

一、现状与形势

（一）发展现状

“十一五”期间，海西快递服务的发展环境不断优化、基础和技术设施不断完善、服务水平不断提升，快递行业服务生产、服务民生的基础性作用日益凸显。经济社会的持续稳健运行促进了快递服务的快速发展，2010年，海西快递业务收入38.10亿元，同比增长28.36%，占全国快递业务收入的6.63%；业务量1.60亿件，同比增长47.32%，占全国快递业务量的6.85%；已取得快递业务经营许可的企业数达600家以上，约占全国10%；从业人员2.5万人以上。

1. 对台通邮实现突破

作为“科学发展的先行区”和“两岸人民交流合作的先行区”，海西充分发挥对台区位优势，服务周边，新对外开放通道的战略地位逐步凸显。《海峡两岸邮政协议》签署，两岸实现全面、直接通邮。福州、厦门邮政成为大陆方面首批8个对台邮件总包封发局，福州邮政为大陆对台水陆路邮件总包唯一的交换站，大陆其他5个水陆路邮件互换局均通过马尾港发往台湾基隆港。福州—台北开通两岸首条航空邮货快递航空专线。近年来，两岸往来邮件、快件保持持续增长趋势。2010年，大陆经福州邮政交换站的对台水、陆路邮件总包达1.7万袋/286吨，其中福建自有水陆路邮件总包达3515袋/45.7吨，邮政特快专递对台年业务量达5.6万件。

2. 政策环境不断完善

《海峡西岸经济区发展规划》指明了区域发展方向和奋斗目标。海西20个城市分属四省，拥有丰富的劳动力、天然港口资源以及承接台湾产业转移的特殊区位优势，互补性强。《物流业调整和振兴规划》明确了国家发展快递物流业的政策导向。《邮政法》、《快递市场管理办法》、《快递业务经营许可管理办法》、《快递服务标准》等相关法规规章、标准的颁布实施，奠定了快递服务发展的法制基础。海西四省出台的邮政业管理办法、促进与民航协同发展、保障快递车辆便捷通行、降低税负等地方性法规规章和政策性文件，为快递发展创造了良好环境。海西四省快递行业协会、消费者申诉受理中心、职业技能鉴定中心相继成立，“政府监管、行业自律、社会监督”三位一体的快递监管体系已经建立。政策环境不断优化，快递服务发展活力得到释放。

3. 多元市场格局形成

海西已取得快递业务经营许可的快递企业中，国有、民营、外资等所有制类型并存，快递服务多元经营格局初步形成。各种类型的快递企业在各自的主打业务领域发挥优势，积极参与市场竞争，为国民经济发展和社会民生进步发挥了重要作用。民营快递企业从无到有、从小到大发展异常迅速，成为海西快递市场主体的重要成员。

4. 服务网络加速完善

“十一五”期间，海西现代化综合交通网络初具规模。90%以上县市已通或在建高速公路，双线快速运输的高铁建设以及区域内20个城市交通网逐步推进无缝衔接，均加速促进了快递服务网络的完善。截至2010年底，海西快递营业网点逾1500个，服务网络通达区域内所有县级以上城市以及大部分乡镇。海西快递企业开辟港澳台以及国际快件寄递渠道，业务量逐年增长，部分快递企业对台年业务量达10万件左右。海西成为大陆与台湾地区之间来往快件、邮件及货物的重要通道。

5. 科技应用水平提高

海西重点品牌快递企业基于转型升级、提升服务的需要，重视技术创新，不断加大现代化技术及设备的投入。快件自动分拣设备、手持终端、影像监控系统等新型设备逐步普及，计算机电话集成、射频识别等新技术不断深入应用，为增强网络空间布局、优化快递服务流程、促进产品创新、提高运营效率提供了保障，技术创新作用不断显现。

海西快递服务虽然取得长足发展，但仍然存在一定问题，主要表现在：快递服务的能力和水平与海西新定位和新战略不相适应；企业竞争同质化现象严重，资源共享机制匮乏；两岸快递服务合作有待进一步提升；区域内快递企业规模偏小、缺乏总部型企业；职业化程度有待提高；网络经济环境对快递提出全新要求，信息技术、创新管理对快递发展的支撑能力亟待加强；城乡快递资源配置不均衡，农村地区快递发展相对滞后；快递发展的政策环境仍需进一步改善；区域内合作协调机制有待进一步完善等。

（二）面临形势

中央赋予海西对台交流先行先试政策，国务院《海峡西岸经济区发展规划》提出“积极探索对台交流合作新的体制机制，加快在对台经贸、投资、邮政等方面交流合作中先行先试，争取率先突破，取得经验”的要求，海西站在新的更高起点上，为区域内国民经济的持续增长和产业结构的不断优化提供了新的发展动力。作为基础性产业的快递服务在海西建设中面临着全新的发展机遇。

1. 两岸大交流构筑两岸快递服务合作新机制

《海峡两岸经济合作框架协议》（ECFA）实施以后，海峡两岸直接往来客运、货运和信息等综合枢纽建设进度加快，为海西快递企业在台湾地区设立服务基地、营销中心，开展多层次、宽领域的交流合作提供了良好契机。海西对台交流先行先试的政策优势以及闽台的“地缘相近、血缘相亲、文缘相承、商缘相连、法缘相循”等五缘优势，对构建两岸快递服务合作新机制、打造对台交流前沿平台、深化两岸快递服务长效合作机制有明显助益。

2. 海西大通道战略为快递服务发展提供新平台

依托国家综合运输大通道，海西空间布局渐趋合理、结构层次逐步清晰、负载能力不断提高、功能衔接日益顺畅，现代综合立体交通网络正在逐步形成。交通基础设施的改善为快递服务提高运递能力、提高服务质量提供了坚实的平台。大通道带来的大物流，为海西快递服务跨越发展提供了强有力的支撑。

3. 海西区域发展战略为快递服务发展提供新契机

海西以福建为主体，涵盖周边区域，东临台湾海峡，与台湾隔海相望，北承长江三角洲，南接珠江三角洲，通过大京九与中西部相互贯通，是一个经济联系紧密、中心城市支撑、要素流动聚集的经济综合体，具有对台优势以及作为两岸三地、两大三角洲连结点的区位优势和向内陆腹地梯度推进的口岸优势，已成为我国又一个重要经济区域和经济增长的新引擎。海西“一带、五轴、九区”的区域发展布局和建设东部沿海地区先进制造业基地的战略部署，对快递服务参与产业分工、深化上下游产业对接以及转型升级提供了新的契机。

专栏一　海西“一带、五轴、九区”网状空间开发格局
海西按照功能区定位，统筹区域发展空间布局，加快形成分工明确、布局合理、功能互补、错位发展的“一带、五轴、九区”网状空间开发格局，推动区域协调发展。 一、加快建设沿海发展带。利用市场化程度高、民营经济发达的优势，积极推动海峡西岸沿海一线率先发展，形成南北两翼对接长三角和珠三角的桥头堡；按照全国主体功能区规划要求，大力发展先进制造业和现代服务业，推动临港产业和高新技术产业集聚发展；优化提升城市功能，推动城市之间的融合发展，建成特色鲜明、具有竞争力的海峡西岸城市群。 二、纵深推进五个发展轴。以福州、厦门、泉州、温州、汕头为龙头，依托铁路、高速公路，由沿海地区向内地辐射，带动沿线地区发展，形成以点带面、联动发展的新格局。重点建设福州—宁德—南平—鹰潭—上饶发展轴、厦门—漳州—龙岩—赣州发展轴、泉州—莆田—三明—抚州发展轴、温州—丽水—衢州—上饶发展轴和汕头—潮州—揭阳—梅州—龙岩—赣州发展轴。 三、培育壮大九个集中发展区。充分考虑现有开发强度、资源环境承载能力和未来发展潜力，重点发展厦门湾发展区、闽江口发展区、湄洲湾发展区、泉州湾发展区、环三都澳发展区、温州沿海发展区、粤东沿海发展区、闽粤赣互动发展区、闽浙赣互动发展区等九个集中发展区，建设成为产业集聚区和城镇密集带。

4. 新型业态催生快递服务新需求

电子商务、网络购物、在线外贸等作为现代服务业的新型业态，因其流通环节少、速度快、交易便捷、成本低等优势，近年发展迅猛，推动人们消费方式转变，社会对快递服务的需求迅速增长。预计未来五年电子商务交易额将保持年均20%以上的增长速度。快递服务成为支撑新型服务业态发展的核心要素。

5. 科技进步推动快递服务能力创新高

移动互联网、物联网、智能手机等新兴技术和先进分拣传输设备和车辆定位系统的广泛应用使得快递服务的效率更快、精度更高、信息更准。快递企业客户关系管理能力和快递跟踪查询响应速度将进一步提高，快递服务的能力和质量将大幅度提升，更好地满足海西大发展的需要。

二、指导思想与发展目标

（一）指导思想

根据国务院《物流业调整和振兴规划》、《海峡西岸经济区发展规划》和国家邮政局促进重点区域快递服务发展的总体部署，坚持科学发展观，打好“海峡牌”，依托海西区位优势，以“加快转变，跨越发展”为主线，按照“先行先试、便捷两岸；对接两洲、带动中西；区域协作、联动发展”的基本思路，健全区域合作机制，加强城市间、企业间战略合作，推进区域一体化发展，构建与台湾地区对接的现代快递服务体系，着力推动海西快递服务转型升级、跨越发展。

先行先试、便捷两岸。充分利用海西先行先试的对台政策优势，以及海陆空的区位优势，大胆尝试，勇于实践，加快推进重点工程建设，促进与台湾地区快递服务多方位衔接，充分发挥在两岸快件传递中的集散和中转枢纽作用，服务两岸交流，方便两岸民众。

对接两洲、带动中西。建设与海西“一带五轴九区”网状空间开发布局相适应的快递服务网络。建立对接长江三角洲、珠江三角洲的南北翼快递服务通道。密切中西部经济区域间联系，贯通中西部内陆的快递服务通道，发挥集散优势，优化南北两翼、中西部内陆快递物流集散节点空间布局，完善快递服务网络，为构建“环海峡快递服务圈”奠定基础。

区域协作、联动发展。发挥海西统一规划、全面布局的优势，推动建立快递服务行业联盟协作管理机制，统筹资源、协调管理，建立竞争有序、管埋高效的区域联盟体系，构筑海西快递服务业多层次、全方位的联动发展格局，实现区域一体化发展。

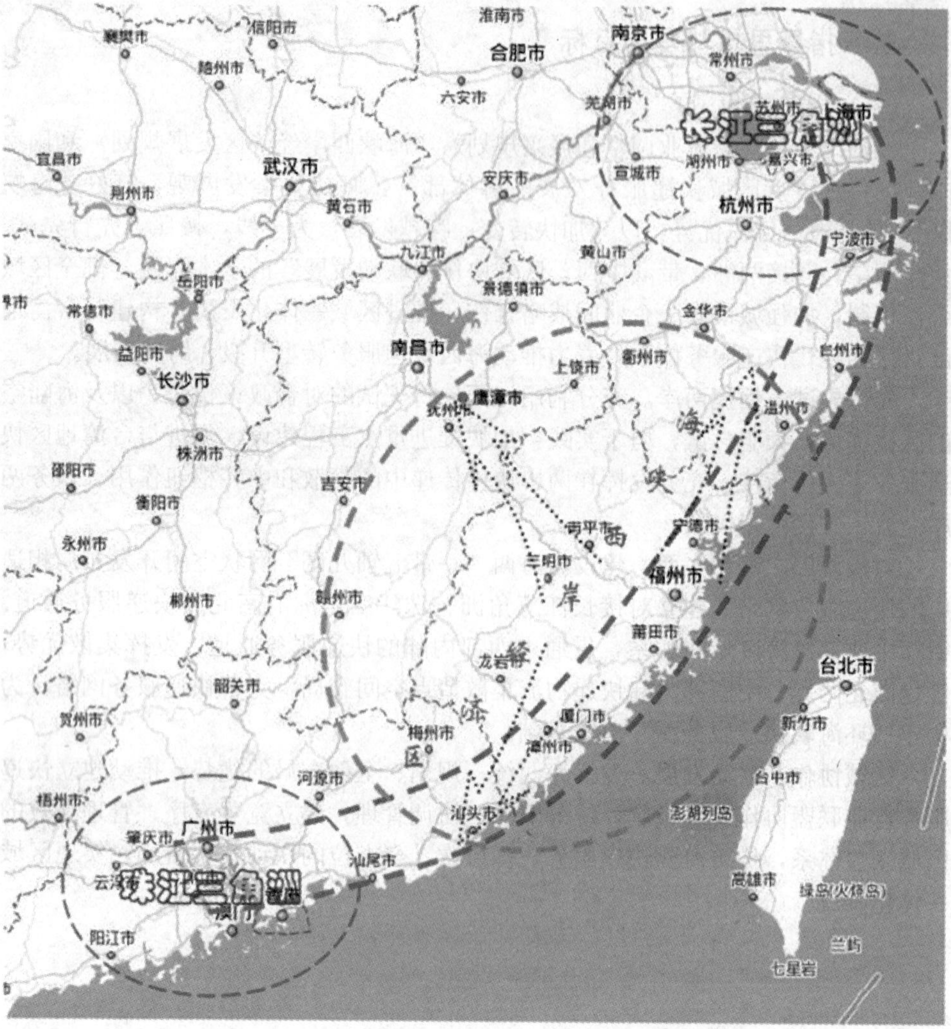

（二）发展目标

推动快递转型升级，创新区域一体化发展模式，畅通海峡两岸快递交流渠道，形成互利共赢的区域发展新机制，着力构建“便捷高效、竞争有序、优势互补、技术先进、服务优质”的快递服务体系，努力将海西建设成为两岸快递服务合作交流的先行区、发展现代综合快递物流的示范区。

经济与社会效益目标

规划期内，海西快递服务业务收入年均增长率达到同期地区 GDP 增长率的 2.5 倍以上。到规划期末，快递年业务量突破 7 亿件，年均增幅达 35%以上；快递年业务收入突破 100 亿元，年均增幅达 23%以上；年新增就业岗位 3000 个以上。到规划期末，海西对台快递年业务量突破 120 万件，年业务收入达 2 亿元。

区域一体化目标

到规划期末，海西规模以上快递企业全部达到《快递服务标准》要求，实现服务标准、操作规范统一，以及作业车辆和营业网点外观、标识统一。协调制定统一的区域车辆市区通行、快递园区用地等优惠配套政策。建立区域一体化服务质量评价体系。建立统一的行业管理信息平台。

发展能力目标

大力发展生产性快递物流服务，培育一批百万元级和千万元级的协议客户。到规划期末，培育2～3个年业务收入超10亿元具有较强竞争力的大型企业。

建立适应电子商务等新型业态发展的快递配送体系，完善3～5个网络覆盖广泛、具有一定知名度和影响力的电子商务快递服务联合体，建设2～3个大型电子商务快件处理中心。

在两岸直航机场、港口以及陆运枢纽等重要节点建设快递物流园区2～3个。在平潭综合试验区初步构建两岸快递服务综合性营运体系。

加大技术改造投入力度，重点推广快递信息化、自动化和安全监控技术，到规划期末，力争实现规模以上企业研发经费投入占企业收入的2%左右。

服务水平目标

海西全面实现市内快件“当日达”、城区实现“12小时送达”；市、县和部分重点乡镇互寄快件实现“次晨达”或“次日达”；对台主要城市快件实现“次日递”。

快件延误率、损毁率、丢失率分别控制在千分之八、万分之一、十万分之五以内。

快件信息上网率、查询回复率达90%；快递业务员持证上岗率达70%以上。

快递服务公众满意度达70分以上。

安全保障能力目标

快递安全保障能力显著增强，规模以上企业建立包括技防、人防和流程控制的安全管理体系，建成安全监控平台。

快递安全达到《邮政法》和《邮政行业安全监督管理办法》及地方配套规定的要求。

三、主要任务

（一）完善海西快递发展环境

根据国家邮政局的统一部署，宣传贯彻《邮政法》和《邮政业发展“十二五”规划》。认真实施快递市场许可准入制度和企业等级评定和信用分级管理制度。进一步完善海西四省地方性法规规章。充分利用中央赋予海西先行先试的政策优势以及《海峡西岸经济区发展规划》发布实施的机遇，主动向海西四省党委、政府汇报工作，争取对快递发展的更多支持。积极联系工商、经贸、城建、交通等地方相关部门解决快递执照登记、税费减免、融资用地、车辆通行、航空运能和通关以及快递物流园区建设等制约问题。

专栏二　海西快递物流园区工程
抓住《物流业调整和振兴规划》将东南沿海列入全国九大重点物流区域的机遇，推动海西建设快递物流中心和园区。 支持快递企业依托海西航空、铁路、高速公路和区域快速干线等基础设施，结合大型综合性物流园区，利用各地政府支持物流发展的有利政策，选取在全国重要物流节点城市—厦门以及其他经济发展良好、快递需求量大、交通基础设施较完善的城市如福州、泉州、温州、汕头、鹰潭等，建设集快件分拨、集散和生活配套服务设施为一体的综合型快递物流园区、处理中心、航空及陆运集散中心。

（二）优化服务网络空间布局

依托海西“一带、五轴、九区”的网状空间开发格局，遵循政府推动、市场主导、优势互补、协作发展的区域合作原则，利用现有的航空、港口、公路及铁路等基础设施，推进“两枢纽、三中心、五轴线、多节点”快递服务网络体系建设，挖潜海西辐射全国的区位优势，依托铁路、高速公路，由沿海地区向内地辐射，完善快件流通渠道，带动沿线地区发展，形成以点带面、联动发展的新格局，不断优化、完善快递服务网络空间布局。

专栏三　海西“两枢纽、三中心、五轴线、多节点”快递服务网络
两枢纽：福州、厦门为两岸快递服务枢纽城市、快件集散地、快递服务信息中心、综合性园区，发挥桥头堡作用； 三中心：建设温州、汕头、鹰潭为海西对接长江三角洲、珠江三角洲和鄱阳湖生态经济区的快件集散地、分拣中转中心； 五轴线：以福州、厦门、泉州、温州、汕头为龙头，建设福州—宁德—南平—鹰潭—上饶、厦门—漳州—龙岩—赣州、泉州—莆田—三明—抚州、温州—丽水—衢州—上饶、汕头—潮州—揭阳—梅州—龙岩—赣州五个发展轴； 多节点：区内其他城市建设为快递服务转运中心或集散节点。

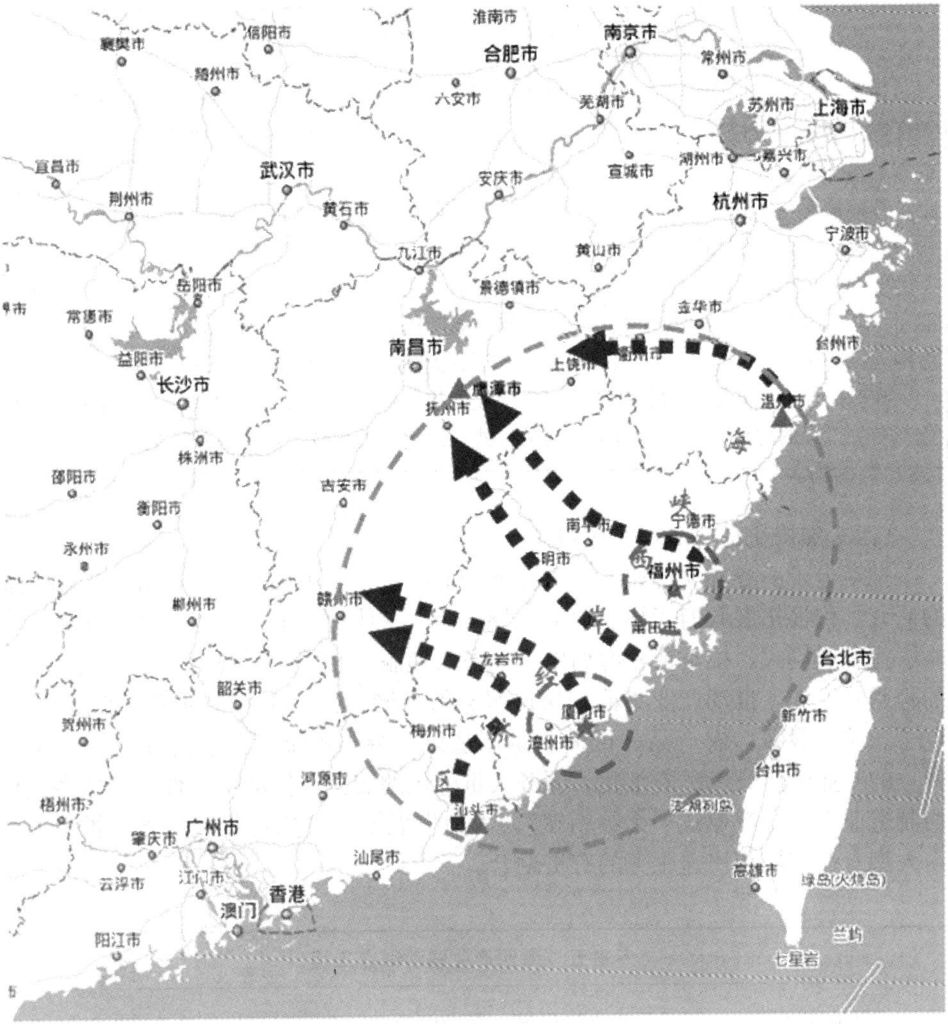

（三）整合两岸快递服务资源

加快对台快递基础设施建设，提升对台邮件总包交换中心功能，扩大两岸邮件运输空中直航范围，增强邮件、快件时效性。鼓励国有、民营以及外资企业之间相互合作，整合海西对台资源优势。尝试建立环海峡快递服务发展联盟，促进两岸联动发展。两岸共同拓展快递市场，创新两岸便利通、小件快递，如台胞证、经济快件包裹等新型业务模式，为两地民众和台商提供方便、优质、快捷、价廉的快递服务。借鉴台湾地区“宅配”服务的技术和经验，积极拓展“直接配送”等各类便民、利民快递服务。鼓励两岸相互开办快递企业或设立分支机构。充分发挥行业协会的特殊作用，多层次对接、整合两岸快递服务行业的人力资源、客户资源、技术设施与管理资源，推动两岸快递服务优势互补，实现共赢。

专栏四　两岸快递服务“绿色通道”工程

先行先试，推进两岸快递服务交流合作，依托“客货并举、多点直航、便捷通畅”的政策优势，建立综合快递服务通道，发挥闽台空中、海上直航航线的特殊便捷通道优势。逐步扩大福州邮货快递专机执行两岸快件航空运输范围。完善中国邮航、厦门航空等航线功能，尝试开辟快递新航线、专线，拓展航线网络，争取福州（或厦门）至台北每天1个航班。利用台北桃园等机场的国际辐射能力，提高海西国际快件效率。

做大“马尾—马祖”、“厦门—金门”海上航线快件业务。利用海峡两岸唯一的高速客滚船—“海峡号”平潭—台中航线，尝试合作运载邮件、快件。拓展大陆各地经厦门、金门到台湾地区的海空联运和台湾地区经马祖、马尾到大陆各地的海陆空运快件渠道。

在厦门建设两岸航空快件优先配舱、优先安检、电子快速通关的便捷通道。建立快递企业与通关口岸的协调机制，推进电子通关模式，简化通关手续、增加通关频次。

（四）加快快递服务体系建设

推动电子商务和快递服务两大行业的资源整合。加强对电子商务等新型业态的研究。积极拓展政府指导、协会主导、企业主体的“电子商务＋快递服务”战略联盟发展模式，推动成立海西电子商务快递服务联盟，实现电子商务配送体系的跨越式发展。推动产业集群和快递服务的无缝衔接。利用东部沿海临港光电、电子、纺织服装、农产品、机械装备制造以及港口物流业等重点企业（产业集群）的专业生产分工不断细化、服务大量外包的契机，推动生产性快递服务与海西制造业上下游产业链“无缝衔接”，大力发展第三方快递物流服务。推动区域内大型专业市场和快递服务的有机融合。

专栏五　海西产业联动试点工程

贯彻海西“培育壮大九个集中发展区，建设成为产业聚集区和城镇密集带”的战略部署，推动由政府或快递行业协会牵头搭台，积极引导、支持快递企业根据厦门湾、闽江口、温州沿海、闽粤赣互动发展区等九个区域的产业优势、产业特色，依据快递物流的生成量和分拨走向，构建快递企业与大型制造企业、高新科技企业和电子商务企业等资源共享、优势互补、联动发展的快递服务平台。

统筹协调区内快递与电子商务配送、供应链管理等新业务的发展，建设适应新业态发展的快递配送体系，提供包括仓储、理货、代收货款、代客户报关等多种增值服务。鼓励快递企业利用社会航空运力进行800公里以上快件运输，提升快递服务层次，延伸快递生产链。

建设基于电子数据交换系统的两岸多式联运信息平台。推动企业建设与电子商务衔接快递配送平台，实现电子商务信息系统搭载快递服务功能。逐步推进智能化快递体系建设，构建以重点行业和公司服务为内容的快递服务信息平台。

（五）培育大型现代快递企业

倡导快递企业规模扩张、实施品牌战略和网络化经营，鼓励知名度、美誉度较高和有较强竞争力的大型快递企业或企业集团间实现优势互补、强强联合。吸引总部型快递企业落户海西。创立海峡西岸品牌快递企业，培育一批服务水平高、竞争力强的大型现代快递企业。支持区域内快递企业上市融资，创新利用外资、民营资本，利用资本市场做大做强。加强区域一体化协作，打破省际限制，充分发挥全国性或区域性国有企业的核心竞争力和影响力。鼓励有竞争力的快递企业通过参股、控股、收购、兼并、合资和联合等多种方式进行跨区域、跨所有制的资产重组，建立现代企业制度。支持企业软环境建设、网络建设、技术创新和人才集聚。鼓励企业实施个性化发展战略，差异化竞争，做大对台快件规模，扩大影响力。

四、保障措施

（一）支持两岸快递深度对接

着力先行先试，认真落实《海峡西岸经济区发展规划》提出的加快对台通邮设施建设和邮政交流合作要求。协调解决设施用地问题，加快筹建福州、厦门邮政物流中心和海西邮件总包处理中心，完善两岸快件交换处理、国际包裹处理等功能。创建海峡两岸快件监管协调机制，完善快递与海关电子口岸衔接建设。优化区内快件监管中心的布局，对福州、厦门、平潭、汕头和温州等重点通关口岸建立统一联网的快件监管中心，对出入境快件进行实时监管，提高安全性和通关速度。在平潭综合试验区推动成立海峡两岸共同参与的快递业务营运中心，实行特殊监管和优惠资费政策，引进全新的管理理念和高效的技术手段，探索快递服务融合实验的新机制、新做法，为两岸快递服务协同发展提供新动力。

专栏六　《福建省“十二五”规划纲要》及《海峡西岸经济区发展规划》（节录）
《福建省国民经济和社会发展第十二个五年规划纲要》指出：要“加快福州、厦门邮政物流中心建设，做大做强对台邮件业务。加强对台通邮基础设施建设，提升对台邮件总包交换中心功能，扩大两岸邮件运输空中直航范围。” 《海峡西岸经济区发展规划》提出：支持福州、厦门邮政物流中心建设，做大做强对台邮件和物流业务。扩大厦门—金门、马尾—马祖航线包裹业务的服务范围和对象。加强对台通邮基础设施建设，推动建设对台邮件总包交换中心。

（二）提升区域统筹协调功能

加强区域间行业协会、企业及政府相关部门的沟通和协作，打破海西行政区划限制和省际束缚，建立区域性快递服务资源优化配置的一体化机制，推动建立统一的快递服务市场。协调建立海西四省快递服务联席会议制度、联动工作机制和突发事件应急预案体系。健全区域快递业务安全保障机制，提高快递安全运行水平。尝试建立两岸快递行业协会、企业定期联络协调机制，推进同业人员定期对话、互访交流和业务合作。

（三）构建信息资源共享机制

推动快递企业自动化、信息化、网络化建设，制定相互融合的标准体系，实现区域内企业之间的快递服务信息共享机制。利用互联网、移动飞信、智能手机等信息化手段，进一步完善门户网站、行业统计分析系统和12305平台建设，实现跨区域信息联网，促进区域间联动。初步构建与交通运输、工商管理、海关、检验检疫等部门之间公共信息共享平台。开展区域快递市场以及“走出去”战略研究，为企业拓展对台以及国际业务提供政策引导和信息支撑。

（四）完善快递市场监管体系

按照《邮政法》、《快递市场管理办法》及《快递业务经营许可管理办法》的相关规定，进一步完善市场监管机制，规范快递市场准入和退出机制。加强行业管理队伍建设，提升依法行政能力，实现由市场准入型监管向日常动态型监管转变。配合国家邮政局建设安全监管平台，通过网络实时监控快递企业安全生产。完善快递服务行业评价体系，进一步丰富监管手段。建立快递服务信息化应急管理系统，提高应急处理能力。与地方相关部门加强配合协调，扶持、鼓励管理规范、市场基础好、竞争力强的快递企业做大、做强，发挥示范带动作用。发挥行业协会等中介组织的桥梁纽带作用，积极开展推广标准、业务交流等工作，强化服务、自律、协调和维权的职能。

（五）提高快递企业服务质量

支持加盟制企业管理和运营机制创新，加强总部调控力度。深入宣贯《快递服务标准》，指导快递企业建立以客户满意度为导向的品质管理制度，妥善处理投诉，提升客户满意度。督导企业建立以“迅速、准确、安全、方便”为导向的管理制度和工作机制。督促企业严格落实快递业务操作指导规范。加强对业务旺季的服务保障监督，从严治理快件延误、丢失、损毁等问题。

（六）建立人力资源支撑体系

健全以政府为主导、企业为主体、院校为支撑的区域快递人才培训体系，着力建设一支高层次、专业化、技能型快递人才队伍。制订科学的培养目标和规划，发展多层次教育培训体系。鼓励企业与大学、科研机构合作，开设快递专业课程，建立培训基地。加强与台湾物流培训机构的合作。引导企业加大教育培训经费投入，集聚和培育高水平快递物流专业技术人才。强化职业技能教育，深入开展职业资质培训与认证，推行快递员工持证上岗。引导快递企业规范用工，健全薪酬分配、激励约束等人力资源管理的制度和机制，保障企业劳动者权益。

附录：

2011—2015 年海西快递服务重点建设项目储备库

序号	项目名称	地理位置	预计投资（万元）	占地面积（亩）	建筑面积（平方米）	主要功能	完成时间
1	福建邮政通信指挥中心	福州市沙帽井 1 号	27000	28	65000	全省邮件（含邮政特快专递）通信生产指挥调度中心	2013 年前
2	福州邮政物流中心	福州东部新城区域（福州火车南站附近）	26000	140	55000	对台水陆邮件总包交换中心	2015 年前
3	厦门邮政物流中心	厦门集美后溪（厦门西客站西北面）	19498	170	49048	对台邮件总包交换中心	2012 年前
4	海西福州快件处理中心	福州市闽侯县	26200	132.5	54700	集办公、生活、快件分拨处理中心、电子商务仓储配送、快件安全监管为一体的综合性快件处理中心	2014 年前
5	海西泉州快件处理中心	泉州晋江市	21000	145	32430	集办公、生活、快件分拨处理中心、电子商务仓储配送、快件安全监管为一体的综合性快件处理中心	2014 年前
6	海西对台邮件总包交换中心	福州市长乐航站楼	6500	42	18000	对台航空邮件总包交换中心	2015 年前
7	顺丰东南快件物流集散中心	泉州晋江市磁灶镇	22500	60	39960	干线、航空中转枢纽、泉州地区行政办公	2015 年前

续 表

序号	项目名称	地理位置	预计投资（万元）	占地面积（亩）	建筑面积（平方米）	主要功能	完成时间
8	顺丰福州分拨中心	福州市青口高速路口	18000	50	20000	干线、航空中转枢纽、福州地区办公	2015年前
9	顺丰厦门分拨中心	厦门集美、杏林高速路口	18000	50	20000	干线、航空中转枢纽、厦门地区办公	2015年前
10	顺丰泉州晋江机场中转分拨场	泉州晋江机场西南侧	2800	23	15000	干线、航空中转枢	2015年前
11	厦门申通运营中心	厦门翔安开发区	5000	35	20000	中转、分拣、营运	2015年前
12	厦门申通快递有限公司	厦门市区	500	10	1000	配合运营中心分流进出件，片区连接	2015年前
13	福州申通快递有限公司	福州闽侯南屿	1000	30	15000	快件处理中心、办公一体	2015年前
14	福建汇通泉州转运中心	晋江市紫帽镇范围	1500	30	10000	办公操作一体化	2015年前
15	福建汇通厦门转运中心	厦门集美区范围	1500	30	1000	办公操作一体化	2015年前
16	福建汇通福州转运中心	福州市晋安区范围	1000	20	7000	办公操作一体化	2013年前
17	福建汇通三明转运中心	三明市南高速路口	500	10	3000	办公操作一体化	2014年前
18	福建汇通莆田转运中心	莆田市高速路口	500	10	3000	办公操作一体化	2012年前
19	福州万里圆通速递有限公司	福州高速路出口	1000	30	10000	办公操作一体化	2015年前
20	圆通泉州转运中心	泉州晋江五里工业区	150	20	15000	办公操作一体化	2015年前
21	福建中通总部基地	泉州晋江	2000	30	10000	办公操作一体化	2015年前

续　表

序号	项目名称	地理位置	预计投资（万元）	占地面积（亩）	建筑面积（平方米）	主要功能	完成时间
22	福建飞远城市配送有限公司	福州东区、南屿、新店	3000	30	10000	办公、处理、电子商务、仓储一体	2015 年前
23	韵达泉州分拣中心	泉州晋江	150	15	10000	办公操作一体化	2015 年前
24	福州宏韵达快递有限公司	福州三环路口	100	7.5	3000	办公操作一体化	2015 年前
25	温州邮政速递物流处理中心	温州机场	8000	80	32000	处理中心	2013—2015 年
26	韵达温州处理中心	沈海高速温州南出口	4840	50	13000	处理中心	2012—2013 年
27	中通温州分拨中心	温州	2000	30	13000	分拨中心	2012—2013 年
28	温州邮政速递物流处理中心	温州机场	8000	80	32000	处理中心	2013—2015 年
29	韵达温州处理中心	沈海高速温州南出口	4840	50	13000	处理中心	2012—2013 年
30	中通温州分拨中心	温州	2000	30	13000	分拨中心	2012—2013 年
31	广东揭阳邮政航站	揭阳潮汕	100	10	5000	航空快件处理中心	2015 年前
32	申通潮州分拨中心	潮州	100	5	1000	分拨、办公	2015 年前
33	申通揭阳分拨中心	揭阳	100	15	7000	分拨	2015 年前
34	申通梅州分拨中心	梅州	100	0.4	200	分拨	2015 年前

续 表

序号	项目名称	地理位置	预计投资（万元）	占地面积（亩）	建筑面积（平方米）	主要功能	完成时间
35	圆通鹰潭分拨中心	鹰潭	180	10	1000	分拨	2015 年前
36	圆通赣州分拨中心	赣州	800	30	5000	分拨	2015 年前
37	中通赣州分拨中心	赣州	500	20	5000	分拨	2015 年前
38	中通赣州分拨中心	赣州	200	8	2000	分拨	2015 年前

十八 省市规划

091

北京市人民政府令

第 253 号

《北京市快递安全管理办法》已经 2013 年 11 月 19 日北京市人民政府第 21 次常务会议审议通过，现予公布，自 2014 年 3 月 14 日起施行。

市长　王安顺

二〇一三年十二月五日

北京市快递安全管理办法

第一条　为规范快递经营行为，保障快件寄递安全、信息安全、公共安全，促进本市快递行业健康发展，根据《中华人民共和国邮政法》以及其他法律、法规，结合本市实际，制定本办法。

第二条　本市行政区域内快递活动的安全管理，适用本办法。

第三条　快递安全管理按照预防为主、规范经营的原则，建立企业负责、行业自律、政府监管、社会监督的机制。

第四条　市邮政管理部门及其所属管理机构负责本市快递经营活动的监督管理和快递安全管理统筹协调工作。

公安、国家安全、海关等部门按照职责做好快递安全的监督管理工作。

交通、工商、商务等部门按照职责做好相关管理工作。

第五条　从事快递经营业务的企业（以下简称“快递企业”），应当符合《中华人民共和国邮政法》规定的条件，依法取得快递业务经营许可。未经许可，任何单位和个人不得经营快递业务。

从事国际快递经营业务的，还应当遵守有关海关法律法规的规定。

第六条　在本市申请快递业务经营许可，应当具备下列服务能力：

（一）符合标准的快件处理场所；

（二）符合标准的快递营业场所，面积不少于 50 平方米；

（三）符合本市运输标准的机动车辆；

（四）能够提供寄递快件的电话查询服务，具备快件跟踪查询的信息网络系统；

（五）通过资格认定的快递业务员的比率不低于40%；每个营业场所配有2名以上通过资格认定的快递业务员。

第七条 采用商业特许经营形式从事快递经营业务的企业，应当取得快递业务经营许可，并签订书面特许协议，特许人应当在协议签订后15日内到邮政管理部门备案。

第八条 快递企业应当按照规定建立快递安全保障和协查通报制度。

快递企业和用户应当遵守国家关于信件专营和禁止、限制寄递物品的相关规定，不得寄递易燃、易爆、易腐蚀、放射性等危险物品，不得寄递国家机关公文，不得寄递国家涉密载体。

第九条 快递企业应当按照规定对快件进行验视、机检、巡检、抽检等形式的安全检查。具体办法由市邮政管理部门会同公安、国家安全等部门制定。

第十条 快递企业在收寄快件时，应当提示用户如实填写快递运单，对信件以外的快件，应当当场开拆包装验视内件，符合寄递规定的，加盖收寄验视戳记。用户拒绝验视的，不予收寄。

快递企业接受网络购物、电视购物和邮购等经营者委托提供长期、大量、多次快递服务时，可以与经营者签订安全保障协议，采取其他方式验视内件，保证快件寄递安全。

第十一条 从事跨省、自治区、直辖市经营快递业务的快递企业，应当在快件处理场所配备安全检查设备，安排具备专门知识和技能的人员，对从外埠进入本市的快件按照规定进行安全检查。

第十二条 本市行政区域内举行重大活动期间或者发生突发事件时，快递企业应当按照规定寄递快件、对快件进行集中安全检查。

第十三条 快递营业场所、快件处理场所应当按照国家快递服务标准的规定设置，并应当安装符合国家标准的视频监控系统，覆盖交寄、分拣、储存等环节，并保证监控设备的正常运转，监控资料保存时间不得少于30日。

第十四条 快递从业人员应当按照国家和本市规定具备快递业务员职业技能。快递企业应当加强对快递从业人员的职业技能培训、职业素质教育和从业考核，建立快递从业人员档案制度，完善快递从业人员信息登记。

第十五条 快递企业应当制定快递安全操作标准和流程，定期组织开展安全生产教育和专业培训，提高快递从业人员对危险性物品的识别能力和处理能力。

公安、国家安全等部门按照职责对快递企业进行业务指导。

第十六条 快递企业应当建立突发事件应急机制，制定突发事件应急预案和专项预案，并报邮政管理部门备案。快递企业应当每年至少组织一次处置突发事件的应急演练。

发生突发事件时，快递企业应当启动应急预案，并按照规定向有关行政部门报告。影响快递时限或者涉及快件寄递安全的，应当及时告知用户。

第十七条　快递企业应当按照操作标准分拣快件，不得在露天场地分拣快件。

第十八条　运输快件的车辆应当符合本市道路交通运输和货物运输的技术规范和要求，并采用统一的快递运输专用标识。公安交通管理部门应当根据城市交通状况，为快递运输车辆提供通行便利。

收寄和投递快件的车辆应当封闭，标明快递企业标识，并符合本市道路通行要求。

第十九条　快递企业寄递快件需要进入社区、高等院校时，相关单位应当提供车辆通行和临时停放、快件派送等便利条件，快递企业应当遵守社区、校区管理相关规定。

第二十条　快递企业应当建立快递运单实物及电子数据档案管理制度，采取技术措施确保用户信息安全，不得泄露用户信息。

快递运单的实物保存应当满足快递服务标准规定的档案保管期限。保存期满后，按照规定集中销毁。

第二十一条　快递企业应当诚信经营，妥善处理用户对服务质量提出的投诉意见。用户对处理结果不满意的可以向邮政管理部门申诉，邮政管理部门应当依法处理，并自接到申诉之日起 30 日内做出答复。

第二十二条　邮政、公安、国家安全、海关、保密等部门应当建立本市快递安全保障机制，加强对快递安全的监督检查。快递企业及其从业人员对行政部门的监督检查应当予以配合。

第二十三条　邮政管理部门应当建立本市快递监管信息平台，加强对快递企业经营行为的监督管理，并纳入本市企业信用信息系统，依法向社会公布。

邮政、公安、国家安全、海关、交通等部门应当加强信息沟通，建立快递安全信息共享机制。

第二十四条　快递行业协会应当加强行业自律，制定快递行业安全规范，为企业提供快递安全培训服务，提高快递企业安全管理能力，促进快递行业健康发展。

第二十五条　因经营纠纷或者发生治安案件造成快件滞留的，快递企业应当及时处理，避免快件寄递延误；未及时处理的，邮政管理部门应当督促快递企业及时处理；涉及治安案件的，公安部门应当予以配合。

第二十六条　违反本办法第七条，特许人未办理备案的，由邮政管理部门责令改正，处2000元罚款。

第二十七条 违反本办法第九条、第十一条，未按照规定进行安全检查的，由邮政管理部门责令改正，可处5000元以上1万元以下罚款；造成严重后果的，处1万元以上3万元以下罚款。

第二十八条 违反本办法第十条，未执行收寄验视制度的，由邮政管理部门按照《中华人民共和国邮政法》的规定进行处理；未按照规定加盖收寄验视戳记的，由邮政管理部门责令改正，可处2000元以上5000元以下罚款。

第二十九条 违反本办法第十二条，未按规定进行集中安全检查的，由邮政管理部门责令改正，处1万元以上3万元以下罚款；造成严重后果的，处10万元以下罚款。

第三十条 违反本办法第十三条，未安装视频监控系统或者监控设备未正常运转的，由邮政管理部门责令改正，处2000元以上1万元以下罚款；逾期未改正的，处1万元以上3万元以下罚款。

第三十一条 违反本办法第十七条，在露天场地分拣快件的，由邮政管理部门责令改正，处2000元罚款。

第三十二条 违反本办法第二十条第一款，快递企业违法提供用户信息的，由邮政管理部门按照《中华人民共和国邮政法》的规定进行处理。

违反本办法第二十条第二款，未按照规定集中销毁的，由邮政管理部门责令改正，处5000元以上1万元以下罚款；造成严重后果的，处3万元以下罚款。

第三十三条 快递企业及其从业人员在经营活动中有危害国家安全行为的，公安、国家安全等部门依法追究法律责任；邮政管理部门依法吊销其快递业务经营许可证。

第三十四条 本办法自2014年3月1日起施行。

092

关于推进实施快件收寄加盖验视章管理的通知

北京市邮政管理局

2012 年 2 月 29 日

《中华人民共和国邮政法》、《快递市场管理办法》、《邮政行业安全监督管理办法》等法律法规和制度规定均对快递企业建立并执行收寄验视制度做出了明确规定。长期以来，由于个别企业对验视制度认识不足，执行不力，致使安全事故频发，严重威胁到公共安全和国家安全，损害了消费者权益和行业的整体形象，也给企业自身造成严重损失。根据北京市安全管理工作的实际需要，决定自 2012 年 3 月 1 日起在全市快递企业物品类快件收寄环节实行验视盖章管理，收寄人员在当面验视用户交寄的物品并核对详情单信息无误后加盖验视章，确认收寄验视完毕。相关工作要求如下：

一、充分认识执行收寄验视制度的重要意义。严格执行收寄验视制度，严把收寄关口，严防不法分子利用寄递渠道实施各类违法犯罪活动，不仅关系到社会公共安全和国家安全，关系到用户的生命财产安全，同时也关系到一线从业人员的人身安全和快递企业的财产安全。快递企业要充分认识执行收寄验视制度的重要意义，充分认识收寄验视盖章对有效落实收寄验视制度的积极推动作用，确保收寄验视制度得到有效落实。

二、按照“谁经营，谁负责”的原则，进一步完善企业内部责任落实制度。邮政业寄递渠道发生的安全事件，最直接、最主要的原因就是未按照规定严格执行收寄验视制度。快递企业要切实将安全责任细化落实到每一个具体工作环节和责任人。在收寄验视环节，要通过验视盖章切实落实对禁限寄物品的检查责任。对用户交寄的物品，必须全部当面验视，对粉末、液体以及不能直接辨识的机电装置等要重点查验，确保将各类易燃烧性、易爆炸性、易腐蚀性等禁寄物品堵截在寄递渠道之外，用户拒绝开拆、拒绝验视的，不予收寄；验视时还要认真核对物品的名称、类别、数量等是否与寄递详情单填写内容一致，寄递详情单中寄件人姓名、地址、联系方式等项目是否按规定如实完整填写，信息不一致或不完整的要求寄件人予以更正。验视完毕后，由收寄人员加盖验视章，明确验视责任。

三、快递企业接受网络购物、电视购物和邮购等经营者委托提供快递服务，因批量大不宜逐件验视的，应与委托方签订安全保障协议，并报北京市邮政管理局备案。

四、规范验视盖章实施工作。快递企业要按照“验视章模板”的统一规格制作验视章，并明确验视章在快递详情单上的统一加盖位置，确保验视章规范清晰并在快件寄递全程可查。

五、建立完善收寄验视章的使用和管理制度。快递企业要加强对验视章的发放、使用、收回、保管等相关管理工作，明确责任人，做好验视章的登记记录工作，存档备查。员工离职时企业须将验视章收回，防止向社会流散，避免出现丢失、未收回等情况。

六、加强员工业务培训和安全教育，不断提高员工的业务能力水平和安全防范意识，切实落实好各岗位责任人的安全生产责任。鼓励快递企业在收寄验视环节使用科技手段和先进设备，促进收寄验视环节安全防范能力的进一步提升。

北京市邮政管理局将加大安全检查力度，重点检查快递企业安全管理责任制度落实情况和收寄验视制度落实情况，对收寄验视制度落实不到位的企业依法严肃处理，情节严重的，责令停业整顿，直至依法吊销快递经营许可证。

093

天津市人民政府办公厅转发市发展改革委关于促进快递服务业发展意见的通知

津政办发〔2014〕4号

各区、县人民政府，各委、局，各直属单位：

市发展改革委《关于促进快递服务业发展的意见》已经市人民政府同意，现转发给你们，请照此执行。

天津市人民政府办公厅

二〇一四年一月七日

关于促进快递服务业发展的意见

天津市发展改革委

为促进我市快递服务业健康发展，现提出如下意见：

一、鼓励快递企业购置新能源汽车及清洁能源汽车。按照《关于继续开展新能源汽车推广应用工作的通知》（财建〔2013〕551号）要求，完善新能源汽车充电等配套基础设施，优先将快递企业购置新能源汽车纳入推广范围，争取中央财政补贴资金支持。按照全市统一部署，将快递电动三轮车统一更新为轻、微型封闭式货车。

二、规范快递车辆运营和管理。对从事快递运营业务车辆的车型、车身颜色、外观标识规范管理，快速办理注册登记手续。

快递车辆仅限于邮政快递运营业务使用，不得从事邮政快递业务以外的道路运输经营活动，对临时停车、道路通行及道路交通事故处理等按照《天津市邮政业管理办法》（2011年市人民政府令第33号）第三十六条有关规定执行。

三、完善快件末端投递服务体系。机关、企事业单位、校园以及社区物业服务等单位应为快件投递车辆的进入和快递从业人员向收件人当面递送快件提供必要的便利，不得收取任何费用。

引导和鼓励快递企业与高校、社区物业、便利超市、村邮站等合作，建设综合服务平台，完善末端投递服务体系。

四、促进快递服务业与电子商务协同发展。引导快递企业发展分销配送、供应链服务和物流网络，推动建立快递服务与电子商务合作发展机制。推进城市快递集约化运作，发展跨境电子商务与快递服务，建立电子商务与快递服务信用管理体系，加快城市流通体系建设和产业结构调整，进一步发挥快递服务与电子商务对我市经济发展的引领作用。

五、财政支持政策。重点支持电子商务与快递信息对接公共服务、天津快递行业诚信服务和邮政业综合服务平台建设，实现与本市电子商务平台互通互联、资源共享。加大对快递企业分拣作业机械化或自动化改造、技术创新与转化、软件研发、信息设备与科技应用、快递专用车辆监控平台等领域的扶持力度，鼓励符合条件的快递业重点项目申请国家和我市物流业发展引导资金、服务业发展引导资金等专项资金扶持，鼓励具备条件的快递企业在津设立总部，对符合市人民政府关于总部经济政策规定条件的，享受有关优惠政策。

六、税收优惠政策。推动以民生为主和网络型重点快递企业纳入国家物流企业税收试点工作，享受试点物流企业税收政策。对快递企业投资购置并实际使用的环境保护、节能节水、安全生产等专用设备，按国家有关规定落实税收抵免政策。

七、人才培育政策。引进和培养快递行业管理和服务高级人才，对高端人才按照相关规定给予家庭住房、社会保障、就业和入学等方面政策倾斜。积极鼓励本市高等院校、职业学校与邮政管理部门共建研究机构，合作开设物流快递专业。鼓励各种短期、定单和技能培训。扩展多渠道的快递劳动力市场，对从事快递服务工作的进城务工、下岗人员在进行职业培训、享受社会保障等方面给予政策支持。

八、规范引导快递企业引入第三方保险机制。引导保险公司开发快件保险产品，鼓励保险公司提供优质保险服务。对快递物品价值超过一定额度的，鼓励寄件人或网络零售企业自愿购买快件保险或保价。

九、强化行业监管。市邮政行业管理部门要按照《中华人民共和国邮政法》、《快递业务经营许可管理办法》（交通运输部令 2009 年第 12 号）、《快递市场管理办法》（交通运输部令 2013 年第 1 号）、《快递服务》（YZ/T0128—2007）、《天津市邮政业管理办法》等法律法规规章及国家标准，加快完善行业监督管理体系，加强对快递市场的规范治理。坚决查处未经许可擅自经营快递业务、野蛮分拣、泄露用户信息、严重损害用户利益、不执行收寄验视制度危害寄递渠道安全等违法行为；净化并营造公平竞争的市场环境；加强行业安全监管和应急体系建设，有效应对各种突发事件和自然灾害；畅通用户申诉渠道，妥善解决用户申诉的问题；引导和鼓励企业建立健全内部管理制度，健全完善员工培养发展、薪酬分配、激励约束等人力资源管理制度和机制。

市快递协会要健全组织机构，按照规定制定快递行业规范，加强行业自律，维护行业合法权益，加强行业宣传，推进快递行业诚信体系建设，组织做好与电子商务、制造业等相关产业的协调发展，为企业提供信息、培训等服务，促进快递服务业健康发展。

094

河北省人民政府办公厅关于加快发展快递服务业的通知

办字〔2009〕128号

各设区市人民政府，省政府有关部门：

为发挥快递企业在服务社会、发展经济、安置就业等方面的重要作用，根据国家《物流业调整和振兴规划》（国发〔2009〕8号）和《河北省人民政府关于贯彻落实国家物流业调整和振兴规划的实施意见》（冀政〔2009〕110号），现就加快发展我省快递服务业作如下通知：

一、改善运输传递环境。完善城市快递配送网络，改善快递运输环境，消除城市快递车辆在城区通行、停靠和装卸作业的限制。清理向快递车辆收取的行政事业性收费和罚款项目，解决交通主通道梗阻问题。除法律法规另有规定外，任何单位和个人不得非法拦截快递车辆，不得非法检查、扣留快件。对快递车辆在运输途中的违法行为，有关部门应记录后先放行，待完成运递任务后再行处理。具体办法由邮政管理、公安、交通运输、城市管理等部门共同制定。海关、民航等相关部门要积极创造条件，建立快件航空运输“绿色通道”，提高快件传递效率。有快递企业专用标志的车船进出港口、车站、渡口时，可优先通行，现场执勤人员必要时予以协助。

二、加大金融支持力度。各级政府及有关部门对快递服务业示范性、导向性的重点项目，要在资本金注入、贷款贴息、项目补贴、后期奖励等方面给予支持。积极创造条件支持中小型快递企业发展，鼓励企业以股权融资、项目融资、合资合作等方式筹集资金。对信誉良好、经营规范、效益明显的快递企业，各类金融机构要加大信贷投入，建立符合快递企业特点的信用评估和授信制度，在“质押贷款”传统模式以外，开展无形资产的质押贷款。对成批的重大项目，争取由银行统一授信，由商会、协会互保贷款。保险企业要创新保险产品和服务，研究适合快递服务业特点的新险种，大力发展快递保险业务。快递服务企业要增强保险意识，运用保险机制防范化解经营风险。

三、落实有关优惠政策。支持快递企业发展连锁经营配送服务，简化相应网点的经营资质认定和工商登记注册手续。允许连锁经营企业分期缴付注册资本，允许其设立非独立核算的分支机构。取得《快递业务经营许可证》的企业从事快递业务按“邮电通信业”税目征税。对快递企业进口或购置的符合条件的设施予以免税或退税。

四、鼓励快递经营入园进区。在制定和实施土地利用总体规划和年度计划时，统筹考虑快递企业投资项目用地需求，合理安排用地指标。对适宜快递服务发展的企业区、住宅区、商业区，优先考虑快递服务网点的进驻。引导快递企业和分拨中心入驻物流园区，在租金支付期限、方式等方面给予适当优惠，推动快递企业有序集中、规模发展。

五、推行职业资格认证。积极推行快递行业职业资格认证制度，建立快递业务员职业技能鉴定中心。采用企业、学校、协会合作培训模式，形成政府引导、社会支持和企业自主相结合的培训机制，开展政策法规、企业管理、市场营销、专业技能、客户服务等各类职业培训。重视对快递企业经营管理者的培训，提高经营管理水平。

六、支持企业做大做强。有条件的快递企业可通过兼并、收购、联合、重组等方式，进一步壮大实力，逐步发展成主业突出、竞争力强的大公司大集团。推进快递企业资源整合、网络共享，支持快递企业新上一批扩张升级的大项目，加快快递基础设施建设。鼓励各类投资主体以独资或参股形式投资快递企业。快递企业并购国有、集体企业，在资产处置、债务处理、职工安置和社会保障等方面，参照执行国有企业改革的相关政策。支持自主创新，鼓励快递企业引进高校毕业生，接收军转干部、复员退伍军人和下岗职工，积极承担社会责任。

七、规范引导行业发展。各级政府要将快递服务发展纳入物流业发展规划，研究制定本地快递服务发展的配套政策措施。邮政管理部门要充分发挥职能作用，积极协调解决快递行业发展中的问题。邮政管理、公安、国家安全、交通运输、国税、地税、工商、海关、出入境检验检疫和价格等部门要建立快递管理联动机制，促进执法合作与配合，加大案件查办、移交、审理力度，强化市场监管，形成公平、有序的市场环境。快递行业协会要在行业协调、政策研究、行规制定、职称评定等方面充分发挥企业与政府间的桥梁纽带作用，进一步规范行业行为、维护行业秩序、协调会员利益、促进公平竞争，为政府管理、企业运作和行业发展提供优质高效服务。

河北省人民政府办公厅

二〇〇九年十一月六日

095

山西省人民政府办公厅转发省邮政管理局关于引导扶持多种所有制快递服务业发展实施意见的通知

晋政办发〔2008〕85号

各市、县人民政府，省人民政府各委、厅，各直属机构：

《关于引导扶持多种所有制快递服务业发展的实施意见》已经省人民政府同意，现转发给你们，请认真贯彻落实。

山西省人民政府办公厅

二〇〇八年十月二十七日

关于引导扶持多种所有制快递服务业发展的实施意见

山西省邮政管理局

2008年10月

根据《国务院关于加快发展服务业的若干意见》（国发〔2007〕7号）及《山西省人民政府关于加快服务业发展的实施意见》（晋政发〔2008〕11号）精神，现就引导扶持多种所有制快递服务业发展提出以下实施意见。

一、提高对引导扶持多种所有制快递服务业发展的认识

邮政业是国家重要的社会公用事业。快递服务作为邮政业的重要组成部分，是为适应经济社会发展需要而产生的具有商业化、个性化特征的新兴服务，在满足党政机关、企事业单位和人民群众的社会活动、信息交流、实物传递和吸纳社会就业等方面起着越来越重要的作用。我省虽然是内陆省份，但随着经济结构的优化，对外开放和交流的机会增多，社会需求增加，近几年快递业务增长迅猛。全省快递企业发展到近百家，2007年业务量达到2000万件，业务收入达到3亿元，年均增长率在25%以上，从业人员达到3500人，快递服务业呈现出总体规模增长迅速、从业人员逐年增加、企业类型逐步向多元化发展的态势，充分发挥了在服务社会、发展经济、安置就业等方面的重要作用。

二、指导思想和主要目标

（一）指导思想：全面贯彻党的十七大精神，以邓小平理论和“三个代表”重要思想为指导，深入贯彻落实科学发展观，以诚信经营、优质服务为宗旨，以信息化、标准化、法制化为手段，进一步健全管理体制、创新服务机制，优化资源配置、拓宽服务网络，培育知名品牌、提高市场竞争力，引导国有、民营和外资快递企业有序发展，提升快递服务业整体水平。

（二）发展目标：到 2010 年，全省快递业务量达到 3000 万件，业务收入达到 4.5 亿元，法人企业发展到 160 家，新增就业岗位 5000 个。到 2015 年，全省快递业务量力争超过 8500 万件，业务收入力争超过 13 亿元，法人企业达到 200 家，新增就业岗位 1.5 万个，逐步形成网点遍及全省、网络覆盖全国、业务辐射世界的快递服务业发展新格局。

三、政策措施

（一）进一步促进快递行业改革和对外开放。促进邮政速递、民航快递、中铁快运等国有快递企业加快改革步伐，引入竞争机制，引进战略合作伙伴，推进国有资产重组，实现投资主体多元化；整合资源，实现跨行业、跨区域发展。按照加入世贸组织服务贸易领域开放的各项承诺，在国家产业政策指导下，有序引进国内外知名的快递服务企业来晋设立地区总部、服务中心、分支机构等。

（二）规范行业准入。按照《国务院关于印发邮政体制改革方案的通知》（国发〔2006〕27 号）、《外商投资产业指导目录》和国家有关法律法规，逐步规范行业准入条件和程序。除国家法律、行政法规有明确规定外，任何部门和单位不得设置企业登记的前置条件；对已规定的市场准入条件，主管部门应公开办事指南、办证条件和制度，承诺办事时限。凡新办快递企业，注册资本按国家快递行业准入相关规定的最低注册标准执行。快递企业分公司及营业部性质的延伸服务机构可持总部出具的批准文件，依照《公司登记管理条例》和《企业法人登记管理条例》到所在地工商行政管理部门办理注册登记，并核准与总公司相同的经营范围。邮政快递企业和非邮政快递企业从事信件以外的货物快递业务经营的，应当按照国家规定取得道路运输经营许可，从事快递业务的车辆和驾驶员应当取得相应的证件。

（三）加大对民营快递服务业的金融扶持。对信誉良好、经营规范、效益明显的民营快递企业，各类金融机构要加大信贷投入比重，实行适应民营快递企业特点的信用评估和授信制度，大力推进适应民营快递企业需求的信贷产品创新和金融服务创新。保险公司要大力发展快递保险业务，创新保险产品和服务。快递服务企业要增强保险意识，利用保险机制防范化解经营风险。

（四）加强对民营快递企业的税收支持。对民营快递企业从事快递业务须持邮政管理部门的备案登记资料，按“邮电通信业”税目征税；对民营快递企业收购、兼并、参股或租赁国有、集体企业，享受国家规定的税收优惠政策。

（五）规范市场经营环境。取消向快递服务企业收取的各种不合法的行政事业性收费和罚款项目。涉及快递服务企业的行政事业性收费以及各种资格认证、考试、培训等收费标准，应向社会公示。

（六）改善城市运输投递车辆通行条件。经依法批准的邮政快递企业和非邮政快递企业从事货物快递业务经营的，道路运输管理机构优先办理道路运输经营许可证。

（七）实现投递信息资源共享。民政部门确定的城镇街道标准地名，对单位和居民住宅设置的门牌号码以及其他涉及快递服务的公共信息资源，应及时通过网络和各类媒体公开发布；标准地名和门牌号码发生变更的，民政部门应当及时通报邮政管理部门，并为快递企业提供方便、高效的查询服务。要加快运用现代信息网络和科学技术，建立与电子商务平台相衔接的快递服务网络、信息平台和企业信用查询制度。要尽快制定适应快递业发展需要的科学、统一、全面、协调的统计调查制度，提高统计数据的准确性和及时性。

（八）确保快件传递通畅。除国家法律、法规和规章有明确规定外，任何单位和个人不得随意检查、扣留快件。车站、机场安检等部门，要设立专用通道，对快件实行分类管理、优先查验，在确保安全的前提下，提供优质高效服务，提高通关效率。

（九）加强人才培养。建立健全人才培训机制。积极鼓励省内高等院校和技工学校开设快递专业，实行定向培养。积极推行快递行业国家职业资格证书制度，加强对快递从业人员的安全和职业道德教育及专业技能培训，实行持证上岗。

四、切实加强监管和行业自律

（一）加强监督管理。根据《快递市场管理办法》，建立由邮政、工商、交通、民政、公安、税务、价格等相关部门组成的快递市场监管联动机制，充实市场监管队伍，增强市场监管能力，规范快递企业的经营活动，严肃查处恶意扰乱市场合理价格水平的行为，形成公平、有序竞争的市场机制。

（二）推行行业自律。充分发挥快递协会作用，不断规范企业行为，促进行业自律，维护会员合法权益和保护消费者利益。要引导快递企业严格执行国家有关法律法规和邮政行业规章，落实快递服务行业标准，建立完善诚信服务机制，保证快递服务时限和服务质量。

096

关于推进全省电子商务快递服务健康发展的意见

辽服发〔2014〕19号

各市、绥中、昌图县服务业委、发展改革委、科技局、公安局、财政局、人力资源社会保障局、国土资源局、交通局、工商局、邮政管理局：

近年来，我省快递服务蓬勃发展，与电子商务相互依存、互为支撑，业务合作和链接模式不断扩展，为拉动内需、扩大消费、增加就业、促进全省经济增长做出了积极贡献。同时，快递企业经营规模小、技术含量低、管理基础弱、国际竞争力差、配套政策相对滞后等问题，成为制约我省电子商务快速发展的瓶颈之一。为贯彻落实《辽宁省人民政府关于加快发展服务业的若干意见》（辽政发〔2014〕1号）和《辽宁省邮政业发展“十二五”规划》（辽发改规划〔2012〕121号），推进全省电子商务快递服务健康发展，经省服务业委、省发展改革委、省科技厅、省公安厅、省财政厅、省人力资源社会保障厅、省国土资源厅、省交通厅、省工商局、省邮政管理局等十部门研究，提出以下意见。

一、总体要求

充分发挥政府、企业和行业协会等社会各界的作用，鼓励、引导和支持快递企业依托我省电子商务厚积薄发的市场环境，加快转变发展方式，调整快递业务结构，创新技术与管理模式，在快递服务园区建设、集约生产和共同配送三个领域实现新突破，实现集约化、规模化、集团化发展，全面提升我省电子商务快递服务水平。

二、主要目标

到2017年底，全省快递业务量和业务收入指标进入全国同行业前10位。全省快递业务量达到2.8亿件，年均增长25%；快递业务收入突破42.6亿元，年均增长17%。新增就业岗位1.1万个。全省年营业收入超1000万元的快递企业达到18个，其中超亿元的9个，超1000万元的9个。

三、推进措施

（一）加强组织协调。建立工作协调机制，由省服务业委牵头，省发展改革委、省科技厅、省公安厅、省财政厅、省人力资源社会保障厅、省国土资源厅、省交通厅、省工商局、省邮政管理局共同推进全省电子商务快递服务发展工作。

（二）编制发展规划。根据国务院、交通运输部、国家邮政局的部署，由省邮政管理局牵头编制《辽宁省快递服务发展规划》，围绕我省电子商务发展目标，重点规划建设便捷高效、竞争有序、技术先进、服务优质的快递服务体系，促进快递服务与区域经济、城乡经济协调发展。

（三）打造总部经济。鼓励引入国内外骨干和规模以上快递企业总部（含区域总部）落户辽宁，加快投资建设步伐，建设大型分拨中心。鼓励快递企业通过整合资源、盘活存量资产、强强联合、兼并重组等多渠道、多方式运作，建立与电子商务平台、网络零售商互动合作机制，实现紧密连接、集中处理、共同配送，降低企业和社会成本。

（四）建设快递园区。将快递服务园区（分拨处理中心）建设纳入省内物流园区规划，享受供地、供水、供电、供暖等服务业发展相关政策。通过国家和本省、市规定的土地出让方式，满足其产业发展用地需要。快递企业建设第三方电子商务综合服务平台、应用物联网新技术等可申请科技计划项目资金支持。

（五）提供行车保障。对从事快递运营服务的车辆（包括电动自行车），经当地邮政管理部门审核、交通部门批准，制发专用标识。快递营运车辆在城市道路运行受到道路交通限制措施制约时，当地公安交管部门在道路条件允许的情况下，应当为快递运营车辆核发城市道路通行证，为其行驶和停靠提供交通便利。

（六）方便注册登记。根据网络化经营需要，允许快递企业在分公司下设营业性分支机构，该网点位处快递企业总部（区域总部）所在地域的，可以书面授权其分公司凭《快递业务经营许可证》（副本）及所属分支机构名录，到当地工商行政管理部门办理营业性网点登记；分支机构超过10家的，可以向母体企业登记机关申请统一办理登记。

（七）放宽用工政策。支持快递企业依法采用灵活用工方式，鼓励快递企业扩大社会用工渠道，面向社会提供就业平台，并积极开展企业职工岗前培训和技能提升培训。

（八）严格市场准入。认真执行《中华人民共和国邮政法》、《快递业务经营许可管理办法》（交通运输部令 2009 年第 12 号）和《快递市场管理办法》（交通运输部令 2013 年第 1 号）等法律法规，严格市场准入条件，完善市场监测和预警预测机制，依法加强快递市场监管，建立公平竞争的快递市场秩序。构建快递企业诚信管理体系，快速有效地处理消费者投诉，维护广大消费者合法权益。

辽宁省服务业委员会
辽宁省发展和改革委员会
辽宁省科学技术厅
辽宁省公安厅
辽宁省财政厅
辽宁省人力资源和社会保障厅
辽宁省国土资源厅
辽宁省交通厅
辽宁省工商行政管理局
辽宁省邮政管理局
二〇一四年四月二十二日

097

上海快递服务发展规划（2009—2013年）

上海市邮政管理局

2010年3月3日

依据《中华人民共和国邮政法》，为落实《长江三角洲地区快递服务发展规划（2009—2013年）》、《物流业调整和振兴规划》、《上海加速发展现代服务业实施纲要》，促进上海快递服务实现有序、规范和跨越式发展，特制定《上海快递服务发展规划（2009—2013年）》。规划区域是上海市的行政区划范围。

一、上海快递服务发展现状

（一）发展特点

上海要建成国际经济，金融，贸易和航运中心，快递服务业是现代服务业及邮政业的重要组成部分，对上海建设“四个中心”，增强国际城市综合竞争力将起到重要的支持作用。快递服务是我国改革开放后兴起的朝阳产业，上海是我国快递服务起步最早的城市之一，经过多年的发展，上海已经成为全国快递服务最发达的城市，全国40%以上的快递服务需求集中在长三角地区，长三角地区50%以上的快递服务需求集中在上海。上海快递服务呈现以下特点：

1. 快递服务快速增长，市场规模逐年扩大

进入二十一世纪，上海快递服务呈现高速增长势头。截至2008年，随着国民经济快速平稳健康的发展，快递服务收入年均增长超过25%。快递服务的发展为促进上海进出口贸易、改善投资环境、满足社会生产和人民生活需求和扩大社会就业发挥了重要作用。2008年，上海规模以上快递企业业务量达到2.93亿件，同比增长20.7%；业务收入达到81.43亿元，同比增长28.3%，快递业务量、收入在全国各省（区、市）中均名列前茅。2008年，上海快递业务收入占上海全市GDP13698.15亿元的比重为0.59%。

2. 市场主体多元化，商业模式多样化

上海改革开放充分发挥市场配置资源的基础性作用。截至2008年底，在上海邮政管理机构备案的快递企业有517家，邮政EMS、民航快递等国有快递企业，顺丰、申通、圆通、中通、增洲、韵达、天天、全一等民营和UPS、FEDEX、DHL、TNT等外资企业，各类市场主体多元并存。各类快递企业在运营过程中，采用了“加盟制”、“直营制”、“混合制”等各种不同的商业管理模式，

快递市场呈现出各具特色、共同发展的格局。

3. 区位优势显著，总部经济效应显现

上海建设国际大都市，依托其区位优势和战略地位，吸引了众多快递企业驻足。上海已经发展成为全国快递企业总部聚集最多的城市、成为全国快递服务的竞争高地和市场风向标。UPS、FEDEX、DHL、TNT国际四大快递公司的大中华区总部和申通快递、圆通速递、韵达快运、全一快递、天天快递、中通快递、增洲快递、希伊艾斯八家民营快递企业的全国总部都设在上海，总部经济带来的产业聚集效应日益显现。上海作为长三角和全国快递市场的重要城市，战略地位日益突出。2008年，上海快递服务业务收入占全国市场份额的19.93%，比上海GDP占全国GDP的比重4.56%高15.37个百分点。

4. 基础设施较为完善，企业综合实力较强

上海加大基础设施投入，为快递企业发展提供了重要促进作用。上海规模以上快递企业形成了较为健全的网络，在上海设立了国际、国内和区域等不同规模的转运中心。收派作业、分拣作业、客户服务、营销管理、财务结算等各环节的机械化、自动化操作程度、信息化应用水平较高，综合实力较强。截至2008年底，上海已经成为全国快递车辆最多、从业人数最多的城市之一。据统计，规模以上快递企业拥有汽车3773辆，同比增长20%；摩托车1610辆，同比增长50%以上；计算机9086台，同比增长35%；手持终端7910台，同比增长12%；从业人数达5.1万人，同比增长16%；“四大国际”快递企业及顺丰速运每周在上海起降的全货机国际、国内航班60多架次。

5. 服务网点布局合理，服务产品多样化

以人为本的发展战略，促进了上海现代服务业网点的合理布局。截至2008年底，上海规模以上快递企业的服务网点共4491处，覆盖全市区，其服务网点的密度较高，部分企业的服务深入乡镇、村；其服务种类较为丰富，规模以上快递企业普遍提供“次日达”、“隔日达”、“次晨达”、“当日达”、“限时达”、“即时送”等服务。部分企业还提供了代收货款、快件保险等增值服务，并涉足电子商务配送、供应链管理等服务领域，满足了不同层次的市场需求。

6. 市场竞争充分，市场格局初步形成

上海加快了发展方式的转变，加快了产业结构调整的步伐，使得不同市场主体发挥自身优势，实施错位竞争与差异化竞争。邮政快递（EMS）占有国内异地快递服务市场的优势、民营快递企业占有在长三角区域内及同城快递服务市场的优势，外资（合资）企业在国际快递市场竞争中优势显著，在国际快递的综合实力及市场份额中占有绝对的优势。各类快递企业通过立足上海、辐射长三角、服务全国、对接国际，推进了全市快递服务协调较快发展。快递服务与区域经济发展日益互动、互联和互融。

（二）存在问题

1. 相关政策和行业标准体系尚未完善。新《邮政法》颁布后，相关法律法规有待制定与完善；扶持快递服务发展的配套政策还不够完备；与快递相关的标准化体系如专用工具等的技术标准，包装、仓储、装卸、运输等各类作业标准，以及服务产品标准等亟需制定与完善；车辆进城通行难与停车难、发展融资难、企业用地难、空运租舱难、通关效率低等问题突出；快递税率不统一，没有实行统一的“差额征税”、“定额发票”制度，快递连锁网点的“报备制”尚未解决。

2. 产业集中度低。上海是全国快递企业数量最多的城市。由于市场准入门槛较低，导致近年来快递企业数量急增，盲目扩张；民营快递企业“小、弱、散、差”与“小而弱、大而不强”现象突出；缺乏品牌优、竞争实力强、连锁网络全、具有国际竞争力的内资大型快递企业。

3. 经营管理水平较低。在沪的多数民营快递企业还处在“家族式”的治理结构形态，组织方式落后，管理手段陈旧。面对未来国际化的竞争，这种治理结构和管理方式已经不适应企业规模化发展的需要，将制约国际化职业经理人的引进、制约与国际惯例接轨与国际合作、制约未来走出“国门”、制约企业做大、做强乃至未来企业上市。

4. 市场竞争手段单一。在沪的特许加盟与同城快递民营企业把单一的低价竞争作为市场营销的主要手段，无序竞争现象蔓延，低价格、低层次服务现象普遍，造成部分民营快递企业服务质量差，快件延误、损毁和丢失的投诉率较高，严重制约了快递企业的品牌建设，阻碍了快递市场有序竞争与健康发展。

5. 产品同质化现象突出。快递服务市场服务产品雷同，服务产品同质化现象突出，缺乏差异化产品和承诺服务产品。同质化竞争必然导致价格上的恶性竞争，造成企业业务量增加利润下降，陷入发展的“怪圈”。

6. 从业人员素质偏低。上海的部分特许加盟与同城快递民营企业快递从业人员流动性大，多数快递企业没有建立规范的用人制度、业务和职业技能培训制度，专业化、技能型人员紧缺，管理、运营、技术等方面的专业人才匮乏，严重制约了快递企业高速发展、规范化发展。

二、环境分析

（一）社会经济发展充满活力，区域一体化进程加快

上海是作为全国综合实力最强的核心城市，2008 年上海 GDP 达到 1.37 万亿元，占全国 GDP 的比重为 4.5%，同比增长 9.7%，高于全国 GDP 增速 0.7 个百分点。预计未来五年将保持 9%以上的增长率。由于受到全球金融危机影响，上海短期内经济增速将有所减缓。国务院出台了包括物流业调整和振兴规划在内的一系列的振兴产业计划，采取强有力的政策措施扩大内需，振兴产业。尽

管受到了金融危机的影响，上海经济平稳较快发展的基本面不会改变。长三角区域一体化、信息一体化、交通一体化、市场一体化、现代物流一体化、金融一体化和生态环境治理一体化等进程正在加快推进，为进一步推进快递服务搭建了重要的区域发展公共政策平台。

（二）交通基础设施日趋完善，科技创新有新突破

上海改善市内外交通设施，全市内环线、中环线、外环线和郊区环线以及沪崇隧桥已经完成。“半小时、1 小时、2 小时交通圈”已经形成，交通日益轨道化、网路化。一批重要的交通基础设施相继开工建设并投入运营，长江隧桥的建成通车将市区与崇明岛连为一体。以浦东、虹桥机场两大国际枢纽机场 5 条跑道的航空设施持续完善，正在建设的虹桥综合交通枢纽将于 2010 年投入使用。洋山港建设规模不断扩展，国际物流中心的各项基础设施建设全面推进。长三角区域“同城化”格局初步形成。日趋便利的交通为快递企业利用社会公共资源、实现集约化运营搭建了网络运输平台。快件分拣设备、手持终端（PDA）、影像监控系统等技术日趋成熟，计算机电话集成（CTI）、全球定位系统（GPS）、地理信息系统（GIS）、通用分组无线业务（GPRS）、射频识别（RFID）技术逐步投入应用，信息技术的日趋成熟为优化快递服务处理流程，提升服务水平提供了基础。

（三）市场需求旺盛，发展潜力巨大

未来几年，随着国民经济继续保持平稳较快发展势头，上海浦东作为我国加快改革的先行地区，成为上海迎来新一轮的快速发展的引擎，成为上海快递服务实现跨越式发展的战略机遇。预计未来五年快递服务年增长率将保持在 25％以上。上海正在实施以先进制造业、现代服务业和现代物流业为主的产业结构调整战略，2010 年世博会在上海举行，预计将有 200 多个国家和地区、7000 万人次参与，将会大幅度增加对快递服务的需求。实现全面建设小康社会目标，将会促进消费方式的转变，特别是购物方式的转变将会拉动快递配送的高速增长。上海是全国电子商务“网购”最发达的城市，快递配送服务十分活跃。据统计，2008 年全国个人间网上购物销售额 1320 亿元，由此带动的包裹快递量约 5 亿件；2008 年，在每天为“淘宝网”提供的快递配送量 150 万件中，上海所占的比重超过 15％。预计电子商务“网购”在规划期内将继续保持高速增长，电子商务“网购”配送将成为上海快递服务发展的重要市场增长点。

（四）改善政策与法律环境，初步形成市场监管格局

《国务院关于加快发展服务业的若干意见》和《国务院关于进一步推进长江三角洲地区改革开放和经济社会发展的指导意见》，进一步明确了服务业是国民经济的重要组成部分，强调要加快邮政业等服务业的发展，这为快递服务发展创造了良好的政策环境。快递服务的法律法规和标准化体系建设正在逐步完善。修

改后的《邮政法》与《快递业务经营许可管理办法》已经于 2009 年 10 月 1 日实施，连同此前发布实施的《快递市场管理办法》、《快递服务》标准等，为快递服务发展奠定了坚实的法制保障。《国家邮政局关于物流业调整和振兴规划的实施意见》、《长江三角洲地区快递服务发展规划》等规划文件的出台，对于上海快递服务破解发展难题、消除发展瓶颈，调整产业结构、转变发展方式，发挥了重要的指导作用。邮政管理机构依法开展市场监管，快递协会参与积极规范企业经营行为，消费者维权意识和能力显著增强。在上海，以政府监管、行业自律、社会监督的快递市场监管格局已经初步形成。

三、指导思想与发展目标

（一）指导思想

深入贯彻落实科学发展观，以《长江三角洲地区快递服务发展规划》为指导，以国际化的视角和战略思维谋划发展，实施长三角一体化发展，以快递产业做大做强为目标，以改革创新为动力，落实快递发展的产业政策，优化快递发展环境，建立供需均衡竞争有序、统一开放的市场机制，推进上海快递服务科学发展、和谐发展和跨越式发展。

（二）发展目标

1. 基本目标

转变发展方式，提升产业层次。提高上海快递产业国际竞争力，提升快递服务的信息化、标准化水平。引导快递企业逐步从价格竞争向服务内涵、服务质量竞争发展。推进科技创新、产品创新和管理创新，实现企业运营集约化，规划布局集群化，产业发展集聚化。拓展服务领域，将服务范围向上游产业延伸，统筹快递基本业务与电子商务配送、供应链管理等新型业务的发展，基本形成以电子商务为纽带，区域配送和集中配送相结合的城市快递配送物流网络体系，加速向现代服务方式的转型。

加强能力建设，完备产业体系。着力构建“四大体系”。一是构建“一体两翼四中心”的快递枢纽中心格局。以浦东机场为主的国际快递空港枢纽中心、以虹桥机场为主的国内 800 公里以上异地快递空港枢纽中心、以青浦快递陆路转运集聚区为主，辐射江苏、中西部和北方的陆路枢纽中心、以浦东快递陆路转运集聚区为主，辐射浙江和南方陆路枢纽中心的转运中心体系。二是具有陆、铁、空多种运输方式为一体化的现代快递运输体系，提高标准化、信息化水平。三是为大型产业基地和先进制造业企业提供配套生产型快递物流服务，为银行、海关等提供配套快件票据交换业务，为电子商务网购和百姓日用提供配套生活型快递物流服务的快递服务体系，将快递服务培育成为上海国民经济新的增长点。四是加强监管能力建设，构建公平、效率兼顾的快递服务监管体系。

培育市场活力，统筹协调发展。鼓励和引导快递企业加强品牌建设，拓展网络能力，提升服务质量，增强企业竞争能力和应对危机的能力，培育一批具有国际竞争力的大型快递企业。推进各种不同市场主体的快递企业协调发展，推进国际业务、国内业务和长三角区域互寄快递业务的协调发展，推进快递服务在上海城乡之间一体化的协调发展。

2. 具体目标

快递业务发展目标：规划期内，快递服务的年增长率保持在28%以上。到规划期末，规模以上快递企业的业务收入达到280亿元；占GDP的比重由2008年的0.59%提高到2013年的1.2%以上；新增就业岗位3万个，从业者年人均劳动生产率由2008年的31万元提高到2013年的50万元以上。

服务质量目标：推行标准化服务。到规划期末，规模以上快递企业普遍达到快递服务标准。延误率、损毁率和丢失率等指标处于全国最低水平。规模以上快递企业全部建立投诉处理平台，投诉受理率达到100%，投诉处理满意率达到90%以上，社会用户满意度达到80%以上。

服务能力目标：提高信息化应用水平，建立完善的经营管理计算机系统，提高快件跟踪查询和信息反馈水平。到规划期末，全面提高快递转运中心自动传输设备和自动分拣设备的应用水平，规模以上快递企业普遍采用手持终端（PDA）设备；规模以上快递企业普遍提供标准化、多样化的服务产品，并推广实施收件人付费、代收货款、短期仓储、配货和代为包装等系列增值服务。实现快递服务延伸到上海所有的行政村。

职业培训目标：实施《快递业务员国家职业技能标准》，力争2010年上半年按照《快递业务经营许可管理办法》规定的比例考试取得快递业务员国家职业资格证书（初级）。到规划期末，从业人员持证上岗率超过规定比例50%以上，规模以上快递企业全部建立员工岗前培训制度和在岗培训制度。

市场集中度目标：通过集约化经营，集聚化发展，提高市场集中度。到规划期末，重点培育两个以上日均100万快件量、年收入超过100亿元的网络型快递总部企业。

一体化目标：到规划期末，规模以上快递企业全部实现内部作业和对外服务标准化。实现服务人员着装、操作和礼仪统一；实现作业车辆和营业网点外观和标识统一；基本实现快递企业与交通、海关和航空等外部系统的标准化连接。统一制定快递车辆市区通行、快递转运中心用地等扶持政策。建立一体化服务质量的评价体系；所使用递送汽车车辆全部符合国家“碳”排放标准，外环以内所使用的递送助动车全部为电瓶驱动；建立统一的邮政监管信息平台。

四、主要任务与政策措施

（一）主要任务

1. 实施科学规划，推进快递服务基础设施建设

推进上海青浦现代服务业集聚区为重点的快递重大基础设施项目建设；完善浦东机场国际快件航空中心配套的服务设施建设；完善虹桥机场国内快递航空中心配套的服务设施建设；规划浦东快递陆路转运中心集聚区。发挥集聚区的集群和带动效应，推动企业集约化运营和规模化发展。

2. 推进品牌建设工程，提高企业竞争力

培育若干家“品牌优、规模大、实力强、后劲足”的网络型内资快递企业。推进上海邮政速递物流的体制改革，充分发挥邮政快递企业的骨干作用；推进同城快递企业实施品牌连锁经营；鼓励快递企业之间资源共享、优势互补，发挥整体竞争优势；鼓励有序竞争优胜劣汰。

3. 完善标准化体系，促进产业竞争力提升

鼓励快递企业建立完善高于行业标准的标准化体系。如企业服务产品标准、管理标准、人才使用标准、作业环节和包装等标准。鼓励借鉴采用国际先进快递企业的标准，建立一流企业的标准化体系，推动长三角快递服务标准一体化。

4. 建立质量评价体系，提升整体服务水平

充分发挥快递协会、消费者协会、社会专业调查机构等中介组织的作用，建立快递服务质量评价体系。通过建立科学的评估指标和测试指标，客观、公正地对快递服务质量进行评估，促进快递企业提高服务质量。

5. 制定扶持政策，支持快递企业做大、做强

争取相关部门支持，清理本市范围内限制快递发展的不合理地方规章，协调税务、海关、公安、交通、航空、金融、土地管理等部门加快制定配套扶持政策。引导快递企业由价格竞争向服务竞争转变，提升综合服务水平，促进快递服务与其他产业的有机融合。努力在更高的水平、更高的层次上实施对外开放战略，引导国内外资本投资快递服务领域。实施“走出去”战略，鼓励与指导民营快递企业建立法人治理结构，鼓励和支持内资快递企业更多地进入国际市场，由合作代理模式向打造自主品牌的模式转型，积极探索走出“国门”的商业模式与切入点。

6. 强化快递市场监管，营造公平竞争环境

依照《邮政法》、《快递业务经营许可管理办法》等有关法律法规，建立公平规范和一体化的快递市场准入和退出机制。加强快递市场监管，实施分类、分级的管理制度，构建统一开放竞争有序的市场体系。营造公平竞争的市场环境，平等对待国有、民营等各类市场主体，促使快递服务形成平等、公平、规范有序的

竞争局面。充分发挥快递协会的作用，建立健全行业自律制度，保护消费者权益，维护快递企业的合法利益。

7. 打破行政区划，推动长三角快递服务一体化发展

协同江苏、浙江邮政管理部门，打破区域限制，推动建设各类生产要素自由流动与合理配置的长三角市场一体化体系。重点推进长三角主要城市快递“当日达”的商务圈；鼓励引导企业加快进入长三角制造业供应链提供增值服务；积极参与电子商务“网购”的配送服务，推进快递服务和电子商务融合发展。积极促进信息流、资金流、实物流“三流合一”业务的健康发展，鼓励快递企业抓住长三角城乡一体化发展机遇，促进农村快递的发展。

（二）政策措施

1. 推动现代企业制度建设，培育知名品牌企业

加强特许加盟连锁企业总部调控，优化经营模式，优化作业流程，提升一体化管理水平。鼓励和引导快递企业抓住上海“四大中心”的建设机遇，加快建立法人治理结构，通过盘活存量资产、兼并、联合、重组、上市等资本运作，实现规模化发展，集约化运营。培育若干拥有知名品牌、具有竞争力的国内大型网络快递企业；培育若干家覆盖本市全境、知名连锁经营品牌的同城快递企业。

2. 实施“快递集聚区工程”，完善快递网络基础设施

发挥快递企业总部在本市的聚集优势，依托青浦区位优势与优惠政策，以建设全国最大的物流快递集聚区之一、营建上海快递产业发展的新引擎为目标，推进青浦区快递集聚区建设，并支持鼓励和引导行业中处于领先地位的顺丰速运等内外资企业在快递集聚区内设立总部和国际、国内转运中心。规划浦东陆路转运中心集聚区。推进虹桥机场、浦东机场快件航空转运中心配套设施建设，加快实施快递提发货、配舱和快速通关的“绿色通道”工程。

3. 优化资源整合，促进快递产业能级提升

鼓励企业依托“大交通”平台，综合利用社会运输资源，理顺快递成本、服务时限和社会需求之间的关系，做到成本省、服务优、客户满意度高。探索快递企业与其他运输企业专业化分工的合作模式，充分利用城际高速铁路、高速客运班线和地铁运送快件；鼓励各快递企业为保障服务时限利用社会航空运力将快件集中订舱和配舱；鼓励快递企业在快件运输、分拣场地等方面资源共享、优势互补。

4. 实施“产业对接工程”，培育快递业务新的市场增长点

大力发展电子商务“网购”配送服务，使其成为拉动快递服务保持可持续高速增长的引擎及新增长点的龙头。积极促进快递服务与金融业、物流业、制造业、信息技术、国际贸易等产业的对接，培育新的市场增长点。推动快递企业加强与银行、保险、仓储等合作，为市场提供形式多样的增值服务。积极扩大服务

领域，鼓励快递企业通过“进开发区（高技术、经济技术）、进园区（商务、工业、高新）、进校区（大专院校）、进住宅区”的“四进服务”。与大型购物中心对接，构筑“购物在上海收货在家里”的全国性快递服务平台。

5. 实施科技带动，提升快递服务能力

推动快递企业采用先进科学技术，提升信息化技术应用水平。鼓励规模以上快递企业在本市范围内加快实现快件分拣机械化，提高作业效率，降低劳动强度；推广应用手持终端（PDA）、计算机电话集成（CTI）、全球定位系统（GPS）、地理信息系统（GIS）等信息技术及设备，提升服务水平和生产作业效率。支持快递企业设立统一的呼叫中心，建立统一的客户服务平台；支持快递企业使用环保型电动交通工具取、派快件。

6. 完善标准化体系，缩小与国际先进快递企业的差距

强化快递企业标准体系建设，邀请专家指导内资快递企业完善标准化体系建设。2010年底前，率先建立快递服务时限标准、包装标准、取派件标准、赔偿标准等影响制约快递产业健康发展的标准。到规划期末，所有取得快递许可证的快递企业全部建立企业标准化体系，标准执行率达到95%以上。

7. 建立教育培训机制，提高从业人员职业素质

建立职业技能鉴定机构，分类引导企业支持员工参加职业技能培训，取得快递业务员国家职业资格证书，持证上岗。鼓励利用本市教育资源优势，并以委托培养、订单式招生等方式完善教育培训体系；鼓励快递企业与高等院校开展合作开设快递专业课程或建立快递研究中心，培养一批快递企业的领军人物和高水平的职业经理人；鼓励联合社会培训机构建立快递培训基地，提高快递企业员工职业素质。

8. 协调相关部门，争取快递服务发展扶持政策

上海市有关政府部门要成立项目小组，协调解决快递车辆进城难与停车难、企业融资、设施用地难、航空配舱难、快件通关慢等发展瓶颈，推进实施在本市快递连锁网点在工商实行“报备制”；推进实施统一税率、“差额征税”、使用“定额发票”。协调区域相关部门制定相关统一的快递发展政策，率先推进解决“提发货、配舱和快速通关”的一站式“绿色通道”及快递车辆通行难题。

9. 强化协同执法，促进快递服务开展服务竞争

强化与邮政监管、劳动、税务、工商等部门的协同执法，构建合理、合法的快递企业运营成本，打击低于成本价的恶性竞争行为，保障用户与不同市场主体的合法权益。引导快递企业转变发展方式，推动快递服务的信息化和标准化建设，逐步从单一的价格竞争向服务内涵、服务质量竞争发展。推动服务产品差异化发展，通过承诺服务提升竞争力、通过提升快递产品的附加值提高性价比。鼓励快递企业推广承诺服务。

10. 强化市场监管，确保快递服务运行安全

加强快递市场监管，防止不正当竞争，维护邮政专营权，维护市场秩序，依法强化对无照经营、敲诈、盗窃和欺骗消费者等违法行为的打击。配合相关部门做好快递物品安全监管工作。创新监管手段，加快建设快递空港作业与安检统一场地以及快递园区等重点区域的集中安检场地。落实寄递物品的安全责任制，引导快递企业履行“服务安全”承诺。制定实施 2010 年上海世博会寄递物品安全监管方案，开展世博会园区邮件、快件驻点监管。

11. 发挥快递协会作用，加强行业自律机制建设

发挥上海快递协会的桥梁纽带作用，支持其制定行业规范，推动资源共享，建立业内良性竞争的自律机制。鼓励上海快递协会开展诚信企业评比活动，建立快递从业人员诚信档案，建立快件公共查询平台和客户诚信信息系统。鼓励上海快递协会与消费者协会等中介机构开展快递服务质量评价活动、鼓励规模以上快递企业对用户推行承诺服务、鼓励研究并实施服务质量保证金制度。

12. 深入普法宣传，建立长三角一体化监管机制

实施“五年普法计划”，构建快递企业依法经营、政府依法管理、用户依法使用快递服务的法制格局。深入开展“学法律、讲权利、讲义务、讲责任”的上海快递服务“五年普法计划”。重点开展对修改后的《邮政法》及其配套法规快递服务相关条款的宣传贯彻工作。强化邮政管理机构的公共服务和社会管理职能，与浙江、江苏两省邮政管理机构共同建立实施长三角快递服务一体化发展联席会议制度、实施统一的监管机制、建立区域执法统一协作机制；构建统一的监管信息平台，统一监管标准，建立快递许可证互认制度，建立一体化应急机制方案。

098

马军胜局长在国家邮政局和上海市政府合作签约仪式上的讲话①

2013年7月6日

尊敬的杨雄市长、姜平副市长，各位来宾，同志们：

大家好！今天，国家邮政局和上海市人民政府签订《关于加快推进上海快递总部经济建设与发展合作协议》，这是快递服务发展历程中的一件大事，在此，我代表国家邮政局对《协议》的签订表示热烈的祝贺，对长期以来关心、支持快递服务发展的上海市委、市政府以及社会各届表示衷心的感谢。

快递服务是邮政业的重要组成部分，是融合信息交流、物品递送、资金流通等多种功能于一体的复合型新兴服务业，具有促进商品流通能力强、拉动居民消费作用大、吸纳就业人数多等特点，在便利民众生活、服务社会生产和推动经济社会发展等方面，发挥着越来越重要的基础性作用。邮政体制改革以来，特别是修订后的《邮政法》施行以来，国家明确了快递企业的法律地位，极大地释放了快递行业的生产活力，我国的快递市场开始出现勃勃生机。与此同时，国家邮政局按照《邮政法》的规定，相继出台了多部法规、办法和标准，各省（区、市）也相继推出了相关法规文件，进一步优化了快递发展环境，规范了快递市场秩序，使快递服务出现了前所未有的快速发展势头。2012年，全国规模以上快递企业业务量达到57亿件，业务收入达到1060亿元，连续27个月增长速度超过50%，最高日处理量突破3000万件，位列世界第二。快递服务正在成为广大人民群众工作生活中必不可少的基础性服务。

上海是我国最大的经济中心之一，正在向建设国际经济、金融、贸易和航运中心目标迈进，为快递服务提供了良基沃土。近年来，上海市委市政府高度重视快递业的发展，先后出台施行了《上海市实施〈中华人民共和国邮政法〉办法》、《关于促进本市快递业健康发展的若干意见》等法规文件，大力扶持快递服务发展，吸引了主要快递企业在上海扎根并辐射全国。截至2013年上半年，依法在上海地区经营的快递企业已达1512家。中国邮政在上海设立国际邮件处理中心，申通、圆通、中通、韵达、百世汇通、国通等多家民营快递企业在上海设立了全国总部，另外，上海还汇聚了UPS、FedEx、TNT、DHL等国际快递巨头的中

① 来源：国家邮政局网站（http：//www.spb.gov.cn/ldjh/201307/t20130703_211578.html）。

国区或华东区的总部。作为快递企业总部最多最集中的城市，上海的快递业在全国的快递市场格局中也有着非常重要的地位。今年上半年，上海快递服务企业业务量累计完成4亿件，业务收入累计完成110亿元，均列全国各大城市之首。快递“总部经济”效应日益显现。

今天签订的《协议》，提出了加快推进上海快递总部经济建设与发展的思路和措施，将对上海进一步发挥快递总部多的优势，提升上海快递服务综合竞争力，引领全国快递服务发展起到积极的推动作用。作为邮政管理部门，国家邮政局将一如既往地支持上海市发展快递服务的各项工作，并将和上海市人民政府共同携手，在法律政策、发展规划、国际航运中心建设、总部经济建设、转变发展方式、能力建设、行业管理、人才队伍建设、综合交通运输体系对接等方面加强合作，共同促进上海快递业的持续快速健康发展。国家邮政局各相关部门、上海市邮政管理局，要加强和上海市人民政府有关部门、相关区政府的沟通与协调，建立和加强合作会商机制、信息通报和交流机制，共同把《协议》规定的合作内容落到实处，取得实效。

最后，预祝双方合作圆满成功。谢谢大家。

099

江苏省政府办公厅关于促进快递服务业健康发展的实施意见

苏政办发〔2014〕85 号

各市、县（市、区）人民政府，省各委办厅局，省各直属单位：

快递业作为一项新兴的产业，在自身高速发展的同时，嵌入并渗透农业及制造业的转型升级，为第一、第二产业发展起到了重要的基础支撑作用。推动快递业健康快速发展，对我省稳增长、调结构、惠民生具有重要意义。为贯彻落实2014 年 9 月 24 日国务院常务会议关于确保快递行业有序健康发展的精神，进一步加快我省快递服务业发展，规范快递服务市场秩序，更好地发挥快递服务业在促进生产、改善民生、增加就业、扩大内需等方面的重要作用，现就促进我省快递服务业健康发展提出如下实施意见。

一、总体要求

（一）指导思想。贯彻落实党的十八大、十八届二中、三中全会和省委十二届七次全会精神，深入实施“八项工程”，充分发挥市场在资源配置中的决定性作用，以提升我省产业竞争力、打造快递服务业强省为目标，坚持放管结合，确保快递行业有序健康发展。推进快递与电子商务、制造业联动发展，与综合交通运输体系顺畅对接，支持解决城市快递车辆通行难等问题。保障寄递安全。鼓励快递企业兼并重组，向下、向外拓展，强化政策扶持和环境营造，积极培育快递领军企业，促进快递企业转型升级，实现跨越式发展，为又好又快推进“两个率先”、谱写中国梦江苏篇章作出更大贡献。

（二）发展目标。到 2020 年，努力使快递服务业对全省经济增长的贡献度明显提高，全省快递服务发展水平在全国处于前列，基本实现快递服务业现代化。具体目标是：

全省快递业务量突破 50 亿件，比 2013 年翻两番多。全省快递业务收入突破500 亿元、比 2013 年翻两番，占地区生产总值比重达到 4.8‰、比 2013 年翻一番。

建成南京、无锡、徐州、常州、苏州、南通、连云港、淮安、盐城、泰州等快递产业园区，吸引一批国内外大型快递企业区域性总部、枢纽中心落户，带动企业集聚、产业集群发展。

培育形成3～5家网络覆盖广、品牌影响力大、竞争实力强、收入超50亿的江苏快递领军企业。

二、加强快递园区建设，促进快递服务业集聚发展

（三）做好规划衔接。将快递服务业发展纳入“十三五”期间国民经济发展规划、土地利用总体规划和城市总体规划，将快递园区作为城市重要的公共基础设施纳入城乡规划。做好快递相关规划与《江苏省物流业发展规划》《江苏省物流园区发展规划》（2014－2020）的衔接，按照企业集中布局、产业集群发展、资源集约利用、功能集合构建的原则，在南京、无锡、徐州．常州、苏州、南通、连云港、淮安、盐城、泰州等地规划建设一批具备集中仓储、分拣处理、快速集散、统一配送、商品展示等服务功能的现代化快递园区。（省发展改革委、省国土资源厅、省住房城乡建设厅、省经济和信息化委、省交通运输厅、省邮政管理局、各市人民政府）

（四）保障土地供应。快递园区建设项目应符合当地土地利用总体规划，供地方式可参照工业项目用地。鼓励利用在实施城乡规划和旧城改造中收购储备的存量土地发展快递服务业。以划拨方式取得土地的企业或单位利用原有工业厂房、仓储用房兴办快递服务业的，土地用途和土地使用权人可暂不变更。（省国土资源厅、省住房城乡建设厅、省邮政管理局、各市人民政府）

（五）积极予以政策支持。鼓励和支持符合条件的快递重点企业、建设项目和产业园区申请现代服务业发展引导资金，对重要的快递基础设施建设项目，提供补助、贴息扶持，经批准可给予城市基础设施配套费减免优惠。落实国家鼓励类服务业价格政策，快递企业用水、用油、用气、用热实行与工业企业同价。（省发展改革委、省财政厅、省物价局、省邮政管理局、各市人民政府）

三、改善运输作业环境，促进快递服务便捷高效

（六）落实快递车辆通行政策。按照依法、高效、环保的原则，研究制定城市配送管理办法，在统一规范快递车辆的基础上，根据相关政策，对快递车辆运输快件在市区通行、停靠、作业，以及事故处理上给予相应的便利，杜绝乱收费、乱罚款及额外附加义务。（省公安厅、省交通运输厅、省邮政管理局、各市人民政府）

（七）大力推广新能源电动专用车。按照《省政府关于加快新能源汽车推广应用的意见》（苏政发〔2014〕51号）要求，继续完善新能源汽车充电等配套基础设施，在快递终端投递环节大力推广新能源电动专用车。在国家现有补贴政策的基础上，我省新能源汽车推广应用试点城市快递企业购置使用新能源汽车享受新能源汽车推广应用省市财政补贴政策。（省财政厅、省经济和信息化委、各市

人民政府、省邮政管理局）

四、加大快递投递终端建设，完善快递服务网络

（八）大力推广智能快件箱。各级人民政府应将智能快件箱作为城市共同配送体系的一部分纳入规划，统一建设，每年投入一定资金，重点在政府机关、高校、住宅小区设置智能快件箱；利用多种形式鼓励、吸引快递企业或第三方投资设置智能快件箱，建立统一的投递服务平台，共同解决好快递终端投递的难题，满足群众用邮需求。（省商务厅、各市人民政府、省邮政管理局）

（九）大力推进快递服务中心建设。各级人民政府应将快递服务纳入城市共同配送体系，加快与城市共同配送体系建设的融合发展。引导快递企业与城市社区、小区物业等合作，共建快递服务中心，为快递终端投递和揽收提供服务和便利，提升快递终端服务的质量，节省终端服务成本，不断提升快递服务水平。建筑面积 5 万平方米以上的住宅小区，尽可能提供一定的快件用房，以保护快件的安全。（省住房城乡建设厅、省商务厅、省民政厅、省邮政管理局、各市人民政府）

（十）大力推进高等院校与快递企业进行合作。鼓励高等院校与快递企业开展合作，通过开办校园快递、快递超市等形式，为师生提供高质量的快递服务。在校学生数量超过 1 万人的高等院校，应在校区内提供面积适合的快件用房，以满足快递服务需要，保障快件安全。（省教育厅、省邮政管理局、各市人民政府）

五、推动快递服务业与关联产业协同发展，积极服务地方经济

（十一）推动快递服务业与电子商务协同发展。对快递企业用地、车辆通行、终端建设等方面给予扶持，促进快递服务与电子商务协同发展。鼓励快递企业与电子商务企业合建电商快递园区，形成协同发展效应。支持符合条件的电商快递园区申报示范基地（园区），支持快递企业申报电子商务服务示范企业。（省商务厅、省邮政管理局、各市人民政府）

（十二）推动快递服务业与制造业协同发展。鼓励快递企业与制造企业建立结构合理、协作深入、标准对接的合作模式，实现互利共赢。支持制造企业外包服务环节依托快递网络，开展综合集成制造和分销配送，构建产业发展新体系；支持快递企业根据制造业需求，加强功能整合和服务延伸，开发信息流、资金流、实物流融合型服务，构建安全高效、技术先进的快递服务体系；引导快递企业进驻工业园区、经济开发区、高新技术产业园等制造业集聚区，依托生产要素集聚优势，创新服务产品和配送体系，提高产业配套协作水平。（省邮政管理局、省发展改革委、省经济和信息化委）

（十三）推动快递服务业与跨境网购协同发展。支持发展跨境电子商务零售

出口，贯彻落实《国务院办公厅转发商务部等部门关于实施支持跨境电子商务零售出口有关政策意见的通知》（国办发〔2013〕89号），加紧制订发展跨境电子商务扩大出口的实施方案，鼓励有条件的地区开展跨境贸易电子商务通关服务试点。鼓励支持省内重点快递企业开拓海外市场，通过自建、合作、并购等方式建设跨境网络，开展跨境网购等寄递业务。（省经济和信息化委、省商务厅、省邮政管理局）

（十四）推动快递服务业与交通运输业协同发展。积极支持快递服务业与交通运输业融合发展、协同壮大，鼓励民航、铁路等运输部门为快件运输开设绿色通道，提供优先服务。（省交通厅、民航江苏监管局、省邮政管理局、各市人民政府）

六、大力培育总部经济，不断提升本土企业竞争力

（十五）吸引快递企业总部或区域总部落户江苏。各地人民政府可结合实际，出台有效的扶持政策，吸引快递企业总部或区域总部落户。对列入省重点建设项目的快递建设项目用地，优先安排，重点保障。（省国土资源厅、省发展改革委、省住房城乡建设厅、省国税局、省地税局、各市人民政府）

（十六）推动本土快递企业兼并重组、做大规模。按照“资源整合、优势互补”的原则，推动本土中小规模快递企业间的兼并重组，吸引各类社会资本参股、入股，迅速做大企业规模，多种形式整合市场，整合终端网络资源，避免中小企业数量过多、低质竞争。（省邮政管理局、各市人民政府）

（十七）培育在全国有影响力、竞争力的规模龙头快递企业。加大对以苏宁为代表的本土企业的政策支持，引导本土企业通过不断完善服务网络，加大科技投入，加强人员培训，提升信息化、自动化水平，提升服务质量，增强竞争实力，从而形成一批在全国有一定影响力的江苏快递企业。（省发展改革委、省经济和信息化委、省邮政管理局、各市人民政府）

（十八）提高快递信息化水平。鼓励引导快递企业，不断提高信息化应用水平，积极运用现代通信、网络技术，对业务受理、仓储管理、分拣配送、客户管理、安全监控、信息跟踪查询等生产管理环节进行全方位的监测、分析，提高企业运行效率和服务质量。（省邮政管理局、各市人民政府）

七、加强人才培养，不断提升快递服务水平

（十九）完善邮政行业培训基础设施。加强快递人才培养和职业培训，引导高等院校和中等职业学校加强与快递服务业发展相适应的学科专业建设，加快培养快递服务业紧缺人才。支持有条件的快递企业与高校、科研院所联合建立实训基地，支持各类教育培训机构开展服务业技能型人才再培训、再教育。鼓励邮政

行业依托现有资源加大行业人才培训和职业技能鉴定。各地人民政府对邮政管理部门开展的相关人才培训和职业技能鉴定可给予资金支持。（省邮政管理局、各市人民政府）

（二十）加大培训资金扶持。大力实施“邮政行业队伍培育”工程。对引进的快递服务业领军人物，由省级高层次创业创新人才引进专项资金给予重点支持。各地人民政府应将快递业务员列入当地编制的《职业培训专业（工种）和补贴标准目录》，并对符合现有相应政策或专项资金补贴条件的，按规定给予职业培训补贴；对当年参加快递职业培训并取得相应《职业资格证书》或《专项职业能力证书》，从事邮政快递行业的本省农村劳动者，可比照省相关规定给予相应的奖补。对通过初次邮政行业职业技能鉴定并取得资格证书或专项职业能力证书的符合条件的人员，按有关规定申请一次性职业技能鉴定补贴。（省人力资源社会保障厅、省教育厅、省财政厅、省邮政管理局、各市人民政府）

八、加强政策扶持，优化发展环境

（二十一）将快递服务业列为重点扶持发展行业给予政策支持。2010 年，快递服务业被列入《江苏省现代服务业产业指导目录》，2011 年，国家《产业调整指导目录》将快递服务业列为鼓励类产业。各地人民政府要高度重视快递服务业的发展，将快递服务业列为重点扶持发展行业，给予政策支持。要结合各自经济特点，推动相关产业与快递服务业协同发展，共同服务地方经济。（省邮政管理局、省发展改革委、各市人民政府）

（二十二）在工商登记管理方面给予快递企业便利。较大规模的快递企业设立分公司、营业部等分支机构，办理工商营业执照，可依省邮政管理部门的快递业务经营许可分支机构名录，向市级工商行政管理部门申请集中统一办理。（省工商局）

（二十三）切实减轻快递企业税收负担。对快递企业投资购置使用环境保护、节能节水、安全生产等专用设备，按国家有关规定落实税收抵免政策。采取总分机构形式省内跨地区经营的快递企业，可按相关规定汇总计算缴纳增值税、企业所得税。促进快递企业合理划分运输收入，按照国务院相关部署加快推进营改增改革，根据国家出台的相关税收政策规定推动快递企业产生的各类费用逐步列入可抵扣范围。对税负加重的部分可给予财政返还。鼓励快递企业推广使用手持税控终端开具普通发票，对购置手持税控终端成本可按规定在所得税税前扣除。（省国税局、省地税局、各市人民政府）

（二十四）加大对快递企业创新的扶持力度。支持快递企业开展研发活动，其开发新技术、新产品、新工艺所发生的研发费用，未形成无形资产计入当期损益的，可在按照规定据实扣除的基础上，按照研发费用的 50%加计扣除；形成

无形资产的，按照无形资产成本的150%摊销。（省国税局）

九、加强监督管理，推动我省快递更好更快发展

（二十五）加强政府指导。督促企业按照现代企业制度的要求，建立健全公司法人治理结构，完善内部各项管理制度，树立企业文化，打造服务品牌，提高服务质量，不断增强企业的市场竞争力。（省邮政管理局、各市人民政府）

（二十六）加强安全监管。指导企业建立严格的收寄验视制度和应急保障制度，充分运用现代信息及物联网技术，建立安全信息监管系统，保障邮路寄递渠道安全。各级人民政府对邮政管理部门安全信息监管系统建设给予财政补贴。（省公安厅、省安全厅、南京海关、省邮政管理局、各市人民政府）

（二十七）加强监管力量。创新县（市）邮政管理体制，在昆山、泰兴、沭阳等县（市）探索建立邮政管理机构，具体形式由上级邮政管理部门与相关县（市）人民政府协商确定。相关县（市）人民政府要在政策、资金等方面给予支持。（省邮政管理局、相关地方政府）

各地、各有关部门要根据本意见要求，进一步深化对发展快递服务业重要意义的认识，落实专门的牵头部门，尽快制订符合本地区实际的扶持发展措施，切实加强组织领导和协调配合，推动全省快递服务业快速健康发展。

江苏省人民政府办公厅

二〇一四年十月十六日

100

南京市快递服务业发展规划（2013—2015）

南京市发展改革委
南京市邮政管理局
2014 年

背　景

快递服务作为第三方物流的高附加值形态，是邮政业的重要组成部分，是融合信息交流、物品递送、资金流通等多种功能于一体的复合型新兴服务业。快递服务作为电子商务和制造业供应链的有效支撑，在促进商品流通、便利民众生活、服务社会生产等方面发挥着越来越重要的基础性作用，在经济社会发展中扮演拉动消费、吸纳就业的重要角色。

按照国家邮政局《快递服务"十二五"规划》的总体要求，根据《长三角地区快递服务发展规划》（2009－2013 年）和《江苏省"十二五"物流业发展规划》，为贯彻落实市委、市政府《关于加快建设中国航运（空）与综合枢纽名城的意见》，结合南京快递服务发展实际情况，制定本规划。南京市是江苏省会所在地和长三角辐射带动中西部发展的重要门户城市，在区域经济发展布局中处于重要位置，编制地区快递服务业发展规划，有利于发挥规划的引领和统筹作用，促进本地区快递服务健康持续发展。本规划范围是：南京市，包括区划调整后的十一个区，总面积 6597 平方公里。规划期限是 2013－2015 年。

一、现状与形势

"十一五"期间，我国快件最高日处理量突破 1000 万件，进入世界前三位。目前，我国快件最高日处理量突破 6500 万件，2013 年快递业务量超过美国成为全球第一，南京的日均快递业务量突破 50 万件。

我国快递市场国有、民营、外资快递企业多元并存、相互竞争、协同发展。2012 年国有、民营、外资快递企业业务量市场份额分别为 22.8％、75.4％和 1.8％，业务收入市场份额分别为 28.4％、60.5％和 11.1％。

（一）发展现状

1. 快递业务保持快速增长，市场主体形式多元

随着我国工业化、信息化、城镇化、市场化和国际化的同步发展，经济保持

持续增长和结构优化显著提升，信息交流、物品递送、资金流通等活动日趋频繁，对快递服务的需求持续增长。目前，在南京取得快递业务经营许可和备案的快递企业有 89 家，快递市场呈现出多种所有制并存、多元主体竞合、多层次服务共生的发展格局。2012 年南京快递业务收入累计完成 23.2 亿元，快递业务量累计完成 1.13 亿件，2013 年 1 至 11 月，南京快递业务量累计完成 1.72 亿件，预计全年同比增长 65%以上。同时，南京区划调整的实施，带动南京经济新一次快速攀升，也为南京快递服务带来更加旺盛的发展需求。

2. 快递企业加速建设布局，集聚效应初步显现

2012 年南京城镇化率首超八成，位列全国第七，城镇化带动了快递集散中心建设和网络覆盖的进程，显现出与经济发展相适应的区域特征，奠定快递服务区域中心的基础。南京重点快递企业纷纷抓紧建设快件集散分拨中心，提升网络覆盖率，将快递服务延伸至农村乡镇，如聚集江宁的申通、圆通、中通、汇通、韵达、国通等 12 家主要快递企业，日处理快件能力达到 60 万件。位于禄口机场的中邮航空速递物流集散中心，建设规模位居亚洲第一、世界第三，占地 1200 亩，建成 17 万 m^2 的分拣中心，形成一个以南京为中心，具有 14 条航线及 37 条干线汽车邮路的速递邮运网络，日均处理能力达 46 万件以上，可以在 2.5～3 小时内直接分拣到全国 506 个投递区。预计二期工程建成后，日均处理能力达 100 万件以上，全国邮政速递快件 50%将集中于南京集散处理，使得南京快递集聚效应初显。

3. 快递产业链条协同发展，运营模式日趋多样

近年来，电子商务、网络购物、在线外贸等现代服务业的新型业态发展迅猛，推动人们消费方式的转变，社会对快递服务的需求迅速增长，近年来电子商务交易额保持年均 20%以上的增长速度。2011 年南京市电子商务交易额 3100 亿元，2012 年达 4000 亿元。电子商务配送业务已成为快递服务新的增长点，制造业园区与快递服务的联动发展初现新的商业模式，快递业务与电子商务配送、供应链管理开始融合，快递服务与区域经济、城乡经济实现协调发展。南京快递产业链条上下延伸和拓展，协同发展模式初步形成。苏宁云商等企业自建快递物流平台发展迅速，全方位、立体式开放平台运营模式已经启动，并初具雏形。

4. 快递产品种类丰富，服务标准不断提升

南京快递市场不同主体实现差异化竞争，国有快递企业规模仍占主导地位，外资快递企业在国际业务中占据绝对优势，民营快递企业在国内业务中保持强劲增长势头。部分运输、物流、电子商务企业开始进入快递服务领域。快递服务种类丰富，规模以上快递企业普遍提供“次日达”、“隔日达”、“次晨达”、“当日达”、“限时达”、“即时送”等服务，代收货款、保险保价等增值服务，满足了不

同层次的市场需求。2009－2012 年，南京快递服务满意度连续四年稳步提高，平均分数达到 76.5 分，超过全国平均水平 4.8 分，位居直辖市、省会城市第一位。

（二）存在问题

南京快递服务业发展中既存在全国普遍的共性问题，也存有地区个性问题，其主要表现为：

1. 扶持政策和行业规范有待制订与完善

2009 年修订后的《中华人民共和国邮政法》将快递业务纳入管理范围，明确了快递企业的法律地位，确立了“鼓励竞争、促进发展”的原则。《快递市场管理办法》、《快递业务经营许可管理办法》等配套的规章基本形成，为快递服务发展奠定了良好的法律基础。但是，快递服务能力整体上仍不能满足经济社会发展和人民群众日益增长的需求，主要是快件集散中心“用地难”，快递车辆“通行难”、“停靠难”，居住区、商业区、校区、机关企事业单位办公区快递末端“投递难”；快递服务与用户使用需求、生活习惯不匹配，快递服务态度、快件延误、丢失、损毁等方面的申诉增多，用户服务满意程度降低；扶持快递服务发展的用地、租仓、融资、通关、税收等配套政策还需进一步完善；快递专用工具（汽车、电动车）等技术标准亟须制定。

2. 市场竞争手段单一且同质化现象明显

由于快递业处于发展的起步阶段，缺乏差异化服务和具有核心竞争力的领军企业，快递市场上存在低价格、同质化竞争现象。特许加盟制企业把单一的低价竞争作为市场营销的主要手段，无序竞争现象蔓延，低价格、低层次服务现象普遍，快递企业的品牌建设较慢。快递市场服务产品雷同，缺乏差异化产品和承诺服务产品，造成企业业务量增加利润降低，制约了企业的发展。

3. 产业集中度有待进一步提升

快递业发展需要龙头企业引导，南京地处长三角区域，作为中心城市缺乏总部经济支撑。南京虽有亚洲最大的中邮航空速递物流集散中心，但其他快递企业在湖熟、禄口、东山、仙林等地区分散设立分拨分拣中心，造成大量土地的资源浪费，不利于建设节约型社会。同时由于民营快递企业“小、弱、散、差”与“小而弱、大而不强”，缺乏品牌优、竞争实力强、连锁网络全、具有国际竞争力的内资大型快递企业，要实现快递业稳定快速发展，需要进一步提升产业集中度。

4. 企业管理水平和员工职业技能成为发展短板

由于近年来快递业务快速发展，快递服务业人员需求大，但快递从业人员工作条件差、劳动强度大、工时长、流动快，整体素质偏低，缺乏信息管理、经营管理、客户管理及网络管理等方面的专业人才。一些快递企业没有建立规范的用人制度、薪酬制度、业务和职业技能培训制度，管理方式滞后、管理手段落后，加盟制企业总部管控力弱，严重制约了快递企业持续规范化发展。

5. 产业链协同下的新业态和商业模式亟须培育

制造业是快递发展的重要需求基础，快递是制造业转型升级的重要服务支撑，南京的快递和制造业合作还处于起步阶段，政策环境、服务内涵和合作层次都有待完善提升。电子商务虽然拥有苏宁易购，但与阿里巴巴等业务规模差距显著，与江苏经济地位不相适应。需要依托培育电子商务龙头企业，推动快递基本业务与电子商务配送、供应链管理等新业务的融合发展，引导快递企业加快进入制造业供应链服务领域，使快递产业链形成良性互动、协调发展。

6. 快递业科技应用和资源共享能力偏低

快递分拣设备、手持终端、影像监控等新型设备正在逐步普及，计算机电话集成、射频识别等技术广泛使用，但信息化、自动化应用能力不强，快递网络空间布局、服务流程、运营效率等亟待加强。同时，快递集散中心、数据中心、网络终端、服务网点等建设缺乏统筹规划和没有实现快递企业间共享。

（三）面临形势

快递业目前仍处于持续快速发展的重要机遇期，南京作为经济发达的长三角区域中心城市，需要把握机遇，为实现快递服务业的跨越式发展创造有利条件。

1. 区域经济发展充满活力，催生快递服务需求快速增长

受国际金融危机的后续影响，世界经济增长速度减缓，国际快递服务增速下降。但中国经济增速保持稳定，为快递物流加快发展带来新的契机。南京作为经济国际化程度较高的城市，适应国际产业分工的变化，全面融入国际产业分工体系，将带来巨大的国际快递物流需求。同时，南京位居长三角经济区，区域经济一体化进程加快，推动快递物流业形成新的发展格局。伴随南京人才与创业创新名城、软件与新兴产业名城、航运（空）与综合枢纽名城建设进程，信息化和工业化深度融合、工业化和城镇化良性互动，经济结构转型加快，经济规模不断扩大，国际经济贸易往来更加密切，信息交流、物品递送和资金流通等活动日趋频繁，对快递服务的需求将持续增长。

2. 交通体系和基础网络不断优化，护航快递业务发展

航空、高铁、公路、航道、轨道交通构建南京“城内成网、城外成环、过江畅通、八方辐射”的交通大格局。南京是国家四纵四横铁路格局中南北、东西干线的重要交汇点，全国路网格局重要枢纽。南京高速公路路网密度居全国中心城市前列，截至2012年底，高速公路网密度达每百平方公里8.38公里，位居全国中心城市第二，省会城市第一。通过四通八达的交通网络辐射带动，南京与周边省市交通联系更加紧密。围绕南京都市圈的交通体系进一步优化整合，大大提升快递网络的承载能力，为快递服务依托综合交通运输平台，扩大运输能力、提高

服务质量、加快发展提供更为坚实的基础，搭建了良好的交通运输平台。

3. 与电子商务和供应链互动融合，孕育快速发展新机遇

预计到2015年，我国电子商务年交易额将突破18万亿元，南京电子商务交易额将达到8000亿元，网络购物销售额超过1200亿元，占GDP比重超过10%。同时，南京工业发达，制造业占比很高，商贸活动频繁，大量高附加值的制造业企业聚集于此，并且依托长江三角洲地区经济一体化发展的平台，与其他更多地区合作，使得快递的需求急剧上升。快递业务与电子商务配送、供应链管理等新业务面临融合发展，快递企业与制造业供应链服务领域互动融合，精益化、定制化、供应链一体化等高端需求增长，特别是新兴产业对快递物流需求将快速增长，为南京快递服务业跨越式发展孕育新的机遇。

4. 科技创新和高新技术应用广泛，助力快递服务能力提升

随着信息和物联网技术的发展及推广，科学技术在快递服务领域将广泛深入应用。先进的分拣、传输设备和车辆定位系统的广泛使用，将会提高快件处理效率。各种信息的综合利用以及快件传递过程中信息采集点的逐步增加，将使快递处理信息更加完整，快件跟踪查询的响应速度不断提高。呼叫、营销、客户服务中心等工程的建设，使快递企业的客户管理能力显著增强。信息技术日趋成熟为优化快递服务处理流程，提升服务水平提供了基础，快递服务的能力和质量将大幅度提升。

5. 快递服务法律法规和政策标准逐步完善

快递服务的法律法规、政策、标准化体系逐步完善。国务院《关于促进信息消费扩大内需的若干意见》、国务院办公厅《关于实施支持跨境电子商务零售出口有关政策的意见》、交通运输部等7部门《关于加强和改进城市配送管理工作的意见》、市委市政府《关于加快建设中国航运（空）与综合枢纽名城的意见》的出台实施，对于南京快递服务破解发展难题、消除发展瓶颈、转变发展方式，发挥了重要的指导作用。增设的市邮政管理局依法开展市场监管，快递协会参与规范企业经营行为，消费者维权意识和能力显著增强，形成了政府监管、行业自律、社会监督的快递市场发展有效机制。

二、指导思想和发展目标

（一）指导思想

以科学发展观为指导，以建设与现代化国际性人文绿都相适应的现代快递业为目标，依托南京市“三都市、三名城”战略部署，以及先进制造业基地、现代服务业基地和长江航运物流中心、科技创新中心的功能定位，完善出台促进快递服务业发展政策意见，消除制约发展的瓶颈，构建便捷高效、竞争有序、技术先进、服务优质的快递服务体系，推进快递业持续快速科学发展，更好地服务南京经济社会发展和人民群众的需求。

（二）基本原则

注重外延拓展和内生增长相结合。要进一步完善网络基础设施，拓展网络覆盖范围和投递深度，提升网络管控能力，优化网络资源，增强网络稳定性，提升服务能力和质量，塑造重点企业品牌优势和核心竞争力。

坚持技术应用和业务发展相适应。引导快递企业广泛应用现代信息、机械化自动化分拣、物联网等技术，全面提升快递服务的自动化、信息化水平，改变需求迅速增长与企业能力不足，制约行业发展的状况，促进快递服务转型升级。

推进快递与服务链相关产业相融合。推进快递与相关产业融合发展，发挥快递服务的终端配送优势，把握电子商务大发展和制造业转型升级的机遇，积极挖掘需求，加强产业融合，在开放和合作的基础上，推动快递与关联产业相互促进，共同发展。

（三）发展目标

1. 总体目标

2015 年末，实现快递服务业务收入 60 亿元，总体增长 2 倍。形成产业集聚和品牌效应。形成一批规模较大、服务质量好、核心能力强、管理规范的大型快递企业或企业集团，推进快递企业增强服务能力，提升服务品质，打造快递服务品牌。

2020 年末，力争实现快递服务业务收入 180 亿元。建成与南京现代化国际性人文绿都、苏南现代化示范区相适应的现代快递业。

2. 具体发展目标

2015 年末，南京快递服务业在服务能力、服务水平上得到明显提高，逐步成为新的经济增长点，力争在全国快递服务发展中移位争先，处于领先水平。

——经济与社会效益目标。到 2015 年，南京快递业务量达到 4.5 亿件，业务收入达到 60 亿元，占邮政行业业务收入比重达到 70%，新增就业岗位 2 万个以上，从业人员总数达到 3.5 万人。

——企业培育目标。到 2015 年，通过集约化经营、网络化发展和产业集聚引导，提高市场集中度，培育 3 个年收入超过 10 亿元的领军快递企业。鼓励和倡导企业创建快递品牌，快递放心消费示范企业达到 10 个以上。

——服务质量目标。加大力度推行标准化服务，到 2015 年末，规模以上企业的服务达到《快递服务》标准。构建多品种、个性化的产品服务体系，提高当日递、次晨达等限时递产品的比重。同城快递和次晨达 24 小时投递率达到 95%以上。快件 72 小时投递率达到 90%以上。提高服务质量，延误率、损毁率、丢失率等指标低于全国快递服务的平均水平（快件延误率、损毁率、丢失率分别控制在千分之八、万分之一、十万分之五以内）。

——服务能力目标：支持快递企业加快建设快件处理中心、集散中心等基础设施，促进重点快递企业全市网点覆盖率达到98%以上。鼓励中邮航空速递物流集散中心加快建设，进一步提升处理能力，日处理能力达到百万件以上。支持苏宁云商等快递平台建设，扩大快递配送的规模能力。提高快递企业信息化应用能力，快递企业均建立快件跟踪查询系统。大幅提升揽收分拣运输投递等环节的自动化标准化信息化水平，快件信息的入网达到95%以上。重点快递企业要按照规定与快递市场监管信息系统联网。

——从业人员培训目标：深入实施《快递业务员国家职业标准》，鼓励快递员经过培训和考核取得快递业务员国家职业资格证书。2015年末，取得快递业务员资格证书的人数累计达到3万人。在快递企业普遍推行新员工岗前培训制度和在岗培训制度。实施快递专业学历教育计划，联合在宁高校和培训机构，开展具有针对性、实用性的在职学历教育和业务培训。建立1500名高技能人才队伍，中级业务员达到1万名，高级以上快递业务员达到1700名。

三、主要任务

（一）提升快递服务能力

提升重点快递企业的网络覆盖能力和网络处理能力。以加快网络基础设施建设为重点，推进中邮航空速递物流集散中心和快递园区建设。着力加强服务能力建设，大力推进快递服务网点标准化建设，通过组建区域快速集散网和跨区域快递网络，增强快件处理与集散能力。依托南京都市圈，优化网路布局，发展多级联运，促进与公路、航空、铁路等各种运输方式的衔接，为快递服务提供一个安全、可靠、高效的网络支撑。结合南京市新区划由中心城区向江北以及高淳区、溧水区延伸，拓展快递服务网络。

（二）引导服务管理创新

引导快递企业创新服务产品和服务模式，根据商务快递、网购快递等不同服务需求，调整完善产品结构，提供多层次、多样化、个性化的产品服务体系。统筹区域、城乡快递服务发展，缩小服务水平差距。鼓励快递企业建立现代企业制度，优化公司治理结构，改善管理模式，加强企业内部管理，优化操作流程，降低快件延误率、损毁率和丢失率，提升客户满意度。

（三）促进产业融合发展

以推进快递服务与电子商务和制造业的融合为重点，顺应网络购物快速发展的需要，推进快递服务与电子商务等相关产业联动发展。鼓励快递企业与电子商务、制造业等关联企业、上下游企业联合做大做强，有重点地采用信息化技术和设备，推动建立与电子商务平台相衔接的快递信息平台，增强企业自身的信息化程度，提高企业的核心竞争力。优化城市快递配送网络，探索发展面向流通企业和消费者的社会化共同配送。加快小城镇快递物流网点建设，鼓励连锁经营、快递配送、电子商务等现代流通方式向农村延伸。推进快递集散分拨中心建设，着力构建集约化、规模化、网络化的快递服务体系，加强对现有快递企业的资源整合，积极培育品牌优、规模大、实力强的本地快递企业。

（四）加快培育龙头企业

加大快递企业总部经济建设扶持力度，做大做强快递企业。推进快递企业转型升级兼并重组，扩大企业资本规模，壮大快递运营网络，增强企业竞争实力，形成产业集聚。培育快递品牌骨干企业，鼓励重点快递企业上市，拓宽融资渠道。引导快递企业转变竞争方式，鼓励企业进行资源整合，推进品牌战略，产生规模效应，形成具有核心竞争力的大型快递企业，带动区域经济的协调发展。

（五）深化企业科技应用

鼓励快递企业加大科技投入，推进科技应用与创新。利用自动化的处理设备和信息化的管理手段，引导快递企业加大生产处理设备和自动分拣设备的投入，提升运营效率。提高快递企业信息化应用能力，加强对快件跟踪查询、自动识别、全球定位、电子数据交换等先进技术的推广使用。推进融合创新，鼓励快递企业与电子商务、制造业等关联企业、上下游企业加强联合，开展一体化经营。积极拓展快递服务领域，大力发展实物流、资金流、信息流“三流合一”的融合型业务。

（六）倡导低碳环保发展

鼓励快递企业采用环保材料和节能技术，实现绿色环保低碳运营。推进快递运输车辆节能减排，鼓励快递企业增加低能耗、低排放营运车辆的使用。加快推进快件包装等材料的环保和回收利用，支持快递企业推广使用成本低、无污染、易回收再生的复合环保包装物料。执行《绿色建筑评价标准》，采用节能建筑结构，充分利用太阳能，推进快递网点、分拨中心、办公楼等建筑的节能减排。

（七）完善监督管理体系

按照《邮政法》、《江苏省邮政条例》、《快递市场管理办法》、《快递业务经营许可管理办法》等相关规定，进一步完善快递服务监督管理机制。加强对寄递渠道的安全监管，强化安全生产责任管理，建立突发事件应急体系和安全监管平台，通过网络实时监控快递分拨中心运行。健全快递市场监管报告制度，严格落实快递业务经营许可制度，规范快递市场准入和退出机制，净化市场环境。保护用户的信息安全，畅通用户申诉渠道，妥善解决用户申诉的问题。加强监管政务信息平台建设，完善行业监管信息化支撑体系。形成寄递渠道安全监管合力，做好南京青奥会寄递安全及快递服务保障工作。

四、保障项目

（一）实施快递服务能力提升工程

推进重点区域快递园区建设。充分发挥南京作为重点物流节点城市的龙头地位，依托南京空港物流集聚区，建设南京禄口、湖熟航空、陆路两大快递园区，使快件集散分拨日处理能力达到400万件以上。促进与航空、公路、铁路等各种运输方式的衔接，推进中邮航空南京速递物流集散中心二期建设，提升邮政速递物流品牌影响力。依托南京禄口空港二期扩建工程，国内、国际航线的开辟和加密，推动建设航空快件优先配仓、优先安检、快速通关的“绿色通道”，提高通关通检效率，简化流转环节和手续，有效连通国际和国内快递航空网络，实现南京快递集散地位和能力的大幅提升。

专题1：航空、陆路快递集聚区（快递园区）

名称	现有企业	现有日处理能力（万件）	2015年末企业数	2015年末日处理能力（万件）
南京国际航空物流集聚区（快递园区）	1家	46	2～3家	140
南京湖熟快递集聚区（快递园区）	3家	120	5～7家	260

（二）实施快递企业品牌建设工程

打造快递服务放心消费示范企业，塑造快递企业服务品牌。鼓励企业创建快递品牌，快递放心消费示范企业达到10个。贯彻我市《关于加快发展总部经济的意见》，引导扶持企业总部落户南京。做大做强做优快递企业，扩大企业资本规模，壮大快递运营网络，增强企业竞争实力，实现优势互补。建立与电子商务平台相衔接的快递服务网络，增强企业信息化程度，提高企业服务水平及核心竞争力。倡导对现有快递的资源整合，积极培育品牌优、规模大、实力强的苏宁快递等本地快递企业。培育3个年收入超过10亿元的领军快递企业。

（三）实施产业联动协同发展工程

推动快递服务向产业上下游延伸，积极融入产业链、供应链和服务链。以推进快递与电子商务和制造业的融合为重点，着力促进相关产业联动发展，构建快递企业与大型制造企业、电子商务企业合作发展平台，组织实施一批快递企业与制造业、电子商务企业联动发展的示范工程和重点项目，形成电子商务的总部经济。

促进制造厂商、邮购商、电子商务企业改善现有业务流程，实现物流分离外包，通过专业化的快递服务提高企业服务质量、效率和效益，促进快递服务与电子商务协同发展，提高快递服务对电子商务的支持能力，培育产业新的增长点，实现互利共赢。支持连锁经营、快递配送、电子商务等现代流通方式向小城镇延伸。

（四）实施科技信息深化应用工程

提升信息技术运用能力，深化快递企业自动化、信息化、网络化的建设和应用。以信息采集和生产作业处理为基础，以全过程快件实时动态跟踪查询为核心，以数据集中存储、管理、开发应用为中枢，实现统计分析、经营决策等功能。建立完善的快递服务信息化应急管理系统，提高快递服务应急调度能力。

推进快递企业信息网络与邮政管理部门监管网络的对接，完善市场监管的网络互联互通建设。构建行业监管信息化支撑体系，建设以政务公开、消费者申诉、公众满意度评价、资费及邮编查询等为重点内容的公共服务信息化平台。建立集监测分析、行政许可、诚信管理、安全管理、行政执法、社会应急等多种功能为一体的市场监管信息系统，完善邮政业统计信息系统、快递业务经营许可管理信息系统、邮政业安全监管系统、快递检查管理等系统。

（五）实施快递人才培训示范工程

充分利用南京的文化教育优势，推进南京快递服务人才培养工程。企业员工定期接受业务技术、服务标准、法律法规等方面的培训，通过培训和考核取得快递业务员职业资格证书，使从业人员持证上岗率不断提高。依托南京高校及特色优势，开办在职快递专业学历教育，搭建校企合作平台，创办快递服务培训基地，促进南京快递队伍整体水平不断提高。开办中高级人才培训班，培养 450 名高技能人才，高级以上快递业务员占快递业务员总量的 5%以上。

（六）实施快递末端服务提升工程

提升快递末端投递服务水平，是行业发展惠及百姓、服务民生的重要体现。贯彻国务院《关于促进信息消费扩大内需的若干意见》“完善智能物流基础设施，支持农村、社区、学校的物流快递配送点建设”的精神，落实交通运输部等七部门《关于加强和改进城市配送管理工作的意见》“鼓励快递企业建设适应电子商务发展的快件配送体系，探索‘仓储一体化’等新型配送模式，提升电子商务配送水平”的要求，引导企业加快网点建设，提高快递网络覆盖率。

鼓励企业开展与机关、学校、社区、连锁店、物业等单位及第三方开展末端投递服务合作，设置快递服务中心或站点。推行《智能快件箱》标准，探索智能化投递，培育一批水平高、示范作用强的快递智能终端服务工程。通过地方立法、专项规划、简化许可备案程序等手段，结合社区、学校、工业园区、商业区、医院、地铁等配套设施，预留快递服务网点场地或智能快件箱安装场地，扶持快递末端服务，从政策层面上解决影响快递服务“最后一公里”问题。

专题 2：快递服务网点、智能快件箱服务点			
名称	数量	服务半径	服务人口
城区快递服务网点	100 个	1.5～2 公里/每个	3 万～5 万人/每个
智能快件箱服务点	300 个	100～300 米/每个	1500～3000 人/每个

五、政策措施

（一）加强组织领导，统筹协调计划目标落实

建立南京市快递服务业发展联席会议制度。由市政府分管领导主持，市发改委、财政、规划、国土、住建、交通、商务、海关、公安、国安、邮政管理等部门为成员单位，部署涉及全局的重大任务，规范市场经营环境，促进快递园区建设，改善城市投递车辆通行条件，研究解决快递“最后一公里”的服务问题。研究出台“关于加快我市快递服务业健康发展的意见”，加强单位部门间协作，将快递服务业发展目标分解，落实到相关部门，促进南京快递服务业的发展。

（二）强化监督管理，营造公平自律竞争环境

完善法规体系建设，规范快递市场秩序。依照《邮政法》等有关法律法规，结合南京实际，修订《南京市邮政管理条例》，进一步完善行业法律规范。加强市场监管，实施分类分级的管理制度，营造公平竞争的市场环境。发挥快递协会作用，加强快递企业自律，维护成员合法权益，遵守职业道德，树立诚信服务理念，提高服务质量，反对不正当竞争。鼓励快递企业建立高于《快递服务标准》的企业服务标准，提供优质的服务。

（三）重视人才培养，构建人力资源支撑体系

鼓励快递企业制定人才培养和职业培训规划，着力建设一支高层次、专业化、技能型快递人才队伍。利用南京高校资源优势，开设快递服务专业课程，以委托培养和订单式招生等方式，培养快递服务中高级专业人才。发展多层次教育培训，鼓励和支持快递企业开展快递业务员国家职业资格认证工作，继续推行快递员工持证上岗。强化企业人员受训力度，缩短企业人才培养周期，快速提升企业劳动者整体素质。引导快递企业规范用工，健全薪酬分配、激励约束等人力资源管理的机制，保障企业劳动者权益。构建和完善以政府为主导、企业为主体、院校为支撑的区域快递人才培训体系。

（四）加大政策扶持，统筹协调优化发展环境

将快递规划纳入到南京市总体规划中，构建综合性的政策支持体系。推动相关部门联系，有效整合促进快递服务业健康发展政策资源，形成发展合力。综合运用土地、财税、金融、教育等各种政策手段，重点支持骨干企业，扩大网络规

模和服务深度，实现快递服务的标准化和规模化，解决快递发展中遇到的瓶颈问题。增加对快递企业的信贷投入比重，推进适应快递信贷产品创新和金融服务创新。推动完善快件集散分拨中心等设施建设用地政策，对纳入快递物流园区规划的用地给予重点保障。落实省有关部门关于快递车辆的通行管理规定，协调解决城市快递车辆通行、停靠交通管理问题，促进快递车辆便利通行，提升快递末端“最后一公里”揽收派送效率。

强化《规划》对快递保障项目的指导，增强《规划》的执行力和约束力。开展《规划》实施的评估工作，根据我市经济社会发展需要，按照规定程序适时调整。加强与南京空港物流集聚区、湖熟开发区以及公路、民航等专项规划的衔接与协调，确保规划落实到位。

附表 1　　规划保障项目表

项目建设名称	主要内容	总体目标	预计增加值	预计增加就业
快递服务能力提升工程	依托南京禄口国际航空物流集聚区、江宁湖熟经济开发区，集中建设南京禄口、湖熟两个航空、陆路快递园区。	2015年末，完成两园区的建设和运营，形成400万件以上快件日处理能力。	2014年末，增加5亿元；至2015年末，增加10亿元。	2014年末，增加4000个就业岗位；至2015年末，增加8000个就业岗位。
快递企业品牌建设工程	强化政策引导扶持，做大做强做优快递企业，壮大快递运营网络，增强企业竞争实力。	2015年末，培育3个年收入超过10亿元的领军快递企业；10个快递放心消费示范企业。	2014年末，增加15亿元；至2015年末，增加30亿元。	2014年末，增加4000个就业岗位；至2015年末，增加8000个就业岗位。
快递人才培训示范工程	每年投入100万元，联合高校和相关培训机构，培训150名经理人员，2000名业务员。	2015年末，培训450名经理人员和6000名业务人员。		
快递末端投递服务水平提升工程	落实国务院关于“完善智能物流基础设施，支持农村、社区、学校的物流快递配送点建设”的精神，解决影响快递服务“最后一公里”问题。	2015年末，在机关、学校、社区等建成100个末端快递服务网点。培育300个快递智能终端服务点。		2015年末，增加1000个就业岗位。

附表 2　主要快递企业名录

序号	企业名称	地 址	品牌	经营范围
1	中邮航空速递物流集散中心	南京禄口国际机场	EMS	国内、国际快递
2	江苏省邮政速递物流有限公司南京分公司	南京市鼓楼区江东北路	EMS	国内、国际快递
3	顺丰运输（南京）有限公司	南京市江宁经济开发区菲尼克斯路	顺丰速运	国内、国际快递
4	江苏苏宁物流有限公司	南京市玄武区苏宁大道	苏宁快递	国内快递
5	南京申通快递服务有限公司	南京市江宁区湖熟街道	申通快递	国内快递
6	江苏省圆通速递有限公司	南京市江宁区铺岗街	圆通速递	国内快递
7	上海中通吉速递服务有限公司南京分公司	南京市江宁区湖熟街道	中通快递	国内快递
8	南京苏韵快运有限公司	南京市江宁区汤山街道麒麟天旺路	韵达快运	国内快递
9	南京力顺速递有限公司	南京市江宁区将军大道	汇通快运	国内快递
10	南京天明快递有限公司	南京市江宁区经济技术开发区九竹路	天天快	国内快递
11	南京红楼国通快递有限公司	南京市江宁区湖熟街道	国通快递	国内快递
12	上海宅急送物流有限公司南京分公司	南京市江宁区东山街道高桥社区工业园	宅急送	国内快递
13	民航快递有限责任公司南京分公司	南京市雨花台小行路	民航快递	国内快递
14	优比速包裹运送（广东）有限公司南京分公司	南京市秦淮区大明路	UPS	国际快递

续　表

序号	企业名称	地　址	品牌	经营范围
15	中外运—敦豪国际航空快件有限公司江苏省分公司	南京市江宁区利源南路	DHL Express	国际快递
16	天地国际运输代理（中国）有限公司南京分公司	南京市秦淮区大明路	TNT	国际快递
17	联邦快递（中国）有限公司南京分公司	南京市江宁区科宁路	FedEx Express	国际快递

101

苏州市政府办公室印发关于促进苏州市快递业健康发展的指导意见的通知

苏府办〔2014〕105号

各市、区人民政府，苏州工业园区、苏州高新区管委会；市委各办局，各直属单位：

经市政府同意，现将《关于促进苏州市快递业健康发展的指导意见》印发给你们，请认真贯彻执行。

苏州市人民政府办公室

二〇一四年六月十一日

关于促进苏州市快递业健康发展的指导意见

苏州市人民政府办公室

2014年6月11日

快递业作为现代服务业的重要增长极，在促进生产、扩大消费、服务民生等方面具有重要作用。当前，苏州市经济发展环境正在发生深刻变化，特别是电子商务的迅猛发展和制造业的转型升级，对快递行业健康发展提出了更高的要求。我市快递业缺乏中长期发展规划、政策法规体系不健全、行业监管体系不完善、快递服务能力有待提升等问题亟待解决。为进一步促进我市快递业的发展，加快推进快递业与电子商务、制造业等相关产业的协同发展，促进快递行业更好地服务经济社会发展和人民生活需要，现提出如下指导意见：

一、指导思想和主要目标

（一）指导思想。以邓小平理论和“三个代表”重要思想为指导，以科学发展观为统领，以提升快递服务水平为主线，加强规划引导，优化政策扶持，加快产业提升，强化行业监管，着力推进我市快递行业健康快速发展，率先在全省建成高效便捷、规范有序、技术先进、服务优质的快递服务体系。

（二）主要目标。力争用五年左右的时间，基本建立起较为完善的政策法规体系，快递服务能力显著提升，快递行业对全市经济增长的贡献度进一步提高，快递服务水平在全省乃至全国位于前列。

二、主要任务

（一）推进政策法规体系建设。加快快递业地方立法工作，营造良好的法制环境。发挥政府规划引领作用，以“十三五”规划、苏州新一轮城市总体规划编制为契机，做好快递业发展规划与地方发展战略的衔接工作，综合考虑快递服务基础设施的空间布局，促进快递规划与交通运输规划、服务业发展规划、城市总体规划的有效融合。

（二）引导行业科学发展。支持快递企业加大技术创新、管理创新力度，鼓励快递企业走集约化、规模化发展之路，促进快递企业转型升级。推动快递服务与商贸业、制造业、交通运输业等关联产业协同发展。围绕安全、服务等社会热点，不断规范市场秩序，提升服务质量，推动快递服务更好更快发展。

（三）加快快递配送体系建设。鼓励快递运营模式提档升级，通过整合干支线运输资源，满足不同需求层次的配送节点和终端用户需要，加快健全效率高、功能强、周转快的三级配送网络体系。引导快递企业开展以“集中存储、统一库管、智能配送、统筹运输”为主要特征的共同配送，大力推进以集约化、规范化配送为主导的配送模式发展。加快快递信息平台建设，鼓励第三方公司开发满足资源集聚、集约要求的快递配送信息平台。

（四）规范城市配送作业车辆。鼓励使用标准化、厢式化、标识化的城市配送车辆运输快件。加快研究制定本市的城市配送车辆技术规范，明确城市配送车辆的技术参数、技术要求以及专用标识、图案等要求。根据国家统一部署，按照“统一车型、统一标准、统一外观”等要求，邮政管理部门要会同交通运输等部门研究制定适合本市需要的非机动作业车辆技术标准和标识规范，适时出台非机动车从事快件收投业务的相关管理办法，逐步规范全市快递终端投递工具。

（五）优化快递市场主体结构。扶持本地小微型快递企业规范发展、做大做强，培育龙头骨干企业。积极引进国内外大型快递企业（集团）来苏投资注册、合资合作，建设研发中心，建立区域性、功能性总部。

（六）减轻快递企业税收负担。清理不合理收费，对快递服务领域装卸、仓储、运输等各环节乱收费行为进行清理整顿。积极稳妥做好快递业“营改增”工作。对快递企业购置并实际使用的环境保护、节能节水、安全生产等专用设备的投资额，按有关规定税额落实抵免政策。

（七）加快快递服务能力建设。引导企业加大科技投入，不断提升信息化以及信息安全水平。加快推进快递服务标准化，按照快递服务国家标准及《快递业务操作指导规范》等要求，加快推进收寄、分拣、运输、投递等各环节的标准化作业。支持快递企业加强品牌建设，引导快递服务人员统一着装，规范服务用语，开展亮证服务。

（八）完善快递服务基础设施。不断健全快递服务网络，推动快递企业加强分拨中心、快递门店等基础设施和服务节点建设。加强快递投递终端建设，探索最后一公里投递服务新模式。社区物业、高校、机关、企事业单位等应当为快件投递提供便利，统一设立快件代收代投服务点、快递综合服务超市、智能快件箱等终端设施，满足投递服务多样化的需求。

三、保障措施

（一）加强组织协调。建立由分管市长牵头，发展改革、经济和信息、交通运输、公安、国家安全、商务、邮政管理等部门参加的联席会议制度。建立工作协调机制，明确职责分工，形成整体合力，及时协调解决快递业发展中存在的问题。

（二）加大财政和金融扶持力度。鼓励快递企业积极申报各类专项资金，加快快递服务基础设施建设，实施快递信息化建设项目。对企业开展技术改造、科技创新、电子商务、信息化应用、软件研发等提升改造项目，按现行的财政扶持政策予以重点支持。鼓励快递企业以股权融资、项目融资、合资合作等方式筹集资金。对信誉良好、经营规范、效益明显的快递企业，引导各类金融机构加大信贷支持力度，探索创新快递企业信贷方式，建立适应快递业发展的多元化、多渠道的投融资机制。

（三）优化发展环境。积极落实交通运输部等 7 部委（局）联合下发的《关于加强和改进城市配送管理工作的意见》精神，积极参与城市配送体系建设和管理，进一步改善快递运输环境，完善城市快递配送网络建设。落实省邮政管理局等部门下发的《关于加强快递企业运输车辆管理的通知》要求，协调解决快递车辆城市通行、停靠、装卸等方面问题。积极引导快递企业推广使用新能源汽车从事快递运输，在购置补贴、城市通行等方面给予政策扶持。

（四）强化行业监管。严格市场准入，依法加强对快递市场的监督管理。强化行业安全监管，建设综合信息监管平台，实时监控各重点快递企业，加强对寄递渠道、服务信息、收寄验视等方面的安全监管。加强快递服务质量监管，推进快递行业放心消费创建和城市综合服务标准化工作，培育一批诚信经营、用户满意的示范企业。加强邮政管理部门监管能力建设，依托县（市）政府相关职能部门，积极探索县（市）一级监管模式，以弥补县级邮政监管机构缺失的不足。完善行业规范与自律机制，充分发挥快递行业协会的桥梁纽带和服务协调作用。

102

关于印发杭州市快递服务业发展规划的通知

杭发改规划〔2014〕601号

各区、县（市）人民政府、市直有关部门：

根据《2014年杭州市市级专项规划编制计划》（杭发改规划〔2014〕298号）文件要求，市邮政管理局编制完成了《杭州市快递服务业发展规划》，经审核同意，现将《杭州市快递服务业发展规划》印发给你们，请结合实际，认真贯彻实施。

附件：杭州市快递服务业发展规划

杭州市发展和改革委员会
杭州市经济和信息化委员会
杭州市邮政管理局
二〇一四年十二月四日

附件：

杭州市快递服务业发展规划

杭州市发展和改革委员会
杭州市经济和信息化委员会
杭州市邮政管理局
2014年12月4日

快递（速递）服务业是现代服务业和邮政业的重要组成部分，是融合物品递送、信息传递、资金流通等多种功能于一体的复合型新兴服务业。快递服务在推动经济结构调整、发展方式转变和促进就业中发挥着不可替代的基础性作用，也在优化产业供应链、推进制造业优化升级、便利人民群众生活等方面发挥着日益重要的作用。

杭州是“中国电子商务之都”。编制快递服务业发展规划，不仅是落实杭州市委市政府发展战略的重要体现，也有利于促进电子商务、现代物流业快速发展，有利于发挥规划的引领和统筹作用，促进地区快递服务健康持续发展，有利于推动经济社会又好又快发展。发展快递业，是转型之需、民生之需。

规划依据国家邮政局《快递服务"十二五"规划》、《浙江省邮政业"十二五"发展规划》、《杭州市国民经济和社会发展"十二五"规划》、《杭州市"十二五"现代服务业发展规划》、《杭州市快递物流专项规划》、杭州市《关于加快推进我市快递行业健康发展的实施办法》等相关规划或政策。

规划范围为杭州市域范围。包括上城区、下城区、江干区、拱墅区、西湖区、滨江区、萧山区、余杭区，以及桐庐、淳安、建德、富阳和临安，面积16596平方公里，常住人口约880万人。规划期限2013—2017年，展望至2020年。

一、现状与趋势

近年来杭州市快递业快速增长，市场规模逐年扩大，快递业发展既面临难得的历史机遇，也面对着诸多风险挑战。

（一）现状基础

1. 发展规模居全国前列。2013年，杭州市快递业务量达4.7亿件，同比增长79.1%，占全省33.1%；快递业务收入56.3亿元，同比增长31.4%，占全省31.3%，快递发展规模排名全省首位、全国城市前五位，我国主要民营快递企业"三通一达"创建人均出自杭州桐庐。在以阿里巴巴、淘宝天猫等为代表的电子商务带动下，近四年快递物流业务规模以年均50%～100%的速度递增，快递行业增加值年均增长约40%，2013年约占全市地区生产总值的0.8%。适应电子商务、网络购物快速发展需求，快递服务与电子商务协同发展模式初步形成，快递服务产品创新日益活跃。

2. 服务网络加速拓展。2012年，浙江快递企业拥有5062个营业网点和844个独立分拣中心，在杭快递企业及分支机构有500多家，基层营业网点1050个，一级快件分拨中心10余个，从业人员2万余人。其中，全国民营快递前三强顺丰、申通、圆通均有项目落户杭州空港新城，天天快递总部落户滨江，萧山国际机场顺丰快递转运中心已建成使用，联邦快递中国区转运中心、DHL杭州口岸和UPS区域物流中心已分别落户杭州萧山机场和临江工业园区。依托发达的综合交通运输体系，重点快递企业在市辖县市网点覆盖率达100%，乡镇网点覆盖率也不断提高。

3. 市场竞争较为充分。依托强大的电子商务和便捷的物流区位优势，杭州吸引了国有、民营、外资、个体等20多家品牌快递企业入驻，包括世界前四快递企业UPS、联邦快递、DHL、TNT，全国民营快递前十强"四通一达"，以及顺丰、天天、宅急送等，积极展开多元化竞争。市场集中度较为显著，2012年快件业务量前 8 家企业占据杭州快递市场 90%份额，其中前 4 家占 62.9%。快递市场逐步细分，产品种类更加丰富，限时达、当日递、次晨达、次日递等服务项目不断涌现，努力满足消费者对于快递服务差异化需求。

4. 政策环境不断优化。针对制约行业发展的若干瓶颈问题，2012 年杭州市在全国首先出台了快递业《关于加快推进我市快递行业健康发展的实施办法》，2013 年 1 月份成立了由分管副市长任组长的杭州市快递行业发展工作协调小组，协调快递行业的有关事宜。12 月份发布了快递车辆统一标识，出台了《杭州市关于快递车辆规范管理的实施意见》等，将快递业作为现代服务业的重点内容进行培育，优化产业发展环境，着力解决快递企业车辆通行难、停靠难和作业难等问题。鼓励促进快递服务业与电子商务融合联动，依托阿里巴巴等电子商务平台，基本建成重点快递企业与电子商务企业的战略联盟，促进形成商流、物流、信息流、资金流整合联动发展格局。

5. 行业管理逐步规范。建立杭州市快递行业发展工作协调小组，协调推进快递业发展。成立杭州市快递行业协会，积极搭建沟通企业和政府、社会的桥梁，制订杭州市快递行业协会自律公约，建章立制，行业自律机制和诚信体系初步建立。针对“双十一”、春节国庆等购物旺季，积极召开市快递行业协会理事会，制定快递业务旺季服务保障条例和安全保障承诺书，加强快递业务旺季服务保障和安全保障。依法加强对快递企业监督管理，加大执法检查力度，督促落实整改措施，引导企业规范化、标准化方向发展。

（二）存在问题

1. 网络基础建设亟须加强。尽管杭州市快递服务业迅速发展，但快递物流建设缺乏整体规划，服务基础网络建设有待加强，空间布局有待优化。受城市土地价格较高等影响，分拨中心、转运中心等设施建设不足，末端投递服务能力相对较弱，快递服务“最后一百米”问题较突出。快递企业和服务网点主要集中在市区，淳安、建德、临安等两县三市的网点分布较少，农村快递服务网络有待进一步延伸，城乡快递服务差距有待缩小。

2. 科技应用能力亟待强化。快递企业及网点数量虽多，但规模小、信息化标准化水平不高，现有设备及设施能力不足、处理能力差，尤其是部分快递企业或加盟店缺乏自动化分拣设备，过于倚重人工分拣，分拣投递效率不高，在网购高峰季节，容易出现“网点爆仓”、“快递不快”等现象。快递产业仍处于粗放发展阶段，低价格竞争和同质化现象严重，应用现代技术能力弱，企业劳动生产率偏低。

3. 从业人员素质仍待提高。快递服务业从业人员受教育程度偏低，流动性大，缺乏系统、正规的专业培训；高技能人才匮乏，物流领域专业人才缺乏，专业技术人员占全部从业人员比例仅约 10%，高级快递业务员占全部技能人才比重不足1%。企业经营管理人才占从业人员数量不足10%，企业经营管理水平偏低。快件延误、丢失和损毁投诉仍偏多，行业服务不够规范，服务质量与服务水平有待提高。

4. 行业发展环境有待改善。近年来快递业虽然取得较大成绩，形成了申通、圆通等知名品牌，主要民营快递企业全国总部大多在上海，杭州集聚吸引企业总部能力较弱。快递企业发展受用地限制明显，融资困难，随着人力成本、资金成本上升和“营改增”，企业负担更趋加重，有待相关部门提供更宽松的政策环境。

（三）发展趋势

1. 经济平稳较快发展，推动快递服务需求持续增长。杭州是东部沿海经济最发达的中心城市和高收入地区之一。预计至2017年，杭州市常住人口人均生产总值将突破2万美元，城市化率将达77%，进入中等发达的高收入地区行列。城乡居民收入有较大幅度提升，预计2017年全市城镇居民人均可支配收入将达6万元以上，农村居民人均纯收入达3万元左右。伴随经济规模不断扩大和人均国民收入稳步增加，信息流、物流、资金流等活动日趋频繁，对快递服务的需求继续快速增长。

2. 电子商务迅猛增长，凸显快递物流服务重要支撑。杭州是全国电子商务中心、中国电子商务之都。电子商务产业与快递服务业互为促进、互为依存，快递物流服务是网络购物、电子商务的基本支撑，“网购”高速发展又大大扩充了快递的市场容量。根据杭州电子商务发展规划和经济发展预期，预计至2017年杭州市电子商务服务收入将达1500亿元，增加值达到900亿元，分别是2012年的4.8倍和3.9倍。依托电商发达优势，在网络购物的推动下，杭州市快递行业仍将保持快速增长势头。

3. 科学技术广泛应用，快递服务处理能力不断增强。杭州是国家“两化融合”试点城市、“智慧城市”试点城市。随着工业化信息化融合发展深入、信息和物联网技术发展普及推广，自动化分拣运输、全球定位系统、地理信息系统等信息技术设备更广泛应用，快递业发展瓶颈将得到有效突破。大容量用户数据和各种信息综合利用，以及快件传递过程中信息采集点逐步增加，呼叫、营销、客户服务中心等建设完善，“e邮站”、“e邮柜”等末端投递设施智能化建设，将使杭州市快递处理信息更加完整，快件跟踪查询响应速度不断提高，快递服务水平和生产效率大大提高。

4. 综合交通体系优化，快递服务基础网络日益完善。杭州是长三角的“地理中心”，国家重要物流节点城市。根据我国快递服务规划和我省邮政业规划，支持杭州作为我国快件处理中心、主要航空及陆运集散中心之一，联接国内外20多个节点城市，连通各个国家和地区的快递自主航空网络建设，快递枢纽城市地位更加突出。同时依托长三角高密度均质化空间优势，按照“零距离换乘”

和“无缝衔接”国家级交通枢纽建设要求，杭州都市圈城际铁路建设加快，高铁、高速公路、地铁等交通网进一步优化，全市快递服务网络承载力大大提升，为快递业健康快速发展提供坚实基础。

5. 市场竞争日趋激烈，快递产业集中度进一步提升。杭州是浙江省省会和经济文化中心、我国民营快递发源地。以杭州为大本营设立区域总部，辐射全省市场乃至皖赣闽等地区，既有利于快递企业开展兼并重组、提升市场占有率，又有利于降低成本、提高效率，外资、民营等快递企业在杭设立总部或区域总部步伐将加快。目前杭州市有各种性质、各种大小的快递企业及分支机构 500 多家，随着快递业法律、法规体系逐步健全，快递市场运行机制进一步完善，一些规模较小的快递企业将被淘汰或兼并，产业集中度进一步提升，行业竞争更加多元化，市场细分度更为明显。

二、指导思想与发展目标

（一）指导思想

以科学发展观和市委市政府“五大战略”为统领，紧紧围绕满足经济社会发展和人民群众生活对快递服务日益增长的要求，以获得全国首个“中国快递示范城市”为契机，坚持科学发展为主题和转变发展方式为主线，优化网络空间布局，促进产业融合联动，引导差异特色经营，强化科技应用创新，加强行业市场监管，着力推进快递服务转方式、调结构，着力提升快递企业技术水平和核心竞争力，着力推进快递行业健康快速发展，率先在全国建成高效便捷、技术先进、服务优质、覆盖城乡的快递服务体系，巩固提升杭州市快递业在全国的领先优势。

（二）基本原则

——企业主体、政府引导。积极处理好政府与企业、政府与市场的关系，充分发挥企业在市场经济中的主体作用，更好地发挥政府引导作用，引导快递企业顺应经济社会和电子商务发展规律，鼓励和引导快递企业不断提高服务质量，改变发展速度较快而服务质量不高状况，实现快递服务加快发展与质量提升的有机统一。

——产业融合、联动发展。积极处理好快递产业与相关产业融合发展的关系，充分发挥杭州市中国电子商务之都和中国快递示范城市优势，促进快递服务与电子商务、现代制造业融合联动，实现快递服务与上下游产业协调发展，改变快递企业与上下游产业衔接不紧密制约行业发展的状况，在开放合作基础上推动快递业与关联产业互促共赢发展。

——科技先导、跨越升级。积极处理好科技投入不足与快递规模迅速增长的矛盾，充分发挥科学技术对快递业发展的促进作用，鼓励快递企业广泛应用现代化信息技术、自动化分拣技术、物联网技术等，改变快递规模不断扩大而企业生产技术相对落后制约行业发展的状况，实现从劳动密集型行业向劳动和技术密集型产业转变。

——立足杭州、示范全国。积极处理好快递企业数量多与总部功能弱的矛盾，充分发挥杭州民营体制机制优势，优化产业发展环境，巩固商务快件、网购快件市场，积极开拓制造业快件和跨境网购快件市场，立足本地集聚一批快递企业区域总部，培育一批规模大、竞争力强的快递企业公司，打造一批星级优质快递服务品牌，实现快递配送质量优、效率高，标准化、规范化等服务标准在全国形成示范效应。

（三）发展目标

未来五年杭州市快递服务业发展的总体目标是，凭借经济社会发达、国际电子商务中心、全国重要物流节点城市和物联网产业发展领先等优势，巩固快递服务全国领先地位，积极建设品牌快递企业集聚、服务品质高端、以电子商务配送和高铁航空综合快递等为特色的现代快递服务中心，进一步深化中国快递示范城市建设，着力打造“中国快递之都”。

1. 快递行业规模迈上新的台阶。快递服务业收入在全国保持领先地位，至2017年，快递业务收入达到110亿元，年均增长20%以上；快递业务量达15亿件，年均增长40%以上；快递业新增就业岗位1万个，从业人员总数达3万人以上，从业者年劳动生产率达到40万元，年均增长约15%；快递业对经济社会发展贡献逐步增强，快递行业增加值占GDP比重达1.1%以上。

2. 快递服务能力保持国内领先。建设完善与相关规划布局相衔接的快递物流园区和快递产业园区，建设形成一批集散中心、分拨中心、处理中心，至2017年，园区及大型快递企业处理设施建设投资达30亿元，空港园区打造形成联网全国、连通国际的快递航空运输网络；重点快递企业市县网点覆盖率、快递服务乡镇网点覆盖率均实现全覆盖，快递服务网络覆盖率和稳定性有较大提高。

3. 快递服务水平与质量大幅提升。快递产品结构和服务质量不断优化，至2017年，快递限时产品比例达20%以上，同城当天达比例达90%以上，与省内90%市县实现快递“当日达”或“次日达”，快递末端投递服务水平全面提升。全面实现快递车辆统一标识、专用号段，快递企业全面实行承诺服务、标准服务、流程服务，用户满意度达80分以上。

4. 快递行业信息化建设全国示范。快递行业信息化、自动化、标准化服务水平全面提升，至2017年，快递企业全部建立快件跟踪查询系统，全部实现与快递市场监管信息系统联网，快件信息入网采集度达100%；规模以上快递企业集散中心和分拨中心的标准化、机械化作业比例达100%，分拣处理准确率和运行效率明显提高；快递智能便民柜全面推广，基本实现快件无人交接智能平台全覆盖。

5. 快递人才培养取得较大突破。加强快递专业人才培养，重点联合省内市内高等院校开设一个以上快递人才教育与在职培训专业，至 2017 年，实现 2 万人次在职培训目标，从业人员平均受教育程度明显提高；快递人员岗前和在职培训全面加强，规划期末实现 80％以上快递业务员持国家职业资格证上岗，中级资格业务员占快递业务员的 30％，高级资格快递业务员占 10％以上。

展望 2020 年，杭州市快递服务业全国领先地位进一步巩固，快递业务量达到 30 亿件，快递业务收入达 200 亿元以上，从业人员总数约 4.5 万人，从业者劳动生产率提高至 50 万元，全面形成更加成熟、发达的智能快递服务体系，全面建成国际知名、国内领先的中国快递之都。

三、主要任务

（一）优化网络空间布局，夯实行业整体发展基础

着力构建无缝对接快递服务网络。充分发挥杭州市全国快递物流枢纽型城市和全省航空、高铁、高速公路的核心地位优势，综合利用航空、高铁、高速公路等运输网线和站场设施资源，优化快递设施布局和线路联接，逐步形成长途以航空为主、中途高速公路与高铁组合为主、省内以高速公路为主，“航空＋高铁＋高速公路”辐射全国乃至全球的立体式快递服务网络。加快发展无缝连接的多式联运业务，鼓励快递企业与民航、高铁等运输企业建立战略联盟，统一快件包装等标准，加强信息联通和管理对接，在全国率先开展推广应用集装箱运输、甩挂运输和环保机车以及探索开展高铁货运试点工作，着力提高快递运输效率。立足省内，加强与沪宁甬等城市对接，推进长三角快递业务一体化发展。

着力构建市域同城快递服务网络。依托杭州市发达的陆路交通运输体系，加快拓展快递服务网络，由市区向两县三市延伸，由中心城区向乡镇延伸全覆盖。依托陆路快递枢纽，构建以市区为中心覆盖两县三市的同城快递服务网络。依托邮政服务普遍网络，积极推动快递服务网络与邮政普遍服务网络有效衔接，鼓励快递企业与乡镇邮局所合作，探索发展“城镇快递＋乡村邮政”的混合寄递服务，支持“快递下乡”。对临安、淳安等偏远山区和农村地区，引导快递网络与邮政普遍服务网络、农村客运等交通运输方式对接，积极拓展快递服务范围，将全市所有乡镇纳入 24 小时以内到达的同城快递服务网络。

着力构建“一圈四带”快递物流集散空间布局。加强快递物流空间布局规划，以绕城高速及其周边沿线为杭州快递物流分拨集散圈层，积极构建四条辐射状物流带。一是沪杭快递物流辐射带，依托沪杭高速、杭浦高速、沪杭高铁等，往东北方向联系上海，辐射余杭、嘉兴、苏州等地。二是浙东南快递物流辐射带，依托杭甬高速及南北复线、杭金衢高速和杭甬客专等，往东南方向联系宁波、金华，辐射绍兴、温州、台州、丽水等地。三是西北快递物流辐射带，依托杭宁高速、杭长高速、杭徽高速等，往西北方向联系南京、安徽，辐射临安、湖

州等地。四是西南快递物流辐射带，依托杭新景高速、杭黄铁路、杭长铁路等，往西南方向联系衢州、江西，辐射富阳、桐庐、建德、淳安等地。

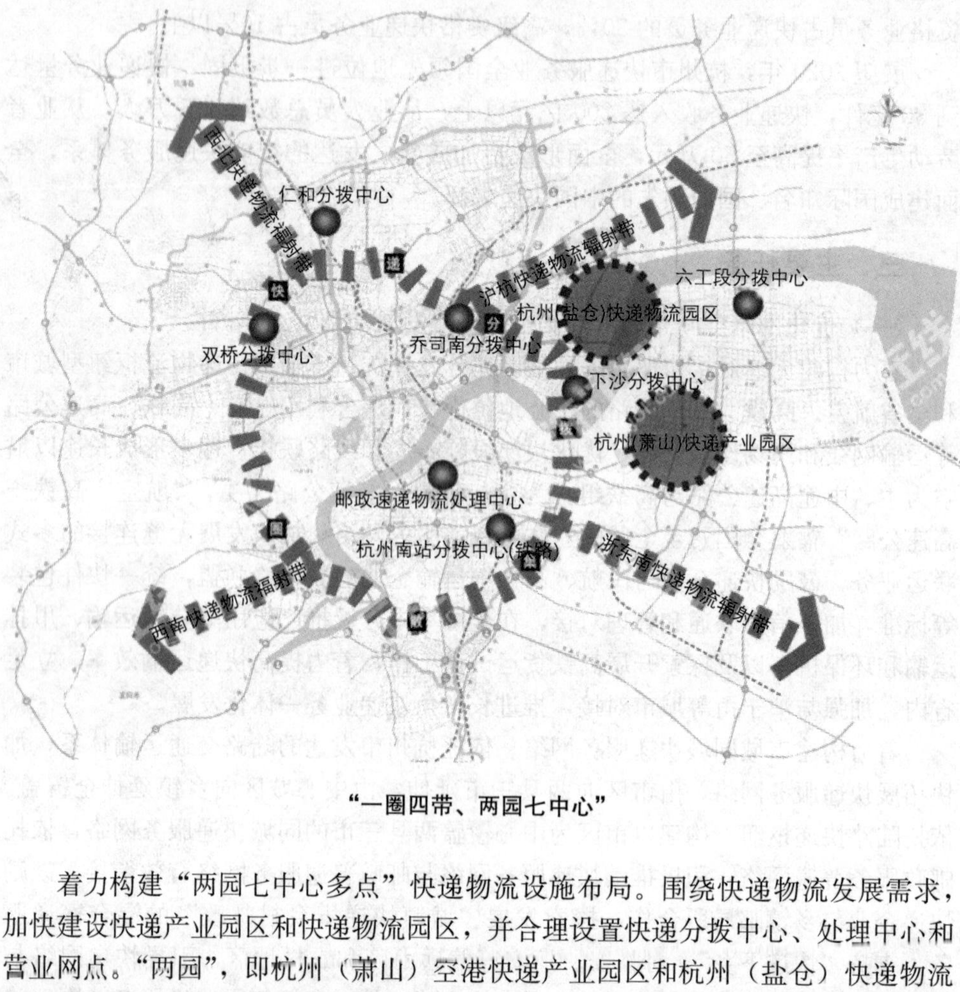

“一圈四带、两园七中心”

着力构建“两园七中心多点”快递物流设施布局。围绕快递物流发展需求，加快建设快递产业园区和快递物流园区，并合理设置快递分拨中心、处理中心和营业网点。“两园”，即杭州（萧山）空港快递产业园区和杭州（盐仓）快递物流园区。“七中心”，即六工段分拨中心、下沙分拨中心、乔司南分拨中心、仁和分拨中心、双桥分拨中心、邮政速递分拨中心、杭州南站分拨中心（铁路）。“多点”，即结合城市物流公共配送站点，按平均3公里服务半径，在市中心、城东、城南、城西、城北以及萧山、余杭布局多个快递配送处理站，并按市区不同区域人口密度设置多个营业网点。

（二）推进产业深度融合，加快与电商等联动发展

促进快递与电子商务融合发展。充分利用中国电子商务之都的优势，深化快递企业与阿里巴巴等电子商务企业战略合作，大力发展基于电子商务的快递服务，创新“网络购物＋快递高效配送”模式，强化快递业、电子商务与中小企业共同成

长、消费者受益的多赢发展机制。推进快递业与杭州四季青服装市场、钱江服装市场、农副产品市场等，以及义乌中国小商品市场等专业市场合作，着力构建专业市场、快递企业与电子商务三方战略联盟，为专业市场提供高效便捷的快递服务支持。鼓励支持快递企业运用互联网、物联网、云计算等先进技术和网络优势，以杭州为中心、立足长三角辐射全国，进军电子商务市场和物联网金融等领域。

促进快递与民航高铁协同发展。加强杭州空港快递产业园信息、道路交通等基础设施建设，吸引大型快递企业在园区建设总部或区域总部，鼓励快递企业与航空公司加强战略合作，强化杭州与北京、天津、青岛、大连、上海、南京、广州、深圳、厦门等重点城市机场合作，共同建设“快件绿色通道”，提升航空快递能力。推动快递企业与民航、海关等实行电子数据交换（EDI）共享与合作，推进数据早交换、快件早通关，提高国际快递服务效率。鼓励快递企业加强与铁路总公司合作，积极发展高铁、动车快递业务，提供1000公里以内的城际间“当日达”、“次晨达”等快递服务。

促进快递与现代制造业联动发展。鼓励快递企业与制造业联动，促进产业链、供应链和价值链的一体化整合，助推杭州市产业转型升级。大力发展生产性快递物流服务，鼓励快递企业与辖内中国500强企业和国内外大型制造业企业建立长期稳定的战略合作伙伴关系，鼓励制造业企业分离外包物流快递服务。构建快递企业与大型制造业企业、电子商务企业合作发展平台，建立制造业与电子商务发展的快速配送体系，组织实施一批快递企业与现代制造业等产业联动发展的示范工程和重点项目，促进产业有机融合发展。

（三）引导差异特色经营，着力提升市场细分竞争力

优化快递产品结构和服务模式。引导企业根据商务快递、网购快递等不同服务需求，细分市场，调整完善产品结构，提供多层次、多样化和个性化的产品体系，推动快递差异化经营和规范化服务。鼓励快递企业大力发展国际及港澳台快递业务，鼓励内资快递企业加快发展杭州市国际快递服务，鼓励龙头快递企业开拓杭州市国内异地快递业务，做精做细同城快递业务，优化国际快递、国内快递和同城快递业务结构。鼓励引导重点快递企业优化服务资源配置，扩大网络覆盖面，创新服务模式，逐步向物流、信息流、资金流“三流合一”的综合服务提供商方向发展。

优化开发中高端快递增值服务。引导快递企业从传统业务转向新兴业务延伸，向货到付款、代收货款、签单返回、保价、时效件等相关业务领域延伸，提供客户为导向的服务产品和增值服务，推动快递服务中高端化发展。鼓励快递企业提高快递服务水平，大力开发提供限时服务产品系列，杭州与全省各设区市之间、市域范围100%的县市区和中心镇小城市之间实现“当日达”，与全省90%以上县级城市之间、市域范围乡镇和中心村实现“次日达”。积极发展第三方仓

储、配货速递、流通加工等物流增值服务和相关金融增值服务，为供应链上下游客户提供完整配套。

优化解决快递服务“最后一百米”。研究制订快递末端派送设施配建相关办法，引导企业科学设置服务半径，加快自有品牌末端网点建设，提高快递网络覆盖率和稳定性，加快提升快递末端投递服务水平。鼓励企业与连锁商业机构、便民服务设施、社区组织、小区、机关学校以及专业第三方企业开展多形式服务合作，建立完善智能快递物流基础设施，支持社区、学校、农村的物流快递配送点建设，促进“小快递”服务“大民生”。积极探索和推广智能投递，鼓励支持邮政、快递企业等投资建设自助服务设施，加快推广建设社区“e 邮站”和“e 邮柜”，建立快件无人交接智能平台，提供电子商务快件自取投递或二次投递服务，叠加便民服务、代收快件、线下网购等电子商务服务。

（四）强化科技应用创新，切实提高行业技术水平

切实提高快递信息化服务水平。按照打造快递行业信息化建设全国示范的要求，引导快递企业加大科技投入，提高企业快递服务信息技术应用水平，全面推广使用手持终端设备（PDA）、计算机电话集成（CTI）、全球定位系统（GPS）、地理信息系统（GIS）等信息技术，增强投递服务的时效性和管理的智能化，加强末端投递服务的统筹调度和全程管理。鼓励企业积极开发无线网络服务平台，推广智能手机客户端、微信应用等符合新型消费环境的服务创新，规模以上快递企业 100%普及应用手持无线终端。完善客户管理信息系统，提高快件跟踪查询和信息反馈水平。

切实提高快递自动化服务水平。引导快递企业加大对技术设备的投入，积极引入机械化或半机械化流水线等生产处理设备，提升快递产业园、分拨中心、处理中心快件装卸和传输的机械化水平，引入快件自动分拣设备，提高快件处理率和劳动生产率。积极推进科技成果产业化运用，引导快递企业采用统一标准的信息编码技术，鼓励应用无线射频（RFID）、传感器等物联网技术，建立健全快件处理信息管理系统，提升信息扫描、反馈、发票打印等综合服务能力。积极提高快件投递机动化水平，推动规模以上快递企业全部实现收件投递环节机动化，提高收派工作效率。

切实提高快递标准化服务水平。引导企业推广标准化管理模式，引入企业资源计划（ERP）等系统，推动快递企业全网统一管理和服务。建立标准门店、统一车辆标准，统一业务员着装、工号牌佩戴，规范仪容仪表，提升社会认可度。引导企业建设完善统一客服电话，提升问题处理效率。鼓励企业通过门店、电话、网络等多种渠道为用户提供及时、便利的查询投诉服务。研究完善杭州市快递服务和电子商务信息交换标准化指南、代收货款服务规范、快递网上营业服务规范、快递营运场所处理场所设计规范、快递产业园区配套设施要求、快递物流

园区服务与评价指标等相关标准。

（五）加强市场监督管理，规范优化行业竞争秩序

严格快递市场准入制度。认真执行《中华人民共和国邮政法》、《快递业务经营许可管理办法》、《快递市场管理办法》、《快递业务旺季服务保障工作指南》等法律法规的规定，全面落实快递市场准入制度，健全快递服务标准体系，形成快递市场准入、退出的正常运行机制。健全快递业务经营许可证的变更、年报和注销工作机制，开展专项整治，淘汰服务能力差、客户投诉多的落后企业，提高市场集中度。鼓励和引导社会资本投资快递行业，依法受理审核快递企业经营许可申请，进一步简化登记备案手续和流程，对快递企业末端网点实行备案管理，为企业发展创造条件。

强化快递服务质量监管。依照快递服务国家标准，依法加强对快递企业监督管理，充分发挥以公众满意度、时限准时率和用户申诉率为主要内容的快递服务质量评价体系的作用，引导和鼓励企业建立健全内部管理制度，快速、有效地处理消费者投诉，自觉维护消费者合法权益和市场秩序。充分发挥快递行业协会自我管理作用，强化行业自律，规范行业秩序，协调快递企业关系，加强从业人员培训和管理。完善快递企业投诉处理机制，市内快递企业全部建立投诉处理平台，投诉受理率达到100％，投诉处理满意率达到95％以上，社会用户客户普遍比较满意。

加强安全防范和应急管理。依照《邮政行业安全监督管理办法》等关于通信安全、生产安全和应急管理方面规定，切实加强快递服务各个环节的安全保障。落实《关于切实做好寄递服务信息安全监管工作的通知》，健全安全监管协调机制，全面加强对寄递服务信息安全的监督检查，严格执行收寄验视制度，确保寄递渠道安全。建立完善快递业务旺季服务保障工作领导机制，督促企业落实旺季责任制度，加强组织调度，做好“双十一”等旺季应对工作，确保快件不积压、服务质量不降低、网络运行畅通，确保快递业务旺季生产安全运营。建立突发事件应急预案，及时启动应急响应机制，提高突发事件的应急处理水平。

四、保障措施

（一）健全组织领导体系

充分发挥由市分管市领导任组长、有关部门为成员单位的市快递行业发展工作协调小组作用，建立协调机制，加强部门联系，形成整体合力，及时协调解决快递行业发展中存在的问题。进一步加强组织领导和统筹协调，加强规划引导，切实做好快递规划与城市总体规划、土地利用总体规划等规划衔接，市协调小组办公室负责加强政企沟通，加强对重大项目跟踪服务；财政、税务等部门负责制定财政扶持与税费优惠政策；交通、运管等部门协调推进快递业与综合交通运输

体系对接管理，将快递服务网建设纳入交通运输体系规划；邮政管理部门负责快递行业监督管理和出台相关措施；统计部门负责加强杭州市快递行业统计监测，为快递行业调控管理，以及制定发展政策提供参考依据。

（二）加强财税政策支持

加大财政扶持力度，鼓励快递企业积极申报国家、省级专项资金，争取国债资金和省财政的政策支持，市县区财政配套，加快建设快递分拨中心的基础设施，实施重大信息化建设项目。鼓励和引导快递企业运用互联网、物联网、云计算等先进技术，开展技术改造、技术创新、电子商务、信息化应用、软件研发等提升改造项目，按现行财政扶持政策予以重点扶持。积极推动快递行业税收试点工作，将网络型重点快递企业纳入国家物流企业税收试点，享受试点物流企业税收政策。推进杭州市快递连锁网点实行工商“报备制”。认真贯彻“营改增”试点政策，实施统一税率、差额征税、使用定额发票等，避免发生快递代理、仓储、配送等环节与运输环节税率不一、重复征税等。对依法从事快递业务的企业和个人争取按3%小规模纳税人税率征收增值税。对快递企业购置使用的环保、安全生产等专用设备投资落实抵免政策。

（三）优化产业发展环境

鼓励国内外大型快递企业（集团）来杭发展，对来杭投资注册、合资合作、建设研发中心、设立分支机构以及总部迁杭的国内外快递企业，参照市政府鼓励来杭投资发展和总部经济等相关政策给予支持，大力发展总部经济。对快递企业入驻园区、建设企业总部或快递处理分拨中心等，在供地、供水、供电、供气等方面给予支持，逐步实现快递企业在水、电、气方面与工业企业基本同价并轨。鼓励和引导企业通过盘活存量资产、兼并、联合、重组、上市等资本运作，实现规模化发展、集约化经营。引导企业协同发展分销配送、供应链服务和物流网络，推动建立快递企业与电子商务、制造业企业等的合作发展机制。进一步落实好《杭州市关于快递车辆规范管理的实施意见》，切实解决快递通行难、停靠难和作业难问题。

（四）完善行业监管机制

进一步制定完善杭州市快递行业管理制度，建立快递行业信息数据库，完善业务监测预警预测机制。加强行业安全监管，联合工商等部门，加大执法检查力度，坚决依法查处扰乱市场经营秩序、侵犯消费者合法权益等违法违规行为，重点解决积压延误、丢失损坏、投诉赔偿等问题。充分发挥快递协会桥梁纽带作用和服务协调职能，加强杭州市快递行业协会与国家、省快递行业协会的沟通联系，建立完善行业规范竞争和自律机制。鼓励快递行业协会与消费者协会等开展诚信企业评比和快递服务质量评价活动，建立快递从业人员诚信档案，加快构建快递企业诚信管理体系。以快递行业协会为牵头单位，筹建杭州快递信息网，建立信息共享机制，对行业发展等进行分析与信息发布。

（五）强化人才队伍建设

积极整合利用杭州市教育资源优势，构建企业、院校、政府合作发展平台，探索创新多元化人才培养模式，组织快递专业人才教育培训。建立快递职业教育、高等教育和在职培训鉴定相衔接的教育培养体系，开设快递专业专科以上学历教育，采取专题培训、委托培养等方式加强职业技能人才教育培训，加强从业人员岗前和在职培训，加强技能型人才队伍建设，提高从业人员业务素质和能力。加强专业技术人才培育，开展快递企业人力资源状况调查，组织快递企业专业技术人员职称评审，鼓励快递企业符合条件的人员参加经济或工程系列等职称的社会评审。充分发挥职业技能鉴定机构作用，引导和支持快递企业组织员工参加职业技能培训、考证、持证上岗，不断提高从业人员技术等级。

（六）倡导绿色低碳发展

积极推进快递运输车辆节能减排，鼓励快递企业使用低能耗、低排放营运车辆，争取国家和省市节能减排资金支持，鼓励重点快递企业使用大吨位、环保型运输车辆，淘汰落后运能，提高物流交通运输能源利用效率。积极推进快件包装材料环保和回收利用，鼓励支持快递企业推广使用成本低、无污染、易回收再生的复合环保材料，鼓励推广使用电子单式，减少纸张消耗。积极引导快递企业在分拨中心、处理中心、营业网点、办公场所等建筑节能减排建设改造，鼓励低碳设计，采用节能建筑围护结构以及采暖和空调，发展利用太阳能光伏、生物质能等新能源，创建一批节能低碳型快递企业。鼓励支持传统物流园区、传统专业市场转型发展快递产业园区，鼓励快递产业园打造成为低碳示范园。

附件 1：杭州市主要快递企业名录（略）

附件 2：杭州快递服务业发展规划建设项目库（略）

103

福建省促进快递行业发展办法

（2015 年 1 月 16 日福建省人民政府第 35 次常务会议通过）

第一章 总则

第一条 为了促进和规范快递行业健康发展，加强对快递市场的监督管理，维护快递渠道安全畅通，保护企业和用户合法权益，适应经济社会发展和人民生活需要，依据《中华人民共和国邮政法》及有关法律法规，结合本省实际，制定本办法。

第二条 在本省行政区域内经营快递业务、使用快递服务以及相关监督管理等活动，应当遵守本办法。

第三条 县级以上人民政府及其有关部门应当采取措施，支持快递行业发展。

第四条 邮政管理部门负责对本辖区快递市场实施监督管理，建立完善快递市场监管体系，促进快递企业规范化运作。

发展改革、财政、公安、国家安全、交通运输、经信、建设、商务、规划、工商、税务、海关、检验检疫、价格等部门按照各自职责，建立健全安全保障机制，共同做好快递市场的相关管理工作。

第五条 快递企业应当加强服务质量管理，完善安全保障措施，按照国家规定的相关标准，为用户提供迅速、准确、安全、方便的服务。

第六条 快递行业协会应当制定行业规范，加强行业自律，维护会员的合法权益，提高快递企业的经营管理水平和从业人员的业务素质。

第二章 支持措施

第七条 县级以上人民政府应当将快递行业发展纳入国民经济和社会发展规划，将快递服务基础设施建设纳入本级城乡规划和土地利用总体规划，保障快递服务与当地经济社会协调发展。

城市新建住宅小区和旧城改造应当将快递服务网点纳入社区服务基础设施，同步规划、同步建设，并应当规划安排快递服务所需的停车和装卸用地。

支持快递企业利用工业企业旧厂房、仓库和存量土地资源建设快件处理中心，项目建设用地享受工业用地政策。

第八条　地方各级人民政府应当将快递服务纳入农村基本公共服务，支持快递企业在农村设置快递服务网点或者利用村邮站、农村超市、农家店等开展农业生产资料、生活消费品和农副产品等寄递服务。

第九条　县级以上人民政府应当制定扶持和鼓励措施，支持快递行业与电子商务、制造业等关联产业构建合作发展平台，促进快递行业与电子商务、制造业等关联产业有机融合和联动发展。

第十条　鼓励快递企业整合资源，与民航、铁路、公路等运输行业联动发展。机场、车站、口岸等单位应当支持快递企业建设快件集中处理场所，提供快速配载、装卸、交接等服务。安检机构应当对快件实行分类管理、优先查验，提高检验效率，确保快件传递畅通。

第十一条　人力资源和社会保障行政部门应当将快递业务员职业技能培训纳入管理，对通过社会化考试取得职业资格证书的个人，按照相关规定给予补贴。

第十二条　公安机关交通管理部门对经邮政管理部门核准的从事快递业务的车辆，在其收寄、投递快件时，依法提供城区通行和临时停车的便利。从事快递运输业务的车辆应当由邮政管理部门核准喷涂统一快递专用标志，专用标志式样由省邮政管理部门制定。

支持快递企业依法使用非机动车收投快件。鼓励快递企业购置新能源汽车作为城市快件运输和收投服务工具，并按照国家规定给予补贴优惠。

第十三条　机关、企事业单位、住宅小区管理单位、高等院校等应当为快递企业收寄和投递快件提供通行、临时停车、代收、保管等便利服务。

鼓励通过设立快件集中代收代投服务点、设置自助服务终端等形式，为快件收寄和投递提供便利和安全保障。

第十四条　鼓励快递企业的总部、区域总部、分拨中心或者呼叫中心等落户本省，按照规定享受本省总部经济的相关政策。

第三章　快递服务

第十五条　快递企业提供快递服务应当符合以下要求：

（一）在收寄快件时，应当要求寄件人如实完整填写快递运单，应当明确提示寄件人选择保价业务或者保险业务，并告知其权利义务；

（二）不得野蛮分拣，严禁抛扔、踩踏或者以其他危险方法处理快件；

（三）根据业务处理流程，及时准确将快件流转信息上传网络，并向用户提供电话或者网络等查询渠道，方便用户跟踪查询快件流转情况；

（四）快递企业收派员收寄和投递快件时应当统一穿着具有本企业标识的服装，并佩戴工号牌或胸卡。

第十六条　快递企业应当采取按址投递、用户领取或者与用户协商的其他方式投递快件。快递企业应当对快件提供至少 2 次免费投递。

收件人本人无法签收的，经征得收件人同意，可以由收件人指定的其他人代收。

第十七条 快递企业可以委托连锁商业机构等第三方代办快件收投服务，委托人应当与被委托人签订委托合同，明确约定双方权利义务、快件收投服务规范和快件损失的赔偿责任等。

第十八条 快递企业投递快件，应当告知收件人或者代收人当面验收。快件外包装完好的，由收件人或者代收人签字确认。投递的快件注明为易碎品或者外包装出现明显破损的，收派员应当告知收件人或者代收人先验收内件再签收。

对于网络购物、代收货款以及与用户有特殊约定的其他快件，快递企业应当与寄件人在合同中明确投递验收的权利义务，并提供符合约定的验收服务，验收无异议后，由收件人或者代收人签字确认。

验收过程中，发现快件损毁或者内件短少等异常情况的，收派员应当在快递运单上注明情况，并由收派员和收件人或者代收人共同签字。

第十九条 快件发生延误、丢失、损毁或者内件短少的，快递企业应当按照与用户的约定，依法予以赔偿。

第二十条 快递企业应当建立快递运单实物及电子数据档案管理制度，采取技术措施确保用户信息安全，防止用户信息泄露、丢失。快递运单的实物和电子数据档案保存应当符合快递服务国家标准规定的保管期限，保管期满后，应当按照规定集中销毁。

第二十一条 用户对快递服务质量存在异议的，可以向快递企业投诉。快递企业应当自接到投诉之日起 15 日内作出处理。因快递企业逾期未处理或者对处理结果不满意的，用户可以依法向邮政管理部门申诉。

邮政管理部门应当依法及时处理用户的申诉，并自接到申诉之日起 30 日内作出答复。快递企业应当积极配合邮政管理部门处理用户的申诉。

第四章 快递安全

第二十二条 快递企业应当建立并执行收寄验视制度，收寄快件时应当当场验视交寄物品，检查是否属于国家禁止寄递或者限制寄递的物品，是否与快递运单所填写的内容一致。用户拒绝验视或者拒绝如实填写快递运单的，快递企业不予收寄。

第二十三条 快递企业应当对收寄、分拣、运输、投递环节实行安全监控和信息化管理，实现对快件的全程跟踪和实时查询，防止快件在寄递过程中丢失、损毁或者内件短少。监控设备应当全天 24 小时运转，监控资料保存不少于 30 天，并按照邮政管理部门的规定报送。

第二十四条　快递企业应当建立安全检查制度，落实安全检查责任和措施，建立隐患排查、登记、报告、整改管理制度，加强安全防范和隐患排查治理。

第二十五条　快递企业在许可的经营区域范围内，设置用于快件临时配载、装卸、理货、保管等内部配套作业的小型临时中转场所，且不对外开展现场收件或者为社会提供服务的，应当在设置之日起20日内，报所在地邮政管理部门备案，邮政管理部门应当在备案之日起5日内抄告同级工商行政管理部门。

第二十六条　快递企业及其从业人员不得实施下列损害用户合法权益的行为：

（一）毁弃、倒卖、盗窃、私自开拆或者违法扣留用户快件；

（二）非法出售、泄露或者向他人非法提供从事快递服务过程中知悉的用户信息；

（三）法律、法规禁止的其他行为。

第二十七条　有下列情形之一的，公安机关、国家安全机关接到报案后，应当及时受理并依法处理：

（一）违反规定寄递国家禁止寄递或者限制寄递物品，危害国家安全或者公共安全的；

（二）以围堵、拦截、聚众闹事等形式，扰乱快递服务场所正常秩序的；

（三）倒卖、盗窃、私自开拆或者违法扣留用户快件的；

（四）非法出售用户快递服务信息的；

（五）其他影响快递服务安全和用户权益的违法犯罪行为。

第二十八条　邮政管理部门应当与有关部门配合，妥善处置快递行业突发事件，查明事件原因和责任，提出整改措施，并依法对有关企业或者个人作出处理。

第五章　闽台快递合作

第二十九条　县级以上人民政府及其有关部门应当采取措施，鼓励发展闽台快递服务合作，支持快递企业服务闽台电子商务、金融、保险、旅游等经贸和文化交往。

第三十条　支持闽台快递合作基础设施建设，完善两岸快件交换、包裹处理等功能，支持通过闽台通道发展跨境快递业务。

支持开辟闽台快件通关绿色通道，完善闽台快件通关环境，创新快件通关监管模式，简化报检程序，实现闽台口岸关检互认。

第三十一条　支持在本省台商投资区、台湾农民创业园等对台合作区域拓展快递服务业务。

第三十二条　鼓励有条件的快递企业开展对台直航包机，扩大两岸快件运输直航范围，支持扩大对台海运快件业务范围，增强闽台快递服务时效性。

第三十三条 鼓励闽台快递企业相互合作，支持闽台之间相互设立快递企业或者快递企业分支机构。

支持闽台快递企业、快递行业协会建立定期联络协调机制，推动同业人员定期对话、互访交流和业务合作。

第六章 法律责任

第三十四条 违反本办法第二十条规定，快递企业未按照要求保管和销毁快递运单的实物和电子数据档案的，由邮政管理部门责令改正，处 1000 元以上 5000 元以下罚款；情节严重的，处 5000 元以上 2 万元以下罚款。

第三十五条 违反本办法第二十一条规定，快递企业未按照规定处理用户投诉的，由邮政管理部门责令改正，可处 1000 元以上 5000 元以下罚款；情节严重的，处 5000 元以上 2 万元以下罚款。

第三十六条 违反本办法第二十二条规定，快递企业未执行收寄验视制度的，由邮政管理部门责令改正，可处 1 万元以上 3 万元以下罚款。

第三十七条 违反本办法第二十三条规定，快递企业未按照规定实行安全监控的，由邮政管理部门责令限期改正，可处 3000 元以上 1 万元以下罚款；逾期未改正的，处 1 万元以上 3 万元以下罚款。

第三十八条 快递企业及其从业人员违反本办法及相关法律、法规、规章规定，受到邮政管理部门或者有关行政管理部门依法处罚的，邮政管理部门应当依法公开其违法信息，并纳入相关信用信息系统，供单位和个人查询。

第三十九条 邮政管理部门工作人员在监督管理中滥用职权、玩忽职守、徇私舞弊，依法给予处分；构成犯罪的，依法追究刑事责任。

第七章 附则

第四十条 本办法自 2015 年 5 月 1 日起施行。

福建省人民政府

二〇一五年一月十六日

104

江西省快递服务发展规划2011—2015年

江西省邮政管理局办公室

2012年3月7日

快递是现代服务业和邮政业的重要组成部分，对于带动电子商务、现代物流业发展，提升制造业竞争力，促进贸易和投资发展，推动经济增长具有重要战略意义，在国家经济结构调整、发展方式转变和促进社会就业中发挥着不可替代的基础性作用。为深入贯彻落实科学发展观，促进江西省快递服务又好又快发展，更好地适应江西省经济社会发展和人民生活需要，依据《中华人民共和国邮政法》（以下简称《邮政法》），按照《江西省国民经济和社会发展第十二个五年规划纲要》精神和《江西省邮政业发展“十二五”规划》的总体安排，结合江西省快递服务发展实际，制定本规划。

一、现状与形势

进入新世纪以来，江西省快递服务发展步伐显著加快。江西省经济总量实现新跨越，经济结构持续优化，鄱阳湖生态经济区上升为国家战略，周边经济圈及城市群繁荣发展，带动了江西省快递服务需求增长，推动江西省快递服务进入新的发展期。今后一个时期是江西省快递服务加快发展，加速转型，更好地适应江西省经济社会发展和人民生活需要的重要时期。

（一）发展回顾

近年来，江西省快递服务持续快速发展。企业实力迅速提高，发展后劲显著增强。市场环境明显优化、竞争格局深刻变化。行业管理不断加强，市场秩序逐步规范。江西省快递服务在发展经济，特别是在促进消费、安置就业、服务生产、便利民生等方面的作用进一步发挥。

1. 发展规模跃上新台阶

江西省快递服务发展规模不断壮大，业务量和业务收入增长迅猛，市场主体显著增多。2010年，江西省规模以上快递企业完成业务量3245万件，总收入5.85亿元，2008至2010年平均增速分别达30%、25%，同期全国规模以上快递企业业务量、业务收入增速分别为25%、18.9%。截至2010年底，江西省依法取得快递业务经营许可的企业达155家，包括在国家邮政局取得快递业务经营许可、在江西省备案的企业总数达170家，市场主体数在中部省份位于偏上水平。

2. 服务能力实现新提升

江西省快递基础设施不断完善，网络规模迅速扩张，机械化信息化水平大幅提升。快递企业加大软硬件设施投资力度，作业处理效率显著增强。2010年底，江西省快递企业自营服务网点约500处，县（区）自营网点覆盖率达98%，快递网络运递能力向乡镇延伸。规模以上快递企业普遍在南昌、赣州设立分拨中心，分拣处理场地面积达3.5万平方米，拥有汽车742辆，手持终端1468部。2010年底，快递服务从业人员达5164人（含EMS），全省1439人通过快递业务员职业技能鉴定。

3. 服务水平实现新跨越

江西省快递企业细分市场、创新服务，较好地满足了消费者的多样化需求。近年来，规模以上快递企业普遍提供"次日达"、"隔日达"、"次晨达"、"当日达"等服务，同城配送时限不断缩短，基本实现24小时投递。部分企业积极发展代收货款等增值服务，在电子商务配送、供应链管理等服务领域取得了大幅进展。品牌快递企业均建立了快件信息查询系统，重点规模快递企业在江西建立了呼叫中心，为用户提供快捷的信息服务。

4. 市场结构呈现新特点

江西省快递市场已经形成国有、民营、外资多元共存、相互竞争的格局。以邮政EMS为代表的国有快递企业，市场占有率有所下降；顺丰、申通、圆通、中通和韵达等民营快递企业，近年来业务扩张迅猛，网点布局加速，在电子商务配送市场优势明显，其中顺丰公司在高端快递服务业务上发展势头强劲。2010年末，邮政EMS的业务量占市场份额比重30%。知名外资快递企业在江西省均已开展业务，并看好江西在中部地区的区位优势，加快战略布局步伐，中外运一敦豪和联邦快递等均已在南昌布点。

5. 政策环境显著优化

《邮政法》明确了快递企业的法律地位，极大释放了民营快递企业活力。《快递市场管理办法》、《快递业务经营许可管理办法》规定了经营快递业务的基本规范，促进了快递服务快速发展。江西省邮政管理局积极服务行业发展，协调民航部门保证快递服务在航空寄递各环节的安全和便捷，协调运输部门规范快递企业运输车辆管理、保障车辆便捷通行，并着力推动《江西省邮政条例》修订。系列政策的出台针对性地解决了制约行业发展的瓶颈问题，为快递服务发展提供了良好环境。

6. 行业管理不断规范

江西省邮政管理局自2006年成立以来，切实履行管理职能，依法落实快递市场准入制度，加强市场执法检查，快递市场秩序逐步规范。2007年，江西省快递协会成立，行业自律机制和诚信体系初步建立，搭建了沟通企业与政府、社会的桥梁。邮政业消费者申诉电话和申诉网站相继开通，切实维护消费者合法权益，促进快递企业提高服务质量。政府监管、行业自律、社会监督“三位一体”的监管体系初步建立。

（二）存在问题

近年来，江西省快递服务取得了一定成绩，但是对比经济社会发展和行业发展态势，仍然存在一些差距和不足，主要体现在：

1. 快递发展整体水平较低

2010年，全国规模以上快递服务企业业务收入与GDP之比为0.14%，江西省仅为0.06%。全国规模以上快递服务企业业务收入与服务业增加值之比为0.34%，江西省仅为0.19%。全国规模以上快递服务企业业务收入与物流业增加值之比2.13%，江西省仅为0.96%。江西省快递服务的产业规模和产业层次尚有较大提升空间。

2. 基础网络建设布局不均

江西省快递分拨中心集中在南昌、赣州两市，机械化程度较中部其他省份仍有较大差距。江西省快递服务网点分布较为集中，南昌市网点数占全省的比例约为30%，赣州、吉安两市网点数占全省的比例约为26%，其余8市的网点分布较少。新城区、城乡结合部的快递服务网点不能满足需求。大部分快递企业在县级及县级以下网点覆盖不全，“最后一公里”派送能力较弱，农村快递服务网络有待进一步延伸。快递基础设施建设用地难、融资难的问题比较突出。

3. 企业经营管理有待提升

江西省民营快递企业大多起步晚，起点低，粗放式管理较为普遍，执行能力薄弱。快递从业人员素质不高，终端服务质量较低。缺乏专业化企业管理人才，难以实现管理的制度化、规范化、标准化。部分快递企业创新能力不足，中高端服务供给不足，市场低价无序竞争现象时有发生。部分快递企业组织形式落后，经营模式不适应规模化发展需要。

4. 联动效应尚未充分发挥

江西省快递服务与电子商务、制造业发展的结合不够紧密，主动衔接的积极性不够，优势互补、互促共进的效用未能发挥。江西省快递企业未充分依托旅游等资源优势开展具有本地特色的产品配送，主动挖掘市场的敏锐度不够。江西快递服务与长江三角洲、珠江三角洲等周边城市群的互动融合程度较低，快件进口量远大于出口量，区域联动活力未被激发。

（三）形势分析

今后一个时期，我国将进入快递服务高速发展的新时期，行业发展政策环境不断优化，快递产业地位逐步提升。江西省主要经济指标在全国的位次前移，经济和社会发展对快递服务的需求十分强劲。区域间竞争更趋激烈，江西省快递服务面临着加快发展、加速转型的双重压力。机遇与挑战并存，为江西省快递服务发挥后发优势、实现跨越式发展提供了有利时机。

1. 经济总量跨越式增长，为快递服务大发展提供了重要前提

快递产业既服务民生，也促进生产，快递业务量与经济总量的增长高度相关。"十二五"时期，江西省生产总值年均增长11%以上，预计到2015年达到1.8万亿元，社会消费品零售总额年均增长16%，达到6200亿元。经济总量增加带动信息交换、物品交换和资金流通更加频繁，对快递服务的需求不断扩大。快递企业盈利状况持续改善，扩大再生产和提高从业人员收入的基础条件不断巩固，快递服务质量和水平将稳步提升，可以预见全省快递服务将步入高速发展、良性循环的轨道。

2. 社会生产和消费方式转变，使快递服务成为现代服务业新的增长点

江西省加快推进宽带信息网"最后一公里"和宽带互联网建设，网络普及率将稳步上升。积极推进电子商务基础平台及服务系统建设，加快流通领域电子商务发展，网络购物规模也将跨越式提升。电子商务派生出的商品配送、代收货款等需求为快递发展提供了广阔空间。人们的生活消费方式向个性化转变，引领制造业从事个性化生产。快递服务渗透至制造业的各个环节，提供高附加值的优质服务，产业间分工协作更加紧密。

3. 城镇化和区域经济繁荣发展，对快递服务质量和水平提出了更高要求

江西省城镇化加速推进，城乡区域协调发展，城镇化率将提高到52.8%，产业和人口集聚程度持续提升。城镇化和新城建设对快递基础设施建设和合理布局提出新挑战，对快递服务质量和水平适应城镇化发展步伐提出新要求。江西省紧密连接长江三角洲、珠江三角洲和海峡西岸经济区，依靠区位优势大力承接产业转移。鄱阳湖生态经济区上升为国家战略，带动周边地区经济活力显著提升，区域间沟通与交流愈加频繁。江西省快递企业面临增强服务能力、改善服务质量、提升服务水平的多重考验。

4. 交通运输网络资源持续优化，为快递服务提升效能创造了良好条件

江西省推进陆、水、空各种交通方式一体化协调发展，构建安全畅通、便捷高效的综合交通运输体系。到2015年，江西省基本实现县县通高速、形成省会到设区市4小时、到周边省会城市6至8小时的快速通道；县县通铁路，省会到各设区市2小时、到周边省会城市3小时、进京5小时的快速通道；形成以南昌国际航空港为龙头的"一干七支"机场布局。这为快递业充分依托综合交通运输体系的资源优势和组合效率，强化基础设施建设，完善服务网络，增强运力保障，提升传递速度，创造了良好条件。

5. 现代产业体系不断完善，为快递业提升产业层次提供了有利契机

江西省着力构建特色突出、布局合理、技术先进、清洁安全、附加值高、吸纳

就业能力强的现代产业体系。产业集群集约发展为快递物流园区的合理布局和有效运营提供了指引。传统产业的改造提升，为快递企业发展供应链服务、分销配送等服务开辟了广阔空间。现代服务业快速发展，物联网建设和物流服务大通道工程的建设，为快递企业依托科技手段更好地服务生产和民生创造了良好环境。

6. 政策扶持力度显著加大，快递业发展环境进一步改善

为深入贯彻落实《邮政法》，国家将陆续出台配套法规办法，为包括快递服务在内的邮政业发展提供制度保障。国家大力发展生产性服务业和生活性服务业，为快递服务拓展新领域提供了有力支持。国家调整税费和土地、水、电等要素价格政策，将包括邮政、快递在内的9项内容列入国家鼓励类产业目录，政策保障不断完善。国家鼓励非公有制经济发展，将为民营快递企业创造更加有利的政策环境。《江西省物流业调整与振兴规划》的实施，为建立覆盖城乡、便利生产生活的快递物流服务体系提供了前所未有的机遇。

总体上看，江西省快递服务发展的内在动力增强，外部环境良好。大力发展快递服务，满足经济社会发展和人民群众生活需要，机遇必须抓住，挑战不可忽视。

二、指导思想、基本原则和发展目标

（一）指导思想和基本思路

以邓小平理论和“三个代表”重要思想为指导，深入贯彻落实科学发展观，围绕江西省“科学发展、进位赶超、绿色崛起”的总体目标，依托江西省的地缘和资源优势，面向结构调整和扩大消费的需求，着力增强服务能力、提高服务水平，显著提升快递服务对江西经济社会发展的支撑能力。着力推进产品创新、拓展服务领域，不断开创江西快递服务发展的新局面。着力优化政策环境、规范市场秩序，积极引导江西快递服务迈入健康可持续的良性发展轨道。

江西省快递服务发展的基本思路是：

——贯穿一条主线。以“加快发展，加速转型”为主线，把握经济发展和消费升级的外在需求，提升“投融资、建网络、促创新”的内在动力，推动企业加快兼并重组步伐，向现代企业制度转变，向“产品多样、质量过硬、附加值高”的综合服务模式转变。

——构建两个体系。构建“便捷高效、竞争有序、技术先进、服务优质”的快递服务体系。构建以用户满意度和企业诚信为核心的服务质量评价体系。

——深化三项融合。深化与周边城市群的融合、形成“各具特色、优势互补、布局合理、协调发展”快递空间网络。深化与电子商务的融合，加强产业间信息整合和资源协调。深化与制造业的融合，推进专业化分工协作，降低经济运行成本，推动产业结构升级。

（二）基本原则

坚持加快发展，注重发展质量。处理好速度与质量、结构的关系，夯实行业发展基础，激活市场发展动力。实现快递服务加快发展与提升质量的有机统一。

坚持创新发展，探索转型途径。把创新作为推动发展的动力，加强配套机制建设，培育竞争优势，实现机制创新、管理创新、服务创新的有机统一。

坚持融合发展，突出战略重点。统筹利用资源，融入交通网和城市群，融入产业链、供应链和服务链。明确短期与长期主攻方向，实现融合联动与产业特色的有机统一。

坚持科学发展，强化科技支撑。调整优化要素投入结构，破解粗放型增长难题，加强节能增效和生态环保，实现劳动密集与资本、科技投入的有机统一。

（三）发展目标

1. 总体目标

到 2015 年，江西快递服务有效适应江西省经济社会发展对快递服务的需求，对生产链、供应链、服务链的协同保障能力大幅增强，与周边省份快递服务的资源整合效率大幅提升，成为江西省区域经济竞争力的新亮点。江西省快递服务整体水平在全国的排名适度超前于江西经济发展在全国的排名。

2. 发展指标

总体指标。到 2015 年，江西省快递业务量达 1.2 亿件，年均增长 30%，快递业务收入达 21 亿元，年均增长 29%，占邮政业业务收入的比重达 38.2%。新增就业岗位 6500 个。

服务能力。快递企业的自营服务网点市（县）覆盖率达 100%，乡镇覆盖率达 25%以上，形成全省范围内的快速递送网络。打造南昌、赣州 2 个规模较大、纵横交错、辐射力强的快件枢纽中心。新增快递运营车辆 1000 辆。规模以上快递企业普遍采用手持终端（PDA）设备，集散中心全部实现机械化作业。

服务水平。构建多品种、个性化服务的产品体系，当日递、次晨达等限时产品的比重达 60%以上，推广代收货款、短期仓储等增值服务。江西省与周边城市群之间全面实现 24 小时送达。规模以上快递企业全面提供快件全程跟踪查询。

服务质量。规模以上快递企业普遍达到快递服务标准，全面实行承诺服务、标准服务、流程服务。快件逾限率降低到 5%以内，丢失损毁率降低到万分之三以内。规模以上快递企业全部建立投诉处理平台，投诉受理率达到 100%，社会用户满意度达到 75 分以上。

集中度。规模以上快递企业的市场集中度逐步提升。

标准化。规模以上快递企业全部实现内部作业和对外服务标准化。实现服务人员着装、操作和礼仪统一。实现营业网点外观、标识统一。普及标准化的包装、计量、车辆和信息代码。建立统一的邮政监管信息平台。

职业培训。实施《快递业务员国家职业技能标准》，鼓励快递从业人员经过培训和考核取得快递业务员国家职业资格证书。通过梯级培养开发，逐步形成从初级工、中级工、高级工、技师、高级技师的职业发展通道。快递企业普遍推行员工岗前培训制度和在岗培训制度。到规划期末，从业人员持证上岗率达到70%。

三、主要任务

（一）优化基础网络布局

引导快递企业在省内重点城市、经济技术开发区、制造业集群区域建设快件分拨中心、配送中心和仓储中心，提升运营能力。鼓励快递企业利用自有房产和各类社会店面，发展有固定场所的快递经营网点，拓展覆盖范围。按照国家《物流业调整和振兴规划》，推动南昌市快递物流园区建设，实现产业集聚、功能集成和经营集约。推进快递网络与省内综合交通运输网络的同步配套和顺畅对接，有效利用运输资源。

专栏1　快递基础网络建设工程	
快递物流园区建设	在南昌昌北机场附近建设“南昌快递物流园区”，计划征地300亩，预计投资额3.5亿元。
邮政物流中心建设	在昌北经济开发区建设邮政物流中心，占地196亩，总投资1.52亿元，用于同城及省内配送、一体化物流、货运代理及分销等精益物流。
快件集散中心建设	在赣州、鹰潭、宜春各规划建设占地面积100亩的快件集散中心。
快递网络的空间布局建设	◆一个核心增长极：鄱阳湖生态经济区 （重点城市包括南昌、九江、上饶、鹰潭、抚州和景德镇） ◆两条发展轴线 ——南北：九江—南昌—吉安—赣州 ——东西：萍乡—宜春—新余—抚州—鹰潭—上饶 ◆三个对外窗口 （1）上饶：全面对接长三角、海西经济区 （2）萍乡：全面对接长株潭城市群 （3）赣州：全面对接珠三角、海西经济区 ◆两枢纽六节点 ——枢纽：南昌、赣州 ——节点：九江、鹰潭、宜春、上饶、吉安、抚州

（二）提升企业竞争能力

引导快递企业建立现代企业制度，完善组织结构，优化管理模式。鼓励快递企业之间资源共享，发挥整体竞争优势。鼓励快递企业充分利用资本市场，采用多种形式开展兼并重组，促进地区快递竞合发展，增强江西省快递服务综合实力。推动企业由价格竞争向服务品质竞争转变，由依靠资金、低成本劳动力发展向依靠科学技术和高素质人才持续发展转变，由单一快递服务领域向多元化综合服务领域拓展。

（三）促进产业联动发展

鼓励快递企业提供全面切入制造业产业链各环节的服务，充分发挥比较优势，形成互促共进的产业格局。促进快递服务与电子商务协同发展，提高快递服务对省内省际网购的支撑能力，培育产业新的增长点。引导快递企业发展分销配送、供应链服务和一体化物流，积极承接生产和商贸企业的外包服务。推动建立快递企业与电子商务、制造企业联动发展机制，鼓励相关企业主动采用国家相关标准，加强信息沟通和标准对接。

专栏 2　产业联动发展工程	
联动发展示范项目	组织实施一批快递企业与电子商务、制造业企业联动发展的示范工程和重点项目。 推广成功案例，总结实践经验，充分发挥引领和辐射作用，以点带面推进联动模式的普及。
信息共享和标准对接	推动企业建设面向电子商务和制造业的快递配送信息开放式平台，实现订单、投递、结算等信息对接。 加强标准规范、信用评价、安全认证等支撑体系建设，协调推进快递与电子商务、制造业联动发展。

（四）强化企业科技应用

建立市场导向、企业主体、政府引导的科技发展体系。推进省内快递科技工作与邮政业科技发展规划有效对接。鼓励快递企业增加投入，采用先进技术和设备实现企业改造升级。推动企业提高自动传输和分拣设备及信息技术应用水平。推进企业信息系统开发应用和改造升级换代，提高企业信息化水平。推动企业在服务质量、人员管理、设施设备、网点建设和操作流程方面全面落实国家相关标准。

专栏 3　快递企业科技提升工程	
企业科技应用	鼓励规模以上快递企业逐步推广计算机电话集成（CTI）、全球定位系统（GPS）、地理信息系统（GIS）、通用分组无线业务（GPRS）、射频识别（RFID）技术的应用；规模以下快递企业加快实现分拣机械化。
企业信息化建设	充分发挥信息技术对快递的运营支撑和引领创新作用，以信息网支撑快递实物网，实现快递实物网与信息网融合，提升快递作业效率和服务水平。

（五）加强市场监督管理

加强监管组织保障，健全政府监管、行业自律、社会监督的监管体系。逐步形成以《邮政法》、《快递市场管理办法》、《快递业务经营许可管理办法》等法律法规为核心，以《江西省邮政条例》为支撑的法律工作体系。建立多部门联合监管协调机制，发挥综合行政效能。强化快递企业分等分级管理，建立快递企业诚信体系和服务质量监管体系。加强消费者权益保护，推进申诉受理，开展服务满意度调查和服务时限测试。加强执法检查，规范市场秩序。

四、保障措施

（一）争取政策扶持，优化发展环境

研究江西省快递服务发展的全局性和关键性问题，加强统筹规划和指导。积极宣传快递服务对鄱阳湖生态经济区建设，产业转移，制造业和电子商务发展等的支撑和促进作用，营造江西省快递服务良好的社会认知环境。积极争取将快递服务纳入江西省产业结构调整及工业园区产业发展导向目录，推动落实相关配套政策。协调解决快递企业车辆进城通行，停靠和装卸作业等要求，降低企业运输配送成本。争取有关部门支持，解决制约快递服务发展的瓶颈问题。

（二）加快产业培育，促进转型升级

引导快递企业以需求为导向，在市场开拓中实施新策略，在管理方法上引入新模式，将体制机制创新转变为现实生产力。推进江西省邮政速递物流改革，充分发挥国有企业的骨干作用。扶持几家服务水平高、市场竞争力强、规模较大的快递企业，提高整个行业的服务水平和资源利用效率。加强对快递企业兼并重组的指导、规范、服务和协调，形成资本化运作、集约化运营和规模化发展的产业发展态势。引导国内外资本投资江西省快递服务，努力在更高水平和层次上实现对外开放。

（三）注重业务指导，提高服务水平

加强对行业经济运行态势和快递市场供需状况的跟踪研究，科学指导快递服务发展。引导快递企业立足鄱阳湖生态农业优势和景德镇瓷器等特色，提供个性化配送服务，带动区域特色市场全面升级。鼓励快递企业进驻旅游区、商区、开发区、校区、住宅区等，积极扩大服务领域。支持快递企业为制造企业尤其是中小制造企业提供服务，积极参与供应链与价值链的竞争。支持快递企业建立适应电子商务发展的配送体系，满足社会对快递服务的多样化需求。

（四）依托交通资源，推动互利合作

在省际、城市群等地区的公路航空铁路客货运枢纽布局中，推动快递服务网点、处理中心及作业枢纽设施建设的同步配套，发挥省内综合交通运输网络的集约优势。鼓励快递企业发挥比较优势，开展基础设施、干支线运输、网络网点、快件揽收和末端投递等各方面的合作。鼓励有条件的快递企业在江西省内增开航空运输班线，提升快递自主航线在江西省的覆盖范围。引导快递企业对供需集中的周边城市群增加对开班线。

（五）推广科技应用，提升发展能力

鼓励省内快递积极引入机械化或半机械化流水线等处理设备，提高劳动效率，降低劳动强度。鼓励快递企业采用跟踪查询、全球定位、地理信息、自动识别、电子数据交换等先进技术，优化运营管理流程。鼓励快递企业采用仓储运输、装卸搬运、分拣包装等专用技术装备，提高企业运营效率。支持重点快递企业在仓储和中转场地安装安全检查和监控设备。引导快递企业建立独立的呼叫中心，提升信息查询和系统保障能力。鼓励快递企业建立高于《快递服务》标准的企业服务标准，提供优质的承诺服务。

（六）加强监督管理，规范市场秩序

全面落实快递市场准入制度，严格加盟快递企业进入市场的许可条件。督促企业严格落实快递业务操作指导规范，改善生产条件，强化安全意识。强化与公安、工商等部门的联动机制，建立违规经营预警预报及查处违规经营情况的社会通报机制。加强申诉受理工作，保护消费者合法权益。落实应急体系建设，提高面对突发事件的能力。充分发挥快递协会作用，建立业内良性竞争的自律机制。鼓励快递协会开展诚信企业评比活动，建立快递从业人员诚信档案。

（七）强化人才培养，提高队伍素质

鼓励企业与大学、科研机构合作，制订科学的培养目标，以委托培养、订单式招生等方式完善快递专业人才教育培训体系。推行快递从业人员国家职业资格证书制度，实施从业人员持证上岗。鼓励快递企业引进和培育高层次职业经理人和快递物流专业技术人才，提高从业人员整体素质。加强快递企业文化建设，加强职业道德和作风建设。引导企业规范用工，健全薪酬分配、激励约束等人力资源管理制度，保障劳动者权益。

105

重庆市商业委员会　重庆市邮政管理局印发关于促进快递服务与网络零售协同发展的意见的通知

渝商委发〔2014〕43号

各区县（自治县）商贸流通主管部门，市邮政管理局各派出机构：

重庆市商业委员会、重庆市邮政管理局制定的《关于促进快递服务与网络零售协同发展的意见》已经市政府同意，现印发给你们，请认真贯彻执行。

重庆市商业委员会
重庆市邮政管理局
二〇一四年十一月十日

关于促进快递服务与网络零售协同发展的意见

重庆市商业委员会
重庆市邮政管理局
2014年11月10日

为贯彻落实商务部、国家邮政局《关于促进快递服务与网络零售协同发展的指导意见》（国邮发〔2012〕1号）、《重庆市人民政府关于促进网络零售产业加快发展的意见》（渝府发〔2013〕42号）等文件要求，促进快递服务与网络零售协同发展，现提出如下意见：

一、总体要求

紧紧围绕“科学发展、富民兴渝”总任务，以市场为导向，以企业为主体，充分发挥政府的引导作用，坚持科学发展、协调推进，平等互利、互信合作，消除瓶颈、以点带面的原则，以提高配送效率、降低服务成本为核心，以促进电商及快递服务资源整合为重点，统筹快递市场与网络零售市场长远发展要求，优化发展环境，推广先进配送模式，消除协同发展障碍，健全产业联动政策，推动快递服务转型升级，促进网络零售健康发展。

二、主要任务

（一）编制规划。加快编制与城市土地、商业、交通、物流、快递等相关规划相衔接的《主城区物流快递园区及网点布局规划》，确定主城区物流快递网点的分区范围、规模、容量等。合理规划布局物流快递园区、快件分拨中心、公共物流配送中心、快递末端配送网点、大型商业网点货物接卸场地。推进建设便捷高效、竞争有序、技术先进、服务优质的快递服务体系，促进快递服务与区域经济、城乡经济协调发展。

（二）建设三级配送体系。探索建设全市快件分拨中心、区县公共物流配送中心、末端配送网点三级配送网络体系，搭建对接国际、承接全国、辐射周边、服务全市的电商公共物流服务平台，引导快递物流资源集聚集约发展。重点在机场、高速路、火车站、港口等区域规划建设一级快件集散分拨中心；改造、建设区县快件公共配送中心，形成承上启下、布局合理、高效顺畅的一体化、共同化配送节点；支持在社区、学校等利用社区便利店、物业用房、楼宇自助中心等，建设末端共同配送点或公共智能自提柜，实现“网购店（柜）取（送）”；实施“快递下乡”工程，建设一批乡镇公共快递配送服务站（点），支持利用“万村千乡市场工程”网点、村邮站、村级综合服务站、供销合作社等在农村开展快递服务。

（三）促进业务协同。支持构建公共信息服务平台，集成快递服务、信息发布、物流跟踪、投诉理赔、支付结算等功能模块。逐步实现快递企业与电子商务企业的资源共享、数据共用、信息互通。引导企业协同发展分销配送、供应链服务和物流网络。鼓励和引导快递企业开发多品种、个性化服务的产品体系，支持电商、快递、末端配送企业，整合快件配送资源，建立长期稳定、互利互惠的配送联盟。

（四）支持业务模式创新。支持大型电商企业自建的物流配送体系向社会开放；支持快递配送企业利用快递物流优势发展电子商务，探索O2O模式，推进电子商务和快递配送一体化发展。鼓励发展“仓配一体化”模式，推进快件包裹一站式、规模化、集约化处理。鼓励具有不同配送需求的电商企业进行分类集中，将需求进行分类固化，鼓励快递企业开展代收货款、保价快件、验货签收等增值服务，拓展服务领域，满足电商企业差异化的配送需求。鼓励快递企业与电子商务企业开展联合经营或兼并重组，实现优势互补，促进供应链的一体化整合。

（五）建立信用安全体系。建立诚信经营体系和行业自律机制，积极引导快递企业和电子商务企业建立健全信用管理制度，提高服务诚信度。探索制定黑名单制度和规范投诉处理管理。建立完善城市配送企业和快递企业的质量信誉考核制度，科学制定评价内容、评价标准、评价方法和评价周期等，完善激励机制和市场退出机制，引导企业加强管理、优质服务、诚信经营、保障安全。推进快递企业与电子商务企业信用评价的互通、互联、互评、互认。促进快递企业和电子商务企业应急预案对接，健全突发事件应对工作机制。鼓励快递企业和电子商务企业加强信息沟通，防范用户信息泄露，确保信息传递安全。

（六）提升科技应用水平。支持快递企业与电子商务企业共同开发运用物联网相关技术，加快推广无线射频识别、导航定位、商品服务追溯等创新应用。鼓励快递企业采用仓储运输、装卸搬运、分拣包装等专用技术装备，推进重点快递企业普遍使用手持终端（PDA）设备，提升网络零售快递服务运作效率和服务质量。鼓励快递企业开发应用网络在线工具，推进快递解决方案与网络零售业务流程的融合。

三、保障措施

（一）加强组织领导。建立部门协作机制，定期召开联席会议，加强沟通协调，完善促进行业协同发展的政策措施。支持行业协会发挥桥梁纽带作用，推进快递企业等级评定工作，提高标准化、专业化、信息化水平。引导电商与快递企业逐步建立完善协同发展机制，广泛开展战略协同、策略协同、网络协同、服务协同、运行规范协同。

（二）做好行业监管。研究建立价格监测分析制度，适时公布城市配送平均运价，引导市场合理价格的形成。依照相关法律法规规范经营行为，查处垄断协议、串通涨价、恶意竞争等违法违规行为。支持开展快递职业技能培训，提高从业人员综合素质，提升快递服务质量。

（三）优化发展环境。按照“错峰发货，均衡推进”的分流调节原则，协调做好快递网络调度处置工作。引导企业推广使用符合标准的配送车型，鼓励使用新能源汽车，推动城市配送车辆向标准化、厢式化发展。按照通行便利、保障急需和控制总量的原则，合理确定城市配送车辆的通行区域和时段，完善城市配送车辆停靠限制措施，构建保障有力、服务规范、方便快捷、畅通高效的城市快递配送体系，为网络零售的高速发展提供支撑。

106

山东省人民政府办公厅关于促进快递服务业健康发展的意见

鲁政办字〔2014〕89号

各市人民政府，各县（市、区）人民政府，省政府各部门、各直属机构，各大企业，各高等院校：

快递服务业是现代服务业的重要组成部分。为进一步优化发展环境，促进我省快递服务业又好又快发展，经省政府同意，现就促进我省快递服务业健康发展提出以下意见：

一、加强规划编制

省直有关部门要根据国民经济和社会发展中长期规划目标，编制我省快递服务业中长期发展规划。各级政府在制定国民经济中长期发展规划、年度计划以及综合交通运输、服务业、物流业、商贸流通等专项规划时，要把快递服务业纳入其中。将城乡快递服务网点和快件处理中心、集散中心等快递服务基础设施纳入本级城乡规划、土地利用总体规划和物流园区、城市配送发展规划，合理安排建设布局、用地规模和开发时序，预留快递服务业发展空间。各级政府在城市控制性详细规划和修建性详细规划中应统筹考虑快递服务网点建设布局。城市新建住宅小区开发建设和旧城改造要将快递服务网点纳入社区服务基础设施，同步规划、同步建设。对适宜快递服务发展的工业园区、住宅区、商业区，优先考虑快递服务网点的进驻。支持快递企业利用工业企业旧厂房、仓库和存量土地资源，建设快递服务基础设施或提供快递服务。

二、加大政策扶持

各级政府要进一步优化促进快递服务业发展的政策环境。实行快递服务业用电、用气、用水、用热与工业同价政策。全面落实邮政业“营改增”试点政策。对符合条件的小微快递企业，按照有关规定减免行政事业性收费。鼓励金融机构创新符合快递服务业需求的金融产品和服务方式，积极探索、推广仓储设施和运输车辆抵押贷款业务，建立完善适应快递服务业特点的信用评估和授信制度；支持融资性担保机构为小微快递企业提供融资担保服务；引导保险公司大力发展快递保险业务；进一步提高对快递企业的金融服务水平。推动社会资本进入快递服务领域。

三、促进转型升级

引导快递企业通过股份制改造、兼并、重组等方式，优化股权结构，完善公司治理结构，培育一批服务水平高、竞争力强的大中型现代快递企业。鼓励国有资本、集体资本和非公有资本等交叉持股、相互融合、共同发展，推动快递企业向综合快递物流服务提供商转型。实施“快递下乡”工程，引导规模以上快递企业加快在农村地区的网络布局和基础设施建设。支持重点快递企业实施“走出去”战略，通过自建、合作、并购等方式建设跨境网络，着力发展跨境电子商务快递。支持快递企业总部、地区总部、分拨中心、呼叫中心等落户山东，享受本省鼓励发展服务业总部经济的有关优惠政策。扶持本省快递企业做大做强。加大对快递服务业科技和信息化的引导性投入，支持快递企业采用物联网、无线射频识别、电子数据交换、快件跟踪、自动分拣、自动导引车辆等新技术。支持符合条件的快递企业享受高新技术企业相关政策。

四、推进协同发展

支持快递企业与电子商务、制造业等相关企业构建合作发展平台，实现合作共赢。引导快递企业发展分销配送、供应链服务和一体化物流，加强与电子商务、制造业企业信息沟通、标准对接和业务联动，促进快递配送网络与电子商务网络和企业物流网络一体化协同发展，鼓励快递企业积极承接制造业特别是技术密集型制造业服务外包。各级政府和有关部门要在协同发展重点项目、培育合作示范企业和专业产业园建设等方面统筹规划，为产业协同发展提供政策和资金支持。

五、保障便捷通行

推动快递服务与综合交通运输体系资源优势互补，完善城市快递配送网络，保障快件运递专用车辆优先快速通行，改善快递运输环境。进一步贯彻落实快件运递专用车辆便利通行政策，快件运递专用车辆途中轻微交通违法或发生轻微交通事故，相关部门应当记录后放行，待其完成运递任务后再行处理。鼓励快递企业购置新能源汽车，并按照国家规定给予补贴优惠。鼓励快递企业采用甩箱运输、甩挂运输等先进运输方式，提高运输效率。

六、完善末端投递

机关、企事业单位、社区、高等院校应当为快递企业投递快件提供通行、车辆临时停放、派送等便利条件。鼓励快递企业因地制宜，与机关、学校、连锁商业机构、便民服务设施、社区服务组织以及专业第三方企业开展多种形式的投递服务合作，提高“最后一公里”服务质量。鼓励和引导快递企业加快在社区、校区、商区等公共场所设置智能快件箱等自取服务设备，引导社会资源参与快递末端设施建设，提高投递效率。各级政府要结合本地区实际，研究出台支持智能快件箱建设的鼓励政策。

七、强化人才支撑

推进以政府为主导、企业为主体、院校为支撑的快递服务业人才教育培养体系建设。鼓励高等院校和中等职业学校根据需要增设相关专业，为企业培养紧缺人才。开展快递服务业专业技术人员继续教育，优先纳入全省专业技术人才知识更新工程。加快推进快递服务业从业人员岗前培训工作进程，将其纳入本地区培训补贴范围。加快推进快递业务员职业技能鉴定工作，开展职业技能竞赛，逐步实现快递服务业从业人员全员持证上岗。

八、严格市场监管

严把市场主体准入关，加强快递业务经营许可管理，重点查处无证经营、超范围经营等违法违规行为。加强审批改革后的事中事后监管，坚持日常检查和专项整治相结合，严格行政执法，完善快递市场主体退出管理机制。发挥 12305 邮政业消费者申诉热线作用，完善申诉工作机制和处理流程，建立消费者申诉与市场监管联动机制，切实维护消费者合法权益。支持快递协会制定行业规范，加强行业自律，规范竞争秩序，推进快递诚信体系建设，提高快递服务业自我监督、自我管理、自我约束能力。

九、保障行业安全

发挥寄递渠道安全工作机制作用，邮政管理部门要会同有关部门开展联合检查和执法，加强寄递渠道安全监管，及时妥善处理各类突发事件，确保快递服务业稳定、安全、有序发展。建立常态化安全检查制度，加强重点单位、重要部位、重点地区安全防范工作，做好重大活动期间寄递渠道安全保障。加强寄递安全规章建设，落实企业安全生产主体责任。省直有关部门要建立健全行业监管措施，明确监管的责任、范围、措施，堵塞监管漏洞，督促企业严格执行收寄验视制度、完善应急管理机制，坚决防止禁寄物品进入寄递渠道，维护寄递渠道安全畅通。公安、邮政管理等部门要研究制定打击非法扣押、盗窃快件等行为的具体实施意见。各级政府要积极支持符合条件的快递企业开展安全生产科技改造。

山东省人民政府办公厅

二〇一四年六月二十四日

107

湖南省人民政府办公厅关于加快发展快递服务业的意见

湘政办发〔2008〕8号

各市州、县市区人民政府，省政府各厅委、各直属机构：

根据《国务院关于加快发展服务业的若干意见》（国发〔2007〕7号）和《中共湖南省委湖南省人民政府关于促进生产性服务业加快发展的指导意见》（湘发〔2007〕9号）精神，经省人民政府同意，现就加快发展快递服务业提出以下意见：

一、总体要求和主要目标发展快递服务业的总体要求是：

全面贯彻党的十七大精神，以邓小平理论和“三个代表”重要思想为指导，深入贯彻落实科学发展观，以诚信经营、优质服务为宗旨，以信息化、标准化、法制化为手段，进一步健全管理体制、创新服务机制，优化资源配置、拓宽服务网络，培育知名品牌、提高市场竞争力，引导国有、民营和外资快递企业有序发展，提升快递服务业整体水平。

发展目标是：到2010年，全省快递业务量达到7700万件，业务收入达到20亿元，法人企业发展到400家，新增就业岗位5万个，乡镇快递网点覆盖率达到80%。到2015年，全省快递业务收入力争过50亿元，法人企业达到1200家，其中收入过亿元的企业20家以上，逐步形成网点遍及全省、网络覆盖全国、业务辐射世界各国的快递服务业发展新格局。

二、政策措施

（一）进一步促进快递行业改革和对外开放。促进邮政速递、民航快递、中铁快运等国有快递企业加快改革步伐，引入竞争机制，引进战略合作伙伴，推进国有资产重组，实现投资主体多元化；整合资源，实现跨行业、跨区域发展。按照加入世贸组织服务贸易领域开放的各项承诺，在国家产业政策指导下，有序引进国内外知名的快递服务企业来湘设立地区总部、服务中心、分支机构等。

（二）规范行业准入。按照国务院《关于印发邮政体制改革方案的通知》（国发〔2005〕27号）、《外商投资产业指导目录》和国家有关法律法规，逐步规范行业准入条件和程序。除国家法律、行政法规有明确规定外，任何部门和单位一律不得设置企业登记的前置条件；对已规定的市场准入条件，主管部门应公开办事指南、办证条件和制度，承诺办事时限。凡新办快递企业，注册资本按国家快递行业准入相关规定的最低注册标准执行。快递企业分公司及以上营业部性质的延伸服务机构可持总部出具的批准文件，依照《公司登记管理条件》和《企业法人登记管理条件》到所在地工商行政管理部门办理注册登记，并核准与总公司相同的经营范围。

（三）加大对民营快递服务业的金融扶持。对信誉良好、经营规范、效益明显的民营快递企业，各类金融机构要加大信贷投入比重，实行适应民营快递企业特点的信用评估和授信制度，大力推进适应民营快递企业需求的信贷产品创新和金融服务创新。保险公司要大力发展快递保险业务，创新保险产品和服务。快递服务企业要增强保险意识，利用保险机制防范化解经营风险。

（四）加强对民营快递企业的税收支持。民营快递企业从事快递业务按“邮电通信业”税目征税；对民营快递企业收购、兼并、参股或租赁国有、集体企业，享受国家规定的税收优惠政策。税务部门应根据快递业特点，规范民营快递企业税务发票的发放。

（五）规范市场经营环境。取消向快递服务企业收取的各种不符合法律法规的行政事业性收费、政府性集资、政府性基金和罚款项目。涉及快递服务企业的行政事业性收费以及各种资格认证、考试、培训等收费标准，应向社会公示。

（六）改善城市运输投递车辆通行条件。经依法批准的非邮政快递企业，优先办理道路运输经营许可证和车辆进城证。对已办理道路运输经营许可证的快递企业，其带有经省政府批准的快递专用标识的车辆应配发相应的车辆营运证，可以优先通行，对运输途中交通违章行为，有关部门应当记录后先放行，待完成运递任务后，再行处理。交警、城管、运政等部门要制定扶持快递服务业发展的实施办法。

（七）实现投递信息资源共享。民政、公安部门确定的城镇街道标准地名，对单位和居民住宅设置的门牌号码以及其他涉及快递服务的公共信息资源，应及时通过网络和各类媒体公开发布；标准地名和门牌号码发生变更的，民政、公安等部门应当及时通知邮政管理部门，并为快递企业提供方便、高效的查询服务。要加快运用现代信息网络和科学技术，建立与电子商务平台相衔接的快递服务网络、信息平台和企业信用查询制度。要尽快制定适应快递业发展需要的科学、统一、全面、协调的统计调查制度，提高统计数据的准确性和及时性。

（八）确保快件传递通畅。除国家法律、法规和地方规章有明确规定外，任何单位和个人不得检查、扣留快件，不得拦截快递运输车辆，阻碍快件运输。省邮政管理部门在黄花国际机场设立进出境快件中转中心，统一办理进出境快件过境、转运、通运、分拣、存放等手续，协同海关、机场安检等部门，设立专用通道，对进出境快件实行分类管理、优先查验，在确保安全的前提下，提供优质高效服务，提高通关效率。具体办法由省邮政管理局与海关、机场管理集团等联合制定。

（九）加强人才培养。建立健全人才培训机制。积极鼓励省内高等院校和技工学校开设快递专业，实行定向培养、定单培训，开展多层次的学历教育和技能培训。积极推行快递行业国家职业资格证书制度，加强对快递从业人员的职业道德教育和专业技能培训，实行持证上岗。

三、切实加强监管和行业自律

（一）加强监督管理。抓紧制定快递服务业（市场）管理办法，建立由邮政、工商、交通、公安、税务、价格等相关部门组成的快递市场监管联动机制，充实市场监管队伍，增强市场监管能力，规范快速企业的经营活动，严肃查处恶意扰乱市场合理价格水平的行为，形成公平、有序竞争的市场机制。

（二）推行行业自律。积极指导组建快速行业协会，研究制定行业行为规范，形成自律机制；加快快递服务业基础性和通用性地方标准的制修订工作，推行标准化服务，优化竞争环境，促进快递服务业健康有序发展。

湖南省人民政府办公厅

二〇〇八年五月六日

108

河南省人民政府关于促进快递服务业发展的意见

豫政〔2014〕47号

各省辖市、省直管县（市）人民政府，省人民政府有关部门：

为进一步加快全省快递服务业发展，推进产业结构战略性调整，根据党的十八大和十八届三中全会精神，结合国家粮食生产核心区、中原经济区和郑州航空港经济综合实验区三大国家战略规划（以下简称三大战略规划）实施，制定以下意见。

一、总体要求

（一）重要意义

快递服务业是融合信息交流、物品递送、资金流通等多种功能于一体的高成长复合型新兴服务业，具有促进商品流通能力强、拉动居民消费作用大、吸纳就业人数多、涵盖生产生活领域广等特点，在方便群众生活、服务社会生产、助推经济发展等方面发挥着越来越重要的作用。近年来，全省经济规模不断扩大，对外经贸往来日益密切，电子商务、网络购物等新型服务业态发展迅猛，区域间信息交流、物品递送和资金流通等活动日趋频繁。加快促进快递服务业发展，有利于充分发挥我省区位、交通、人力、市场等优势，培育打造新的经济增长点，提升现代服务业发展水平，对推动产业结构战略性调整、促进全省经济持续较快发展具有重要意义。

（二）指导思想

以党的十八大和十八届三中全会精神为指导，紧紧围绕国家粮食生产核心区、中原经济区、郑州航空港经济综合实验区建设，以服务产业结构调整、方便民众生活、促进社会消费、推动社会经济发展为出发点，以构建网络完善、技术先进、服务优质、便捷高效的现代快递服务体系为目标，全面提升全省快递服务业发展水平，提升和发挥其在服务经济社会发展和民生改善方面的地位和作用。

（三）发展原则

1. 统一开放，有序竞争。依照《中华人民共和国邮政法》、《快递业务经营许可管理办法》（交通运输部令2009年第12号）等法律法规，依法向国有、民营、外资企业开放快递业务经营许可，加快构建统一、开放、竞争、有序的市场体系。

2. 市场主导，创新驱动。坚持市场化运作，突出快递企业市场主体地位，发挥市场配置资源的决定性作用。坚持创新驱动，鼓励快递企业机制、技术和服务模式创新，增强企业内生发展动力，实现速度与质量同步提升。

3. 规划引导，政府扶持。加强对快递服务业发展重大问题的研究，做好快递发展规划与经济发展规划以及城乡发展、综合交通等专项规划衔接工作，为快递服务业持续、健康、有序发展提供科学指导。强化政府对快递服务业发展的政策性引导，在行政许可、财政、税费、土地等方面给予支持，营造良好发展环境。

4. 产业融合，协同发展。充分发挥快递服务业的终端配送优势，推动快递服务与上下游产业及关联产业深度融合、协同发展，促进实物流、资金流、信息流"三流合一"，实现产业链、供应链和服务链的一体化整合。

5. 加强监管，规范发展。加强快递服务市场监管，依法规范快递企业经营服务行为，创造良好发展环境，维护市场秩序，保障快递服务质量和安全。

（四）主要目标

到 2020 年，全省快递服务业发展要努力实现以下目标：

1. 枢纽地位显著提升。基本建成适应三大战略规划实施需要，覆盖全国、联通世界、紧密衔接、统一协调、使用方便、服务优质、技术先进、快捷高效的现代快递服务网络，进一步巩固我省在全国快递服务网络中的全国性区域中心枢纽地位。

2. 总体指标位居前列。全省快递业务收入达到 210 亿元，年均增长 35%以上；业务量达到 26 亿件，年均增长 45%以上；年业务收入 10 亿～50 亿元的骨干网络企业达到 8 个，其中年收入达到 50 亿元的企业 1～2 个；行业从业人员达到 10 万人以上。

3. 服务能力显著增强。快递终端服务网点遍布城乡，乡镇覆盖率达到 95%以上。省内县级以上城市间和全国 61 个重点城市间的快件实现 48 小时内投递，人民群众使用快递服务的总体满意度达到 80%以上。

4. 生产水平快速提升。主要快递企业员工素质、管理水平、装备水平明显提高，构建多品种、差异化、个性化的快递产品服务体系，基本实现快递服务功能多样化、寄递服务快捷化、内部作业机械化自动化、生产组织信息化。

二、主要任务

（一）培育引进骨干快递企业

做好快递业务经营许可工作，大力培育总部设在我省的快递企业，积极引入国际、国内骨干网络快递企业。支持国际、国内骨干网络快递企业将企业总部、全国性区域总部、全国或全国区域性服务功能设施（如航空快递基地，航空、陆运快件区域集散交换中心，电子商务和快递配送一体化仓储中心，全国性区域呼叫中心，技术研发中心，培训中心等）在我省布局。

（二）加快推进快递网络重要节点建设

在郑州国际物流园规划建设“电子商务·快递物流园”中心区，进一步完善中南邮政物流集散中心功能，加快推进顺丰等电子商务产业园、河南全国性快递集散交换（陆运）中心建设，增强快件集散交换、电子商务和快递配送一体化的辐射功能，将我省建设成为全国性快件集散交换枢纽。

在郑州航空港经济综合实验区规划建设国际国内航空快件分拨中心，在河南保税物流中心建设跨境贸易电子商务快件分拨中心，加大基础设施和设备投资力度，为出进境快件提供代理报关、报检、仓储、分装、分拣、发寄服务。支持大型快递企业在郑州新郑国际机场建设专用航空快件分拨中心，支持为利用包机、包舱运递快件的快递企业在郑州新郑国际机场建设共用航空快件分拨中心，实现航空与陆运方式灵活转换、无缝衔接，形成快件“绿色通道”，将郑州打造成全国性国际快件集散中心。

积极研究利用高铁资源疏运货物的场站，探索高铁货运场站与客运场站接驳，高铁快件安检，高铁货运方式与航空、陆运紧密衔接、灵活转换以及高铁快件集散分拣的解决方式。推动开展利用高铁运递快件试点，力争将我省列为利用高铁运输快件试点。与铁路运输部门联合，建设高铁快件大型集散处理中心。

积极推进漯河、安阳、商丘、洛阳等省内快递分拣中心节点和其他省辖市省内快件分拣节点建设，提高快递网络综合运营能力。

（三）建立完善快递服务网络

充分发挥区位和综合交通枢纽优势，引导快递企业利用航空运能构建 1000 公里以上的省际航空快件运输网，利用高铁构建 400～1000 公里的省际高铁快件运输网和我省周边城市以及省内城市 400 公里以内的高速陆运快件运输网，积极打造多式联运、高效衔接的快递服务网络。

支持我省邮政企业和其他国际、国内骨干网络快递企业增开郑州至世界中心城市的邮件、快件直达航路，逐步实现我省至亚洲、欧洲、美洲、澳洲、非洲中心城市国际快件 7～10 个工作日内快速寄递。支持航空公司提升郑州至东北、西北、西南方面的运能，为快递物流提供便捷高效的通道服务。

整合交通、邮政、商贸等公共资源，鼓励和支持快递企业服务网点向农村延伸，为广大农村用户提供便捷、高效、优质的快递物流服务。

（四）加快郑州快递物流国际口岸建设

支持快递企业将郑州作为跨境快件进出关口岸，充分利用郑州新郑国际机场国际航线资源和郑欧国际货运班列拓展跨境快件的直运、直封、直发业务。支持快递企业与国际电子商务企业、国外快递企业联合，完善跨境贸易电子商务产业链。完善综合保税区、电子口岸、“一站式”通关等基础服务设施，建立进出境快件24小时通关机制和“一次申报、一次查验、一次放行”便捷通关模式，吸引华中、西北的快件在郑州集散，扩大郑州进出境快递物流规模，增强郑州口岸辐射能力。

（五）完善末端投递服务体系

将快递末端投递服务体系纳入城市配送体系，统一规划建设。简化快递企业投递服务终端设置备案手续，支持利用机关、企事业单位传达室和社区物业、超市、便利店、连锁店等设置快件超市、快件代收代投点等快递便民公共服务平台，鼓励快递企业推广应用智能快递包裹收投箱等自助设施，方便人民群众使用快递服务。

（六）促进关联产业融合发展

推进快递服务业与工业、商贸、电子商务、交通、仓储、通信、信息、金融业密切联系和融合，充分利用综合交通资源和通信、信息、仓储、金融等服务工具，提高综合服务能力。鼓励快递企业为工业生产企业、商贸企业定制服务流程，构建行业专用服务平台，为企业提供产品销售寄递配送服务、售后物流服务和反向物流服务，为电子商务平台服务商、销售商提供分布式仓储、分装、分拨、配送、代收货款等一体化服务。

鼓励快递企业入驻电子商务园区，实现快递服务与电子商务上下游产业协同发展。支持电子商务平台服务商、销售商进入快递市场，为消费者提供电商快件寄递、配送服务。

（七）推动快递技术装备和从业人员素质提升

支持快递企业采购新能源、清洁能源汽车作为快递运输车辆和快件投递配送车辆，促进快递车辆标准化、统一化、低碳化。支持快递企业选配自动（半自动）分拣设备和快件搬运、装卸、仓储设备，不断提高快件处理的机械化、自动化水平。鼓励快递企业推广应用快件跟踪查询、信息处理、行业信息交互对接、快件时效管理、优仓优配等先进技术。

加强电子信息平台建设，推动快递企业信息平台与口岸监管、政务信息平台和公路、航空、铁路运输等服务链上下游企业信息平台对接。鼓励物流地产商为快递企业提供标准化的快件集散交换中心设计、建设和出租服务。加强快递企业与学校的合作，为快递培养专业技术人才。

（八）加强快递服务行业监管

全面贯彻落实《中华人民共和国邮政法》、《快递市场管理办法》（交通运输部令2013年第1号）、《快递业务经营许可管理办法》、《邮政行业安全监督管理办法》（交通运输部令2011年第2号）、快递服务国家标准等法律、法规和标准，加强快递市场监管，规范快递市场秩序，依法维护国家利益和公共安全，保障消费者和经营者的合法权益。

三、保障政策

（一）保障土地供给

各级政府要将快递服务业发展纳入经济社会发展规划，快递服务业用地布局要与土地利用总体规划相衔接，按照“企业（项目）集中布局、产业集群发展、资源集约利用、功能集合构建”的原则，统筹考虑快递服务基础设施布局规划，妥善安排“电子商务·快递物流园”、快递网络重要节点、营投网点等基础生产服务设施的用地，切实保障土地供给。对将企业总部、全国性区域总部、全国或全国区域性服务功能设施布局在我省的骨干网络快递企业用地和列为省重点建设项目的快递建设项目用地予以重点保障。依法加强对快递生产服务基础设施建设用地的监管，坚决查处私自改变土地用途和闲置浪费等行为，确保集约、节约使用土地。

（二）加大财政支持

省政府统筹使用政策性资金，对具有重大社会公共效益的快递服务基础设施和技术服务创新项目给予补助和贴息扶持。对重要的快递服务基础设施建设项目，经批准可给予城市基础设施配套费减免优惠。支持符合条件的重点快递建设项目申请省、省辖市服务业发展引导资金或物流业发展专项资金等。

鼓励国内外快递航空企业以郑州新郑国际机场为中心构建快递航线网络。对快递航空企业开辟航线和从事航空快件集散的货物公路运输企业，由省机场集团公司按照民航发展专项资金使用管理办法予以补助。

支持快递企业推广使用符合国家要求的纯电动邮件、快件收投专用车，并给予财政补贴支持。对快递企业通过设计和创新为工业生产企业、电子商务企业构建专用业务平台、跨行业对接信息系统、推广应用快件自动分拣、物联网等新设备、新技术加大支持力度。

落实国家鼓励类服务业收费价格政策，快递企业用地、用水、用电、用油、用气、用热实行与工业企业基本同价政策。

（三）落实税收政策

在快递服务业领域落实国家服务业领域有关税收优惠政策，对快递企业投资购置使用环境保护、节能节水、安全生产等专用设备，按国家有关政策落实税收抵免政策。总分式网络快递企业的增值税、企业所得税可按申请实行全省汇总缴纳。快递服务业一般纳税人对其提供的收派服务收入可选择按照简易计税办法计算缴纳增值税，对改革后税负上升的快递服务企业，一定期限内给予财政补贴。鼓励快递企业推广应用手持税控终端开具普通发票。

（四）拓宽投融资渠道

加大对快递企业的金融支持力度，引导金融机构增加对骨干网络快递企业的授信额度，扩大贷款规模，在国家允许贷款利率浮动幅度内给予一定的利率优惠。鼓励金融机构针对快递企业特点设置贷款评估标准，为快递企业购置自动（半自动）快件分拣机、快件安检机、重型汽车等大型设备提供融资租赁服务。鼓励快递企业通过产业投资基金、发行企业债券、私募股权投资等多渠道筹措资金。支持快递企业通过股份制改造、股权转让吸纳社会资金。

（五）强化管理服务

规范快递车辆运营管理。快递城市运输车辆和收投服务车辆要按照货运技术要求标准统一选型、统一标识，并依法取得道路货物运输经营许可。对快递企业选择使用新能源汽车和清洁能源汽车作为城市快件运输和收投服务工具的，交通运输部门和公安交通管理部门要尽量放宽投放数量限制。在不影响安全和畅通的前提下，公安交通管理部门和城市管理部门要为承担快件运输和投递任务的车辆通行和临时停车作业提供便利。快递车辆发生轻微交通事故的，适用简易程序处理后及时放行；发生一般以上交通事故的，不扣留事故车辆所载快件，及时通知相关快递企业转运处理。

快递企业设立分公司、营业部等非法人分支机构，凭其快递业务经营许可证（副本）及所附分支机构名录，可以向分支机构所在地省辖市工商登记机关申请统一办理注册登记。

（六）加强人才引进培育

加强高校、职业教育、快递协会、快递企业间的沟通与协作，鼓励相关院校开设快递物流专业课程，与企业共建快递人才培养基地，鼓励职业学校与快递企业合作共建业务技能培训基地，鼓励校企共建实习实训基地。对进城务工、下岗人员参加快递业务技能培训、享受社会保障等方面给予政策支持，帮助企业妥善解决进城务工人员在住房、医疗、子女入学等方面遇到的问题。对快递企业引入紧缺的高级管理、技术人才，在住房补贴、家属随迁等方面提供支持。

（七）加强行业统计监测

快递服务业主管部门要建立健全全省快递企业名录登记备案制度，鼓励省外大型快递企业在我省设立子公司。统计部门要将快递服务主体纳入行业统计体系和我省国民经济统计体系，建立快递服务业运行监测分析制度，定期分析快递服务业发展状况和趋势。建立快递服务业发展报告发布制度，为政府有关部门及时、准确、完整地提供经济运行分析决策数据。

109

武汉市快递行业发展情况①

2014年3月6日

一、基本情况

截至2013年底，武汉市共有快递品牌企业52家，全市快递营业网点达到900个，其中，全国性网络企业28家（企业总部主要集中在上海、广州），省级以上快件分拨中心28个。近年来，全市快递行业高速发展，2013年全年累计完成业务收入20.9亿元，较去年同比增长41%，业务量1.22亿件，同比增长85%；武汉市快递业务量约占全省快递业务量的75%。全市快递行业从业人员数量达到近20000名。

2013年，我市规模排名前10位的知名品牌快递企业是：EMS、顺丰、申通、中通、圆通、韵达、汇通、国通、优速、宅急送。其中EMS、申通、中通累计业务量均超过2000万件，圆通、韵达、顺丰累计业务量均超过1000万件。EMS、顺丰、圆通、申通、中通、韵达、汇通7家公司业务收入均超过1亿元以上。2013年，全市快递行业运行平稳，无安全责任事故发生。

二、行业发展特点

（一）电商、快递引领第三产业发展。

国内民营快递从2006年起步，从无到有、从小到大。特别是2009年新修订的《邮政法》颁布后，民营快递随着电子商务的蓬勃发展，进入快速发展通道，一直保持平均每年40%左右的增长速度，引领第三产业的发展。到2013年底，全国规模以上快递企业业务量累计完成91.9亿件，居世界第二位，同比增长61.6%；业务收入累计完成1441.7亿元，同比增长36.6%，全国快递业务较第三产业增加值增幅高出28.3个百分点。

（二）服务民生和经济社会发展的基础性作用逐步增强。

电子商务带来了社会经济和消费习惯的革命，快递业支撑着电子商务的发展。快递已逐渐成为各行业和群众不可或缺的一种基础性服务，2013年全国人

① 来源：湖北省交通运输厅一子站（http：//www.moc.gov.cn/st2010/hubei/hb_jiaotongxw/jtxw_wenzibd/201403/t20140306_1588388.html）。

均使用快递量达到7件以上，快递在服务民生和社会经济方面正发挥着越来越重要的作用。预计到2020年，全国快递行业收入将达到4000亿元以上，比2010年翻三番。2013年武汉快递行业提供劳动就业岗位超过20000个；上缴税收逐年上升，仅武汉顺丰速运2013年纳税就超过2800万元。

（三）“大融合、大网络、差异化服务”的行业发展格局基本形成。

武汉市快递行业现有市场主体中，国有、民营、外资等多种所有制形式并存，电商、快递融合发展；快递企业纷纷拓展服务网络，顺丰、EMS、圆通等企业在全国性陆运网络、“包机和机腹舱”航空运输网络的基础上，逐步建设自有航空网络，如邮政航空、顺丰航空“自有全货机”分别达到18、14架，同时服务触角逐步向农村地区延伸；大件配送、落地配、同城配送等个性化快递应运而生，服务品种日渐丰富。

三、面临的主要困难

（一）企业发展环境仍需进一步改善。

当前，全市快递行业发展主要面临着“行车难、停车难、用地难、投递难”等方面的实际困难：

一是“行车难、停车难”。快递企业车辆因投递快件需要“客货混装”频遭处罚；武汉即将实行的城区禁摩、禁电动车规定也将对快递揽投带来一定困难。市区大范围禁停机动车，快递揽投车辆停车难，影响了“最后一公里”投递服务的质量。

二是“用地难”。随着快递企业的快速发展，快递业务量急剧增加，加之各大快递企业看中武汉市作为中心城市的地理和交通优势，纷纷拟在汉扩建处理中心，提高处理能力。因企业对用地面积、交通配套等都有一定要求，在用地方面目前还存在一定困难。

三是“投递难”。市区一些高校、机关单位、写字楼、社区等限制快递员进入，也给快递投递质量带来影响。

（二）行业管理水平和从业人员整体素质有待提高。

全国范围内，快递“野蛮分拣”、“用户信息泄露”、“快件安全”等问题时有曝光。我市快递企业中（除EMS外，其他主要为民营企业），“重经营、轻管理”的问题普遍存在，特别是加盟代理模式下运营的民营快递公司，“以包代管”的现象十分普遍。

具体表现在：一是快递企业二级网点无证经营现象较普遍；二是部分企业生产流程、标准制度、网点管理制度不健全，快件安全、信息安全、生产安全等管理规定不落实，存在较大隐患；三是从业人员整体素质偏低，服务水平有待提高。

针对上述问题，2014年邮政行业管理部门将从“无证经营专项整治”、“收寄验视专项执法检查”、“强化人员培训、推行持证上岗制度”、“建立和监督执行信息安全管理制度”等多项举措，从根本上治理、解决上述问题。

四、相关建议

（一）研究出台关于快递企业用地的优惠政策。

针对快递企业“用地难”问题，建议从招商引资层面，制定出台针对快递企业建设大型分拨中心的用地优惠政策，将快递企业用地纳入地方物流用地规划，衔接配套，吸引更多有规模、有实力的快递企业在武汉市设立全国或大区分拨中心，助推武汉创建“国家中心城市”。

（二）为快递企业提升服务水平提供支持。

针对快递企业“停车难、投递难”等问题，建议协调有关部门对确需在禁停地段临时停靠的快递揽投车辆免予处罚；支持快递企业在社区、校区等公共场所设置“便民代投点”或配置智能快件箱，协调解决相关占地问题，引导解决“最后一公里”难题。

（三）推动快递配送网络与“城市配送”网络建设对接。

2013年，交通运输部等7部委联合下发了《关于加强和改进城市配送管理工作的意见》，推动城市配送工作。建议我市将快递配送作为城市配送的一个重要组成部分，将快递与鲜活农产品等生活必需品一样，列入“城市配送”网络建设的统筹规划、同步配套建设。

（四）支持硚口电子商务产业园区的快递配套发展。

硚口电子商务产业园区建设是我市为建设国家商贸物流中心、支持和加快我市电子商务集聚发展的一项重要举措。为推动硚口电子商务园区的转型升级发展，建议给予快递企业与电商企业同等的场地、税收、奖励等优惠政策，吸引快递企业进驻产业园区，将电商的快递服务升级为“仓储、拣货、配送一体化”的新模式，鼓励支持电子商务和快递实现有机融合发展。

针对前述四点，建议在条件成熟时研究出台《关于促进武汉市邮政通信事业发展的意见》。

（五）继续关心和支持邮政行业管理工作。

市邮政管理局于2012年11月份正式组建，现有公务员编制14名，目前该局办公场地为租用，中央拨付的经费紧张。为此肯请市委、市政府继续关心邮政行业管理工作，望能解决该局办公用房或自建房用地问题，以及适当给予地方财政支持、让该局公务员同志能够享受地方公务员同等待遇。

110

广东省人民政府令

第 188 号

《广东省快递市场管理办法》已经 2013 年 4 月 17 日广东省人民政府第十二届三次常务会议通过，现予公布，自 2013 年 7 月 1 日起施行。

省长　朱小丹

二〇一三年四月二十八日

广东省快递市场管理办法

第一章　总则

第一条　为了加强快递市场管理，保护经营快递业务的企业和用户的合法权益，促进快递市场健康发展，根据《中华人民共和国邮政法》等有关法律、法规和规章，结合本省实际，制定本办法。

第二条　本办法适用于本省行政区域内从事快递经营和管理活动。

快递，是指在承诺的时限内快速完成的寄递活动。

第三条　省邮政管理部门负责全省快递市场的监督管理。地级以上市邮政管理部门负责本行政区域内快递市场的监督管理。

经济贸易、公安、国家安全、交通运输、税务、价格、工商、金融、海关、出入境检验检疫等部门按照各自的职责，做好快递市场的相关管理工作。

第四条　县级以上人民政府及其有关部门应当将城乡快递服务网点和城市、区域处理设施的建设纳入本级城乡规划，并对经营快递业务的企业在土地使用、融资等方面给予支持和政策优惠，对经营快递业务的企业用于快递业务的车辆给予通行便利。

用于快递业务的车辆，应当符合邮政、公安、交通运输等部门制定的车辆技术规范要求。

第五条　县级以上人民政府及其有关部门应当采取有效措施，帮助中小快递企业提升企业品牌意识，结合自身优势合理定位，推进规模化经营，不断创新服务形式，强化企业自身核心竞争力。

第六条 经营快递业务的企业应当积极运用现代科学技术手段，建立自动化、标准化、信息化的服务平台，不断提高服务质量和服务水平，满足快递市场发展需要。

第二章 经营主体

第七条 经营快递业务，应当按照《中华人民共和国邮政法》、《快递业务经营许可管理办法》等相关规定，取得快递业务经营许可证，并向工商行政管理部门依法办理登记，方可经营快递业务；未经许可，任何公民、法人或者组织不得经营快递业务。

经营快递业务的企业设立分支机构的，应当向邮政管理部门办理《快递业务经营许可证》变更手续。分支机构凭许可证副本及所附分支机构名录，到分支机构所在地工商行政管理部门办理登记；自取得营业执照之日起 20 日内，到所在地邮政管理部门办理备案手续。

第八条 以特许经营方式从事快递业务的，特许人应当遵守以下规定：

（一）与取得《快递业务经营许可证》的企业订立商业特许合同；

（二）向被特许人提供信息网络、运输调度、物料供应、查询等特许经营支撑服务，并保证经营网络的正常运转；

（三）及时向社会发布特许经营活动信息，公布被特许人的基本情况；

（四）对被特许人的经营行为负有管理责任。特许人应当加强对被特许人服务质量的监督，协调处理全网消费者举报、投诉和申诉等事务；

（五）被特许人发生停止经营等情况，特许人应当及时向社会公告相关信息，并妥善处理未妥投的快件和未返还的代收货款；

（六）在订立特许经营合同中应当明确约定双方对消费者权益保护和赔偿责任的承担以及解决争议的方式。

第九条 以特许经营方式从事快递业务的，被特许人应当遵守以下规定：

（一）依法取得《快递业务经营许可证》，不得超出特许人经营许可的业务范围、有效期限和地域范围开展经营活动；

（二）未经特许人同意，不得将取得的快递业务特许经营权进行转让、分包；

（三）不得违反特许人经营快递业务的服务承诺，不得擅自降低服务质量或者变动收费标准。

第十条 经营快递业务的企业从事代收货款业务，应当与寄件人在合同中约定双方的权利和义务，并向邮政管理部门报告。

第十一条 有下列情形之一的，邮政管理部门应当依法办理快递业务经营许可的注销手续：

（一）《快递业务经营许可证》有效期届满未延续的；

（二）企业法人资格依法终止的；

（三）申请人自取得《快递业务经营许可证》后无正当理由超过 6 个月未经营快递业务的，或者自行连续停业 6 个月以上的；

（四）《快递业务经营许可证》有效期内停止经营的；

（五）快递业务经营许可依法被撤销、撤回的，或者《快递业务经营许可证》被依法吊销的；

（六）法律、行政法规规定的其他情形。

注销后，企业应当停止快递业务经营，依法向企业登记机关申请办理经营范围变更登记或者注销登记。

第三章　快递服务

第十二条　经营快递业务的企业提供快递服务应当符合国家和行业标准。

经营快递业务的企业应当使用符合标准的快递封装用品。航空快件的包装应当符合民航安全、运输标准。

鼓励经营快递业务的企业在符合快递封装相关标准的情况下，使用环保可再生纸质、可降解或者易降解的塑料封装用品。

第十三条　经营快递业务的企业应当按照商品和服务实行明码标价的有关规定，在营业场所公示服务项目、服务内容和服务价格；上门取件或者在非营业场所进行的快递业务，应当以价目表、报价单等书面方式主动向服务对象公示服务价格及标准，不得以口头形式向服务对象陈述。

第十四条　经营快递业务的企业在收取快件时，应当提示寄件人如实填写快递运单，核对有关信息，并准确标注快件的重量、资费等内容。

鼓励经营快递业务的企业投保责任保险。经营快递业务的企业在收取快件时，应当明确提示寄件人选择保价业务或者保险业务，并告知其权利义务。

第十五条　经营快递业务的企业在分拣、运输快件时，应当按照邮政管理部门的相关规定规范操作，确保快件不受损害。

第十六条　经营快递业务的企业在投递快件时，应当告知收件人当面验视快件包装。快件包装完好、重量相符的，收件人应当签收。外包装出现明显破损等异常情况的，收派员应当告知收件人先验收内件，收件人确认无破损后再签收。国家对快件验收另有规定的，从其规定。

若收件人本人无法签收时，经征得收件人同意，可由收件人指定的其他人代为签收。代收时，收派员应当核实代收人身份并记录。

第十七条　对于网络购物、电视购物、邮购、代收货款以及与客户有特殊约定的快件，经营快递业务的企业应当按照国家有关规定，与寄件人签订合同，明确双方在快件投递时验收环节的权利义务关系，并提供符合合同要求的验收服务。

寄件人应当按照合同约定的验收程序如实告知收件人，不得向收件人提供与合同约定不符的虚假承诺。经营快递业务的企业在投递时也应当告知收件人具体的验收程序，验收无异议后，由收件人签字确认。

经营快递业务的企业与电子商务企业签订长期快递服务的，在订立合同或者协议时，应当明确在电子商务企业促销旺季、法定节假日等特殊时期的快递服务时限和应急措施。电子商务企业不得向收件人提供与合同约定不符的虚假承诺。因电子商务企业虚假承诺导致快件延误造成损失的，按照《中华人民共和国合同法》等相关规定，由电子商务企业承担损失赔偿等违约责任。

第十八条 经营快递业务的企业应当向用户提供业务咨询、查询、投诉等服务，并及时处理用户投诉。

用户对处理结果不满意的，可以向邮政管理部门申诉，邮政管理部门应当及时依法处理，并自接到申诉之日起 30 日内作出答复。

第十九条 经营快递业务的企业提供的快递运单应当在显著位置注明赔偿条款、特殊约定等涉及用户权益的相关内容。

快件的损失赔偿，按照《快递服务》国家标准执行。

第二十条 经营快递业务的企业在《快递业务经营许可证》有效期限内不得擅自停止经营。

暂时停止快递业务网络运营导致快递服务不能畅通运行的，应当提前向所在地邮政管理部门书面报告，按照规定妥善处理未投递的快件，并及时向社会公告。

经营快递业务的企业应当保证全网畅通运行，满足用户的服务需求。法定节假日等特殊时期，经营快递业务的企业应当根据业务量的预测情况，合理安排岗位需求，确保人员配置到位，保证网络的正常运行。

第四章 快递安全

第二十一条 经营快递业务的企业应当建立并执行快件收寄验视制度。经营快递业务的企业应当当场验视交寄物品，检查是否属于国家禁止或者限制寄递的物品，是否与快递运单所填写的内容一致。

法律、法规、规章规定需要寄件人提供有关书面凭证或者出示身份证明的，经营快递业务的企业应当要求寄件人提供凭证原件或者有效身份证件，核对无误后，方可收寄。

对在路边、酒店、车站等人员流动场所收寄的快件，应当要求寄件人出示有效身份证件，如实登记寄递物品、收件人和寄件人信息。对无法出示有效身份证件的，应当重点查验，确认安全后方可收寄。

寄件人拒绝验视、拒绝如实填写快递运单、拒不提供书面凭证或者不按照规定出示有效身份证件的，经营快递业务的企业不予收寄。

第二十二条　经营快递业务的企业在收寄过程中发现寄件人寄递国家禁止寄递的物品的，应当拒绝收寄。已经收寄的快件中发现有上述物品的，应当立即停止转发和投递。

对其中依法需要没收或者销毁的物品，应当立即向有关部门报告，并配合有关部门进行处理。对已经收寄的依法不需要没收、销毁的禁寄物品，应当与寄件人或者收件人取得联系，妥善处理。

第二十三条　经营快递业务的企业应当对收寄、分拣、运输、投递等环节实行安全监控，并对快递经营场所进行24小时实时监控，防止快件在寄递过程中短少、丢失、损毁。

经营快递业务的企业应当按照国家标准和政府主管部门的要求提供数据共享接口，为安全监管及公众服务提供所需的实时数据和信息。

第二十四条　经营快递业务的企业应当依法保护用户信息的安全和通信秘密，确保用户信息不被窃取、泄露。

经营快递业务的企业不得以转让、贩卖、销售等方式泄露用户信息。因泄露用户信息对用户造成损失的，应当依法予以赔偿。

属于员工违法泄露用户信息造成损失的，经营快递业务的企业应当依法进行赔偿，并向员工追责。

第二十五条　经营快递业务的企业应当加强劳动保护工作，遵守国家有关劳动工时制度和节假日制度，科学管理，采用先进技术和新工艺，改善劳动条件，保障员工的安全和健康。

经营快递业务的企业应当建立和完善人力资源管理制度和教育培训机制，提高员工的职业素养和法律意识。

第二十六条　经营快递业务的企业设计和建设快件处理场所，应当符合公安机关、国家安全机关和海关依法履行职责的要求。

第二十七条　发生以下快递市场治安案件，公安机关接到报案后应当及时调查处理：

（　）盗窃、冒领、私自开拆、隐匿、毁弃或者非法扣留、检查他人快件的；

（二）以围堵、拦截等形式，扰乱经营快递业务的企业营业场所正常秩序的；

（三）非法拦截、强登、扒乘运送快件车辆的；

（四）其他行为影响经营快递业务的企业开展正常寄递活动的。

造成快件滞留的，公安机关应当先行采取措施督促企业转发或者投递滞留快件；邮政管理部门应当加强协调。

第二十八条　经营快递业务的企业应当建立健全安全生产责任制，按照《邮政行业安全监督管理办法》的规定落实重大事项报告制度，在规定时间内及时向有关部门报告相关情况。

第五章　监督管理

第二十九条　经营快递业务的企业应当建立和完善网络运营管理、业务操作（处理）流程管理、服务质量监督管理、查询投诉处理、代收货款及风险控制管理、安全管理、突发事件应急处置等制度。

第三十条　经营快递业务的企业应当依法向邮政管理部门上报统计报表和报告，不得转移、隐匿、篡改、毁弃原始记录和凭证、统计台账、统计调查表、会计资料及其他相关证明和资料。

第三十一条　经营快递业务的企业应当遵守国家有关行业人才培养和快递业务员职业技能鉴定工作的规定和要求。

经营快递业务的企业应当鼓励并组织从业人员参加快递业务员职业技能鉴定，取得快递业务员职业资格证书，确保通过资格认定的快递业务员比例持续符合许可条件。

第三十二条　邮政管理部门应当加强对经营快递业务的企业的监督检查，可以采取下列措施：

（一）进入有关场所进行检查；

（二）查阅、复制有关文件、资料、凭证；

（三）发现违禁品进行登记保存，移交有关部门处理；

（四）约谈有关单位和人员；

（五）对违法、违规行为责令限期整改。

邮政管理部门进行监督检查时，监督检查人员不得少于两人，并应当出示执法证件。对邮政管理部门依法进行的监督检查，有关单位和个人应当配合，不得拒绝、阻挠。

第三十三条　快递行业协会应当依照法律法规及其章程规定，制定快递行业规范，加强行业自律，为企业提供信息、培训等服务。

快递行业协会不得利用自身地位实施价格垄断等违法行为，防止企业恶意串通、操纵市场价格，损害其他经营者或者消费者的合法权益。

第三十四条　邮政管理部门应当推进快递行业信用体系建设，实行经营快递业务的企业信用分类管理，完善信用公示制度；引导经营快递业务的企业建立完备的自律管理制度，强化企业对服务质量、消费维权、诚信经营的评价机制。

第三十五条　邮政管理部门应当建立完善快递市场监管体系，规范和优化行政审批程序，简化手续，提高办事效率；加大市场监管力度，构建权责明确、行为规范、监督有效、保障有力的执法体制，提高行政监管效能。

第六章　法律责任

第三十六条　邮政管理部门工作人员在快递市场监督管理工作中，滥用职权、玩忽职守、徇私舞弊的，由主管机关或者监察机关给予处分；构成犯罪的，依法追究刑事责任。

第三十七条　特许人违反本办法第八条规定，开展特许经营业务的，由邮政管理部门责令改正，并处10000元以上30000元以下的罚款。

被特许人违反本办法第九条规定的，由邮政管理部门责令改正，并处5000元以上30000元以下罚款。

第三十八条　经营快递业务的企业违反本办法第十条规定开展代收货款业务的，由邮政管理部门责令改正，并处10000元以上50000元以下的罚款。

第三十九条　违反本办法第十二条、第十五条、第十六条规定，经营快递业务的企业违反《快递服务》等标准损害用户权益的，由邮政管理部门责令改正，并处5000元以上30000元以下的罚款。

第四十条　经营快递业务的企业未按照第十三条的规定，公示其业务资费标准或者有其他价格违法行为的，由价格主管部门依照《中华人民共和国价格法》的规定处罚。

第四十一条　经营快递业务的企业违反本办法第十八条、第二十一条、第二十八条规定的，由邮政管理部门责令改正，并处5000元以上30000元以下的罚款。

第四十二条　违反本办法第二十三条规定，经营快递业务的企业未按照要求实行安全监控的，由邮政管理部门责令限期改正；逾期未改正的，处10000元以上30000元以下罚款。

第四十三条　违反本办法第二十四条规定，经营快递业务的企业及其从业人员违法泄露用户信息的，由邮政管理部门按照《中华人民共和国邮政法》的规定处罚。

第四十四条　经营快递业务的企业违反本办法第三十条规定，未按时上报统计资料或者提供不真实、不完整的统计资料的，由邮政管理部门责令限期改正；逾期未改正的，处5000元以上30000元以下罚款。

第四十五条　经营快递业务的企业违反本办法第二十一条规定，通过资格认定的快递业务员的比例未能持续符合许可条件的，由邮政管理部门责令限期改正；逾期未改正的，处3000元以上20000元以下罚款。

第四十六条　违反第三十三条第二款规定的，由价格主管部门按照《中华人民共和国价格法》、《中华人民共和国反垄断法》的规定进行处罚。

第七章　附则

第四十七条　进出境快递业务依据海关和出入境检验检疫部门的相关法律法规实施监管。

第四十八条　本办法自 2013 年 7 月 1 日起施行。

111

深圳市人民政府令

第 268 号

《深圳市发展快递业管理规定》已经市政府五届一百一十次常务会议审议通过，现予发布，自 2014 年 8 月 1 日起施行。

市长　许　勤

二〇一四年六月二十四日

深圳市发展快递业管理规定

第一章　总则

第一条　为促进快递业健康发展，加强快递行业管理，规范快递服务行为，保护企业和用户的合法权益，根据《中华人民共和国邮政法》及有关法律、法规、规章的规定，结合本市实际，制定本规定。

第二条　本市行政区域内快递业发展、扶持及快递经营、管理，适用本规定。本规定未作规定的，依照相关法律、法规、规章的规定执行。

本规定所称快递企业是指经营快递业务的邮政企业和其他快递企业。

第三条　市、区人民政府及相关部门应当将快递服务的设施布局和建设纳入城市发展总体规划和综合交通规划，对快递企业在土地使用、设施建设、科技应用、金融税收、车辆通行、人才政策等方面给予支持和政策优惠，促进快递业与经济社会协调发展。

第四条　市交通运输部门负责统筹本市快递业发展规划，市邮政管理部门负责实施本市快递业的发展规划和监督管理等工作。

发展改革、规划国土、经贸信息、住房建设、市场监管、人力资源、财政、公安、文化以及国家安全、检验检疫和海关等部门，应当按照各自职责依法做好快递业的相关管理工作。

第五条　市邮政管理部门应当会同市交通运输、市场监管、公安、文化、国家安全等部门开展联合检查和执法，共同维护快递业稳定、安全、有序发展。

市邮政管理部门应当推进快递业诚信体系建设，实施快递企业分类管理，建立信用信息系统。

第六条 快递行业协会组织应当依照法律法规及其章程规定，制定快递行业规范，加强行业自律，维护会员的合法权益，依照有关规定承接政府职能转移或者委托的业务，提高快递企业的经营管理水平和从业人员的业务素质。

第二章 支持措施

第七条 市规划国土部门在制定近期建设与土地利用规划年度实施计划时，应当统筹考虑快递企业用地需求，合理安排用地指标。在建设项目规划管理中，结合《深圳市城市规划标准与准则》的有关规定，适当安排快递企业用房。

支持将工业区旧厂房、仓库、闲置土地和存量土地资源用于发展快递服务业，建设快递产业园。

第八条 市规划国土部门在制定城市商业区、住宅区、工业区、高等院校、大型公共活动场地和公共交通设施等建设项目规划时，在修建性详细规划中应当合理安排快递服务所需的停车和装卸用地，并加强对规划实施的监督。

第九条 鼓励快递企业的总部或者区域总部落户本市，符合条件的可以按照规定享受本市总部经济的相关政策。

第十条 市财政部门会同市交通运输部门统筹安排现代物流业发展专项资金用于支持快递服务业发展。具体管理办法由市财政部门会同市交通运输、邮政管理部门制定。

第十一条 市财政、规划国土、人力资源、科技、金融等部门应当在财政、土地、人才、技术、金融等方面支持快递业与电子商务、金融业的融合发展，推动建设电商快递信息共享平台。

第十二条 市邮政管理部门应当配合海关、检验检疫等部门完善跨境贸易电子商务快件（邮件）管理，完善跨境快递服务通关环境。

鼓励深港两地快递业合作发展，规划国土、住房建设等部门应当在各自职责范围内支持快递企业建设深港快件（邮件）分拣中心、服务场所。

第十三条 市公安机关交通管理部门应当根据车辆通行情况及快递服务需求，合理确定快递服务车辆的通行区域和时段，在确保道路交通安全和畅通的情况下，给予快递服务车辆临时停车和通行便利。

市邮政管理部门应当会同市公安机关交通管理部门制定利用非机动车从事快件（邮件）收投业务的相关规范和管理办法。

第十四条 车站、机场、口岸等单位的安检机构应当对快件（邮件）实行分类管理、优先查验，提高检验效率，确保快件（邮件）传递畅通。

第十五条 机关、学校和企事业单位的办公场所，以及商业楼宇、住宅区、工业区等封闭管理场所的物业服务单位，应当为快递服务提供通行、临时停车、派送等便利。

具备条件的物业服务单位可以设立快递服务场所和收投快件（邮件）的自助服务设备。

第十六条　市人力资源管理部门应当将快递业务员职业技能培训纳入管理，对参加本市相关部门及机构组织的快递业务员职业技能鉴定且符合条件的企业和个人，按照本市相关规定给予补贴。

第三章　经营主体

第十七条　已取得商事主体资格的法人企业经营快递业务的，应当依法取得快递业务经营许可，并在经营许可范围内从事相关经营活动。未经许可，任何公民、法人或者其他组织不得经营快递业务。

快递企业分支机构的名称、负责人、地址等事项发生变更的，应当依法办理营业执照变更手续，并在完成变更手续之日起 20 日内，报市邮政管理部门备案。

第十八条　以加盟方式经营快递业务的，被加盟人与加盟人均应当取得快递业务经营许可，加盟不得超越被加盟人的经营许可范围。

以加盟方式经营快递业务的，加盟人在申请办理《快递业务经营许可证》时，应当提供双方签订的真实、有效的加盟协议，以及被加盟人上一级机构的授权书或者其他证明材料。加盟人应当按照加盟协议约定，依法经营，不得利用被加盟品牌从事违法活动。

被加盟人对加盟人负有管理责任，应当在服务质量、服务规范、服务价格、业务用品、安全生产、投诉赔偿、申诉处理等方面实行统一管理。

第十九条　快递企业可以与机关、学校、企事业单位以及商业楼宇、住宅区、工业区等的收发室、物业服务单位协商代为收投快件（邮件）；未能提供代为收投服务的，快递企业应当与用户协商在指定地方、指定时间提供收投服务。

第二十条　总部或者区域总部在本市的快递企业，可以委托连锁商业机构等第三方代办收投快件（邮件）服务，委托事项限于快递服务末端直接面对用户的收投服务。委托代办收投服务的，委托人应当与被委托人签订委托合同，明确约定双方权利义务及收投快件（邮件）的规范。

委托人应当在合同签订之日起 30 日内，报市邮政管理部门备案。被委托人应当在营业场所明显位置张贴备案证明。

委托人应当加强被委托人在服务质量、服务规范、服务价格、业务用品、业务培训、运行安全、用户投诉、损失赔偿等方面的监督管理。

委托人对被委托人造成的快件（邮件）延误、丢失、短少、毁损以及其他损害用户利益等行为承担责任，委托人可以依法或者按照约定向被委托人进行追偿。

第二十一条 快递企业在许可的经营区域范围内，设置仅用于快件（邮件）临时配载、装卸、理货、保管等内部配套作业的小型临时中转场所，且不对外开展现场收件或者为社会提供服务的，无需办理商事登记，应当在设置之日起20日内，报市邮政管理部门备案。

第二十二条 快递企业停止经营快递业务的，应当提前30日书面告知市邮政管理部门，按照规定办理有关手续，通过营业服务场所、企业网站或者其他方式向社会公告，并及时妥善处理尚未投递的快件（邮件）。

第二十三条 快递企业应当按照国家关于职业技能鉴定的规定，加强快递从业人员职业技能培训，组织符合条件的快递从业人员参加职业技能鉴定。

第四章 快递服务

第二十四条 快递企业应当执行《快递服务》邮政行业标准，推进服务质量体系建设，创新快递服务方式，建立标准化、信息化、自动化的服务平台。快递企业提高服务标准的，应当将服务标准和服务承诺向社会公告。

快递企业应当建立网络运营管理、业务操作（处理）流程、服务质量监督管理、查询投诉处理、安全生产管理、突发事件应急预案等制度。

第二十五条 快递企业在分拣、运输、收投快件（邮件）时，应当按照《快递服务》邮政行业标准的相关规定操作，不得野蛮作业，严禁抛扔、踩踏、坐压或者以其他方式造成快件（邮件）损毁。

第二十六条 快递企业应当为快递收派员提供工号牌和有效工作证件，并要求快递收派员提供服务时统一佩戴。快递收派员在提供快递服务时应当文明服务，礼貌用语。快递企业可以为快递收派员提供具有本企业标识的工作服装。

第二十七条 快递企业应当及时、妥善处理用户对快递服务提出的投诉。用户对处理结果不满意的，可以按照相关规定向市邮政管理部门申诉。

快递企业对市邮政管理部门转办的用户申诉，应当及时与申诉人沟通，妥善处理，并自收到转办申诉之日起15日内向市邮政管理部门答复处理结果。

第二十八条 在快递服务过程中，快件（邮件）发生延误、丢失、损毁或者内件不相符的，快递企业应当按照与用户的约定，依法予以赔偿。

快递企业与用户之间未对赔偿事项进行约定的，对购买保价的快件（邮件），按照保价金额赔偿；对未购买保价的快件（邮件），按照《中华人民共和国邮政法》《中华人民共和国合同法》等相关法律规定赔偿。

鼓励快递企业建立预赔机制，在事实清楚、责任明确的情况下，快速为用户理赔。

第二十九条 在重要节日前后或者大型电商平台促销活动等快递业务高峰期，快递企业应当制定快递业务高峰期应急预案，加强业务量监测预警和信息沟通，合理调配资源。发生重大网络阻断、服务严重受阻等情形的，应当在 24 小时内向社会公告，并向市邮政管理部门和其他有关部门报告。

第三十条　快递企业的服务时间、服务地点、服务范围、服务方式、投递时限、查询投诉方式等发生变更的，应当提前 3 日通过营业服务场所、企业网站以及其他方式向社会公告，同时说明原因及有关处理办法。

第五章　快递安全

第三十一条　快递企业及其委托代办收投服务的单位应当建立并执行快件（邮件）收寄验视制度。快递企业及其委托代办收投服务的单位应当在寄件人在场的情况下，当面验视交寄物品，检查是否属于国家禁止或者限制寄递物品，是否与快递运单所填写的内容一致。

法律、法规、规章规定需要寄件人提供有关书面凭证或者出示身份证明的，快递企业及其委托代办收投服务的单位应当要求寄件人提供凭证原件或者有效身份证件，核对无误后，方可收寄。

寄件人交寄快件（邮件）应当如实、准确填写快递运单，准确标注快件（邮件）的名称、类别、数量等，遵守国家关于禁止寄递或者限制寄递物品的规定，不得通过寄递渠道危害国家安全、公共安全以及公民、法人和其他组织的合法权益。

第三十二条　快递企业在已经收寄的快件（邮件）中发现国家禁止寄递的物品的，应当立即停止转发和投递，并按照规定报告市邮政管理部门、公安机关、国家安全机关以及相关行政管理部门。

进出境快件（邮件）中夹带禁止进出境或者限制进出境的物品的，由海关、检验检疫等部门依法处理。

第三十三条　快递企业应当对收寄、分拣、运输、投递等环节实行监控，并对快递经营场所进行 24 小时实时视频监控，监控资料保存时间不少于 30 日。

快递企业应当按照国家标准和邮政管理部门的要求提供数据共享接口，为安全监管及公众服务提供实时数据和信息。

第三十四条　快递企业应当依法保护用户信息的安全和通信秘密，确保用户信息不被窃取、泄露。

快递企业不得以转让、贩卖、销售等方式泄露用户信息。因泄露用户信息对用户造成损失的，应当依法予以赔偿。

快递企业从业人员违法泄露用户信息造成损失的，快递企业应当依法进行赔偿。

第三十五条　快递企业应当建立禁毒、反恐、打击非法出版物等安全防范制度，快件（邮件）分拣中心应当配备符合国家标准的安全检查设备，安排具备专门技术和技能的人员对快件（邮件）进行安全检查。

快递企业应当配合公安、检察和国家安全等机关依法检查、扣留有关快件（邮件），提供相关用户用邮信息，并对有关情况予以保密。

第三十六条 快递企业设置快件（邮件）处理场所，应当事先征询市邮政管理部门及有关部门意见，并按照国家有关规定预留相关工作场地，其设计和建设应当符合国家安全机关和海关依法履行职责的要求。

第三十七条 有下列情形之一的，市公安机关接到报案后，应当及时受理并依法处理：

（一）私自开拆、隐匿、毁弃或者非法扣留、扣查他人快件（邮件）的；

（二）以围堵、拦截、聚众闹事等形式，扰乱快递服务场所正常秩序的；

（三）非法拦截、强登、扒乘快件（邮件）运输车辆的；

（四）盗窃、冒领、倒卖快件（邮件）的；

（五）倒卖快递信息的；

（六）利用快递进行诈骗犯罪的；

（七）挪用、侵占、盗窃业务款和代收货款的；

（八）其他影响快递服务的违法行为。

因前款规定情形造成快件（邮件）滞留的，公安机关应当在不影响案件调查取证的前提下，先行采取措施督促快递企业将滞留快件（邮件）转发或者投递，再依法对涉案人员进行处理；市邮政管理部门应当协调做好快件（邮件）的及时转运工作。

公安机关根据案件侦查需要，对特定物品、场所进行勘验检查的，快递企业应当予以配合。

第六章　法律责任

第三十八条 快递企业违反本规定第十七条第二款、第二十一条规定，未向市邮政管理部门备案的，由市邮政管理部门责令改正，并处5000元罚款。

第三十九条 快递企业违反本规定第十八条第三款、第二十条第三款规定，被加盟人对加盟人或者委托人对被委托人监管不到位，损害用户利益的，由市邮政管理部门责令改正，并处10000元罚款；情节严重的，处30000元罚款。

第四十条 快递企业违反本规定第二十条第二款规定，未向市邮政管理部门备案的，由市邮政管理部门责令改正，并处10000元罚款。

第四十一条 快递企业违反本规定第二十二条规定，未及时书面告知市邮政管理部门并按照规定办理有关手续，或者未按照规定及时妥善处理尚未投递的快件（邮件）的，由市邮政管理部门处10000元罚款；情节严重的，处30000元罚款。

第四十二条 快递企业违反本规定第二十五条规定，损害用户利益的，由市邮政管理部门责令限期改正；逾期未改正的，处10000元罚款；情节严重的，处30000元罚款。

第四十三条 快递企业违反本规定第二十六条规定，未督促快递收派员按规定佩戴工号牌和有效工作证件的，由市邮政管理部门责令限期改正；逾期未改正的，处5000元罚款。

第四十四条 快递企业违反本规定第二十九条、第三十条规定，未及时向邮政管理部门报告或者向社会公告的，由市邮政管理部门责令限期改正；逾期未改正的，处5000元罚款。

第四十五条 快递企业及其委托代办收投服务的单位违反本规定第三十一条第一款规定，未建立收寄验视制度的，由市邮政管理部门责令改正，并处10000元罚款；未执行收寄验视制度的，由市邮政管理部门责令改正，并处5000元罚款；情节严重的，处30000元罚款。

快递企业及其委托代办收投服务的单位违反本规定第三十一条第二款规定，未按照规定核对证件的，由市邮政管理部门责令改正，并处10000元罚款。

寄件人违反本规定第三十一条第三款规定，交寄危害国家安全、公共安全等危险物品的，依照《中华人民共和国治安管理处罚法》及有关法律、法规处罚；涉嫌犯罪的，依法移送司法机关处理。寄件人违反该规定，给快递企业或者公民、法人、其他组织造成损害的，依法承担赔偿责任。

第四十六条 快递企业违反本规定第三十二条规定，未停止转发和投递禁止寄递物品的，由市邮政管理部门处10000元罚款；涉嫌犯罪的，依法移送司法机关处理。

快递企业违反该规定，给公民、法人和其他组织造成人身伤害或者财产损失的，依法承担赔偿责任。

第四十七条 快递企业违反本规定第三十四条规定，违法泄露用户信息的，由市邮政管理部门责令改正，没收违法所得，并处50000元罚款；情节严重的，依法责令停业整顿或者吊销快递业务经营许可证；涉嫌犯罪的，依法移送司法机关处理。

快递企业从业人员有前款规定的违法行为的，由市邮政管理部门责令改正，没收违法所得，并处5000元罚款；涉嫌犯罪的，依法移送司法机关处理。

第四十八条 快递企业违反本规定及相关法律、法规、规章规定，受到市邮政管理部门或者有关行政管理部门依法处罚的，市邮政管理部门应当将其违法信息纳入相关信用信息系统，供单位和个人查询。

第四十九条 市邮政管理部门工作人员在监督管理工作中，滥用职权、玩忽职守、徇私舞弊的，由上级主管机关依法给予处分；涉嫌犯罪的，依法追究刑事责任。

第七章 附则

第五十条 本规定第十七条第二款、第二十条第二款、第二十一条规定的备案，备案人按照规定要求报送备案，且报送的材料齐全的，市邮政管理部门应当当场出具书面备案回执。具体办法由市邮政管理部门另行制定。

第五十一条 本规定自 2014 年 8 月 1 日起施行。

112

青海省人民政府办公厅转发省邮政管理局关于加快快递服务发展实施意见的通知

青政办〔2008〕74号

西宁市、各自治州人民政府，海东行署，省政府各委、办、厅、局：

省邮政管理局《关于加快快递服务发展的实施意见》已经省政府同意，现转发给你们，请认真组织实施。

青海省人民政府办公厅

二〇〇八年五月二十二日

关于加快快递服务发展的实施意见

青海省邮政管理局

2008年5月

为贯彻落实《国务院关于加快发展服务业的若干意见》（国发〔2007〕7号）和《国务院办公厅关于加快发展服务业若干政策措施的实施意见》（国办发〔2008〕11号）精神，支持、鼓励和引导邮政业各类市场主体健康发展，充分发挥快递服务在服务社会、发展经济、安置就业等方面的重要作用，满足经济社会对快递服务的需求，现结合我省实际，就加快全省快递服务发展提出以下实施意见。

一、充分认识加快快递服务发展的必要性

邮政业是国家重要的社会公用事业，快递服务是邮政业重要组成部分，是为适应经济社会发展需要而产生的具有商业化、个性化特征的新兴服务，在满足党政机关、企事业单位和人民群众的社会活动、信息交流、实物传递和吸纳社会就业等方面起着越来越重要的作用。目前，我省快递服务市场国有、合资、民营等各类主体并存，民营企业发展日趋活跃，市场占有比重不断提高。长期以来，由于快递服务市场缺乏行政主管部门统一规范和引导，缺乏政策支持，快递企业一直处于自由发展的状态，起步晚、经营利润薄、企业规模小，发展环境亟待改善。各级政府和有关部门要充分认识加快发展快递服务的必要性，从全面建设小

康社会和构建和谐社会的高度出发，认真落实国务院的各项政策，推进快递服务的快速健康发展。

二、指导思想和工作目标

（一）指导思想：深入贯彻党的十七大精神，坚持以邓小平理论和“三个代表”重要思想为指导，全面落实科学发展观，按照《国务院关于加快发展服务业的若干意见》精神，深化邮政体制改革，优化行业环境，明确行业定位，加强宏观调控，促进快递服务又好又快发展。

（二）工作目标：“十一五”期间，培育一批“经营有道、管理有方、竞争力强”的快递企业；形成各类快递市场主体良性发展的局面；提高快递服务在国民经济中的比重；快递企业管理能力和服务水平得到明显提高。

三、政策措施

（一）省邮政管理局作为邮政业的行业主管和市场监管部门，要加强领导，按照国务院邮政体制改革方案，积极鼓励引导快递企业加快产品、服务和管理创新，提高服务质量，满足社会化大生产需要。要完善监督管理和服务职能，不断优化快递服务发展环境。要联合工商、公安、安全、海关、质检、检疫检验、统计等部门加强市场监管，切实维护快递市场秩序，规范快递企业合法经营。要贯彻平等准入、公平待遇原则，建立公开、平等、规范的快递服务监管制度，公平对待各类快递市场主体，依法维护其合法权益。各类快递企业要接受行业主管部门的监管，在工商部门办理登记注册、年审、变更或注销等事项，同时主动向邮政监管机构报备。

（二）各级政府和有关部门要认真落实国务院关于加快发展服务业的一系列政策措施，大力发展面向生产的快递服务，促进社会化大生产与快递服务有机结合、互动发展。要将快递服务列入政府扶持服务业的发展目录，扶持快递企业做大做强。省发展改革委、省经委、省财政厅等部门要加大对快递企业的政策支持力度，通过专项扶持资金、贷款贴息、技改贴息等政策，促进快递企业加快信息化建设，扶持快递企业改善生产条件，提高服务能力，逐步走上自我发展、规模经营之路。省邮政管理局要积极引导国内外优秀快递企业在青海设立分公司或加盟经营，活跃快递市场，丰富市场参与主体。税务部门要按照国家有关部委关于西部大开发税收优惠政策的规定，认真落实我省实施西部大开发战略和鼓励支持引导个体私营等非公有制经济加快发展的相关政策措施，对在我省注册的快递企业，在税收政策方面给予支持。同时，对经工商管理部门、邮政行业主管部门审核注册从事快递服务的企业按“邮电通信业”税目征收营业税。

（三）加强全省快递服务网络布局与建设规划，各级政府和有关部门要将快递服务发展规划纳入本地区经济社会发展总体规划，发挥行业规划在宏观调控中的导向作用。邮政行业主管部门要与统计部门密切配合，完善行业统计制度，组织快递企业及时、准确的上报数据，有效监控和分析行业发展动态，有针对性地进行政策引导，促进快递服务的健康发展。

（四）充分发挥快递协会作用，不断规范企业行为，促进行业自律、维护会员合法权益和保护消费者利益。要引导快递企业严格执行国家有关法律法规和邮政行业规章，落实《快递服务》行业标准，建立完善诚信服务机制，保证快递服务时限和服务质量。

（五）省邮政管理局要协同人事、劳动部门组织开展邮政业特有职业技能鉴定工作，推行国家职业资格证书制度。各快递企业要积极创造条件，鼓励和支持从业人员通过职业培训等形式，提高业务技能和综合素质，取得职业资格证书，持证上岗。

（六）交通运管和公安部门要依照《邮政法》和《青海省邮政管理办法》，有效解决快递服务车辆临时停靠、限行路段特批行驶及进社区揽收、递交邮件的通行等问题，保证邮件的收寄、运输、投递顺利进行。海关、民航、铁路等相关部门要积极创造条件，优化工作程序，提高工作效率，支持快递企业发展。

各地区、各部门要根据本意见要求，按照各自的职责范围，抓紧制定加快发展快递服务业的配套实施方案和具体政策措施。

十九 中国快递协会

113

中国快递协会简介[①]

中国快递协会（英文名称：China Express Association，英文缩写：CEA）是经中华人民共和国国务院批准，并在民政部登记注册的全国性非营利社会组织。本协会接受交通运输部、国家邮政局和民政部的业务指导和监督管理。协会于2009年2月在北京成立，办公地址设在北京。

2009年实施的新《中华人民共和国邮政法》第60条规定："经营快递业务的企业依法成立的行业协会，依照法律、行政法规及其章程规定，制订快递行业规范，加强行业自律，为企业提供信息，培训等方面的服务，促进快递行业的健康发展。"这项规定，明确的概述了中国快递协会的性质、任务和作用。

中国快递协会的成员是由全国范围内具有一定资质条件的提供快递服务的企业，及与快递服务有关的企业、个人和其他组织自愿参加组成。现有270家会员单位及个人会员，会员单位中既有国营快递企业，如中国邮政速递物流公司、民航快递、中铁快运，也有民营快递企业如顺丰、申通、圆通、宅急送等，也包括在华投资的国际四大快递企业UPS、FedEx、DHL和TNT，以及快递产业上下游企业。

① 中国快递协会网站（http：www.cea.org.cn/kdxh/201001/t20100123_727.html）。

114

中国快递协会办事机构主要职责①

中国快递协会是由中国境内的快递企业、社会团体和个人自愿组成的非营利的全国性行业组织。在 2009 年 2 月 11 日召开的协会第一次会员大会上，通过了《中国快递协会办事机构主要职责》草案。

为确保工作正常运转，协会成立初期拟设立五个工作部门，综合部、会员管理部、行业发展部、质量管理和培训部、国际联络部。协会的主要职责是：

一、充分发挥桥梁和纽带作用。要努力适应新形势的要求，深入开展行业调查研究，积极向政府及其部门反映行业、会员诉求，提出行业发展和立法等方面的意见和建议，积极参与相关法律法规、宏观调控和产业政策的研究、制定，参与制订修订行业标准和行业发展规划、行业准入条件，完善行业管理，促进行业发展。

二、加强行业自律。依据《中华人民共和国邮政法》和其他相关法律的规定，在国家邮政管理部门的指导下，围绕规范市场秩序，健全各项自律性管理制度，制订并组织实施行业职业道德准则，大力推动行业诚信建设，建立完善行业自律性管理约束机制，规范会员行为，协调会员关系，维护公平竞争的市场环境。

三、切实履行好服务企业的宗旨。代表本行业企业的利益，切实为企业服务。掌握国内外行业发展动态，收集、发布行业信息；依照有关规定创办报刊和网站，开展法律、政策、技术、管理、市场等咨询服务；组织人才、技术、管理、法规等培训，帮助会员企业提高素质、增强创新能力、改善经营管理；推广和表彰先进；参与行业资质认证、新技术和新产品鉴定及事故认定等相关工作；受政府委托承办或根据市场和行业发展需要举办交易会、展览会等，为企业开拓市场创造条件。

四、积极帮助企业开拓国际市场。要借鉴国外先进做法，在维护国内产业利益和支持企业参与国际竞争等方面充分发挥作用。要积极组织国内企业开拓国外

① 来源：国家邮政局网站（http：//www.spb.gov.cn/folder108/folder2155/folder2159/2009/02/2009-02-1223919.html）。

市场；建设行业公共服务平台，开展国内外经济技术交流与合作，联系相关国际组织，指导、规范和监督会员企业的对外交往活动；主动参与协调对外贸易争议，应诉、申诉等相关工作。

五、指导各地快递行业协会工作。

115

中国快递协会章程①

第一章　总则

第一条　本团体的名称是：中国快递协会，英文名称：CHINA EXPRESS ASSOCIATION（CEA），缩写：CEA。

第二条　本团体是由提供快递服务的企业，以及与快递服务有关的企业、个人和其他组织自愿结成的行业性的全国性的非营利性的社会组织。

第三条　本团体的宗旨：遵守宪法、法律、法规和国家政策，遵守社会道德风尚；坚持实事求是、注重实效和民主协商的原则；维护会员单位合法权益，提供协会服务；加强快递企业之间、快递企业与其他企业和组织间的交流与合作，提高快递服务和企业内部管理水平；规范会员企业行为，促进快递行业自律，促进快递市场稳定、有序、健康发展；充分发挥全国性行业组织在政府和企业间的桥梁和纽带作用。

第四条　本团体接受登记管理机关中华人民共和国民政部和业务主管单位交通运输部的业务指导和监督管理，同时接受国家邮政局的指导和管理。

第五条　本团体的住所：北京市西城区北礼士路甲8号605室。

第二章　业务范围

第六条　本团体的业务范围：

（一）贯彻落实国家有关的方针政策、法律法规，执行国家政策；督促会员单位遵守国家法律，认真贯彻落实政府主管部门制定颁布的行业发展政策、规划和标准，建立行业自律性运行机制，强化行业自我管理，促进企业公平竞争，行业有序发展。

（二）协调会员企业与消费者、其他组织的关系，向政府部门反映会员的合理意见、建议和正当诉求，维护行业信誉和会员的合法权益。

（三）受政府主管部门委托，开展以下工作：

1. 依据《中华人民共和国邮政法》结合快递服务的特点制定行规行约；

2. 参与与快递服务相关的发展政策、规划、标准和法律法规的制定工作；

① 来源：中国快递协会网站（http：//www.cea.org.cn/kdxh/201310/t20131011_26210.html）。

3. 开展行业服务质量测评、企业等级评定、快递服务标准宣贯、企业资质审核和先进表彰活动。

（四）建立信息渠道，开发信息资源，依照有关规定办好网站和相关刊物，收集整理国内外市场信息和企业经营管理等方面的资料，为会员提供信息交流与服务。

（五）组织会员间的协作与交流，总结推广先进经验，引导企业不断改进服务质量，提高服务水平。

（六）开展学术研究和交流、各类培训、业务考察、会议会展等组织活动；开展法律、政策、技术、管理、市场等咨询服务，提高企业经营管理水平和发展能力。

（七）与其他国家和地区行业组织建立联系并发展友好合作关系，促进国际合作交流。

（八）承担政府有关部门交办和会员委托的其他事项。

第三章　会员

第七条　本团体的会员种类：个人会员和单位会员。

第八条　申请加入本团体的会员，必须具备下列条件：

（一）拥护本团体的章程；

（二）有加入本团体的意愿；

（三）在本团体的业务（行业、学科）领域内具有一定的影响。

第九条　会员入会的程序是：

（一）提交入会申请书；

（二）经理事会讨论通过；

（三）由秘书处办理具体入会手续；

（四）由理事会或理事会授权的机构发给会员证。

第十条　会员享有下列权利：

（一）本团体的选举权、被选举权和表决权；

（二）参加本团体的活动；

（三）获得本团体服务的优先权；

（四）对本团体工作的批评建议权和监督权；

（五）入会自愿，退会自由。

第十一条　会员履行下列义务：

（一）执行本团体的决议；

（二）维护本团体合法权益；

（三）完成本团体交办的工作；

（四）按规定交纳会费；

（五）向本团体反映情况，提供有关资料；

（六）支持并参加本团体组织的各项活动。

第十二条　会员退会应书面通知本团体，并交回会员证。会员如果1年不交纳会费或不参加本团体活动的，视为自动退会。

第十三条　会员如有严重违反本章程的行为，经理事会表决通过，予以除名。

第四章　组织机构和负责人产生、罢免

第十四条　本团体的最高权力机构是会员大会，会员大会的职权是：

（一）制定和修改章程；

（二）选举和罢免理事；

（三）审议理事会的工作报告和财务报告；

（四）制定并修改会费标准；

（五）决定终止事宜；

（六）确定本团体的宗旨、工作方针和目标任务，制定和修改快递服务行规行约；

（七）改变或撤销理事会不适当的决定；

（八）决定其他重大事宜。

第十五条　会员大会须有2/3以上的会员出席方能召开，其决议须经到会会员半数以上表决通过方能生效。

第十六条　会员大会每届4年。因特殊情况需提前或延期换届的，须由理事会表决通过，报业务主管单位审查并经社团登记管理机关批准同意。但延期换届最长不超过1年。

第十七条　理事会是会员大会的执行机构，在闭会期间领导本团体开展日常工作，对会员大会负责。

第十八条　理事会的职权是：

（一）执行会员大会的决议；

（二）选举和罢免会长、副会长、秘书长；

（三）筹备召开会员大会；

（四）向会员大会报告工作和财务状况；

（五）决定会员的吸收或除名；

（六）决定设立办事机构、分支机构、代表机构和实体机构；

（七）决定名誉职务的设定，并通过名誉职务人选；

（八）决定副秘书长、各机构主要负责人的聘任；

（九）领导本团体各机构开展工作；

（十）制定内部管理制度；

（十一）决定其他重大事项。

第十九条 理事会须有 2/3 以上理事出席方能召开，其决议须经到会理事 2/3 以上表决通过方能生效。

第二十条 理事会每年至少召开一次会议。情况特殊的，也可采用通信形式召开。

第二十一条 本团体暂不设常务理事会。

第二十二条 本团体的会长 、副会长 、秘书长必须具备下列条件：

（一）坚持党的路线、方针、政策、政治素质好；

（二）在本团体业务领域内有较大影响；

（三）会长、副会长最高任职年龄不超过 70 周岁；

（四）秘书长最高任职年龄不超过 70 周岁，秘书长为专职；

（五）身体健康，能坚持正常工作；

（六）未受过剥夺政治权利的刑事处罚；

（七）具有完全民事行为能力。

第二十三条 本团体会长 、副会长 、秘书长如超过最高任职年龄的，须经理事会表决通过，报业务主管单位审查并经社团登记管理机关批准同意后，方可任职。

第二十四条 本团体会长 、副会长、秘书长任期 4 年，最长不得超过两届。因特殊情况需延长任期的，须经会员大会 2/3 以上会员表决通过，报业务主管单位审查并经社团登记管理机关批准同意后方可任职。

第二十五条 本团体秘书长为本团体法定代表人，法定代表人代表本团体签署有关重要文件。本团体法定代表人不兼任其他团体的法定代表人。

第二十六条 本团体会长行使下列职权：

（一）召集和主持理事会；

（二）检查会员大会 、理事会的落实情况。

第二十七条 本团体秘书长行使下列职权：

（一）主持办事机构开展日常工作，组织实施年度工作计划；

（二）协调各分支机构、代表机构、实体机构开展工作；

（三）提名副秘书长以及各办事机构、分支机构、代表机构和实体机构主要负责人，交理事会决定；

（四）决定办事机构、代表机构、实体机构专职工作人员的聘用；

（五）负责本团体经费管理；

（六）处理其他日常事务。

第五章　资产管理、使用原则

第二十八条　本团体经费来源：

（一）会费；

（二）捐赠；

（三）政府资助；

（四）在核准的业务范围内开展活动或服务的收入；

（五）利息；

（六）其他合法收入。

第二十九条　本团体按照国家有关规定收取会员会费。

第三十条　本团体经费必须用于本章程规定的业务范围和事业的发展，不得在会员中分配。

第三十一条　本团体建立严格的财务管理制度，保证会计资料合法、真实、准确、完整。

第三十二条　本团体配备具有专业资格的会计人员。会计不得兼任出纳。会计人员必须进行会计核算，实行会计监督。会计人员调动工作或离职时，必须与接管人员办清交接手续。

第三十三条　本团体的资产管理必须执行国家规定的财务管理制度，接受会员大会和财政部门的监督。资产来源属于国家拨款或者社会捐赠、资助的，必须接受审计机关的监督，并将有关情况以适当方式向社会公布。

第三十四条　本团体换届或更换法定代表人之前必须接受社团登记管理机关和业务主管单位组织的财务审计。

第三十五条　本团体的资产，任何单位、个人不得侵占、私分和挪用。

第三十六条　本团体专职工作人员的工资和保险、福利待遇，参照国家对事业单位的有关规定执行。

第六章　章程的修改程序

第三十七条　对本团体章程的修改，须经理事会表决通过后报会员大会审议。

第三十八条　本团体修改的章程，须在会员大会通过后 15 日内，经业务主管单位审查同意，并报社团登记管理机关核准后生效。

第七章　终止程序及终止后的财产处理

第三十九条　本团体完成宗旨或自行解散或由于分立、合并等原因需要注销的，由理事会或常务理事会提出终止动议。

第四十条 本团体终止动议须经会员大会表决通过，并报业务主管单位审查同意。

第四十一条 本团体终止前，须在业务主管单位及有关机关指导下成立清算组织，清理债权债务，处理善后事宜。清算期间，不开展清算以外的活动。

第四十二条 本团体经社团登记管理机关办理注销登记手续后即为终止。

第四十三条 本团体终止后的剩余财产，在业务主管单位和社团登记管理机关的监督下，按照国家有关规定，用于发展与本团体宗旨相关的事业。

第八章 附则

第四十四条 本章程经 2013 年 9 月 26 日中国快递协会第二届第一次会员大会表决通过。

第四十五条 本章程的解释权属本团体的理事会。

第四十六条 本章程自社团登记管理机关核准之日起生效。

二十 附 录

116

附录一　中国快递物流发展大事记

一、2014 年中国快递业十件大事[①]

（一）快递业首次进入政府工作报告

李克强总理两度视察快递网点。2014 年全国两会上，政府工作报告首次提出要推动快递行业的发展。国务院总理李克强指出，要深化流通体制改革，清除妨碍全国统一市场的各种关卡，降低流通成本，促进物流配送、快递业和网络购物发展。充分释放十几亿人口蕴藏的巨大消费潜力。

一年间，李克强总理先后两次深入快递企业实地考察，五次点赞快递业在“搞活流通，拉动内需，增加社会就业”等方面的重要作用，肯定企业发展成绩，鼓励快递行业发展。国家的高度重视与政策的扶持开启了中国快递行业发展的新纪元。

（二）国内包裹市场全面开放

倒逼国内快递转型升级。2014 年 9 月 24 日，国务院总理李克强主持召开国务院常务会议，决定全面开放国内包裹快递市场，对符合许可条件的外资快递企业，按核定业务范围和经营地域发放经营许可。会议强调，要坚持放管结合，确保快递行业有序健康发展。自此我国快递业改革开放迈出重要一步，内外资快递企业将共同参与中国市场竞争，推动快递业成为现代服务业发展的“黑马”。

（三）中国快递迎来“百亿时代”

市场规模跃居全球第一，最高日处理量超 1 亿件。2014 年，全国快递服务企业累计业务量达到 140 亿件，快递业务收入完成 2040 亿元。这是我国快递年业务量首次突破百亿，并跃居世界第一。当年，我国成世界最大网络零售市场，快递服务 3.61 亿网购用户。“双 11”期间，在 11 月 11—16 日 6 天时间里，全行业共处理快件 5.4 亿件，比去年同期增长 56%；最高日处理量首次突破 1 亿件，

① 国家邮政局新闻宣传中心 新华社上海分社（http：//sh.xinhuanet.com/2015 - 03/26/c _134099935.htm）。

达到 1.026 亿件，比去年同期增长 57.8%。截至目前，中国快递业务量已经连续 46 个月保持 50%以上速度增长，成为中国经济转型升级的重要引擎。

（四）邮政业试点“营改增”

新旧税制实现平稳转换。自 2014 年起，邮政服务业被纳入营改增试点。新政策从税收角度对快递业进行了行业划分，快递企业按从事的收派服务与交通运输服务的划分，适用不同的税率。“营改增”试点实施以来，有效减轻了快递企业的税负，做到了“应纳尽纳、应改尽改”，基本实现了新旧税制平稳转换。业内普遍认为，“营改增”的实施，在推动行业转型升级、逐步降低快递税负以及规范财务管理制度三个方面发挥了积极作用。

（五）国家邮政局启动“三向”工程

快递“下乡”“出海”成效显著。2014 年 1 月 6 日，全国邮政管理工作会议提出推动快递企业“向下”“向西”“向外”拓展。快递下乡与西进工程开展以来，农村与中西部地区快递业务发展迅猛。快递服务全国乡镇平均覆盖率大幅度提升，已经接近 50%，全年农村地区包裹数量达到 20 亿个，带动工业品销售下乡 1600 亿元。快递企业在助力广大农民利用网络打开市场、盘活渠道、增加收入等方面开始发挥更大的作用。在国际市场上，跨境快递业务量也创新高，借助“海淘”业务东风，“国家队”积极拓展业务范围和规模，民营企业也在保税区内和海外建仓布点，奋力开拓东南亚、日韩和北美等国际市场，共同开启了快递企业海外发展元年。

（六）国家邮政局加快简政放权

政府改革为快递业释放更多红利。2014 年 2 月 17 日，国家邮政局对快递业务经营许可等现有 9 项审批进行公示，并在 3 月起正式实施快递业务经营许可变更审核流程优化方案，建立“绿色通道”制度等有效措施。同时，国家邮政局审议通过了《经营快递业务的企业分支机构备案管理规定》，将经营快递业务的企业分支机构备案职能下放到省级以下邮政管理机构，并简化了备案流程。政府持续的改革为快递业发展提供更多红利。

（七）首趟电商快递班列开通，快递“大交通”格局初现

2014 年 7 月 1 日凌晨，国内首趟电商班列申通快递沪深线开通，之后，顺丰速运、京东快递等电商专列也相继开通。铁路版图开通北京、上海、广州、深圳四地的 3 对 6 列“电商班列”，改革成果惠及快递业。据了解，电商班列满载一次，运输量相当于 62 辆 9.6 米长的货车，或者 36 架波音 737 的运力，可载约 22 万件快件。继公路、航路运输后，其准时、安全、稳定的特性正在给快递业注入新鲜、强大的活力。我国快递企业的运输方式正在不断创新和优化，大交通体系和多式联运的格局也正逐步形成。

（八）"最美快递员"揭晓

行业正能量感动全社会。2014 年 4 月 29 日，历时一年的"中国梦·邮政情寻找最美快递员"活动揭晓发布会在北京举行，从 154 名被推荐接受公众票选的基层快递员中脱颖而出的 50 名"最美快递员"候选人悉数出席。最终，李元明、艾克帕尔·伊敏等 10 位个人和"顺丰 8 哥"、泸州韵达 2 个团体获得"最美快递员"称号。活动不仅在行业内影响深远，也将社会的目光更多地聚焦到快递领域，传播了行业正能量。

（九）电商巨头接连上市

快递成重要推动力。2014 年 5 月和 9 月，京东集团和阿里巴巴分别在美国纳斯达克与纽交所挂牌上市。分析人士认为，京东集团和阿里巴巴能成功上市，近年来电子商务及快递物流业高速发展是其重要推动力。美国《洛杉矶时报》在评价阿里巴巴的上市时表示，如果中国在过去的 10 年里没有形成 8000 多家快递公司，阿里巴巴绝对不可能达到今天的规模。就在此前的 6 月 12 日，阿里巴巴与中国邮政集团公司签署战略合作框架协议，宣布在物流、电商、信息安全等领域开展深度合作，合力建设中国智能物流骨干网。

（十）快递助力 O2O 等新兴消费

"最后一公里"成竞逐热点。在移动互联思维冲击传统行业观念，把互联网作为工具、平台、思维乃至战略对接的 O2O 时代已经来临。快递"最后一公里"也从快递服务的一个环节，逐渐演变成一个服务于本地生活的全新生态圈。智能快件箱、校园共同配送、社区 O2O 门店、第三方代收平台竞相角逐这个千亿级别的新市场，有诱惑，更具挑战。

二、2011 年中国快递领域十大事件

"2011 年中国快递领域十大事件"评选活动由《快递》杂志发起，在活动期间，该刊编委、广大读者通过问卷调查、传真、邮件、微博等方式积极参与了互动评选，结果如下①：

（一）快递服务被纳入国家鼓励发展产业

2011 年 3 月 27 日，国家发改委发布新修订的《产业结构调整指导目录（2011 年本）》，包括快递服务在内的邮政业被纳入国家鼓励发展的产业目录。作为政府引导投资方向，管理投资项目，制定和实施财税、金融、土地、进出口等政策的重要依据，新目录全面反映了结构调整和产业升级的方向内容，更加注重战略性新兴产业发展、自主创新以及对推动服务业大发展的支持，对于推动产业

① 国家邮政局网站（2012 中国快递论坛专页、http://www.spb.gov.cn/folder108/folder2622/folder2628/2012/05/2012-05-28108326.html）。

结构调整和优化升级，完善和发展现代产业体系有重要的指导作用。

（二）《邮政业发展“十二五”规划》及专项子规划《快递服务“十二五”规划》相继审议通过

2011 年 6 月 28 日，国家邮政局党组会议原则审议通过《邮政业发展“十二五”规划》。《规划》指出，到 2015 年，邮政业业务收入比“十一五”末翻一番，达到 2580 亿元，年均增长 15%。12 月 20 日，作为专项子规划的《快递服务“十二五”规划》在国家邮政局第 111 次局长办公会上获得原则审议通过，它是邮政业“十二五”规划体系的重要组成部分，将成为“十二五”时期推动我国快递服务跨越式发展的重要指导性文件。

（三）中国已成全球第三大快递市场

2011 年 11 月 22 日，国家邮政局局长马军胜在首届中国快递论坛上宣布：在较短的时间里，我国快递市场成长为增长速度最快、发展潜力最大的新兴市场，市场规模仅次于美国和日本，排名世界第三位。邮政体制改革后的五年，快递发展迅猛，业务量年均增长率高达 27.23%，业务总量五年翻了一番半，日均处理量从 300 万件增长到 1300 万件。目前，我国依法取得快递业务经营许可证的企业超过 6800 家，营业网点达到 6.4 万处，快递从业人员已经超过 70 万。快递网络正由东部向西部、城市向郊区迅速扩展。

（四）单月快递业务收入首次突破 70 亿元

国家邮政局发布的《邮政行业运行情况》显示，2011 年前三季度，邮政业继续保持平稳快速发展态势，快递业务量同比增速不断提高，业务量完成 25.2 亿件，已经超过去年全年（23.4 亿件）；单月快递业务收入首次突破 70 亿元。前三季度，快递业务发展呈现出总体增势强劲、异地业务涨势显著、国际业务增势放缓、全国均衡快速增长、三大地区市场份额趋稳等特点。

（五）六家快递企业进入“百万俱乐部”

2011 年，伴随着电子商务的迅猛发展，中国快递企业保持了高歌猛进的强劲发展态势。截至目前，邮政速递、顺丰速运、申通快递、圆通速递、韵达快运、中通速递六家快递企业日处理能力超过 100 万件，进入“百万俱乐部”。

（六）中国邮政集团公司首次进入世界 500 强，其子公司中国邮政速递物流股份有限公司上市进程备受关注

2011 年 7 月 7 日，《财富》中文网发布了 2011 年《财富》世界 500 强企业最新排名。中国邮政集团公司以 280.94 亿美元的营业收入，13.07 亿美元的利润荣列世界 500 强第 343 位。至此，世界 500 强企业名录中，中国公司上榜数量达到 69 家，超过日本，仅次于美国。此事件对中国邮政集团公司子公司——中国邮政速递物流股份有限公司上市进程而言，是一个利好消息。2010 年 6 月 29 日，中国邮政速递物流股份有限公司正式揭牌，拉开邮政速递物流业务重组改制序

幕。今年以来，中国邮政速递物流股份有限公司上市进入了冲刺准备阶段。

（七）首届中国快递论坛召开

2011 年 11 月 22 日，首届中国快递论坛在北京召开。来自政府、企业、行业组织、研究机构等领域的 200 余名代表参加了论坛。与会代表围绕推动“十二五”期间快递服务科学发展，落实国家邮政局关于推动快递服务转型升级、做大做强的要求，增进快递企业与行业管理部门、相关院校和研究机构之间的沟通交流。研讨快递企业如何把握加快转变经济发展方式的主攻方向，把科技进步和业务创新作为重要支撑，深化体制、机制改革，加速结构调整产业升级等问题。

（八）《快递企业等级评定管理办法（试行）》及实施细则公布

2011 年 8 月 30 日，国家邮政局印发《快递企业等级评定管理办法（试行）》。11 月 1 日，中国快递协会据此制定的《快递企业等级评定实施细则》也正式与公众见面。快递企业广为关注的等级评定“游戏规则”浮出水面。《办法》及实施细则的发布，对于加快快递企业改革创新、转型升级，加强企业服务诚信体系建设，确保快递服务又好又快发展具有积极意义。

（九）快递企业兼并重组指导意见出台

2011 年 6 月 17 日，国家邮政局发布《关于快递企业兼并重组的指导意见》。《意见》鼓励快递企业行业内以及跨行业、跨地区、跨所有制的企业兼并重组，旨在五年内培育出一批年收入超百亿的快递企业。中小快递企业面临洗牌，民营中小型企业互相联合，以及跨行业纵向发展将成为未来兼并重组的趋势。

（十）快递企业积极应对“双 11”网购大促销，电商快递如何协同发展成焦点

2011 年 11 月 11 日，以淘宝商城、京东商城、凡客诚品等为代表的电商开展“世纪光棍节”网购大促销活动。“光棍节”当天，仅淘宝商城和淘宝网，总交易额突破 52 亿元，产生订单突破 2000 万单。全行业增加近 4 万名快递员、6000 名分拣人员，超过 340 辆干线班车积极应对“双 11”网购促销活动带来的业务高峰。快递企业是被动应对，还是主动利用价格机制调节市场供给？电商快递如何协同发展成为各界关注焦点。

117

附录二 中国快递发展指数首次发布①

在2015年3月26日召开的2015中国快递论坛上，国家邮政局首次发布了中国快递发展指数。2014年中国快递发展指数达到282.4，比上年增长70.8，2010—2014年中国快递发展指数年均增速29.6%。这显示我国快递业保持了持续快速发展的良好态势，行业服务能力、服务水平稳步提高，普及范围进一步扩展，社会影响力全面提升。

中国快递发展指数（China Express Development Index，简称CEDI）是基于中国快递发展的基本特征、规律，对一定时期中国快递发展程度的量化评价，以2010年为基期，基期指数设定为100。中国快递发展指数指标体系包括发展规模、服务质量、发展普及和发展趋势四个方面，共11个指标，数据来源为国家邮政局和国家统计局。该指标体系在广泛征求业内外专家意见基础上由国家邮政局发展研究中心研究建立，并据此对我国快递发展状况进行测算，以全面反映行业发展水平，体现行业运行变化，昭示行业未来发展态势。

指数显示，我国快递发展规模快速增长。我国快递进入高速增长期，市场需求强劲，业务量和业务收入规模屡创新高，2014年我国已成为全球第一快递大国。2014年发展规模指数为510.0，比2013年提高168.3。2010—2014年发展规模指数年均增速50.3%，是同期国内生产总值增速的6倍以上。

服务质量稳中向好。我国快递经历规模高速增长后面临着从快递大国向快递强国的转变，在发展中提质增效是快递业的趋向，几年来快递服务质量不断改善。2014年服务质量指数为89.2，比2013年增长1.5。2010—2014年我国快递在业务量高位增长的情况下服务质量相对稳定，在88上下波动。

发展普及保持增长。随着快递服务网络的拓展和服务能力的增强，快递在服务社会经济和普惠民生方面的作用日益显现。2014年发展普及指数为205.4，比2013年增长24。2010—2014年发展普及指数年均增速为19.7%，尤其是近两年的网络普及明显加快。

发展趋势趋于稳定。我国快递市场潜力巨大，发展空间广阔，快递业继续保持高速增长态势，但增长速度趋于稳定。2014年发展趋势指数为148.4，与2013年持平。2010—2014年发展趋势指数增速在经历2年快速提升后趋于平稳。

① 国家邮政局网站（http：//www.spb.gov.cn/zxzb/2015kdlt/ltyw/201503/t20150326_438850.html）。

2010—2014 年中国快递发展指数

年份	中国快递发展指数	发展规模指数	服务质量指数	发展普及指数	发展趋势指数
2010	100.0	100.0	100.0	100.0	100.0
2011	119.8	147.9	88.7	115.2	115.4
2012	156.2	221.7	85.6	139.9	151.9
2013	211.6	341.7	87.7	181.4	148.4
2014	282.4	510.0	89.2	205.4	148.4

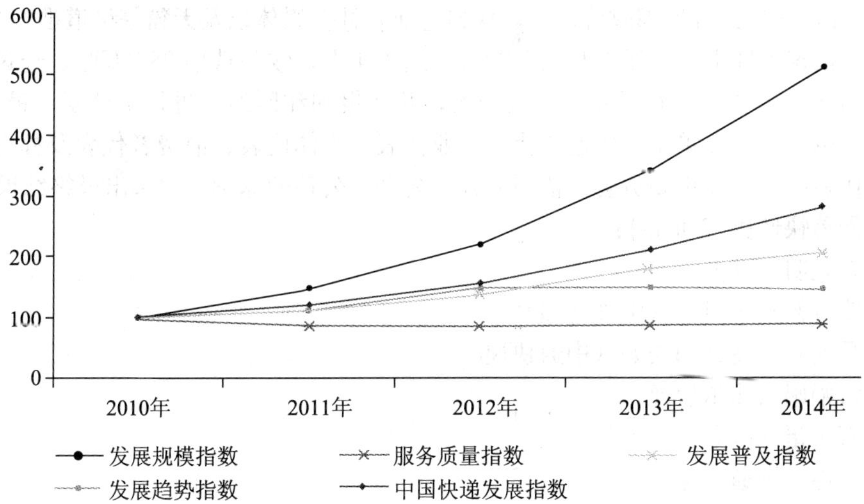

2010—2014 年中国快递发展指数

附录三　中国梦·邮政情——“最美快递员”

1. 中国梦·邮政情“最美快递员”①

“寻找最美快递员”活动由国家邮政局精神文明建设指导委员会办公室主办、国家邮政局新闻宣传中心承办、中国快递协会协办、北京福田戴姆勒汽车有限公司公益支持。活动开展一年以来，社会各界高度关注，广泛参与。截至 2014 年 3 月 31 日，共收到各地邮政管理局、快递企业、社会媒体以及天猫等渠道推荐 200 余人，根据条件筛选上线参与网上投票评选 154 人，收到选票 286 万张。经过票选和初评，50 人入围最美快递员候选人，并在报刊和网站上进行了公示。最终，由承办单位、协办单位、快递协会、企业代表、媒体代表、消费者代表及社会监督员代表组成的评审委员会，依照公开、公平、公正的原则，评选出最终结果。

最美快递员（10 名）：

李元明（百世汇通）

艾克帕尔·伊敏（中邮速递）

马朝立、高红娟夫妇（中通快递）

雷娟娟（速尔快递）

石头蛋（国通快递）

张锦（圆通速递）

郭伟聪（中外运敦豪）

王光成（申通快递）

姜红伟（中邮速递）

葛明洋（申通快递）

最美快递员团队（2 个）：

李顺辉、谢明、刘明俊、卢新宇、杨文求、葛伟国、姚腾飞、娄国兵（顺丰速运）

吕寒、刘炼、陈泸、石松、冯东（韵达快递）

① 据国家邮政局网站（http://www.spb.gov.cn/dtxx_15079/201404/t20140429_313076.html）资料整理。

2. “寻找最美快递员活动”评审委员会的推荐词①

（1）最美快递员（10 名）

◆ 李元明（百世汇通、上海）

一份职业就是一份责任：他是上海金桥站点年纪最长的员工。他双脚带有残疾，行动会比常人辛苦很多，但他从不会因为身体缺陷降低对自己的要求。他每天派件 200 多件，每月派件 7000 余件，从没丢失过快件。主管对他的评价是：“只要是交给老李的快件，就可以百分之百放心。”在去年底阿里巴巴举办的“明星快递员”活动中，两个月里共有上千位网购消费者为他点赞。

◆ 艾克帕尔·伊敏（中邮、新疆）

30 年无差错：他是新疆邮政速递物流乌鲁木齐分公司的一名揽投员，55 岁，工作 30 年，投送各类邮件 3000 余万件；他认真对待每一位用户，准确投递每一份邮件，30 年无一例差错；他获得的荣誉不计其数，但他依然兢兢业业，勤奋耕耘。他用自己的行动，诠释了诚实守信的行业精神，彰显了一个普通快递员的职业道德力量，更表现出一名共产党员对事业的忠贞不渝。

◆ 马朝立、高红娟夫妇（中通、河南）

8 年，追逐我们的快递梦：8 年前，因为工伤失去左小腿的马朝立，接触并且爱上了快递；5 年前，借钱租了一个 20 平方米的小门面，他和身体同样有恙的妻子一起成立了中通快递鹤壁分公司。从开始的每天 30 件到现在的每天 3000 件，他用诚信、速度和周到，赢得了客户的支持。他说：“我热爱这个行业，在服务社会的同时，我也收获了很多。不管怎样，我都会坚持干下去！”

◆ 雷娟娟（速尔、江苏）

巾帼不让须眉的快递“女战士”：在大家认为的这个专属于男人的战场里，她是一位巾帼不让须眉的“女战士”。她在速尔分拨中心最为艰苦的干线车分拨区，她主动挑战最困难的干线组，她在同组的男同事觉得货多很累时说：“只要闷头工作，心无旁骛，货物就会很快变少。”她的拼搏精神带动着其他同事，她对未来有着自己的计划，“将错扫率从 5000 票错 4～5 票降至 0 票。”

◆ 石头蛋（国通、安徽）

会发光的“石头蛋”：他是国通快递安徽阜阳网点的一名普通快递员，收入不高，但是十年间，他捐出去三四十万元。他资助了两名尿毒症患者，他帮助多名学生完成学业，他热心助人的事迹不胜枚举，却从没人知道他的原名。每次他捐出来的钱都很旧、很零散，但每一分钱都是他辛苦做快递的收入。他说：“我只是做了应该做的，真的不算什么，我很普通，就叫我‘石头蛋’吧。”

① 据国家邮政局网站（http：//www.spb.gov.cn/zxzb/zmkdy/）资料整理。

◆ 张锦（圆通、江苏）

“诚信，是我做人的底线”：2010 年，一场突如其来的大火，烧光了仓库里的快件，面对 11 万元的赔偿，他没有退缩，用两个月时间，逐家上门道歉赔偿。他不仅四处举债，还推迟了婚期。他说：“我还年轻，钱没了，以后有大量的机会再去挣。丢掉了良心，就丢掉了做人的底线。”诚信也让他获得了客户的信任，通过老客户不断地推荐新客户，他的事业发展也有了新天地。

◆ 郭伟聪（中外运敦豪、广东）

五万票快件背后的零差错率：他是 DHL 东莞分公司的一名普通快递员，3 年来，他共成功收派快件 5 万票，无一延误、错派，收派准确率达到 100%，被公司人员称为“虎门鸿雁”。他克服种种困难，练就了一双灵巧的手，收派和操作快件效率在站点永远都是第一。他所负责的区域业务种类也得到了均衡发展，业务量稳中有升。整个团队的客户满意度及忠诚度不断提升。

◆ 王光成（申通、安徽）

“即便一年工资没了，也要找到所有失主”：电动三轮车连同 20 多件快件一起丢失，他挨家挨户逐一道歉赔偿，他说：“即便一年工资没了，也要找到所有失主”。他被评选为“中国好人”，备受媒体和社会的赞扬，但他依然和平常一样，勤勉工作、热心助人、认真生活。他始终以客户为中心，时刻把客户利益放在首位，他相信诚信是命脉，如同一颗种子，它发出的力，超越一切。

◆ 姜红伟（中邮、湖北）

“人好，服务也杠杠的”：去年 6 月 29 日傍晚，一对母女不慎落水。他纵身跳入水中，救出了这对母女，之后却悄然而去。直到媒体报道，大家才知道他的事迹。几年前，一场车祸夺去了他妻子的生命，有一处钢板仍在他脚踝上。但这丝毫不影响他的工作。7 月 4 日，公司送来 5000 元“见义勇为奖金”，他坚决不要。客户在网上挺他：“这个快递大叔，人好，服务也杠杠的！”

◆ 葛明洋（申通、北京）

“天堂里的最美快递员”：在北京气温已降至零下的 2013 年 12 月 7 日，葛明洋和往常一样投揽快件。下午 1 点左右，他刚取出两件快件准备派送，突然听到了呼救声。他跑到池塘边，发现没法拽到落水儿童，顾不上脱下棉服棉鞋，就跳进了冰冷刺骨的池塘，营救过程中不幸遇难，一个勤勉认真的年轻快递员就这样离开了我们。生命无价，精神永恒。

（2）最美快递员团队（2 个）：

◆ 李顺辉、谢明、刘明俊、卢新宇、杨文求、葛伟国、姚腾飞、娄国兵（顺丰速运、浙江）团队

快在瞬间递回生命：2013 年 6 月 20 日 11 时许，两岁半女童从 5 楼坠下。事发时，附近的 8 名顺丰速运浙江宁海分公司快递员没有丝毫犹豫，同时抢上前

去，将坠楼女童稳稳接住。瞬间强大的冲击力导致一名快递员脖子受伤，一名快递员手臂拉伤。小女孩有惊无险，安然无恙；快递哥“一夜成名”却安于平凡。他们的身影，已经如往常一样融入到了正常的工作当中。

◆ 吕寒、刘炼、陈泸、石松、冯东（韵达快递、四川）团队

“我们是来抗震救灾的”：他们，是到达雅安地震震中的第一支民间救援力量，在灾区的6天7夜里，他们冒着不断发生余震和从山上滚落巨石的危险，先后把6车赈灾物资送到受灾最严重的地区。他们说：“就是爬，也要把吃的喝的再给送上来!”他们的手机里，都有一条未发出的短信：“我们是来抗震救灾的，不是来添麻烦的。如果我们有意外，不许给政府添任何麻烦。”

3. 部长会见“最美快递员”①

2014年4月29日下午，交通运输部党组书记、部长杨传堂会见“最美快递员”当选者，深情地称他们是“连接用户的桥梁、传递美好的天使”，勉励他们珍惜荣誉、谦虚谨慎，为快递业发展作出新的贡献。部党组成员、国家邮政局局长马军胜，国家邮政局纪检组长解畅参加会见。

杨传堂表示，当选的快递员中既有爱岗敬业、勇于创新的业务骨干，也有诚实守信、见义勇为的时代英雄，还有助人为乐、热心公益的道德模范，生动体现了社会主义核心价值观的内涵，准确诠释了交通运输和邮政行业的核心价值理念，全面展示了邮政人、快递人的时代风采和精神风貌。

杨传堂指出，快递企业必须进一步加强企业文化建设、精神文明建设和核心价值体系建设，提升企业软实力、发展原动力和核心竞争力。希望全行业以“最美快递员”为榜样，坚持守法经营、诚信服务，增加企业的无形资产，扩大企业美誉度，树立行业良好的社会形象；大力开展文明单位、文明窗口、青年文明号等创建活动，营造开拓创新、崇尚先进、奋勇争先的创业兴业氛围；自觉承担社会责任，充分发挥先进典型的示范、辐射作用，影响和带动全体快递从业人员，立足本职、无私奉献、传递美好、回馈社会。

① 据国家邮政局网站（http://www.spb.gov.cn/dtxx_15079/201404/t20140430_313430.html）资料整理。

119

附录四　中国快递论坛

一、2015 中国快递论坛[①]

2015 年 3 月 26 日，2015 中国快递论坛在上海召开。本届论坛聚焦“全面开放下的中国快递业转型升级”，首次发布了中国快递发展指数，揭晓了 2014 年中国快递业十件大事，并启动了《2015 中国快递业蓝皮书》项目。国家邮政局局长马军胜、新华社副社长慎海雄、上海市副市长蒋卓庆、中国快递协会会长高宏峰等出席论坛并致辞。

马军胜在致辞中指出，国家实施“十二五”规划以来，中国快递业抓住邮政体制改革的重大机遇，与迅猛发展的电子商务携手共进，行业发生巨大变化。去年快递量达到 140 亿件，问鼎世界第一，已连续 4 年实现了年均增幅超过 50%的速度。快递业已经成为关系百姓民生、服务生产生活、优化结构调整、点燃消费激情、促进社会公平的重要力量。中国快递业发展的春天真正到来了，面对国家、人民、总理对行业“红红火火”的热切期盼，全行业要从四个方面把握时代脉搏，搭上时代快车，应势而动、顺势而为，确保立业有基，兴业有本，治业有序。

一是以“协同发展，红红火火”为愿景，稳速不减势。搞好快递与电子商务协同发展，紧密上下游环节间衔接，进一步巩固提升合作模式；继续推进“快递下乡”工程，做好农村网购这篇文章，在助力农产品进城、促进城乡流通、缩小城乡差距等方面发挥更大作用；进一步扩大“向外”成果，提升跨境电商服务品质，抓住机遇，加快“走出去”的步伐，合理规划国际布局，拓展国际市场。

二是以“大众创业，万众创新”为动力，扩量优服务。以“互联网＋”为契机，抓紧配套实施“快递＋”战略，引导市场主体细化产品层次、延长服务链条、提高附加价值；以“线上线下新兴消费”为依托，挖掘新兴市场需求，拓展“最后一公里”服务范畴，打造多元化、差异化、个性化的末端服务体系，不断融入新业态和新模式，推动行业实现中高速增长发展和迈进中高端水平“双目标”。

三是以“科学发展，转型升级”为指引，提质更增效。充分发挥中国快递发展指数的风向标作用，科学评估行业发展状况，为政府宏观决策提供参考，为市

① 国家邮政局网站（http：//www.spb.gov.cn/zxzb/2015kdlt/ltyw/201503/t20150326＿438851.html)。

场主体经营管理提供引导；积极推进市场主体分等分级管理，引导企业提质增效改善服务；大力提升信息化、智能化、标准化水平，推动现代信息技术与服务和管理全面融合，加快移动互联网与快递的深度融合，尽快普及提升快递 APP 等技术。

四是以“公平竞争，诚信共赢”为业魂，强体更固本。要厚植诚信意识、自律诚信行为、争当诚信标杆，为全社会共同营造一个公平竞争、诚实守信的市场环境和消费环境。刚刚过去的“3·15”，国内 15 家骨干快递企业首次联合发出“诚信宣言”，并联合公布投诉和监督电话，这是我们行业诚信为本的良好开端，也是行业永无止境的服务承诺。

论坛上，来自商务部、中央网信办、国家邮政局、上海海关等部门的专家和国内外快递企业、关联企业的负责人就行业发展前沿问题和对策发表了主旨演讲。与会嘉宾还就新形势下中国快递业如何以改革创新促进转型升级、全面开放下政府与市场的角色定位、新兴互联网技术对快递业发展的影响、快递电商的联动及与交通运输体系的对接、自贸试验区带来的快递新机遇、中国的快递业巨头如何诞生等问题展开讨论。

本届论坛由国家邮政局、新华社、上海市人民政府指导，中国快递协会、新华社新媒体中心、新华社上海分社、国家邮政局新闻宣传中心承办，上海市青浦区人民政府支持。

二、2012 中国快递论坛①

主题：提升质量 服务民生

时间：2012 年 5 月 29 日

地点：北京国际会议中心

内容：为了推动快递服务的不断创新和可持续发展，中国快递协会、《快递》杂志、国家邮政局发展研究中心联合主办“2012 中国快递论坛”。论坛主题是“提升质量 服务民生”，将就现代快递服务的研究最新进展和发展趋势开展深入、广泛的学术交流，并特邀著名专家，学者作专题演讲，来自相关部委、院校、协会、快递企业和关联企业的 300 多位嘉宾参加。

论坛特别邀请了来自发改委、公安部、交通运输部、商务部、海关总署等部委的嘉宾；邀请了工信部电信规划研究院、邮政科学规划研究院、中国邮政集团上海研究院、暨南大学等相关院校的专家、教授；还邀请了中国消费者协会、中国交通运输协会、中国电子商务协会、中国航空运输协会、中国直邮协会等相关协会和企业嘉宾参加此次论坛，热议发展，共襄未来。

① 国家邮政局网站（http：//www.spb.gov.cn/folder108/folder2622/）。

时　间	演讲题目	邀请嘉宾	主持人
09：00—09：10	开幕式致辞	国家邮政局局长　马军胜	
09：10—09：30	综合交通运输体系建设与快递发展	国家发展和改革委员会基础产业司副司长　吴晓	
09：30—09：50	世贸组织快递服务谈判及中国快递国际化发展	商务部世界贸易组织司副司长　洪晓东	韩瑞林
09：50—10：10	提高服务水平　促进快递行业健康发展	国家邮政局市场监管司副司长　王丰	
10：10—10：25		茶　歇	
10：25—10：40	邮政速递物流提升服务质量的实践与展望	中国邮政速递物流股份有限公司副总裁　马占红	
10：40—10：55	持续优化流程 提升服务感知	顺丰速运（集团）有限公司副总裁　李东起	
10：55—11：10	转型升级 创新发展 全面提升服务品质	上海圆通速递有限公司副总裁　王金龙	钟奇志
11：10—11：25	抓全面服务管理 促企业核心竞争力	Fedex—联邦快递　亚太区国际事务副总裁　杜维伦	
13：30—13：50	消费维权与快递业发展	消费者协会副秘书长　董祝礼	
13：50—14：10	电子商务与快递	电子商务协会副秘书长　袁登科	
14：10—14：30	促进航空运输与快递服务协同发展	中国航空运输协会市场研究部部长　朱庆宇	
14：30—14：50	通过改善服务质量　促进快递业健康发展	中邮集团上海研究院院长周焕德	焦　铮
14：50—15：10	中国快递业与制造业联动发展探索	暨南大学　副教授　唐玉华	
15：10—15：30	影响国内快递服务质量的深层次原因与对策	快递物流咨询网首席顾问　徐勇	
15：30—15：45		茶　歇	

续　表

时　间	演讲题目	邀请嘉宾	主持人
互动专场 1			
15：45—16：25	讨论专题一： 针对大会主题“提升质量·服务民生”进行交流讨论	对话嘉宾： 陶伯刚、EMS、顺丰、Fedex、UPS、宅急送、海航天天、北京福田	王宝华
互动专场 2			
16：30—17：10	讨论专题二： 快递企业与电子商务	对话嘉宾： 淘宝、圆通、申通、韵达、中通、百世汇通	邵钟林
17：10—17：20	闭幕式致辞	国家邮	

三、2011 中国快递论坛

主题：改革创新 转型升级

时间：2011 年 11 月 22 日

地点：北京国际饭店

内容：推动“十二五”期间快递服务科学发展，落实国家邮政局关于推动快递服务转型升级、做大做强的要求，增进快递企业与行业管理部门、相关院校和研究机构之间的沟通交流。研讨快递企业如何把握加快转变经济发展方式的主攻方向，把科技进步和业务创新作为重要支撑，深化体制、机制改革，加速结构调整产业升级等问题。

时　间	演讲题目	邀请嘉宾	主持人
上　午			
09：00—09：10	开幕式致辞	马军胜　国家邮政局局长	林洪亮
09：10—09：25	邮政速递物流的创新转型实践	马占红　中国邮政速递物流公司副总经理	
09：25—09：40	实现产业对接，促进行业差异化发展	黄　伟　顺丰速运公司副总裁	
09：40—10：00	快递行业中流动性和可持续性技术	Curtis Rousseau　UPS 亚太区副总裁	
10：00—10：20	中国国际快递市场展望	Sean Wall DHL　董事副总经理	

续 表

时 间	演讲题目	邀请嘉宾	主持人
10：20—10：35	茶 歇		
10：35—10：50	快递业发展十大趋势	达 瓦 中国快递协会副会长兼秘书长	沙 迪
10：50—11：05	“积聚优势 调整结构”—提升快递业核心竞争力	袁 岳 零点研究咨询集团董事长	
11：05—11：20	淘宝与快递业的健康发展	张 勇 淘宝商城总裁	
11：20—11：35	电子商务与快递行业联动发展的展望	汤亦珩 亿贝公司亚太地区物流总经理	
下 午			
13：30—13：45	电子商务“十二五”发展规划和快递发展	徐 愈 工业和信息化部信息化推进司司长	沙 迪
13：45—14：00	交通运输“十二五”发展规划和快递发展	刘占山 交通运输部综合规划司综合运输规划处处长	
14：00—14：15	中国民航“十二五”规划与货运发展	姚津津 中国民航科学技术研究院发展规划室主任	
14：15—14：30	我国快递行业发展面临的挑战与转型升级的途径	焦 铮 国家邮政局发展研究中心副主任	
14：30—14：45	快递业在中国制造业转型升级中的作用	张 捷 暨南大学经济学院院长	
14：45—15：00	中国快递业代收货款业务问题及发展模式参考	杨长春 对外经贸大学研究生部主任	
15：00—15：10	茶 歇		
15：10—16：20	互动专场一 讨论专题：快递服务的创新和多元化，如何服务生产和服务民生	对话嘉宾：韩瑞林、陶伯刚、马占红、陈显宝、徐 勇、周焕德、付建国	邵钟林
16：20—17：30	互动专场二 讨论专题：快递企业经营管理模式创新和兼并重组	对话嘉宾：杨世忠、金京华、陈德军、喻渭蛟、聂腾云、赖梅松、陆国荣、张秉蔚、李俊松	
	闭幕式致辞	达 瓦 中国快递协会副会长兼秘书长	

120

附录五　快递市场监管报告

◆2013 年度快递市场监管报告

http：//www.spb.gov.cn/scjg/kdscjg/tgtz/201406/P020140613331570860169.pdf

◆2012 年度快递市场监管报告

http：//www.spb.gov.cn/scjg/kdscjg/tgtz/201307/P020130730548485807905.pdf

◆2011 年度快递市场监管报告

http：//www.spb.gov.cn/ftp/20120713.pdf

◆2011 年度快递市场监管报告

http：//www.spb.gov.cn/liv _ loadfile/folder92/fold2/1308713569 _ 55379200.pdf

◆2010 年度快递市场监管报告

http：//www.spb.gov.cn/liv _ loadfile/folder92/fold2/1308713569 _ 55379200.pdf

121

附录六 现行邮政业标准发布目录

2013 年 3 月 18 日

序号	标准类别	标准号	标准名称	发布年代	备注
1	国家标准	GB/T 28582—2012	快递运单	2012	
2		GB/T 27917.1—2011	快递服务 第 1 部分：基本术语	2011	
3		GB/T 27917.2—2011	快递服务 第 2 部分：组织要求	2011	
4		GB/T 27917.3—2011	快递服务 第 3 部分：服务环节	2011	
5		GB/T 10757—2011	邮政业术语	2011	
6		GB/T 22657.2—2011	邮件封面书写规范 第 2 部分：国际	2011	
7		GB 50631—2010	住宅信报箱工程技术规范	2010	
8		GB/T 16606.1—2009	快递封装用品 第 1 部分：封套	2009	
9		GB/T 16606.2—2009	快递封装用品 第 2 部分：包装箱	2009	
10		GB/T 16606.3—2009	快递封装用品 第 3 部分：包装袋	2009	
11		GB/T 24295—2009	住宅信报箱	2009	
12		GB/T 22585—2008	透明窗口信封	2008	
13		GB/T 22657.1—2008	邮件封面书写规范第 1 部分：国内	2008	
14		GB/T 20164—2006	传染病爆发流行期间疫区邮件及处理系统预防控制规范	2006	
15		GB/T 1416—2003	信封	2003	正在制订修订单
16	邮政行业标准	YZ/T 0131—2013	快件跟踪查询信息服务规范	2013	
17		YZ/T 0130—2012	快递服务与电子商务信息交换标准化指南	2012	

续　表

序号	标准类别	标准号	标准名称	发布年代	备注
18		YZ/T 0129—2009	邮政普遍服务	2009	
19		YZ/T 0093.2—2005	邮件包装箱 第2部分：国际	2005	
20		YZ/Z 0054.1—2005	机要专用封装用品 第1部分：机要信封	2005	
21		YZ/Z 0054.2—2005	机要专用封装用品 第2部分：机要包装箱	2005	
22		YZ/Z 0054.3—2005	机要专用封装用品 第3部分：机要包装袋	2005	
23		YZ/T 0088.1—2004	专用信封 第1部分：首日封和纪念封	2004	
24		YZ/T 0088.4—2004	专用信封 第4部分：保价信封	2004	
25		YZ/T 0088.6—2004	专用信封 第6部分：邮资信封	2004	
26		YZ/T 0089.1—2004	明信片 第1部分：国内	2004	
27		YZ/T 0102—2004	信卡	2004	
28		YZ/T 0104—2004	国内邮政包裹详情单	2004	
29		YZ/T 0105—2004	挂式邮政信箱	2004	正在制订国标
30		YZ/Z 0050—2004	异形邮资明信片	2004	
31		YZ/T 0093.1—2003	邮件包装箱 第1部分：国内	2003	
32		YZ/T 0094.1—2003	邮件包装袋 第1部分：气垫膜包装袋	2003	
33		YZ/T 0094.2—2003	邮件包装袋 第2部分：塑料编织布包装袋	2003	
34		YZ/T 0005.3—2002	邮政业务词汇 第8部分：邮资票品发行与集邮	2002	
35		YZ/T 0067—2002	信筒	2002	正在制订国标
36		YZ/T 0041—2001	信封模板	2001	

续 表

序号	标准类别	标准号	标准名称	发布年代	备注
37		YZ/T 005.2—2001	邮政业务词汇 第1部分：基本概念	2001	
38		YZ/T 0047—2001	邮政特快专递详情单	2001	
39		YZ/T 0003—2000	国际明信片	2000	
40		YZ/T 0005.1—2000	邮政业务词汇 特快专递部分	2000	
41		YZ/T 0024—2000	邮资机技术条件	2000	
42		YZ/T 0016—2000	邮政业务用航空公司代码	2000	
43		YZ/T 0017—2000	邮政业务用机场代码	2000	
44		YZ/T 0008—2000	邮政营业电子秤准确度等级	2000	
45		YZ/T 0009—2000	包裹收寄电子秤	2000	
46	邮电行业标准	YD/T 955—1998	邮简	1998	
47		YD/T 956—1998	贺卡信封	1998	
48		YD/T 556—1997	国际包裹五联单	1997	
49		YD/T 574—1997	邮电日戳技术条件	1997	
50		YD/T 919.2—1997	邮件封面书写规范 国际信函	1997	正在制订国标
51		YD/T 775—1996	信封检测方法	1996	
52		YD/T 776—1996	信封色度检测仪	1996	
53		YD/T 845—1996	邮件处理中心噪声测量方法与噪声限制值	1996	
54		YD/T 861—1996	邮政印刷品包装袋	1996	

资料来源：国家邮政局网站（http：//www.spb.gov.cn/folder2/folder16/folder22/folder24/2013/03/2013-03-186361.html）。

122

附录七　国家邮政业突发事件应急预案

国邮发〔2009〕60 号

第一章　总则

1.1　编制目的

建立健全国家邮政业突发事件应急工作机制，提高应对邮政业突发事件能力，最大限度地预防和减少邮政业突发事件及其造成的损害，满足邮政业突发事件预防和处置工作的需要，确保邮政通信的安全畅通。

1.2　编制依据

《中华人民共和国突发事件应对法》、《中华人民共和国邮政法》、《中华人民共和国邮政法实施细则》和《国家突发公共事件总体应急预案》等有关规定。

1.3　适用范围

本预案适用于我国邮政业突发事件的预防预警和应急处置工作。

1.4　事件分类

本预案所称邮政业突发事件，是指邮政业突然发生的网路运行故障、安全生产事故、通信中断或瘫痪等威胁通信安全畅通的事件。

邮政业突发事件按照其发生过程、性质和机理，主要分为以下四类：

（1）因水雪及其他气象灾害、地震灾害、地质灾害等引起的人员伤亡、大量邮件或快件积压、丢失或损毁，财产损失，邮政信息系统瘫痪、邮政通信中断。

（2）因各类安全事故、运输设备灾难，生产设施和设备事故、环境污染和生态破坏等引起的人员伤亡、大量邮件或快件积压、丢失或损毁，财产损失，邮政信息系统瘫痪、邮政通信中断。

（3）因传染病疫情、群体性不明原因疾病、食品安全、职业危害和动物疫情等引起的人员伤亡、大量邮件或快件积压，财产损失和邮政通信中断。

（4）因恐怖袭击事件、经济安全事件和涉外事件等引起的大量邮件或快件积压、丢失或损毁，财产损失和邮政通信中断。

1.5　事件分级

邮政业突发事件按照其性质、严重程度、可控性和影响范围等因素，一般分为四级：Ⅰ级（特别重大邮政业突发事件）、Ⅱ级（重大邮政业突发事件）、Ⅲ级（较大邮政业突发事件）和Ⅳ级（一般邮政业突发事件）。

（1）符合下列情形之一的，为特别重大邮政业突发事件（Ⅰ级）：

①因自然灾害、生产事故等原因引起的邮政业突发事件，造成相关人员死亡、失踪10人以上或受伤20人以上，邮件、快件积压或损毁10万件以上。

②邮寄生物病原体、生物毒素、危险化学品、放射性物品等，并在寄递过程中发生泄漏，已扩散形成特大污染事故，危及100人以上生命安全。

③全国邮政信息系统发生特别重大故障，运载邮件的交通工具，一级邮区中心局、省级邮政机要处理场所和大型分拨中心发生特别重大事故，造成省际邮政通信中断。

④邮政企业、快递企业营业网点、金（票）库、邮件处理或存放场地等场所被劫、被盗或因其他原因损毁，造成现金、邮票、邮件、设备等损失达800万元以上。

⑤其他对邮政业通信安全畅通构成特别严重威胁、造成特别严重影响的突发事件。

（2）符合下列情形之一的，为重大邮政业突发事件（Ⅱ级）：

①因自然灾害、生产事故等原因引起的邮政业突发事件，造成相关人员死亡、失踪3人以上10人以下或受伤10人以上20人以下，邮件、快件积压或损毁5万件以上10万件以下。

②邮寄生物病原体、生物毒素、危险化学品、放射性物品等，并在寄递过程中发生泄漏，已扩散形成重大污染事故，危及50人以上100人以下生命安全。

③邮政信息系统发生重大故障，运载邮件的交通工具，二级邮区中心局、省级以下邮政机要处理场所和省（区、市）内较大分拨中心发生重大事故，造成本省（区、市）内邮政通信中断。

④邮政企业、快递企业营业网点、金（票）库、邮件处理或存放场地等场所被劫、被盗或因其他原因损毁，造成现金、邮票、邮件、设备等损失达500万元以上800万元以下。

⑤其他对邮政业通信安全畅通构成严重威胁、造成严重影响的突发事件。

（3）符合下列情形之一的，为较大邮政业突发事件（Ⅲ级）：

①因自然灾害、生产事故等原因引起的邮政业突发事件，造成相关人员死亡、失踪3人以下或受伤5人以上10人以下，邮件、快件积压或损毁2万件以上5万件以下。

②邮寄生物病原体、生物毒素、危险化学品、放射性物品等，并在寄递过程中发生泄漏，已扩散形成重大污染事故，危及50人以下生命安全的。

③邮政信息系统发生较大故障，市级邮政机要处理场所和市内较大分拨中心发生较大事故，造成本市内邮政通信中断。

④邮政企业、快递企业营业网点、金（票）库、邮件处理或存放场地等场所被劫、被盗或因其他原因损毁，造成现金、邮票、邮件、设备等损失达 300 万元以上 500 万元以下。

⑤其他对邮政业通信安全畅通构成较严重威胁、造成较严重影响的突发事件。

（4）符合下列情形之一的，为一般邮政业突发事件（Ⅳ级）：

①因自然灾害、生产事故等原因引起的邮政业突发事件，造成相关人员受伤 5 人以下，邮件、快件积压或损毁 2 万件以下。

②邮政信息系统发生故障，市级以下邮政机要处理场所和分拨中心发生事故，影响市内邮政通信安全畅通。

③邮政企业、快递企业营业网点、金（票）库、邮件处理或存放场地等场所被劫、被盗或因其他原因损毁，造成现金、邮票、邮件、设备等损失达 300 万元以下。

④其他对邮政业通信安全畅通构成一定威胁、造成一定影响的突发事件。

1.6　工作原则

在党中央、国务院的统一领导下，坚持统一指挥、密切配合、快速反应、科学处置；坚持预防与处置相结合，以预防为主；坚持谁主管谁负责、谁经营谁负责的原则，明确责任主体；坚持依法规范、加强管理，逐步实现邮政业应急管理工作的规范化、制度化和法制化，充分发挥各方面的力量共同做好邮政业突发事件的预防和处置工作。

第二章　组织机构与职责

2.1　领导机构与职责

国家邮政业突发事件应急工作领导小组（以下简称国家邮政业应急领导小组）负责全国邮政业应急管理工作，设在国家邮政局，由国家邮政局局长任组长，分管局领导任副组长，局内相关业务司局主要领导为成员。具体职责如下：

（1）审定邮政业应急预案及相关政策、规划。

（2）决定启动、终止国家邮政业应急预警状态和应急响应，指挥特别重大邮政业突发事件（Ⅰ级）的应急处置。

（3）决定国家邮政业应急管理工作重大课题研究和科研攻关。

（4）审定国家邮政业应急经费预算。

（5）监督国家邮政业应急经费使用情况。

（6）其他相关重大事项。

发生邮政业突发事件，需要国家邮政业应急领导小组指挥应急处置行动时，由国家邮政局分管局领导任总指挥，市场监管司主要领导担任副总指挥。

各省（区、市）邮政业突发事件应急工作领导小组（以下简称省邮政业应急领导小组）设在省（区、市）邮政管理局，具体职责按照自身职能和本预案的要求，结合本地区、本部门的实际情况确定。

2.2 办事机构与职责

国家邮政业应急领导小组下设国家邮政业突发事件应急工作办公室（以下简称国家邮政业应急办公室），设在国家邮政局市场监管司，局内其他有关司局协助做好相关工作。具体职责如下：

（1）组织制订、实施国家邮政业突发事件预防预警和应急处置的政策、措施。

（2）组织制订、实施国家邮政业突发事件应急预案。

（3）指导、监督各省（区、市）邮政业应急预案的编制和实施。

（4）组织国家邮政业应急培训和演习。

（5）组织开展国家邮政业应急管理工作重大课题研究和科研攻关。

（6）协调解决国家邮政业应急管理工作中的重大问题。

（7）收集、分析国家邮政业突发事件的信息，及时向国家邮政业应急领导小组报告和向社会公布重要信息。

（8）组织相应级别的应急处置行动。

（9）国家邮政业突发事件的日常接警值班工作。

（10）其他相关重大事项。

各省（区、市）邮政业突发事件应急工作办公室（以下简称省邮政业应急办公室）的设置和具体职责，由省邮政业应急领导小组结合本地区、本部门的实际情况确定。

邮政企业、快递企业总部及其省（区、市）分支机构设立相应的突发事件应急工作领导和办事机构，负责组织本企业内的突发事件预防和处置工作。市（地）县邮政企业、快递企业在企业负责人的领导下组织开展本企业突发事件预防和处置工作。

2.3 现场指挥机构与职责

邮政业突发事件发生后，由事发企业成立现场应急指挥部，负责应急处置的现场指挥和协调工作。

第三章 预防预警

3.1 预防

（1）各级邮政管理部门要加强对邮政企业、快递企业的安全生产工作的检查，保障寄递网络的安全畅通。

（2）邮政企业、快递企业应当建立健全安全管理制度，定期检查本企业各项安全防范措施的落实情况。对本企业内容易引发事故灾难和公共事件的危险源、危险区域进行调查、登记、风险评估，定期进行检查、监控，并及时采取安全防范措施，消除安全隐患。

3.2　预警

3.2.1　预警分级

依据突发事件可能造成的危害程度、紧急程度和发展势态，邮政业突发事件预警等级分为四级：Ⅰ级（特别严重）、Ⅱ级（严重）、Ⅲ级（较重）和Ⅳ级（一般），依次用红色、橙色、黄色和蓝色表示。

3.2.2　预警监测

各级邮政管理部门及邮政企业、快递企业应建立相应的预警机制，加强邮政业突发事件信息的监测收集工作。

突发事件信息分为外部信息和内部信息两类。外部信息指邮政业外突发的可能对邮政业产生重大影响的事件警报。内部信息指邮政业内生产过程中的事故征兆或突发事故可能对本行业或其他行业造成重大影响的事件警报。

各级邮政管理部门要与政府有关部门建立有效的信息沟通渠道。邮政企业、快递企业要对生产全过程日常运行状况实时监测分析，及时发现邮政业突发事件信息。

3.2.3　预警发布

国家、省邮政业应急领导小组依据邮政业突发事件信息决定是否发布预警信息，其办事机构负责办理。

预警信息包括突发事件的类别、预警级别、起始时间、可能影响范围、警示事项、应采取的措施和发布机关等。

预警信息的发布、调整可通过广播、电视、报刊、互联网、宣传车或组织人员逐户通知等方式进行，对老、幼、病、残、孕等特殊人群以及学校等特殊场所和警报盲区应当采取有针对性的公告方式。

3.2.4　预警响应

根据预警信息，有关邮政企业、快递企业应加强对本企业通信安全状况的监测，做好应急队伍、物资及设备等处置准备工作。

3.2.5　预警解除

根据事态发展情况，有关的邮政业突发事件应急工作领导机构决定是否解除已经发布的预警信息，并交其办事机构办理。

第四章　应急处置

4.1　信息报告

（1）邮政企业、快递企业通过监测获得内部预警信息后，应对预警信息加以分析，按照早发现、早报告、早处置的原则，将可能演变为重大事故的情况，立即报告所在地省邮政业应急办公室，最迟不得超过 1 小时，并积极采取防范措施。

（2）省邮政业应急办公室接到预警信息后，应立即向国家邮政业应急办公室报告，最迟不得超过1个小时。同时，通报有关部门。应急处置过程中，要及时续报有关情况。

（3）国家邮政业应急办公室接到预警信息后，应在第一时间报告国家邮政业应急领导小组，并立即进行分析核实。经确认，需要启动国家邮政业Ⅰ级应急响应的，报告交通运输部和国务院，并通知可能受到影响的其他单位或个人，做好预防和处置准备工作。

4.2　先期处置

邮政企业、快递企业应将相关信息及时通报与突发事件有关的政府部门、企事业单位和公民。

突发事件发生后，事发地的邮政企业、快递企业在报告突发事件信息的同时，要根据职责和规定的权限启动相关应急响应，及时、有效地进行先期处置，控制事态。

4.3　应急响应

4.3.1　启动权限划分

对于需要启动应急响应的突发事件，相关的邮政业应急领导小组根据应急预案和处置权限及时启动应急响应：

（1）发生特别重大邮政业突发事件（Ⅰ级）时，由国家邮政业应急领导小组启动应急响应。

（2）发生重大邮政业突发事件（Ⅱ级）时，由省邮政业应急领导小组启动应急响应，同时将处置情况及时上报国家邮政业应急办公室。

（3）发生较大邮政业突发事件（Ⅲ级）时，由发生突发事件的邮政企业或快递企业应急领导机构负责启动相应的应急响应，同时报本省邮政业应急办公室。

（4）发生一般邮政业突发事件（Ⅳ级）时，由发生突发事件的邮政企业、快递企业启动应急响应，开展相应的应急处置工作，同时报本省邮政业应急办公室。

4.3.2　办事机构处置任务

（1）接收事件的报告，迅速做出评估，根据事态严重程度，发布警报和通报，同时进行适当的应急反应，并向同级应急领导小组报告。

（2）应急响应启动后，根据应急总指挥的命令，组织开展应急处置行动。

（3）协调有关部门，安排应急所需的人员与物资。

（4）负责对突发事件各阶段应急工作的记录、损失情况的初步审核。

（5）统筹协调各项应急工作措施的落实。

（6）总指挥交办的其他事项。

4.3.3 现场指挥机构处置任务

（1）迅速赶往现场。

（2）抢救伤员，做好群众的疏散和安置工作，稳定民众情绪，保护群众人身安全。

（3）采取必要措施，妥善保护和安置邮件、快件，并做好机要邮件的保密工作。

（4）根据现场情况、相关预案和总指挥命令，制定并实施具体应急行动方案。

（5）组织和指挥参与现场救援的各单位行动，迅速控制和切断突发事件源头，防止损失扩大和次生灾害的发生，努力把损失降到最低限度。

（6）及时掌握和报告重要情况，请示物资增援、人员救助等应急处置的紧急事项。

（7）需要公安、交通、医疗卫生机构等有关部门处理或协助处理的，尽快联系相关部门，并为其工作提供便利。

（8）做好工作记录，保存与突发事件有关的原始资料和凭证，并及时上报工作进展情况。

（9）做好调查和善后工作，尽快恢复正常秩序。

（10）总指挥交办的其他事项。

在突发事件应急处置过程中，要确保应急工作系统内部的部门之间、人员之间的通信联络畅通，确保信息传达及时顺畅。通信联络方式包括固定电话、移动电话、传真等。

4.4 应急工作要求

相关省邮政业应急办公室和邮政企业、快递企业接到任务通知后，应立即开展应急处置工作。

（1）邮政业突发事件处置遵循先重点、后一般的原则。

（2）相关邮政管理部门和邮政企业、快递企业的突发事件应急办事机构实行24小时值班，随时待命。

（3）主动与上级有关部门联系，及时报告有关情况。

（4）相关企业在执行邮政业突发事件处置任务时，应顾全大局，积极搞好与有关单位的协作配合。

4.5 应急结束

造成或可能造成严重社会危害的危险因素消除后，按照“谁启动、谁结束”的原则，由启动应急响应的机构宣布应急响应结束。经现场应急指挥机构批准，现场应急处置工作结束。

4.6　善后处置

要积极稳妥、深入细致地做好善后处置工作。对突发事件中的伤亡人员、应急处置工作人员，以及紧急调集、征用有关单位及个人的物资，要按照规定给予抚恤、补助或补偿。

要对邮政业突发事件的起因、性质、影响、责任、经验教训和恢复重建等问题进行调查评估。国家邮政业应急办公室负责对特别重大邮政业突发事件原因进行调查、分析和处理，对事故后果进行评估，并对事故责任处理情况进行监督检查。省邮政业应急办公室负责对重大、较大和一般邮政业突发事件原因进行调查、分析和处理，对事故后果进行评估，并对事故责任处理情况进行监督检查。

4.7　信息发布

根据《国家突发公共事件新闻发布应急预案》的有关要求，及时发布准确、权威的信息，正确引导社会舆论。按照“谁处置，谁发布”的原则，由负责邮政业突发事件处置的机构负责有关的信息发布工作，要指定专人负责信息舆论工作，迅速拟订信息发布方案，确定发布内容，及时采用适当方式发布信息，并组织好相关报道。

第五章　后期处置

5.1　情况汇报和经验总结

邮政业突发事件处置工作结束后，国家邮政业应急办公室组织做好突发事件中邮政业损失情况的统计、汇总及任务完成情况总结和汇报，不断改进邮政业突发事件应急工作。相关省（区、市）邮政管理局和邮政企业、快递企业应予配合。

5.2　奖惩评定和表彰

为提高邮政业突发事件应急工作的效率和相关单位、个人的积极性，按照有关规定，对在邮政业突发事件处置过程中表现突出的单位和个人给予表彰，对处置和保障不力，给国家和企业造成损失的单位和个人进行惩处。奖惩办法另行制定。

第六章　保障措施

6.1　应急队伍建设

邮政企业、快递企业应不断加强邮政业突发事件应急队伍的建设，以满足国家邮政业突发事件的处置和通信恢复应急工作的需要。邮政业突发事件应急队伍由邮政企业、快递企业的分拣分发、运输投递及应急机动通信保障机构组成。

为应对突发事件，国家邮政业应急办公室、经其授权的省邮政业应急办公室可以紧急调用有关邮政企业、快递企业的人员，并给予被调用人员一定补贴。

6.2 物资保障

邮政企业、快递企业应储备必要的突发事件应急物资和设备，并加强对应急物资及设备的管理、维护和保养，以备随时紧急调用。

国家邮政业应急办公室为应对突发事件，可以紧急调集和临时征用有关邮政企业、快递企业的物资及车辆、场地和相关设备。

省邮政业应急办公室为应对突发事件，经国家邮政业应急办公室授权，可以紧急调集和临时征用有关邮政企业、快递企业的物资及车辆、场地和相关设备。

6.3 必备资料

邮政企业、快递企业应急管理机构应备有突发事件应急预案、通信调度预案和异常情况处理流程图、物资储备清单和相关单位、部门及主管领导联系方式。

6.4 技术保障

国家、省邮政业应急办公室应加强与有关科研单位的合作，积极推进邮政业突发事件预防和处置技术的研发和课题攻关。

邮政企业、快递企业应急管理机构应结合企业实际，加强突发事件预防和处置技术的研发。

6.5 监督检查

各级邮政业应急办公室应加强对邮政业突发事件应急工作的监督和检查，做到居安思危、常备不懈。

6.6 协调合作

各级邮政业应急办公室应主动加强与国家或地方交通管理、公安等部门的联系，充分发挥与有关部门的合力作用，解决邮政业突发事件应急处置过程中的有关问题。国家邮政业应急办公室建立国际合作渠道，必要时通过国际合作共同应对国家邮政业突发事件。

6.7 经费保障

国家利用现有的政策和资金渠道，支持邮政业突发事件应急专业队伍建设、基础平台建设、情报力量建设、技术研发等工作开展。各地区、各部门为邮政业突发事件处置工作提供必要的经费保障。

第七章 宣传教育、培训和演练

7.1 宣传教育

各级邮政业应急办公室应充分利用各种传播媒介及其他有效的宣传形式，加强邮政业突发事件应急工作有关法律、法规和政策的宣传，开展邮政业突发事件应急处置基本知识和技能的宣传教育活动。

7.2 培训

各级邮政管理部门应将应急管理知识列为干部培训的必备内容，切实提高邮政管理干部的应急管理水平。各邮政企业、快递企业应将邮政业突发事件应急知识列为工作人员的培训内容，加强安全管理的培训，提高防范意识和技能。

7.3 演练

国家邮政业应急办公室每年至少组织一次预案演练，提高实战能力，检验和完善预案。

各省邮政业应急办公室、各邮政企业、快递企业每年至少组织一次预案演练，演练情况由省邮政业应急办公室汇总后报国家邮政业应急办公室。

第八章 附则

8.1 术语说明

(1)“以上”包含本数在内。

(2) 邮政业：邮政业是从事寄递业务的行业，包括邮政和快递。邮政业是国家重要的社会公用事业，邮政网络是国家重要的基础设施。

(3) 邮政企业：是指中国邮政集团公司及其提供邮政服务的全资企业、控股企业。

(4) 快递企业：是指从事快件递送业务的国有、民营、外资企业。

(5) 邮件：是指邮政企业寄递的信件、包裹、汇款通知、报刊和其他印刷品等。

(6) 快件：是指快递企业递送的信件、包裹、印刷品等。

8.2 预案管理

本预案由国家邮政局负责管理和更新。国家邮政局实行预案动态管理制度，根据需要修订预案。

各级邮政管理部门、各邮政企业、快递企业、各有关部门要结合本预案制订或修订本部门、本单位邮政业突发事件相关应急预案，做好预案之间的衔接。

8.3 预案解释部门

本预案由国家邮政局负责解释。

8.4 预案实施时间

本预案自印发之日起施行。

二〇〇九年五月七日

123

附录八　获得《快递业务经营许可证》企业名录①

（分支机构略）

2014 年 1 月 31 日

表一　　跨省（区、市）经营国内快递业务并经营国际快递业务的企业

序号	企业名称	许可证号
01	民航快递有限责任公司	国邮 20100001A/C
02	内蒙古德美多式联运有限公司	国邮 20100004A/C
03	中国邮政速递物流股份有限公司	国邮 20100028A/C
04	顺丰速运（集团）有限公司	国邮 20100031A/C
05	北京顺丰速运有限公司	国邮 20100031－2A/C
06	吉林省顺丰速递有限公司	国邮 20100031－18A/C
07	广州顺丰速运有限公司	国邮 20100031－56A/C
08	深圳市原飞航物流有限公司	国邮 20100067A/C
09	中外运—敦豪国际航空快件有限公司	国邮 20100146A/C
10	上海圆通速递有限公司	国邮 20100209A/C
11	深圳市亚风速递有限公司	国邮 20100215A/C
12	捷特亨达货运代理（上海）有限公司	国邮 20100278A/C
13	广东港中能达物流有限公司	国邮 20100306A/C
14	上海圆通速递物流（集团）有限公司	国邮 20100307A/C
15	上海林道国际货运代理有限公司	国邮 20110337A/C

① 根据国家局邮政局网站（http：//www. spb. gov. cn/xkzcx/201309/t20130905 _ 234671. html）资料制作。

表二　　跨省（区、市）经营国内快递业务的企业

序号	企业名称	许可证号
01	江苏京东信息技术有限公司	国邮 20100206A
02	红楼（上海）快递有限公司	国邮 20100207A
03	北京宅急送快运股份有限公司	国邮 20100208A
04	上海韵达货运有限公司	国邮 20100210A
05	上海中通吉速递服务有限公司	国邮 20100212A
06	申通快递有限公司	国邮 20100213A
07	上海全毅快递有限公司	国邮 20100214A
08	北京星晨急便速递有限公司	国邮 20100218A
09	北京世纪卓越信息技术有限公司	国邮 20100219A
10	北京世纪卓越快递服务有限公司	国邮 20100220A
11	杭州爱彼西商务配送有限公司	国邮 20100223A
12	中运蓝宇联合（北京）快递有限责任公司	国邮 20100237A
13	北京日益通速递有限责任公司	国邮 20100239A
14	东莞市鸿鹏快递有限公司	国邮 20100246A
15	重庆华宇物流有限公司	国邮 20100248A
16	北京乐畅快递有限公司	国邮 20100251A
17	广东快捷快物流有限公司	国邮 20100255A
18	广州宅急送快运有限公司	国邮 20100264A
19	上海宅急送物流有限公司	国邮 20100265A
20	沈阳宅急送快运有限公司	国邮 20100266A
21	武汉宅急送快运有限公司	国邮 20100267A
22	西安宅急送快运有限公司	国邮 20100268A
23	成都宅急送快运有限公司	国邮 20100269A
24	天天快递有限公司	国邮 20100270A
25	优速物流有限公司	国邮 20100272A
26	深圳速尔物流有限公司	国邮 20100279A

续　表

序号	企业名称	许可证号
27	上海特能市场推广有限公司	国邮 20100290A
28	哈尔滨市尼尔物流发展有限公司	国邮 20110316A
29	上海飞羚速递有限公司	国邮 20110321A
30	深圳市鑫飞鸿快递有限公司	国邮 20110322A
31	北京安信达快递服务有限公司	国邮 20110323A
32	北京飞康达物流服务有限公司	国邮 20110327A
33	广州市快捷快货运服务有限公司	国邮 20110331A
34	北京中通大盈物流有限公司	国邮 20110332A
35	沈阳冠达快递有限公司	国邮 20110349A
36	杭州百世网络技术有限公司	国邮 20110354A
37	德邦物流股份有限公司	国邮 20120378A
38	联邦快递（中国）有限公司	国邮 20120147A
39	优比速包裹运送（广东）有限公司	国邮 20120010A
40	北京如风达快递有限公司	国邮 20120412A
41	上海佳吉快运有限公司	国邮 20120423A
42	苏宁云商集团股份有限公司	国邮 20120424A
43	中铁快运股份有限公司	国邮 20130435A
44	上海益实多电子商务有限公司	国邮 20130436A
45	山东海盟投资有限公司	国邮 20130445A
46	北京全峰快递有限责任公司	国邮 20130456A

表三　　经营国际快递业务的企业

序号	企业名称	许可证号
001	大连民航快递有限公司	国邮 20100001 - 1C
002	中外运空运发展股份有限公司	国邮 20090002 - 0C
003	河南东方商贸国际货运代理有限公司	国邮 20090003C

续 表

序号	企业名称	许可证号
004	宁德市彼岸国际货运代理有限公司	国邮 20100005C
005	珠海市隆运国际货运代理有限公司	国邮 20100006C
006	深圳均辉华惠国际货运有限公司	国邮 20100007C
007	汉高货运代理（深圳）有限公司	国邮 20100008C
008	东莞市天峰快递有限公司	国邮 20100009C
009	优比速包裹运送（广东）有限公司	国邮 20100010C
010	北京时代瑞丰进出口服务有限公司	国邮 20100011C
011	成岳国际货物运输代理（上海）有限公司	国邮 20100012C
012	友航（中国）国际货代有限公司	国邮 20100013C
013	东莞市常安国际货物运输代理有限公司	国邮 20100014C
014	北京明邦运通运输服务有限公司	国邮 20100015C
015	安徽东方国际物流有限公司	国邮 20100016C
016	东莞市正东国际货物运输代理有限公司	国邮 20100017C
017	深圳市递四方速递有限公司	国邮 20100018C
018	芜湖恒诚国际货运代理有限公司	国邮 20100019C
019	广东永邦经贸国际货运代理有限公司	国邮 20100020C
020	杭州泛远国际物流有限公司	国邮 20100021C
021	广东易连国际货物运输代理有限公司	国邮 20100022C
022	联合包裹物流（上海）有限公司	国邮 20100023C
023	保利佐川物流有限公司	国邮 20100024C
024	呼和浩特市君立国际货运代理有限责任公司	国邮 20100025C
025	厦门东港国际运输有限公司	国邮 20100026C
026	福建联运国际货运代理有限公司	国邮 20100027C
027	嘉里大通物流有限公司	国邮 20100029－0C
028	惠州市联捷国际货运代理有限公司	国邮 20100032C
029	福建泰航国际物流有限公司	国邮 20100033C

续　表

序号	企业名称	许可证号
030	东莞市晖翔国际货运代理有限公司	国邮 20100034C
031	日通国际物流（中国）有限公司	国邮 20100035C
032	深圳港中旅供应链贸易有限公司	国邮 20100036C
033	重庆安捷国际运输代理有限公司	国邮 20100037C
034	宁波雅戈尔国际贸易运输有限公司	国邮 20100039C
035	深圳市迅达国际货运代理有限公司	国邮 20100040C
036	江西中迅国际货运代理有限公司	国邮 20100041C
037	上海迪比翼国际快件有限公司	国邮 20100042C
038	威海通达货运代理有限责任公司	国邮 20100043C
039	上海雅仕国际物流有限公司	国邮 20100044C
040	珠海庞志国际货运代理有限公司	国邮 20100045C
041	江苏弘业国际物流有限公司	国邮 20100046C
042	全一快递有限公司	国邮 20100047C
043	中国外运秦皇岛公司	国邮 20100049C
044	上海亚东国际货运有限公司	国邮 20100050C
045	运必送物流（深圳）有限公司	国邮 20100051C
046	德莎国际货运代理（上海）有限公司	国邮 20100052C
047	中国外运股份有限公司	国邮 20100053C
048	青岛经汉物流服务有限公司	国邮 20100054C
049	大连国际机场集团有限公司	国邮 20100055C
050	江门市中岸国际船舶货物运输代理有限公司	国邮 20100056C
051	深圳市华信国际货运有限公司	国邮 20100057C
052	北京燕文物流有限公司	国邮 20100058C
053	上海天霖星洲国际货运有限公司	国邮 20100059C
054	武汉中贸发国际货运代理有限公司	国邮 20100060C
055	杭州日晟国际货运代理有限公司	国邮 20100061C

续 表

序号	企业名称	许可证号
056	中外运湖北有限责任公司	国邮 20100062C
057	深圳市和安国际货运代理有限公司	国邮 20100063C
058	广东秀驿物流有限公司	国邮 20100064C
059	饶平县泰昌快递有限公司	国邮 20100065C
060	饶平铠信速递有限公司	国邮 20100066C
061	威时沛运货运（广州）有限公司	国邮 20100068C
062	厦门雅顺达国际物流有限公司	国邮 20100069C
063	上海东方福达运输服务有限公司	国邮 20100070C
064	上海华兴国际货运公司	国邮 20100071C
065	饶平县达邦快件有限公司	国邮 20100072C
066	饶平万丰快件有限公司	国邮 20100073C
067	浙江中外运有限公司	国邮 20100074C
068	青岛中远国际航空货运代理有限公司	国邮 20100075C
069	深圳市利航国际货运代理有限公司	国邮 20100076C
070	亨达国际货运代理有限公司	国邮 20100080C
071	深圳棋洋国际物流有限公司	国邮 20100081C
072	福建金诚国际物流有限公司	国邮 20100082C
073	中航技国际储运厦门有限责任公司	国邮 20100083C
074	深圳华世达国际货运代理有限公司	国邮 20100084C
075	伟光达国际货运代理（深圳）有限公司	国邮 20100085C
076	佛山中新创业国际货运代理有限公司	国邮 20100086C
077	深圳市安达顺国际物流有限公司	国邮 20100087C
078	深圳市意顺达国际货运有限公司	国邮 20100088C
079	中外运速递有限公司	国邮 20100090C
080	广州中远国际航空货运代理有限公司	国邮 20100091C
081	东莞市南翔国际货运代理有限公司	国邮 20100092C

续　表

序号	企业名称	许可证号
082	海程邦达国际物流有限公司	国邮 20100093C
083	厦门东方环球货运代理有限公司	国邮 20100094C
084	东莞市东港国际货运代理有限公司	国邮 20100095C
085	江苏苏迈克斯国际货运有限公司	国邮 20100096C
086	饶平县润东快件有限公司	国邮 20100097C
087	饶平县龙骏快递有限公司	国邮 20100098C
088	潮州市佳奇物流有限公司	国邮 20100099C
089	饶平县捷诚快件有限公司	国邮 20100100C
090	饶平县新科港快件有限公司	国邮 20100101C
091	东莞市中亚联发运输有限公司	国邮 20100102C
092	东莞市骅达国际货运代理有限公司	国邮 20100103C
093	佛山市冠鸿国际货运代理有限公司	国邮 20100104C
094	深圳市海捷运物流管理有限公司	国邮 20100105C
095	广州番禺中新国际货物运输代理有限公司	国邮 20100106C
096	深圳万邦国际物流运输有限责任公司	国邮 20100107C
097	汕头市三驰国际货运代理有限公司	国邮 20100108C
098	汕头市友华快递有限公司	国邮 20100109C
099	汕头市捷铭国际货运代理有限公司	国邮 20100110C
100	汕头市恒利国际货运代理有限公司	国邮 20100111C
101	中外运一日新国际货运代理有限公司	国邮 20100112C
102	广东全顺国际货运代理有限公司	国邮 20100113C
103	青岛大亚空运有限公司	国邮 20100114C
104	烟台德鸿国际货运代理有限公司	国邮 20100115C
105	深圳市亿翔国际货运代理有限公司	国邮 20100116C
106	东莞市迅达国际货运有限公司	国邮 20100117C
107	武汉市邮政速递有限公司	国邮 20100118C

续 表

序号	企业名称	许可证号
108	中山市金洋国际货运代理有限公司	国邮 20100119C
109	青岛金王国际运输有限公司	国邮 20100120C
110	东莞市日安国际货运代理有限公司	国邮 20100121C
111	嘉里大通物流（深圳）有限公司	国邮 20100122C
112	南阳春龙国际货运代理有限公司	国邮 20100124C
113	梅县荣嘉国际远洋货运有限公司	国邮 20100125C
114	深圳市恒立达国际货运代理有限公司	国邮 20100126C
115	德莎国际货运代理（深圳）有限公司	国邮 20100127C
116	福建中旅国际客货运代理有限公司	国邮 20100128C
117	招商局物流集团有限公司	国邮 20100129C
118	招商局物流深圳有限公司	国邮 20100130C
119	中国外运山东有限公司	国邮 20100131C
120	瀚洋国际货运代理（深圳）有限公司	国邮 20100132C
121	饶平县长新快件有限公司	国邮 20100133C
122	山东盛欣国际货运代理有限公司	国邮 20100134C
123	南通新干线国际货运代理有限公司	国邮 20100135C
124	江门市邮政速递服务有限公司	国邮 20100136C
125	深圳市华惠国际货运有限公司	国邮 20100137C
126	中远国际航空货运代理有限公司	国邮 20100138C
127	汕头市天嘉快件有限公司	国邮 20100139C
128	深圳市文辰国际货运代理有限公司	国邮 20100140C
129	汕头经济特区平野对外运输有限公司	国邮 20100141C
130	深圳市平宇物流有限公司	国邮 20100142C
131	北京华惠国际货运有限公司	国邮 20100143C
132	深圳市凯鑫国际货运代理有限公司	国邮 20100144C
133	天地国际运输代理（中国）有限公司	国邮 20100145C

续　表

序号	企业名称	许可证号
134	联邦快递（中国）有限公司	国邮 20100147C
135	深圳迈豪国际货运代理有限公司	国邮 20100148C
136	青岛宏洋国际货运代理有限公司	国邮 20100149C
137	江苏亨通海晨物流有限公司	国邮 20100150C
138	上海优益喜国际货物运输代理有限公司	国邮 20100151C
139	山东盛世海丰国际货运代理有限公司	国邮 20100152C
140	广州派亚物流有限公司	国邮 20100154C
141	青岛翔通国际运输代理有限公司	国邮 20100155C
142	上海翼速国际物流有限公司	国邮 20100156C
143	莆田市航鹏货运有限公司	国邮 20100157C
144	广州市赛时多式国际货运代理有限公司	国邮 20100158C
145	北京天霖骐骥国际航空运输代理有限公司	国邮 20100159C
146	北海海志船舶代理有限责任公司	国邮 20100160C
147	汕头市乐递快件有限公司	国邮 20100161C
148	上海恒荣国际货运有限公司	国邮 20100162C
149	东莞市金泰辉国际货运代理有限公司	国邮 20100165C
150	上海空海货运代理有限公司	国邮 20100166C
151	杭州佳成国际货运代理有限公司	国邮 20100167C
152	东莞一辉货运服务有限公司	国邮 20100168C
153	珠海崇宏货运代理有限公司	国邮 20100169C
154	中国外运河南公司	国邮 20100170C
155	佛山市快图仕国际货运代理有限公司	国邮 20100171C
156	中国外运长江有限公司	国邮 20100172C
157	江阴中外运物流有限公司	国邮 20100172－1C
158	昆山中外运物流有限公司	国邮 20100172－2C
159	南京出口加工区中外运物流有限公司	国邮 20100172－3C

续 表

序号	企业名称	许可证号
160	安徽宇环储运有限公司	国邮 20100174C
161	宁波泛洋国际货运代理有限公司	国邮 20100175C
162	苏州国信集团太仓港东润物流有限公司	国邮 20100177C
163	福建华夏货运有限公司	国邮 20100178C
164	上海华惠国际货运有限公司	国邮 20100179C
165	汕头市龙骑士快件有限公司	国邮 20100180C
166	浙江外运台州有限公司	国邮 20100181C
167	湖州新元国际货运有限公司	国邮 20100182C
168	上海百福东方国际物流有限责任公司	国邮 20100183C
169	上海长发国际货运有限公司	国邮 20100184C
170	汕头中外运有限公司	国邮 20100185C
171	中国外运广东有限公司	国邮 20100186C
172	招商局物流集团江苏有限公司	国邮 20100187C
173	深圳市安梭国际货运代理有限公司	国邮 20100188C
174	大连乾瀚国际物流有限公司	国邮 20100189C
175	中国外运山西公司	国邮 20100190C
176	大连双雄国际货运代理有限公司	国邮 20100191C
177	大连迪比翼爱克斯快递有限公司	国邮 20100192C
178	昆明荣建国际货运有限公司	国邮 20100193C
179	义乌天虎快递有限公司	国邮 20100194C
180	上海泓丰国际货物运输代理有限公司	国邮 20100196C
181	上海翔运国际货运有限公司	国邮 20100197C
182	包头开源鸿瑞国际货运代理有限责任公司	国邮 20100198C
183	大庆国际货物运输代理有限公司	国邮 20100199C
184	黄石中外运国际货运代理有限公司	国邮 20100200C
185	珠海市中景国际货物运输代理有限公司	国邮 20100201C

续　表

序号	企业名称	许可证号
186	杭州百福东方国际货运代理有限公司	国邮 20100202C
187	天津泛艺国际货运代理服务有限公司	国邮 20100203C
188	河北外运廊坊公司	国邮 20100204C
189	黑龙江省乾瀚国际货物运输代理有限公司	国邮 20100205C
190	雅玛多（中国）运输有限公司	国邮 20100216C
191	欧西爱司物流（上海）有限公司	国邮 20100217C
192	郑州市程驰速递有限公司	国邮 20100221C
193	深圳市国鑫快递有限公司	国邮 20100222C
194	南通三佳快运代理有限公司	国邮 20100224C
195	河北佳通物流有限公司	国邮 20100225C
196	亚诺士物流（厦门）有限公司	国邮 20100226C
197	菏泽市通世运送服务有限公司	国邮 20100227C
198	深圳市盈安达国际货运代理有限公司	国邮 20100228C
199	南通恒丰国际货运代理有限公司	国邮 20100229C
200	合肥圣捷快运有限公司	国邮 20100230C
201	惠州市辉宇天地货物运输有限公司	国邮 20100231C
202	湖南迪比翼快递服务有限公司	国邮 20100232C
203	珠海市宇立物流有限公司	国邮 20100233C
204	东莞市亚世国际货运代理有限公司	国邮 20100234C
205	东莞市东急捷运有限公司	国邮 20100235C
206	嘉兴市乍浦百通速递服务有限公司	国邮 20100236C
207	嘉兴环洋国际货运代理有限公司	国邮 20100238C
208	偌亚奥国际货运代理（深圳）有限公司	国邮 20100240C
209	天津泰利宝国际货运代理有限公司	国邮 20100241C
210	北京网易速达国际货运代理有限公司	国邮 20100242C
211	金华中外运国际物流有限公司	国邮 20100243C

续 表

序号	企业名称	许可证号
212	潮州市外运有限公司	国邮 20100244C
213	中山市康力国际货运代理有限公司	国邮 20100245C
214	广州市快时递快递有限公司	国邮 20100247C
215	中山祥运通国际货运代理有限公司	国邮 20100249C
216	饶平县联港快件有限公司	国邮 20100250C
217	浙江旭日国际货运代理有限公司	国邮 20100252C
218	中山龙盛达国际货运代理有限公司	国邮 20100253C
219	金华市天达国际货运代理有限公司	国邮 20100254C
220	威海田园凯鸽快递有限公司	国邮 20100256C
221	丹阳市海尚国际商务有限公司	国邮 20100257C
222	深圳市三态速递有限公司	国邮 20100258C
223	潍坊联捷国际物流有限公司	国邮 20100259C
224	吉林市飞虎快递有限公司	国邮 20100260C
225	中国外运广西桂林公司	国邮 20100261C
226	吉林省华虎快递有限公司	国邮 20100262C
227	青岛金驿路国际物流有限公司	国邮 20100273C
228	浩通国际货运代理有限公司	国邮 20100274C
229	一三九快递（北京）有限公司	国邮 20100275C
230	东莞市天地通速递有限公司	国邮 20100276C
231	常熟外贸运输有限责任公司	国邮 20100277C
232	天津美亚集运国际货运代理有限公司	国邮 20100280C
233	温州天翔货运服务有限公司	国邮 20100281C
234	福州中贸英联航空国际货运代理有限公司	国邮 20100282C
235	包头市中天国际货运代理有限公司	国邮 20100283C
236	深圳市秀驿国际物流有限公司	国邮 20100284C
237	昆山外服迪比翼国际货运代理有限公司	国邮 20100285C

续　表

序号	企业名称	许可证号
238	常州市奥翔物流有限公司	国邮 20100287C
239	湖南东讯速递有限公司	国邮 20100288C
240	中国外运广西梧州有限公司	国邮 20100289C
241	川妮（厦门）国际货运代理有限公司	国邮 20100291C
242	无锡城晓国际货运代理有限公司	国邮 20100292C
243	青岛昊坤达国际物流有限公司	国邮 20100293C
244	辽宁天地国际物流有限公司	国邮 20100294C
245	宁波睿达国际物流有限公司	国邮 20100295C
246	泉州顺鑫快递有限公司	国邮 20100296C
247	厦门安世通国际快递物流有限公司	国邮 20100297C
248	上海伟邦快递服务有限公司	国邮 20100298C
249	宁波富成国际货运代理有限公司	国邮 20100299C
250	天津易运物流有限公司	国邮 20100300C
251	厦门宸迅物流有限公司	国邮 20100301C
252	温州金邦盛德国际货运代理有限公司	国邮 20100302C
253	广西柳州外运有限责任公司	国邮 20100303C
254	张家港顺捷国际货运代理有限公司	国邮 20100304C
255	上海义达国际物流有限公司	国邮 20100305C
256	包头鼎力通国际货物运输代理有限公司	国邮 20110308C
257	上海中外运钱塘有限公司	国邮 20110309C
258	上海柯莱国际货运有限公司	国邮 20110310C
259	苏州百福东方国际物流有限责任公司	国邮 20110311C
260	福建鼎佳国际货运代理有限公司	国邮 20110312C
261	山东中外运弘志物流有限公司	国邮 20110313C
262	中国外运江苏集团公司扬州公司	国邮 20110315C
263	青岛翔通报关行有限公司	国邮 20110317C

续 表

序号	企业名称	许可证号
264	绍兴希凯易国际货运代理有限公司	国邮 20110318C
265	深圳福霖冠宇国际货运代理有限公司	国邮 20110319C
266	浙江亲和货运代理有限公司	国邮 20110320C
267	长春天地快件有限公司	国邮 20110324C
268	大连通商急便国际物流有限公司	国邮 20110325C
269	深圳市快迅捷运输服务有限公司	国邮 20110326C
270	大连通达货运有限公司	国邮 20110328C
271	绍兴天越货运有限公司	国邮 20110329C
272	湖南省华通国际货运代理有限公司	国邮 20110330C
273	深圳市迪比翼贸易发展有限公司	国邮 20110333C
274	襄樊亚樊敦豪航空快件有限公司	国邮 20110334C
275	宁波金腾国际货运代理有限公司	国邮 20110335C
276	宁波长运国际物流有限公司	国邮 20110336C
277	上海经贸和光旅运有限公司	国邮 20110338C
278	宜昌市联合国际货运代理有限公司	国邮 20110339C
279	嘉兴市锦剑物流有限公司	国邮 20110340C
280	宁波华迅甬通航空货运代理有限公司	国邮 20110342C
281	杭州荣城国际货运有限公司	国邮 20110343C
282	中国外运黑龙江齐齐哈尔公司	国邮 20110344C
283	安徽亚太航空代理有限公司	国邮 20110345C
284	深圳市汇通天下国际货运代理有限公司	国邮 20110346C
285	长春顺捷速递有限公司	国邮 20110347C
286	黄石天海物流有限公司	国邮 20110348C
287	杭州七逸国际货运代理有限公司	国邮 20110350C
288	广州霆宇国际货运代理有限公司	国邮 20110351C
289	中国货运航空有限公司	国邮 20110352C

续　表

序号	企业名称	许可证号
290	宁波万邦速运有限公司	国邮 20110353C
291	北京冠捷国际物流有限公司	国邮 20110355C
292	深圳市久荣物流有限公司	国邮 20110356C
293	溧阳溧金速达物流有限公司	国邮 20110357C
294	中国对外贸易运输总公司浙江嘉兴支公司	国邮 20110358C
295	中国外运陆桥运输有限公司	国邮 20110359C
296	浙江云豹国际货运代理有限公司	国邮 20110360C
297	上海服友速递有限公司	国邮 20110361C
298	建德市宏强货运中介有限公司	国邮 20110362C
399	山东天泽航国际货运代理有限公司	国邮 20110363C
300	东莞市创运国际货运代理有限公司	国邮 20110364C
301	厦门通宇报关有限公司	国邮 20110365C
302	延边多源快运有限公司	国邮 20110366C
303	安阳市敦豪货运代理有限公司	国邮 20110367C
304	濮阳市敦豪货运代理有限公司	国邮 20110368C
305	DHL 空运服务（上海）有限公司	国邮 20110369C
306	上海合久成越国际货运代理有限公司	国邮 20110370C
307	深圳市升蓝物流有限公司	国邮 20110371C
308	中外运安迈世（上海）国际航空快递有限公司	国邮 20110372C
309	义乌市联信国际货运代理有限公司	国邮 20110373C
310	佛山市兆航国际货运代理有限公司	国邮 20110374C
311	龙口亚航船务代理有限公司	国邮 20110375C
312	华世达物流（福建）有限公司	国邮 20110376C
313	常州市美亚国际货运代理有限公司	国邮 20110377C
314	嘉兴市天地迅捷国际货运代理有限公司	国邮 20110379C
315	杭州天豹国际货运代理有限公司	国邮 20120380C

续 表

序号	企业名称	许可证号
316	杭州旭泽报关有限公司	国邮 20120381C
317	宇航国际物流（大连）有限公司	国邮 20120382C
318	浏阳市东豪仓储咨询服务有限公司	国邮 20120383C
319	青岛世进国际物流有限公司	国邮 20120384C
320	北京快达国际物流服务有限公司	国邮 20120385C
321	深圳市中技物流有限公司	国邮 20120386C
322	上海印华国际货运代理有限公司	国邮 20120387C
323	常州华彩国际货运代理有限公司	国邮 20120388C
324	广州晨阳国际货运代理有限公司	国邮 20120389C
325	北京群航国际货运代理有限公司	国邮 20120390C
326	上海美鹰国际货物运输代理有限公司	国邮 20120391C
327	东莞市泛亚国际货运代理有限公司	国邮 20120392C
328	东莞市启盛国际货运服务有限公司	国邮 20120393C
329	东莞市泽盈国际货运代理有限公司	国邮 20120394C
330	苏州昊盛国际货运代理有限公司	国邮 20120395C
331	上海马风达快递服务有限公司	国邮 20120396C
332	厦门琳龙物流有限公司	国邮 20120397C
333	东莞市怡和国际货运代理有限公司	国邮 20120398C
334	中山市中泰国际货运代理有限公司	国邮 20120399C
335	深圳市康力国际货运代理有限公司	国邮 20120400C
336	东莞市康力国际货运代理有限公司	国邮 20120401C
337	徐州丸全外运有限公司	国邮 20120402C
338	深圳市宅急送快运有限公司	国邮 20120403C
339	上海捷利货运有限公司	国邮 20120404C
340	泉州市华国货运代理有限公司	国邮 20120405C
341	湖南安迅物流运输有限公司	国邮 20120406C

续　表

序号	企业名称	许可证号
342	广西中外运物流有限公司	国邮 20120407C
343	南通全球通速递有限公司	国邮 20120408C
344	苏州霞丰国际货运代理有限公司	国邮 20120409C
345	北京福鑫快递服务有限公司	国邮 20120410C
346	上海骏佳国际物流有限公司	国邮 20120411C
347	北京宅急送快运股份有限公司	国邮 20100208C
348	上海宅急送物流有限公司	国邮 20100265C
349	杭州百世网络技术有限公司	国邮 20110354C
350	南京朗沁国际物流有限公司	国邮 20120413C
351	上海创兴国际货运代理有限公司	国邮 20120414C
352	上海恒信泓艺国际货物运输代理有限公司	国邮 20120415C
353	上海圆通国际货物运输代理有限公司	国邮 20120417C
354	唐山世骐国际货运代理有限公司	国邮 20120418C
355	东莞市吉通国际货运代理有限公司	国邮 20120419C
356	青岛永广泰国际货运代理有限公司	国邮 20120420C
357	飒达通运输（深圳）有限公司	国邮 20120421C
358	郑州宇迅快递有限公司	国邮 20120422C
359	上海韵达货运有限公司	国邮 20120210C
360	许昌启明快递有限公司	国邮 20120416C
361	上海馨翔航空地面服务有限公司	国邮 20120425C
362	上海晋越货物运输代理有限公司	国邮 20120426C
363	宝应县佳捷货运有限公司	国邮 20120427C
364	上海爱文琪货运代理有限公司	国邮 20120428C
365	温州亚泰物流有限公司	国邮 20120429C
366	太仓和信国际货运代理有限公司	国邮 20120430C
367	惠州市鑫田物流有限公司	国邮 20120431C

续 表

序号	企业名称	许可证号
368	宁波海曙易成货运代理有限公司	国邮 20120432C
369	深圳市有信达物流集团有限公司	国邮 20120433C
370	苏州健行国际货运代理有限公司	国邮 20130434C
371	东方国际货运有限公司	国邮 20130437C
372	大连大田国际货运有限公司	国邮 20130438C
373	湛江邮政速递服务有限公司	国邮 20130439C
374	中山市鸿利国际货运代理有限公司	国邮 20130440C
375	青岛优派斯速递有限公司	国邮 20130441C
376	上海思客亚国际货物运输代理有限公司	国邮 20130442C
377	浙江百鸿国际货运代理有限公司	国邮 20130443C
378	义乌市恒翔国际货运代理有限公司	国邮 20130444C
379	上海中通吉速递服务有限公司	国邮 20130212C
380	大连乾宏国际物流有限公司	国邮 20130446C
381	上海威盛报关有限公司	国邮 20130447C
382	重庆中环国际货运代理有限公司	国邮 20130448C
383	扬州华捷货运代理有限公司	国邮 20130449C
384	运发（厦门）物流有限公司	国邮 20130450C
385	上海畅灵国际货运代理有限公司	国邮 20130451C
386	辽宁中旅国际货运有限公司	国邮 20130452C
387	威海汉信国际货运代理有限公司	国邮 20130453C
388	宁波海田国际货运有限公司	国邮 20130454C
389	江阴市神鹿航空物流服务有限公司	国邮 20130455C
390	广东晟荣国际运输有限公司	国邮 20130457C
391	珠海里洋国际货运代理有限公司	国邮 20130458C
392	青岛丰翔国际物流有限公司	国邮 20130459C
393	深圳市中环运实业发展有限公司	国邮 20130460C

续　表

序号	企业名称	许可证号
394	广州飞特物流有限公司	国邮 20130461C
395	温州市亚航国际货运代理有限公司	国邮 20130462C
396	上海金迪货运代理有限公司	国邮 20130463C
397	深圳市百千国际物流有限公司	国邮 20130464C
398	台州市嘉晖航空国际货运代理有限公司	国邮 20130465C

表四　　中国邮政速递物流股份有限公司 31 家子公司

序号	企业名称	许可证号
01	北京市邮政速递物流有限公司	国邮 20100028－1C
02	天津市邮政速递物流有限公司	国邮 20100028－2C
03	河北省邮政速递物流有限公司	国邮 20100028－3C
04	山西省邮政速递物流有限公司	国邮 20100028－4C
05	内蒙古邮政速递物流有限公司	国邮 20100028－5C
06	辽宁省邮政速递物流有限公司	国邮 20100028－6C
07	吉林省邮政速递物流有限公司	国邮 20100028－7C
08	黑龙江省邮政速递物流有限公司	国邮 20100028－8C
09	江苏省邮政速递物流有限公司	国邮 20100028－9C
10	浙江省邮政速递物流有限公司	国邮 20100028－10C
11	安徽省邮政速递物流有限公司	国邮 20100028－11C
12	上海市邮政速递物流有限公司	国邮 20100028－12C
13	福建省邮政速递物流有限公司	国邮 20100028－13C
14	江西省邮政速递物流有限公司	国邮 20100028－14C
15	山东省邮政速递物流有限公司	国邮 20100028－15C
16	河南省邮政速递物流有限公司	国邮 20100028－16C
17	湖北省邮政速递物流有限公司	国邮 20100028－17C
18	湖南省邮政速递物流有限公司	国邮 20100028－18C
19	广东省邮政速递物流有限公司	国邮 20100028－19C
20	广西壮族自治区邮政速递物流有限公司	国邮 20100028－20C
21	海南省邮政速递物流有限公司	国邮 20100028－21C
22	重庆市邮政速递物流有限公司	国邮 20100028－22C
23	四川省邮政速递物流有限公司	国邮 20100028－23C
24	贵州省邮政速递物流有限公司	国邮 20100028－24C
25	云南省邮政速递物流有限公司	国邮 20100028－25C
26	西藏自治区邮政速递物流有限公司	国邮 20100028－26C

续　表

序号	企业名称	许可证号
27	陕西省邮政速递物流有限公司	国邮 20100028－27C
28	甘肃省邮政速递物流有限公司	国邮 20100028－28C
29	青海省邮政速递物流有限公司	国邮 20100028－29C
30	宁夏回族自治区邮政速递物流有限公司	国邮 20100028－30C
31	新疆维吾尔自治区邮政速递物流有限公司	国邮 20100028－31C